세상을 바꾼 전쟁의 모든 것

UNE HISTOIRE DE LA GUERRE

세상을 바꾼 전쟁의 모든 것

1

브뤼노 카반 기획
토머스 도드먼·에르베 마쥐렐·진 템페스트 책임 편집
이정은 옮김 | 권성욱 감수

열린책들

UNE HISTOIRE DE LA GUERRE
DU XIXE SIÈCLE À NOS JOURS
COORDINATION THOMAS DODMAN, HERVÉ MAZUREL & GENE TEMPEST
A COLLECTIVE WORK UNDER THE DIRECTION OF BRUNO CABANES

이 책은 실로 꿰매어 제본하는 정통적인 사철 방식으로 만들어졌습니다.
사철 방식으로 제본된 책은 오랫동안 보관해도 손상되지 않습니다.

차례

1권

2권

전쟁의 역사

브뤼노 카반•

〈우리는 전쟁 중입니다.〉 우리는 이 엄숙한 선언을 몇 번이나 들었을까? 2001년 9월 11일 이후 모든 테러는 〈전쟁 행위〉로 간주된다. 〈테러리즘에 맞선 전쟁〉은 끝이 없는 것처럼 보인다. 정보전, 화학전 또는 세균전, 심지어 핵무기가 다시 확산되는 움직임에 이르기까지 이 모든 것이 위협이다. 그런데 우리가 지금 〈전쟁 중〉이라면, 대체 무슨 전쟁을 말하는 걸까? 오늘날 서구 국가의 대다수 국민은 자기 나라에서 전쟁을 겪지 않았고 국가 총동원 상황을 경험하지도 않았다. 프랑스에서 마지막 전쟁 선포는 1939년 9월 3일로 거슬러 올라간다. 그후 프랑스 군대는 인도차이나에서 싸웠다. 또한 프랑스에서는 한 세대 전체가 알제리에서 싸우도록 요구받았는데, 〈알제리 전쟁〉은 〈알제리 사태〉라는 표현으로 완곡하게 표현되며 프랑스가 오랫동안 공

• Bruno Cabanes. 오하이오 주립 대학교의 〈도널드 G. & 메리 A. 던 군사사 석좌 교수Donald G. & Mary A. Dunn Chair in Military History〉. 앞서 예일 대학교에서 9년간 강의했다. 제1차 세계 대전의 사회사, 문화사 및 전쟁에서 벗어나는 양상을 연구하는 전문가다.

식적으로 인정하기를 거부했던 사건이다. 1960년대 이후로 프랑스는 옛 아프리카 식민지 국가들에서 30여 차례 군사 작전에 가담했다. 현재 1만 1천 명이 넘는 프랑스 군인이 아프리카와 중동 전역에 주둔하고 있다. 오늘날 미국 청소년의 경우도 마찬가지다. 미국 청소년은 평생을 〈전쟁 중〉인 국가에서 살았지만, 그들의 증조부모가 생각하는 의미의 전쟁은 아니다. 미국 의회는 1942년 6월 4일에 (루마니아, 불가리아, 헝가리에 대하여) 전쟁을 선포한 이후 공식적으로 전쟁을 선포한 적이 없다. 물론 미국은 국제 연합의 위임이나 특수 작전의 형태로 세계 각지에서 군사 작전을 수행했다.

대부분의 서구 국가에서 징병제가 폐지되면서 공공장소에서 군복을 입은 군인의 모습이 사라졌으며(이 때문에 프랑스에서 소총으로 무장한 군인들이 테러에 대비해 국민을 보호하려고 거리를 순찰하는 모습이 놀라워 보인다), 대다수 군인이 전투 중에 사망할 위험도 없어졌다. 이런 상황에 대해 미국 역사학자 제임스 시핸은 자신의 최근 저작에서 이렇게 자문했다. 〈그 많던 군인은 어디로 갔을까?〉 전쟁의 폭력은 서구 사회에서 — 진정한 〈전쟁의 상처〉를 입히는 테러 행위를 제외하면 — 대체로 멀어졌지만, 텔레비전 화면에서 언제든 등장하여 충격과 일상화라는 상반된 반응을 불러일으킨다. 1990년대에는 구유고슬라비아에서 대대적인 민족 청소가 벌어져 유럽 대륙에서 사라졌다고 믿었던 대량 학살 장면이 다시 등장했다. 1991년 11월 18일, 87일의 포위 공격 끝에 크로아티아의 부코바르는 1945년 이후 폭격으로 완전히 파괴된 유럽 최초의 도시가 되었다. 또 1994년 4월부터 7월까지 르완다에서 투치족에 대한 집단 학살이 벌어짐으로써 우리도 80만~100만 명의 여자, 남자, 어린이를 인종적인 이유로 계획 학살하는 시대에 살게 되었다. 시리아 인권 관측소 통계로 2011년 3월 이후 이미 35만 명이 넘는 사망자를 낸 시리아 내전은, 현재에도 민간인이 폭력 아래 매몰되고, 독가스 공격이나 바샤르 알아사드 정권의 억압, 반군과 지하디스트가 자행하는 폭력으로 희생된다는 소식을 정기적으로 전하고 있다. 시리아 내부에서 이동한 사람이 6백만 명이 넘고, 터키와 레바논, 요르단을 비롯한 이웃 국가들로 피신한 난민도 560만 명에 이른다고 추정된다. 제2차 세계 대전 이후 가장 큰 인도주의 재난이다.

우리가 전쟁을 치르고, 전쟁을 경험하고, 전쟁을 생각하는 방식이 이 책의 핵심이다. 이 방식들은 결정적인 두 세기, 19세기와 20세기로부터 물려받은 유산이다. 프랑스 혁명기와 제정기의 분쟁에서 오늘날에 이르기까지, 전쟁은 단지 규모만 변한 것이 아니라 성질도 변했다. 우리가 여기에서 〈근대 전쟁〉이라고 부르는 것은 연대기처럼 정확하게 경계가 지어지는 기간이 아니라, 국민 국가 시대에 이르러 생긴 혼란스러운 변화, 간략히 말하면, 시민이 국가 방위에 점점 더 많이 관여하고, 군사 장비가 크게 변화하며, 전쟁 경험의 시공간적 틀이 해체된다. 그래서 〈전투〉나 〈전쟁터〉의 개념도 20세기를 거치며 원래의 의미를 잃었다. 〈근대 전쟁〉의 또 다른 특징은, 병사와 민간인(현대인이 인식하는 구분)에게 가해지는 폭력 수준이 높아졌고, 전투원과 전투에 가담하지 않은 사람 사이에 이전부터 불분명하던 경계가 사라졌으며, 전례 없는 규모로 사회를 동원하고, 과거와 비교할 수 없을 정도로 환경이 크게 파괴되었으며, 새로운 법적 틀과 사법 절차가 마련되었다는 점이다. 특히 1860~1960년 사이에는 끔찍한 결과를 불러온 기술 혁명이 이루어졌다. 폭력을 받은 도시, 순간적으로 이루어진 대량 절멸, 겉으로 보이는 상처를 남기지 않는 죽음의 무기. 상상할 수 있는 가장 끔찍한 모습들이 수 세대에 걸친 대량 살상이 효율적으로 이루어졌다. 1914년 이후 전쟁은 4천만 명의 군인을 포함해 총 1억 2천만 명에서 1억 5천만 명의 사망자를 냈다.

이 책은 2세기 반도 채 안 되는 기간 동안 인류 대다수의 삶을 급격히 변화시킨 전쟁의 역사를 되짚는다. 하지만 이 책은 전쟁에 대한 통사(通史)가 아닌, 전쟁의 미시사다. 연대기적 서술이나, 군사 전략, 국제 정치에 중점을 둔 집필 방식을 택한 것이 아닌, 미시적 주제를 중심으로 책을 구성했기 때문이다. 이 책에서는 이 모든 것을 소홀히 하지 않으면서 전투원과 전투에 가담하지 않은 사람, 전방과 후방을 동등하게 다룬다. 전투에 직접 가담하지 않은 사람도 전쟁에 관여하면서 민간인이 점점 더 많이 희생되는 것이 현대 전쟁의 특징이기 때문이다.

필자들은 한 가지 신념에서 출발했다. 전쟁은 총체적인 사회 현상이면서 문화적 행위라는 신념이다. 전쟁은 물론 국가 지도자와 군인들이 다루는 사안이지만, 동시에 심층적인 수준에서 사회 집단과 개인을 끌어들인다. 전쟁은 정치와 사회 체제를 뒤흔들고, 경제와 환경 자원을 상상을 초월하는 수준으로 동원한다. 당연히 군사적 수단을 사용하며, 강력한 정서, 자기 자신과 적에 대한 표상, 그리고 이에 못지않게 필요한 삶과 죽음에 대한 믿음을 극명하게 드러낸다. 전쟁을 연구한다는 것은 곧 사회적 삶을 구성하는 한 요소와 한 인간의 생애에서 가장 결정적인 체험을 연구하는 일이다. 전쟁은 제1차 세계 대전 중에 미국이 떠오른 것처럼, 국가 간 힘의 위계를 재분배하고, 국가 지도자의 위상을 강화한다. 한편으로 전쟁은 제2차 세계 대전 이후 복지 국가의 정착과 같이 남녀 관계 뿐만 아니라 사회의 변화를 가속화시켰다. 전쟁은 환경을 파괴하고, 신체와 정신에 흔적을 남기고, 나이 든 사람이 나이 어린 사람의 죽음을 애도하게 만들고, 새로운 추도 의식이 생겨나게 하고, 수 세대에 걸쳐 이어질 수 있는 트라우마를 남긴다.

이 책에 참여한 필자들은 19세기부터 현재에 이르는 이러한 전쟁의 역사를, 적어도 현재의 지식수준이 허락하는 한에서 전 세계적인 규모로 살펴보고자 했다. 1970년대 이후, 특히 영국 역사학자 존 키건의 명저 『전쟁의 얼굴*The face of Battle*』이 출간된 이후에 제기된 문제의식에서부터 전쟁의 역사를 이해하고 기록하는 방식이 크게 바뀌었다. 전략가와 정치가, 외교관에 얽힌 관례적인 역사뿐 아니라, 일반 군인과 민간인(특히 여성)의 사회·문화적 역사, 그리고 보통 우리가 〈전쟁 문화〉라고 부르는, 전투인과 비(非)전투인을 아우르는 주제, 즉 분쟁에 깊은 의미를 부여하는 설명 체계도 포함함으로써 전쟁의 역사는 내용 면에서 풍성해졌다. 전쟁사에서 가장 주목받는 요소인 전투는 새로운 역사인류학적 시선으로 탐구된다. 그림의 중심에는 싸움, 전투가 있다. 즉 신체의 충돌, 무기가 부딪쳐 내는 굉음, 부상과 사망자, 그리고 전쟁과 연결된 온갖 신체적인 감각과 감정의 미묘한 단계 말이다. 신체와 의료 지식의 역사, 사회적 성별의 역사, 미술사 또는 환경사의 맥락 속에서 전쟁의 역사는 국가 역사 기록 전통에 근거를 둔 여정을 따라가며 끊임없이 재발견된다. 각기 다른 문화 전통과 여러 세대에 속한, 유럽과 북아메리카의 역사학자, 인류학자, 미술사가, 사회학자, 정치학자 57명이 쓴 이 책은 전쟁의 역사를 넓고 풍성한 관점에서 보여 준다. 한 권의 책에 이토록 다양한 관점을 담은 것은 아마이 책이 처음일 것이다.

그래도 전쟁 현상을 다룬 역사가 모두 부딪히는 장애물 한 가지는 여전히 남는다. 가령 경제사나 환경사와 달리, 19세기와 20세기 전쟁사는 국가의 역사 그리고 서구라는 틀을 벗어나기 힘들다. 전쟁사가 예전에 지녔던 사회적 기능, 즉 국가의 영광을 드높인 전투의 기억을 전수하는 기능 때문이다. 전쟁에 대한 연구는 너무 오랫동안 서구 세계 또는 서구의 관점에 갇혀 있었다. 게다가 대부분은 〈서구 전쟁 모델)의 우월함을 입증하는 것이었다. 고전주의 역사학자 빅터 데이비스 핸슨은 심지어 이 우월함이 고대 그리스에서 시작되어 20세기 미국이 주도한 분쟁으로까지 이어진다고 주장한다. 최근에 시작된 전쟁의 사회사와 문화사 연구는 대체로 서방 국가에 한정되고, 식민지 분쟁 연구를 통해 가끔 다른 지평을 다루거나 이민족과의 만남과 교류를 보고하지만, 전 세계적 수준에서 이루어지는 상호 작용은 간과된다. 전쟁의 총체적인 역사, 더 나아가 서로를 연결 짓는 초국가적인 역사를 쓰려면 아직은 이를지도 모른다. 하지만 필자들은 서구가 아닌 다른 여러 지리적 공간과 문화적 영역에 지면을 할애함으로써 가급적 서구적인 해석 방식에서 벗어나고자 했다.

이 책의 차례를 구성하면서 필자들은 몇 가지 기본 원칙을 염두에 두었다. 전쟁사와 다른 학문적 접근법 사이, 서구 세계와 다른 세계 사이, 19세기와 20세기 사이에 장벽을 없앤다는 원칙이다. 차례는 크게 네 부분, 즉 근대 전쟁의 탄생, 군대의 세계, 전쟁을 겪는다는 것, 전쟁에서 벗어나기로 구성된다. 각 부분은 연대기와 문제에 대한 쟁점들을 개괄하는 서론으로 시작하는데, 이 글은 해당 연구 분야에서 중요한 업적을 이룬 역사가가 맡아 썼다. 이 책의 저자들에게는 단 하나의 지침만 주어졌다. 주요한 주제들을 장기적으로 다루어 설명하되, 서로 다른 여러 분쟁과 공간에서 나타난 다양한 양상을 기술하라는 것이다. 저자들은 이 책의 저술에 참여함으로써 때로는 자신의 전문 분야나 연구 시대에서 벗어나 멀리 모험하기를 선택했다. 이 자리를 빌려 이들에게 감사한다.

주제별 구성을 택했으므로, 이 서문에서는 근대 전쟁의 변화를 지정학적 맥락에서 개괄하여 살펴보고, 프랑스 혁명과 제정기의 대규모 전투들로부터 오늘날까지 이 책이 다루는 2세기 반 동안의 기간을 따라가며 이 시기를 관통한 폭력의 흐름을 개괄하겠다.

1790년 5월 22일, 프랑스 제헌 의회는, 이후 유명해진 표현을 빌리자면, 〈세계에 평화를 선포했다〉. 뒤이은 25년 동안 전 유럽은 아주 짧은 기간들을 제외하고 끝없는 전쟁 상태에 돌입했다. 역사학자 데이비드 벨이 〈최초의 총력전〉이라 부른 이 전쟁은, 1793~1796년의 방데 내전이나 1808~1814년의 스페인 독립 전쟁에서 보듯 폭력이 강화되고 사회 전체가 동원된 것이 특징이다. 귀족적인 전쟁 모델과 대조적인 새로운 전쟁 문화가 탄생한 것이다. 이 문화는 독재자에 맞선 투쟁(지롱드당의 정치가 브리소에 따르면, 〈보편적인 자유를 위한 십자군 전쟁〉)과 콩도르세가 1791년 12월 29일에 「유럽 국민들에게 전하는 말」에서 옹호한 민족들의 전쟁을 찬미한다. 피로써 민족을 쇄신하고 자유의 적들을 척결함으로써 폭력을 종식할 전쟁, 즉 〈최후의 전쟁〉 구호가 새로운 전쟁 문화를 궁극적으로 정당화했다. 카를 폰 클라우제비츠는 1812년에 이렇게 썼다.

예전에는 (……) 관례적인 규칙에 따라 절제되고 분별 있게 싸웠다. 이제 더 이상 이런 식의 전쟁은 이루어지지 않는다. 우리의 전쟁, 즉 우리 시대와 우리가 처한 상황이 요구하는 전쟁이 지난 전쟁과 다르다는 사실을 보지 못한다면 그야말로 눈먼 것일 테다. (……) 오늘날 전쟁은 만인의 만인에 대한 전쟁이다. 어떤 왕이 다른 왕과 전쟁을 하는 게 아니고, 어떤 군대가 다른 군대와 전쟁을 하는 게 아니라, 온 국민이 다른 국민 전체와 전쟁을 하며, 왕과 군대는 국민에 포함된다.

무력 예찬과 영웅 숭배가 나타나 대서양의 양쪽에서 동시에 부상한 군대-남성적 가치가 워싱턴과 보나파르트 같은 유명한 인물로 구체화된다. 전쟁 없이는 미국의 독립도, 나폴레옹의 영웅적인 무용담도 없다. 1805년부터 1815년까지 2백만 명에 이르는 프랑스인이 국가를 위한 싸움에 징집되었다. 당시 기준에서 이 숫자는 엄청난 것이었다. 하지만 1813년에 가장 큰 규모로 징집되었을 때에도 전체 국민의 3퍼센트가 채 되지 않았다(1914년 여름에 동원된 수는 이때의 일곱 배다). 프랑스 병사 외에도 수천 명의 외국인 병사, 즉 동방 전투 부대 소속 이집트인과 그리스인, 집정 정부 아래 소집된 스위스와 아일랜드 부대, 점령된 국가들에서 징용한 포르투갈과 스페인 병사 그리고 동맹군 자격으로 참전한 라인 연방 공국들, 이탈리아의 왕국들, 네덜란드나 폴란드 왕국에서 소집된 병사들이 있었다. 나폴레옹은 트라팔가르 해전에서 패배하며 영국 침공 계획을 포기해야 했다. 1806년 11월 21일에 선포된 베를린 칙령의 문구를 빌리자면 〈육지의 힘으로 바다를 점령〉하는 계획에 착수해 유럽 대륙 봉쇄를 실시했다. 이후 분쟁은 유럽 해안을 통제하고 영국으로부터의 밀수입을 막기 위해 지리적으로 확장되었다. 1811년에 나폴레옹 제국은 유럽의 절반을 차지하기에 이른다.

전투 규모는 엄청나게 커져서 바그람(1809년 7월 5~6일)에서 병사 30만 명, 라이프치히(1813년 10월 16~19일)에서 병사 50만 명이 동원됐다. 1812년에 나폴레옹은 〈국가들의 군대 l'armée des nations〉 병사 65만 명으로 러시아를 침공했다. 리투아니아에 가면 이 병사들이 이동한 증거를 찾을 수 있다. 리투아니아에서는 러시아 원정 중에 사망하여 공동묘지에 묻힌 병사들의 유해가 2001년과 2010년에 수백 구 발굴되었다. 프랑스나 이탈리아, 독일, 폴란드 출신의 이 병사들로 프랑스와 리투아니아 대표자들이 참석한 가운데 빌뉴스의 안타칼리스 묘지에 묻혔다. 나폴레옹 전쟁으로 인한 인명 손실은 확정하기 어려운 까닭에 이 전쟁이 그 이후에 초래했을 단절의 정도가 미묘하게 달라질 수 있다. 1805년과 1815년 사이에 대략 70만 명의 프랑스인이, 유럽 전체에서는 250만~350만 명이 전투 중에 또는 부상이나 전염병으로 사망했을 것으로 추정된다.

빈 회의(1814년 9월~1815년 6월)에서 이제 막 나폴레옹을 패배시킨 신성 동맹은 유럽의 국경을 재조정한다. 새로운 균형을 되찾은 유럽에서는 민족 국가 원칙에 맞서는 군주제 원칙이 수립된다. 하지만 민족 해방 움직임은 수십 년에 걸쳐 전쟁의 또 다른 커다란 동력이 된다. 그 기원에는 민족의식, 그리고 18세기 말에 이름이 등장한 〈민족주의〉정치 원칙이 있다. 민족주의는 원래 하나의 국가를 이룰 권리를 주장하는 이념이었으나, 1870년부터 오늘날 우리가 알고 있는 국수주의적이고 외국인을 혐오하고 배척한다는 뜻으로 변질되었다. 이탈리아(1848~1849, 1859, 1866)와 독일(1866, 1870~1871)에서 벌어진 통일 전쟁은 민족주의의 첫 번째 정의에서 자극받은 움직임이었다. 1815년 밀로시 오브레노비치가 이끈 세르비아 봉기, 친(親)그리스주의Phihelenism의 지지를 받은 그리스 독립 전쟁(1821~1830), 1870년대 발칸반도 전쟁 등 19세기 내내 이어진 이른바 〈동방문제〉 대립 역시 마찬가지였다. 하지만 통일과 독립 전쟁이 잇달아 벌어졌다는 사실 때문에 주요한 흐름을 놓쳐서는 안 된다. 엄청난 사상자를 낸 프랑스 혁명전쟁과 나폴레옹 전쟁 이후 1815~1914년의 기간은, 크림 전쟁(1853~1856)과 앙리 뒤낭이 1863년에 적십자의 토대를 세우게 만들 정도로 위생에서의 재앙을 낳은 솔페리노 전투(1859년 6월 24일), 프로이센·프랑스 전쟁(1870~1871)을 제외하면 인명 손실이 감소하는 특징을 보인다. 이 책의 흐름을 따라가며 다른 대륙들로 시선을 돌려도, 당시 유럽은 상대적으로 평온했음을 알 수 있다. 1851년에 중국에서는 태평천국운동이 벌어졌다. 청나라는 이를 진압하는 데 15년 가까이 걸렸다. 이 내전으로 2천만~3천만 명이 사망했다. 이는 제1차 세계 대전의 사망자보다 두 배 내지 세 배 더 많은 수치다! 이렇게까지 엄청난 손실은 아닐지라도, 최신 추정치에 따르면 미국 남북 전쟁(1861~1865)에서는 75만 명의 군인이 사망했다. 이로써 미국은 국민이 대량으로 사망하는 경험을 한 국가가 되었다.

　1815년에 유럽 강대국들은 평화를 정착시켰다기보다는 전쟁을 바다 너머로 옮겨 놓았다. 레닌이 『제국주의, 자본주의의 최고 단계』(1917)에서 제시한 해석과는 반대로, 식민지 전쟁은 경제적 이윤보다는 정치적 야망과 유럽 민족 사이의 경쟁과 대립으로 야기된 것처럼 보인다. 역사학자 대니얼 헤드릭의 말을 빌리자면 진정한 〈세계적 해상 패권thalassocracy〉이던 영국은 정복에 나서 어마어마한 제국을 이루었다. 그러나 북아메리카에서 식민지 13개를 잃고(1783), 노예 무역이 폐지되고(1807), 노예제가 폐지되면서(1833) 대부분의 유럽 식민 제국과 마찬가지로 제국의 중심이 북미 대륙에서 아시아와 아프리카로 서서히 옮겨 갔다. 1839~1842년 제1차 아편 전쟁 때, 영국은 중국에 국제 무역의 문호를 개방하라고 강요했고, 유럽인은 30년도 채 안 되는 기간에(1885~1914) 아프리카 대륙을 나누어 차지했다. 이 시기에 제국 간 경쟁과 민족주의로 인해 선제적인 식민화 원칙이 우세해졌다. 어떤 영토를 다른 나라가 차지하기 전에 먼저 식민화하겠다는 것이다. 1870년부터 프랑스나 스페인, 네덜란드, 포르투갈, 영국 같은 선발 식민 강국에 독일과 이탈리아, 벨기에가 합류하면서 식민지로 삼을 땅이 급격히 줄어든다. 러시아의 광대한 식민 제국은 시베리아와 중앙아시아, 캅카스 지역까지 세력을 확장했다. 미국은 1860년대부터 서부와 중서부 대평원 정복에 나섰다. 그 결과 인디언 나바호족은 1864년에, 아파치족은 추장 제로니모가 투항한 후 1886년에 굴복한다. 몬태나주에서는 시팅 불Sitting Bull의 지휘하에 수Sioux족과 샤이엔족이 리틀 빅혼에서 대승을 거두지만(1876년 6월 25~26일), 1881년부터 노스다코타의 보호 구역에 갇혀 지내게 되었다. 그런 다음에 미국은 〈명백한 운명Manifest Destiny〉설을 내세워 태평양으로 눈을 돌린다. 미국 제국주의가 공식적으로 시작된 것은 1898년에 캘리포니아 해변에서 1만 1천 킬로미터 떨어진 필리핀에서 펼친 군사 작전부터다. 이 작전은 3세기 전부터 스페인이 지배하던 영토를 빼앗기 위한 것이었다. 덕분에 1900년에 인디애나주 공화당 상원 의원 앨버트 J. 베버리지는 〈태평양은 우리의 대양이다〉라고 선포할 수 있게 된다.

먼 곳에서 벌어지는 전쟁은 그 전쟁으로 인해 발견하게 되는 풍경과, 전쟁이 드러내는 과시적인 남성다움, 영웅담 없는 유럽이 겪던 고통스러운 좌절감에서 벗어날 기회를 제공한다는 점에서 매력적이었다. 1820년대에 그리스 독립 지원자들이 독립 전쟁에 병사로 지원한 것은 그런 〈전쟁 욕구〉 때문이었다. 1804년에 태어난, 민족학협회la Société d'ethnologie 창설자이자 생시몽주의 운동의 주요 인물인 귀스타브 데슈탈은 이렇게 토로했다. 〈우리에겐 더 이상 투사로서의 기쁨도 없고, 치러야 할 십자군 전쟁도 없었다. 나폴레옹 전쟁 체험도 이미 끝났다. 우리에겐 더 이상 엄숙한 제전도, 신전도, 승부도, 찬가도, 축제도 없다. 삶은 무료하고 단조롭지만, 신은 이런 제약에도 가라앉지 않는 에너지를 많은 사람의 마음에 넣어 두었다.〉 1895년에 스물한 살의 청년 윈스턴 처칠이 쿠바 독립 전쟁에서 얻고자 한 것도 일종의 전쟁 입문 경험이었다. 그는 이 전쟁에서 목숨을 잃을 뻔했다.

모험 정신, 인종에는 우열이 있다는 믿음에서 비롯된 서방 세계의 〈문명 전파 사명〉에 대한 신념, 이윤 추구는 모두 식민지 분쟁에 가담하게 만드는 원동력이었다. 당시 기성 전략가 대부분은 이런 동기를 어느 정도는 경멸 어린 시선으로 바라보았다. 포슈는 자신의 책 『전쟁의 원칙*Principes de la guerre*』(1903)에서 〈아프리카 흑인이나 아시아의 황인종에 맞선〉 장거리 군사 원정에 대해 간략히 언급했다. 극단적인 폭력의 실험장 — 1844~1845년에 알제리에서 뷔조와 카베냐크가 알제리 포로들을 연기로 질식사한 일부터 1857~1858년에 영국군이 인도인 용병 세포이의 반항을 폭력적으로 진압한 일, 1904년부터 1908년까지 독일령 남서아프리카에서 헤레로족과 나마족이 집단 학살된 일 — 으로서 식민 전쟁은 점점 더 여론의 반발을 불러일으켰다. 1899년에 『블랙우즈 에든버러 매거진*Blackwood's Edinburgh Magazine*』에 연재되고 1902년에 선집으로 출간된 조지프 콘래드의 단편소설 「어둠의 심연Heart of Darkness」은 벨기에 국왕 레오폴트 2세가 지배하는 콩고에서 자행된 잔혹 행위에 대한 증언인 동시에 그 시절 감수성의 큰 변화를 더없이 강력하게 표현한 작품이다.

●

20세기로 넘어오는 전환기에 전쟁은 새로운 국면을 맞이했다. 군대가 더욱 몰개성화되고, 병사들이 더 강하게 이념화되고, 파괴력이 더할 수 없이 커졌다는 점이 그 특징이다. 군사 고문이 전술과 전략 모형이 진행되는 양상을 관찰하기 위해 멀리 떨어진 전쟁터로 파견되었지만, 미래에 직면할 충돌에 대비하기 위한 교훈을 항상 얻는 것은 아니었다. 필리핀에서 모로족 전사를 평정하는 군사 작전을 지휘(1899~1901)한 후 도쿄 주재 대사관 무관으로 재직하던 존 퍼싱은 1904년 2월에 러일 전쟁이 발발했을 때 미국 관전단의 일원이었다. 한편 러시아에서는 네 명의 참관인이 파견되었다. 한 미국 측 참관인은 〈그 어떤 전쟁 수행 규정도 크게 개선되지 않았다〉라고 요약했다. 그는 포병이 개선되거나 참호를 더 많이 파고 유탄을 대량으로 사용하는 모습을 전혀 보지 못했다. 영국 대사관 무관인 이언 해밀턴은 더 날카로운 관찰자로서 진지전이 우월하다는 결론을 내렸지만, 그는 10년 후 1915년에 다르다넬스 해협에서 연합군 공격을 지휘해 크게 실패했다. 이 때문에 군인으로서의 경력을 마감해야 했다. 일본 쓰시마에서 러시아가 일본을 상대로 해전에서 패배한 사건(1905년 5월 27~28일)은 이전의 전투에서는 전례가 없다고 해도 좋을 만큼 전 세계적으로 큰 영향을 끼친다. 서방 국가는 이로 인해 패권이 극동으로 넘어갈까 두려워했기 때문이다.

두 차례 세계 대전을 치르면서 제국주의 역동을 발판 삼아 사람과 원료가 전 세계적인 수준으로 이동하게 된다. 솜 전투가 벌어진 현장을 몇 제곱킬로미터만 가로질러 보면 이를 알 수 있다. 세계 반대편의 영연방 자치령에서 온 이들이 잠들어 있는 프랑스 북부의 전형적인 풍경은 이렇다. 보몽아멜에는 뉴펀들랜드 연대Newfoundland Regiment의 캐나다 병사들이, 롱그발에는 남아프리카와 뉴질랜드 병사들이, 빌레르브르토뇌에는 오스트레일리아 사람들이 묻혀 있다. 반면 식민지 병사나 노동자를 기리는 기념비는 찾기 어렵다. 1914~1918년에 유럽으로 온 수십만 명의 중국인이나 아프리카인, 인도인은 대부분 개인사나 회고록을 남기지 않았다. 가족에게 보낸 편지는 종이가 그들 나라의 기후를 버티지 못해 우편물 관리 기록으로만 흔적이 남아 있을 뿐이다. 전쟁 직후 〈민족자결권right of peoples self-determination〉에 대한 희망이 꺾이고 이는 세계 정세에 장기적으로 영향을 미친다. 1919년 5·4 운동 이후로 중국 공산주의가 크게 발전했다. 인도와 이집트에서는 독립운동이 벌어졌으며, 팔레스타인에서는 유대 민족주의의 야심에 맞서 아랍 민족주의가 급성장했다. 2014년 6월에는 이라크와 시리아에서 〈칼리파〉가 통치하는 〈이슬람국가(IS)〉 창설을 선포했다. 이로써 IS는 1924년에 폐지된 체제를 복원하고 1916년에 프랑스와 영국이 오스만 제국을 양국의 세력권으로 분할하기 위해 체결한 사이크스-피코 협정의 효력을 종식하겠다는 목표를 내세웠다. 제1차 세계 대전은 근동과 중동에서 아직도 끝나지 않았다.

1914년부터, 특히 제2차 세계 대전에서, 전쟁은 수천 킬로미터 떨어진 곳에서 서로 연계되어 펼쳐진 군사 작전으로 동시에 여러 대륙에 타격을 입히기에 이른다. 이런 일이 역사상 처음은 아니었다. 유럽 대륙과 북아메리카, 아프리카와 인도, 그리고 해상에서 유럽의 모든 열강이 대결한 7년 전쟁(1756~1763)도 사실상 세계 대전이었다. 하지만 1914~1918년에 이루어진 인적·물적 자원의 대규모 동원은 그 유례를 찾아볼 수 없었다. 그래서 두 차례의 세계 대전은 군사 작전 현장에 따라 서로 다른 시기에 여러 지역에서 벌어진 충돌이 나란히 놓인 상황으로 간주되기도 했다. 가령 발칸반도에서는 1912년과 1913년에 벌어진 전쟁들과 제1차 세계 대전, 그리스·터키 전쟁 (1919~1922)이 연이어 벌어져 마치 연대순으로, 전쟁이 단계별로 이루어진 것처럼 보인다. 제1차 세계 대전과 같은 세계적 분쟁은 국민적인 기억으로 남는다. 한 예로, 오스트레일리아와 뉴질랜드에서는 갈리폴리 전투가 이 두 신생 국가의 기원으로 인식한다. 그러한 이유로 다르다넬스 해협 상륙 작전을 기리기 위해 매년 앤잭 데이ANZAC Day(4월 25일)를 기념한다. 영국인에게는 자원병 제도에서 징집 제도로 바뀐 것(1916년 1월 27일)과 솜 전투(1916년 7~11월)가 중요한 전환점으로 인식된다.

제2차 세계 대전 역시 커다란 흔적을 남겼다. 일본인은 이 전쟁이 1937년 7월에야 전면전으로 전환되었음에도 그 시작을 1931년 만주 침공으로 여긴다. 일본이 진주만 미군 기지를 공격한 1941년 12월 7일에 이 전쟁은 〈대동아 전쟁〉이 된다. 1945년에 미군 점령군은 〈대동아 전쟁〉이라는 이름을 금지하고 〈태평양 전쟁〉이라는 용어를 쓰도록 강요했다. 이후 일본 학계에서는 만주 사변까지 포함시키려고 〈15년 전쟁〉, 또는 미일 전쟁을 동남아시아에서 중국과 영국에 맞선 전역과 연계하기 위해 〈아시아 태평양 전쟁〉이라는 개념으로 확대했다. 중국인이 보기에 제2차 세계 대전은 공산주의가 승리를 거두는 1949년 10월에야 종결되고, 한국인은 1953년 휴전을, 베트남인은 아마도 1975년을 전쟁의 종결로 볼 것이다.

19세기 말부터 20세기 초까지 주요 분쟁만 살폈을 때, 미국 남북 전쟁, 프로이센·프랑스 전쟁, 남아프리카에서 벌어진 제2차 보어 전쟁(1899~1902), 러일 전쟁(1904~1905) 그리고 1912년과 1913년에 두 차례 벌어진 발칸 전쟁에서 차례로 보이는 것은 〈전면전〉의 또다른 형태다. 그 특징은 무엇일까? 첫 번째는, 앞에서 이미 살펴보았듯이 18~19세기 전환점에 이미 시작된 정치적 변화다. 점점 수가 늘어나는 징병 대상자를 소집하고 훈련시키고 장비를 갖추게 하고 전선에 배치하려면, 국가 조직이 발달하고 기간 시설이 잘 갖추어지고 교육 체계가 〈병역 의무〉를 감당할 개인을 준비시킬 수 있어야 한다. 군사 교육을 받은 사람의 수는 1870년에 프랑스인 74명 중 한 명, 독일인 34명 중 한 명이었던 반면, 1914년에는 프랑스인 10명 중 한 명, 독일인 13명 중 한 명꼴이었다. 제1차 세계 대전 직전에는 영국을 제외한 모든 유럽 국가가 징병제를 실시했다.

두 번째는 첫 번째 변화와 연관된 이념적 변화다. 파시즘을 연구한 위대한 역사학자 조지 모스가 언급한 〈대중의 국유화〉는 애국적 의미를 강하게 띤 상징과 국가 기관의 발달, 병역 의무를 수행하는 국민으로 이루어진 대규모 군대 조성, 충성심이 의심스럽거나 집단에 융화하지 못한다고 간주되는 사람들에 대한 소외와 학대를 통해 이루어진다. 〈국민 공동체〉 개념은 나치 독일이나 파시즘 이탈리아, 스탈린주의 러시아처럼 전쟁을 지향하는 사회에서 강력해지고, 민족이나 종교, 국가적 소수 집단은 그 비극적인 영향을 감내한다. 전쟁과 평화의 경계는 점점 더 모호해진다. 소련은 정치적 목적을 위하여 자국의 소수 민족을 상대로 전시에 사용하는 수단(곡물 징수 등)을 동원해 내전을 벌였다. 그로 인해 1931년부터 1933년까지 우크라이나에서 6백만 명 이상이 기아로 사망했다. 이는 스탈린주의가 초래한 가장 심각한 대량 살상 범죄로 간주된다. 국가 이념의 강세는 1941년 6월과 1945년 5월 사이에 스탈린주의와 나치즘이 충돌해 전멸전(全滅戰) 양상을 만들어 낸 독소 전쟁과, 일본 연구 역사학자 존 다우어가 정당한 이유로 〈무자비한 전쟁〉이라고 부른, 인종적 요소를 강하게 띤 태평양 전쟁과 같은 새로운 유형의 대결이 발달하는 데 기여한다.

세 번째는 법적·인도주의적·윤리적 차원의 변화다. 전투원과 전투에 가담하지 않은 사람 사이의 모호하던 경계가 완전히 사라진 것이다. 하지만 한 가지는 분명히 짚고 넘어가야 한다. 전투에 직접 가담하지 않은 사람들이 수 세기 동안 전쟁에 대량 희생된 것은 확실한 사실이다. 30년 전쟁 중에 마그데부르크 약탈(1631년 5월 20일)로 민간인 2만 5천 명이 학살당했다. 그 상황이 너무도 처참해서 독일어로 〈소멸시키다〉라는 뜻을 지닌 〈마그데부르기지어런magdeburgisieren〉이라는 동사가 새로 생겼다. 따라서 1860~1945년 시기를 구분 짓는 특징은 민간인 대량 살상이 아니라, 죽임을 당한 민간인의 수가 군인 사망자 수를 능가했다는 사실이다. 민간인 사망자는 제1차 세계 대전에서 총 사망자 중 10퍼센트인 반면, 제2차 세계 대전에서는 65퍼센트다. 이는 전쟁이 전면화하는 과정에서 군인이 아닌 사람이 점점 더 많이 의도적인 표적이 되어 도심 폭격, 포위, 민족 말살 행위 등으로 희생되었음을 뜻한다.

민간인을 대상으로 한 폭력에 맞서 전쟁 규제 움직임이 나타났다. 이는 1899년과 1907년에 열린 헤이그 평화 회의로 가속화되지만, 이

회의는 강제력이 없었다. 끝으로, 유럽에서 벌어지는 민간인에 대한 권리 침해는 정치인과 법조계(벨기에에서 자행된 〈독일의 잔혹성〉에 관한 1915년 브라이스 보고서), 일부 예술가(스페인 내전 때 바스크 지방의 마을에 가해진 독일 공군의 폭격 이후 피카소가 그린 1937년 작품 「게르니카」)의 강한 반발을 불러일으켰다. 반면, 제국의 식민지 내에서나 유럽 바깥에서 벌어지는 동일한 폭력에는 앙드레 지드처럼 일부 지각 있는 사람을 제외하고 대체로 관심을 보이지 않아, 폭력의 보편화 현상이 나타났다. 이 두 세계는 늘 괴리가 존재했다. 허버트 조지 웰스는 공상 과학 소설 『공중 전쟁The War in the Air』(1908)에서 〈날아다니는 기계〉로 뉴욕이 폭격당하는 상상을 하면서 이 기계로 인해 도시가 〈폐허로 변하고 화재가 가득 찼으며 남자, 여자, 어린이가 마치 무어인이나 줄루족, 중국인에 불과하듯 그들의 시신이 쌓였다〉라고 썼다.

네 번째는 기술적인 변화다. 19세기 말 30여 년간 이루어진 제2차 산업 혁명(값싼 강철, 근대 화학, 내연 기관)의 결과였다. 이에 대한 예를 순서 없이 들자면, 미국 독립 전쟁 때 개발된 미니에Minié 탄환, 1874년에 미국 일리노이주의 어느 목장주가 발명한 가시철조망(40년 후에 자신의 발명품이 제1차 세계 대전 전쟁터의 무인 지대no man's land에서 사용되는 모습을 보았다면 큰 충격을 받았을 것이다), 기관총, 유탄, 독가스, 화염 방사기, 전투기, 폭격기, 탱크, 끝으로 주요 발명인 핵폭탄이 있고, 병자와 부상자 치료 분야에서는 X선과 수혈(1914년부터), 페니실린(1942년부터)이 있다. 기술의 발전으로 인해 전쟁터를 경험하는 양상이 단 수십 년 만에 바뀌었다. 항공기, 레이더와 수중 음파 탐지기(1930년대), 인공위성(1960년대) 덕분에 〈군대의 눈〉이 지평선 너머로 닿을 수 있게 되었고, 무선 전신(1984년부터), 무선 전보(이것은 1940년 전격전Blitzkrieg때 독일군 전차Panzer에 설치되어 있었다. 당시 프랑스 전차들은 아직도 수신호로 명령을 주고받았다)로 명령 전달이 쉬워졌다. 철도는 항공기, 뒤이어 헬리콥터가 발명(1950년대부터)되기 전에 부대 동원과 수송에 절대적으로 필요했다. 그렇지만 이런 기술 혁명은 전쟁터에서 결정적인 요인이 아니었으며(기술은 전략이 없으면 아무 소용이 없다), 다양한 형태의 이해 부족이나 저항에 부딪히기도 했다. 덧붙여 어느 시기에는 진보가 더욱 빠른 속도로 이루어졌다. 미국 남북 전쟁의 전략가, 심지어는 나폴레옹 전쟁의 전략가도 1914년의 전쟁 양상을 대체로 파악할 수 있었을 것이다. 하지만 1914년에 전쟁을 치른 장군이 고작 4년 후의 전쟁 양상까지 쉽게 파악할 수 있었을 거라고 장담할 수 있을까?

군대의 대규모화, 징집된 시민으로 이루어진 군인이 점점 더 이념화하는 현상, 병사와 민간인의 경계 소멸, 살상 기술력의 발전, 이 모든 것으로 사람들은 대규모 사망을 경험한다. 1861년과 1865년 사이에 남북 전쟁으로 약 75만 명의 군인이 사망한다. 이는 미국 독립혁명전쟁부터 한국 전쟁에 이르기까지 전체 미국인 사망자 수보다 더 많은 수치다. 하지만 당시에는 포격으로 인한 사망자 수가 10퍼센트에 불과했다. 그로부터 50년 후 제1차 세계 대전에서는 이 비율이 70~80퍼센트로 증가했고 포탄에 정통으로 맞아 완전히 소실되는 시신이 점점 더 많아졌다. 동시에 전쟁 중 전염병으로 인한 사망자는 거의 사라졌다. 19세기 내내 전쟁 중 가장 큰 사망 원인은 전염병이었다. 가령 크림 전쟁은 이루 말할 수 없는 보건 위생 재난으로 9만 5천 명의 프랑스인 사망자 가운데 7만 5천 명이 질병, 특히 콜레라로 숨졌다. 단, 1918~1919년에 최소한 3천만~4천만 명의 사망자(절반은 인도와 중국에서 발생)를 낸 스페인 독감은 예외다. 하늘 위 공습으로 인한 죽음, 보이지 않는 독가스로 인한 죽음 등 죽음의 양상이 변화하면서 새로운 유형의 공포, 시신 식별과 처리의 어려움, 새로운 기념 의식이 생겨났다.

게티즈버그(수십 제곱킬로미터의 전쟁터)와 히로시마(충돌도 전투도 없는 역사적 전환점) 사이에 4세대 간격을 두고 생긴 변화는 매우 중요하다. 인간 개미집을 닮은 군대(소집된 군인이 1914~1918년에 6천만~7천만 명, 제2차 세계 대전 중에는 8천만~1억 1천만 명)는 극심한 손실을 입는다(1941~1945년에 5천4백 명이 넘는 소련군 사망). 그런데 대량 살상으로 인해, 전쟁 중에 겪는 특별한 비극이 잊힐 위험이 있다. 마르그리트 유르스나르는 제1차 세계 대전의 대살육을 떠올리며 이렇게 말한다. 〈숲이 나무들을 가리듯, 죽음은 죽은 이들을 가렸다.〉 산업화된 수단이 동원된 전쟁, 가령 베르됭이나 스탈린그라드 전투에서 싸운 일반 병사의 전쟁터 경험은 근본적으로 달랐다. 셀린은 자신의 소설 『밤 끝으로의 여행*Voyage au bout de la nuit*』의 한 장면에서 주인공 페르디낭 바르다뮈를 격전장 한복판에 세운다. 〈그다음에는 화염 그리고 그 소리밖에 없다. 그런데 그 소리는 과연 이 세상에 존재하는가 싶을 만한 소리다. 눈, 귀, 코, 입에 곧장 소리로 가득 차는 바람에 나는 이제 끝장이 났고, 나 자신이 화염과 소리가 되었다고 믿었다.〉

아르메니아인, 유대인, 집시에 대한 근대 집단 학살의 시대가 펼쳐지면서 집계하고 낙인찍고 학대하고 게토화하고 추방하고 강제 수용하고 살육하고 여자나 어린이, 노인을 포함한 수십만 명을 때로는 단 몇 달 만에 없애 버리는 기술이 정점을 찍는다. 이른바 〈최종 해결책〉에 희생된 유대인 약 6백만 명 가운데 대부분이 다른 집단 학살 수용소(트레블링카, 베우제츠, 소비보르, 마이다네크, 헤움노)나 〈피에 젖은 땅〉 학살지(티머시 스나이더의 표현)에서 살해되었다. 하지만 무엇보다도 아우슈비츠라는 이름은 절대적인 악과 서구 세계의 윤리적 파탄, 대량 학살의 산업화와 동의어가 되어 근대 사회의 어두운 모습을 상징한다.

1945년 8월 6일과 9일, 세계는 별안간 미지의 세계로 접어든 것처럼 보인다. 히로시마와 나가사키에서 일어난 핵폭발은 윤리적, 인류학적 쟁점으로 인해 전례 없는 전 세계적인 사건이 된다. 히로시마 생존자들을 최초로 인터뷰한 사람 중 한 명인, 정신의학자 로버트 제이 리프턴은 〈(이제까지) 우리는 우리 자녀와 그들의 자녀를 통해 생물학적으로 영속하며 계속 살아남는다고 느꼈다〉라고 지적했다. 이제 모든 인류를 순식간에 말살하는 일이 가능해졌다. 제2차 세계 대전 직후에 시작된 냉전은 공포의 균형에 기반을 둔 전 세계적인 분쟁이다. 〈냉전〉이라는 용어를 처음 사용했다고 확인된 사람 중 한 명인 조지 오웰은 자신의 소설 『1984』에서 이 상황을 한마디로 요약한다. 〈전쟁은 곧 평화다.〉

하지만 이 전 세계적인 분쟁은 오랫동안 두 초강대국의 관계에만 집중하여 해석되어 왔다. 제2차 세계 대전 직후, 모스크바와 워싱턴은 각각 전 세계를 포괄하는 연합국 진영을 지휘한다. 가령 미국은 1950년대 초에 37개 국가에 거의 450군데에 이르는 군사 기지를 보유했다. 1945년과 1949년 사이에 미국은 핵폭탄을 가진 유일한 국가로서 소련 지상군의 우세함을 상쇄했다. 1949년 8월부터 간첩과 소련의 핵 공격에 대한 강박적인 집착과 함께 기술적 우위를 차지하려는 경쟁이 벌어진다. 1952년 11월에 미국은 수소 폭탄 개발에 성공했고(뒤이어 1953년 8월에는 소련이 수소 폭탄을 개발했다), 1957년에는 소련이 제1호 스푸트니크 인공위성을 발사했다. 뒤이어 미국에서 우주 정복 프로그램이 개시되었다. 1972년에 핵무기를 축소하는 최초의 전략 무기 제한 협정(SALT)이 체결돼 군비 경쟁이 잠시 주춤했지만, 1980년대에 소련 미사일 SS-20이 배치되고 뒤이어 미국 탄도 미사일 퍼싱IIPershing-II가 유럽에 배치되면서 다시 긴장이 고조된다.

이후 수십 년 동안, 두 초강대국 사이에 어떤 합의가 이루어지리라는 전망은 점점 더 불투명해진다. 두 국가의 이해관계와 이념, 외부 세계에 대한 인식이 너무도 달랐기 때문이다. 긴장 국면(1948년 6월부터 1949년 5월까지의 베를린 봉쇄, 1950년 6월부터 1953년 7월까지의 한국 전쟁, 1957년 제1호 스푸트니크 발사, 1962년 10월 쿠바 미사일 위기 그리고 1979년 12월 소련의 아프가니스탄 침공까지)은 긴장 완화 기간과 번갈아 나타났다. 긴장 완화 기간에는, 키신저의 표현을 빌리자면, 〈경쟁 현실과 공존 필요성을 타협시켜야〉 했다. 그렇다고 냉전을 미국과 소련의 〈제로섬 게임〉, 더 나아가 〈연장된 평화〉로 보아야 할까? 국제 관계를 연구한 역사학자 존 개디스는 1987년에 출간한 책에서 이를 인정하면서 냉전이 수년간 지속될 것이라고 평가했다. 새로운 세대의 역사학자들은 1950~1970년대에 아프리카와 라틴아메리카, 아시아에서 벌어진 끊임없는 분쟁으로 치른 심각한 인적 손실을 강조한다.

탈식민 전쟁으로 남북 관계, 즉 북반구의 선진국과 남반구의 저개발 국가의 관계에서 수많은 인명을 앗아 간 처참한 폭력이 벌어졌다. 1950년대부터 서방국의 군인 사망자 수가 제1·2차 세계 대전의 높은 수준에 비해 계속 줄어든 것은 사실이다. 프랑스 군대는 인도차이나 전쟁(1946~1954)이나 알제리 전쟁(1954~1962) 동안, 국경에서 벌어진 전투에서 희생을 치렀는데, 이때의 사망자 수는 1914년 8월 22일 단 하루 동안 잃은 병사의 수보다 적었다. 한국 전쟁에서 미군 사망자 수는 3만 6천 명에 이른다. 베트남 전쟁에서 사망하거나 실종된 군인 약 5만 8천 명의 이름은 마야 린이 디자인한, 워싱턴의 추모 조형물에 하나하나 새겨져 있다. 한편 그곳에서 몇백 미터 떨어진 곳에 위치한 미국의 제2차 세계 대전 기념비를 설계한 건축가는 인명 손실의 규모를 나타내기 위해 상징을 사용했다. 이 기념물에는 금으로 된 별이 4,048개 박혀 있는데, 별 한 개당 사망자 1백 명을 나타낸다. 1945년 이후로 전쟁에서 죽은 서구인의 수가 계속 줄어든 현상은 전방 가까운 곳에 마련된 의료 시설, 응급 외과 기술의 발달, 페니실린 보급, 헬리콥터를 이용한 빠른 의료 후송 덕분이다. 하지만 관점을 바꾸어 보자. 한국 전쟁에서는 북한과 중국 병사 약 80만 명, 남한 병사 15만 명, 민간인 약 2백만 명이 죽임을 당했다. 베트남 전쟁에서는 북베트남과 베트콩 군대의 병사 1백만 명이 목숨을 잃었다.

국지적으로는 여러 유형의 충돌이 서로 겹치는 경우가 많다. 한국 전쟁을 예로 들어 보자. 이 전쟁은 1950년 6월 25일, 북한이 남한을 침공하면서 시작되었다. 소련과 중국의 도움을 받은 북한 공산주의자들은 미국의 지원을 받은 이승만의 민족주의 정권에 맞서 싸웠다. 미국은 국제 연합의 지도국이었다. 한국 전쟁은 국제 연합이 개입한 최초의 전쟁이 된다. 1950년 10월부터 한국 전쟁은 미국과 중국의 전쟁이 된다. 중국 입장에서 볼 때 이 전쟁은 자국 군대를 근본적으로 변화시킬 기회였다. 결국 한국 전쟁은 우파가 공산주의 지지자들을 상대로 벌인 내전이었고, 북한군이 통제하는 지역에서는 남한 체제에 협력하는 사람들을 탄압할 기회였다. 전면적·국제적·지역적인 세 가지 차원이, 냉전 시기에 남아메리카와 아프리카, 아시아에서 벌어진 거의 모든 분쟁에서 나타난다. 이 세 가지 차원은 우리가 시선을 중심부에서 벗어나 주변으로 돌려야 하는 이유다.

전쟁의 종합적인 역사를 왜 써내려 가려 하는지 자문하는 것으로는 충분하지 않다. 누구를 위해서 쓰려는 것인지 물어야 한다. 1968년 3월 16일, 베트남의 미라이 마을에서 5백 명이 넘는 주민이 미군 찰리 중대Charlie Company의 병사들에게 학살당했다. 1969년 여름에 세상에 알려진 이 학살은 처음엔 〈사소한 사건〉으로 소개되었다. 그러다가 얼마 지나지 않아 전쟁법 위반으로 간주되었다. 일부 세계 여론(그래서 전 세계적인 사건이다)이 베트남에서 미국이 저지른 잔학 행위의 상징으로 여기는 미라이 학살은, 베트남 공산주의자들이 혁명군 전투인의 희생을 찬미하는 쪽을 택하면서 의도적으로 침묵했기 때문에 오랫동안 세상에 드러나지 않았다. 더욱이 베트남 현지에서 생존자에게 충격을 준 것은, 학살의 규모보다는 조상 숭배 전통에 따른 학살의 의미였다. 미라이의 민간인들은 폭력적인 죽음을 맞았다. 베트남 전통에 따르면, 그들은 안식을 취하지 못하고 유령처럼 떠돌아다닐 수밖에 없다. 서구인이 미라이 학살을 인권 침해로 본 데 반해, 미라이 사람들은 신성 모독으로 여겼다. 전쟁의 종합적 역사를 쓰는 것은 사망자와 생존자들이 서로 자신의 목소리를 내도록 노력하는 일이기도 하다.

●

1990년대에 냉전이 끝나면서 낙관적인 사람들은 세계에서 폭력이 줄어들 거라고 기대했다. 그로부터 20년 후, 노르웨이의 정치학 연구자들은 분쟁 발발을 방지하기 위한 통계 모형을 만들기 위해 끈질기게 연구했다. 그들은 〈위험 국가〉를 식별해 내고, 국제 연합이 철저하게 감시하며, 목표를 명확히 세운 경제 원조를 보태면 충분히 최악의 사태를 방지할 수 있다고 생각한다. 이들은 〈2050년에는 전쟁 중인 국가의 비율이 절반으로 줄어들 것이다〉라고 장담한다. 하지만 어설프게 계몽 철학의 영향을 받은 진보 이념, 혹은 분쟁에서 인간적인 요소의 복잡성을 감안하지 않은 모형화로 전쟁의 진화 양상을 총체적으로 설명하려는 이러한 시도는 전쟁이 더 많이 벌어지고 있다는 부인하기 힘든 현실뿐 아니라, 르완다의 투치족 학살에서 극단적인 형태로 드러났듯, 전쟁이 극도로 살인적이 되었다는 현실에 부딪혔다.

처음 눈길을 끈 현실은 내전의 폭발적 급증(유고슬라비아, 시에라리온, 다르푸르 지역, 콩고민주공화국, 캅카스, 아프가니스탄, 시리아……)이다. 내전은 한 나라에서 정부가 붕괴함과 동시에 또는 그 결과로 생긴다. 이러한 붕괴는 이라크나 리비아에서 보듯 서방 국가가 벌인 형편없는 군사 작전으로 야기되거나 가속화된다. 저명한 사회학자 찰스 틸리는 이후 유명해진 다음과 같은 말을 했다. 〈전쟁이 국가를 만들고, 국가가 전쟁을 만든다.〉 식민 제국들과 공산주의 진영이 분열하고, 취약한 정권이 증가하고, 국민 국가가 지닌 정당성이 위기에 놓이면서 ─ 국가 간 전쟁이라는 의미에서의 ─ 전통적인 전쟁이 쇠퇴한다. 그 대신 무정부적인 범죄 행위 또는 두 차례의 세계 대전에 참전한 병사들과는 전혀 다른 병사들이 수행하는 강도 낮은 분쟁이 벌어진다. 발칸반도와 중유럽, 구소련 국가들에서는 민족주의라는 판도라의 상자가 열렸다. 우크라이나 또는 오세티아의 돈바스 지역과 조지아의 압하스에서 보듯 분리주의로 인한 충돌이 급증한다. 1990년까지 아프리카 독재자들은 옛 식민국이나 두 초강대국 중 한 나라의 지원하에 자국의 국가 기구를 이용해 정치적 반대파를 억압했다. 냉전이 끝난 후에는 상황이 역전된다. 경제적으로 약해지고 국가로서 제 기능을 수행할 능력이 없어진 국가들은 빈껍데기, 즉 1990년대에 만들어진 이후 여전히 논란의 대상이 되는 표현을 빌리자면 쇠락하는 국가failed states에 불과하다. 전쟁은 국가 내부의 문제(승계 위기, 쿠데타)와 국제 지정학적 맥락(발칸반도와 아프가니스탄, 파키스탄, 중앙아메리카, 라틴아메리카에서의 무기 및 마약 밀거래 증가, 2011년 이후 리비아의 분열과 사헬 지역에서 지하드 운동의 약진, 천연자원 통제를 위한 경쟁……)이 드러나는 징후가 된다. 전쟁의 종합적인 역사를 연구하고 기록하려는 사람에게 현재 상황은 매우 곤란하다. 냉전 시대에 여전히 지배적이던 해석 모형은 이제 더 이상 적합하지 않다. 연구자는 풍부한 창의력을 동원해서 현재 벌어지는 전쟁 폭력의 고유한 움직임을 이해해야 한다.

평화 유지 작전의 틀에서든, 국제 연맹의 틀 또는 반란 진압 삭선의 틀 안에서든, 서방 국가의 군인들은 전쟁을 수행하고 경험하는 방식에서 본질적인 변화를 느끼고 있다. 현재 일선 부대들에서 전투원은 극소수에 불과하다. 대부분은 물자 관리나 지원 임무를 맡고, 그 중 일부는 사기업이 수행하기도 한다. 이라크 전쟁 중에 미군은 차량용 연료를 포함해 매일 5천7백만 리터의 연료를 소비했다. 병사 2만 명으로 구성된 한 개 사단에는 매일 평균 2톤의 음식물이 필요했다. 전쟁은 점점 더 기술자가 맡아 하는 일이 되어 가고 있으며, 군대에는 (전투 부대를 제외하면) 여성의 수가 늘었다. 호전적인 문화는 이런 변화에 적응해야 했다. 많은 국제 연합군 소속 군인이, 평화 유지 활동 중에 준수해야 하는 군대 투입에 대한 제약 규정과, 눈앞에서 벌어지는 잔혹함을 그저 바라보아야만 하는 상황에서 느끼는 무력감 때문에 온갖 심리적 장애를 겪는다. 1995년 7월 11일부터 16일까지 벌어진 보스니아 스레브레니차 학살 때, 라트코 플라디치 사령관이 지휘한 보스니아의 세르비아 군대가 보스니아의 이슬람교도를 8천 명 이상 학살했다. 현장에 있던 네덜란드 평화유지군은 이른바 〈안전지대〉를 보호하기 위해 총을 한 발도 쏘지 못했다.

　　전쟁의 형태가 변화하는 것과 더불어 폭력을 대하는 태도가 나뉘는 양상이 보인다. 한편에서는 서방 국가들이 자국 군인을 지상전에 투입하는 것을 최대한 피하면서 우위의 확보와(이것이 유명한 〈사망자 제로〉설의 의미다), 에드워드 루트웍이 〈영웅주의 이후의 전쟁 방식post-heroic warfare〉이라고 부른 것을 수행하기 위해 기술력에 의존한다. 반대편에서는 무장 세력이 자기 병사들의 목숨을 전혀 중요하게 여기지 않으면서 그들을 영토적 목표(이웃 나라를 군사적으로 점령)를 이념적 목적(어떤 공간을 인종적 또는 종교적으로 정화)에 종속시킨다. 군대를 동원하지 않고 전쟁을 치르는 일이 가능해지면서 마이클 왈저가 〈새롭고 위험한 불평등〉이라고 부른 현상이 생긴다. 걸프 전쟁과 이라크 전쟁이 발발하고 국제 테러 행위가 급증한 이후로 폭력을 대하는 집단적 태도에 나타난 차이 때문에 완벽하게 분리된 두 개의 세계가 있다는 환상이나 문명 간에 갈등이 존재한다는 환상을 가지면 안 될 것이다. 지하디스트에게 희생된 최초의 피해자들은 대부분 지하디스트가 서구 세계의 영향에 맞서 보호하겠다고 말한 이들이었다. 그 사실 이외에도 전쟁이 전면화하는 양상을 보여 주는 단서는 더 있다. (AK-47 소총 같은) 무기의 전 세계적 유통, 국가 재정과 불법 거래 자금을 통한 게릴라군 대의 원조, 대륙 간 용병의 이동, 무장 집단이 근대적인 통신 수단을 이용해 서구 여론을 공포에 몰아넣는 일 등이 이러한 단서다.

이 책의 목적은 독자가 필요한 거리를 두도록 하는 것이다. 현재 진행 중인 분쟁은 여러 질문, 특히 윤리적 차원의 질문을 불러일으키는데, 이런 질문이 과연 새로운 것일까? 게릴라전과 이에 맞선 대(對)게릴라전의 문제는 이라크와 아프가니스탄 전쟁 이후에 다시 주목을 받으면서 19세기와 20세기 내내 논의되었다. 〈접촉 없는 교전〉은 제1차세계 대전 직후부터 이론화되었다. 1911년 어느 프랑스 기자는 미래 전쟁을 이렇게 상상했다. 〈에펠탑에 있는 우리 장교들이 다리를 파괴하고 행군하는 대대의 발밑에서 지뢰를 원거리에서 터뜨리는 시대가 머지않아 올 것이다. (……) 그때에는 비행기가 (……) 허공을 누비며 송수신기의 명령에 맹목적으로 복종하게 될 것이다.〉 끝으로 다른 한 가지 위험이 추가된다. 오로지 전략적 또는 전술적 관점, 즉 위에서 내려다보는 관점에 갇혀 전쟁을 경험하는 인간의 측면에 침묵하는 위험이다. 드론 조종사가 통제실에 앉아서 수천 킬로미터라는 거리 덕분에 아무런 죄책감도 없이 생면부지의 표적을 제거하는 시대에 이러한 위험만큼 결정적으로 해로운 일은 없을 것이다.

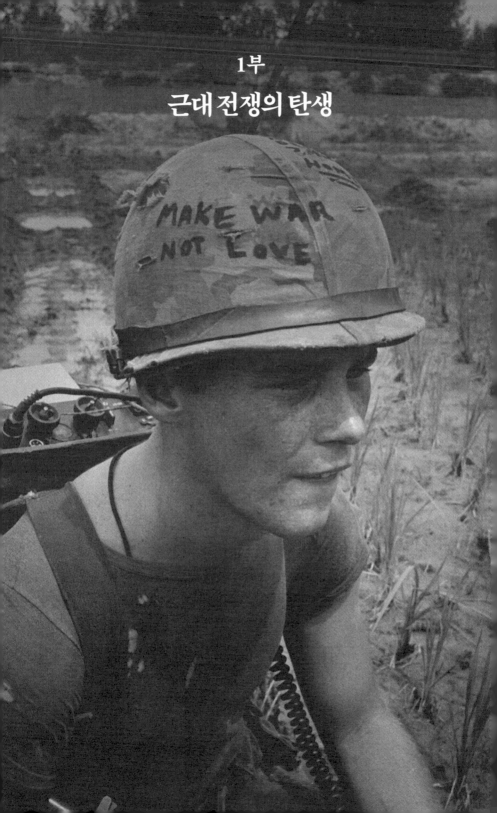

1부
근대 전쟁의 탄생

남베트남 다낭, 미 해병대 상병 마이클 원의 사진. 그는 당시 반전 운동가들의 슬로건을 비튼 〈사랑 말고 전쟁을 하자〉는 글을 헬멧에 적었다.
(ⓒ Bettmann Archive/Getty Images)

서론

데이비드 A. 벨[●]

〈근대 전쟁이란 무엇인가?〉 전쟁 역사가들 사이에서 이것만큼 수없이 논의된 질문도 찾아보기 힘들 것이다. 하지만 이 질문은 착각을 불러일으킨다. 〈근대 전쟁〉이라는 표현은 모든 시대에 〈전쟁〉이라 불리는 명확한 현상이 존재하며, 이 현상이 〈근대〉라는 확실하게 구분되는 경계를 넘어서면서 근본적으로 변했음을 전제로 한다. 그런 다음에야 비로소 이 변화의 연대기적 순서와 성질을 논의할 수 있다. 이러한 변화가 16세기 또는 17세기에 이른바 〈군사 혁명〉(새로운 보병 전술과 요새화 기술 개발)과 함께 생겼는가? 프랑스 혁명기에 대규모 징병이 이루어지면서? 19세기에 산업 혁명과 맞물려서? 19세기와 20세기에 〈총력전〉과 더불어 생겼는가? 이 경계를 어느 시기로 정하든, 어떤 방식으로 규정하든, 전쟁의 역사에서 그 〈이전〉과 오늘날까지 이어진다

• David Bell. 프린스턴 대학교의 〈시드니 & 러스 라피두스 교수Sidney & Ruth Lapidus professor〉. 18세기와 19세기 프랑스를 연구하는 역사학자이며, 주요 저서로 『최초의 총력전: 나폴레옹의 유럽과 우리가 아는 그대로의 전쟁의 탄생The First Total War: Napoleon's Europe and the Birth of Warfare as We Know It』이 있다.

고 생각되는 〈이후〉를 구별하게 된다.

하지만 이 책의 1부에 실린 장들을 읽으면서 알 수 있듯, 전쟁의 역사에서 가장 중요한 단절은 전쟁의 〈전근대적〉 형태와 〈근대적〉 형태의 구분은 아닌 듯싶다. 그보다는 제2차 세계 대전 이후를 특징짓는 단절이 중요하다. 이 지점을 기준으로 〈근대성〉이 등장하기 훨씬 이전까지 거슬러 올라가는 전쟁의 오랜 역사는 오늘날 우리가 알고 있는 무력 충돌과 다르다. 필자는 약간 반어적인 표현으로 오늘날의 전쟁을 〈탈근대 전쟁〉이라 부르고 싶다. 20세기 중반의 단절 지점을 넘어서는 연속성이 존재하긴 하지만, 이 시기의 가장 중요한 변화가 있다. 그것은 우리가 일반적으로 〈비정규 전쟁〉에 관한 것이다.

서구 세계에서는 중세부터 적어도 제2차 세계 대전이 끝날 때까지의 시기에 주권 국가들 사이에서 군사력을 수단으로 형식화되고 대칭적인 대립을 일컬어 〈전쟁〉(war, Krieg, voyna 등)이라고 불렀다. 옛 사전에서 〈전쟁〉을 어떻게 정의 내렸는지 살펴보면 알 수 있다. 게다가 이 정의는 오늘날에도 통용된다. 『옥스퍼드 영어 사전』에서는 (뜻풀이의 초반부만 인용하면) 전쟁을 〈민족과 국가, 군주가 군사력을 수단으로 서로 대립하는 분쟁〉으로 설명한다. 과거든 현재든 헌법 조문, 군사 조직이나 전쟁 선포 절차, 평화 협상 등에 관한 조문에서도 마찬가지다. 물론 사전에서는 부차적인 형태의 전쟁도 정의한다. 내전, 식민지 전쟁, 게릴라전 그리고 논란의 여지는 조금 있지만 테러 행위 등을 일컫는다. 하지만 이런 부차적인 형태의 전쟁은 주제에 대한 일종의 변형으로 소개될 뿐이다. 〈전쟁〉의 일반적인 모델은 여전히 아쟁쿠르, 블레넘, 워털루, 솜, 스탈린그라드 전투처럼 주권 국가들이 서로 대립하는 유형의 충돌이다. 분쟁들마다 많은 차이점이 있음에도 불구하고, 모두 훈련된 정규군이 대치한 가운데 전략과 전술을 펼치고, 양쪽 모두 유사한 형태의 군대를 보유한다는 점에서 공통적이다.

그런데 21세기 초 현재, 이렇게 정의된 전쟁은 찾아보기 어렵게 되었다(대규모 군사력이 동원되지 않고 장기간 지속되는 소규모 교전을 제외하면 더욱 그렇다). 지난 60년을 돌이켜 보면, 기존 전쟁의 정의에 걸맞는 대규모 충돌은 열 손가락으로 꼽을 수 있을 정도다. 여기에는 베트남 전쟁을 비롯해 1967년과 1973~1974년 이스라엘·아랍 전쟁, 1971년 인도·파키스탄 전쟁, 1980~1988년 이란·이라크 전쟁, 제1차 걸프전이 포함된다. 소련의 붕괴와 구 유고슬라비아 분할 이후 벌어진 일부 분쟁(가령 아르메니아와 아제르바이잔이 대치한 나고르노카라바흐 전쟁이나, 2008년 러시아와 조지아가 벌인 전쟁)도 속한다고 할 수 있다. 경우에 따라서는 2003년에 미국과 연합군이 일으킨 이라크 전쟁도 포함할 수 있겠지만, 이 충돌은 초기에 대칭적인 군대의 대결이었다가 훨씬 오래 지속된 게릴라 군사 작전으로 양상이 빠르게 바뀌었다. 물론 고전적인 의미에서 전쟁이 다시 벌어질 가능성은 여전히 있다. 하지만 21세기 초 정치인과 논평가들이 사용하는 〈전쟁〉이라는 용어는, 순식간에 수천만 명의 목숨을 앗아 가는 핵무기의 충돌뿐 아니라, 파리의 신문사와 슈퍼마켓에서 16명이 살해된 테러 행위나, 2015년에 파리 몽루주에서 여경 한 명이 사살된 것도 가리킬 수 있다. 장뱅상 올랭드르가 자신의 글에서 지적하듯, 전쟁의 개념에 대해 〈지금처럼 합의를 보지 못한 적이 없다〉는 사실에 전문가들이 동의하는 것도 전혀 놀랍지 않다.

〈근대〉 전쟁과 〈탈근대〉 전쟁의 구별을 넘어선 연속성이 존재한다면, 주권 국가들 사이의 충돌이라는 고전적 모델이 아니라, 주제에 대한 이른바 〈변형〉에 있다. 최근에 역사학자 데이비드 아미티지가 『내전: 사상의 역사Civil Wars: A History in Ideas』(2017)에서 언급했듯, 오늘날 세계에서 벌어지는 대규모 무력 충돌은 대부분 한 국가 안에서 벌어지기 때문에 내전에 해당한다. 시리아, 필리핀, 남수단과 여타 나라들에서 현재 진행 중인 분쟁이 이러한 정의에 부합한다. 마찬가지로 1945년 이후 탈식민화 기간 내내 식민지 전쟁이 계속되었다. 여기에는 구소련을 계승한 러시아에서 벌어진 몇몇 분쟁(1994~1996년과 1999~2000년 체첸 분쟁 등)이 포함된다. 게릴라전은 2001년부터 이라크와 아프가니스탄에서 미국을 상대로 벌이는 게릴라전의 경우처럼 테러 행위와 마찬가지로 전 세계에 퍼져 있다.

요컨대 이 책이 19세기 이후로 추적하는 〈근대 전쟁〉의 역사는 서로 연결되어 있지만 분명히 구별되는 두 개의 역사로 나뉘어야 한다. 첫 번째 역사는 프랑스 혁명에서 제2차 세계 대전까지 주권 국가들이 서로 맞서는 대칭적인 정규전과 이들의 다양한 진화 양상, 그리고 1945년부터 오늘날까지 이 모델이 극단적으로 변화 또는 소멸하는 양상을 포함한다. 두 번째 역사는 내전, 식민지전, 게릴라전, 테러 행위와 같은 전쟁 모델의 〈변형〉과 이들 고유의 복잡다단한 변모를 다룬다.

두 역사는 서로 분명히 구별되지만 뒤얽혀 있는 두 개의 축을 제각기 지닌다. 교전 당사자가 달성하려는 목적과 그 목적을 달성하기 위해 사용하는 수단이 그것이다. 클라우제비츠가 한 말을 인용하자면, 〈전쟁은 정치가 아닌 다른 수단들을 동원하여 정치를 계속하는 것이다〉. 이 수단은 정치적 목적에 상응해야 한다. 하지만 국가가 항상 분별력 있게 수단을 평가해 선택하지는 않는다. 국가의 목적도 분쟁이 진행되면서 분쟁 자체의 영향으로 변화한다. 특히 전투의 강도가 높아지고 손실이 누적됨에 따라, 전쟁 당사자는 필요하다면 상대방의 정치 체제를 전복시켜서라도 적을 굴복시키는 것이 분쟁에서 받아들일 만한 유일한 결말로 인식하기도 한다. 그리고 자신이 처음에 정한 목표를 더 높게 조정한다.

이런 통제불능의 과격화 양상이 1789년부터 1945년까지 대칭적인 전쟁에서 자주 등장한다. 물론 이런 전쟁에서도 영토 확장이나 국민 통합, 경제적 이윤, 식민지 지배 등 다양하고 대체로 지엽적인 목적이 있었다. 하지만 많은 경우에 전쟁은 통제를 완전히 벗어나게 되고 처음의 갈등을 넘어 확장되면서, 폭력이 고조되고 전쟁 목적과 파괴 수단이 과격화하는 양상을 띤다. 이 연쇄 상승 현상은 대립하는 양쪽 중 하나가 붕괴해야만 끝난다. 과격화 양상은 프랑스 혁명전쟁과 나폴레옹 전쟁에서 시작되었다. 서구에서 그때껏 볼 수 없던 대규모 군대가 동원되어 기나긴 일련의 대전투가 벌어졌다. 이로써 전례 없는 손실이 생기고 유럽 열강 사이에 국경이 재설정되었다. 1814~1815년에 빈 회의에서는 이러한 파괴 전쟁을 끝내기 위해 강대국 사이의 협력 기준을 정했다. 그러나 제1차 세계 대전으로 다시 판도라의 상자가 열렸다. 폭력이 격화하는 양상이 새로 시작되면서 끔찍한 손실(군인만 1천만 명 가까이 사망)을 초래했다. 그리고 연합국은 주요 강국을 굴복시킬 뿐 아니라 영구적으로 평화를 유지하기 위한 기구를 설립하겠다는 단호한 의지로 전쟁 목표를 매우 높게 조정했다. 하지만 소용없었다. 전쟁이 종결되고 베르사유 조약으로 평화 약정을 맺고 국제 연맹을 창설했음에도 20년 만에 제2차 세계 대전이 발발했다.

이런 맥락에서, 주권 국가들이 사용하는 전쟁 수단이 1789년과 1945년 사이에 급격한 속도로 바뀌었다. 1부는 이를 설명하는 글들을 담고 있다. 앞선 2세기 동안 주력 무기가 상대적으로 거의 발전하지 않은 데 반해(수공업으로 만든 화승총과 청동 대포, 목재 군함), 장전 속도가 빠른 강선식 소총이 등장하고 기관총, 독가스, 화학탄을 발사할 수 있는 장거리포, 탱크, 장갑함, 비행기 그리고 끝으로 핵폭탄이 등장한다. 새로운 무기들로 인해 전쟁 양상은 알아볼 수 없을 정도로 바뀌었을 뿐 아니라, 지리적으로 제한된 지역에서 최장 2~3일 동안 대규모 군대가 집결해 벌이는 회전(會戰)은 거의 사라졌다. 제1차 세계 대전 중에 〈전투〉는 몇 달에 걸쳐 지속되고 수십 킬로미터에서 펼쳐졌다. 마찬가지로 1793년에 프랑스 군대에서 〈국민개병levée en masse〉이 실시된 이후, 국가들은 전쟁을 치르기 위해 젊은 남성을 징병하는 제도를 도입하여 전 국민을 동원하려 했다. 국가는 경제 자원을 통제해 전쟁을 치르는 데 사용하려 하고(이 책에서 리처드 오버리가 〈전쟁 국가〉라고 부르는 것), 〈국내 전선〉의 민간인을 대상으로 치밀한 선전을 벌인다. 끝으로 국가는 대규모 군사 활동 비용을 대기 위해 더욱 정교한 재정 수단을 강구한다. 20세기 초 강대국들은 전쟁이 벌어지면 막대한 인적 자원과 물적, 재정적 자원을 투입했기에, 분쟁의 규모를 제한하여 단순히 몇몇 영토 조정으로 만족하는 것이 불가능했다.

이 시기에 올랭드르가 정당한 이유로 1945년의 〈단절〉이라고 부른 것이 생긴다. 이러한 단절과 이후 국가 간의 전쟁에 급격한 변화가 생긴 것은 제2차 세계 대전으로 초래된 전례 없는 (일부 추정에 따르면, 사망자가 8천만 명에 이르는) 손실 때문이 아니다. 핵무기의 발명 때문이다. 미국이 히로시마와 나가사키에 최초로 핵폭탄을 투하했을 때, 사람들은 지구상에서 가장 진보한 무기의 파괴력이 얼마나 큰지 즉시 깨닫지 못했다. 두 개의 핵폭탄이 각각 초래한 피해자 수는 미군이 1945년 3월 9일과 10일에 재래식 무기로 도쿄를 공습하여 발생한 피해자 수보다 적다. 하지만 도쿄 공습에는 비행기 334대가 동원됐고, 폭탄은 단 한 발이 아니라 7천 발 가까이 투하됐다! 사람들은 수소폭탄을 탄도 미사일에 장착함으로써 핵무기의 파괴력이 훨씬 더 증가할 수 있다는 사실을 곧 깨달았다. 1960년대 초에 이미 가장 위력적인 폭탄의 파괴력은 TNT 5천만 톤에 맞먹었다. 미국과 소련에서 이런 무기들이 막대한 양으로 쌓이자 강대국 사이에서 전쟁이 벌어지면 인류 문명이 모조리 파괴될 수도 있다는 사실이 확실해졌다. 덕분에 강대국 전쟁이 벌어질 가능성은 거의 사라졌지만, 세계가 대재앙에 처하기 직전까지 갔던 여러 사태에서 볼 수 있듯이 불행히도 이런 싱횡이 아예 불가능하다고 할 수는 없었다. 약소한 나라들 사이에서 전쟁이 벌어질 수 있었고, 세계가 두 세력권의 대립으로 나뉘어 있었으므로 핵무기를 보유한 초강대국superpower이 개입할 위험도 항상 존재했다. 이 위험은 냉전이 종식되면서 사라졌다. 하지만 이후, 〈극초강대국 hyperpower〉인 미국은, 1990년대 이라크와 세르비아처럼 핵무기가 없고 자신보다 약하지만 전쟁 의도를 지닌 세력들과 충돌하는 일을 마다하지 않았다. 현재 미국은 엄청난 비용을 들여서 다른 하나의 주요 강대국이나 그보다 열세인 두 강국을 상대로 재래식 무기를 사용하는 전쟁을 빠르게 수행해 승리할 수 있는 군대를 유지하고 있다.

주권 국가 사이에서 재래식 무기로 벌이는 전쟁이 빠르게 쇠퇴하는 양상을 보고, 어떤 전문가, 예를 들어 스티븐 핑커가 『우리 본성의 선한 천사』(2011, 한국어 번역본은 2017년)에서 말한 것처럼 인류가 마침내 무장 폭력을 사용하는 취미를 초월했다고 주장하기도 한다. 그러나 전쟁의 고전적 모델이 약해진 건 사실이지만, 그 변형 내전, 게릴라전, 테러 행위 같은 변형들은 좀처럼 쇠퇴하는 양상을 보이지 않는다. 핑커는 다른 형태의 분쟁에서도 폭력이 감소한 것으로 주장했지만, 그의 책이 출간되고 얼마 지나지 않아 시리아에서 끔찍한 내전이 벌어져 수십만 명이 사망했고 제2차 세계 대전 이후 최대의 난민 위기를 초래했다.

고전적인 전쟁의 이러한 여러 변형은 많은 공통점을 지닌다. 오늘날 이 변형들은 서로 융합되어 보통 〈비대칭 전쟁〉이라 부르는 것에 대한 또 다른 변형들을 이루고 있다. 〈내전〉은 주로 1861~1865년에 미국에서 북부 연방과 남부 연합이 대치한 전쟁, 또는 데이비드 아미티지의 말대로 고대 로마에서 마리우스 군대가 술라의 군대와 맞선 것과 같은 싸움을 가리킨다. 하지만 1945년 이후 정규군으로 무장하고 군비를 잘 갖춘 군대의 대칭적인 충돌 형태를 띤 내전은 거의 없다. 그보다는 한 국가가 게릴라 반군에 맞서거나 경쟁 관계에 있는 게릴라 당파들이 맞서는 비대칭적인 분쟁이 주를 이룬다. 이런 충돌은 앙골라에서 벌어진 오랜 내전의 예에서 보듯 대체로 식민지 전쟁에서 비롯되었다. 앙골라에서는 예전에 포르투갈에 대항했던 집단들이 이후 수십 년 동안 서로 충돌했다. 이런 거의 모든 분쟁에서는 대치하는 상대방이 〈테러 행위〉로 간주하는 공격이 이루어진다.

1부에 실린 글들이 보여 주듯, 〈고전적인〉 전쟁 연구에서 이런 〈변형들〉에 대한 연구로 관점을 바꾸면 진정한 단절이 이루어진 것은 제2차 세계 대전이 종결된 시점이 아니다. 이러한 〈변형들〉에서 지배적으로 나타나는 비대칭 충돌의 유형은 19세기 초 나폴레옹 전쟁 중에 생겨났다. 나폴레옹 군대가 점령지 스페인에서 민중 봉기를 진압하려던 시기에 〈게릴라〉(스페인어로 〈작은 전쟁〉이라는 뜻)라는 단어가 근대적인 의미를 띠게 되었다. 스페인 반란군 병사들은 점령군의 소부대에 맞서 매복 공격을 한 뒤에 시골로 후퇴를 반복하는 비정규전을 펼쳐 당대 가장 강력한 육군에 저항했다(나폴레옹이 말한 유명한 〈스페인의 궤양〉). 프랑스군은 반란 억제 전술, 대대적인 보복 공격, 인질 포획, 현지 조력자 포섭 등을 펼쳤지만 아무 소용이 없었다. 결국 반란군을 제압하지 못했다. 이 충돌은 일종의 모델이 되어 뒤이은 2세기 동안 여러 곳에서 되풀이된다. 예를 들면 알제리에서 1830년대와 1840년대에 압델카데르의 군대와 프랑스군이 충돌했을 때, 1899~1902년 보어 전쟁, 1930년대와 1940년대 중국 파르티잔(빨치산) 전쟁, 베트남 전쟁 그리고 최근에는 이라크와 아프가니스탄 전쟁이 있다. 핵무기 개발과 냉전으로 이런 형태의 분쟁은 사라진 것이 아니라 오히려 새로운 존재 이유를 얻었다. 미국과 소련은 직접 충돌하는 것이 위험하다는 사실을 깨닫고, 다른 국가의 비정규 무장 세력을 대리로 내세워 자신들의 목표를 달성하는 쪽을 택했다. 예컨대 남베트남의 공산주의 군사 조직인 베트콩 또는 니카라과의 친미 세력인 콘트라가 있다. 냉전 이후, 군사적으로 극초강대국인 미국은 이라크와 세르비아를 비롯한 다른 주권 국가들에 맞선 전쟁에서는 빠르고 결정적으로 승리를 거둔 반면, 지리적으로 훨씬 작고 세력이 약한 테러 집단과 게릴라 집단과의 전쟁에서는 자주 실패했다.

1800년부터 현재까지 오랜 시간 동안, 비대칭 전쟁은 무엇보다 영토와 관련된 목표를 달성하기 위해서, 즉 어떤 영토를 해방하거나 통일하거나 그곳에 거주하는 소수 민족을 〈청소〉하려고, 또는 영토를 굴복시키거나 평정하기 위해서 벌어졌다. 하지만 존 린이 자신의 글에서 말하듯 다른 목적들이 개입될 수 있으며, 특히 테러 활동까지 포함하면 더욱 그렇다. 19세기 유럽 무정부주의자와 21세기 지하디스트는 서로 완전히 다른 신념으로 싸운다. 하지만 이들은 무정부주의자들이 〈행위를 통한 선전〉이라고 부른, 눈길을 끄는 화려한 공격을 실행에 옮김으로써 추종자를 모으고 적의 체제를 약화시킨다는 점에서는 공통적이고 직접적인 목표를 가지고 있다.

이런 분쟁에서 사용되는 무기는 1800년 이후 주권 국가 간에 벌어지는 대칭적인 전쟁에서 쓰인 무기보다 훨씬 덜 변화했다. 구식 소총이 돌격 소총으로, 대포에 쓰이는 화약이 화학 폭발물로 대체되긴 했지만, 게릴라 전투원과 테러리스트, 내전에 동원된 대부분의 병사들이 사용하는 무기는 여전히 소화기와 강도가 약한 (주로 수작업으로 제작된) 폭발물이 대부분이다. 사용되는 전술은 대체로 매복이나 다른 유형의 기습 공격이다. 병사들은 민간인 사이에 숨는 능력에 의존한다. 한편 이들에 맞서는 상대는 현지 조력자들의 도움을 받고, 상대편 전투원이나 그 공모자, 심지어는 주민 전체에 대한 보복 공격을 실시하고, 강제 이주 시키는 것에 의존한다. 미군이 베트남에서 형성한

〈전략촌〉이 그 예다. 양쪽 모두 주민의 〈마음과 영혼〉을 얻으려 애쓴다. 이런 유형의 분쟁을 치르는 국가는 월등한 화력에도 불구하고 대체로 자기 목적을 이루지 못한다. 나폴레옹 지배하의 스페인에서 게릴라는, 요새화된 도시를 제외한 영토를 통제하지 못하는 프랑스 점령군을 공공연히 비웃었다. 프랑스 군대가 한 도시에서 다른 도시로 이동할 때면 〈물속에 고랑을 팠다〉며 비아냥댔다. 보어 전쟁 중에 남아프리카에 주둔했던 영국군이나 아프가니스탄에 주둔한 소련군과 미군도 마찬가지라고 할 수 있다.

이러한 성공으로 미루어 볼 때 비대칭 전쟁은 불행히도 쉽게 사라지지 않을 것이다. 주권 국가 간의 전쟁이 줄어든 것은 (핑커의 주장에도 불구하고) 인류가 더 문명화되었기 때문이 아니라, 이런 전쟁으로 치러야 할 위험이 전쟁에서 얻는 이득보다 크기 때문이다. 전쟁이라는 주제에 대한 〈부차적인〉 형태와 변형의 경우에는 계산이 조금 다르다. 인도주의가 부상하면서 아니면 적어도 여론의 지탄을 받을 두려움 때문에 많은 국가는 이전 세대에서 아무런 양심의 가책 없이 자행되던 포로 구속과 처형 또는 민간인에 대한 대규모 보복 공격 같은 일부 반란 억제 방식을 사용하는 데 주저한다. 국가는 자국 군인의 안전과 생명에 대해서도 더욱 신중을 기하고 있다. 1983년 10월 23일 베이루트에서 미국인 241명이 사망한 후, 미군이 레바논에서 철수한 것이 그 예다. 하지만 이 때문에 게릴라와 반란군은 더욱 쉽게 자신들의 목표를 달성할 수 있다. 따라서 이 〈주제 없는 변형들〉이 앞으로 맞닥뜨릴 전쟁의 틀을 계속해서 결정해 갈 것이라고 예상할 수 있다.

01
전쟁을 생각하다

장뱅상 올랭드르•

재래식 무기를 쓰는, 국가간의 대칭적인 충돌. 이것이 전쟁의 전통적인 모델이다. 국민과 게릴라의 개입, 급격히 발달한 군사 기술력, 핵무기 개발까지…… 19세기 이후로 전쟁의 전통적인 모델은 위기에 처해 있다.

전쟁에 이름을 붙이는 일은 항상 정치적인 측면을 띤다. 미국의 부시 대통령과 프랑스의 올랑드 대통령이 2001년과 2015년에 각각 자국을 강타한 테러 공격을 일컬어 〈전쟁〉이라는 단어를 사용한 것은, 무엇보다 자국의 영토에서 자행된 공격의 심각성과 예외적인 성격을 강조하기 위해서였다. 더불어 테러 행위로 야기된 충격의 강도에 걸맞은 단호한 정치적 대응의 윤곽을 그리기 위해서이기도 했다. 해당 국가의 국민과 다른 나라들이 보기에 군사적 대응보다 더 단호한 대응이 무엇이겠는가? 알카에다와 이슬람국가(IS)는 새로운 유형의 전쟁을 유발한 〈적〉으로 지칭되지만, 정치 담론에서는 〈야만적인〉 행위를 저지른 〈범죄〉 조직으로 그려진다. 정치권은 지하디즘을 범죄 행위와 동일시함으로써 그 합법성을 완전히 상실하게 만드는 한편, 〈전쟁〉이라는 표현을 사용함으로써 시민의 안전이 위기에 처한 시기에 국가

• Jean-Vincent Holeindre. 프랑스 육군 사관 학교 전략 연구소 소장. 최근 저작으로 『술책과 힘: 전략의 또 다른 역사 *La Ruse et la force. Une autre histoire de la stratégie*』가 있다.

의 온전함과 주권을 재확인할 수 있다.

반대로 전쟁이라는 표현이 정치권에서 기피되는 경우도 있다. 공권력은 훗날 역사 서술에서 전쟁으로 인정될 만한 분쟁을 〈전쟁〉이라고 부르기를 거부하기도 한다. 그 예로 한국 전쟁(1950~1953)과 알제리 전쟁(1954~1962), 제2차 체첸 전쟁(1999~2009)이 있다. 이들은 각각 미국과 프랑스, 러시아 당국에 의해 〈치안 활동〉, 〈사태〉, 〈반테러 작전〉이라고 불렸다. 한국 전쟁의 경우, 트루먼 대통령은 이 전쟁이 미국이 결정한 것이 아니라 국제 연합이 개입한 군사 행동이라는 사실을 나타내고자 했다. 알제리 전쟁의 경우, 프랑스는 자국이 식민화했던 땅에서 벌어진 국가 주권을 문제 삼은 분쟁의 심각성을 최소화하려 했다. 러시아는 체첸인을 잠재적으로 주권을 지닌 한 국가를 이끄는 〈정당한〉 적이 아니라, 러시아 정권을 불안정하게 만들려는 〈테러리스트〉로 간주했다. 이를 전쟁이라고 지칭하면, 곧 체첸의 분리를 인정하고 독립주의자들의 주장을 심각하게 받아들이면서 적을 온전한 정치적 주체로 간주해야 하기 때문이다. 그래서 범죄라는 표현이 전쟁이라는 표현보다 유리하다고 보았다.

전쟁을 어떻게 부를지에 대한 이 같은 논쟁을 보면, 특히 서구의 정치적·군사적 사고가 주권 개념과 연관된 국가 간 전쟁 모델을 중심으로 구축되어 왔다는 일반적인 사실을 알 수 있다. 미국 사회학자 찰스 틸리의 말을 빌리자면, 전쟁을 만드는 것은 국가이고 국가를 만드는 것은 전쟁이다. 이 금언은 역사 이론과 편찬에 지대한 영향을 미쳤다. 이로 인해 분석적 측면에서 전쟁을 〈정규〉 군대를 갖춘 국민 국가들 사이의 충돌에서 벗어난 다른 것으로 간주하기 어려워졌다. 국제법은 본질적으로 국가가 아닌 주체들의 합법성을 인정하지 않는 국가에 관한 법이 아니던가? 하지만 1945년 이후로 법률가들은 전쟁이라는 개념보다는 〈무장 충돌〉 개념을 선호해 왔다. 이는 현실과 규범 사이에 괴리가 존재하며, 국가 간 관계를 기본 틀로 삼는 〈베스트팔렌 조약〉과 같은 방식의 근대 국제 관계와, 탈식민화 과정 및 뒤이은 세계화 맥락에서 무장 폭력이 취하는 산만한 형태의 충돌 사이에 간극이 존재함을 방증한다. 어떤 관찰자도 1945년 이후로 전쟁이 사라졌다고 말하지 않을 것이다. 하지만 전쟁이라는 개념을 놓고 지금처럼 합의가 이루어지지 않은 적은 없었다. 전쟁 개념은 법적인 정설이 없기 때문에 교전 당사자와 증인, 외부 관찰자 사이에 논쟁을 불러일으키며, 정치 당국에 의해 전략적인 방식으로, 대체로 불분명하게 사용되고 있다.

전쟁을 깊이 연구하는 일은 분석적인 관점에서 매우 까다로운 일이 되었다. 국가 간 대립 모델이 현실적으로나 법적으로 합당한지 여부가 문제시되는 상황이고, 국제 조직 체계는 이에 걸맞게 정치적·법적 차원에서 수정되지 않았기 때문이다. 1945년 이후로 국가들 사이에서 벌어지는 전쟁 형태는 줄어들었다. 그 자리를 핵무기 억제 논리, 그리고 〈비정규적〉 또는 〈비대칭적〉, 〈비관례적〉이라는 말을 어설프게 갖다 붙인 〈새로운 분쟁〉이 차지하게 되었다. 이런 부정의 뜻을 나타내는 수식어를 사용한다는 것은 민족 및 국가 주권의 정치적이고 규범적인 틀에 부합하는 정규적이고 대칭적이고 관례적인 전쟁 모델이 엄연히 존재함을 의미한다. 이 틀 덕분에 근대에 들어 전쟁 개념에 명확한 의미를 부여할 수 있었고 이 개념을 정치적·법적 차원에서 형식화할 수 있었다. 오늘날 이 개념은 위기를 맞았다. 전쟁 현상은 그것이 있어야 할 자리라고 여겨지던 국가 조직이라는 한계를 벗어났다. 이 사실을 이미 19세기 초 프로이센의 군인이자 사상가인 카를 폰 클라우제비츠(1780~1831)가 『전쟁론』에서 다루었다.

클라우제비츠의 유산

클라우제비츠의 생각은 대개 유럽 지역에서 벌어진 국가 간 전쟁의 맥락에서만 받아들여지지만, 이는 잘못된 것이다. 때로는 그가 20세기에 벌어진 두 차례의 세계 대전을 예언했다고 보기도 한다. 하지만 이 프로이센 전략가는 자신을 가장 비판적으로 해석한 사람들이 평가한 것보다 더 넓은 시야를 지녔다. 그는 전쟁 현상을 세 개의 기본적인 축을 골격으로 삼아 분석했다. 이 축은 무력 대립이 취하는 형태나 검토 대상이 되는 특정 문화에 상관없이 언제나 유효하다.

첫째, 전쟁은 군사적·전략적 측면에서 서로 적이라고 인정하는 양편이 대립하는 〈대규모 결투〉다. 이런 관점에서 보면, 모든 전쟁은 무엇보다 전술적 수준에서 〈의도〉, 그리고 전략적 수준에서 지성이 대립하는 싸움이다.

둘째, 전쟁은 정부가 특정 목적(공격에 대한 응수, 영토 정복 등)을 달성하기 위해 사용하는 군사적 수단이다. 이런 관점에서 전쟁은 〈다른 수단의 도움을 받아 수행하는 정치 활동의 연장〉이다. 전쟁의 〈문법〉이 군사적이라면, 전쟁의 〈논리〉는 본질적으로 정치적이다. 즉 맨처음 정한 목표가 달성되면 전쟁은 끝난다. 그런데 클라우제비츠의 설명에 따르면, 이 목적은 지도자에 의해 명확하게 드러나야 하지만 언제나 그렇지는 않다.

셋째, 〈전쟁은 교전이 벌어질 때마다 성질을 바꾸는 카멜레온이다〉. 클라우제비츠는 전쟁의 성질을 규정하고 보편적인 이론을 구상하려고 노력하는 한편, 각각의 충돌이 전쟁에 가담한 사회의 거울이라고도 말한다. 이렇게 보면 전쟁은 단지 군사적이고 정치적인 현상이 아니라 문화와 관습, 시대정신, 기술 진보, 동맹 관계, 한마디로 사회적 능력이 어떤지에 달려 있는 현상이기도 하다.

마지막 관점과 관련하여, 존 키건이 클라우제비츠에게 가한 격렬한 비판을 재검토해 볼 수 있다. 영국의 역사학자 키건은 『세계 전쟁사 *A History of Warfare*』에서 프로이센의 전략가 클라우제비츠가 전쟁을 정치적인 측면으로 축소한다고 비판한다. 키건을 비롯한 문화사 옹호자들이 보기에, 전쟁은 무엇보다 문화적 현상으로서 어떤 정치적 결정이 이루어지기 전에 이미 사회를 형성한다. 하지만 방금 살펴본 것처럼 클라우제비츠는 전쟁의 정의를 하나가 아닌 세 가지로 제시하고 있으며, 이들은 서로 교차하고 결합한다. 군사적 정의에서는 전투원의 세계에 주목하고, 정치적 정의에서는 전쟁을 권력에 관한 쟁점과 연결시킨다. 그리고 〈사회적〉 또는 인류학적 정의에서는 모든 전쟁이 시공간적으로 설정된다는 특성을 강조하며 다양한 실천 방식과 〈전쟁 문화〉가 있다고 주장한다. 이 세 계층이 서로 결합한다는 점에서 전쟁에 대한 세 가지 정의는 클라우제비츠가 말한 전쟁의 〈기묘한 삼위일체〉를 이룬다. 즉 군대는 전술 및 전략적 움직임을 추진하고, 정치는 군사력 동원 여부를 결정하며, 〈국민〉은 대결이 취하는 사회적·경제적·문화적 형태를 결정한다.

클라우제비츠가 제시한 전쟁에 대한 관점은 프랑스 혁명전쟁과 나폴레옹 전쟁(1792~1815)이라는 특수한 맥락에서 나온 것이다. 이 전쟁에서 국민은 핵심적이라고 할 수 있을 만큼 지대한 역할을 했다. 무력 충돌은 이제 단지 정치적·군사적 수준에서 〈왕〉과 〈군대〉들을 대립시키는 게 아니라, 〈어느 국민 전체가 다른 어떤 국민 전체를 상대로 전쟁을 치르며, 왕과 군대는 국민에 포함되어 있다〉. 프랑스 혁명전쟁에서 공화주의자들이 실시한 〈국민개병〉으로 국민은 국가 총동원의 원동력을 맡았다. 덕분에 혁명군이 1792년에 이미 유럽 왕국들과 대항할 수 있었다. 하지만 국민은 국가에 맞선 반란의 원동력이 될 수도 있다. 스페인 〈게릴라전〉(1808~1814) 때에는 시민들이 결집해 나폴레옹 군대에 맞서 싸웠다.

유럽에서는 국민이 참여함으로써 군사 귀족을 중심으로 조직된 구체제(앙시앵 레짐Ancien regime)하의 전쟁과, 프랑스 혁명 이후 국가적 열정이 동원되어 사회의 힘이 군대의 핵심을 이루는 전쟁으로 구분된다. 이제 모든 사회 계층이 국가에 대한 열정으로 한데 뭉쳐 직간접적으로 전쟁 활동에 가담하게 되었다. 귀족으로서의 명예는 애국심에 가려 사라진 것이 아니다. 바로 국민이 애국심을 발휘함으로써 귀족 체제인 구체제(앙시앵 레짐)로부터 이어져 내려온 명예에 다른 색채를 부여한 것이다.

클라우제비츠는 이 특수한 경우를 들어, 전쟁은 정치적 목적을 위해 국민이 무장 폭력을 사용하는 것을 특징으로 한다고 설명한다. 그의 생각은 국가를 신성화하고 정치를 우선시하는 것으로 축소될 수 없다. 그는 공동체들과 정치적 〈의도들〉이 대립하는 전쟁이 본질적으로 정치적 성질을 띤다는 점과, 동시에 전쟁이 사회적·문화적으로 다양한 형태, 즉 국가 간 전쟁이나 내전, 크고 작은 전쟁, 방어전 또는 공격전의 형태를 띤다는 점도 강조하기 때문이다.

〈큰 전쟁〉과 〈작은 전쟁〉의 역할 분담

정규군이 서로 대립하는 〈큰 전쟁〉은 클라우제비츠가 쓴 『전쟁론』의 핵심을 차지한다. 하지만 그는 〈작은 전쟁에 대한 강의〉도 담았다. 그가 1831년 11월 16일에 브레슬라우에서 콜레라로 때 이른 죽음을 맞지 않았다면 아마도 독립적인 한 부분으로 다루었을 것이다.

18세기부터 이론화된 〈파르티잔partisan〉이 수행하는 〈작은 전쟁〉 또는 〈도당partis 전쟁〉은 본래 〈큰 전쟁〉의 전술적 보완술이었다. 정규군에서 분리된 소규모 기병 또는 보병이 정보 수집이나 기습 공격, 매복을 수행하면서 정규군이 대치하는 〈큰〉 전투를 원조하거나 준비하는 군사 작전을 일컫는다. 고대 그리스에서 완전 무장한 보병(호플리테스hoplites)이 효율적으로 활동하지 못하는 험난하거나 접근하기 힘든 곳에서 작전을 수행하는 경보병(펠타스트peltast)처럼, 〈파르티잔〉은 정규군과 병행하여 활동한다.

19세기에 반란 움직임이 활발해지자, 작은 전쟁은 큰 전쟁으로부터 자립하여 국민이 가담하는 독자적인 충돌 형태가 된다. 〈게릴라전〉이나 〈반란〉, 〈비정규전〉으로 불리는 이런 형태의 충돌은 〈관례적〉 전쟁의 그늘에서 강세를 보였다. 심리전과 괴롭힘, 소모전을 주로 활용하는 작은 전쟁은 대체로 〈약자〉가 사용해서 자기편 정규군의 부재나 결함을 보충한다. 이런 관점에서 〈강자〉와 〈약자〉 사이의 군사적·정치적 비대칭은 현대 분쟁의 핵심적인 요소다. 약자는 군사적으로 적을 제압하지 못하므로 교란하려 하고, 강자는 내부의 〈반란자〉든 외부의 〈적〉이든, 또는 이 둘 모두일 수 있는 〈약자〉가 자신에게 강요하는 유형의 전쟁에 적응하려 한다. 이로써 강자는 〈반란 억제〉 기법을 발달시킨다. 그 예는 1806~1807년에 나폴레옹 군대가 수행한 칼라브리아 원정에서 찾아볼 수 있다. 이 원정은 전쟁의 현대적인 형태들을 관찰할 수 있는 진정한 실험실이었다.

작은 전쟁은 19세기에 나폴레옹 전쟁뿐 아니라 식민지 정복 전쟁 중에도 활발히 벌어진다. 1845년과 1872년 사이에 영국군과 마오리족이 벌인 충돌(뉴질랜드 토지 전쟁New Zealand Land Wars 또는 마오리 전쟁Maori War이라고 부름)이 좋은 예다. 이 대결에서 최종적으로 승리를 거둔 것은 영국이었지만, 현지 지형을 잘 알고 있던 마오리족은 작은 전쟁을 활용하여 영국군을 몇 차례 패배시켰다.

식민지 전쟁 중에 벌어진 이런 형태의 전쟁에 대하여 영국군 장교 찰스 E. 콜웰은 1896년에 초판이 출간된 『작은 전쟁: 그 원칙과 실제 Small Wars: Their Principles and Practice』에서 뛰어난 설명을 제공했다. 콜웰은 영국과 프랑스, 러시아 식민 전쟁의 사례를 토대로 대(對)게릴라전

지침을 작성했다. 물질적·기술적 약점을 현지 지형에 대한 세밀한 지식과 기발한 술책으로 보완한 현지 부대의 공격을 받는 〈대영 제국군〉에 실질적인 도움을 주기 위한 것이었다. 그는 이 책에서 〈작은 전쟁〉을 〈양측이 서로 정규군이 아닌 군사 작전〉이라고 정의한다.

큰 전쟁과 작은 전쟁의 상호 보완성은 유지되면서, 현실로 이어지면 역할 배분이 이루어진다. 즉 정규군이 동원되는 정형화된 큰 전쟁은 서방 국가들 간에 벌어지는 충돌에서만 이루어지는 반면, 작은 전쟁은 대체로 식민지 정복 전쟁 중에 서방 세계가 아닌 곳에서 〈야만적〉이고 〈문명〉을 모르는 적에 맞서 수행된다. 그런 까닭에 반란 억제 기법은 국가 간 전쟁 모델과 규범에서 벗어난다. 그 결과 식민 강대국은 전략적 맥락에 적응함으로써 식민지 정복 전쟁, 그리고 뒤이어 20세기에 제국을 포기할 때 치른 탈식민 전쟁 중에 적의 〈투박한〉 지식을 배워 실천했다. 피식민국 국민이 사용한 작은 전쟁 전략은 반란 활동을 수행하는 동시에 독립과 〈민족 해방〉이라는 대의를 옹호하기 위해 갓 탄생한 국제 연합이라는 외교 무대를 활용하여 세계 여론을 증인으로 삼는 것이었다.

20세기에 작은 전쟁은 혁명과 반식민주의 맥락에서 레닌, 트로츠키, 마오쩌둥 그리고 최근에는 보응우옌잡, 에르네스토 〈체〉 게바라 같은 인물의 주도로 활발히 벌어진다. 이들 모두 클라우제비츠의 책을 주의 깊게 읽었으며, 이 프로이센 사상가가 전쟁과 사회, 정치를 연결한 방식에 매료되었다. 혁명 사상에서 무장 투쟁은 권력을 빼앗아 그것을 행사하는 데 핵심적인 요소다. 이런 관점에서 작은 전쟁 기법은 민중 속에서 활동하며 전쟁 당사자들의 사기와 심리를 조종하는 혁명 활동에 잘 들어맞는다. 마오쩌둥은 파르티잔이 민중 속에서 마치 〈물속의 물고기〉처럼 느껴야 한다고 생각하면서 자신의 글에서 이러한 논리를 가장 강력하게 주장하고 실천한 저자이자 활동가일 것이다. 작은 전쟁과 혁명 활동의 바탕에는 모든 반란 움직임의 시작점에, 지배받는 사람과 지배하는 사람 사이의 비대칭적인 권력관계가 존재한다는 생각이 공통으로 깔려 있다. 혁명가는 반란자가 갖지 못한 강제력을 기본적으로 지닌 국가에 맞서기 위해 몇 가지 특정한 군사 기법을 사용하는 일을 정당화한다. 일반적으로 혁명가는 정치 행위와 혼합된 전략적 사고에서 영감을 얻는다. 즉 전쟁과 평화가 명백히 구분되지 않는다고 간주하기 때문에, 물질적·심리적 힘을 이용해 혁명을 완수하고 공고히 다지는 데 유리한 지속적인 긴장과 동원 상태를 만들어 낸다. 냉전 시기에 소련은 이런 식으로 전쟁의 논리를 정치·경제·사회 과정 전체로 확장하는 〈힘의 상관관계〉 개념을 발달시켰다. 이는 소련의 산업 첩보 활동 구상에서 드러난다. 정치의 역할은 전략 영역 전체를 포괄하므로, 군사적 충돌은 더 광범위한 〈전쟁〉의 한 측면을 차지할 뿐이다.

작은 전쟁에서 사용되는 수단은 오늘날 알카에다와 이슬람국가(IS) 같은 테러 집단이 관례적인 전쟁을 피하면서 민주 국가들의 사기를 저하시킬 목적으로 현대화하여 사용하고 있다. 무력 충돌은 시리아의 락까뿐 아니라 세계 대도시의 중심가에서도 벌어질 수 있다. 자살 테러는 이런 유형의 폭력 행위가 취하는 가장 극단적인 형태다. 국가들, 특히 서방 강국들은 이러한 위협에 맞서기 위해 식민 정복 시대, 뒤이어 탈식민 전쟁 시기에 개발한 반란 억제 관련 지식을 다시 찾고 있다. 퍼트레이어스 장군은 알제리 전쟁에서 싸운 프랑스 장교 다비드 갈뢸라의 연구를 참조하여 본보기로 삼았다.

제한 전쟁을 위한 〈대전략〉

작은 전쟁과 큰 전쟁은 이렇게 함께 발전해 왔지만, 현대 서구의 전략에 대한 학설과 정치 담론의 중심을 차지하는 쪽은 큰 전쟁이다.

20세기 전쟁의 토대가 된 제1차 세계 대전은 이런 관점에서 볼 때 가장 〈큰〉 전쟁이다. 이 전쟁은 혁명전쟁과 나폴레옹 전쟁, 뒤이어 크림 전쟁(1853~1856)과 미국 남북 전쟁(1861~1865)으로 이미 크게 손상된 베스트팔렌 조약 방식의 모델에서 나온 제한 전쟁설에 종말을 고한다. 제1차 세계 대전은 유럽에서 시작되었지만, 식민 제국들을 통해, 그리고 1917년 미국의 개입으로 세계의 다른 지역으로 확대되면서 20세기로 들어섬과 동시에 〈총력전〉의 시대를 알렸다.

1918년에 레옹 도데가 처음 사용했고 1935년에 에리히 루덴도르프 장군이 다시 사용한 〈총력전〉 개념은, 반박의 여지는 있지만 정치적·전략적·규범적 측면에서 어떤 특정한 현실을 포괄한다. 우선 이 개념은 적을 전멸하려는 의도를 나타내며, 무력 사용을 관장하는 도덕적·법적·정치적 한계를 제거함을 뜻한다. 그다음으로 총력전은 사회를 〈총동원〉하고, 〈전방〉과 〈후방〉을 한데 묶음으로써 사회를 군사화한다. 끝으로 총력전은 기술 진보로 가능해진 전례 없는 화력을 전제로 한다.

영국 사상가 배질 리들 하트(1895~1970)는 클라우제비츠 이후로 전략적 사고가 군대의 충돌 및 결정적 전투라는 정론에 사로잡혀 본질을 놓쳤다고 판단했다. 그는 대규모 충돌이 벌어지는 시대에 전략가가 지닌 지식의 가치를 되살리는 〈간접 접근〉 이론을 강조하면서 전쟁터에서 수십만의 인명을 불필요하게 희생시키지 않고도 전쟁을 승리로 이끌 수 있다고 판단했다. 직접 충돌하기보다는 미리 봉쇄나 무력시위 같은 비군사적인 수단을 사용하여 적을 약화시키거나 적이 전투를 개시하지 못하도록 억제해야 한다는 것이다.

리들 하트는 제한 전쟁 개념을 회복시키고, 전쟁터에서 이기는 것만 승리가 아니라 군사 작전을 총괄하는 전략적 계획과 심리전으로도 승리할 수 있다고 주장하면서 〈대(大)전략〉 개념을 옹호한다. 그는 클라우제비츠의 생각을 〈대중의 마디Mahdi〉*로 규정하고 비판하는 반면, 자신이 영문판의 서문을 쓴 『손자병법』의 저자 손무를 칭송한다. 리들 하트가 보기에, 제1차 세계 대전의 전략가들은 군사력을 모으고 전투에서 적의 무게 중심을 찾는 데 집중한 클라우제비츠의 가르침을 적용할 게 아니라, 〈전쟁의 기술은 오로지 술책에 달려 있다〉고 본 이 중국 사상가의 가르침을 따랐어야 했다. 클라우제비츠의 원칙은 잘못 해석되어 해로운 방식으로 총력전을 키우고 강화했다. 리들 하트의 관점에 따르면, 전쟁은 효율성과 승리 추구의 필요에만 따르는 것만이 아니라 합리적이어야 한다. 최저 경비를 들여 전쟁에서 승리하고, 적이 항복하도록 압박하고, 적이 영구적인 평화 조약에 서명하도록 하는 것이다. 적과 평화를 이루는 일이 가능해야만 군사적 승리가 진정한 승리로 인정받을 수 있다.

하지만 손무로부터 이어져 내려온 술책과 비군사적 대립을 내세우는 〈동양적〉 전략 전통과, 과격한 무력과 공격 원칙을 높이 평가하는 〈클라우제비츠적〉 군사 문화를 대비할 때 미묘한 차이를 이해해야 한다. 이러한 대비는 〈군사적 오리엔탈리즘〉을 키운다. 클라우제비츠는 확실히 술책을 전술 수준으로 낮게 평가하는 반면, 손무는 핵심적인 전략 무기로 본다. 이는 문화적 요인 때문이라기보다는 이론적·정치적 선택 때문이다. 손무의 중국은, 클라우제비츠의 유럽이 무력의 문명이 아닌 것과 마찬가지로 술책의 문명이 아니다. 술책과 무력은 모든 문화에 공통되는 전략 문법을 구성하는 핵심 요소이기 때문이다. 이 두 수단은 전투 형태와 전략적 상황에 따라 대립하거나 결합될 수 있다.

리들 하트는 손무와 클라우제비츠를 조금 억지스럽게 대비시킨다.

---

* 이슬람교에서 말하는 〈구세주〉. 이하 모든 주는 옮긴이의 주이다. 원주는 별도 표기하였다.

하트가 〈칼에 피를 묻히지 않고〉 전쟁을 이기는 방법을 고심한다는 점에서 손무에 더 가깝다. 그가 제기한 문제는 전략적인 동시에 규범적이다. 〈어떻게 제1차 세계 대전의 《살육》이 되풀이되는 것을 피하면서 전쟁에서 승리할 수 있을까?〉 결국 이 영국 사상가는 클라우제비츠가 내놓은 해답과 크게 다르지 않은 결론에 이른다. 즉 전쟁을 철저히 군사적인 관점에서 보지 않고, 정치적·경제적·심리적 변수를 통합한 〈대전략〉의 관점에서 보는 것이다. 그는 제1차 세계 대전 동안 공세 전략을 낳은 파괴 원칙보다 〈해체〉 원칙이 낫다고 본다. 승리는 폭격과 기습 공격을 반복하는 소모전이 아니라, 무장한 전차 부대의 포위 작전으로 거두는 것이다.

리들 하트는 존 프레더릭 찰스 풀러(1878~1966)와 함께 전쟁의 기계화를 강력하게 주장했다. 샤를 드골도 프랑스가 독일군의 전격전 공격을 받아 1940년에 패하기 전까지 이들의 구상을 지지했다. 이 창안자들이 보기에, 전차를 이용한 전쟁은 물질적으로나 인적으로 큰 대가를 치러야 하는 장기전으로 가지 않고 빠르게 승리를 거두는 한 방법이었다. 따라서 적을 제압하는 것은 손무와 마키아벨리가 말하듯 인식의 작용을 어떻게 이용하느냐에 달려 있다. 다시 말하면 목표는 적을 심리적으로 조종하여 결국 적이 함정에 빠졌다고 믿어 항복하도록 만드는 것이다.

리들 하트가 제시하는 관점에서 본 전쟁의 역사는 오늘날에도 여전히 논란과 함께 신중하게 받아들여진다. 하지만 그의 생각은 전략에 관한 학설에서, 짐작하는 것보다 더 폭넓고 지속적인 영향을 미치고 있다. 리들 하트는 군사적 수단을 그것이 놓인 정치적·사회적 맥락에서 재검토해야 한다는 점에서 클라우제비츠와 견해를 같이한다. 그는 뒤이어 냉전에서 확인된, 전쟁과 전략의 영역을 확대하는 관점을 진지하게 받아들인 20세기 최초의 사상가다.

〈있을 수 없는 평화, 일어날 법하지 않은 전쟁〉

미국은 1945년 히로시마와 나가사키에 처음이자 유일하게 핵폭탄을 사용했다. 핵폭탄의 발명은, 군사 영역에 대한 정치권의 책임과 군비 분야에서의 기술 혁신이 사회적으로 미치는 파장을 분명하게 보여 준다.

핵폭탄 발명으로 역사와 전략적 사고에도 단절이라 할 만한 엄청난 변화가 생긴다. 현대적 의미의 전략 연구는 토머스 셸링이나 앨버트 월스테터, 버나드 브로디 같은 주요 핵무기 사상가를 중심으로 탄생했다. 버나드 브로디는 1946년에 시사하는 바가 많은 제목의 책 『절대 무기 *The Absolute Weapon*』를 출간한다. 핵폭탄은 그것을 보유한 사람에게 모든 전쟁 지도자가 추구하는 성배라 할 수 있는 불패, 즉 승리의 확신을 가져다준다는 의미에서 〈절대적〉이다. 핵무기를 보유한 쪽은 그것을 사용하면 완전하고 빠른 승리를 거둘 수 있다고 본능적으로 자신하게 된다. 핵폭탄은 두 차례의 세계 대전에서 나타난 주요한 경향, 즉 기술력을 대규모로 동원하는 경향을 확인해 준다. 이러한 경향은 사회 전체를 이념적으로 동원하는 것과 더불어 총력전 논리의 일부를 이룬다.

하지만 양차 세계 대전 전까지 전략은 주로 전투를 중심으로 구되었된다. 전투는 전쟁의 정점을 이룬다. 리들 하트는 이 점을 강하게 비판했다. 그런데 핵무기 발달은 어떤 면에서 리들 하트가 옳았음을 증명했다. 이제 핵폭탄의 화력만으로 목표물을 제거하는 데 충분하기 때문에 전투가 쓸모없어졌다. 미국은 비행기를 이용해 원거리에서 히로시마와 나가사키에 핵폭탄을 떨어뜨림으로써 그 어떤 군대의 충돌도 없이 적을 굴복시킬 수 있었다. 이 점에서 핵 폭격은 결전 패러다임을 완성하는 동시에 바꿔 놓았다. 미국은 일본을 상대로 핵폭탄을 사용함으로써, 결전을 벌였을 때 감수해야 할 위험 없이 동일한 효과를 얻었다. 따라서 핵무기는 클라우제비츠가 환상에 불과하다고 믿은 것을 가능케 한다. 군대를 전투에 대거 투입하지 않고도 승리를 거둘 수 있게 된 것이다.

히로시마와 나가사키는 미국과 소련의 냉전을 알리는 서막이었다. 초강대국들은 군비 경쟁으로 대결했다. 냉전은 〈전쟁〉이라고 규정되었으나, 두 주요 교전국 사이에 직접적인 충돌은 일어나지 않았다. 이미 홉스가 말했듯, 전쟁을 우선적으로 특징짓는 것은 교전이나 전투가 아니라 적대적인 의도, 즉 대결하려는 지속적인 의지다. 그런데 미국과 소련 두 초강대국 사이에서 이러한 조건들이 형성되었다. 직접적인 교전이 없었다는 사실 때문에, 두 교전국이 승리를 포기했다거나 자신들의 목표를 달성하려 한 의지를 간과해서는 안 된다. 군사적 충돌은 한국 전쟁처럼 〈주변〉 충돌의 형태, 또는 니카라과에서처럼 〈대리〉 전쟁의 형태로 벌어졌다. 전쟁이 국지적으로 세계 여러 장소에서 수행되면, 핵 위협으로 인해 지구 전체가 군사 작전의 확장된 무대가 된다. 재래식 무기가 이제껏 무수한 인명을 빼앗았지만, 핵폭탄은 그 전의 전쟁에서는 찾아볼 수 없던 새로운 형태의 위험, 즉 인류 전체 또는 일부를 완전히 파괴할 수 있는 위협이 되었다. 두 〈대국〉은 새로이 양극화한 세계에서 이념적인 적이지만, 전멸될 위험에 놓인 인류를 보호할 공동의 책임도 함께 진다.

이 역설적인 상황이 냉전 기간 중 전쟁을 생각하는 방식을 결정했다. 레몽 아롱은 이를 〈있을 수 없는 평화, 일어날 법하지 않은 전쟁〉이라는 말로 요약했다. 미국과 소련이 세계를 보는 관점은 서로 양립 불가능하므로 평화는 있을 수 없지만, 핵전쟁은 표적 이외의 대상에 너무 큰 피해를 입히므로 일어날 가능성이 거의 없다. 그 결과, 냉전에서 기 브로솔레가 말한 〈비전투〉 전략, 즉 충돌을 피할 수단을 보유하기 위해 충돌에 준비하는 전략이 나온다. 파괴 위협을 내세워 적의 공격을 억제하고 〈공포의 균형〉을 유지한다. 그래서 냉전은 이념으로 격화된 대립 관계를 만들어 내는 한편, 최소한의 협력이 필요하다는 사실도 극명하게 드러낸다. 핵무기의 억제력은 자기 파괴를 피하고 생명을 보존하는 것을 목적으로 하지만, 승리라는 목표를 포기하지는 않는다. 위협적이면서도 벌어질 수 없는 이 전쟁에서 첩자는 억제 원칙을 적용하기 위해 필요한 정보를 보존하고 전략적 우위를 차지하는 데 핵심적인 역할을 한다. 이전에 벌어진 세계 전쟁과 비교했을 때, 냉전에서는 전략의 무게 중심이 전술에서 정치로, 물질적 요소에서 심리적 요소로, 전투에서 억제로, 군사적 교전에서 안전을 가져올 목적의 정보 활동으로 옮겨진다.

인간이 전쟁으로 하는 것

냉전이 끝나고 이분화한 국제 체계가 소멸하면서 시작된 전쟁의 변화 양상에 관한 논의는, 전쟁을 다룬 현대 사상이 거쳐 온 역사적 흐름에 비추어 재검토되어야 한다.

〈새로운 전쟁〉 이론가들은 클라우제비츠의 생각이 수명을 다했으며, 전쟁은 이제 국가의 통제를 벗어나 초국가적인 주체들이 규제받지 않고 반드시 군사적이지만은 않은 폭력을 사용하는 양상을 띠게 되었다고 평가한다. 그러나 이는 클라우제비츠 자신이 이런 시나리오를 〈국민 무장〉이라고 지칭하며 검토했다는 사실을 간과하는 일이다. 전쟁은 이미 프랑스 혁명기부터 국가의 테두리를 벗어나, 전쟁을 비롯한 인간 활동의 모든 영역에서 자립하고자 하는 민간 대중의 〈마음과 영혼〉을 얻으려 했다. 이 점에서 전략의 작용 범위가 넓어진 것은 매우 근대적인 경향으로서 국가와 사회를 분리하는 동시에 연결한다. 따라서 지하드의 테러 행위는 〈국민 무장〉의 한 형태로 간주할 수 있다. 기술 진보와 새로운 정보 및 소통 수단 덕분에 무장 폭력 행위를 시도하는 데 드는 비용이 클라우제비츠 시대보다 크게 줄었다는 사실을 제외하곤 말이다.

끝으로 현재 유행하는 혼합형 전쟁 모델은 작은 전쟁과 큰 전쟁 사이의 기본적인 구분을 변형하고 재구성한다. 혼합형 모델은 군사 행위를 주어진 위험에 적응시키기 위해 재래식 전쟁 수단과 심리적 군사 활동을 결합한다. 테러 행위는 국가(또는 준국가)적인 동시에 세계화된 위협이다. 그런데 이 두 전쟁은 그 형태가 뚜렷하게 구분되긴 하지만, 똑같은 전략 논리에서 나온다. 즉 무력 수단은 항상 얻고자 하는 효과를 끌어내고 적을 약화시키기 위해 동원된다. 모든 전쟁은 정의상 혼합형 전쟁이다. 이는 전쟁과 전쟁에 대한 고유한 사고가 진화하지 않는다는 말이 아니다. 반대로 전쟁은 진정으로 카멜레온 같지만, 정치와 사회, 헌법 제정 권력과 사회력의 교차점에 위치한다는 성질을 지닌다. 전쟁은 모든 정치·사회적 현실과 마찬가지로 무엇보다 인간이 그것을 가지고 무엇을 하느냐에 달렸다.

참조

1부 - 02 전투의 종말: 전략가와 전략들 | 03 시민-군인의 시대 | 05 법이 말하는 것 | 07 전략 없이는 기술은 소용없다 | 13 대영 제국주의의 신화 | 14 게릴라와 반란 억제 | 16 테러의 시대

02
전투의 종말: 전략가와 전략들

휴 스트레이천*

전투는 승자와 패자를 가르기 때문에 전투는 그 자체로 결론을 낸다. 그러나 국가들이 자국 군대를 재무장시킬 능력을 갖추면서 시간적·공간적으로 무제한 전투를 할 가능성이 열렸다. 결전의 시대는 완전히 종말을 고한 것처럼 보인다.

오늘날 카를 폰 클라우제비츠의 『전쟁론』을 읽는 독자는 대부분 전쟁과 정치의 관계를 직접 다룬 제1편과 마지막 편에 관심을 둔다. 그런데 1871~1914년에는 사람들이 이 책의 중간 부분, 특히 제4편을 주로 읽었다. 전쟁과 전략의 개념을 규정하는 첫 세 편과, 전쟁의 여러 형태와 실천 방식을 검토하는 마지막 네 편 사이에 놓인 제4편은 제목이 〈Das Gefecht〉이다. 영문 초판에서는 〈싸움〉으로 번역했다가, 최근 판본에서는 〈교전〉이라는 용어를 선호한다.

그 어떤 판본도 〈전투〉라고 번역하지 않는다. 독일어 제목이 〈Die Schlacht〉가 아니기 때문이다. 하지만 제4편에서 다루는 주제는 분명히 전투다. 19세기에 이 책을 읽은 많은 독자가 보기에 이 개론서는 전체가 전투를 다루고 있었다. 클라우제비츠는 제4편 제3장 초반에

• Sir Hew Strachan. 세인트앤드루스 대학교의 국제 관계학 교수. 제1차 세계 대전 전쟁사 연구에서 가장 권위 있는 전문가 중 한 사람이다. 주요 저작으로 이 분야의 고전인 『제1차 세계 대전, 제1권: 전투 준비*The First World War, Volume 1: To Arms*』가 있다.

〈소규모 전투combat는 대표적인 군사 활동이며, 다른 모든 활동은 여기에 기여하기 위해 존재한다〉고 적었다. 클라우제비츠는 소규모 전투combat와 교전engagement, 전투bataille를 구분한 것이다. 전투는 모든 교전이 한곳으로 모이고, 적을 — 말 그대로는 아니더라도 적군의 질서와 응집성 측면에서 — 소멸하는 대규모 군사 작전이기 때문이다. 게다가 제4편 제9장의 제목은 〈주력 회전〉이다. 이는 〈실질적인 승리를 거둘 목적으로 가용한 힘을 총동원하여 (……) 주요 전력으로 싸우는 것〉을 가리킨다. 주력 회전 개념은 클라우제비츠의 전략 연구에서 핵심을 이룬다. 그가 보기에 전략의 목표는 단지 주력 회전을 이끌어 내는 것이 아니라, 그 결과를 완전히 활용하는 데 있다.

클라우제비츠는 예나와 보로디노 전투에 참전했고, 라이프치히와 워털루 전쟁 중에 복무했다. 따라서 그는 순차 논리를 띤 전투 추구가 나폴레옹에게 무엇을 의미했는지 몸소 알고 있었다. 즉 나폴레옹은 매번 승리할 때마다 다음 승리를 얻어 내려 했다. 황제가 지닌 권력은 그가 마지막으로 거둔 성공에 의존했다. 그런데 클라우제비츠가 〈주력 전투 때 일반적으로 발생하는 일〉을 기술한 것을 보면 그처럼 대단한 결과를 기대하기는 어려울 듯싶다. 그는 제4편 제2장에 이렇게 썼다.

전투가 젖은 화약처럼 느리게 타들어 가고 밤의 장막이 휴식을 명령할 때면 누구도 더 이상 아무것도 볼 수 없다. 아무도 눈먼 채로 행동하고 우연에 몸을 맡기고 싶지 않으므로, 이때 현재 지닌 군사력을 평가한다. (……) 그 결과 전반적인 인상을 얻게 되고, 거기에서 돌연 결정된다.

달리 말하면, 클라우제비츠는 결정적인 전투를 그 자체로 판단하지 않는다. 그는, 전쟁이 〈커다란 국가적 이익에 이끌린〉 국가들에 의해 수행된다면 이 국가들은 〈거의 동일한 형태의 군사 조직과 수단을 발달시킨〉 군대를 전장에 투입한다고 보았다. 그가 여기서 기술한 내용은 오늘날 관찰자들이 대칭적인 전쟁이라고 부르는 것이다. 클라우제비츠가 직접 체험한 나폴레옹 전쟁 대부분이, 20세기 초중반에 벌어진 두 차례의 세계 대전이 대체로 그랬듯 〈대칭적〉이었다. 평화 시기에 군대는 잠재적인 적들을 관찰하면서 그들과 비슷한 수준으로 보조를 맞추고 동등한 군사력을 발달시키고자 했다. 하지만 전쟁이 시작되는 순간, 군대들 사이의 유사성은 힘으로 우위를 차지하는 데 방해가 되었다.

워털루 결전

그런데 전투가 그 자체로 결정적이지 않다면, 클라우제비츠는 전투가 전쟁의 결말에 어떻게 영향을 미칠 수 있다고 생각하게 되었을까? 클라우제비츠에 따르면, 이에 대한 답은 일단 전투가 시작된 뒤에 벌어지는 상황과 관계가 있다. 그가 여러 차례 설명했듯이 전략은 전투가 전쟁의 목표를 달성하는 데 기여하도록 만드는 것이다. 가령 패배한 적을 뒤쫓는 일은 적군의 결속력과 규율을 깨며, 적군을 〈소멸시키는〉 일이다. 이런 관점에서 보면, 워털루 전역(戰役)의 결말은 1815년 6월 18일 전투보다는 그 이후에 벌어진 상황으로 인해 최종 결정되었다. 양측 군대 모두 전투로 큰 타격을 입었다. 프랑스군은 병력의 거의 50퍼센트를 잃었고 영국·프로이센 연합군의 손실도 그보다 적지 않았다. 다음 날 아침, 벨기에 우구몽 근처에서 전날 웰링턴 부대의 우익(右翼)에 배치되었던 영국 기마 포병의 한 장교는 자신이 지휘하는 부대에 말과 마구, 탄약이 부족하다는 사실을 깨달았지만 즉시 철수하라는 명령을 내릴 수 없었다. 또한 어느 누구도 그 장교에게 퇴각하라고 명령하지도 않았다. 6월 18일 저녁 10시쯤, 웰링턴과 블뤼허는

〈라 벨 알리앙스La Belle Alliance〉에서 모여 낮 동안 벌어진 전투에서 덜 피해를 입은 프로이센군이 패주하는 적군을 뒤쫓기로 결정했다. 6월 21일, 패배한 나폴레옹은 파리로 귀환했다. 그는 방금 당한 패배를 다음 승리로 회복하고 이내 재기할 것을 꿈꾸며, 새로운 부대로 구성된 군대를 소집했다. 하지만 상원과 하원은 나폴레옹에 대한 지지를 거부했다. 나폴레옹은 워털루에서 패함으로써 프랑스에서 자신이 갖고 있던 정치적 자산을 날려 버린 것이다. 워털루 전투는 전쟁의 목적을 달성했다. 황제는 폐위됐다.

이후 제1차 세계 대전이 발발할 때까지 워털루는 결전의 상징이 된다. 1851년에 영국인 변호사 에드워드 크리시는 〈역사적인 열다섯 결전The Fifteen Decisive Battles of the World〉이라는 제목의 책을 출간했다. 그리고 이들 전투 가운데 열다섯 번째이자 마지막 전투가 워털루 전투다. 저자는 자신의 연구 주제를 클라우제비츠처럼 전략이 아니라 민족 정체성의 이름으로 정당화하며 이렇게 말한다. 〈어떤 전투는 우리의 현재 모습을 만드는 데 기여했다.〉 그에 따르면, 이들 전투가 결정적이었는지 여부는 오로지 장기적인 관점에서 판단해야 한다. 〈이 충돌들의 영향은 단 하나의 역사적 시기에만 한정되지 않으며, 그 이후 모든 인류의 운명에 영향을 미치도록 자극할 수 있다.〉 이 책에서 다룬 첫 번째 전투는 마라톤 전투, 크리시가 〈그때껏 무적이던 아시아의 지배자〉라고 부른 자들에 대항하여 그리스인이 거둔 승리다. 그는 뒤이어 헤이스팅스, 새러토가, 발미 전투를 차례로 연구함으로써, 전투의 승리는 결국 선(善)의 승리, 즉 입헌 정부가 폭정과 독재 정치에 맞서 승리하는 것이라고 암시한다. 그야말로 영국인이 휘그whig적 역사 해석이라고 부른 생각, 즉 역사는 일련의 진보로 이루어지고 전투가 아무리 참혹해도 그 결말은 매번 더 좋은 세계를 만드는 데 기여한다는 생각에 대한 좋은 예다. 크리시의 책은 엄청난 인기를 누리며 1914년에

50판까지 출간된다. 그러면서 전투가 전반적인 맥락과 상관없이 전쟁의 운명을 결정한다는 단순화한 생각이 발달했다.

이런 논리는 군인들에게도 큰 영향을 미쳤다. 프랑스 군대의 장군이자 나폴레옹 전쟁의 전문가로 1917년 현역 복무 중에 사망한 장 콜랭은 1913년에 『역사의 큰 전투들 Les Grandes Batailles de l'histoire』 원고를 마무리했다(이 책은 1915년에야 프랑스어와 영어로 출간되었다). 이 책에서 워털루 전투 연구는 나폴레옹이 전쟁터를 떠난 시점에서 마무리된다. 즉 전투의 여파도, 전투가 전쟁의 목표에 기여한 방식도 다루지 않는다. 전투가 전체 흐름보다 중요했고, 전술이 전략보다 더 중요했다. 유럽에서 상대적으로 평화로운 한 세기가 지난 후, 직업 군인들은 워털루 전투를 더 이상 크리시와 같은 방식으로, 즉 한 시대의 끝이자 새로운 시대의 시작으로 인식하지 않았다. 워털루는 20여 년 동안 지속된 어떤 전쟁의 결말이 아니라, 짧은 전역(戰役)의 결말로 인식되었다. 군사 학교에서는 나폴레옹 전쟁을 일련의 고립된 요소들 — 가령 마렝고 또는 예나 전역 — 의 집합으로 가르쳤을 뿐, 프랑스 혁명전쟁과 나폴레옹 전쟁을 더 큰 전체의 구성 요소라고 가르치지 않았다. 굳이 연속성을 찾는다면, 그것은 1792년부터 1815년까지 벌어진 기나긴 전쟁이 아니라 전쟁터에서 효율적으로 활동하며 짧고 결정적인 전쟁을 치르고자 한 의지에 있다. 이러한 의지는 과거에 대한 선택적인 관점을 바탕으로 미래에 영감을 줄 수 있다.

한편 18세기는 연속성의 선례를 남겼다. 나폴레옹 전쟁 중에 앙투안앙리 조미니는 프리드리히 2세가 치른 전쟁을 비롯해 그보다 앞선 전쟁들의 연장선상에 프랑스 혁명전쟁을 두는 작업을 시작했다. 프로이센의 군주 프리드리히 2세는 자신이 전투에서 패할 경우, 한 지역을 양도함으로써 대가를 치르겠다고 선포했다. 그에게는 패배의 결과를 감당할 능력이 있었다. 전쟁에 혈안이 된 군주들은 전쟁이 초래할 위험을 인정했으며, 결과에 항의하지도 않았다. 그들은 자신이 지배하는 국제 체제의 맥락 속에서 행동했으므로, 그들 각자의 정당성을 인정하는 것이 자신에게도 유리했다. 호엔촐레른 가문은 강대국들이 이루는 체제 안에서 행동해야지 이 세계를 뒤흔들어서는 안 되었다. 물론 당시 상황을 이상적으로 바라본 관점이다. 프리드리히 2세는 1740~1742년에 오스트리아에서 슐레지엔* 지방을 차지했는데, 마리아 테레지아 자기 영토 일부를 빼앗긴 것을 인정하지 않았다. 그래서 그는 자신이 영토를 얻은 것을 정당화하기 위해 다른 두 차례의 전쟁을 치러야 했다. 두 번째로 치른, 도무지 끝날 것 같지 않던 7년 전쟁에서 프로이센 군주는 여러 차례 전투를 벌였다. 이 중 몇몇 전투는 〈결정적〉이었지만(특히 로스바흐와 로이텐 전투) 분쟁을 종결시키지는 못했다. 다른 전투들(특히 조른도르프 전투)에서 막대한 희생을 치르고 나서야 승리를 거두었다. 게다가 이 전쟁은 달성할 수 있는 목표가 처음부터 제한된 전쟁이었다. 군대는 물자 보급 능력과 계절 때문에 제약을 받았다. 결전을 벌이면 너무도 큰 손실을 입을 수 있었기에 전투의 결과로 이득을 보려면 다음 해까지 기다려야 했다.

〈전투가 없으면 판단도 없다〉

18세기에 19세기를 연결시키고 프리드리히 대왕에 나폴레옹을 연결시키는 서사에서는, 갑작스레 발발한 프랑스 혁명이 전쟁 형태와 국제 체제에 끼친 영향이 과소평가되었다. 징병 제도로 열린 가능성 덕분에 혁명군과 나폴레옹 군대는 연속해서, 심지어 가끔은 동시에 여러 전투를 벌였다. 18세기 이전에 벌어진 분쟁에서는 불가능한 일이었다. 프리드리히 2세의 경우와 달리, 나폴레옹이 전투를 이용한 방

---

* 오늘날 체코 실레지아

식은 군주제를 위협했다. 1807년 틸지트 조약이 실패한 후, 나폴레옹 황제에게 전투는 수단이기보다는 목적이며 정치 체제가 자신이 수행하는 지속적인 정복 전쟁에 의존하는 것을 정당화하는 방법이라는 사실이 분명해졌다. 끝없는 전쟁의 가능성이 열렸다. 하지만 1815년에 프랑스는 지칠 대로 지쳐, 나폴레옹이 의식적으로 내세운 〈영광gloire〉에 대한 갈망을 잃었다. 전쟁으로 인해 프랑스 혁명에 대한 프랑스인들의 지지마저 약화되었고, 나폴레옹은 자신의 뿌리를 되찾기 위해 백일천하 동안 프랑스 혁명을 내세웠다. 워털루 전투 이후 프랑스는 외국인 장군 웰링턴 때문에 왕정복고와 부르봉 왕조의 복귀를 받아들인다. 혁명의 영광과 열정은 평화에 대한 갈망으로 가려졌다. 그런데 역설적으로, 워털루 전투를 결전으로 만든 것은 이 같은 평화에 대한 갈망이었다.

1918년에 연합군 총사령관이 된 페르디낭 포슈는 1901년에 육군 학교에서 행한 강의에서 장 콜랭의 분석에 포함된 학설의 기본 원리를 다음과 같이 설명했다. 〈무력에 의한 결정, 이것이야말로 유일한 가치 판단의 기준이다. 왜냐하면 무력에 의한 결정만이 승자와 패자를 가르며, 오로지 이 결정만이 한 편을 자기 행위의 주도자로, 다른 편을 적에게 복종하는 존재로 만들어 양편의 상황을 바꾸기 때문이다. 전투가 없으면 판단도 없다. 아무것도 이루어지지 않는다.〉 전투는 그 자체로 목적이었다. 프랑스와 전 유럽에서 그렇게 생각했다. 20세기 초의 전쟁 사상가들은 18세기의 전쟁 사상가들이 전략을 연구한 방식과는 거의 정반대로 접근했다. 모리스 드 삭스부터 앙투안앙리 조미니에 이르기까지 그들 대부분에게 전투는 우연과 불확실성의 영역이었다. 전투에서 어떤 일이든 벌어질 수 있으며 사건 하나로 모든 계획이 쉽게 좌절될 수 있었기 때문이다. 과학적 접근을 요구하는 전략은 바로 이런 위험을 줄여 준다는 장점이 있었다. 하지만 사람들은 가급적

이면 전투를 치르지 않는 게 좋다고 판단했다. 1914년에 장군들은 전투를 전혀 다른 관점에서 보았다. 이들에게 전투는 신중히 다루기보다는 오히려 추구해야 할 대상이었다.

독일 통일 전쟁은, 나폴레옹 전쟁 연구에서 나온 이상적인 전쟁 모델, 즉 결전으로 정점을 찍는 짧은 전역 모델이 실전에서 일반화될 수 있다는 증거가 되었다. 프로이센 대장군 참모부가 1912년에 출간한 군사학 강의서 가운데 전투를 다룬 『전투Die Schlacht』에서, 헬무트 폰 대(大)몰트케는 〈전략은 전술에 힘입어 적절한 시기에 적절한 장소에서 일을 실현할 수단을 갖춘다. 전략은 소규모 전투를 통해 미리 계획한 결정을 실행에 옮긴다〉라고 했다. 몰트케가 1866년에 오스트리아를 상대로 거둔 승리를 연구한 사람들은 자도바 전투에서 거둔 승리를 강조했다. 하지만 패전국이 (18세기에 실천되던 방식과 비슷하게) 전투 결과에 승복했으며, 비스마르크가 승리를 이용해 전쟁을 계속하려 한 것이 아니라 단호히 평화를 선택했다는 사실은 무시했다. 프로이센·프랑스 전쟁 이후 독일은 1870년 9월 1일에 스당에서 거둔 승리 덕분에 전쟁에서 이긴 것이 아님에도 불구하고 이 전투가 결정적이었다는 듯 이날을 기념했다. 나폴레옹 3세가 폐위되었고, 프랑스 군대의 절반이 죽거나 부상을 당했으며 나머지 절반은 메스에 포위되었던 것은 확실하다. 하지만 전쟁은 계속되었다. 프랑스는 임시 정부를 세우고 항전을 위해 자국민을 동원했다.

전투의 다른 형태들, 즉 회피나 게릴라전, 의도적인 장기전화는 전통적인 전쟁 사상에서 부차적으로만 다루어졌다. 19세기 초에 유럽인이 특히 스페인과 스위스, 이탈리아, 러시아에서 나폴레옹에 맞서 비정규전을 벌였다면, 19세기 말에는 비정규전 모델이 식민 전쟁을 특징지은 것처럼 보인다. 게다가 여러 제국에서 비정규전에 대응한 방식은 자국의 군사력을 적의 군사력에 맞추는 것이 아니라, 비정규전

형태를 무력화시키기 위해 전투, 즉 정규전을 이용하는 것이었다. 전투는 반란군과 달리 훈련되고 규율이 잡힌 군대에 유리했다. 영국군 공식 개론서 『작은 전쟁』을 쓴 이론가 찰스 E. 콜웰은, 적군이 최대한 빨리 전투에 돌입하도록 적군을 압박해 비정규전의 장기화로 병사들의 사기가 저하되고 지치는 상황을 피하라고 촉구했다. 방법 중 하나는 적의 경작지를 파괴하거나 남녀노소를 감안하지 않고 마을을 공격하여 적의 물자 및 식량 보급 수단을 차단하는 것이었다.

베르됭, 솜 전투: 그 목표는?

유럽에서 직업 군인은 또 다른 도전에 직면했다. 산업화가 전쟁터에 미친 영향이었다. 후장식 소총과 기관총, 속사포가 도입되면서 빠르고 결정적인 승리를 끌어내기가 더욱 불확실해졌다. 대량 생산으로 대규모 군대에 장비를 보급하게 되면서 대중 무장을 실천하는 일이 가능해졌다. 콜랭은 『역사의 큰 전투들』을 미래의 전투에 관한 장으로 마무리한다. 1913년에 쓰인 이 장에서 그는 제1차 세계 대전 중에 벌어질 일을 대부분 예견했다. 즉 전투는 시간적·공간적으로 확장되어 장거리포가 주로 사용되는 포위전 방식이 될 것이며, 돌파 작전을 활용하기는 어려워질 것이었다. 끝으로 군대의 인적 자원보다 물자가 더 중요한 역할을 할 거라고 썼다. 하지만 콜랭은 과거와 완전히 단절하려 하지는 않았다.

군사력이 제한되어 있고 작전 무대에서 자유롭게 이동하는 군대 간에 전투가 이루어지는 한, 미래 전투의 특징적인 변화는 전선의 확장과 전투 형태의 몇몇 세부적인 사항에 국한될 것이다. 전투의 전반적인 형태는 몰트케와 나폴레옹, 프리드리히 시대와 거의 같을 것이다.

콜랭이 보여 준 신중함은 의미하는 바가 컸다. 프랑스-독일 국경의 반대편에서 1891년부터 1905년까지 프로이센 참모총장을 지낸 알프레트 폰 슐리펜은 이에 답할 말이 있었다. 그는 1909년에 출간한 『오늘날의 전쟁』에서 이렇게 썼다. 〈오늘날 전투의 성공은 영토의 근접성보다는 개념의 일관성에 더 크게 의존한다. 그러므로 어떤 군사 작전 무대에서 승리를 확보할 목적으로 다른 전투를 수행하는 일이 충분히 가능하다.〉 워털루 전투의 모델에 따른 전투 개념, 즉 하루나 최대 이틀에 걸쳐 명확히 규정된 전장에서 벌어지는 개별적인 전투를, 군사 전역 개념과 합치는 것이었다. 그렇게 한다면 1815년 백일천하 전역 중에 벌어진 각기 다른 전투들은 하나의 전역으로 간주될 수 있었다.

콜랭과 슐리펜은 모두 자국이 앞으로 치를 전쟁에 대한 또 다른 중대한 가설을 내놓았다. 자국 군대가 작전 수행 및 기동 능력을 갖추었으므로 전열을 떠나 곧바로 전투에 돌입할 수 있을 것이라는 가설이었다. 이리하여 전략과 전술이 하나로 융합될 것이라고 보았다. 이런 상황은 1866년과 1870년에 실제로 벌어졌다. 그들은 이런 방식으로 사령부가 전황에 대한 통제력을 계속 유지할 것이라고 확신했다. 제1차 세계 대전 이전의 군사 훈련과 전쟁에 관한 글에서는 전위부대의 역할, 즉 어떻게 적과 접촉하고, 전투를 개시하고, 적을 저지할 것인지를 중요하게 다루었다. 1914년의 전황은 초반에 이런 기대를 확인해 주는 것처럼 보였다. 모든 전선에서 군대는 광대한 공간을 몇 주에 걸쳐 이동하며 작전을 펼쳤다. 일련의 기동 작전에 이어 벌어진 전투들, 특히 8월 말의 동프로이센 타넨베르크 전투와 9월 초의 프랑스 마른 지방 전투는 전쟁의 향방을 가르는 〈결정적〉인 전투로 여겨졌다. 따라서 전투의 개념은 완전히 바뀌기보다는 점진적으로 진화할 거라고 사람들은 예상했다.

뒤이어 적어도 프랑스와 러시아, 이탈리아 전선에서는 고정된 위치에서 공격을 시작함으로써 기동 작전을 펼칠 기회를 만들어 내려 했다. 이러한 공격은 전략에 있어 본질적으로 클라우제비츠적이었다. 전술적 돌파는 군대의 전진으로 이어지고 뒤이어 전략적 전과 확대(戰果擴大)exploitation가 수행되어야 했다. 이로써 전투는 전쟁의 목표에 기여할 것이었다. 하지만 실제로 이런 공격은 대부분 실패했다. 공격에 나서는 군대조차 실패를 예견하고 실의에 빠지지 않으려 방어 태세를 취했다. 1916년에 베르됭과 솜강 유역에서 벌어진 두 대규모 전투에서 군 수뇌부는 부하들에게 명확한 목표도 정해 주지 않았다.

베르됭에서 에리히 폰 팔켄하인은 프랑스군을 전투에 끌어들여 전선의 다른 구역을 약화시키고 돌파의 기회를 노릴 계획을 세웠던 것 같다(하지만 이에 대해 모두가 동의하는 것은 아니다). 한편 더글러스 헤이그는 솜강 유역에서 돌파할 조건을 만들어 내려 했다. 그는 이 목적을 달성하기 위해 허버트 고프가 지휘하는 예비군을 편성하고 헨리 롤린슨이 이끄는 제4군 후방에 배치했다. 롤린슨은 1916년 7월 1일에 집중 공격을 펼치기로 했다.

이러한 계획은 적절했지만, 두 전투는 기껏해야 첫 번째 목표만 달성했을 뿐이다. 시간이 흐르면서 이 두 전투는 장기화되어 연대순으로 보면 처음에는 전투였다가, 전역으로 발전해나갔다. 베르됭 전투는 1916년 2월에 시작해 12월에 끝나고, 솜 전투는 같은 해 7월(포병의 사전 폭격을 전투의 시작으로 간주하면 6월)부터 11월까지 벌어졌다. 그런데 이런 연대순조차 자의적이다. 전투는 시간적·공간적으로 정의된다. 베르됭과 솜 전투를 1916년으로 한정하는 것은, 이들 전투가 벌어진 구역이 1914년부터 1918년까지 지속적으로 소규모 전투의 현장이었다는 사실을 간과하는 일이다. 1916년 12월 29일에 더글러스 헤이그는 솜에서 벌어진 충돌이 끝난 후 보고문을 작성할 때, 전투가 아닌 〈공격 전역〉이라고 지칭했다. 그리고 이 전역을 처음에는 세 단계로 구분했다가 뒤이어 네 단계로 나누었다. 영국의 제1차 세계 대전 역사 공식 기록의 해당 편에서는 더 나아가, 1916년 7월과 11월 사이에 다섯 차례에 걸쳐 벌어진 솜 전투들이라고 복수형으로 언급한다.

19세기에 벌어진 전투들에 대해서는 만족스럽게 답할 수 있던 기초적인 질문들 상당수가, 1916년에 벌어진 전투들에 대해서는 본질적으로 매우 어려운 질문이 된다. 일단 이 전투들의 목표는 무엇이었나? 서부 전선 일부 구역 — 이프르 동부 언덕, 비미 능선, 슈맹 데담 — 에서는 장소 자체가 목표를 만들어 냈다. 하지만 솜에서는 연합군 앞에 그런 장소가 하나도 없었다. 제6군 사령관 에밀 파율은 당시 프랑스 북부 집단군groupe d'armées du Nord 사령관인 포슈에게 이 점을 반복해서 말했다. 연합군이 돌파에 성공한다고 해도 어디로 가겠다는 말인가? 전투에 붙인 이름마저도 이 전투를 특징짓기 어려운 지리적 모호함을 드러낸다. 솜은 강 — 프랑스에서는 큰 강으로 여겨진 않는다. — 이면서 동시에 행정 구역인 데파르트망département 의 이름이다. 그런데 이 강은 프랑스 구역으로 흘러들었으므로, 영국군이 치른 전투에서는 부차적인 역할을 했다. 베르됭의 경우, 강 — 뫼즈강 — 은 전장을 두 부분으로 나누어 전투의 성질을 결정지었지만, 전투는 역설적으로 도시 이름을 따서 지어졌다. 이 도시는 요새화되어 있어서 군사적 목표물의 외형을 갖추었지만, 실은 군사적 목표물이 아니었다. 뫼즈강을 두고 벌인 전투에 베르됭이라는 이름을 붙인 것은 군사 작전의 시각에서 보면 기만이었다. 1916년 초반에 조프르는 베르됭이 독일군의 목표물이 될 것이라고는 믿지 못했다. 그의 생각은 옳았다. 그는 이 도시가 군사적으로 유용하다고 전혀 생각하지 않았기에, 독일군이 공격하자마자 베르됭을 포기하기로 결정했다. 하지만 1914년에 이 도시는 하나의 상징이 되었다. 그가 내린 결정은 정치적인 이유로 취소되었다. 베르됭 전투에 의미를 부여한 것은 오롯이 전투 자체였지만, 팔켄하인과 조프르는 이 전투에 더 많은 사단을 투입하기를 원치 않았다. 독일군이 공격을 개시할 장소로 이 구역을 선택한 것은 공격이 저지될 거라 여겼기 때문이었다. 프랑스군은 솜 공격 계획이 독일군의 진짜 목표라고 생각했다. 역설적으로 양측 군대는 베르됭 전투가 총력전의 시작이 될 거라고는 예상하지 못한 채 제한전을 벌이려고 노력했다.

독일 제5군 사령관 빌헬름 폰 프로이센 황태자는 나중에 도시로서 베르됭을 목표로 간주한 것 같다. 그런 점에서 베르됭과 솜에서 정확히 누가 군사 작전을 지휘했는지 의문을 갖게 된다. 워털루에서 나폴레옹은 웰링턴을 상대로 전투를 벌였다. 베르됭에서 전투 기간 내내 독일군 최고 사령관은 카이저 빌헬름 2세였지만, 그의 직접적인 역할은 독일 제국군 참모본부의 사령관을 임명하는 데 그쳤다. 1916년 8월 말 빌헬름 2세는 내키지 않았으나, 베르됭 전투를 개시한 장본인인 팔켄하인을 해임하고 그 자리에 파울 폰 힌덴부르크를 임명했다. 제5군의 공격을 실제로 기획한 당사자는 카이저의 아들이 아니라, 참모장인 콘스탄틴 슈미트 폰 크노벨스도르프였을 것이다. 프랑스 측에서는 누구보다 필리프 페탱이 맡은 역할이 대중의 기억에 강하게 남아 있지만, 그는 자신과 마찬가지로 조프르의 부하였던 로베르 니벨로 교체되었다. 베르됭 전투에서는 그래도 최소한 분명히 구분되는 국가의 군대들이 맞섰다. 하지만 솜에서는 프랑스·영국의 합동 공격이 이루어졌다. 작전을 주도한 인물은 조프르였다. 그는 1915년 12월에 샹티이에서 이루어진 회담을 주재했는데, 여기서 1916년의 연합 전략이 결정되었다. 만일 영국인에게 솜에서 작전을 지휘한 사람이 누구냐고 물으면 대부분 더글러스 헤이그라고 대답할 것이다. 그렇다면

제4군 사령관 롤린슨이나 프랑스 지휘부, 특히 북부 집단군 사령관 포슈와 파욜은 어떻게 보아야 할까?

분명한 지리적 목표물이 없고 지휘 체계에 결속력이 부족하다는 점때문에 두 전투에는 슐리펜이 1909년에 근대 전투에서 핵심적이라고 지적한 개념적 일관성이 결여되어 있었다. 그 결과, 제1차 대전의 프랑스 공식 역사에 쓰인 표현을 빌리자면 〈이 두 대규모 전투는 그 주요 흐름을 가리는 세부 전투들로 자주 변했다〉. 전술이 전략보다 우세했고, 교전das Gefecht이 전투die Schalacht보다, 소규모 전투combat가 주요 전투bataille보다 우세했다. 이 두 전투는 솜에서는 11월에, 베르됭에서는 12월에 명백한 승패를 가르지 못하고 끝난다. 기상 조건, 토양의 상태, 점점 더 짧아지는 낮의 길이, 병사들이 느끼는 피로감 등 이 모든 것이 어느 순간에 분명한 결말을 보았다는 느낌 없이 전투가 중단된 이유다.

소모전

이 두 전투는 어떤 식으로 전쟁의 목표에 연결되어야 하며, 그 전략적 기능은 무엇이었나? 팔켄하인은 전후 회고록에서 프랑스군을 끝까지 피 흘리게 하겠다는 목표를 정했다. 이 점을 1915년 성탄절에 작성한 견해서에도 분명히 적었다고 단언했다. 그러나 아무도, 심지어 프로이센 군사 기록물이 제2차 세계 대전 중에 연합군의 폭격으로 파손되기 전에 이 문서를 찾으려 했던 독일 제국 문서 보관소Reichsarchiv의 역사가들조차 이 견해서의 원본을 확인하지 못했다. 게다가 팔켄하인의 의도가 그랬다면, 독일 제5군이 전개한 공격 작전 및 전술 계획이나 초기 실행 단계에서 그에 대한 어떤 흔적도 찾아볼 수 없다는 사실이 참으로 이상하다.

솜 전투에서의 더글러스 헤이그도 마찬가지라고 볼 수 있다. 헤이

그 역시 1916년 12월 29일에 작성한 보고문에서 독일군을 지치게 할 소모전에 대해 더없이 명확히 언급했다. 하지만 다른 문서들은 그의 말을 뒷받침하지 않는다. 1916년 7월까지도 그는 돌파 작전 수행을 목적으로 하는 전투를 계획했다. 게다가 독일의 경우와 마찬가지로, 헤이그가 지녔던 의도가 이처럼 논쟁의 대상이 된다는 사실 자체가 그 계획이 분명하지 못했다는 증거다. 헤이그의 부하인 롤린슨은 더 제한적인 목표를 설정한 전투를 원했다. 일종의 타협안이 도출되었고, 1916년 하반기 내내 돌파전과 소모전 사이에서 주저하는 양상이 이어졌다.

베르됭과 솜 전투 막바지에 이르러 다른 목표가 없었기 때문에 사실상 전투의 목표는 적을 지치게 만드는 것이 되었다. 장군들과, 뒤이어 공식 전쟁사를 편찬한 학자들은 누가 이겼고 누가 졌는지를 결정하기 위해 양측의 인명 손실을 알아보았다. 영토나 정치적 이득이라는 측면에서 대립의 결과를 측정할 수 없었기 때문이다. 이런 의미에서 소모전을 거론하는 것은 실패를 합리화하는 일종의 방식이었다. 절대치나 상대치로 본 인적 손실의 규모를 지금까지도 확실히 알지 못한다는 점 때문에 다음과 같은 또 다른 사실이 분명해진다. 1916년에는 방어하는 쪽도 공격하는 쪽도 우위를 차지하는 데 성공하지 못했다는 사실이다. 공격하는 쪽이 더 많은 인명 손실을 감수해야 하므로 막강한 화력으로 방어하는 쪽이 상당히 유리하리라 생각했다. 하지만 실제로는 그렇지 않았다. 방어하는 쪽은 끔찍한 포격을 받으며 제 위치를 지켜야 했다. 독일군은 — 적어도 전투의 초반부 동안 — 공격하는 입장이던 베르됭에서보다 방어하는 입장이었던 솜에서 더 많은 병사를 잃었다.

공격하는 쪽은 주도권을 발휘해 자신의 군사력을 전쟁터의 결정적인 지점에 집중할 수 있다고 생각했다. 그러나 실제로는 그렇게 할 수 없었다. 지휘부와 작전 통제력, 통신, 정보력이 대규모 군대를 동원했을 때 제기되는 어려움을 충분히 소화할 수준이 아니었기 때문이다. 소모전은 애초의 계획에는 포함되어 있지 않았던 것으로 보인다. 하지만 팔켄하인과 헤이그는 자신의 결정을 합리화하기 위해 소모전을 언급했다. 이로 인해 그들을 전략가가 아니라 살인자로 간주하는 사람들의 비판이 더욱 격화했다. 그러나 이 논쟁에서 한 가지 중요한 사실이 간과된다. 소모전이 1914년에 벌어진 기동전보다 훨씬 적은 사망자를 냈으며, 베르됭과 솜에서 싸운 군대들은 그 규모와 전투 기간에 비추어 워털루에서 대치한 군대들보다 상대적으로 적은 손실을 입었다는 점이다. 두드러지는 특징은 베르됭과 솜에서 양편이 서로 거의 비슷한 인명 피해를 보았다는 사실이다. 그런 점에서 이 두 전투가 소모전이었다는 생각도 전술과 작전의 측면에서 보면 어불성설이다.

영국군 장교 프레더릭 어니스트 휘턴은 1923년에 출간한 자신의 책 서문에서 에드워드 크리시가 지속적으로 영향을 미치고 있음을 인정했다. 그 책의 제목 — 근대의 결전들 The Decisive Battles of Modern Times — 조차 크리시의 책 제목을 연상시켰다. 저자는 이 책에서 빅스버그와 쾨니히그레츠(또는 자도바), 마르스라투르, 쓰시마, 마른 전투를 검토했다. 휘턴은 이미 1917년에 마른 전투에 관해 긴 글을 쓴 바 있지만, 이 책에서는 제1차 세계 대전의 다른 어떤 전투도 다루지 않았다. 왜냐하면 이 전쟁의 전환점이 몇 주 만에 조성되었다고 보았기 때문이다. 게다가 베르됭과 솜 전투뿐 아니라 제1차 세계 대전의 다른 전투들을 다루는 방식에 대해 망설인 사람은 휘턴만이 아니었다. 3년 후 제1차 세계 대전 중 전선에서의 민간인 생활을 다룬 이야기를 책으로 쓰고, 1920년대에는 전쟁을 시대 배경으로 한 영화의 시나리오를 쓴 작가 보이드 케이블은 『영국의 운명적인 전투들 British Battles of Destiny』을 출간했다. 75년 전에 크리시가 그랬듯, 그는 워털루 전투로 책을 마무리했다. 그가 보기에 제1차 세계 대전의 영향을 단정하기에는 아직 일렀다.

휘턴과 케이블은 영향력이 큰 저자는 아니었지만, 그들의 책은 심오한 진실을 드러낸다. 19세기에 유효하던 전투의 정의가 더 이상 통용되지 않았다는 사실이다. 2007년에 에르베 드레비용 역시 자신의 책 『전투Batailles』를 마른 전투로 마무리한다. 그는 1914년 이후로 분명히 구획된 장소에서 제한된 기간 동안 벌어지는 직접적이고 결정적인 충돌에 대한 생각은 더 이상 유효하지 않게 되었다고 설명한다. 더글러스 헤이그는 1916년에 보낸 보고문에서 전투 대신 전역이라는 용어를 사용함으로써 이렇게 의미가 변하는 움직임을 개시한 인물 중 한 사람이다. 그는 1919년에 영국 원정군British Expeditionary Force 사령부를 떠나면서 마지막으로 작성한 보고문에서 똑같은 사고방식을 보여 준다. 이 보고문에서 1916년 7월 솜 전투와 1918년 11월 상브르강 전투 사이에 벌어진 소규모 전투들을 〈단 한 건의 유일한 대전투〉로 묘사한 것이다. 헤이그는 전투를 그 성과와 연결하기 위해 공간과 시간을 (2년 이상) 확장해야 했다. 하지만 그는 익숙한 용어의 한계 내에서 전쟁의 성질에 영향을 미친 중요한 변화들을 설명하려다가 혼란을 일으켰다. 이런 사람은 헤이그뿐만이 아니었다. 독일군도 같은 논리로 1918년에 전투에서 패배하지 않았다고 확신했다. 서부 전선에서 어떤 최종적이고 결정적인 전투도 벌어지지 않았기 때문이다.

국민 동원의 수사법

하지만 다른 전장에서는 이런 사실을 확인할 수 없었다. 그리고 이것이 제1차 세계 대전이 전투의 개념 자체에 가져온 근본적인 변화를 나타내는 가장 확실한 지표 중 하나다. 1918년 가을에 이탈리아와 팔레스타인, 메소포타미아 전선 — 비토리오베네토와 메기도, 모술 — 에서 전개된 격렬한 세 전투는 기이하게도 역사 편찬 과정에서 무시되었고, 오늘날에도 여전히 무시되고 있다. 하지만 이 세 전투는 모두 결정적이라는 면에서 워털루 전투보다 덜하지 않았고 각각의 무대에서 전쟁을 종식시키는 역할을 했다. 그럼에도 불구하고 이 전투들에서 얻은 승리는 쉽게 거둔 승리, 즉 서부 전선에 투입된 부대와 비교해서 전력이 떨어지는 부대가 전투를 이미 포기한 군대에 맞서 거둔 손쉬운 승리로 여겨졌다. 〈소모전〉에 대한 주장으로 인해, 적을 빨리 항복시킨 전투는 전투 기간이 연장되지 않고 큰 손실을 보지 않았다는 이유로 쉽게 거둔 승리로 치부되었고, 그러한 승리에는 정신적인 가치가 전혀 없다고 무의식적으로 간주했다.

제2차 세계 대전 이후, 제1차 대전에 참전했던 참모 장교 출신의 퇴역 군인 존 프레더릭 찰스 풀러는 세 권으로 이루어진 『서구 세계의 결정적인 전투들 The Decisive Battles of the Western World』을 썼다. 이 책에선 1915년 갈리폴리 전투에서 곧바로 1918년에 벌어진 전투로 넘어가면서 그 사이에 벌어진 베르됭과 솜 전투를 비롯한 전투들을 아예 빼버렸다. 그는 독립된 한 장을 1918년 10월에 이탈리아가 비토리오베네토 전투에서 거둔 승리에 할애했다. 이 전투야말로 이탈리아 국민의 사기에 영향을 미친 데다, 무솔리니와 파시스트들이 〈이탈리아에서 민족정신을 해치는 타락한 모든 세력에〉 맞서기 위해 이용했기 때문에 〈결정적〉 전투라고 보았다. 풀러가 이전에 파시스트였다는 사실은 분명히 밝혀야겠지만, 그의 주장은 이탈리아뿐 아니라 프랑스 제3공화국에 대해서도 유효하다. 베르됭 전투 역시 민족적인 이유 때문에 프랑스에서 큰 전투로 간주되었다. 영국에서 보는 솜 전투도 마찬가지다. 이 두 전투의 영웅들은 군대 지휘관이 아니라 일반병, 즉 민족을 대표하는 시민들이었다. 하지만 풀러는 이념적인 전쟁 — 그는 20세기 전쟁을 이렇게 묘사했다 — 에서, 특히 제2차 세계 대전에서 벌어진 결전이 19세기에 지녔던 중요성을 되찾았는지, 아니면 결전이 근대 전쟁에서 역할을 완전히 잃은 것인지에 대한 질문은 던지지 않았다.

필립스 페이슨 오브라이언의 『전쟁은 어떻게 승리했는가: 제2차 세계 대전 중 공·해군력과 연합군의 승리*How the War Was Won: Air-Sea Power and Allied Victory in World War II*』는 〈제2차 세계 대전 중에 결정적인 전투는 없었다〉라는 더없이 확실한 답변으로 시작한다. 국민과 여러 나라의 경제적 자원을 총동원했던 전쟁 수행 방식 때문에 큰 전투 ── 스탈린그라드 전투에서 미드웨이 해전까지 ── 로는 적의 자원도 전투 능력도 파괴할 수 없었다. 독일과 일본이 제2차 세계 대전 중에 물리적인 힘을 잃은 것은, 제1차 대전 때 주요 제국들이 그랬던 것처럼 끊임없이 전투를 수행했기 때문이다. 양차 세계 대전 중에 치른 전투와 산업화 이전에 치른 전투의 차이는, 전투가 날마다, 심지어 밤과 한겨울에도 진행되었다는 점이다. 영국군이 1916년 7월 1일에 6만 명 가까이 잃었다는 사실 때문에 이 전투가 시간상 제한된 전투였다는 착각을 하게 된다. 그러나 더 신중한 추정에 따르면 같은 영국군이 전투 이후 140일 동안 36만 명을 더 잃었다는 사실을 떠올려야 할 것이다. 양차 세계 대전 중에 교전국들은 전투를 계속하는 데 필요한 생산량을 유지할 만큼 충분한 노동력을 동원하는 동시에 손실된 인력을 대체하기 위해 안간힘을 써야 했다.

풀러가 지적했듯이, 제2차 세계 대전은 커다란 이념 차이 때문에 격화되었고, 군주에 충성하는 군대가 아니라 국민 전체에 의해 수행되었다. 국민 동원의 수사법 때문에 〈결정적 전투〉에 대한 생각이 지속될 수 있었다. 윈스턴 처칠은 1940년에 〈전투는 백 년 역사의 주요 지표다〉라고 단언함으로써 자신이 전투를 얼마나 중요하게 여기는지를 드러냈다. 그는 아직 청년이던 1898년에 옴두르만에서 기병 돌격에 가담했는데, 이 결정적인 전투 덕분에 대영 제국은 수단에서 마디Mahdi운동을 종식시킬 수 있었다. 영국이 나치 독일과 〈홀로 대적하던〉 때에 처칠은 두 차례의 결전을 치러야 한다고 주장했다. 그것은 영국 본토 항공전과 대서양 전투로서 전자는 공중전, 후자는 해전이었다. 두 전투는 전쟁의 결말이 달린 전투였기에 대단히 중요했다. 하지만 과연 이들을 진정한 전투로 간주할 수 있을까? 지리적 이름만 보아도 두 전투가 공간적으로 얼마나 모호하게 정의되었는지 알 수 있다. 게다가 시간적으로도 엄밀하게 한정되어 있지 않았다. 영국 본토 항공전은 4개월, 대서양 전투는 4년 동안 이어졌다. 게다가 독일인은 대서양 〈전투〉를 잠수함 〈전역〉이라고 부른다는 점은 주목할 만하다.

물론 어떤 날들은 제2차 세계 대전의 향방에 중요한 영향을 미쳤다. 한나절 넘게 이어진 엘알라메인 전투는 처칠이 말한 의미에서의 전환점보다는 전투의 고전적인 정의에 더 부합한다. 이는 예외적인 경우다. 동부 전선에서 벌어진 스탈린그라드 전투도, 쿠르스크 전투도 기간으로 따지면 〈전투〉에 해당되지 않는다. 제2차 세계 대전 중에 결정적이면서 절정의 순간이 있다면 그건 히로시마 핵 폭격이었다. 그러나 아무도 이를 전투로 여기지 않는다. 전투는 상호적인 형태로 이루어지는 싸움을 의미하기 때문이다.

핵 전투를 피하기

1945년 이후, 핵무기를 이용한 억제 논리는 결정적 전투의 시대가 끝났음을 암시했다. 이제 전략의 목적은 전투에 돌입하는 것이 아니라 전투를 피하는 것이었다. 하지만 전투는 일반 대중뿐 아니라, 1953~1955년에 출간된 풀러의 세 권짜리 책을 보면 알 수 있듯이 역사가들에게도 계속 영감을 주었다. 2001년에 출간된, 포부는 컸지만 과대평가된 책『살육과 문명: 서구의 세계 제패에 기여한 9개의 전투 *Carnage and Culture: Landmark Battles in the Rise of Western Power*』(『살육과 문명』,

남경태 옮김, 푸른숲, 2002)에서, 고대 그리스 전쟁 전문가인 고전학자 빅터 데이비스 핸슨은 전투 개념을 다시 한번 되살린다. 저자는 역사에 대한 휘그적 관점에서 보았을 때 서구 세계의 토대를 이루는 고대 그리스와 미국 사이에 존재하는 일종의 연속성을 강조한다. 그가 보기에 이 두 강국이 승리를 거둔 것은 서로 유사한 방식으로 문화적인 두각을 나타냈기 때문이다. 모두 민주주의 체제이고, 체계가 정립된 두 국가는 〈다른 문명을 파괴하기 위해 자신들의 문명을 사용하는 데〉 뛰어났다. 덧붙여, 핸슨은 보병 전투가 민주주의를 내포하고 있다고 여겼다. 보병 전투에서는 위계질서가 사라지고, 자유로운 사람이 직업 군인보다 더 잘 싸우며, 수적으로 열세인 부대도 민주주의 원칙으로 훈련받았다면 수가 더 많은 군대를 상대로 이길 수 있기 때문이다.

이 책은 미국이 국제 무대를 지배하는 것처럼 보이는 시기에 출간되어 과거뿐 아니라 미래에 대한 자기도취적인 스토리를 키웠다. 하지만 2001년 9·11 테러에 군사적으로 대응해 미국은 여러 전투에서 승리를 거두었음에도 불구하고 전쟁에서 지는 것처럼 보였다. 핸슨이 제시한 논거의 약점은, 그가 문화적으로 민주주의와 양립할 수 없다고 판단하는 다른 형태의 전쟁을 거부하는 경향에서 나온다. 고대 그리스의 완전 무장한 보병 호플리테스가 펼치는 국지적인 정면충돌은 매복과 기습보다 의미하는 바가 적다. 위험을 피하면서 목표를 달성할 수 있는데 왜 자신을 위험에 노출시킨단 말인가? 고대 전쟁에서는 그리스인이 전투를 회피하기도 했다. 이런 일은 미국 독립 전쟁의 일부 국면에서 벌어지기도 했다.

게릴라전은 1945년 이후 사실상 지배적인 전투 형태가 되었다. 마오쩌둥은 혁명전쟁에 관해 쓴 이론적인 글에서 비정규 전투 기법이, 혁명군이 적에게 승리할 최종 단계에서 절정에 이를 것이라고 보았다. 1954년에는 보응우옌잡이 디엔비엔푸 전투로 인도차이나에서의 프랑스 지배를 종식시킴으로써 마오쩌둥의 말이 옳은 것처럼 보였다. 하지만 보응우옌잡의 성공은 예외적인 경우다. 1945년 이후로 비정규 전쟁이 전투의 틀 내에서 해결된 사례는 거의 없다. 베트남과 아프가니스탄에서 전투를 치르기 위해 훈련된, 전력이 우세한 정규군은 비정규전에 적응하지 못했다. 그리고 미국과 소련은 결국 자신들의 패배를 인정했다.

결정적인 전투가 중요하다는 생각은 국가가 전제 권력으로 통치되고 사회가 산업화 이전의 수단으로 군대 장비를 보급하던 시대에 절정기를 맞았다. 민주화와 산업화로 전쟁기에 전투가 담당하던 역할은 손상되었다. 하지만 전투의 역할이 쇠퇴했다는 사실은 분명하게 인정되지 않았다. 여기에는 세 가지 이유가 있다. 첫 번째 이유는 전쟁의 핵심이 소규모 전투라는 사실에 기인한다. 어떤 형태의 전쟁에서도 마찬가지다. 소규모 전투는 우리가 전쟁을 고찰하는 데 필요한 연속성과 총체성의 구성 요소를 제공한다. 두 번째 이유는, 직업 군대가 자신의 능력을 최종 시험하는 장(場)이 전투라는 생각이 계속 이어져 왔다는 사실이다. 이로써 전략은 전술과 연결되고, 작전 수행 기술에 대한 생각이 구체화된다. 세 번째로 더 일반적으로 보았을 때, 전투와 전투 경험은 근본적으로 불가사의한 과정이다. 전투원은 전투가 한창 진행되는 와중에 글을 쓰거나 깊이 생각할 시간이 없을뿐더러, 전투 이후에 그들이 재구성하는 이야기는 부분적이고 선택적이다. 전투에 한 번도 가담해 보지 않은 사람은 그 이야기에 갇혀 있을 수밖에 없다. 그것이 뜻하는 바를 결코 온전히 탐색하지 못할 거라는 사실을 안다.

참조

1부 - 01 전쟁을 생각하다 | 03 시민-군인의 시대 | 07 전략 없이는 기술은 소용없다 | 14 게릴라와 반란 억제 ‖ 4부 - 04 스탈린그라드의 불꽃이 꺼졌다

03
시민-군인의 시대

앨런 포러스트•

혁명전쟁을 치르면서 프랑스는 시민-군인으로 이루어진 군대를 갖춘 유럽 최초의 국가가 된다. 뒤이어 다른 나라들도 징병 제도를 택한다. 그러나 자국 군인에게 항상 시민의 자격에 걸맞은 권리를 허용한 것은 아니었다.

1792년에 프랑스가 오스트리아와 프로이센에 전쟁을 선포했을 때, 당대 사람들은 이를 이념에 따라 수행되고 국민 전체를 개입시키는 새로운 종류의 전쟁으로 생각했다. 그들은 이것이 왕과 군주들이 벌이는 전쟁과는 본질적으로 다른 혁명전쟁이라고 주장했다. 하지만 이런 견해를 펼친 것은 정치인들이었지 군인들이 아니었다. 군사 전술과 병사들이 사용한 무기는 구제도 이전과 크게 달라지지 않았다. 프랑스 지도자들이 적대 행위를 정당화하기 위해 사용한 어법이 아무리 새로웠다 하더라도, 프랑스가 가담한 혁명전쟁은 스페인 왕위 계승 전쟁부터 미국 독립에 이르기까지 18세기 유럽의 모습을 형성해 간 일련의 기나긴 투쟁의 마지막 단계로 간주되어야 한다. 이 전쟁들은 확실히 혁명전쟁과 거리가 멀었다. 하지만 다른 의미에서, 즉 근대 역사에서 최초로 징병 제도를 실시해 군대를 소집함으로써 병역을 시민

• Alan Forrest. 요크 대학교의 명예 교수. 혁명기 프랑스와 나폴레옹 시대에 관한 여러 연구서를 썼으며, 주요 저작으로 『나폴레옹의 병사들: 혁명과 제국의 군인 *Napoleon's Men: The Soldiers of the Revolution and Empire*』이 있다.

의 자격과 연결시켰다는 점에서 혁명적이었다. 시민-군인의 시대가
열렸다.

　1789년에 프랑스 국민 의회는 자국 청년들이 병역을 수행하도록
강제하기보다는 왕실 군대의 폐습을 개혁하는 데 더 신경 쓰고 있었
다. 징병제 도입을 크게 환영하는 분위기가 아니었다. 의원들은 개인
의 자유에 대한 문제를 매우 중시했다. 어떤 형태로든 강제력을 행사
한다면 프랑스 혁명이 약속한 개인의 자유를 부정하는 일이라고 여
겼다. 1798년에 연 1회 소집되는 징병제가 시행되었을 때에는 프랑
스 혁명으로부터 9년이 지났고, 갓 탄생한 공화국인 프랑스를 자극했
던 평등에 대한 이상주의도 많이 가라앉은 상태였다. 앞선 모든 조치
─ 가령 1791년에 최초의 전쟁 위협에 대응하기 위한 지원병 소집,
1793년에 영국과 스페인에서 전쟁이 선포되었을 때 남성 30만 명 징
집, 같은 해 조금 뒤에 침공 위협을 억제하기 위한 대규모 징병 ─ 와
마찬가지로, 징병제는 전쟁의 필요에 따라 일시적으로 취한 조치일
뿐이었다. 국민개병은 (나중에 나폴레옹이 실시한 징병제와 달리) 대
리나 대체 복무가 완전히 금지되었다. 사회 각 구성원이 오로지 나이
와 성별로만 구분되어 몸소 의무를 수행해야 했다는 점에서 〈대중 무
장nation en armes〉의 혁명적 이상에 더 가까웠다.

　법령은 개인이 지는 의무의 범위를 명확히 했다. 〈젊은 남자는 전
투에 가담한다. 결혼한 남자는 무기를 만들고 물자를 운송한다. 여자
는 텐트와 옷을 만들고 병원에서 일한다. 어린이는 헌 내의를 찢어 붕
대를 만든다.〉 심지어 노인들에게도 역할이 주어졌다. 〈노인은 광장
으로 데려가 병사의 사기와 왕에 대한 증오, 공화국의 일치단결을 북
돋운다.〉 혁명적인 어법을 사용한 것은 프랑스를 위해 싸운 일부 젊
은 병사에게 작지 않은 영향을 미쳤다. 피에르 코앵은 1792년에 북부
군l'armée du Nord에 현역으로 지원했을 때 이미 열렬한 혁명주의자였다.

그는 자신의 아버지에게 이렇게 말했다. 〈이 전쟁은 어떤 왕과 다른 왕의 전쟁이 아니고, 국가들 간의 전쟁도 아닙니다. 전제 군주제에 맞서 자유를 수호하기 위한 전쟁입니다. 우리가 승리할 거라는 사실에는 의심의 여지가 없습니다. 정당하고 자유로운 국가는 패배할 수 없으니까요.〉

프랑스 혁명전쟁과 나폴레옹 전쟁의 규모를 감당하려면 전통적인 징병 방식으로는 충분하지 않았다. 국가들은 점차 자국민에게 이런저런 형태의 병역을 강요했다. 용병을 사용하는 데 드는 비용은 터무니없이 높아졌다. 다른 유럽 국가들도 프랑스를 따라 국민개병을 실시할 수밖에 없게 된다. 유럽 대륙 전역에서 특정 연령대, 특히 20~25세의 남성을 최대한 많이 병적에 등록해 강제로 군대를 소집했다. 군인이라는 직업은 이제 더 이상 가난한 사람이나 땅을 소유하지 못한 사람에게만 강요되는 짐이 아니었다. 20세기 초 징병제는 유럽 전역에서 이러저러한 형태로 적어도 전쟁 시기에는 반드시 채택되었지만, 1790년대까지 강제 징병은 특히 도시 중산층에게 환영받지 못한 새로운 제도였다. 징병이 강요되는 나라에서는 폭넓은 저항이 일어났다. 프랑스 일부 지역에서는 징병 대상자의 3분의 1 이상이 징병을 피해 숨었고 프랑스 제국 전역에서, 특히 이탈리아 북부 계곡에서 징병제에 대한 반발로 헌병이 공격받거나 국가 기관에 맞선 무장 폭동이 일어나기도 했다.

프로이센은 군사적 패배에 대한 대응책으로 징병제를 채택한 국가의 가장 좋은 사례일 것이다. 프로이센은 1806년 10월 14일에 예나 전투와 아우어슈테트 전투에서 패한 직후 나폴레옹의 강요로 가혹한 강화 조약에 합의해야 했다. 프로이센이 완전히 패배했다는 사실에 국민은 큰 충격을 받았다. 빼앗긴 영토는 국가적인 수치를 불러일으켰다. 프로이센의 군사 전략가들은 이 패배로부터 뼈저린 교훈, 즉 프랑스에 다시 대적하려면 프랑스가 사용한 방식을 따라야 하고 무엇보다 징병제부터 채택해야 한다는 교훈을 얻었다. 군대를 개혁한 게르하르트 폰 샤른호르스트 장군이 보기에 징병제는 군사적인 측면뿐 아니라 민간 사회에도 이득이 되는 일이었다. 군대는 나폴레옹에 맞서 싸울 신병을 길러 내는 〈국민의 학교〉가 될 것이었다. 머지않아 다른 나라들도 샤른호르스트의 개혁을 본떠 스웨덴은 1812년에, 노르웨이는 1814년에 징병제를 도입했다. 19세기 후반에는 유럽의 강대국 대부분 — 오스트리아-헝가리 제국은 1867년, 러시아는 1874년에 — 이 징병제의 필요성을 인정했다.

프로이센은 대대적인 군사 개혁을 실시했지만, 자국민에게 시민의 자격에 따르는 권리는 허용하지 않았다. 프로이센 국민은 이 권리를 얻어 내야만 했다. 다시 말해 시민의 권리는 군 복무를 수행하고 의무를 완수했을 때 보상으로 주어졌다. 프랑스에서와 달리 프로이센에서 시민의 자격은 국민이 기본적으로 향유하는 지위가 아니었다. 인간이 권리와 의무를 가진 자기 국가의 시민이라는 생각은 여전히 혁명 체제와, 그 체제가 살찌운 평등 이념과 깊이 연결되어 있었다.

미국의 선례

유럽에서는 프랑스가 병역을 시민의 자격과 연결 지은 최초의 국가였지만, 세계 다른 지역에서 병역이 실시된 선례가 있었다. 미국에서는 17세기에 식민지 의회가 군사 작전을 통제하는 체제 내에서 자기 방위 목적으로 국경 지방의 공동체들이 민병대를 구성했다. 여기서 부분적으로 미국의 〈시민-군인〉, 즉 미니트맨minuteman 전통이 나왔다. 이들은 국경 지방의 농장주나 거주민으로서 전쟁이 벌어지면 국가를 위해 싸우러 농장을 떠났다가 승리를 거둔 후 민간인 신분으로 되돌아왔다. 그런데 이 방식은 인디언 부족에 대항해 자신을 방어할 때에는 제대로 기능했지만, 외국에서 벌이는 전쟁에서는 효율적이지 못했다. 미국인들은 차츰 자신을 방어하기 위해 직업 군대를 활용했다. 살아남기 위해서는 다급하게 소집해 훈련한 일시적인 민병대로 충분하지 않다는 사실을 깨달았기 때문이었다. 미국 혁명 시기에는 공화주의 이념과 군사적 효율성이라는 동기 사이에 명백한 긴장이 존재했다. 독립 전쟁에서 시민으로 이루어진 민병대의 역할은 신랄한 논쟁의 대상이었다. 조지 워싱턴은 미합중국이 근대 상업 사회이며, 이런 사회에서 젊은이들이 모두 병역을 수행하도록 강요하는 일은 더 이상 공동체에 이득이 되지 않는다고 보았다. 그래서 그는 더 많은 사람을 군대로 끌어모으기 위해 봉급을 올리는 쪽을 택했다.

찰스 리 장군은 민병대 원칙을 옹호했다. 그가 보기에 폭정은 〈모든 시민이 병역을 수행하도록 강제하는 법률에 순응할 지혜나 미덕을 충분히 갖추지 못한 국민이 맞이하는 운명〉이었다. 워싱턴과 리를 비롯해 모두가 공화주의에 대한 확실한 신념을 가졌다. 공화주의 사상은 18세기 미국 정체성의 핵심을 이루는 요소였다. 1783년 이후 평화 시기에 반연방주의자들은 정규군에 대한 대안으로 시민-군인의 이상에 집착하며 이렇게 말했다. 〈자유로운 공화국이라면 나라의 법률을 집행하기 위해 정규군을 유지하는 일은 결코 없을 것이다. 이 법률을 적용하는 일은 시민의 지지와 활동에 의거해야 한다.〉 이러한 주장은 미합중국 창설에 근본이 되는 두 건의 문서, 수정 헌법 제2조와 1792년의 민병대법Militia Act에서 드러난다. 시민은 〈공화주의 시민권을 구성하는 군대에 관한 활동과 시민활동에 가담할〉 헌법적 권리를 얻어냈다. 로런스 크레스에 따르면, 식민기 이후로 영국의 두 가지 지식 전통이 미국에서 벌어진 군대의 특성에 관한 논쟁에 큰 영향을 미쳤다. 이 두 전통은 직업 군대의 존재가 시민의 자유에 위협이 될 수 있다는 전통적인 두려움에 기반을 둔다(미국과 영국의 공화주의 이념에 공통된 주제이기도 하다). 〈급진적인 휘그파〉는 직업 군대가 〈시민의 자유와 미덕에 항상 위험하다〉고 여기고 모든 형태의 직업 군대에 반대했다. 이들은 가족과 재산을 지키기 위해 직업 군인이 아닌 사람들에게 국가 방어를 맡기는 민병대 제도를 옹호했다. 이러한 군사력은 정치 질서를 전복하거나 쿠데타를 시도하는 일이 결코 없을 거라고 보았다. 즉 군대가 웨스트포인트West Point나 아나폴리스Annapolis의 군사 학교를 나온 〈귀족〉 장교들이 국민에 맞서 사용할지 모르는 자립적인 군사력을 갖는 일은 결코 없을 것이었다. 한편 〈온건한 휘그파〉는 충분한 보호 장치를 마련해 두면 공화주의적인 가치가 올바르게 보호될 수 있다고 보았다. 이들의 견해에 따르면, 미국처럼 복잡한 근대 사회에서 전쟁은 다른 인간 활동과 마찬가지로 전문가들에 의해 수행되는 분업의 대상이 되어야 했다.

독립 전쟁이 끝날 무렵, 조지 워싱턴은 앞서 살펴본 것처럼 후자의 견해를 채택했다. 이 견해는 오래지 않아 미국의 전략적 사고를 지배하게 된다. 하지만 민병대와 주 방위군이 병존한다는 점에서 볼 수 있듯, 그것이 유일한 견해는 결코 아니었다. 미국이 민병대에 집착하는 것은 물론 전쟁기에 더 많은 인원을 동원할 수 있기 때문이지만, 군사적이라기보다는 정치적인 이유 때문이다. 미국은 자국의 시민-군인을 전투에 대비시킴으로써, 세계에서 발생하는 위험과 균형을 이뤄 자국의 지위를 유지한다. 즉 어떤 외부의 공격에도 나라를 지켜내기에 충분한 수의 전문적인 군대를 갖춰 통제되지 않는 군국주의가 국가에 끼칠 수 있는 위험과 균형을 맞추는 것이다.

동의의 민주화

그런데 민병대원과 징집된 군인은 일단 국가 군대에 통합된 후에, 후방에 있는 사람들의 이득과 동기를 계속 공유해야 했다. 18세기 후반에 기베르 백작 같은 일부 계몽주의자들이 설명한 바와 같이, 군인은 자신의 공동체를 방어하기 위해 무기를 들 준비가 되어 있는 고결한 시민이어야 한다. 공동선(善)을 위한 희생이 시민이 갖추어야 할 미덕 개념의 근간을 이룬다. 19세기에 더 민주적인 정치 체계와 더 많은 사람을 포괄하는 대의 기관이 생기면서, 모든 시민이 전쟁 시기에 국가에 대한 의무를 지닌다는 생각이 점점 더 강해졌다. 이러한 생각은 〈동의의 민주화〉의 한 형태에 근거해서 나라를 위해 싸우도록 징집된 군인 당사자들의 지지를 받아 사회적으로도 매우 큰 영향을 미쳤다. 병역을 국가 시민의 자격과 밀접하게 연결 지으면서 징병제는 시민들의 정치 공동체가 스스로를 단일한 국가로서 정의 내리게 했다. 징병제는 국가를 구성하는 과정에 기여함으로써 민간인과 군인 영역에서의 사회적 차이를 평준화했다.

그런데 군인이 일단 군대에 편입된 이후에도 계속 민간인처럼 생각할까? 국가를 위한 병역의 의무와 징병 제도의 현실은 전혀 같은 것이 아니다. 전자가 시민에게 주어진 기본적인 의무 중 하나를 수행하는 일로 간주된다면, 후자는 필연적으로 시민으로서의 권리 중 일부를 포기해야 함을 뜻했다. 병역 기간 동안 군인은 자신의 생각을 자유롭게 표현할 수 없었고, 상급자의 명령을 문제 삼을 수도 없었다. 군인은 정치적 토론에 참여하는 것이 금지되었고, 제도화된 규율에 복종해야 했다. 군인이 쓴 글은 검열을 받았다. 군인이 정보에 접근하는 일은 엄격하게 통제되었다. 병역을 수행하는 몇 년 동안 그 사람의 충성심과 가치관, 정체성이 크게 변화했으리라는 사실에는 의심의 여지가 없다. 1790년대 프랑스 혁명군은 이내 당대 여느 군대들과 이념적으로 차이를 보이지 않게 되었다. 혁명군의 군인은 똑같은 군사 지침서에 실린 똑같은 훈련을 받았고, 대체로 루이 16세 치하에서 복무한 장교들의 지휘를 받았다. 그들의 이상은 금세 일상에서 필수적으로 해야 하는 일들에 파묻혔다. 식량과 말의 사료를 구하고, 추위로부터 몸을 보호하고 생존해야 했다. 또 전우들과 나누는 동지애를 발견하기도 했다. 몇 달이 지나면서 징병된 군인들은 차츰 전문적인 군인이 되어 갔다. 이들의 역량은 커졌고 가끔은 엄청난 군사적 성공을 거두며 칭송받았다. 이들은 명예와 진급을 꿈꾸기 시작했고, 신체가 훼손되거나 부상을 당해 불구가 될지 모른다는 두려움 속에 살았으며, 죽은 전우를 위해 눈물을 흘렸다. 끝으로 이들은 병사가 아닌 사람은 알 수 없는 군대의 동지애와 상호 의존 상태에서 생겨나는 공감, 민간인 사회에서 존재하는 것보다 훨씬 더 견고하고 솔직한 우정을 공유하면서 사회로부터 점점 더 분리된다고 느꼈다. 많은 사람이 직업 군인이 될 생각을 하기 시작했다. 한마디로, 끝없는 전쟁 와중에 그들은 평범한 시민이 되기를 포기하고 군인이 되었다.

영국의 의회 전통에 맞지 않은 외국의, 〈대륙의〉 관행으로 여기는 영국조차 프랑스의 위협에 맞서기 위해 군사력을 대폭 확대해야 했다. 1813년에는 이베리아반도와 미국에 투입할 부대, 전 세계의 바다에서 치안을 유지할 해군을 갖추느라 영국은 더없이 많은 병력을 필요로 했다. 하지만 영국은 1916년부터 2년에 걸쳐 전쟁을 치른 뒤 그 손실이 너무 커 징병제를 실시하게 될 때까지징병제의 유혹에 저항했고, 프랑스의 침공에 대비하여 자국 해안을 방어하는 데 보조 인력, 즉 민병대와 기병대의 〈시민-군인〉을 전례 없는 수준으로 활용했다. 여기에 덧붙여, 해외로 파견되어 싸울 일이 없으므로 한가한 직무일 거라 생각하면서 민병대에 지원한 사람들은 몇몇 군사 행진과 한시적 훈련에만 참여하던 민간인 신분에서 군인 신분으로 옮기도록 이런저런 방식으로 주로 그들을 고용한 토지 주인에게 부추김을 받거나 매수되고, 동시에 압박을 받았다. 애국심에 호소하거나 국가적 위기를 강조하고, 모험을 추구하고, 남성다움에 대한 찬양 또는 의무감에 설득되어 점점 더 많은 남자들이 모든 것을 버리고 입대했다. 군 복무를 강제하는 징병제에 관한 법률만 없었을 뿐이다.

이 두 방식은 정말 서로 다른 것이었을까? 적어도 프랑스인에게 는 달랐다. 그들이 보기에 징병제는 자신이 싸우는 목적인 대의를 더욱 중시하는 이전과는 다른 동기를 지닌 새로운 부류의 군인을 만들어 냈다. 하지만 다른 민족들은 이에 대하여 의구심을 가졌다. 이베리아반도나 워털루에서 싸운 영국인들은 〈시민-군인〉이 아니었다. 그들 중 다수는 강제 소집되거나, 입대하겠다고 서명하면 지급받기로 한 금전에 끌려 군인이 되었다. 그들은 프랑스 군인과 똑같은 시민권을 누리지 않았다. 하지만 프랑스인과 똑같은 열의와 애국심으로 자신의 국왕과 국가를 위해 싸웠다. 그리고 전쟁이 끝나면 프랑스인과 마찬가지로 동원 해제되어 자신의 농장이나 작업장으로 되돌아갔다.

영국은 20세기 이전에는 자국 시민을 정규군으로 징집하지 않았다. 하지만 항상 의무와 책임이라는 친근한 언어를 사용하며 예비군을 마련해 두는 데 집착했다. 전쟁기나 평화기에 모두 이 예비군, 시민들로 구성된 민병대든, 기병대든, 혹은 더 최근에 들어 생긴 국토군이든, 이들은 영국의 국방 계획에서 항상 실질적인 역할을 맡아왔다. 물론 경제적 비용 문제가 예비군을 중시하게 된 요인 중 하나였지만, 프랑스에서와 마찬가지로 정치적 논쟁에서는 항상 시민 교육의 중요성 그리고 국토방위의 책임을 일부 국민에게 지우는 일에서 얻는 사회적 이득이 강조되었다. 이런 유형의 예비군을 활용하는 것은 영국만이 아니다. 예비군 제도는 앵글로·색슨 국가들의 오랜 전통으로 19세기 백인 대영 제국 전체에서 나타난다. 이언 베킷에 따르면, 빅토리아 시대에 대영 제국을 여행 다닌 영국인들은 영국 시민으로 이루어진 부대를 보면서 자신들에게 익숙한 지명을 떠올리며 안심했다. 이 부대들의 이름은 런던이나 맨체스터에 주둔한 부대의 이름보다 이국적이었으나, 상징성은 분명했다. 오스트레일리아의 핀자라 기마 의용대 Pinjarrah Mounted Volunteers든, 뉴질랜드의 코로만델 소총 여단Coromandel Rifle Brigade이든, 남아프리카의 랭 협곡 기병Lang Kloof Cavalry이든 가릴 것 없이 시민-군인으로 이루어진 부대들의 모습은, 영국의 성공회나 시립 공원의 풍광과 더불어 제국 국민 모두가 일상적으로 접하는 모습이었다. 자원병으로 이루어진 이 연대들은 다른 유럽인들에게 전혀 놀랍지 않았다. 자유로운 남자가 자신의 왕국을 도울 의무가 있다는 원칙은 매우 오래된 것이었기 때문이다. 실제로 1789년 훨씬 이전에 이미 유럽 국가 대부분에는 이런저런 형태로 시민 민병대가 존재했다. 그러나 민병대들이 최전선에 나서는 일은 드물었다. 오늘날까지 이어져 내려오는 다양한 자원병 부대와 다른 시민 민병대들은 무엇보다 직업 군대의 예비군으로서 자국 방위의 한 축을 맡는다.

중국에서의 전통

시민-군인의 이상을 계속 따르고 발전시켜 근대적인 군대 소집 방식으로 만들려면 두 가지 조건이 갖추어져야 한다. 일단 국가 시민권에 대한 인식이 어느 정도 있어야 하고, 대규모 인원이 동원된 전쟁을 경험했어야 한다. 하지만 나폴레옹 전쟁 직후에는 두 조건 중 아무것도 갖추어져 있지 않았다. 1815년 이후 몇 년 동안 국토를 위협하는 대규모 전쟁은 그전보다 덜 벌어졌다. 시민권에 대한 생각은 프랑스 혁명의 전복적인 이상과 연결되어 아직 충분히 무르익지 않은 상태였다. 이 때문에 대규모 징병제는 거의 실시되지 않았다. 심지어 가장 강한 시민-군인 전통을 지녔다고 자부하던 프랑스도 평화 시기에는 대규모 징병을 실시하기 어려웠다. 왕정복고기 정권은 시민으로 이루어진 대규모 군대를 두려워했기 때문이다. 1818년부터 징병제는 각 연령대의 극소수에게만 제한적으로 적용되었다. 강대국 중에서는 프로이센만 자국 청년들에게 병역을 의무화했다. 다른 서구 국가들은 반세기가 더 지난 뒤에야 군대 동원이 필요하자 어쩔 수 없이 대규모 징병제를 도입한다. 미국은 남북 전쟁 중에 남부 동맹군, 그리고 뒤이어 북부 연방군이 징병제를 강요했고 1870년 프로이센·프랑스 전쟁에서는 프랑스가 침략당했을 때 징병제가 도입되었다. 프로이센이 전쟁에서 승리를 거두자 프랑스와 다른 나라들은 프로이센을 모방했다. 대개 전쟁에서 패한 나라는 적이 승리한 방식에서 교훈을 얻는 경향이 있다. 유럽 바깥의 다른 국가들도 자국 역사에 깊이 뿌리내린 오랜 전통을 희생하면서 프로이센의 모델을 본보기로 삼았다. 일본 정부는 1873년에 국민 징병제를 제정하여 17세부터 40세까지의 모든 남성이 현역 3년, 뒤이어 현역 예비역 2년 그리고 또다시 비전투 예비역을 2년간 의무적으로 수행하도록 했다. 이것은 무사(사무라이)만 무기를 소지할 수 있던 특권을 없애는 결과를 야기했는데, 이 현상은 일본을 통치하던 귀족 엘리트가 세습받은 지위를 대부분 잃은 메이지 유신이라는 더 큰 맥락에서 바라보아야 한다. 일본은 개혁을 추진하기 위해 독일 군사 고문의 자문을 받았다. 하지만 모든 전쟁에 대규모 군대가 필요한 것은 아니었다. 19세기 인도와 아프리카에서 여러 차례 벌어진 식민 전쟁은, 식민국들이 식민지 내에서 조직되어 본국 장교의 지휘를 받는 부대에 의존했기 때문에 매우 다른 방식으로 수행되었다. 가령 영국령 인도는 동인도 회사East India Company가 소집한 강력한 정규군이 방어했다. 이 정규군은 영국의 지배British Raj 절정기에 15만 명이 넘는 병력을 보유했는데, 이들 중 극소수만 영국에서 온 병사였다.

어떤 아시아 사회는 대영 제국 군대가 아시아에 도착하기 수 세기 전부터 시민-군인을 활용했다. 황제가 지배한 중국의 경우를 보면, 전쟁 시기에 징병제를 활용하는 것이 근대성이나 민주주의와 별 상관이 없다는 사실을 알 수 있다. 약 2천 년 전에 한(漢) 왕조와 당(唐) 왕조는 징병제를 폭넓게 활용했다. 물론 시민 이데올로기와는 아무 상관이 없었다. 시민-군인은 용병보다 선호되었는데, 국가 내부 질서에 덜 위협적이었기 때문이다. 한 왕조의 군사 체계에서 20세인 청년은 모두 병역 대상으로 등록되었고, 23세에서 56세 사이에 징집되어 현역으로 복무했다. 원칙적으로 모든 남자는 매년 수확이 끝나면 한 달간 군사 훈련을 받아야 했으며, 여기에 덧붙여 평생에 적어도 한 번은 수도에서 1년, 변방에서 3일간 복무해야 했다. 시간이 흐르면서 이 제도는 약화되어 징병 대상자가 병역을 회피할 요량으로 돈을 지불하는 일이 점점 더 자주 벌어졌다. 이후 중국에서 시민-군인 체계는 실시되지 않다가 20세기에 다시 부활한다. 1937년에 중국이 일본에 침략을 당했을 때, 국민당 정부가 처음 보인 반응 중 하나는 시민으로 이루어진 군대를 새로 창설하는 것이었다. 18세의 모든 남자는 주거지에서 가장 가까운 시민-군인 부대에 출두해 수확기 이후에 단기간 시행되는 군사 훈련을 받아야 했다. 당국은 이 프로그램의 목적이 민족의식을 일깨우고 전시에 알맞은 태도를 키우며 남자들을 징병 제도에 준비시키기 위해서라고 설명했다. 1949년 이후, 공산주의 중국 역시 징집된 군인으로 이루어진 군대에 의존했다. 공산주의 이념에 비추어볼 때, 중국이 제국주의 공격에 맞서 국가를 보호하기 위해 자국민, 즉 시민-군인을 병사로 활용한 것은 매우 자연스러운 일이었다.

양차 세계 대전 황금기

20세기에 벌어진 두 차례의 세계 대전 중에 수백만 명의 인원이 가끔은 매우 신속하게 동원되었는데, 이로 인해 심각한 정의와 형평성 문제가 제기됐다. 이 시기는 시민으로 이루어진 대규모 군대의 황금기였다. 1914년에 국가들은 전례 없는 징병 수요에 직면하면서도 자국의 전통과 이미 수립된 관행을 고수했다. 프랑스와 독일에서는 시민-군인과 평등의 이상이 민족의식에 깊이 뿌리내린 상태였기에 자기희생이 요구되는 상황에서 군대가 징집된 시민으로 구성되어야 한다는 생각을 당연시했다. 반면, 영국은 징병제가 본질적으로 영국의 군사 전통과는 무관하며, 자국 군대의 전투 능력을 약화시킬 것이 분명한 〈대륙적인〉 관행이라고 고집스레 믿었다. 게다가 애국심에 호소하는 일만으로도 충분한 것처럼 보였다. 1914년 8월 4일과 9월 12일 사이, 즉 5주 동안에 약 48만 명이 자원입대했다. 그중 9월 3일 단 하루 만에 3만 3,204명이 입대했다. 이 수치는 전쟁 이전의 연평균 입대자 수보다 더 많은 것이었다. 많은 영국인이 생각하기에, 자원병으로 이루어진 군대와 징집병으로 이루어진 군대의 차이는, 전자가 사기 면에서 우월하다는 점에 있었다. 영국의 두 주요 정당은 시민의 자격을 상징적으로 나타내는 행위로서 자원병 제도를 유지해야 한다는 데 합의했고, 영국 노조들의 연합 단체인 영국 노동조합 회의Trades Union Congress는 모든 형태의 강제력 행사에 반대했다. 상당수 국회 의원이 정부를 향해 만일 런던이 징병제를 실시하면 아일랜드에서 틀림없이 소요가 일어날 거라고 경고했다. 2년 후, 정치 지형은 완전히 바뀐다. 전쟁 초기에 엄청난 손실을 보고 서부 전선에서 소모전을 치르면서 매달 새로 지원하는 군인의 수가 점차 줄어들었다. 이로 인해 자유 의사를 옹호하는 사람들의 입지가 약화되었다. 1916년에는 자원병 제도만으로 전쟁에서 성공을 거둘 거라고 아무도 믿지 않았다. 영국 정부는 이러한 거대 전쟁에서는 강제로 소집한 대규모 군대를 동원하는 것이 불가피하며, 개인의 신념에 따른 선의에만 의존하면서 병역 제도를 포기할 수는 없다는 사실을 마지못해 인정해야 했다. 그리고 이런 상황은 20세기 대부분의 기간 동안 지속되었다.

병역의 의무는, 특히 전통적인 성 역할에 따라 국가 수호를 맡기는 사회에서는 거의 항상 남성 시민에게만 적용되었다. 가령 프랑스에서 자코뱅 당원들은 여성을 전투원 역할에서 배제하려고 노골적으로 애썼다. 이러한 배제는 프랑스 공화국 전통에서 계속 유지되다가 군대 내 여성의 비율이 점점 더 늘어나는(2016년에 평균 비율 10퍼센트) 오늘날에 와서야 문제시되고 있다. 하지만 20세기에 벌어진 혁명 중에 성별에 따른 역할 분담은 이따금 더 유연하게 이루어졌다. 1917년 3월 러시아에서 육해군부Minister of War and Navy 장관 알렉산드르 케렌스키는 여성으로만 이루어진 최초의 전투 부대를 창설해 마리야 보치카레바가 지휘하도록 했다. 이 부대는 절정기에 전투원이 2천 명을 웃돌았다. 1917년 10월에 볼셰비키가 정권을 잡은 후, 여성으로만 이루어진 다른 부대들이 창설되어 제2차 세계 대전 중에는 여성들이 최전방에서 싸웠다. 당시 소련의 〈붉은 군대〉는 징병된 군인으로 이루어진 엄청나게 큰 군대였는데, 군인의 수가 평화기에는 2백만 명, 전쟁기에는 6백만 명에까지 이르렀다. 하지만 스탈린이 휘하의 장교들을 숙청한 이후 붉은 군대는 효율성이 현저히 떨어졌다. 1940년에 핀란드를 침공한 〈겨울 전쟁〉에서 실패한 뒤 붉은 군대 소속 여러 부대의 사기가 크게 떨어진 상태였다.

이때 대규모 징병 캠페인이 벌어졌고, 많은 젊은 여성이 자원했다. 남자와 달리 여자는 강제로 편입되는 일이 없었다. 오히려 많은 여성들이 싸우기를 원했지만 가족의 반대에 부딪혔다. 장교들과 정치국 대표들도 여자가 생명을 걸거나 전투에서 부상을 당하게 허하는 것을 망설였다. 그래도 일부 여성은 군대에 들어갈 수 있었다. 몇몇은 비행기 조종사나 낙하산 부대원, 저격수로 무훈을 세워 유명해졌다. 하지만 다른 많은 여성은 병역에 부적격하다고 간주되거나, 타협을 보아 간호사나 위생 보조원으로 복무할 수밖에 없었다. 1939년에 제정된 보편적 징병에 관한 법률에서 징병 대상자를 〈시민〉이라는 모호한 용어보다 〈젊은 남성〉으로 규정하기를 선호한 것을 보면, 이러한 상황은 국가의 의도에 더 잘 들어맞았다. 입대한 여성은 비전투 직무나 의료, 수의(獸醫) 활동, 기술 보조직에 종사하도록 제한되었다. 소련은 앞서 혁명기의 프랑스가 그랬듯이 전쟁터에서 성별 구분을 유지하려 했는데, 군대의 규율이 이 문제에 달렸다고 보았다.

시민 자격 모델의 종말

1914년에 다시 독일에 맞선 유럽 대전에 프랑스가 가담했을 때, 국가를 위해 싸울 시민을 정부가 소집할 거라는 사실을 아무도 의심하지 않았다. 이는 단순히 프랑스가 근대 전쟁을 수행하고 공화국이 국가적인 위기에 처한 순간에 스스로를 방어하는 방식이었다. 달리 말하면, 전형적으로 공화주의적인 국가 수호 형태였다. 평화 시기에는 상황이 달랐다. 군대는 징병제로 확충할 수 있는 군인 전원을 필요로 하지 않았으며, 장교들은 사하라 이남 아프리카와 북아프리카에서 벌어지는 식민지 전역을 성공적으로 수행하는 데 미숙한 군인을 요구하지 않았다. 보수주의 정당들과 프랑스 장교 대다수는 제한된 인원의 병사를 징집하되 이들을 5~7년간 더 길게 훈련시키는 실용적인 방식을 옹호했다. 한편 급진주의자들은 병역을 하나의 민주적인 절차로 보았다. 연령별로 젊은 남성 대다수가 병역을 수행하게 함으로써 그들의 마음에 프랑스 공화국에 대한 애국심과 충성심을 심어 주고, 그들이 성인과 시민으로 살아가도록 준비시켜야 한다는 것이었다. 따라서 이들에게 병역은 무엇보다 교육의 문제였다. 급진주의자들에게 중요한 것은 전쟁에 대비하여 병력을 확보하는 일보다는 프랑스에 대한 애착심과 시민 교육이었다. 그러나 얼마 지나지 않아 군인의 수가 많아도 제대로 훈련받지 못하면 군대가 유용하지 않다는 주장이 군대 내부에서 나왔다. 게다가 이 방식은 세금이 많이 들었고, 장교들은 신병 교육에 너무 많은 시간을 할애해야 했다. 한마디로 당시 다른 유럽 군대에 비해 비효율적인 징병 형태였다.

이러한 비판은 20세기, 특히 1945년 이후에 군대가 전문화하고 군사 장비가 정교해지면서 점점 더 거세졌다. 탱크와 전투기, 잠수함과 공대공 미사일의 시대에는 특수한 전문성을 띤 병력이 필요했는데, 징집된 군인을 주어진 짧은 훈련 기간에 이에 맞도록 훈련시키기는 어려웠다. 1940년대와 1950년대에 장교들이 이렇게 생각했으니, 핵무기와 드론의 시대로 들어선 오늘날은 어떻겠는가? 20세기 후반의 정보화된 무기는 나폴레옹의 보병들이 사용한 무기 또는 심지어 솜 전투에 투입된 부대가 사용한 무기와도 전혀 다르다. 전투 기술은 전문가가 도맡는 영역이 되었다. 조지 워싱턴 시대에 사람들이 이미 주장했던 분업이 실현됨에 따라, 오늘날 징병제 시행을 시민 교육의 일환으로 간주한다는 것은 생각조차 할 수 없게 되었다.

평등과 시민의 의무 개념에 기반을 둔 시민-군인 제도를 옹호하는 논거는 언제나 도덕적 특성을 띠었다. 시민-군인은 피와 살로 육화된 병사이기 이전에 어떤 이상형, 남성성과 군대의 가치가 도덕관념에 통합된 특정한 시민 됨의 모델이다. 전통적인 주장에 따르면, 병역은 개인에게 공화주의 시민이 갖춰야 할 미덕을 가르친다. 이 미덕은 자기희생, 용기, 연대, 조국애, 시민적 미덕, 한마디로 자기 자신의 생명 보존을 비롯한 모든 개인적 이득보다 공동선을 우선해야 한다는 의지다. 병역 수행을 거부하는 사람들, 예를 들어 아주 이른 시기부터 퀘이커나 재세례파 교인과 같은 일부 집단들은 원칙적으로 전쟁에 반대했다고 선언했다. 이들은 사회에서 멸시를 받았고, 그들의 남성성뿐 아니라 국가적 이상과 어긋나는 존재로 간주되었다. 20세기에는 자유사상가와 불가지론자, 무신론자들에게서 인도주의적인 이유로 전쟁을 거부하는 전쟁 반대 움직임이 생겨나 평화주의의 형태로 표현되었다.

하지만 소수가 병역 수행을 거부한다는 사실은 대중이나 정부 정책에 거의 영향을 미치지 못했다. 평화주의는 계속 비겁함과 배신의 한 형태로 간주되었다. 사회주의자 장 조레스가 1914년 7월 31일에 자신의 신문사 위마니테L'Humanité 본사에서 멀지 않은 곳에서 살해당한 것은 반군국주의, 더 정확히 말하면 그가 징병제에 관한 새로운 법에 반대하며 정부 정책에 반대하는 노동자 파업을 주도했기 때문이다. 여러 정부의 태도가 이런 식의 반대에 조금 유연해진 것은 이보다 훨씬 이후인 베트남 전쟁 중이었는데, 그것도 미국인들이 텔레비전에서 전쟁의 진행 양상을 지켜볼 수 있던 시대에 베트남 전쟁이 대중의 지지를 잃었기 때문이다.

제2차 세계 대전 이후에 여러 나라에서 징병제가 폐지된 것은 대부분 비용 때문이거나 여론이 적대적으로 바뀌었기 때문이다. 영국은 1957년에 보편적 병역 제도를 포기했는데, 영국인들이 청년들의 시간과 에너지 낭비일 뿐이라고 생각했기 때문이다. 다른 나라에서는 시민-군인 전통이 좀 더 오래 지속되었다. 그 동력은 부분적으로 국민이 직업 군인을 신뢰하지 않는 데에서 나왔다. 미국에서 징병제는 미국이 베트남 전쟁에서 손을 떼기 시작한 1973년에 리처드 닉슨에 의해 폐지되었다.

프랑스에서는 1960년대 초 알제리에서 군대가 담당한 역할을 국민이 잘 기억하고 있는 데다 쿠데타에 대한 두려움이 여전히 강했던 까닭에, 시민이 자기 나라를 위해 무기를 들도록 만드는 정서적 열정이 사라지는 데 시간이 더 오래 걸렸다. 1997년에 자크 시라크 대통령이 징병제를 폐지할 때까지 우파와 좌파 모두 징병제를 계속 지지했다. 프랑스 국회는 1996년에 벌어진 토론에서 병역 제도 실시로 얻는 이득을 평가한 결과, 징병제는 경제적으로 유지할 수 없고 군대의 목표를 이루는 데에도 적합하지 않으며, 프랑스는 유럽 바깥에서 소규모로 개입할 수 있는 잘 훈련된 군사력을 필요로 한다는 결론을 내렸다. 이런 맥락에서 국가가 이념적으로 징병제를 지지하고 실시하는 것은, 군대의 효율성 증대를 위해 반드시 필요한 근대화와 군대 개혁에 걸림돌이 되었다.

걸프전(1990~1991)의 공식 보고서에는 이 전쟁으로 군사 작전에 대하여 얻은 뼈아픈 교훈이 담겨 있었다. 이는 깊이 성찰하는 계기가 되었다. 당시 프랑스 군대는 28만 명을 걸프전에 투입했는데 대부분이 징병된 군인이었다. 반면, 영국 군대는 절반 정도밖에 안 되는 15만 3천 명을 동원했지만 직업 군인으로 이루어져 있었고, 보고서에 따르면 그 덕분에 군사 작전을 더 유연하게 수행할 수 있었다. 영국군은 작전 현장에 3만 5천 명을 보낼 수 있었던 반면, 프랑스군은 〈1만 2천5백 명을 모으는 데에도 큰 어려움을 겪었다〉. 한마디로 병역 의무제를 유지함으로써 얻는 사회적·정치적 이득이 있다 하더라도, 징병제나 징병제가 발생시키는 비용이 군사적으로 정당화되지 않았다. 정치적 논의는 군대의 필요라는 주제에서, 교육적 측면에서나 실업 관리 수단으로서 젊은이가 병역 의무로부터 얻을 기대 이득이라는 주제로 빠르게 옮겨 갔다. 징병제는 단순한 군사적 문제에서 사회적이고 정치적인 문제가 되었다. 프랑스는 1990년대에 병역을 포기한 유일한 국가가 아니었다. 벨기에와 네덜란드, 스페인, 이탈리아도 병역을 포기했다. 〈냉전〉 이후의 세계에서 적어도 유럽에서는, 20세기에 벌어진 양차 세계 대전 중에 국민 군대의 보루였던 시민-군인을 활용하지 않아도 되게 되었다. 군 수뇌부는 자신들의 우선순위를 분명히 재설정했다.

21세기 첫 10년 동안 여러 나라가 징병제를 폐지하고, 국가적 위기가 닥치면 자원병을 소집해 직업 군인의 수를 늘려 그 군대에 의존했다. 스위스나 오스트리아와 같이 병역 의무를 유지해 온 서방 국가들은 군 복무를 민간 업무로 대체할 수 있도록 하고 있다. 어떤 국가들은 개인적 신념이나 종교적 이유가 경우에 따라 병역 수행을 거부하는 정당한 이유가 될 수 있음을 인정하고 신념에 따른 병역 거부자를 인정해 준다. 그런데 남녀평등에 관한 법률에도 불구하고, 2013년 이후 노르웨이를 제외하면 여성에게 병역 의무를 제시하는 나라는 거의 없다. 하지만 노르웨이인 가운데 사실상 국가를 위해 싸우도록 징병된 사람은 거의 없다. 최근 몇 년간, 구소련의 여러 국가도 직업 군대 제도를 채택했다. 유럽의 주요 국가 중에서는 러시아와 우크라이나가 여전히 징병제를 실시하며, 아프리카와 아시아, 라틴아메리카 국가들에서도 징병제가 실시되고 있다. 군사적 충돌이 빈번한 중동에서 이란과 이집트, 터키와 같은 지역 내 강대국들은 징병제를 실시하고 있고, 1999년에 징병제를 폐지한 요르단은 불안정한 정치적 상황으로 인하여 8년이 지난 뒤에 징병제를 부활시켰다. 이스라엘에서도 징병제 폐지를 주장하는 사람은 소수에 불과하다. 하지만 이스라엘은 1948년 건국과 함께 시민으로 구성된 국가 방위군 차할Tsahal을 구축해온 전통을 가지고 있기 때문에 징병제를 시행하는 다른 국가들과는 다른 예외적인 사례로 봐야한다. 또한 이스라엘은 여성 또한 남성들과 똑같이 의무적으로 병역을 수행해야 하는 전 세 계에서 몇 안 되는 국가 중 하나다. 이스라엘에서 남성은 3년, 여성은 2년 동안 군 복무를 하고, 1년에 한 달간 예비군으로서 다른 예비군들과 함께 훈련을 받는다. 그 수는 엄청나게 많아 약 44만 5천여 명에 이른다. 이스라엘 국가 방위군은 미국이 공급하는 세계 최첨단 군사 장비들과 함께 수행해온 모든 전쟁에서 승리했다. 이스라엘에서는 아무도 징병제로 인해 군사력의 질이 떨어졌다고 말하지 않는다. 그들은 언제라도 이스라엘이 다시금 침략당할 수 있다고 여긴다. 이스라엘은 혁명기 프랑스가 주변국들과 전쟁을 벌인 것처럼, 국가 안보 위기를 끊임없이 강

조해야하는 사회다. 이런 사회에서 시민과 병역 의무 사이는 굳건한
관계를 유지하게 된다.

참조

1부 - 01 전쟁을 생각하다 | 04 용병, 도급 계약 병사들 | 12 전쟁 반대! | 13 대영 제국주의의 신화 ‖ 2부 - 01 군인 양성 | 04 자원병 | 05 전쟁은 남자만의 일인가 | 08 영웅의 필요성

04

용병, 도급 계약 병사들

크리스토퍼 킨제이•

21세기에 민주주의 국가들은 자국 병사가 전투 중에 죽는 모습을 보기를 점점 더 꺼린다. 그래서 금전적인 대가를 받고 대신 싸우는 용병을 사용한다.

2007년 9월 16일, 미국 국무부를 위해 일하던 경비업체 블랙워터 Blackwater 요원들이 미국 대사관 차량을 호송하던 중에 바그다드의 니수르 광장에서 이라크 민간인 17명을 사살했다. 단 몇 초 만에 대(對)전차 탄두와 수십 발의 총탄이 전혀 심각한 위협이 아닌 차량들에 발사되었다. 이 총격은 국제적으로 격렬하게 지탄을 받았고, 1960년대와 1970년대에 아프리카에 큰 해악을 끼친 방랑 용병mercenaire itinérant의 모습을 떠올리게 했다. 하지만 냉전 시대 이후 상황은 크게 바뀌어 있었다. 2001년 9·11 테러 직후, 미국이 이라크와 아프가니스탄에 개입하면서 새로운 세대의 탈근대 용병이 탄생한 것이다. 이 장에서는 1960년대 이후 특히 아프리카와 중동에서 용병의 역할이 어떻게 진화해 왔는지 탐색하면서, 용병을 활용하는 일에 대하여 현재 벌어지는 논쟁의 핵심을 이루는 여러 실제적인 질문을 다루려고 한다. 용병은 어떤 유형의 병사인가? 무엇이 그들로 하여금 싸우도록 만들며,

• Christopher Kinsey. 런던 킹스 칼리지 대학교에서 사업 및 국제 안보를 가르치는 부교수. 전쟁이 최근에 변화하는 양상과 군대의 민영화 형태를 연구하고 있다.

그들은 어떻게 고용되는가? 국가는 왜 그들에게 의존하며, 용병이 초래하는 상반되는 반응들을 어떻게 설명해야 할까?

캘런 대령이 앙골라에서 벌인 잔혹 행위

우선 직업 군인과 간혹 〈방랑 용병〉으로 불린 병사들을 구분하자. 예를 들면 1960년대에 예멘에서 돈·정치·모험을 위해 싸운 직업 군인인 용병들과, 같은 시기에 콩고에서 활동했으며 대부분 전쟁에 대해 아는 바가 거의 없는 불량배들은 다르다.

1962~1967년에 예멘에서 수행된 군사 작전은 잘 훈련된 퇴역 군인으로 이루어진 소규모 집단(프랑스인 또는 벨기에인 30명과 영국인 18명, 총 48명)이 내전에서 어떤 역할을 할 수 있는지 잘 보여 주는 예다. 1962년 9월에 압둘라 알살랄이 무함마드 알바드르 국왕에 맞서 쿠데타를 벌여 국왕이 사우디아라비아로 도피한 후 내전이 시작된다. 양편 — 예멘아랍공화국의 공화파 군대와 왕당파 군대 — 중 전자는 나세르 정권하의 이집트, 그리고 전투기와 폭격기를 공급한 소련의 지원을 받았고, 후자는 사우디아라비아와 서방 국가, 특히 프랑스와 영국의 지원을 받았다. 내전은 이내 교착 상태에 빠지면서 소모전 (1965~1967)이 되었다. 이집트군은 심지어 화학 무기, 특히 〈겨자 가스〉까지 사용했다. 왕당파 군대는 1967년 11월부터 1968년 2월까지 예멘의 수도 사나를 포위 공격하지만 점령하지는 못한다. 결국 1970년 사우디아라비아와 서방 국가들이 예멘의 공화국 체제를 인정했다. 하지만 누적된 인명 손실은 너무 커서 일부 추정에 따르면 사망자 수가 10만 명에서 20만 명 사이에 이르렀다.

용병이 군사 작전을 수행했을 때, 영국 정부는 몇몇 장관이 이를 조직하는 데 개입했음에도 불구하고 이 작전에 대해 알고 있었다는 사실을 부인했다. 서구 용병이 담당한 역할은 왕당파 지휘관들에게 조언하고, 군대를 훈련시키고, 공화파와 이집트 군대에 맞선 공격을 조율하는 데 사용할 무선 통신 기기를 운용하는 것이었다. 이 용병들은 매우 뛰어난 전문가였으나, 제1차 세계 대전 직후에 수립된 예멘 왕국을 복귀시키지는 못했다.

반면 콩고민주공화국(킨샤사 콩고)에서는 어떤 유럽 정부도 전쟁터에 투입된 용병을 통제하지 않은 것처럼 보였다. 이들은 과도한 폭력을 저질러 이후 오랫동안 용병이라는 직업에 대한 여론의 신뢰를 크게 떨어뜨렸다. 냉전을 배경으로 한 내전에서, 밥 드나르가 이끈 집단을 비롯한 용병들은 국제 연합군이 지지한 콩고 정부에 맞서 모이스 촘베의 카탕가 분리주의 움직임에 합류했다. 이후 아프리카에서 너무도 흔한 정치적 급변으로 인해 촘베는 1964년 7월에 콩고 총리가 된 후, 심바족 반란을 제압하는 데 같은 용병을 투입했다.

1967년에 콩고에서 백인 용병들을 철수시킨 후에도, 아프리카에서는 폭력이 빈번히 자행되었다. 이 시기 앙골라에서는 슬프게도 참혹함 때문에 더없이 유명해진 군사 작전이 벌어졌다. 홀덴 로베르토와 앙골라 민족 해방 전선(FNLA)은 소련의 지지를 받는 앙골라 해방 인민 운동에 맞서기 위해 1975년에 영국 용병을 고용했다. 용병 대장은 〈캘런 대령〉이라는 가명을 쓴 키프로스 출신의 영국인 코스타스 게오르규였는데, 그는 자기 휘하의 병사 14명에 대하여 항명했다는 이유로 처형 명령을 내렸다. 그러자 국제 사회는, 용병을 금지하는 것이 비현실적이라고 판단한 일부 국가들의 강력한 반대에도 불구하고 국제 협약을 도입해 용병을 금지할 방법을 강구하기 시작했다. 한편 1970년대 초 국제 테러라는 형태로 새로운 위협이 등장했다. 그런데 이때 새로 등장한 용병은 과거의 용병이 국가들의 이득을 무시하며 저지른 실수를 반복하지 않았다. 오히려 국가의 이득은 이 새로운 용병의 존재 이유가 되었다.

사담 후세인의 몰락에 필수 불가결했던 용병

냉전 시대의 용병과 반대로, 탈근대 용병은 정치적인 음모와 거리를 두었다. 용병은 입소문을 통해 특수 부대나 정예 부대에 직접 고용되어 자국 외교 정책의 그늘에서 공무원들의 안전을 보장하거나, 제3세계의 군대에 군사 교육을 실시하거나, 범죄 집단이나 테러리스트, 민병대에 공격받거나 납치될 위험이 있는 기업체 직원을 보호하는 업무를 맡아 활동하고 있다.

이런 새로운 형태의 용병 활동이 정착하는 데에는 시간이 오래 걸렸다. 1993년에, 창립된 지 4년 된 남아프리카공화국의 민간 군사업체 이그제큐티브 아웃컴스Executive Outcomes가 석유 회사들과 계약을 맺었을 때 사람들은 과거의 방랑 용병을 떠올렸다. 이그제큐티브 아웃컴스의 직원은 그전에 앙골라와 시에라리온에서 일시적으로 평화 유지를 담당한 전직 직업 군인들로, 뒤이어 르완다에서 집단 학살을 끝내는 일에도 힘을 보탰다. 당시 유엔의 평화 유지 작전을 담당한 차관 코피 아난이 선언했듯, 〈세계는 아마도 아직 민영화된 평화를 맞을 준비가 되어 있지 않다〉. 이그제큐티브 아웃컴스는 남아프리카공화국 국민이 외국에서 싸우러 가기 전에 남아프리카공화국 정부의 허가를 받아야 한다는 법률이 1998년에 제정되면서 사라졌다. 1997년에는, 1990년대 초 영국군 퇴역 중령 팀 스파이서가 세운 민간 군사업체 샌드라인 인터내셔널Sandline International이 기니로 도피한 시에라리온의 전 대통령 카바가 다시 정권을 잡도록 돕기 위하여 국제 연합이 정한 금수 조치를 어기고 시에라리온으로 무기를 들여왔다. 샌드라인 경영진은 영국 외무부의 승인을 받은 조치였다고 주장했으나, 영국 정부는 이를 부인했다.

2001년 9·11 테러로 민영 보안업체가 비약적으로 발전했다면, 2003년 이라크에 대한 미군 개입으로 작전 현장에서 이들의 중요성이 확고해졌다. 반란의 절정기에 이라크에는 전 세계에서 온 2만 5천 명에서 4만 명에 이르는 용병이 주둔한 것으로 추정되는데, 이들은 대부분 정예 부대나 내전 중인 국가의 전직 직업 군인이었다. 이 용병들을 고용한 기업은 주로 영국이나 미국 국적이었다. 이들은 각종 용역을 수행했는데, 사람과 현지 시설의 보안을 담당하고 이송 차량을 보호하는 일부터, 미국 국방부나 영국 외무부를 비롯한 다른 정부들과 국가 재건에 투입된 여러 기업을 위해 군인과 경찰, 첩보원을 양성하는 업무가 포함되었다. 미군과 영국군이 이라크에 투입되고 현지 치안이 급격히 악화되자, 미국이 민영 보안업체들의 도움 없이 임무를 수행하려면 최소한 10만 명의 군인을 추가 투입해야 한다는 사실이 분명해졌다. 결국 미국의 외교 정책은 민간 업체에 의존하게 되었다. 이들이 없었다면 부시 행정부는 사담 후세인을 전복시키지 못했을 것이다.

민영 보안업체가 미군 점령 기간에 올바르게 기능했는지 여부를 단정하여 말하기는 어렵다. 하지만 한 업체는 효율성이 아니라 이라크 국민에 대한 횡포로 유명해졌다. 블랙워터 유에스에이Blackwater USA는 1997년에 미 해군의 특수 부대 SEAL 출신인 에릭 프린스와 앨 클라크가 군사 훈련 도급업체로 창설했다. 콜럼바인 고등학교(콜로라도 주)에서 벌어진 총기 난사 사건 직후, 이 업체는 경찰이 교육 현장에 출동해 개입할 수 있도록 훈련하는 계약을 맺었다. 2년 후에는 아프가니스탄에, 뒤이어 이라크에 민영 군사업체로는 최초로 고정 배치되었다. 대부분 중무장을 한 블랙워터 소속 병사들은 사소한 마찰에도 무기를 사용하는 경향이 있어 많은 비판을 받았다. 2014년 3월 31일에 이 업체의 용병 네 명이 팔루자 시내를 통과하다 길을 잃고 매복 공격을 받아 사살됐다. 이들은 자신들의 이동 경로를 그 구역에 주둔한 미 해병대와 조율하기를 거부했다. 그래서 그들을 구조하려는 시도조차

할 수 없었다. 유프라테스강을 가로지르는 다리에 불에 타 검게 그슬린 시체가 매달린 모습이 인터넷으로 유포되면서 이 사고는 더 큰 분노를 불러일으켰다. 그리고 얼마 지나지 않아, 미군은 굳은 결의를 보이며 반군으로부터 팔루자를 되찾기 위해 〈단호한 결의 작전Operation Vigilant Resolve〉을 펼쳤다.

블랙워터는 2007년 9월 16일에 한 분대가 바그다드의 니수르 광장에서 이라크 민간인 17명을 사살하면서 다시금 논란의 대상이 되었다. 업체는 직원들이 매복 공격을 당해 대응했을 뿐이라고 주장했다. 하지만 FBI의 조사 결과, 피해자 17명 중 14명은 이유 없이 사살되었음이 밝혀졌다. 이 사건으로 미국 정부가 이라크에서 민영 보안업체를 관리하는 방식에 많은 결함이 있음이 드러났다. 미군은 미국 국무부를 위해 일하는 업체들이 무슨 일을 하는지 정확히 알지 못했고, 이 때문에 잠재적으로 미군의 군사 활동이 위태로워졌다. 미군이 이라크 전역에서 폭력의 수준을 낮추려고 노력하는 상황에서, 보안업체들은 폭력을 더욱 강하게 휘둘렀다. 미군과 보안업체 직원들 모두 군복을 입고 있었으므로, 미군은 자주 반군 보복 공격의 표적이 되었다. 하지만 추가적인 보안 조치가 필요해지면, 이를 도맡는 것은 민간 기업이었다. 그들의 도움이 없었다면 점령군은 똑같은 결과를 거두지 못했을 것이다.

국제 보안 시장

탈근대 용병은 오늘날 벌어지는 분쟁에서 중요한 역할을 담당하는데, 이 역할은 끊임없이 변화하고 있다. 어떤 이들은 용병이 정규군이 벌이는 전투 임무를 담당해야 한다고 주장하는 한편, 다른 이들은 용병이 덜 논란이 되는 활동인, 분쟁 지역의 안전 보장이나 해적 행위 억제 작전 등에 집중해야 한다고 주장한다. 하지만 양쪽 모두 오늘날 탈근대 용병의 수가 확실히 증가하고 있으며, 이로써 진정한 국제 보안 시장이 형성되고 있다는 사실에 동의한다. 고객에는 정부와 비정부 당사자가 모두 포함되며, 이들의 활동 목표는 정치, 경제, 종교, 인종 등 매우 다양하다. 이러한 시나리오는 간혹 제네바 협약이 더 이상 적용되지 않는 〈신(新)중세 전쟁〉으로 규정되기도 한다.

저강도 전쟁이라는 표현도 사용된다. 이는 비정부 당사자들이 어떤 국가의 권위에 대항하고자 관행에서 벗어난 방식을 사용하면서 초국가적인 계층에서 활동하는 한편, 당사국은 주변적인 위협을 억제하기 위해 노력하는 상황을 일컫는다. 특히 서방 국가가 말하는 주변적 위협이란, 국가 이득을 직접 해칠 목적이 아니라 개발 도상국들에서 안정과 치안이 붕괴된 결과로 생기는 위협을 말한다. 안드레아스 크리그에 따르면, 이러한 위협은 서구 정부와 그 국민을 연결하는 사회 계약(클라우제비츠가 말한 〈기묘한 삼위일체〉에서 기술됨)에 직접 영향을 미치지 않아, 서방 군인을 동원하는 일을 힘들게 만든다. 달리 말하면, 서구 사회는 자국 군인들이 전투 중에 죽는 모습을 본다는 생각을 혐오하여 금전적인 대가를 받고 용역을 제공하는 탈근대 용병을 사용하게 되었다. 동시에 서방 국가들은 파괴되었거나 쇠약해진 국가의 재건을 위해 치안을 보장하거나, 해적으로부터 선박을 보호하거나, 인도주의적 활동과 개발 원조가 안정적으로 이루어지도록 보장해야 한다는 의무감을 느낀다. 가까운 미래에 이러한 상황이 바뀔 가능성은 거의 없다. 탈근대 용병은 저강도의 인도주의적 개입에 투입되는 서방 국가들이 각별히 선호하는 전사가 되었다.

군사 작전과 안보 계약은 수백만 달러 규모의 시장을 형성한다. 보안업체들 덕분에 전쟁을 치르는 비용이 더 저렴해졌다고까지 말할 수 있을 것이다. 군사 주둔지 감시 같은 일상적인 업무의 경우, 국제 인력을 고용하는 것이 군대를 사용하는 것보다 비용이 덜 들기 때문이다. 이에 따라 보안업체들은 끊임없이 새로운 기회를 찾아 나선다. 이들은 미국과 영국이 이라크와 아프가니스탄에서 자국 군대를 철수시킬 거라는 사실을 알게 되자, 소말리아에서 최근에 다시 출몰하는 해적에 대항하거나 여객기에 대한 테러 공격을 방지하는 일 같은 새로운 임무를 찾아나섰다. 동시에 보안업체 인력을 서양인 간부가 양성한 현지인으로 더 많이 확충하는 현지화 경향도 보인다.

끝으로 탈근대 용병이 비약적으로 발전하는 현재의 추세가, 민간 군사 집단이 민족의 자결권을 인정하지 않으면서 아프리카를 피로 물들인 과거의 국제 관계로 되돌아간다는 의미는 아니다. 탈근대 용병은 다른 유형의 인물상이다. 물론 이들은 돈을 받고 싸우지만, 대체로 국가에 충성한다. 그렇다고 이들이 가장 많은 돈을 제시하는 사람에게 용역을 제공하지 않을 거라는 뜻은 아니다. 경험적인 자료에 따르면 그 반대임을 알 수 있다. 하지만 용병은 자신의 운명이 국가의 이득 증대와 연결되어 있다는 사실을 알고 있다. 콩고와 앙골라에서 그랬던 것처럼 이 이득을 침해하면 곧바로 대참사가 벌어진다. 탈근대 용병이 계속 일해서 돈을 벌기 원한다면 이런 상황은 피해야 한다.

근대 용병의 역사는 정치적 음모와 술책으로 이루어졌다. 1960년대와 1970년대에 용병은 유럽 식민 권력이 아프리카 대륙의 천연자원에 대한 사업 통제권을 유지하기 위해 사용되거나, 미국이 아프리카 지역에서 소련이나 중국의 영향력을 억제하는 데 사용됐다. 용병은 아프리카 민족들의 자결권을 빼앗으려 했기 때문에 경멸받는 인물상이 되었다. 예멘 산간 지역에 사는 부족이 자국의 군주제를 재건하려 했을 때 용병이 이들을 지원한 것과 같은 몇몇 예외도 있었다. 그러나 일반적으로 용병은 비열한 행태와 탐욕, 옛 식민 강국의 하수인 노릇을 하는 능력 등 이들을 〈방랑 용병〉으로 규정짓게 만드는 모든 행봉 때문에 비판받았다.

냉전이 종결되면서 용병의 활동은 국제화, 상업화, 민주화되었다. 이런 상황에서 용병은 정치적 음모가 아닌, 아프리카 지도자들과의 협력에 기반을 둔 관계를 맺으려 한다. 용병은 단지 돈이 아니라 전문성에 대한 책임감도 활동의 동기로 삼는 직업 군인으로 변모했다. 그리고 국가들의 이득을 거스르지 않는 방법도 배웠다. 정부의 기능을 대부분 민간으로 넘기는 신자유주의 시장 경제가 도입되면서, 용병은 정규군을 대신해 저강도 분쟁에 뛰어들 준비가 되어 있는 동반자가 되었다. 1960~1970년대에 아프리카에 큰 상처를 입힌 투견이 아니라.

참조

1부 - 03 시민-군인의 시대 ‖ 2부 - 04 자원병

05

법이 말하는 것

새뮤얼 모인[●]

19세기 전쟁 방식의 변화, 특히 전투의 전례 없는 폭력성은 무력 사용에 대한 법률적 규범이 없다는 사실을 분명하게 드러낸다. 1864년에 최초의 국제 조약이 체결됨으로써 전쟁에 대한 근대적인 법이 처음으로 제정되었다. 하지만 전쟁을 법으로 규제하는 것은 전쟁을 영속하게 만드는 일이 아닐까?

〈무기가 말하면, 법은 침묵한다Inter arma enim silent leges.〉키케로의 이 말은 전쟁의 법률에 관한 가장 유명한 금언일 것이다. 하지만 서구 문화의 성서에 근거한 원칙이나 인류 초기의 전쟁 관행에서, 특정한 전쟁 수행 규칙들은 항상 법과 같은 효력을 발휘하지는 않았지만 신성하다고 여겨졌다. 「신명기」에서 모세는 한 도시를 침공하기에 앞서 거주민에게 항복할 기회를 주고, 이스라엘의 가장 끈질긴 적들을 제외한 다른 민족의 경우에는 여자와 어린이, 가축을 살려 두어야 한다는 〈율법과 법, 명령〉을 무엇보다 중시했다. 하지만 우리가 알고 있는 전쟁 수행 제한 규정 — 가령 아프리카에서 적 부족의 우물에 독을 타는 일을 금지하는 것 — 의 대부분은 전쟁 당사자들의 재량에 맡겨졌다.

키케로가 말한 로마의 지혜는 기독교의 도덕주의적 사조와 대등한 입장에서 경쟁해야 했다. 중세와 그 이후에 기독교 사조에서는 정

● Samuel Moyn. 예일 법학 대학원과 예일 대학교의 역사학과 교수. 유럽 지성사와 인권 전문가로서 명저 『인권이란 무엇인가』를 썼다. 다른 저작으로는 『충분치 않다: 불평등한 세계의 인권Not Enough: Human Rights in an Unequal World』이 있다.

당한 대의를 내세울 수 있을 때에만 전쟁에 나서고, 전투는 일정한 규제를 따라야 한다고 권고했다. 기독교는 사실상 유스 아드 벨룸jus ad bellum(무력을 동원하는 일에 관한 규율)과 유스 인 벨로jus in bello(전투 수행에 관한 규율)를 명백히 구분하기 시작했다. 이는 그 이후에도 중요한 영향을 미쳤다. 중세 기사들은 귀족의 명예에 관한 규범을 따랐는데 — 적어도 그런다고 주장했는데 — 이 규범은 그전에 철학과 종교 사상이 결코 할 수 없던 정도로, 또는 그 이상으로 기사들의 행동을 결정지었다.

근대 초기에 이르러 키케로와 타키투스의 음울한 지혜를 연상시키는 무도덕성이 되살아남으로써, 어떤 전쟁의 대의가 정당한지 아닌지를 판가름할 수 있다고 믿은 중세의 사고방식이 틀렸다는 쪽으로 무게 중심이 기울었다. 일부 사람들은 계속해서 어떤 합의를 이루려 했으나, 전쟁에 대한 규제는 차츰 유스 아드 벨룸, 적대 행위를 허용하거나 금지하는 도덕률보다는 유스 인 벨로, 일단 전쟁이 시작된 이후에 되는 일에 관한 법 쪽으로 기울었다. 물론 이 모든 염려와 고민은 오랫동안 유럽 국가들 사이에서 벌어진 분쟁에만 적용되었다. 인도에 주둔한 영국군 장교가 지적했듯, 이러한 규제는 〈문명화된 전쟁의 규칙에 따르지 않는 미개한 부족에게는 적용되지 않는다〉.

유스 아드 벨룸 대 유스 인 벨로

프랑스 혁명과 19세기 중반 사이에 전쟁 관행은 크게 변했다. 〈총력전〉이 생겨나면서 대규모 징병이 시행되고 구체제에서 왕조 간에 벌어지던 전쟁이 국가화하고 기술이 발전함에 따라, 무력 사용에 대한 법적 규제가 취약하거나 부재하다는 사실이 드러났다. 물론 전쟁의 관습법은 여전히 유효했지만, 〈국제 공법 전문가들〉이 작성한 옛 기록 외에는 아무런 국제법도 존재하지 않았다. 그런데 카를 폰 클라우세비즈 사상의 영향으로 전쟁을 평가하는 새로운 방식이 대두하면서 정식으로 선포된 무력 충돌은 더욱 폭력적으로 변했다. 동시에 공론 영역이 확대되고 분쟁 소식이 언론을 통해 가끔 아주 멀리까지 전파되면서 전쟁은 전에 없이 사람들의 시선에 노출되었고, 교전국들은 전쟁에 대하여 대중에게 공식적으로 해명할 입장에 처했다.

유스 아드 벨룸에 대해 살펴보면, 19세기 이전에 사람들은 빈곤이나 노예 제도와 마찬가지로 전쟁이 사라질 가능성은 ― 창이 부러지고 그 부러진 창으로 보습을 만들 구원의 날*이 오지 않는 한 ― 전혀 없다고 생각했다. 하지만 나폴레옹 전쟁에 대한 반발과 최초의 전쟁 〈세계화〉에 뒤이어 평화주의 움직임이 탄생했다. 이 움직임의 목표는 단지 국제법으로써 전쟁을 인도주의적으로 만드는 것이 아니라, 국제법을 이용해 전쟁 자체를 방지하는 것이었다. 오랫동안 키케로와 타키투스의 생각이 지배해 오던 상황이 종식되는 것처럼 보이자, 유스 아드 벨룸에 관한 법을 마련할 수 있겠다는 기대감이 생겼다. 매우 낙관적인 사람들이 보기에, 이는 불법적인 전쟁을 단지 규탄하는 것이 아니라, 인간 사회에서 전쟁을 완전히 뿌리 뽑는 일이었다.

19세기에 이 계획은 불발에 그쳤다. 그러나 유스 인 벨로 측면에서는 큰 진전이 있었다. 19세기 중반은 평화기가 끝나고 대서양의 양쪽에서 전쟁이 격렬하게 벌어진 시기였다. 크림 전쟁과 프랑스·오스트리아 전쟁(1859), 남북 전쟁(1861~1865)으로 〈문명화된〉 민족 간에 전반적인 평화가 유지되고 있다는 인상이 크게 손상되었는데, 이 시기에 사진술이 크게 발달하고 종군 기자가 널리 파견되면서 여론은 더욱 나빠졌다. 덕분에 전쟁법이 성문법으로 새롭게 체계화되는 계기가 되었다. 일부 유럽 관찰자들, 특히 새로운 세대의 개혁가들은 법을

* 〈나라마다 칼을 쳐서 보습을 만들고 창을 쳐서 낫을 만들리라.〉(「이사야서」 2장 4절)

활용하는 방식을 검토하면서 인도주의적인 인식을 통합하기 시작했다. 결국 군대를 규제하는 문제는 국가 정책을 초월하는 국제적인 사안이 되었다.

그때까지 적용되던 관습법은 전쟁을 수행할 때 지켜야 할 한계를 온전히 자유재량에 맡긴다는 원칙에 근거했다. 하지만 인도주의적 인식이 불러일으킨 혁명으로 인해 타인의 육체적 고통을 자기 것으로 동일시할 수 있는 소양을 갖춘 사람들 사이에서 이 규범이 변화하기 시작했다. 그러나 이러한 공감대는 좁은 범위 내에서만 이루어졌다. 인도주의적인 열정은 먼저 국가 군대 내에서 감지되었다. 이를 증언하는 사실로, 영국에서 플로렌스 나이팅게일이 누린 엄청난 인기를 들 수 있다. 그녀는 크림 전쟁 중에 〈등불을 든 여인들〉과 함께 위스퀴다르와 보스포루스 해협 연안에서 부상당한 영국 군인들을 구조했다. 한편 스위스의 앙리 뒤낭은 근대적인 전쟁법을 수립하는 데 기여했다. 그는 프랑스·오스트리아 전쟁 중 사업차 여행을 하다가 솔페리노 전투의 참혹한 살육 현장을 목격하고, 유럽 국가들이 자국 부상병들을 돌보는 방식에 크게 분노했다. 훗날 노벨 평화상을 받은 그는 이러한 경험을 바탕으로 책 『솔페리노의 회상Un souvenir de Solférino』(1862)을 썼고 이 책은 베스트셀러가 되었다. 이후 적십자사를 창설하고 제1차 제네바 협약(1864)을 체결하는 데 기여했다. 이 협약의 목표는 부상당한 군인을 보호하는 국제 조약을 만드는 것이었다.

근대적인 전쟁법은 이 최초의 국제 조약에서 유래한다. 남북 전쟁 이후에는 국가적 차원으로 자리 잡았다. 이는 미국의 법학 교수가 된 독일인 프랜시스 리버의 노력 덕분이었는데, 그는 ― 자신의 말에 따르면 ― 〈관행, 역사, 이성, 깨어 있는 의식, 진리에 대한 진정한 애정, 정의, 문명〉에서 영감을 얻었다. 이 최초의 법전화(法典化)는 무엇보다 이제껏 존재하는 모든 법률을 간추려 법률가가 사용할 수 있도록 하는 작업이었다. 리버의 규칙은 사람들이 〈국가 간의 전쟁에서 서로를 향해 무기를 들더라도, 상대방과 신에 대하여 도덕적이고 책임 있는 존재라는 사실에는 변함이 없다〉는 사실을 분명히 강조했다. 하지만 그 정신에 있어, 특히 비정규전에 관해서는 각별히 인도주의적이지는 않았다. 리버는 전쟁이 남성적인 활력에서 나오며, 이 활력이 없으면 문명은 쇠퇴할 수밖에 없다고 여겼다. 그는 군사적인 문제를 다룰 때, 전투를 치름으로써 강력한 충돌이 이루어지고 그 뒤에 빠르게 상황이 해소되어 결국 많은 생명이 손실되는 것을 방지하리라는 이유로 전투를 인도주의적으로 수행하기보다는 오히려 격화시키기를 권장했다.

대서양 양편에서 조약법은 좀 더 인도주의적인 성질을 띠고 발전하여, 부상자에 이어 전쟁 포로(그리고 제2차 세계 대전 이후에는 민간인)까지 보호 대상을 확대하고 일부 전투 방식을 금지했다(이 조치들은 협약이 체결된 도시의 이름을 따서 〈제네바 협약〉과 〈헤이그 협약〉으로 불렸는데, 전투 방식 금지의 경우 앞서 1868년에 체결된 상트페테르부르크 선언에서 이미 폭발성 총알 사용을 금지한 바 있다). 사람들은 전투 방식을 규제함으로써 불필요한 고통을 피할 수 있기를 기대했다. 헤이그 제4 협약에서는 〈충돌 당사자가 적을 공격하는 수단을 선택할 권리는 무제한이 아니다〉라고 선포했다. 국가들이 이러한 법적 규제에 서약하도록 유도한 (대체로 해당 국가들을 위해 일한) 법률가들은 여전히 합법적인 폭력이 얼마나 많은지 잘 알고 있었다. 하지만 그들은 미래를 희망적으로 보았다. 이는 1899년에 개최된 헤이그 회담의 유명한 마르텐스 조항(국제법 전문가인 러시아의 표도르 마르텐스를 기리는 뜻에서 붙여진 이름)에 잘 요약되어 있는데, 이들은 현재로서는 〈충돌 당사자는 확립된 관습, 인도 원칙 및 공공 양심의 명령에서 나오는 국제법 원칙의 보호와 권한 아래 놓인다〉라는 사실을 떠올리며 미래를 바라보았다.

그렇다고 전쟁에 대한 인도적인 접근이 항상 군국주의적인 이상보다 우세했던 건 아니다. 무력 충돌을 인도적으로 만들 목적으로 실시하는 규제는 〈문명화된〉 군대 간의 관례적인 충돌에만 적용되었고, 비정규전 관행에는 효력이 없었는데, 이는 비정규전이 폭넓게 활용된 식민지에 큰 영향을 미쳤다. 전쟁을 인도주의적으로 만들려는 소심한 노력이 싹튼 이 시기는, 유럽 군대와 식민자들이 전 세계에서 과격하게 반란 억제에 나선 시기이기도 했다. 더욱이 전쟁을 인도적으로 만드는 일에는 보통 평화주의적인 목적이 담겨 있었다. 사석에서 사람들은 이 과정으로 결국 전쟁이 사라질 수밖에 없다고 보았다. 뒤낭과 같은 스위스인이고 오랫동안 국제 적십자 위원회의 위원장을 지낸 귀스타브 무아니에는 이렇게 평가했다.

[제네바] 협약으로 민족들의 유대가 가능하다는 주장의 근거가 마련되었다. 이로써 문명화된 인류의 서로 다른 분파들이 — 최초로 이토록 한꺼번에 — 오로지 도덕적 차원에서의 고찰에 근거한 공통된 하나의 규율을 따르게 되었다. (……) 사람들은 이러한 근원적인 동류성을 보고 모두 한 가족임을 인정하며, 더 강한 신념을 얻어 서로 죽이는 것이 극악무도한 일임을 깨달을 때까지, 어느 수준까지는 서로에게 자비로워져야 한다 — 이것만으로도 대단한 일이다 — 고 결론을 내렸다.

물론 회의적인 이들도 있었다. 레프 톨스토이도 그중 한 사람이었는데, 그는 말년에 평화주의의 국제적인 인물이 되었다. 이 위대한 러시아 소설가는, 전쟁을 인도적으로 만들면 전쟁이 사라지는 것이 아니라 영속될 거라고 보았다. 『전쟁과 평화』에서 그는 안드레이 공작의 입을 빌려 이렇게 말한다. 〈포로를 만들지 않는 것 (……) 이게 바로 모든 전쟁을 변화시켜 덜 잔혹하게 만드는 일일 거요.〉 또 이렇게도 말한다. 〈아니, 포로를 만들지 말고 그들을 모조리 죽여서 스스로 죽음을 향해 나아가야 합니다! (……) 이 거짓된 너그러움이 없다면 우리는 오늘처럼 확실한 죽음으로 나아가야 할 때에만 걸어갈 겁니다.〉 톨스토이의 관점이 우세한 적은 결코 없었다. 하지만 더 〈인간적인〉 충돌이 보편적인 평화를 이루는 데보다 전쟁을 유지하는 데 더 기여할지 모른다는 그의 두려움은 오늘날에도 여전히 살아 있다.

하지만 두 열망은 대체로 경쟁 관계가 아니다. 둘은 모두 군국주의를 공격하되 서로 다른 길을 택한다. 제정 러시아의 황제 니콜라이 2세는 제1차 헤이그 만국 평화 회의를 소집했는데, 주요 목표는 무장 해제였고 군사적 충돌에 대한 규제는 부차적인 목표로 간주되었다. 당시에 미국인은 대체로 〈고립주의〉 입장을 취했지만, 역설적이게도 그중 많은 사람이 국제법이 요구하는 새로운 국가 간 전문 활동을 옹호했다. 이들은 국가 간 제소가 중립적인 판사에게 회부되어 중재될 수 있도록 세계 정세가 재편성되기를 열망했다. 이렇게 되면 유럽은 마침내 내부 전쟁으로 얼룩진 기나긴 과거를 뒤로할 수 있을 터였다. 하지만 국가들은 이러한 관점을 받아들일 준비가 되어 있지 않았다. 그 결과 헤이그 협약은 일단, 전쟁이 선포된 이후에 벌어진 전쟁을 규제하는 선에서 그쳤다. 전쟁을 인도적으로 만드는 것만 해도 충분히 어려운 목표처럼 보였다.

국가 간 침략을 처벌하기

1914년부터 1945년까지 30년에 걸쳐 전례 없이 폭력적인 충돌이 벌어지자, 전쟁을 인도적으로 만든다는 소박한 야망조차 덧없는 일로 보일 지경이었다. 지키겠다고 조인한 약속이 무엇이었든 어떤 국가도 자신의 군사적 특권을 포기할 생각이 전혀 없었고 전쟁 범죄를 처벌하는 국가 체제가 약했기 때문에, 전쟁의 대참사에서 인도주의의 빛은 희미했다. 제1차 세계 대전 중에 영국 정부는 자국이 엄숙하게 비준한 조약들을 다른 정부보다 더욱 잘 준수했다. 영국이 다른 나라보다 더 도덕적인 국가였기 때문일까? 영국이 조약을 준수한 것은, 그보다는 전쟁법의 윤곽이 그려지던 시기에 영국이 세계적인 패권을 행사하고 있었기 때문이 아닐까? 일부 독일인 — 독일 정부는 이 조약들을 거침없이 위반했다 — 은, 강대국들이 자국이 지킬 수 있을 것이 확실한 법률만 제정했다고 지적하며 회의적인 입장을 보였다. 그 결과, 연합군의 독일 봉쇄로 독일 민간인 60만 명이 기아로 사망한 일은 국제법 위반으로 간주되지 않은 반면, 민간인의 인명 손실이 훨씬 덜한 독일군의 군사 작전은 대부분 조약 위반으로 간주되었다.

제1차 세계 대전이 끝났을 때, 여론은 전쟁을 인도적으로 만드는 것이 아니라 아예 전쟁을 끝장낼 법률적 수단을 강구하기를 바랐다. 연합국 측에서 영국 총리 데이비드 로이드 조지는 카이저 빌헬름 2세가 자행한 〈반인도적 범죄〉를 규탄하면서 (이후 세대가 하게 될 것처럼) 민간인에게 행한 잔혹함이 아니라, 끔찍한 분쟁을 일으킨 빌헬름 2세의 무분별함을 근거로 들었다. 또한 벨기에의 중립성을 보장하는 조약(빌헬름 2세의 장군들은 무력 충돌을 개시하면서 이 중립성을 무시했다)을 비롯한 다른 조약들을 위반했다는 이유로 그를 재판하려는 계획이 수립됐다. 그러나 이 계획은 성공하지 못했고, 빌헬름 2세는 네덜란드로 피신했다. 소급 처벌을 할 수 없어 여론은 앞으로 무력 사용을 규제할 것을 요구했다. 그때까지 국제법을 제정할 때 거의 고려하지 않던 평화주의적인 감정이 새로운 힘을 얻어 1920년대 중반부터 만들어진 법적인 틀에 양분을 제공했다. 한동안 대서양 양편에서 여론은 마치 (영국 시인 윌프레드 오언의 표현을 빌리자면) 〈죄악에 질려 버린 악마〉 같았다. 국가 지도자들은 대대적인 입법 활동을 벌여 이에 응할 수밖에 없었다.

1924~1928년은 법률 제정 측면에서 매우 중요한 시기였다. 국제법 전문가들은 인류 최악의 재앙으로 간주된 국가 간 〈침략〉을 정의 내리고자 했는데, 이때 국가들은 자연히 방어전을 자국의 목적에 맞게 정의 내릴 여지를 많이 둠으로써 방어전을 수행할 권리를 스스로에게 허용했다. 일단 침략 개념의 뜻과 범위를 명확히 규정해야 했다. 국제 분쟁의 평화적 해결을 위한 의정서(1924)에서는 국가 간 침략을 불법 행위로 간주해 처벌하고 새로운 국제 법원에 이에 대한 권한을 부여한다는 내용이 제안되었다. 이 의정서는 국제 연맹 협약에 전쟁 금지 조항을 넣는다는 프랑스-영국의 계획에 포함되어 있었다. 하지만 이 두 계획은 외교관과 법률가들이 보여 준 전례 없는 노력에도 불구하고 성사되지 못했다. 제안서는 모든 내용이 구체적인 사례에 적용하는 절차의 신뢰성에 의존한다는 점을 인정했음에도 불구하고, 침략의 보편적인 정의에 대하여 전혀 의견의 일치를 볼 수 없었다. 이 논의 이외에도 국제 연맹 바깥에서 영구적인 평화를 위한 다국 간 조약을 성사시키기 위한 협상들이 이루어졌다. 이로써 로카르노 조약(1925) 그리고 켈로그·브리앙 조약이라는 이름으로 더 잘 알려진 전쟁 포기에 관한 보편 조약(1928)이 체결되었다.

결국 양차 대전 사이의 기간에는 국가 간 침략을 금지하는 장치를 마련할 수 없었다 — 형법상의 금지는 말할 나위도 없었다. 법제화 움직임은 1929년 주식 시장의 대폭락과 뒤이은 상황 때문에 제동이 걸렸다. 그래도 국제법 전문가들은 계속해서 성문 법전화를 위한 노력을 기울였다. 그 결과는 실망스러웠지만, 법률가들의 작업과 국가들의 노력, 그 반향을 과소평가해서는 안 된다. 유스 아드 벨룸에 대한 관심에 이어 유스 인 벨로에 대한 관심도 진전을 보았다. 제네바 협약은 1929년에 다시 개정되어 군인에 대한 보호가 더 확대되었다. 반면 민간인에게 공식적인 보호를 제공한다는 제안은 채택되지 않았다. 전투 자체에 대한 규제에 관해서는, 강대국들이 대체로 자국에 더 이상 필요하지 않다고 여기는 무기만 금지하는 데 합의를 보았다. 이 때문에, 전쟁을 인도적으로 만드는 계획은 항상 가장 나중에 벌어진 분쟁을 규제하는 데에만 적용된다는 비난을 받았다. 덤덤dum-dum탄은 제1차 헤이그 협약에서 금지되었음에도 불구하고 식민지 정복과 진압을 위한 전쟁에서 빈번히 사용되었다. 반면 1911년에 이탈리아가 리비아를 독가스 폭격한 이후로 식민지에서 그 사용이 급격히 늘어난 도시 공습에 대해서는 구속력이 거의 없는 기준만 제시됐다. 식민지 분쟁은 양차 대전 사이에 점점 더 과격해졌다. 공식적으로 국제 연맹의 보호하에 있던 영토에서도 마찬가지였다. 그 예로 1925~1927년 시리아를 들 수 있는데, 시리아에서 반란이 일어나자 프랑스는 폭력적으로 진압했다.

전쟁법은 제2차 세계 대전의 잔혹성(식민화의 폐해 때문에 생긴 폭력이든, 유럽 내부의 역동에서 생긴 폭력이든)을 억제하는 데 완전히 실패했다. 제1차 세계 대전 때와 마찬가지로 전쟁법은 서부 전선에서 더 잘 지켜졌다. 이곳에서는 전쟁 포로들이 협정으로 규정된 내용에 근접한 보호를 받을 수 있었다. 적십자회는 전쟁 포로와 그 가족이 서로 연락을 취할 수 있도록 노력함으로써 (1917년과 1944년에 노벨 평화상을 받으며) 계속 큰 영예를 누렸다. 그러나 무대 뒤의 현실은 그렇게 명예롭지만은 않았다. 당시 적십자회를 이끌던 스위스인 카를 야코프 부르크하르트는 공산주의의 위협을 두려워하는 한편, 추축국에 동조하는 마음을 품고 있었다. 적십자회는 공식적인 중립성과 정보를 알고 있었음에도 불구하고, 유럽의 유대인 학살에 침묵했다.

1945~1946년에 — 국제 군사 법정의 직권으로 — 열린 뉘른베르

크 재판은 학살에 대한 재판으로 간주된다. 국가 간 〈침략〉에 관한 문제를 중요하게 다룬 이 재판은 양차 대전 사이에 벌어진 논쟁의 연속으로 볼 수 있다. 1년 후, 도쿄에서 열린 극동 국제 군사 재판에서 일본이 무엇보다 전쟁 선포에 관한 법을 위반했다고 판결을 내린 것도 마찬가지 맥락에서다. 뉘른베르크 재판은 전쟁 범죄보다 전쟁 자체를 단죄하려는 의지를 보임으로써 개인의 책임 측면에서 큰 진보를 이루었다. 이 문제에 대해 미국과 소련은 의견이 일치했고, 소련은 이 재판의 진행에 깊이 영향을 미쳤다. 개정 연설에서 미국 검사장이자 대법원 판사인 로버트 잭슨이 전한 메시지는 분명했다. 〈이 심문은 4개 강대국이 다른 17개국의 지지를 받아 우리 시대의 가장 큰 위협인 침략 전쟁에 대응하기 위해 국제법을 활용하려는 구체적인 노력의 표현입니다.〉

이 재판에서는 전쟁 범죄 — 유스 인 벨로 원칙의 침해 — 와 더 최근에 만들어진 고소 조항인 〈반인도적 범죄〉도 다루었다. 양차 대전 사이에 체결된 해상 조약들은 잠수함이 중립국의 선박을 공격하는 것을 금지하려 했는데, 이는 제1차 대전 중에 독일군이 자주 사용한 공격 방식이었다. 제2차 세계 대전에서는 모든 강대국이 이 공격 방식을 사용했지만, 독일 해군 원수 카를 되니츠(나치 독일이 항복하기 직전에 잠시 아돌프 히틀러를 계승)만 유일하게 뉘른베르크에서 유죄 판결을 받았다. 이리하여 그는 전쟁에 관한 국제법을 위반했다는 이유로 유죄 판결을 받은 최초의 국가 원수가 되었다.

뉘른베르크 재판과, 뒤이어 연합군 점령 지역에서 이루어진 재판들은 전쟁법을 널리 알리는 계기가 되었고, 적십자회는 제네바 협약을 개정하는 데 성공했다. 마침내 제네바 협약으로 단일 국제기구의 형태로 민간인을 보호할 수 있게 되었다. 하지만 군사적 관점이나 여론의 시각에서 전쟁법이 완전히 변화한 계기는, 이전에 벌어진 다른 어떤 분쟁보다 바로 냉전이다. 그리고 이러한 변화는 유럽 제국들이 끔찍한 폭력과 더불어 이미 쇠락하기 시작한 시기에 이루어졌다.

내전을 겨냥하다

1949년에 제네바 협약을 개정하는 동안 이 논의의 향방을 결정한 것은 냉전의 위협보다는 앞으로 다가올 반식민 투쟁의 위협이었다. 제2차 세계 대전 중과 마찬가지로 전쟁법은 이 충돌에 거의 영향을 미치지 못했다. 반식민 전쟁은 대체로 처음에 내전 형태로 시작되었다. 내전은 역사적으로 규제가 덜 되었다. 게다가 유럽인과 미국인이 비서구인을 상대로 싸울 때에는 상호성이나 규제가 논의의 대상이 아니었다. 제2차 세계 대전 중에 유럽에서 공습이 남긴 처참함을 경험했음에도 불구하고, 1944년과 1945년에 일본 도시들에 소이탄과 핵폭탄이 투하되었다. 전보다 더 끔찍한 상황이 벌어졌지만 이런 전쟁 방식은 법적인 처벌 대상이 되지는 않았다. 알제리 민족 해방 전선(FLN)은 프랑스군이 자행한 고문이나 다른 전쟁법 위반 사항을 수없이 규탄했지만, 알제리를 비롯해 말레이시아, 필리핀 또는 그야말로 대량 학살의 현장이던 아프리카의 여러 나라(케냐의 마우마우단 또는 앙골라와 모잠비크의 포르투갈 식민지)에서 제국의 마지막을 특징 지은 반란 억제 활동이 띤 폭력성의 정도는 최근에야 비로소 알려졌다.

하지만 민간인을 직접 표적으로 삼는 행위를 금지하는 규범은 강화되었고, 표적 이외의 살상은 군사 목표에 비하여 〈지나치게 심하지〉 않은 범위 내에서만 허용되었다. 제네바 협약에 대한 추가 의정서(1977)에는 이 규칙들이 훨씬 더 분명히 명시되었는데, 이는 특히 식민 신생 국가들이 그때까지 대체로 북대서양 지역에 제한되어 적용되던 전쟁 규칙을 남반구 국가들의 상황에도 적용한 덕분이었다. 예전에 〈테러리스트〉로 간주되던 반란 세력들이 승리함에 따라, 구속력이 강한 규칙을 비대칭 전쟁과 비정규전에 확장하여 적용하기가 쉬워졌다.

제2차 세계 대전 말에도 여전히 선호되던 무력 동원 자체를 법적으로 규제하려는 목표는 여론과 법률가들 사이에서 후퇴했다. 이러한 변화는 프랑스가 인도차이나에서 군대를 철수(1954)한 후 미국이 벌인 〈제2차〉 베트남 전쟁 중에 확실해졌다. 영국이나 네덜란드, 프랑스, 포르투갈 제국이 수행한 반란 억제 작전과 달리, 1960년대 중반 동남아시아에서 미국이 분쟁에 깊숙이 개입한 것은 그보다 20년 전에 미국 스스로 정의 내린 법적인 뜻에 따를 경우, 명백히 〈침략〉 행위로 간주할 수 있었다. 하지만 이 문제는 이 시기에 전쟁에 대해 공공연히 적대적인 태도를 보이던 전투적 좌파주의와 빠르게 결합되었다(예전에는 평화주의가 널리 공유된 대의명분이었다). 미라이 학살이 세상에 드러나자 미국과 그 동맹국들이 남베트남 전쟁터에서 자행한 수많은 전쟁 범죄를 규탄하는 것으로 만족하는 게 더 적절해 보였다. 더 일반적으로 냉전 중에 침략을 공식적으로 규탄하면서, 무력 사용 규제를 위한 국제 연합 헌장(1945)으로 정해 놓은 틀을 넘어 법으로 국가 간 전쟁을 규제할 수 있을 거라는 생각은 약화되었다.

탈식민화와 베트남 전쟁이 끝나면서, 전쟁 중에 민간인에게 자행된 잔혹 행위를 규탄하는 새로운 유형의 국제 인권 움직임이 대두했다. 개별 인권에 대한 관심이 대중 결집에서 전문가의 변호로 형태가 바뀌면서, 전쟁법은 인권을 정의하는 데 중심적인 역할을 담당하게 되었다. 더 중요한 것은, 치러야 할 더러운 전쟁이 없어지자 군대가 적대 행위를 관장하는 국내 및 국제 규율을 심각하게 받아들이기 시작했다는 점이다. 이는 그로부터 가까운 과거에 이루어진 반란 억압 작전 이전에는 상상할 수도 없던 일이 분명했다. 국가 간 전쟁이 쇠퇴하자 전쟁법과 인권을 옹호하는 이들의 시선은 이제 특히 남반구에서 최악의 범죄 현장이 된 내전으로 향했다. 1949년 제네바 협약은 유명한 제3조에서 〈국제적 성격을 띠지 않은 무력 충돌conflit armé non international(CANI, 달리 말하면 내전)〉에서 요구되는 최소한의 필수적 보호 사항을 규정했다. 1977년 개정이 이루어지면서 여기에 더 상세한 규정들을 덧붙였다. 즉 1949년의 제네바 협약에 담겨 있지 않던 〈인권〉에 대한 언급을 추가했고, CANI에 관한 내용만 다룬 제2 추가 의정서를 더했는데, 이 추가 의정서는 이후 계속해서 논쟁의 대상이 되었다.

뉘른베르크 재판에서는 유대인 학살이 부차적인 위치를 차지했는데, 1960년대와 1970년대에 탈식민 전쟁의 관점에서 증언들이 재조명을 받으며 우선순위가 근본적으로 바뀌었다. 국가 간에 새로운 전쟁이 벌어질 걱정에서 벗어난 유럽과 북아메리카는 이제 자국 군대가 반드시 개입할 필요가 없는 남반구에서 벌어지는 분쟁을 외부에서 바라보는 입장이었지만, 이 분쟁을 멈추도록 할 수 있었다. 유대인 학살에 대한 전례 없는 자각이 이루어지면서, 어떤 이들은 인도주의적인 개입이 이루어지는 새로운 시대를 전망하며, 다른 이들이 〈침략 전쟁〉으로 거부했던 것을 〈정당한 전쟁〉으로 재설정할 내정 간섭의 권리가 새로이 정착될 것이라고 보았다.

전쟁을 인도주의적으로 만들려는 원대한 꿈

냉전의 종결 그리고 특히 미국에서 벌어진 2001년의 9·11 테러로 강대국들이 전 세계에 개입하는 새로운 물결이 일기 시작했다. 이라크 전쟁은 〈침략〉 문제가 여전히 주요한 사안임을 보여 주었다. 하지만 여론의 관심이 고문이나 관타나모 미군 기지, 드론 사용(대체로 드론이 끼치는 민간인 피해 때문에) 문제로 옮겨 갔다는 사실도 부인할 수 없다. 유스 아드 벨룸에서 유스 인 벨로로 무게 중심이 완전히 전환된 것이다. 유스 인 벨로는 내전과 국가 간 전쟁을 구별했기 때문에 강대국과 비(非)국가 교전 당사자가 대립하는 충돌을 규제할 방법이 없었다. 유스 인 벨로를 옹호하는 사람들은 커다란 딜레마에 빠져야 했다. 그럼에도 불구하고, 또 악명 높은 규정 위반이 벌어졌지만 탈식민화와 베트남 전쟁을 거치며 군대들이 자신의 정부가 비준한 약속을 심각하게 받아들이기 시작하면서 반란 억제 군사 작전에 법적 틀을 부여하려는 노력이 놀랍도록 효율적으로 이루어졌다. 아무도 9·11 이후에 벌어지는 전쟁이, 절대적으로 보았을 때에는 아닐지 모르지만, 적어도 그 이전의 분쟁과 비교했을 때 더 강력하게 규제되었다는 사실을 의심할 수 없다.

하지만 전쟁법에서 이 승리는 절반의 승리일 뿐이다. 영구적인 평화와 무력 사용 규제의 꿈이 지금처럼 멀리 떨어져 있던 적은 없다. 전쟁 범죄에 관한 국제 형법은 분명 새로운 힘을 얻었지만, 인종 학살, 그리고 과거에 전쟁법에서 다루어지지 않던 성폭력 등 잔혹 행위에 집중하게 되었다. 새로운 국제 형법은 침략과 유스 아드 벨룸을 소홀히 다룸으로써 뉘른베르크의 유산으로부터 멀어졌다. 〈침략〉 개념은 보스니아나 르완다 전쟁 같은 내전에 대해서 똑같은 의미를 지니지 않는데, 이 개념은 국제 형사 재판소를 창설하게 만든 로마 규정에서 제외되었다. 물론 그 후에 이 개념은 자주 논의의 대상이 되기는 했지만 말이다. 1960년대에 유스 인 벨로 영역은 〈국제 인도법〉이라는 새로운 이름으로 불리게 되었다. 전쟁을 〈인도적으로 만들〉려던 뒤낭의 꿈이 실현될 날이 이토록 가까운 적은 없었다.

사회가 진보하고 적대 행위를 수행하는 규칙이 점점 더 널리 받아들여지면서, 국가 영토의 온전함과 국가의 정치적 자유를 침해했다는 이유로 제소가 이루어지는 일이 감소했고, 그리고 인도주의적 개입을 지지하는 진실한 주장들이 생겨났다. 이로써 톨스토이가 예언할 수 있었던 어떤 결과로 이어졌다.

참조

1부 - 12 전쟁 반대! | 13 대영 제국주의의 신화 ‖ 2부 - 수백만 명의 포로 ‖ 3부 - 06 식민지에서: 야만이 된 전쟁 | 07 밑에서 본 폭격 | 13 굶주림, 또 다른 무기 | 18 탈주: 난민과 실향민 ‖ 4부 - 07 미라이의 혼령들 | 09 살아남은 증인 | 10 재판하기, 진실을 말하기, 화해하기

06

환경 파괴

존 R. 맥닐[*]

나폴레옹 시절에는 단 한 척의 군함을 건조하기 위해 참나무 숲을 15만 제곱미터나 파괴해야 했다. 대규모 군대의 출현으로 전쟁이 환경에 미치는 영향은 엄청났다. 역설적이게도 주된 피해는 전쟁 자체보다는 그 준비 과정에서 초래된다.

1991년 초에 이라크 군대는 쿠웨이트에 있는 유정(油井) 약 7백 곳에 불을 질렀다. 미군의 침공을 늦추고 쿠웨이트를 응징하기 위한 의도적인 전시(戰時) 환경 파괴 행위였다. 그러면서도 미군은 침공을 늦추지 않았다. 불기둥들이 6천 미터까지 솟아올라 햇빛을 가리고 몇 달 동안 페르시아만 일대의 기온을 떨어뜨렸다. 마지막으로 지른 불은 9개월이 지나서야 약 10억 배럴의 석유를 태운 후에 꺼졌다.

오래전부터 전쟁은 인류가 자연환경에 영향을 미치는 다양한 방식의 일부였다. 반대로 기후나 지형 같은 환경 변수들은 전쟁 수행에 결정적인 영향을 미친다. 전쟁과 인간의 이 같은 이중 관계는 역사의 안개 속에서 자취를 감추었다. 이 장에서는 이러한 이중 관계 가운데 한 측면, 즉 전쟁이 환경에 미치는 영향만을 살펴보겠다.

• John R. McNeill. 조지타운 대학교 교수이자 저명한 환경사 전문가. 저서로 『태양 아래 새로운 무엇Something New Under the Sun』이 있다. 가장 최근에 출간한 저서는 『모기 제국: 대(大)카리브해 지역에서 생태와 전쟁Mosquito Empires: Ecology and War in the Greater Caribbean(1620-1914)』이다.

옛날에 인간은 사냥할 때 불을 사용했는데, 전쟁에서도 불을 사용했을 가능성이 매우 높다. 적이 숨어 있을 법한 삼림 지역을 불태우는 일은 아마도 전쟁 자체만큼이나 오래된 전술일 것이다. 그리고 적에게 식량을 제공할 경작지를 불태우는 일은 농경이 시작된 시기에 생긴 관행일 것이다. 하지만 근대 사회에서 불은, 전쟁이 환경을 손상시키는 여러 방식 가운데 하나일 뿐이다.

수십만 또는 수백만 명의 군인으로 이루어진 대규모 군대가 생기면서, 전쟁이 환경에 미치는 영향은 급격히 커졌다. 머나먼 과거로부터 엄청난 규모의 군대에 대한 많은 이야기가 전해져 온다. 이 가운데 일부는 아마도 사실일 것이다. 그러나 엄밀히 말하자면 대규모 군대가 확실히 존재한 것은 〈국민개병〉 이후, 즉 1790년대부터로 보아야 한다. 이런 대규모 군대를 먹이고 입히고 군사 장비를 갖추게 하고 이동하는 일은 과거에나 지금이나 더 작은 군대에 군수품을 보급하는 일보다 환경에 더 큰 영향을 미치는데, 그 영향의 규모는 알렉산드로스 대왕이나 카롤루스 대제 시대와는 비교할 수 없을 정도로 크다. 해군이 겪은 규모의 변화도 마찬가지다.

공업화된 수단이 동원된 전쟁의 시대에 공동체들은 철근 콘크리트와 불도저, 다른 여러 기술 덕분에 이전까지는 상상할 수 없던 규모의 요새를 구축할 수 있었다. (공군과 해군을 포함하는) 근대적인 군대는 19세기 중반에 폭약 기술이 개발된 이후, 튀렌 자작이나 나폴레옹의 군대와는 비교할 수 없을 정도로 월등한 화력을 보유하게 된다. 게다가 1945년에 핵무기 개발로 이러한 파괴 잠재력의 규모는 완전히 바뀌었고, 사람들은 지구상의 모든 생명이 절멸할 수 있다는 현실을 두려워하게 되었다.

이 장에서는 첫눈에 놀랍게 보일 수 있는 몇 가지 일반적인 원칙을 강조하고자 한다. 첫째, 대부분의 경우에 전쟁 자체가 환경에 미치는 영향은 전쟁 준비로 인한 영향보다 적고, 덜 지속적이다. 둘째, 대체로 게릴라전이나 〈비정규〉전이 관례적인 전쟁보다 환경에 더 큰 피해를 입힌다. 끝으로, 전쟁 이후에 이루어지는 환경 복구는 전쟁 자체가 환경에 미친 영향보다 전후 상황에 더 크게 의존한다. 이 모든 원칙에는 예외가 존재하는데, 뒤이은 글에서 필자는 여기에 대해 명확히 제시하려 한다.

출정 중인 병사 수백만 명을 먹이기

프랑스 혁명전쟁과 나폴레옹 전쟁에서 싸운 군대는 그 이전에 유럽에서 싸운 어떤 군대보다 훨씬 규모가 컸다. 프랑스 공화국은 오스트리아와 프로이센, 뒤이어 피에몬테와 영국, 네덜란드 공화국과 전쟁을 치르기 위해 1793년에 대규모 징병제를 실시한다. 이 전례 없는 조치로 프랑스 군대의 병사는 150만 명에 달했고, 그 절반은 이 기간 중 어느 한 시기에 전쟁터에서 싸웠다. 1812년에 나폴레옹은 러시아를 침공할 계획으로 약 65만 병력의 군대를 소집하는데, 1세기 전의 어느 유럽 군대보다 10배 더 큰 규모였다(하지만 17세기와 18세기에 60만 명이 넘는 규모의 중국 군대가 존재했다는 이야기가 전해진다). 프랑스의 적 가운데 일부는 프랑스를 따라 1793년 이후로 대규모 군대를 조성하기 시작한다.

나폴레옹 전쟁으로 어마어마한 규모의 충돌이 벌어진다. 매우 큰 전투들에서는 수만 명의 사망자와 부상자가 생긴다. 하지만 무시무시한 군대와 수천 마리의 말, 무수한 대포로 치른 보로디노 전투(1812)나 라이프치히 전투(1813)가 환경에 미친 영향은 매우 적었다. 이 전투는 나폴레옹 전쟁 중 치른 대부분의 전투와 마찬가지로 농경 지역이나 밭, 숲, 도로나 마을에서 벌어졌다. 포격으로 숲이 파괴되고, 말발굽까지 더해져 밭은 엉망이 되었다. 그러나 몇 달 뒤에 이 밭은 다시 경작되고 씨가 뿌려졌다. 마을과 숲은 복구되는 데 더 오랜 시간이 필요해 마을은 몇 년, 숲은 수십 년이 걸렸다. 하지만 장기적으로 보았을 때, 이 전투들은 환경에 별다른 후유증을 남기지 않았다.

그러나 엄청난 규모의 군대에 물자를 보급하는 일은 환경에 큰 영향을 미쳤다. 전투에 가담하는 모든 사회는 철이나 (화약용) 초석, 가죽, 말, 부패하지 않는 식품 등 물자와 원료를 전례 없이 대량으로 구비해야 했다. 군대를 유지하기 위해 물자가 대규모로 필요해지자 광산 채굴과 농지 경작도 이에 맞추어 재조직되었다. 이 주제에 관한 문헌은 거의 없지만, 광산 채굴이 농업보다 더 큰 타격을 입은 듯싶다. 농민에게는 전쟁 시기에나 평화로운 시기에나 항상 최대한 생산하는 데 관심이 있었기 때문이다. 반면 군대 금속 수요의 경우에는 광산 채굴량을 엄청나게 늘려야 하는 때도 있었다. 한 예로 10세기와 11세기의 중국 송나라를 들 수 있는데, 이 시기에 중국 북부에는 1700년 이전의 유럽 총 광산 채굴 규모보다 더 큰 철·석탄 채굴 단지가 형성돼 있었다. 한편 16세기 중반부터 러시아의 광산 채굴 개발을 자극한 것은 군대의 수요였다. 1800년에는 철과 구리, 주석, 화기와 화약을 제조하기 위한 초석 수요 때문에 광산 채굴 규모를 확대하는 일이 흔했고, 이는 지구상에 (그리고 지하에) 커다란 흉터를 남겼다.

광석을 녹이려면 당연히 연료가 필요하다. 가령 철을 제조하려면 목탄, 또는 18세기 말에 이루어진 몇 가지 기술 발달 이후로는 석탄이 필요하다. 그래서 1800년까지 철광 부근의 숲이 통째로 사라졌고, 목탄이 부족하면 그 너머의 숲까지도 파괴됐다. 환경에 가장 결정적인 영향을 미친 것은 아마도 군사용 선박을 만드는 데 사용한 건설용 목재일 것이다. 어쨌거나 이에 대한 문헌 자료가 가장 풍부하다. 나폴레옹 전쟁 시기에 대포 74대가 장착된 군함(중간 크기의 군함)을 만들려면 늑골과 다른 부분을 제조하기 위해 엄청난 양의 참나무를 잘랐다. 완전히 성숙한 (즉 1백 살 이상인) 참나무가 약 3천 그루 필요했는데, 이는 참나무 숲 약 15만 제곱미터에 해당한다. 군함을 만들려면, 〈휜〉 또는 〈굽은〉 목재라 불리는 특별한 목재도 필요했다. 이것은 널찍한 공간에서 가지를 충분히 뻗으며 자란 참나무에서만 구할 수 있었다. 또 돛대와 활대를 만들 소나무와 전나무도 있어야 했는데, 이것들은 정기적으로 교체해 주어야 했다. 끝으로 느릅나무와 너도밤나무도 약간 필요했다. 콜베르가 루이 14세에게 〈바다와 숲의 사안에 관한〉 1669년 왕령에 서명하게 한 주요 동기 중 하나가 건축용 목재를 충분히 보급하기 위해서였다. 하지만 이 왕령으로도 18세기 말에 프랑스는 질 좋은 참나무를 충분히 확보하는 것은 어려웠다. 나폴레옹 전쟁 중에 프랑스 해군은 완전히 성숙한 참나무를 구하느라 온 나라를 뒤지다가 결국 이탈리아와 발칸반도 서부에서 수입해 들여왔다. 당시 프랑스 함대는 30~80대의 선박으로 이루어진 반면, 영국 왕립 해군British Royal Navy은 100~110대의 군함을 보유했다. 나폴레옹 시대에 대형 목재 선박을 건축하고 유지하는 일은 참나무 숲에 매우 큰 영향을 미쳤다. 완전히 성숙한 참나무가 서유럽 전역에서 거의 사라졌기 때문에, 국가들은 훗날 필요할 선박 제조에 대비하여 숲을 보존하는 조치를 취하기 시작했다. 이는 지속 가능한 발전을 위한 노력이 나타난 최초의 예로서, 유일한 동기는 앞으로 벌어질 전쟁에 대비하기 위해서였다. 1860년대에 목재 군함이 차츰 장갑함으로 대체되면서, 유럽의 숲이 군사적 수요 때문에 황폐화되는 상황은 멈추었다. 하지만 참나무 숲이 있는지 여부는 장기적으로 농업과 환경에 영향을 미쳤다. 참나무가 부족하면, 돼지를 우리에 가두고 사람이 돼지한테 직접 먹이를 주어야 했다. 그것은 돼지 사육을 완전히 포기하지 않기 위해 치러야 할 대가였다.

나폴레옹 전쟁이 환경의 영향을 얼마나 크게 받았는지 강조하는 일은 중요하다. 1793년 이후 군대는 규모가 지나치게 커진 반면에 식품 보관과 운송 기술은 너무도 원시적이어서, 병사들은 현지에서 식량을 조달해야 했다. 그전까지는 군대의 규모가 작아 지역에서 생산하고 남는 잉여 식량이 적어도 살아남을 수 있었지만, 나폴레옹 군대는 더 이상 그럴 수 없었다. 나폴레옹 군대는 규모 때문에 프랑스나 네덜란드, 북부 이탈리아, 중유럽처럼 비옥하고 생산성이 높은 영토에서만 효율적으로 활동할 수 있었다. 반면에 나폴레옹이 군대를 스페인에 12만 5천 명, 러시아에 65만 명을 보냈을 때, 이 두 나라는 대도시 하나의 인구에 맞먹는 군대를 먹여 살리기에는 식량을 너무 적게 생산했다. 이 때문에 부대는 현지 주민의 선의에 의존하며, 먹을 수 있는 것은 무엇이든 구하기 위해 많은 돈과 시간, 에너지를 들여야 했다. 심지어 병사가 굶어 죽기도 했다. 나폴레옹과 물자 관리를 담당한 나폴레옹의 장교들은 이런 제약을 알고 있었기에 북부 이탈리아와 중유럽에서처럼 스페인과 러시아에서 승리하기는 어렵다는 사실도 충분히 알았다. 그럼에도 불구하고 나폴레옹은 전쟁을 수행하는 것이 가능한 정도로 비옥한 땅에서만 전쟁을 벌이기를 거부했다.

중국과 미국에서 벌어진 전시 환경 파괴

중국과 미국은 19세기 중반에 내전을 겪었다. 보통 〈태평천국 운동〉이라고 부르는 중국 내전은 1850년에 시작해 1864년에 끝났다. 반란을 일으킨 이들은 중국 남부의 가난한 농민들로 대부분 소수 민족이었다. 이들은 카리스마적인 종교 운동 지도자의 지휘하에 분리하는 데 성공했다. 뒤이어 청나라 지배하의 중국 전역으로 반란의 불길이 번졌는데, 특히 중국에서 가장 풍요로운 양쯔강 유역에서 거센 충돌이 벌어졌다. 태평천국의 지휘관들은 휘하에 병력을 많게는 50만 명까지 거느렸는데, 청나라 군대는 병사가 1백만 명 이상이었다. 양편 모두 민병대를 폭넓게 활용했지만, 이들은 거의 제대로 훈련되지 않았고 규율도 잘 따르지 않았다. 이 전쟁으로 수십 개의 도시와 수백 개의 마을이 초토화되었고, 적을 굶주리게 할 목적으로 농경지가 모조리 파괴되었다.

이 점에서 19세기 중반의 중국은 매우 취약했다. 당시에 중국은 쌀의 생산 및 이송에 사용할 수로와 수문, 둑 시스템을 수천 년에 걸쳐 발달시켜 놓았다. 1850년에는 2백여 년간 이어진 평화로운 국내 정세에 힘입어 수로를 이용한 관개·운송 체계가 매우 효율적으로 기능하여, 빠르게 증가하는 인구에 식량을 공급할 수 있었다. 하지만 이 체계는 전쟁 시기에 마비되기 쉬웠다. 청나라 군대와 태평천국 군대는 모두, 마을과 밭을 물에 잠기게 하고 둑과 운하를 파괴하는 데 많은 힘을 쏟았다. 그래서 전쟁으로 인한 인명 손실이 더욱 심했는데, 이는 무엇보다 뒤이은 기근과 영양 부족으로 악화된 전염병 때문이었다. (수십 년에 걸친 이 전쟁에서 사망한 사람의 수는 2천만~8천만 명, 즉 청나라 총 인구의 6~22퍼센트로 추정된다.)

요약하면, 1850년에는 중국의 농촌 지역 환경 관리 체계가 효율적이고 생산성이 높아 주민이 생존하는 데 반드시 필요했지만, 1864년에는 이 체계가 모두 파괴되어 폐허만 남았다. 중국 농업 체계는 정교함 때문에 오히려 전쟁 중에 더 쉽게 파괴되었다. 관개 시설을 복구하기 위해서는 수십 년에 걸쳐 끈기 있게 노력해야만 했다. 1912년에 청나라가 멸망할 때까지 관개 시설은 아직 완전히 복구되지 못했는데, 태평천국 운동으로 환경이 입은 피해가 청나라의 멸망에 간접적으로 기여했다고 볼 수 있다.

남북 전쟁은 노예 소유주인 엘리트층이 노예 제도에 의존하던 자신들의 생활 방식을 유지하고자 분리를 선언하면서 1861년에 시작되었다. 이 전쟁은 1865년까지 지속되었으며, 전투 대부분은 남부의 농업 지대에서 벌어졌다. 북부 연방군은 절정기에 260만 명의 병사를 보유했는데 북부 인구의 약 14퍼센트였다. 남부 연합군은 아마도 최대 110만 명, 즉 남부 총인구의 11퍼센트, 남부 자유민의 20퍼센트로 이루어진 군대를 보유했던 것으로 보인다(이에 관한 문서는 불행히도 유실되었다).

태평천국 운동과 달리 남북 전쟁은 공업화된 전쟁이었다. 양편 모두 목재와 금속, 가죽 등 원료를 최대한 동원하여 철로와 기관차, 보루, 무기, 선박 등을 제조·건설했다. 코네티컷주의 작은 마을 콜브룩에 있는 제철소는 철을 최대한 빨리 만들기 위해 풀가동했다. 이 때문에 인근에 있는 숲의 나무 대부분을 목탄으로 만들어야 했다. 전쟁이 끝난 후 거의 1세기 동안 벌거숭이가 된 콜브룩 주변의 땅은 방목에 사용되었고, 1950년대부터 다시 숲이 되었다.

남북 전쟁 초기에 군사 전역(戰役)campagne은 주로 버지니아주에서 벌어졌다. 대치하는 두 군대는 상대적으로 좁은 구역 내에서 몸을 피하고, 행군하고, 가던 길을 되돌아오는 등 모든 활동을 벌였다. 이 과정에서 그 구역은 보루가 축조되고 양측의 포격으로 쑥대밭이 되어 완전히 변화했다. 뒤이어 1864년과 1865년에 벌어진 전역은, 연방군이 남군의 영토로 점점 더 깊숙이 파고들면서 기동전의 양상을 띠었다. 그러면서 전쟁은 환경 파괴 양상을 띤다. 북군 장군들은 남군의 식량 보급을 끊어 전쟁을 완전히 끝낼 생각으로, 특히 조지아주와 사우스캐롤라이나주에서 불을 놓는 방식을 활용해 농경지를 고의로 파괴했다. 교육 과정 중에 나폴레옹 전쟁에 대하여 심도 있는 수업을 받은 미국 장교들은 이 전략을 부를 때 프랑스어 단어 〈슈보세chevauchée(초토화 작전)〉를 사용했다. 이들은 1864년에 수확한 산물을 가능한 한 모조리 거두어 갔으며, 1865년에는 남부에서 모종을 심고 수확할 생산 능력을 최대한 파괴했다. 당시에 ― 그리고 오늘날에도 여전히 ― 격렬한 비판을 받은 이 전시 환경 파괴 활동은 남부 연합군이 1865년 봄에 항복하는 데 상당한 역할을 했다.

남북 전쟁으로 초래된 환경 파괴는 당시에는 매우 심각했지만 대부분 몇 년 만에 복구되었다. 중국과 달리 미국 남부에는 관개 시설이 거의 없었다. 남부는 불에 타버린 농경지와 몰살된 가축의 피해에서 매우 빠르게, 엄청난 노력 없이도 벗어날 수 있었다. 하지만 남부의 주들은 좀 더 미묘한 방식으로 내전의 영향을 수십 년 동안 감내해야 했다. 예를 들어 전쟁 전에는 숲을 불태운 뒤 재로 만들어 토양의 비옥도를 유지했다. 재에는 질소와 인, 칼륨 — 토양에 양분을 공급하는 데 중요한 원소들 — 이 풍부했기 때문이다. 전쟁 기간과 그 이후에는 군대 소집과 노예 해방으로 인해 인력이 부족해지면서 이 체계가 무너졌다. 1865년 이후 남부의 농업 생태계에는 비옥한 땅이 부족했다. 절망한 농민들은 소득을 유지하기 위해 목화 단일 경작을 시작했다.

양차 세계 대전: 철저한 개발

두 차례의 세계 대전과 함께 전쟁의 양상과 규모는 완전히 바뀐다. 교전 당사국들은 집단적으로 수천만 명을 동원한다. 현대사의 커다란 역설 중 하나는, 1914년에 드디어 의학과 군진 의학(軍陣醫學)이 효율화되어 병영과 군사 기지 내에 사는 많은 사람을 건강하게, 어쨌거나 최소한 이들을 총알받이로 다시 전쟁터에 보낼 만큼 오랫동안 건강한 상태로 유지할 수 있게 되었다는 사실이다. 티푸스, 이질, 말라리아, 천연두 등 각종 전염성 질병은 완전히 해결된 것은 아니지만 억제되었고 군대 내에서 전염병에 희생되는 사람의 수는 줄었다.

군대들의 규모를 이처럼 키울 수 있던 것은, 전쟁에 필요한 생산을 위하여 산업 경제와 농업 경제를 과거와 달리 효율적으로 활용한 덕분이다. 수백만 명의 군인에게 장비와 식량을 지급하려면 치밀한 계획을 세우는 한편 자연을 최대한 활용해야 했다. 제1차 세계 대전에서 독일은 이를 성실히 실행했고, 제2차 세계 대전 때에는 참전한 열강 대부분이 실천했다.

제1차 세계 대전에서는 서부 전선이나 발칸반도, 갈리폴리반도에서 벌어진 참호전으로 환경이 극심하게 파괴되었다. 폭약을 대량 사용한 탄막(彈幕) 사격의 반복으로 식물이 모조리 파괴되고 땅이 완전히 파헤쳐졌다. 1915년 4월에 시작된 화학전에 의해 군대뿐 아니라 동식물도 중독·오염되었다. 베르됭에서 프랑스군 구급차를 운전한 미국인 스틸 홀트는 독일군의 독가스 포탄을 뒤집어썼다. 그는 훗날 이렇게 회상했다. 〈아무것도 볼 수 없었죠. 눈에서는 눈물이 쏟아지면서 너무 따가웠고, 코도 마찬가지였어요. 간신히 숨만 쉴 정도였죠. 딸꾹질이 나고 숨이 막혔고, 물에 빠져 익사하는 사람이 느낄 법한 극도의 공포를 느꼈습니다.〉제1차 세계 대전에서 독가스 공격으로 약 3만 명의 병사가 사망했지만, 당시 영국군에 복무한 미국인 아서 엠피가 강조했듯 〈가장 고통받은 건 동물들이었다. 말과 노새, 가축, 개, 고양이, 쥐한테는 스스로를 보호할 방독면이 없었으니까〉.

후방일수록 전쟁은 환경을 파괴했다. 1914년에는 일부 독일 공업 도시가 매연 배출을 줄이려고 고군분투했으나, 전쟁 중에는 군수 물자 생산을 최대한 늘린다는 명목으로 공기의 질 따위는 관심 밖으로 밀려났다. 영국 농민들은 곡물 수확을 극대화하려고 집약 농업을 실시했다. 이는 독일이 잠수함 작전을 펼치자 영국인이 기아가 닥칠지도 모른다는 공포감에서 나온 반응이었다. 1917년의 가장 암울한 시기에는 누구도 토양의 침식 위험을 걱정하지 않았다. 프랑스와 벨기에에서는 전쟁에 필요한 목재를 공급하고 참호와 방공호, 터널을 구축하기 위해 숲을 지나치게 훼손했다. 미국과 캐나다에서는 농민들이 밀을 재배하기 위해 광대한 초원 지대를 경작했는데, 밀 가격은 수요가 증가함에 따라 높아졌다.

　제1차 세계 대전으로 인해 환경은 심하게 파괴되었지만, 대체로 그 기간은 짧았다. 프랑스 북부나 갈리폴리반도에서 기념 목적으로 전장을 보존해 놓은 곳에 가면 1세기가 지난 지금도 참호가 남긴 깊은 상흔을 볼 수 있다. 프랑스에서 베르됭과 릴 사이 1천2백 제곱킬로미터가 넘는 지대는 사람이 들어갈 수 없는 〈불모지zone rouge〉, 즉 터지지 않은 폭탄이 잔뜩 매립된 적색 지대다. 이런 곳에서 땅은 농경지나 마을이 되기보다는 자연 상태로 방치되었다. 하지만 전투로 파괴된 영토 대부분은 몇 년간 농민이 매일 경작하고 가축의 방목지로 사용하면 특히 시골에서는 예전 농경지의 모습을 되찾을 수 있었다. 가끔은 삽질을 하는데 별안간 사람의 뼈나 포탄이 나오기도 할 것이다. 남북 전쟁처럼 매우 격렬한 전투도 수십 년 뒤엔 희미한 흔적이만을 남겼다.

　하지만 남북 전쟁과 똑같이, 제1차 세계 대전이 환경에 미친 영향은 좀 더 미묘했다. 레바논에서 오스만 제국의 군대가 아라비아반도로 향하는 철도를 건설하기 위해 벌채한 숲에는 더 이상 나무가 자라지 않아 산간 지대에 토양 침식이 일어날 수밖에 없었다. 북아메리카에서는 1915~1918년에 밀을 키우기 위해 경작한 평원에서 유명한 〈건조 지대Dust Bowl〉 현상이 나타났는데, 이는 미국과 캐나다 역사상 최대의 환경 재난이었다. 1920년대 말에 시작된 가뭄은 1930년대에 절정에 다다랐다. 이로써 세계에서 가장 비옥한 토양 중 한 곳이 바람으로 침식되었다. 텍사스에서 서스캐처원(캐나다)에 이르는 곳에 사는 수만 명의 가족이, 먼지 폭풍이 집과 밭에 몰아칠 때면 농장을 버리고 떠나야 했다. 오스트리아에서는 평화 협정도 환경에 영향을 미쳤다. 1914년 이전에 오스트리아는 합스부르크 가문이 다스린 광대한 오스트리아-헝가리 제국의 중심에 있었다. 오스트리아 경제는 보헤미아 지방의 석탄 채굴에 의존했다. 베르사유 조약으로 체코슬로바키아가 탄생하고 탄전 지대가 이 신생 국가에 속하게 된다. 오스트리아는 주요 에너지원을 빼앗기자 수력 발전으로 에너지를 생산하기 위해 알프스산맥을 끼고 흐르는 강에 댐을 건설했고 이로 인해 산의 풍광이 영원히 훼손되었다. 이는 제1차 세계 대전이 환경에 미친 또 다른 미묘하고 간접적인 영향이다.

제2차 세계 대전은 제1차 대전으로 시작된 변화를 이어 가면서 새로운 상황을 만들어 냈다. 스탈린그라드 같은 일부 지역에서 전투가 장기화하면서 참호선을 따라 환경을 극심하게 파괴했다. 후방에서는 군수 생산을 최대화하기 위해 경제 계획을 세우고 천연자원을 엄격히 관리했다. 하지만 제2차 세계 대전은 제1차 대전보다 더욱 기동전의 양상을 띠었다. 따라서 1914~1918년의 서부 전선처럼 한곳에서 장기간 전투가 벌어진 경우는 거의 없었다. 반면 발칸반도와 중국에서는 게릴라 전쟁이 더 격렬하고 은밀하게 벌어졌다. 끝으로, 제2차 대전 중에는 장거리 공습이 새로 등장해 유럽과 중국, 일본의 수십 개 도시에 죽음과 파괴의 포탄을 쏟아부었다.

제2차 세계 대전의 특징은 도시 환경이 크게 파괴되었다는 점이다. 주로 폭격으로 도심이 파괴되었지만, 스탈린그라드나 레닌그라드, 부다페스트에서처럼 어떤 경우에는 포위 공격과 포격도 큰 피해를 입혔다. 전쟁 초기에 추축국(독일, 이탈리아, 일본) 군대가 주도권을 쥐고 있을 때, 영국과 소련, 중국의 도시는 폭격의 피해를 크게 입었다. 1943년에는 상황이 바뀌어, 독일에 뒤이어 일본이 맹폭격을 당했다. 1945년에 바르샤바를 비롯한 도시들은 전투로 대부분 파괴되었다. 미국은 가장 규모가 큰 폭격기 부대를 편성해 도쿄 대부분을 불태우며 일본을 쑥대밭으로 만들었고 핵폭탄으로 히로시마와 나가사키를 초토화했다. 이런 극한의 폭력에 일본은 결국 항복했다. 평균적으로 한 도시가 완전히 재건되려면 10년에서 30년의 시간이 걸린다. 영국과 일본에서는 이 과정이 빠르게 진행된 반면, 소련과 동독, 폴란드와 중국에서는 전체적으로 경제 회복 규모가 더 작았기에 느리게 진행되었다. 현재 베를린의 가장 높은 언덕인 토이펠스베르크는 고도가 120미터에 이르는데, 이는 전투 후에 남은 건물 등의 잔해로 만든 인공 언덕이다. 지금 초목으로 뒤덮인 이 언덕에는 멧돼지가 살고 있다. 독일의 도시 대부분에는 1945년 이후 이렇게 잔해로 축조한 언덕이 적어도 하나씩 있다.

제2차 세계 대전 중에 비도시 지역에서 가장 심한 환경 파괴가 진행된 것은 1938년 6월 중국 북부의 황허강 유역에서다. 일본군의 전진을 늦추기 위해 중국군, 더 정확히 말하면 장제스를 따르는 중국 국민당 군대는 허난성의 평야를 침수시키려고 황허강 남쪽에 있는 둑에 구멍을 냈다. 이로써 일본군의 전진은 잠시 멈추었으나, 중국 농민 수십만 명이 익사했고 다른 농민들은 가축과 집을 전부 잃었다. 전쟁 때문에 둑을 복구할 수 없었기에 허난성은 매년 점점 더 많이 범람했다. 일본군이 패했을 때, 전쟁 전의 허난성 인구인 3천만 명 중 40퍼센트가 다른 곳으로 피란을 떠난 상태였다. 국공 내전(1946~1949)과 마오쩌둥의 집요한 동원령 사이 중국 북부의 상황은 오랫동안 혼란스러웠다. 허난성의 농민들이 1938년에 입은 피해를 복구하는 데에는 수십 년이 걸렸다.

메콩강 삼각주의 〈에이전트 오렌지〉

제2차 세계 대전에 이어 곧바로 냉전이 시작되었다. 미국과 소련 그리고 동맹국들 사이에서 벌어진 군사적 대결은 환경에 많은 영향을 미쳤다. 미국과 소련, 중국, 프랑스, 영국은 핵무기 프로그램을 갖추고 있었는데, 냉전 기간에 핵무기를 사용하지는 않았지만 여러 차례 실험을 실시했다. 게다가 핵폭탄 개발 과정 중에 특히 소련에서 여러 차례 핵 사고가 벌어졌다. 이로 인한 핵 오염이 완전히 사라지려면 최소한 10만 년이 지나야 할 것이다.

어떤 시기에는 냉전이 고조되어 진짜 전쟁으로 진행되기도 했는데, 베트남과 아프리카 대륙 남부에서 그러했다. 냉전은 나미비아 북부와 앙골라 남부가 공유하는, 범람이 잦고 인구가 밀집한 평원 오밤보랜드 남부에서 1975년부터 1990년까지 벌어진 혼란과 무관하지 않다. 남아프리카공화국은 장기간 벌어진 이 충돌에 정기적으로 끼어들어 앙골라의 한 파벌에게 지지를 받은 나미비아 민병대를 분쇄하려 했는데, 이 앙골라의 파벌은 쿠바 병사들과 소련군의 원조를 받았다. 양쪽 군대는 집과 농장에 불을 내고 가축을 죽이고 과수원을 초토화시켜 농민이 대부분인 오밤보랜드 주민들을 공포에 빠뜨렸다. 그 지역에서 나는 수수의 일종인 낟알 식물은 키가 커서 게릴라에게 좋은 은신처가 되었는데, 이에 대응하느라 밭을 모조리 불태우는 반게릴라 전술이 사용되었다. 이 때문에 농민 수천 명이 오밤보랜드를 떠나야 했다. 그곳의 경작지는 금세 가시덤불로 뒤덮였다. 전투가 지속된 15년 동안 나무를 가지치기하지 않고 가축을 돌보지 않고 밭과 과수원을 경작하지 않자 풍경은 급속히 변했다. 환경을 변화시키는 주요인은 농업이 아닌 불 — 적을 처벌하거나 겁주거나 몸을 숨기지 못하도록 사용되는 불 — 이었다.

양측 군대는 사냥감이 풍부한 자연 보호 구역과 보호 지대에서 정기적으로 작전을 펼쳤다. 상아를 가진 코끼리 같은 동물은 금전적 가치가 커서 자금이 부족한 군대의 좋은 표적이 되었다. 피란민도 보호 지대로 몰려들어 그곳에서 자라던 동식물에 의존해 연명했다. 결론적으로 나미비아에서 벌어진 대리전쟁으로 생태계는 큰 피해를 입었다.

베트남에서 벌어진 충돌은 더욱 파괴적이었다. 양대 초강대국은 오밤보랜드에서보다 한층 깊숙이 개입했다. 1945년 이후 공산주의자를 포함한 베트남 민족주의자들은 프랑스의 식민 보호에서 벗어나려 했다. 프랑스는 자국의 군사력으로 진압하려 했으나 1954년에 디엔비엔푸에서 패했고, 그 이후 미국이 베트남에서 공산주의에 대항한 싸움을 이어 갔다. 1965년에 미국은, 중국과 소련을 등에 업은 북베트남 공산군과 싸우는 동시에, 남베트남에 수립한 허약한 괴뢰 정부를 유지하려 했다.

북베트남 군대와 그 동맹군인 남베트남의 베트콩은 대체로 게릴라 전술에 의존했다. 미군은 대게릴라전을 펼쳤는데, 이들은 얼마 전에 제한된 방식으로 대게릴라전을 수행한 경험이 있었다. 대부분 열대 우림으로 이루어진 베트남은 게릴라에게 이상적인 환경이었다. 북베트남군은 유명한 호찌민 루트를 비롯하여 정글을 가로지르는 보급로를 구축하기 시작했다. 미국은 나무와 덤불, 풀을 죽이는 고엽제와 다른 화학 물질을 사용해 대응했다. 이 고엽제 중에서 가장 유명한 〈에이전트 오렌지Agent Orange〉는 다이옥신을 함유한 매우 강력하고 안정적인 화합물이다. 이 화학 물질들은 베트남 총면적의 약 8퍼센트에 해당하는 지역, 특히 메콩강 삼각주 지역에 적은 비용을 들여 비행기에서 빠르게 살포되었는데, 미 병사들이 매복 공격을 당하지 않도록 하기 위해서였다. 베트남 정부에 따르면, 현재 4백만 명이 다이옥신 살포 후 유증으로 고통받고 있다.

미국은 적이 베트남의 숲에 숨는 것을 막기 위해 기계적인 수단도 사용했다. 나무를 베기 위한 2톤짜리 날을 갖춘 거대한 불도저 롬 플라우Rome Plow로 이루어진 대대가 그 어떤 식물도 아주 빠른 속도로 초토화할 수 있었다. 1967년에 도입된 롬 플라우는 남베트남의 2퍼센트에 이르는 땅을 파괴했다. 미군은 고엽제와 기계적 도구를 사용해 삼림의 약 2만 2천 제곱킬로미터(미국 뉴저지주 또는 이스라엘의 면적), 즉 1973년 베트남 삼림 총면적의 약 23퍼센트를 초토화했다.

아프리카 남부 지역을 분열시킨 분쟁과 달리 베트남 전쟁은 제2차 세계 대전 중 폭격이 이루어진 모든 전역을 합친 것보다 더 많은 폭격이 이루어진 전쟁이기도 했다. 미합중국 공군은 1965년부터 1974년까지 베트남에 6백만 톤이 넘는 폭탄을 떨어뜨렸고, 이 때문에 2천만 개가 넘는 큰 구덩이가 생겼다. 이는 45억 년 동안 달이 유성 폭격을 당해 생긴 분화구보다 더 많은 수다. 폭격 구덩이 중 일부는 오늘날 고기잡이 연못으로 쓰이고 있다. 미군은 화력과 기술력으로 베트남의 환경을 빠르게 훼손했다. 물론 북베트남군과 베트콩도 마을과 수확물을 불태우는 일을 서슴지 않았다. 하지만 이들에게는 미국이 지닌 기술력이 없었고, 미국만큼 숲을 초토화하고 오염시킬 만한 이유도 없었다.

냉전 중에 오밤보랜드와 베트남에서 벌어진 군사 전역은 모두 비대칭적인 게릴라전이었기에 숲이 제공하는 은신처를 철저히 파괴하려 했다는 점에서 유사했다. 그리스 내전(1944~1949)과 알제리 독립 전쟁(1954~1962), 제1차 아프가니스탄 전쟁(1979~1989) 및 다른 여러 충돌도 마찬가지였다. 이 분쟁들은 모두 환경에 지속적으로 영향을 미쳤는데, 토양이 침식되기 쉽고 삼림 재생이 느린 산간 지역에서 특히 심했다.

냉전 중에 벌어진 전역들에서는 이 장 초반에 제시된 몇 가지 일반적인 원칙이 잘 드러난다. 예를 들어 핵무기 개발 프로그램 등 전쟁 준비 과정은 냉전이 남긴 다른 어떤 유산보다 환경에 훨씬 더 지속적으로 영향을 미쳤다. 게릴라전과 대게릴라 전술은 베트남이나 아프리카 남부, 아프가니스탄 또는 다른 어느 곳에서 사용되었든 환경을 심각하게 훼손했는데, 그 방식은 제1·2차 세계 대전 같은 일반적인 전쟁에서보다 훨씬 더 파괴적이었던 것으로 보인다. 하지만 전쟁이 환경에 미친 영향이 지속되는 기간과 어떤 영향이 복구될 수 있는지 여부는 그 사회의 재건 능력 그리고 평화기에 훼손된 땅에 필요한 만큼 시간을 들일 수 있는 능력에 달려 있다. 냉전이 끝난 뒤에도 많은 곳에서 격렬한 전쟁이 계속되었다. 콩고에서는 큰 충돌이 장기간 이어졌고, 아프리카의 다른 지역과 구 유고슬라비아, 북캅카스 지방 또는 아프가니스탄과 시리아에서는 다른 내전이 터졌다. 이 모든 충돌, 대체로 비대칭적인 수십 차례의 소규모 전쟁은 다른 전쟁들과 마찬가지로 농장과 숲, 가축과 도시에 표적 외 손상을 입혔다. 미국은 이라크를 1991년과 2003년에 두 차례 공격했고, 아프가니스탄에서 긴 전쟁을 치렀는데, 이때 무엇보다 도시와 농촌 환경에 엄청난 훼손을 가하는 공군력에 의존했다.

이 충돌들 그리고 앞으로 벌어질 충돌로 인해 과거의 전쟁보다 더 큰 환경 비용을 치를 거라는 사실은 분명하다. 전쟁사 전문가들이 이 주제에 관심을 갖기 시작한 지는 얼마 되지 않았는데, 이는 인명 손실이 우선시되었기 때문이며 충분히 이해할 만한 일이다. 하지만 몇몇 역사가의 연구 덕분에 전쟁의 영향은 인구 통계 수치를 넘어 생태계 전체에 영향을 미친다는 사실이 점점 더 분명해지고 있다.

참조

1부 - 03 시민-군인의 시대 | 07 전략 없이는 기술은 소용없다 | 14 게릴라와 반란 억제 ‖ 3부 - 07 밑에서 본 폭격 ‖ 4부 - 03 폐허 위에

07

전략 없이는 기술은 소용없다

마이클 나이버그[•][*]

기술력으로 군대는 확실히 월등해진다. 하지만 기술력만으로 승리를 거둘 수는 없다. 모든 것은 군대의 수장과 국가가 그 기술력을 어떻게 사용하느냐에 달려 있다.

아마도 지어낸 이야기일 가능성이 큰 어느 일화에 따르면, 19세기 말쯤 한 미군 장교가 아메리카 인디언 추장에게 미군의 근대적인 대포에 대해 어떻게 생각하느냐고 물었다. 인디언 추장은 대포가 강력하긴 하지만, 자기 전사 중 누구도 그런 무기에 맞서 말 위에 탄 채 가만히 앉아 있을 만큼 멍청하지는 않다고 답했다고 한다. 이 일화에서 기본적이지만 매우 중요한 생각을 엿볼 수 있다. 단순히 어떤 기술을 보유하는 것은, 사회가 그것을 사용하고 적이 그 기술에 대응하는 방식만큼 중요하지는 않다는 생각이다. 역사상 적이 사용하는 우월한 살상 기술에 태연하게 맞선 병사는 거의 없었지만, 그래도 몇몇 예외

• Michael Neiberg. 미국 육군 참모 대학의 전쟁학War Studies 정교수. 전쟁사, 특히 제1차 세계 대전에 관한 여러 책을 썼다. 최근작『전쟁에 이르는 길: 제1차 세계 대전이 어떻게 근대 미국을 만들어 냈는가*The Path to War: How the First World War Created Modern America*』다.

* 이어지는 글에서 표현된 견해는 저자의 견해이며 국방부나 미국 육군 참모 대학교, 미국 정부 또는 그 소속인 다른 어떤 기구의 견해도 아니다. 이 글의 초안을 읽은 후 소중한 의견을 전해 준 윌리엄 J. 어스토어William J. Astore에게 감사의 마음을 전한다 ─ 원주.

는 존재한다. 1880년대 아메리카 인디언 부족인 수족이 벌인 영적 운동 〈영혼의 춤Ghost Dance〉과 중국에서 벌어진 의화단 운동은 모두 천년지복설을 믿는 사람이라면 서양의 무기 앞에서 영적으로 아무런 해도 입지 않을 거라고 믿는 종교 체계에 기반을 두었다. 이 두 경우 모두 비물질적인 수단으로 적의 기술력에 대항하려는 시도였다.

전쟁에서 수족이나 의화단원들처럼 극단적인 수단을 택하는 극소수가 있기는 하지만, 대체로 양편은 모두 적이 지닌 우월한 군사 장비 체계를 피할 방법을 찾으려 한다. 기술력이 상대적으로 크게 변화하지 않던 시절에 책을 쓴 프로이센의 군사사상가 카를 폰 클라우제비츠는, 전쟁을 두 개의 의지가 충돌하는 것이라고 묘사했다. 나폴레옹 시대에 대한 클라우제비츠의 상세한 분석에서 기술력은 거의 아무런 역할도 하지 않는다. 당시에는 어떤 군대도 적군이 제압하지 못할 정도로 우월한 기술력을 가지고 있지 않았다. 따라서 클라우제비츠가 보기에 승리를 거두는 열쇠는, 기술 자체보다는 전체적인 전략 계획의 틀 안에서 군대의 총사령관과 국가가 기술력을 어떻게 사용하느냐에 달려 있었다.

하지만 기술적 우월성의 문제는, 특히 전쟁에 대하여 똑같은 이론과 교리, 똑같은 전쟁 조직 방식을 공유하는 대칭적인 군대가 벌이는 충돌에서 중요하다. 이런 충돌의 경우, 기술적 우위로 승부가 결정될 수 있다. 미국이 제2차 세계 대전 중에 일본과의 전쟁을 끝내기 위해 사용한 핵폭탄과, 두 개의 핵폭탄을 떨어뜨린 장거리 중폭격기 B-29 슈퍼포트리스Superfortress 또는 영국이 독일의 암호 통신을 해독하기 위해 사용한 〈튜링 기계〉를 떠올려 보자.

기술을 연구하는 역사가들은 진화의 결과로 생긴 변화와 기술 혁명으로 생긴 변화를 구별한다. 전자는 기존의 기술에 추가되는 점진적인 개선으로 생긴다. 이 변화는 아주 미미해 보이지만 영향은 매우 클 수 있다. 제2차 세계 대전 중 미국 전투기 P-51 머스탱Mustang과 롤스로이스가 제조한 영국제 엔진 멀린Merlin이 좋은 예다. 이 둘의 결합으로 영국의 연합군 기지에서 독일에 있는 표적까지 연합군 폭격기를 호위하기에 충분한 행동반경과 속도를 지닌 기동력 있는 비행기가 만들어졌다. 전쟁 중에 이루어진 레이더와 비행 시스템의 개발 및 결합도 마찬가지다. 이는 급격한 변화 없는 개선이다.

혁신적인 변화는 완전히 새로운 기술 체계를 만들어 낸다. 핵폭탄이 가장 대표적인 사례다. 제2차 세계 대전이 끝날 무렵부터 프로펠러 비행기가 터보제트 엔진 비행기로 대체된 것도 그렇다. 이러한 혁신에는 위험이 따르고 비용도 매우 많이 든다. 영국이 1906년에 드레드노트Dreadnought 신형 전함을 진수한 이후, 기존 군함은 모두 구식이 되어 버렸다. 이때부터 신기술을 둘러싸고 극심한 해군 군비 경쟁이 벌어지기 시작했다. 1914년에는 전 세계에서 이러한 전함 90척이 실전 배치되어 있거나 건조되는 중이었는데, 이들이 석탄이 아닌 석유로 가동된다는 사실 때문에 해군 기술력뿐 아니라 전반적인 전략까지 완전히 바뀌었다. 그것은 미국에 뜻밖의 이득으로 작용했다. 유전이 전혀 없는 독일과 달리 미국은 양차 세계 대전 중에 거의 무제한으로 석유 매장량을 활용할 수 있었기 때문이다.

강철과 화석 연료

19세기 말에 미국과 서유럽을 중심으로 제2차 산업 혁명이 벌어지면서 중요한 변화가 시작되었다. 우선 석탄 및 다른 화석 연료를 사용하면서 기업가들은 풍력과 수력 에너지, 동물의 힘에 의존한 제1차 산업 혁명 때보다 더 강력한 동력을 보유하게 되었다. 이로써 그때까지 수공업 작업장에서 제조되던 군사 장비 일체를 대량 생산할 수 있었다. 두 번째로, 베서머 방식을 이용해 강철을 제조(헨리 베서머가

1956년에 특허 취득)하게 되면서 소성 가공이 쉬우면서도 견고해서 군수 산업에 이상적인 재료인 강철을 대량 생산했다. 총검에서 선박의 늑재에 이르기까지 당시 사용되던 모든 무기의 재료로 강철이 그보다 약한 선철과 값비싼 청동, 덜 견고한 나무를 대체했다. 1910년에 미국과 독일은 전 세계에서 다른 모든 국가의 생산량을 합한 것보다 더 많은 강철을 생산했다. 하지만 독일은 이 강철 생산 능력을 군사력과 결합시킴으로써 더 공격적인 태도를 보였다. 그러나 미국도 이내 제철 산업을 자국 군사력에 활용하기 시작했다.

끝으로 미국이 교체 가능한 부품을 사용하는 혁신을 이루면서 완전히 똑같은 특성을 지닌 동일한 기술 제품을 무한히 생산할 수 있게 되었다. 이로써 제품을 보수하고 배포하는 일이 더 효율화되었다. 미국식 대량 생산 체계라고 불린 이 방식 덕분에 총신 내에 강선이 없는 구식 머스킷 소총보다 사정거리가 길고 정확도가 높으며 값싸면서 다루기 더 쉬운 소총을 규격품으로 대량 생산할 수 있게 되었다. 미니에탄과 같은 탄약도 대량으로 생산할 수 있는 이 새로운 소총 덕분에 보병과 기병의 살상력은 더 커졌다. 대포에도 강선이 있는 포신을 사용하고 청동을 강철로 바꾸면서 파괴력이 커졌다. 이에 따라 1815년과 1861년 사이에 매우 큰 변화가 생긴다. 전투 구역이 확대되면서 전쟁의 희생자 수도 그만큼 늘어났다. 신기술로 방어전이 더 유리해졌기 때문이다.

포신 내에 강선이 들어가 조준 정확도가 개선된 이 대포는 대량 생산이 시작된 이후 한 세기 반이 넘도록 가장 살인적인 군사 기술이었다. 기술이 군사 영역에서 계속 우위를 차지한 사실을 보면, 기술 혁신 자체는 기술의 수명과 사용되는 방식보다 덜 중요하다고 본 데이비드 에저턴이 옳았음을 알 수 있다. 강선식 화기가 전투기와 전함보다 느리게 발달했음에도 불구하고, 그로 인한 사망률은 더 높았다. 전쟁 시기에 도달한 기술적 완성도는 효율성보다 덜 중요하다.

다시 남북 전쟁을 살펴보면, 북군은 공장을 더 많이 보유하고 석탄과 철을 쉽게 얻을 수 있었기 때문에 상대적으로 오랜 기간에 걸쳐 벌어진 내전에서 남군보다 상당히 유리했다. 전쟁이 시작되었을 때, 북부 연방군은 공장을 11만 개 보유했고 남부 연합군은 단 1만 8천 개를 보유했다. 전쟁 초기 남부의 공장에서는 북부를 지지한 노동자들이 떠난데다가, 남부군은 북부와 미드웨스트에 있는 석탄과 철광산에는 접근할 수 없었다. 전쟁 중에는 남부의 주 전체에서 나는 철보다 펜실베이니아주에서 나는 철이 열네 배 더 많았고, 뉴욕의 산업 생산량은 남부 전체의 산업 생산량보다 네 배 더 많았다. 그 결과, 전쟁 중에 북부에서는 소총 170만 자루를 생산한 반면, 남부에서는 거의 하나도 생산하지 못했다.

철도 같은 비군사적 기술에서도 똑같은 상황이 벌어졌다. 1861년에 북부 연방에는 궤간(軌間)이 전부 일정한 철도 3만 5천5백 킬로미터가 설치되어 있던 반면, 남부 연합에는 궤간이 일정하지 않은 철도가 단 1만 4천5백 킬로미터 놓여 있었다. 철도는 전쟁 때문에 개발자가 예상했던 수준 이상으로 과도하게 사용되었다. 그런데 북부에서는 철도를 보수하고 노선을 연장하고 열차를 교체할 능력이 있는 반면, 남부에는 그럴 능력이 없었다. 북부에서는 산업 발달로 정교한 은행 시스템도 만들어져 기술 개발에 필요한 자금을 조달할 수 있었다. 북부 연방이 지닌 기술의 질적·양적 우위는 결국 북부가 승리하는 데 중요한 역할을 했다. 북부 연방은 기술적 우위 덕분에 전쟁 초기에 저지른 몇 가지 실수와 이론의 여지가 있는 전략적 선택을 만회할 수 있었다.

기술 결정론, 즉 기술이 홀로 전쟁의 결과를 결정할 수 있다는 생각을 옹호하는 역사학자는 거의 없다. 하지만 데니스 쇼월터가 독일 통일 전쟁(1864~1871)을 다룬 의미심장한 제목의 책 『철도와 소총

Railroads and Rifles』에서 밝힌 견해는 기술 결정론과 크게 다르지 않다. 덴마크와 오스트리아, 프랑스는 요새화 작업에 노력을 기울인 데 반해 프로이센은 철도에 투자했고, 이로써 적이 전혀 예상할 수 없는 빠른 속도로 부대와 물자를 이송할 수 있었다. 게다가 프로이센은 금속 탄피를 사용하고 1분에 10~12발이라는 전례 없이 빠른 속도로 발사할 수 있는 드라이제 후장식 소총을 갖추었다.

하지만 쇼월터 같은 역사가도 이런 기술이 프로이센이 승리하는 데 도움이 된 것은 엄청난 기술적 우월함 때문이 아니라 프로이센이 적들보다 기술을 기존의 전략적 사고와 학설에 알맞게 더 잘 이용했기 때문이라는 사실을 인정한다. 프로이센 지도자들은 성취하고자 하는 목표가 무엇인지 분명히 알았고, 이 목표가 달성되면 멈출 줄 알았다. 프로이센은 철도와 소총 덕분에 1866년 7월 3일 자도바에서 오스트리아에 맞서 승리를 거두었고 1870년 9월 1일에 스당에서 프랑스에 맞서 승리를 거두었다. 하지만 전장에서 거둔 승리를 바탕으로 독일 남부의 여러 지방과 바이에른주를 프로이센의 권한 아래 하나의 국가로 통합한다는 목적을 달성할 수 있었던 것은 프로이센의 전략적 우위 덕분이었다.

제2차 산업 혁명 기술은 19세기 말 유럽인이 아프리카를 식민화하는 데에도 기여했다. 증기선과 철도 덕분에 유럽 군대는 아프리카 내륙으로 더 깊숙이 전진할 수 있었다. 의약품을 산업적으로 생산하면서 그때까지 수많은 병사의 사망 원인이던 질병을 치료할 수 있게 되었다. 그리고 무엇보다 유럽 군대는 기관총을 보유했기에 산업화를 이루지 못한 아프리카 사회보다 전쟁에 결정적으로 유리했다. 1898년에 영국 시인 힐레어 벨록은 1분에 550발을 쏠 수 있던 초기 기관총을 이렇게 묘사했다. 〈무슨 일이 일어나든 우리에겐 맥심 기관총이 있지만, 그들에겐 없다.〉 맥심 기관총과 다른 무기들을 사용하여

1898년 9월 2일 수단에서 벌어진 옴두르만 전투에서 영국군은 아프리카인 1만 명을 사살하고 1만 3천 명을 부상 입혔다. 영국의 인명 손실은 사망자 47명, 부상자 382명에 불과했다. 벨록은 이런 충격적이고 참혹한 격차에서 영감을 받아 시를 썼다. 하지만 기술적 우위에도 불구하고 서방 국가들이 아프리카에서 항상 승리를 거둔 것은 아니었다. 1879년 1월 22일 이산들와나에서는 창으로만 무장했으나 효율적인 지휘를 받은 줄루족 군대가 근대적인 무기를 갖춘 영국군을 전멸시켰다. 에티오피아에서도 1896년 3월 1일 아도와 전투에서 근대적인 기술을 갖춘 이탈리아 병력이, 수적으로 우세하고 구식 소총과 창으로 무장한 에티오피아 군사들에게 패했다. 기술력이 어떤 편에 유리하게 작용하려면, 군대의 지휘관들이 그 기술을 유리한 환경에서 제대로 활용할 줄 알아야 한다.

기술력이 전략을 결정할 때

대칭적인 전쟁에서 기술적 우위는 오래 지속되지 않는다. 기술력은 계속 진화하므로 한편이 오랫동안 질적인 우위를 누리는 일은 드물기 때문이다. 제1차 세계 대전에서 항공 기술 발달의 사례만 보아도 쉽게 이해할 수 있다. 1915년 여름에 독일군은 단엽 전투기 포커 1호 〈아인데커Eindecker〉를 개발하는데, 이것은 그때껏 존재한 최고의 전투기였다. 기관총 방아쇠와 프로펠러의 회전을 연동하는 동기화 시스템 덕분에 조종사는 훨씬 더 빠르고 정확하게 발포할 수 있었다. 연합군이 〈포커의 징벌Fokker Scourge〉이라 이름 붙인 몇 달 동안 독일군은 서부 전선 상공을 지배하며 적군의 시야를 돌려 무인 지대no man's land 건너편에서 무슨 일이 벌어지는지 볼 수 없게 만듦으로써 자국 포병이 전선을 훨씬 멀리 겨냥할 수 있게 했다. 독일군은 연합군의 방어선 위를 비행하면서 포격을 조정함으로써, 특히 베르됭 전투에서 적의 진영에 큰 피해를 입혔다. 하지만 1916년 봄에 아인데커 전투기에 대적하기 위해 특별히 개발·제조된 프랑스의 뉴포르Nieuport-11과 영국의 에어코 디 해빌런드Airco De Havilland DH-2 같은 새로운 비행기로 연합군은 우위를 차지한다. 하지만 이 과정에서 급속한 기술 혁신은 전혀 이루어지지 않았다.

상대편이 적의 기술적 진보를 무력화하는 경우도 있다. 제1차 세계대전이 시작되기 몇 년 전에 독일은 드레드노트급 전함(이런 전함을 1914년에 영국은 34척, 독일은 24척 보유하고 있었다)으로 우위를 차지하고 있던 영국군에 결코 대항할 수 없으리란 사실을 뒤늦게 깨달았다. 그래서 적의 전함 밑으로 탐지되지 않고 항해하면서 특별히 제작된 어뢰나 기뢰로 적함을 격파하는 공격용 잠수함을 개발했다. 하지만 고도의 기술력을 보유하는 일에는 제약도 따랐다. 드레드노트는 너무 값비싼 무기였기에 영국군은 바다에서 이 전함을 잃는 위험을 감수하려 하지 않았다. 영국군은 1915년에 다르다넬스 해전에서 자국의 이전 세대 장갑함이 기뢰에 맞아 격파되는 것을 보고 드레드노트 전함을 사용하기를 포기했다. 이 때문에 육지에서 공격하기 위해 갈리폴리반도 상륙을 시도할 수밖에 없었다. 영국군이나 독일군 모두 해전을 원치 않았기에, 유틀란트 해전(1916년 5월 31일~6월 1일)이 유일한 해전이었다. 마찬가지 이유로 제1차 대전에 참전한 조종사들은 최신 모델의 전투기로 적군의 전선 상공을 비행하기를 꺼렸다. 격추되어 적에게 자국의 최신 기술이 노출되는 것이 두려웠기 때문이다.

때로는 기술적 필요로 군사 전략이 결정되었다. 1940년에 독일군은 노르웨이와 프랑스 일부 지역을 침공했다. 두 나라의 수천 킬로미터에 이르는 해안을 이용해 잠수함 기지를 구축하고, 점령한 프랑스 지역을 통해 영국군의 방해를 받지 않고 도버 해협과 대서양, 바스크 지방 해안으로 접근이 가능했다. 자국 잠수함을 분해해 육로로 이송한 후 현지에서 조립하여 진수하기 위해서였다. 독일군이 스탈린그라드에서 결정적으로 패배하기 전에 1942년에 볼가강을 공격한 것도 자국 전차와 비행기에 사용할 석유의 보급로를 확보하기 위해서였다.

공중 전략 역시 목표는 적이 기술적·산업적 자원을 확보하지 못하도록 차단하는 것이다. 의도적인 전술로서의 전략 폭격은 제1차 세계 대전 중에 처음 사용되었다. 1930년대에 미국은 앨라배마주의 맥스웰 기지에 있는 항공 전술 학교Air Corps Tactical School에서 전략 폭격을 깊이 연구했다. 미국은 1942년에 이미 장거리 폭격기 B-17을 개발하여 독일군의 기술력에 중요한 석유 및 휘발유, 윤활유 보급을 차단할 목표로 공중전을 수행할 수 있었다. 미국이 이룬 기술 혁신으로는 폭격의 정확도를 높이는 데 기여한 노든Norden 폭격 조준기와 초정밀 항법 장치가 있다. 미 육군 항공대가 전쟁 중에 당한 가장 큰 참패는, 1943년 10월 14일에 독일의 볼 베어링 생산 시설을 파괴하려다 목적을 달성하지 못하고 슈바인푸르트 상공에서 공격 편대의 4분의 1이 파괴되고 6백 명에 가까운 승무원이 사망한 것이다. 볼 베어링 생산 기술은 크게 중요해 보이지 않지만 휘발유 차량에 반드시 필요한 기술이다.

기술 혁신으로 항상 기대했던 효과가 생기는 것은 아니다. 기술 혁신은 때때로 위기를 초래하거나 기간 시설 면에서 많은 투자를 필요로 한다. 제2차 세계 대전 중에 나치 독일은 승리를 확보해 줄 거라는 기대로 기술 개발에 막대한 투자를 했다. 이 중에는 제트 엔진 전투기 Me-262와 순항 미사일 V1과 V2가 있다. 하지만 이 무기들을 사용하려면 독일군이 보유하지 못한 비행장과 발사대, 다량의 휘발유가 필요했다. 그리고 이러한 무기 개발과 완성에는 더 많은 시간이 필요했다. 게다가 독일은 어떤 기술로도 산업 시설 및 천연자원 부족 그리고 결국 파국으로 이끄는 대량 살상 이념 때문에 전반적인 열세에서 벗어날 수 없었다.

제2차 세계 대전 중에 미국은 자국이 문제에 대한 해결책을 가져오는 것이 아니라, 국력의 무게로 문제를 깔아뭉개는 거라고 주저 없이 말하곤 했다. 1943년부터 1945년까지 미국의 전투기 생산량은 23만 1,977대에 달했는데, 이는 추축국의 항공력을 모두 합한 것의 두 배였다. 이러한 높은 생산력 덕분에 미국은 서로 떨어진 두 곳의 전방에서 동시에 전투를 수행하며 〈무기 대여Lend-Lease〉 프로그램으로 연합군에 산업 물자를 공급할 수 있었다.

대칭적인 전쟁에서 질적인 기술 우위는 파괴적인 결과를 불러일으킬 수 있다. 1991년 〈사막의 폭풍Desert Storm〉 작전 중에 서방 국가들이 사담 후세인의 이라크 군사력에 대하여 누린 기술적 우위 덕분에 연합군은 빠르게 승리했다. 미군의 공군력은 막강했다. 〈군사 혁명〉으로 미국의 군사 기술 그리고 공습의 정확도와 파괴력을 높이는 위성 항법 유도 장치와 레이저 기술이 결합되었다. 미군은 자국이 보유한 무기의 정확도와 기술적 성과를 시연하는 장면으로 폭탄 하나가 어느 건물의 환기구로 투하되는 모습이 담긴 동영상을 기자들에게 보여 주었다. 하지만 2003년에 미군이 이라크를 상대로 비대칭 전쟁을 벌였을 때, 똑같은 기술은 그만큼 결정적인 역할을 하지 못했다.

이라크에서 1991년과 2003년에 벌어진 두 전쟁의 차이는, 성공을 위한 다른 요건들이 갖추어지지 않으면 기술만으로 승리를 거둘 수 없다는 사실을 설득력 있게 증명한다. 지대한 영향력을 가진 책 『강대국의 흥망The Rise and Fall of the Great Powers』에서 저자 폴 케네디는 대칭적인 대규모 전쟁에서 기술, 그리고 기술을 개발할 수 있는 산업 및 경제력이 승패를 가르는 열쇠라고 주장했다. 하지만 이 역사학자는 다른 결정적인 요인이 있음을 부인하지 않는다. 전쟁은 어디까지나 인간적이고 정치적인 활동이다. 1991년 이라크 전쟁의 경우에 미국은 제한적인 정치적 목적이 있었고, 이라크는 미국의 정밀한 신무기로 타격하기 쉬운 표적을 제공하는 만만한 적이었다. 하지만 2003년에 대체로 똑같은 영토에서 전쟁이 이루어졌음에도 불구하고 충돌 초기 며칠 이후에는 똑같은 상황이 다시 조성되지 않았다.

기술력으로 입지가 유리할 수는 있다. 하지만 이는 기술이 적절하게, 그리고 교전국의 경제적·정치적·과학적 구조에 기여하는 방식으로 사용된다는 조건에서만 그렇다. 그리고 문화와 이념의 무게도 잊어서는 안 된다. 나치는 물리학을 〈유대인의 과학〉으로 여겨 소홀히 했는데, 이는 독일이 전파 탐지기나 핵에너지 같은 중요한 기술력에서 경쟁할 수 없던 주요 이유였다. 연합군이 핵 기술을 개발하고 다른 기술적 성취를 이루도록 도운 과학자들은 망명한 유대인, 또는 배우자가 유대인이라 독일에서 피신한 사람들이었다.

평화를 위한 핵

핵 시대에 초강대국들은, 적어도 이론상으로는 전쟁을 벌이기 위해서가 아니라 전쟁을 방지하기 위해서 자국의 가장 강력한 기술을 사용했다. 소련과 미국은 핵무기로 서로 파괴할 수단을 개발하자마자, 기술 진보를 이용해 〈상호 확증 파괴Mutually Assured Destruction(MAD)〉라고 부르는 균형을 만들어 내려 했다. MAD는 1962년 쿠바 미사일 위기 때 구상된 계획으로, 한 나라가 다른 나라의 기습 공격을 받아도 살아남는 동시에 적을 파괴할 수준의 공격을 가할 만큼 충분한 국력을 유지하도록 하는 기술 체계를 구축하는 것이다. 양측 중 어느 쪽도 단 한 번의 공격으로 승리할 수 없다면 감히 핵무기를 사용하지 못할 거라는 논리에서 나온 생각이었다.

양측은 자신이 충분히 강력한 두 번째 내지는 세 번째 공격을 가할 수 있는 계획을 구상했다. 그리고 핵전력 3각 체계가 개발되었는데, 이는 핵무기를 탑재한 상태로 적의 영공에 침투할 수 있는 미국의 B-52 스트래토포트리스Stratofortress나 소련의 투폴레프 TU-95 베어Bear 같은 장거리 전략 폭격기, 전략 미사일 기지에서 발사할 수 있는 탄도 미사일(어떤 미사일에는 여러 개의 핵탄두를 동시에 탑재할 수 있는), 끝으로 적국 해안의 먼바다에 위치한 잠수함에서 발사하는 핵미사일이다. 1970년대와 1980년대에 양쪽 진영이 합의한 군사 무기 제한 협정에 따라 적의 핵 프로그램의 대체적인 윤곽을 공유하고 공동으로 시찰하도록 했는데, 양측 모두 상대방의 군사력을 정확히 파악함으로써, 무기를 사용하거나 부차적인 위기를 악화시켜 핵전쟁의 문턱까지 이르는 상황을 방지하기 위해서였다. 그 길은 좁고 불안정했지만, 확실히 효과가 있었다.

당시에 호평을 받은 여러 영화가 이 체계의 불안정한 특성과 이 체계가 실패했을 때 벌어질 수 있는 끔찍한 결과를 소재로 삼았다. 「닥터 스트레인지러브」(1964)에서는 망상증에 빠진 미 공군의 장군이 상부 허가 없이 소련에 대해 핵 공격을 개시한다. 미국 대통령과 전 나치 로켓 개발자인 과학 보좌관은, 소련이 미국의 공격을 탐지하면 자국의 모든 핵무기를 동원하여 전 세계를 파괴할 비밀 메커니즘을 개발했다는 사실을 알게 된다. 그런데 러시아가 이런 시스템이 존재한다는 사실을 미국에 알리지 않았기 때문에, 이 시스템은 닥터 스트레인지러브의 말을 빌리면 〈이제는 너무나 분명해진 이유 때문에〉 억제력을 발휘하지 못했다. 소련이 구축한 파괴적인 메커니즘이 불러올 유일한 결과는 세계의 전멸이고, 이는 영화의 마지막 장면에서 일련의 버섯구름으로 표현된다. 「위험한 게임War Games」(1983)에서는 한 고등학생이 장난으로 미국 군대의 정보 시스템에 침투하는 데 성공하여 자신도 의식하지 못한 채 핵무기 발사 카운트다운을 개시한다. 「붉은 10월」(1990)에서는 소련의 잠수함 함장이 자신의 잠수함에 새로 장착된, 무소음 추진 장치가 전쟁 억제 목적이 아니라, 들키지 않고 선

제공격을 시도할 목적으로 만들어졌다는 사실을 알고 미군에 합류하려 한다.

일부 분석가는 서구가 기술적 우위 덕분에 전쟁터에서 소련과 싸우지 않고 냉전에서 승리했다고 생각한다. 미국은 1980년대에 〈전략 방위 구상Strategic Defense Initiative(SDI)〉이라 불리는 대(對)미사일 방어 기술에 투자했다. 이 계획을 경멸한 사람들은 〈별들의 전쟁〉이라고 부르며 비웃었지만, 이 기술이 개발되면 소련의 모든 핵무기를 사용하는 것이 실제로 불가능해지고, 그러면 미국이 확실히 우위를 차지할 것이었다. 러시아가 자국 군사 기술이 서구에 비해 몇 세대 뒤처져 있다는 사실을 깨달았다는 것이 소련의 붕괴에 확실히 큰 영향을 미쳤을 것이다.

압력솥과 못이 담긴 가방

양편이 서로 다른 군사 조직에 의존한 채 대치하는 비대칭 전쟁에서, 기술은 대체로 덜 결정적인 역할을 했다. 미국의 베트남 전쟁이 대표적이다. 미국은 기술 면에서 완벽하게 우위를 차지했지만, 베트남인은 이런 기술을 거의 전부 무력화시켰다. 베트남인들은 밀림에 융화되어 움직임을 감추었고(1991년 제1차 걸프 전쟁에서 이라크군이 사막에서 노출된 것과 반대였다), 전투를 위해 많은 병사가 한곳에 모이는 일이 거의 없었다. 이들은 전장에서 근접전이 가능한 곳이면 어디든 활동함으로써 미국인이 공중에서 습격하지 못하게 했다. 미군 조종사들이 자국 부대 가까이에 폭탄을 투하하거나 그 근처에서 네이팜 같은 화학 무기를 사용하기를 몹시 꺼렸다는 점에서 충분히 이해할 만한 일이다.

게다가 베트남군은 중공업이나 고도로 정교한 무기를 필요로 하지 않는 군사 조직에 의존했다. 따라서 소련을 상대로 전략적인 공중전을 벌이기 위해 개발된 미국 폭격기가 파괴할 만한 산업 시설이 거의 없었다. 전쟁이 장기화되자 미국은 다른 기술적 해결책을 찾았다. 〈에이전트 오렌지〉라고 불린 고엽제였다. 미군은 그것으로 밀림을 파괴해 자국 조종사가 베트남 부대를 쉽게 폭격할 수 있도록 하려 했다. 미군은 공습의 횟수도 늘려 제2차 세계 대전 동안 투하한 폭탄보다 두 배 많은 폭탄을 1965년부터 1973년까지 베트남에 투하했다. 하지만 이렇게 함으로써 적군에 피해를 입히는 것이 최종적인 승리에 가까워지는 길이라고 했던 미군 전략가들은 점점 더 좌절할 뿐이었다.

이처럼 군사력이 불균형을 이룰 때, 약한 쪽은 〈가난한 자의 무기〉라고 불리는 것, 즉 비용이 거의 안 드는 민간 기술로 구축한 무장 체계를 사용할 수도 있다. 게릴라 부대는 지뢰나 폭탄, 휴대전화나 라디오 수신기를 이용해 상당히 정교한 폭발물을 급조했다. 2013년 4월 15일에 보스턴 마라톤을 테러 공격한 이들은 단순하게 압력솥과 못을 담은 가방을 사용했다. 이러한 무기를 탐지해 낼 수 있는 기술을 개발하려면 많은 비용을 들여야 한다. 2003년 이후 미국은 이라크에서 이런 장비에 맞서기 위해 엄청난 대가를 치러야 했다.

이스라엘의 경우를 보면 비대칭 전쟁에서 기술이 갖는 한계를 잘 알 수 있다. 이스라엘은 1967년과 1973년에 벌인 대칭적인 전쟁 중에 고도의 서구 기술을 사용해 확실히 우위를 차지했다. 이스라엘군이 사용한 프랑스와 미국의 군사 장비 시스템은 소련이 공급한 이집트와 시리아의 군사 장비보다 월등했다. 덕분에 이스라엘은 1860년대에 프로이센이 그랬던 것처럼 기술력을 군사적 우위로 바꾸는 데 성공했다. 특히 1967년에 이스라엘 공군과 기갑 사단은 적군을 상대로 쉽게 압승을 거두었다.

하지만 이러한 기술적 우위는 1987년에 시작된 팔레스타인 민중 봉기인 인티파다에 맞서는 데에는 훨씬 비효율적이었다. 전차와 전투기, 전함은 팔레스타인 젊은이들이 시위를 하거나 테러 행위를 저지르는 것을 막는 데 도움이 되지 못했다. 이스라엘군의 전차가 마을을 정찰하고 돌멩이를 던지는 젊은이들을 겨냥하는 모습은 오히려 이스라엘의 기술적 우월함이 잔혹하기만 하고 아무 소용이 없다는 인상을 각인시켰다.

게다가 이스라엘군이 2008~2009년에 가자 지구에서 공습 등의 기술력을 실제로 사용했을 때, 이러한 군사적 수단은 전투 부대를 제거하기 위해 개발되었기 때문에 민중 봉기에 사용하면 민간인이 희생될 수밖에 없었다. 기술적으로 우월한 이스라엘은, 다윗인 팔레스타인에 맞서 과도하게 무장한 골리앗에 비유되었다. 두 진영의 이런 군사력 불균형 때문에 일부 국제 여론은 팔레스타인 젊은이들이 억압받는다고 여기며 이들에게 점점 더 큰 호의를 갖게 되었다.

미국과 프랑스, 영국 역시 알카에다와 이슬람국가(IS)에 대적해 군사 작전을 펼칠 때 기술력을 사용하는 데서 어려움을 겪었다. 서구의 공군력과 순항 미사일은 특정한 곳에 모인 적군의 전투원을 한정해 파괴할 수 있다. 하지만 과격파 행동주의자들은 민간인 틈에 섞여 서방 국가들이 자국 무기를 사용하기 곤란하게 만들었다. 그럼에도 불구하고 서구는 비대칭 전쟁에서 기술력을 사용해 승리를 거둘 것으로 계속 믿고 있다. 미국 대통령들은 위기가 닥칠 때면 정확도가 높고 큰 파괴력을 지닌 공습과 순항 미사일을 자주 사용한다. 이 기술을 사용하는 가장 중요한 이유로, 정치권이 지상군을 동원하지 않아도 된다는 점을 들 수 있다. 하지만 적은 군사력을 방대한 영토에 분산시키거나 특히 대도시에서 현지 민간인에 섞여 드는 방식으로 이러한 폭격의 효율성을 제한할 수 있다.

테러 조직은 서방 국가들이 공습으로 민간인을 사살하도록 유도해 여론의 격렬한 반응을 불러일으키거나, 별로 중요하지 않은 표적을 파괴하기 위해 수백만 달러를 쓰게 만드는 만듦으로써 이득을 본다. 알카에다나 이슬람국가(IS)는 전통적인 군사 시설에 의존하지 않기 때문에 서구의 기술력으로부터 보호해야 할 고정된 기지가 거의 없다. 반대로 서방의 군대는 자국의 여러 설비와 민간 시설물을 보호하기 위해 많은 노력을 해야 한다. 그리고 실제로 벌어지는 공격뿐 아니라, 엄청난 예산을 들여 만든 자국의 기술 체계가 잠재적으로 받을지 모를 공격을 예방하는 데 상당한 비용을 써야 한다. 알카에다와 이슬람국가는 때로 칼이나 커터처럼 소박하고 값싼 기술을 사용한다. 2001년 9·11 테러 공격 때에는 자신의 목적을 이루기 위해 서구의 기술력을 활용하는 방법을 찾아냈다.

서구는 보유한 기술력이 점점 더 고도화함에 따라 동시에 더 취약해졌다. 서구의 모든 군사 작전은 대부분 정보 통신망 보안에 의존한다. 이 때문에 군대는 어쩔 수 없이 사이버 보안에 대규모 자금을 들이고 있다. 지휘관이 위성 통신을 이용해 실시간으로 수백 킬로미터 떨어진 곳에서 군사 작전을 지휘할 수 있도록 해주는 기술은, 적이 통신망을 파괴하거나 제어하는 방법을 찾아내면 곧바로 약점이 될 수 있다. 이러한 정보 통신망 덕분에 이제 전 세계 수준에서 군사 작전을 펼칠 수 있게 되었지만, 이는 국가 또는 비국가 조직이 이런 기술력을 똑같이 방대한 수준으로 자신에게 유리한 쪽으로 이용할 수 있는 취약점이 되기도 한다. 이 때문에 정보 통신은 서구의 모든 군대가 고려해야만 하는 치명적인 약점이다.

기술은 사회 발전을 보장해 주지 않는다. 우리가 다루는 연구 분야에 국한하여 말하자면 전쟁에서의 승리를 보장하지도 않는다. 신기술이 항상 혁신을 일으키는 것은 아니다. 신기술은 옛 기술을 빠르게 대체하지 않는다. 신기술 덕분에 전쟁을 수행하는 기존의 방식이 더 이상 쓰이지 않는 것도 아니다. 기술을 이해하려면, 그 기술이 생겨난 체계 그리고 개인과 사회가 그 기술에 대하여 내린 선택도 이해해야 한다. 데이비드 에저턴이 설명했듯, 전차와 비행기 같은 근대적인 기술이 대두했음에도 불구하고 제2차 세계 대전까지 군대는 동물의 힘에 크게 의존했다. 제2차 세계 대전 중에 영국군은 50만 마리의 말과 4만 7천 마리의 낙타를 사용했다. 새로운 것이 항상 옛것을 대체하지는 않는다.

특히 서구 사회는 가끔 기술을 일종의 만병통치약으로 여겨 기술에 현혹되는 것처럼 보인다. 어떤 기술 진보는 우리가 더 오래 살거나, 환경 상태를 개선하거나, 군사 기술의 경우에는 전쟁터에서 승리를 거두는 데 도움이 된다. 하지만 기술 체계는 근본적으로 예측 불허여서 기술을 개발한 사람들이 기대한 것과 정반대 결과를 낳는 경우도 빈번하다.

클라우제비츠가 지적하듯, 전쟁은 각 진영이 상호 작용의 질을 결정하는 결투다. 밀림에 섞여 든 베트남 병사들과 중동의 거대 도시에 몸을 숨기는 이슬람국가의 전투원들은, 미군의 대포에 맞서 말 위에 탄 채 가만히 앉아 있기를 거부한 아메리카 인디언 병사들의 근대화된 유형이다. 군사 기획자들이 즐겨 말하듯, 이들을 보면 전쟁의 다른 모든 측면과 마찬가지로 기술적인 영역에 대해서도 적이 할 말이 있음을 알 수 있다. 어떤 고도의 기술을 보유한다는 사실만으로 전쟁터에서 유리할 수는 있겠지만, 기술력에는 그에 상응하는 대가가 따른다. 그리고 기술이 승리를 보장해 주는 것도 아니다.

참조

1부 - 08 드론의 시대 | 09 전쟁 국가의 출현 | 10 전쟁의 가격 | 14 게릴라와 반란 억제 | 17 세계 정복에 나선 AK-47 ‖ 3부 - 07 밑에서 본 폭격 | 08 히로시마에 대한 침묵

08

드론의 시대

캐서린 홀[•]

20세기 초, 폭탄으로 변신하는 최초의 무인 비행기가 사용되었다. 이러한 전쟁의 자동화는 수많은 윤리적 질문을 던진다.

미국 정부가 드론을 이용해 최초의 표적 타격을 실시한 때는 2002년 예멘에서다. 영국의 비영리 민간 언론 단체인 〈탐사 보도 국Bureau of Investigative Journalism〉에 따르면, 부시 행정부는 테러리즘에 맞선 전쟁과 이라크·아프가니스탄 전쟁이라는 전반적인 틀에서 최소한 57차례의 드론 공격을 허가했다. 하지만 미국의 드론 공격 횟수가 크게 증가한 것은 오바마 대통령이 당선된 이후다. 오바마의 두 차례 임기 중에 드론 공격은 (이라크와 아프가니스탄 전쟁터에서는 말할 것도 없이) 파키스탄과 소말리아, 예멘에서 총 563회 이루어졌다. 오바마 행정부는 드론에 더 많이 의존했을 뿐 아니라, 드론 공격을 수행하는 방식도 바꾸었다. 많은 인물이 표적 또는 사살 목록에 올라 있었기 때문에 드론의 표적이 되었다는 사실은 놀랍지 않다. 그러나 관련 기관이 신원을 미리 정해 놓지 않은 사람들도 드론의 표적이 되었다. 이는 〈생활 양식 분석〉, 즉 전문가들이 테러 활동과 상관관계가 있다고

• Katharine Hall. 다트머스 대학교 지리학과의 박사 학위 후 연구원. 서구의 폭력과 국가 권한의 현대 지형을 연구하고 있다.

판단하는 통신과 여행, 소셜 네트워크 서비스(SNS) 사용 및 다른 정보 분석을 종합한 결과에 따라 선택되었다. 표적이 된 사람의 신원은 알려져 있지 않고, 대부분 그 신원은 공격이 이루어진 이후에도 확인조차 되지 않는다. 표적을 식별하기 위해 구조화된 데이터를 사용하는 일은 현재 이루어지는 드론 공격의 중요한 특징이 되었다. 알고리즘과 전화 통화 정보는 〈타격 순환 체계kill chain〉에 통합된 일부가 되었다.

이러한 변화로 미국 군사 개입의 현재 상태와 전쟁의 미래에 관해 많은 중요한 질문이 제기되었다. 2001년 9월 11일 이후, 특히 부시 행정부 이후로 드론은 왜 미국의 군사 작전에서 중요한 요소가 되었을까? 드론 공격이 대부분 작전지에서 멀리 떨어진 원거리에서 수행되며 점점 더 알고리즘과 구조화된 데이터에 의존한다. 그런 점에서 드론 사용이 증가한 사실은 이제까지 전쟁 행태를 좌우하던 윤리적·법적 틀이 변했음을 뜻하는가? 그렇다면 이러한 변화, 그리고 미래에 병사가 드론과 로봇으로 대체될지도 모른다는 사실은 전쟁과 안보에 어떤 의미를 지니는가?

이러한 질문은 대답하기에 언뜻 어려운 것처럼 보이지만, 드론 기술의 역사를 살펴보면 여러 사실을 알 수 있다. 공격용 무기로서 드론을 맨 처음 개발하려 한 나라는 영국이다. 20세기 초, 영국의 초기 드론 구축 계획 중 하나의 목표는 폭탄을 투하하거나 목표물을 향해 떨어져 스스로 폭탄이 되는 무인 비행기를 개발하는 것이었다. 라링스Larynx라고 불린 이 드론은 소량 제조되었고, 미리 정해진 궤적을 따라 날아가서 (운이 좋으면) 원하는 표적에 도달하도록 만들어졌다. 1930년대에는 라링스를 원거리에서 조종하고 표적을 탐지해 사살하는 새로운 메커니즘을 만들기 위해 여러 가지 방법을 연구했다. 그 아이디어 중 하나가 라링스에 〈전자 눈〉을 장착하는 것이었다. S. G. 브라운이라는 발명가가 만든 이 장치는 광전지를 특정한 방식으로 배치하여 비행기가 〈보는〉 모든 것을 향해 움직일 수 있도록 했다. 〈전자눈〉은 인간의 통제 없이 기계를 작동하는 방법이었다. 라링스에 스스로 위치를 정하고 탐조등이나 다른 시설물 같은 표적을 향해 나아가는 능력을 부여하여 충돌이 일어날 때까지 자신의 〈먹이〉를 추적하도록 한다는 생각이었다.

전자 눈을 갖춘 라링스를 제조하는 계획은 끝내 성공하지 못했다. 하지만 어떤 의미에서 자율 비행이 가능한 드론 기술을 개발하기 위한 현대적인 수단을 예고하는 정밀 유도탄이나 열 추적 미사일의 선조라고 볼 수 있다. 실제로 20세기에 지속적으로 드론 개발이 이루어진 사실을 보면, 컴퓨터의 지원을 받은 자동화된 표적 탐지가 이 연구 프로그램들의 주요 목표 중 하나였음을 알 수 있다. 1960년대에 미국 기업 라이언 에어로노티컬Ryan Aeronautical은 베트남 전쟁 중에 동남아시아에서 수천 건의 임무를 수행한 정찰 드론을 개발했다. 흔히 라이트닝버그Lightning Bug(반딧불이)라고 부르는 이 드론은 냉전기에 미국이 개발한 몇 안 되는 무인 정찰기 중 하나다.

라이트닝버그 프로그램은 결국 중단되었지만, 당시 이 프로그램에 참가한 연구자들은 이 비행기를 전자 및 전자기 신호 정보를 수집하는 신기술로 보고 엄청난 잠재력을 의심하지 않았다. 예를 들어 라이트닝버그의 어느 버전에는 지대공 무기가 설치된 기지를 탐지할 수 있는 감지기가 장착되어 있었다. 이와 비슷한 시기에 록히드Lockheed는 정찰기 U-2를 무인으로 사용할 수 있는, 다시 말해 인간 조종사의 한계를 뛰어넘는 무인 정찰기 〈태그보드Tagboard〉를 개발했다. 태그보드 같은 드론은 더 오래 공중에서 머무르며 장기간 지속적으로 감시할 수 있었다. 이러한 감시 능력은 1990년대 말에 미국과 나토NATO가 코소보를 공격할 때 움직이는 표적 설정 임무에 프레데터Predator의 초기 비(非)무장 버전과 같은 드론이 투입된 이유 중 하나였다. 이것은 2001년 9월 11일 이전에 미국 군사 작전에서 드론이 가장 집중적으로 사용된 경우였다.

〈사살하는 시선〉

그러므로 현대에 이루어지는 드론 공격은 갑자기 생겨난 것이 아니다. 현재의 드론을 이해하고 싶으면, 헬파이어Hellfire 미사일로 무장한 프레데터가 드론의 역사에서 서로 다른 시기에 개발된 드론 기술의 두 측면 — 정찰 능력과 표적 파괴 능력 — 을 최초로 결합한 결과물임을 알아야 한다. 대체로 시간과 공간에서 서로 분명히 구별되던 표적 인식 및 지식 생산 과정과 표적 사살 메커니즘이 이제는 점점 더 구분할 수 없게 되었다. 이는 그레구아르 샤마유가 〈사살하는 시선〉이라고 부른 것이다. 이 과정이 가속화될수록, 인간 조작자는 공격 결정을 내리는 데 점점 존재감이 희석되고, 우리가 비판적으로 검토하고 성찰할 시간과 공간이 줄어든다.

게다가 드론이 표적을 설정할 때 구조화된 데이터와 알고리즘, 자동화 기술을 더 많이 쓰게 되면서 드론 공격의 근거로 〈생활 양식 분석〉이 더 자주 사용된다. 이에 따라 개인이 추상적인 존재로 변질되어 가는 방식에 주목할 필요가 있다. 자동화된 드론 개발을 옹호하는 군사적·학술적 주장에서는 자동화된 드론이 방대한 양의 정보를 계산하고 다루는 능력을 갖추었기 때문에 인간보다 더 나은 방식으로 빠르게 결정을 내리고 살상할 수 있다는 점을 강조한다. 한편 비판자들은 근본적인 윤리적 이유 때문에 살상에 대한 결정은 인간만이 내려야 한다고 반박한다. 하지만 이 논쟁에서는, 자동화가 이보다 훨씬 더 오래된 역사, 즉 무인 비행기를 군사 작전에 통합하려는 시도의 역사 끝에 도달한 결말이라는 사실이 빠져 있다. 이 역사를 감안한다면, 전쟁을 로봇이 수행하느냐 또는 인간이 수행하느냐 식의 질문이 제기되어서는 안 된다는 사실을 알 수 있다. 현대의 드론 공격은 인간이 — 항상 시도해 왔듯 — 전쟁의 지리적·기술적 한계를 밀어붙이는 새로운 방식이기 때문이다.

참조

1부 - 07 전략 없이는 기술은 소용없다 ‖ 3부 - 07 밑에서 본 폭격

09

전쟁 국가의 출현

리처드 오버리[•]

20세기에 국가들이 전 세계적인 전쟁을 치를 수 있었던 것은 경제 자원과 노동 가능 인구가 최대한 동원되었기 때문이다. 이렇게 함으로써 민주 국가와 독재 국가 모두 국가의 특권과 권위를 확대했다.

과거 수 세기 동안 국가는 전쟁을 치르며 강해지거나 약해졌다. 하지만 20세기에 접어들어 전쟁의 성격이 바뀌었다. 국가는 전쟁을 치르고 지원하기 위해 경제 자원과 노동 가능 인구를 총동원해야 했다. 국가는 오늘날 〈총력전〉이라고 불리는 전쟁을 치르면서 진화했다. 하지만 영향은 상호적이다. 우리가 알다시피 20세기 전반기에 전쟁의 형태가 총력전으로 바뀐 것은 국가가 경제적·사회적으로 〈근대화〉한 결과이기도 하다. 국가가 충분히 발달한 행정 체계와 정교한 통신 수단, 통계 서비스, 국민을 동원하도록 설득하고 제약할 수 있는 선전 수단, 교육받은 남녀, 대량 생산이 가능한 산업 경제를 갖추지 못하고 노동 가능 인구와 경제 자원을 총동원할 수 없었다면, 총력전에서 전혀 효율적이지 못했을 것이다.

이러한 조건들이 결합되었기에 강대국들은 대규모 동원 시대에 두

• Richard Overy. 엑세터 대학교 교수. 제2차 세계 대전과 나치 독일을 연구하는 전문가이며 『폭격 전쟁: 1939~1945년 유럽*The Bombing War: Europe 1939-1945*』을 비롯한 여러 권의 전쟁서를 썼다.

차례의 세계 대전을 치를 수 있었고, 초강대국이 오랜 냉전 기간 동안 대규모의 정교한 군사적 수단을 동원하여 긴장 상태를 유지할 수 있었다. 현대 소국들은 간혹 전쟁 때문에 〈전쟁 국가〉로 발달했다. 단적인 예로 이스라엘과 이라크, 북한을 들 수 있다. 이들 국가에서는 지속적인 군사적 대비 상태가 중요한 역할을 했다.

〈군산 복합체〉의 서막

전쟁 수행과 국가 지배력 사이의 관계는 20세기보다 훨씬 앞서 나타난다. 프랑스 혁명전쟁과 나폴레옹 전쟁의 규모 때문에 대국들은 노동력과 산업 자원을 전보다 더 많이 동원해야 했다. 전쟁을 치르기 위한 기본적인 경제적 필요는 대부분 비정부 조직들이 담당했고, 동원은 지방 행정 기관이 주도하여 이루어졌다. 그럼에도 징병과 징발을 실시함으로써 국가의 역량은 늘어났다. 당시에는 오늘날 〈군산 복합체〉라고 불리는 것이 막 생겨났을 뿐이었다. 국가는 자국의 자원을 체계적인 방식으로 조직하지 않았다. 19세기의 전쟁은 대부분 짧았고, 노동력과 물자를 동원하기 위해 크게 힘쓸 필요가 없었기 때문이다.

이따금 최초의 총력전으로 간주되는 남북 전쟁은 예외다. 이 전쟁에서는 빠른 승리를 거둘 가능성이 없었기에 경제적·사회적 자원이 대규모로 동원되었다. 1850년대에 연방 정부의 권한은 아직 약했고, 국가가 거두는 세금은 적었으며, 연방을 이루는 각각의 주(州)들은 제각각 수익을 보존했다. 남부의 주들이 독립을 결정하자 워싱턴 연방 정부는 국가 기구를 강화하고(1865년에 연방 정부 직원은 20만 명, 즉 1861년보다 다섯 배 더 많았다), 새로운 세금을 거두고, 전례 없는 수준의 공채를 발행한다. 1857년부터 1860년까지 연방 정부 예산은 고작 2억 7천4백만 달러였다. 그러나 내전을 치르는 4년 동안 연방 정부의 지출 총액은 34억 달러에 달했는데, 이 가운데 18억 달러는 군사 활동에 직접 투입되었다.

역설적으로 도시화와 산업화가 덜 이루어지고 어떤 형태의 중앙 정부에도 적대적이던 남부 연합에서 국가가 전쟁 수행에 더 많이 개입했다. 남부 연합군 총사령관 로버트 에드워드 리는 〈지금은 국가 전체가 군대가 되어 생산자는 물자 보급을 담당하고 군인은 싸워야 합니다〉라고 단언했다. 1863년에 남부는 징병 실시와 국가 통제 수단을 강화하고 군수 생산을 통제함으로써 남부 인구 전체를 동원했다. 남부와 북부는 이 내전을 〈국민 전쟁〉이라 표현했다. 따라서 완전한 승리를 거두기 위하여 모두가 전쟁에 기여하고 희생을 감수해야 했다. 그러나 양측 모두 전쟁 활동의 대부분은 여전히 자발적인 지원에 의존했다. 한 추정에 따르면, 북부 연방군의 10퍼센트만이 징병된 군인이었고 나머지는 자원병이었다. 북부 연방은 민간의 상업과 자금에 크게 의존했는데, 국가가 경제를 통제하는 수단과 경험이 부족했기 때문이다. 1865년 이후, 새로 생긴 연방 정부 기관들은 사라지고 연방 예산과 국가 기관은 축소되어, 남부 점령을 조직하고 지휘하는 일은 연방 군대가 맡았다.

요컨대 남북 전쟁이 20세기의 분쟁 형태를 예고했다면, 무엇보다 충돌의 규모와 전쟁에 민간인이 개입했기 때문이다. 유럽 주요 국가들과 마찬가지로 미국에서 19세기 후반기에 투입된 군사비 지출은 국민 총생산의 극히 일부 — 1914년에 보통 2~4퍼센트 사이 — 에 해당하지만, 국민 총지출에서는 더 큰 비중을 차지한다. 이는 당시 정부가 세금을 거의 걷지 않았고 사회 복지와 건강, 교육, 교통에서 중요한 역할을 담당하지 않고 있었기 때문이다. 군대는 전쟁 중이거나 전쟁을 준비할 때 〈국가 안의 또 하나의 국가〉를 이루며 군대의 필요를 충당하기 위하여 자원병이나 비정부 기구에 주로 의존했다. 군사 당국은 무기 생산과 개발을 계속 엄격하게 통제했다. 1870년 여름에 프랑스가 독일군의 침공에 대응하기 위해서, 또는 영국이 제2차 보어 전쟁(1899~1902) 중에 그랬듯, 국가가 동원을 감독 할 때면 예측 능력과 관리 경험 부족으로 빠른 시간 내에 군대를 소집·훈련하고 장비를 갖추는 데 어려움을 겪었다.

전쟁 중 국가의 역할을 변화시킨 계기는 양차 세계 대전이다. 제1차 세계 대전에서 사회 전체가 동원되어 싸웠는데, 여기에서 국가는 경제적·사회적·정신적·문화적 자원을 동원할 때 주된 역할을 담당했다. 국가와 지역, 지방 정부 기구만이 징병된 군인이나 노동자, 사무직 직원이나 농민 등 민간인의 참여를 조직할 수 있다. 국가 전체를 동원한다는 사실은, 적의 내부 전선을 약화시키거나 파괴하는 것이 적의 군대를 패배시키는 것만큼이나 전략적인 목표가 되었음을 의미한다. 〈총력전〉 개념은 독일 장교 에리히 루덴도르프가 제1차 세계 대전 중에 처음 만들었고 1935년에 출간한 책에서 이론화했다. 〈총력전은 말 그대로 한 국가의 모든 역량을 요구한다.〉 국가는 전쟁의 필요에 따라야 하고, 국가 전체의 〈정신적·도덕적·육체적·물질적 역량을 전쟁을 위하여 배치〉할 것을 보장해야 한다.

총력전의 정의는 숱한 논쟁 대상이 되었지만, 지배적으로 받아들여진 것은 루덴도르프의 정의다. 영국의 전쟁 사상가 시릴 폴스는 1941년 〈총력전 학설〉에 관한 단편집에서 총력전을 〈국가의 모든 영역과 국가 활동의 모든 국면이 전쟁의 목표에 헌신하는 것〉이라고 보았다. 이 개념은 보편적으로 인정받으면서 자기실현적 예언이 되었다. 제2차 세계 대전에서 국민과 지도자들은, 근대 전쟁에서 국가가 패배하는 위험을 감수하지 않으려면 역사적으로 전례 없을 정도로 국가 자원을 동원할 수밖에 없다는 사실을 공유했다.

승리 공채: 애국심의 자본화

1914년 여름에 전쟁으로 돌입할 때, 강대국들은 국가가 장기간 지속되는 충돌에서 중요한 역할을 맡게 될 줄 몰랐다. 모두 기존에 보유한 예비군에서 충당한 병력으로 수차례의 짧은 전투를 치를 것이라고 예상했다. 독일이 제1차 마른 전투에서 승리했거나 러시아가 타넨베르크 전투에서 승리했다면, 분쟁은 1914년에 끝났을 것이다. 교전국들은 시간이 한참 흐른 후에야 전쟁이 소모전이 될 거라는 사실을 깨닫는다. 전쟁 초기에 프랑스군은 하루에 1만 3천6백 발의 포탄을 사용할 계획이었다. 그런데 1914년 9월에는 하루에 포탄이 5만 발이 필요했고, 1915년 1월에는 8만 발, 그해 가을에는 15만 발로 늘어났다. 예상치 못한 추가 병력 수요와 탄약 생산에 배치된 노동자 수의 증가로 국가는 산업 및 농업 노동력에 대한 통제를 확대해야 했다.

이미 강력한 정부와 관료 문화가 정착된 프랑스나 러시아 같은 나라에서도 전혀 상상할 수 없는 큰 변화가 생겼다. 국민 소득 가운데 정부 지출에 할당된 몫을 보면 이를 알 수 있다. 공공 부문 비중이 상대적으로 작은 영국에서 정부 지출은 1913년에 8.1퍼센트에서 1917년에 37.1퍼센트로 올라갔다. 프랑스는 전쟁 전에 10퍼센트였다가 1918년에 53.5퍼센트가 되었다. 전쟁 전에 연방 정부의 권한이 축소되어 있던 독일은 정부 지출이 1913년에 9.8퍼센트였다가 1917년에 59퍼센트, 즉 교전 강대국들 중에서 가장 큰 비율을 차지했다. 국민 소득이 1915년 이후 급격히 줄어든 러시아의 경우, 정부 지출은 1913년에 34억 루블에서 1917년 306억 루블로 증가했다. 1917년에 참전한 미국은 연방 정부가 진 부채가 1916년 12억 달러에서 1919년 255억 달러로 증가하는데, 전쟁 비용을 대기 위해서뿐만 아니라 연합군에 75억 달러를 빌려주기 위해 썼기 때문이다.

전쟁을 수행할 때 국가가 여러 가지 요구를 하면서 금융 및 산업, 농산물 시장에 큰 변화가 생겼다. 1914년까지 국가 개입은 아주 제한적이었고 과세율은 매우 낮았다. 당시에 지배적인 경제 모형은 자유 무역과 사기업, 민영 상거래, 자발적인 참여에 기초한 자유주의 경제였다. 그런데 전쟁에 돌입하면서 모든 것이 바뀐다. 민간인에게 부과되는 직접세와 간접세가 크게 늘어났고, 그만큼 소비가 줄었다. 국가가 늘어나는 부채를 감당하기 위해 공채를 발행하면서 민간 부문에 투자될 수 있었을 막대한 자금이 공공 부문과 군대 및 군수 산업을 위한 지출로 이동했다. 정부는 국민에게 전쟁을 위한 자금 조달에 기여하도록 권고하는 선전을 적극 활용하며 공채들을 발행했다. 미국 재무부 장관 윌리엄 매커두가 보기에 〈자유 공채Liberty bonds〉와 〈승리 공채 Victory bonds〉는 〈애국심을 자본화하는〉 하나의 방법이었다. 그 결과로 국가가 크게 개입하는 것에 익숙지 않은 금융 시장에서 초인플레이션이 일어났다. 1918년에 독일 화폐 마르크와 프랑스 화폐 프랑은 가치가 절반 이하로 떨어졌다. 러시아에서는 공채와 세금으로 인해 국가의 빚을 충당할 수 없자 정부가 새로운 화폐를 발행하기 시작했다. 1918년에 루블화는 거의 휴지 조각이 되었다. 다른 나라보다 직접세 증대에 더 많이 의존한 영국에서는 국가의 세수입이 다섯 배로 증가했지만, 국가의 부채는 해마다 늘어나 1917~1918년에는 국내 총생산(GDP)의 47퍼센트에 달했다. 영국 재무부의 고위 관료인 젊은 경제학자 존 메이너드 케인스는 미국의 원조를 받기 전에 영국 정부가 무릅쓴 재정 위험을 이렇게 통탄했다. 〈1917년에 미국의 개입으로 문제가 해결되기 전까지 우리는 항상 단 1주나 2주 치의 유동 자산만으로 간신히 버텼습니다.〉

국가가 가격을 통제하고 상품을 분배하는 데 실패하면서 인플레이션은 더욱 악화되었다. 그런데 인플레이션이 어느 수준에 이르면, 근로자의 급료가 물가 상승을 전반적으로 따라잡지 못해 노동 의욕이 떨어진다. 러시아에서는 정부가 인플레이션을 통제하고 도시 노동자들에게 공평하게 생필품을 조달하는 데 실패했다. 이러한 궁핍 상태는 1916~1917년 겨울의 사회주의 운동, 뒤이어 1917년 2월 혁명으로 이어졌다. 1917~1918년 독일에서 노동자들은, 연합군의 해상 봉쇄 — 민간인을 표적으로 한 새로운 유형의 전쟁 사례 — 로 식료품 수입을 확대하는 데 방해를 받기는 했지만, 어떤 이유로건 소비자와 군대의 수요를 충당할 능력이 없는 정부를 비판했다. 결국 프랑스와 영국에서처럼 승리를 거두는 데 반드시 필요한 물자를 노동자가 계속 생산할 수 있도록 제한된 식량 배급제가 실시되었다. 하지만 1917~1918년 〈순무의 겨울〉에 도시 노동자들의 식사가 이 기본적인 채소로 한정되자, 이제껏 총력전을 위한 조건을 감내하던 국민의 태도에 균열이 생겼다. 1918년 11월에 독일 제국이 붕괴한 것은, 국가가 국내에서 이루어지는 전쟁 준비를 효율적으로 관리하는 일이 얼마나 중요한지를 보여 주었다.

제1차 세계 대전 중에 국가는 또 다른 문제에 직면했다. 국민이 전쟁 활동에 계속 개입하도록 만들려면 어떻게 해야 하는가에 대한 문제였다. 국가가 이토록 높은 수준으로 개입하는 것에 익숙지 않은 유럽 국민들에게 노동력 동원, 물자 징발, 산업과 식료품 조달에 대한 요구를 마구잡이로 강요할 수는 없었다. 이 때문에 섬세하게 조절된 애국심을 발휘하라는 열정적인 호소가 어디에서나 한결같이 이루어졌다. 하지만 시간이 흐르면서 열정은 약해졌다. 그러면 국가는 적을 야만적이고 냉혹한 존재로 묘사하면서 국민에게 전쟁 활동에 동참하고 자신이 기여할 수 있는 일이 무엇일지 깊이 생각하라고 촉구하는 선전에 의존했다. 연합국들의 경우에는 좀 더 용이했다. 독일군이 〈벨기에에 대한 강간〉을 감행할 때 저지른 잔혹한 범죄의 〈야만성〉을 규탄하거나, 체펠린 비행선으로 파리와 영국 도시들을 공습한 일 또는 무제한 잠수함 작전 선언을 규탄하는 선전을 벌였다. 독일과 오스트리아-헝가리에서 국민을 대상으로 선전을 벌이는 일은 더 까다로웠는데, 두 제국이 선전을 벌이는 대상 중에는 전쟁으로 인해 민족 해방의 가능성이 열린 독일 이외의 피지배 민족도 포함되어 있었기 때문이다.

선전과 더불어 강제력도 사용되었다. 민주 국가에서조차 국가는 1916년 부활절 봉기 중 아일랜드의 반란 세력에 대한 진압이나 양심적 병역 거부자와 탈영병에 대해 적용한 엄격한 처벌에서 보듯, 필요한 경우에 정치적으로 억압적이 되었다. 독일과 러시아, 오스트리아-헝가리에서 반체제 인사는 민족주의자든 사회주의자든 모두 감옥에 갇히거나 추방당했다. 경찰의 권한은 전쟁기에 국민적 합의를 확보할 만큼 충분히 확대되어 있었다. 하지만 경제 사회적 위기가 심해질수록 러시아와 오스트리아-헝가리, 그리고 끝내 아일랜드에서 강제력을 동원한 정책 수행 방식은 실패한다.

1918년에 국가, 그리고 전쟁을 수행하고 전에 없던 수준으로 국민을 동원하는 역할을 담당한 기구 및 기관들은 1914년에 겪은 것과 맞먹는 구조적 변화를 겪는다. 하지만 대부분의 경우 — 1917년 10월부터 새로 수립된 공산주의 체제하의 러시아는 제외하고 — 국가는 전쟁이 끝난 후에 국가 자원을 관리하는 여러 권한과 특권을 포기했다. 반면에 경제, 노동-자본 관계에 대한 통제, 공적 복지, 특히 상이군인과 전쟁 신경증(셸 쇼크shell shock) 피해자에 대한 보조에서 국가가 담당하는 역할에 전쟁의 흔적이 남았다. 프랑스에서는 1930년대에도 여전히 퇴역 군인에게 지급하는 연금이 국가 예산의 큰 부분을 차지했다. 초인플레이션 때문에 국가 부채가 소멸된 러시아와 독일을 제외하면, 전쟁 중에 진 부채가 수년간 계속 국가 재정에 부담을 지웠다. 1920년대에 경제 사정이 괜찮던 국가조차 외국에 진 전쟁 부채를 전액 상환하는 일은 피하려고 애써야 했다.

따라서 〈전후 국가〉의 가장 중요한 과제는, 전쟁 중에 국가가 경제적·재정적으로 크게 개입했던 수준을 최대한 낮추고, 군비를 축소할 수 있도록 군사비 지출을 줄이고, 외교적인 노력을 늘리는 것이었다. 국제 무역과 금융 시장은 전쟁 이전의 수준을 되찾았다. 경제 자유주의는 미국의 경제적 강세에 힘입어 국가 관리주의가 차지했던 자리를 대신했다. 하지만 많은 관찰자가 보기에, 새로운 전쟁이 벌어진다면 또다시 〈전면〉전이 될 거라는 사실이 분명했다. 이는 1914~1918년이 남긴 주요 유산 중 하나였다. 따라서 국가는 사회 전체가 서로 대치하는 전쟁에 대비해야 했다. 제1차 대전의 상처를 치유하고 국제적인 위기를 관리하기 위해 모두가 노력하던 1920년대만 해도 두 번째 총력전이 벌어질 거라는 생각은 전혀 할 수 없었다. 그러나 1929년에 경제 공황이 터지고 국제 협력이 좌절된 후, 새로운 전쟁이 벌어질 거라는 전망이 점점 뚜렷해졌다. 유럽과 아시아에서 벌어지던 분쟁에서 멀리 떨어져 있던 미국조차 전쟁이 벌어질 것을 대비하여 1931년에 산업 동원 계획을 실시했다. 독일에서는 히틀러가 재무장 계획을 실시하기 훨씬 전인 1920년대에 국가 방위에 기반을 둔 경제, 즉 국방 경제Wehrwirtschaft라는 개념이 생긴다.

〈경제를 통솔하는 것은 국가〉

　경제 위기와 정치적 영향에 대한 반응으로 1930년대에 〈전쟁 중인 국가〉라기보다는 〈전쟁 국가〉라고 간주할 만한 정치 체제가 생겨난다. 일본과 이탈리아는 각각 아시아와 아프리카에서 공격적인 제국 영토 확장을 추진하던 국가들로, 지역에서 분쟁을 치르기 위해 국가가 경제를 폭넓게 통제하고, 투자와 상업을 관리하고, 국민을 전쟁 활동에 전념하는 공동체로 바꿀 계획을 실시해야 했다. 1937년 7월 중일 전쟁이 터지자 일본 정부는 1938년 3월에 국가 총동원법을 실시했다. 이로써 총력전에서 국가는 국가의 자원 전체를 조직하는 일을 통솔할 수 있어야 함을 인정했다. 이 법이 도입된 이후 진주만 공격으로 미국이 참전하기 전까지 4년 동안, 일본 정부는 노동자 운동과 소비, 재화와 물자 배급, 암시장을 점점 더 엄격하게 통제하면서 전국적·지역적으로 국민의 일상생활에 더 깊이 관여했다. 이탈리아에서는 1935~1936년 에티오피아 전쟁과 스페인 내전 개입, 1939년 알바니아 점령이 이미 약해진 경제에 재정적으로 큰 짐이 되어 국가가 적극적으로 개입할 수밖에 없었다. 동시에 독재자 무솔리니가 이탈리아 국민의 〈병영화〉를 실현하려고 했기 때문에, 공공 생활에서 숨 막히는 군국주의적 수사법을 강요했다.

하지만 〈전쟁 국가〉의 전형적인 모델은 히틀러의 독일이나 스탈린의 소련에서 찾아볼 수 있다. 이 두 경우, 독재 권력은 전쟁이 도처에 만연한 현실이라고 보는 전쟁 문화에 의존한다. 소련은 자본주의적인 제국주의에 (그리고 내부의 적에) 맞서 최초의 공산주의 체제를 보호하기 위해서였고, 독일은 1919년의 평화 협정으로 독일에 가해진 부당함을 바로잡고 독일 국민의 〈생존권〉을 확장하기 위해서였다. 이 두 국가는 군국주의적인 선동을 활용해 자국의 목표를 정의했는데, 군사적 대비를 장려하는 기구를 마련(두 나라의 민방위대에는 2천8백만 명이 소속되어 있었다)하는 한편, 경제는 차츰 전쟁을 예견하는 방향으로 나아갔다.

두 나라에서, 전쟁은 생존을 위해 반드시 필요한 투쟁으로 묘사되었다. 이 투쟁에서는 사용 가능한 모든 자원이 동원되어야 했다. 히틀러는 1939년 5월에 독일 장군들에게 이렇게 선언했다. 〈각 국가는 최대한 오랫동안 버틸 것이다. 크게 힘들이지 않고 위기에서 벗어날 수 있다는 생각은 위험하다. 그런 가능성은 존재하지 않는다.〉 소련은 제2차 5개년 계획(1933~1938)에서부터 군사를 우선적인 과업으로 강요하기 시작하여 1938~1939년에 국민 생산의 13퍼센트를 전쟁 준비에 사용했다. 1930년대에 급속한 산업화가 이루어지면서 국가에 의한 강력한 경제 계획을 추진했는데, 이때의 통제 수단이 전시에 적용될 수 있을 것으로 기대했다. 독일에서 히틀러는 국가를 재무장하고 경제 봉쇄의 위협에서 벗어나도록 경제를 재편하는 것을 우선적인 과업으로 삼았다. 1936년 가을에 헤르만 괴링이 실시한 제2차 5개년 계획에서는 가격이나 외화부터 임금이나 배급에 이르기까지 모든 주요 경제적 변수가 통제되었다. 그렇다고 민간 활동이 사라진 것은 아니지만, 정부가 결정한 목표를 거스르지 않아야 했다. 한 국가 사회주의 경제학자가 설명했듯이, 〈경제를 통솔하는 것은 국가〉였다. 1939년에 전쟁은 아직 시작되지 않았으나, 평화 시기의 독일 경제는 전시 경제를 닮아 있었다. 국민 생산의 거의 4분의 1이 국방에 사용되었고, 산업 노동력의 3분의 1이 전쟁과 관련된 물자 생산에 매달려 있었다. 히틀러는 1918년의 패배에서 독일이 교훈을 얻었다고 단언하면서 준비된 국가 기구를 갖춘 상태에서 대규모 전쟁이 될 수도 있을 전쟁에 돌입하도록 확실히 대비하고자 했다. 1939년 9월에 세계 대전이 발발했을 때, 독일 정부는 이미 전시 동원 체제를 적용하고 있었다. 9월 4일의 전쟁 경제에 관한 명령Kriegswirtschaftserlass으로 국가의 통제는 독일 경제생활의 모든 방면으로 확대되었다. 1914년의 독일과는 본질적으로 다른 상황이었다.

1945년에 상황은 돌이킬 수 없었다

세계 대전이 벌어지자 주요 참전국들은 〈전쟁 국가〉 개념을 채택하는데, 1941년부터는 전쟁 전에 정부에 대한 불신이 깊었고 국가적인 전쟁 수행 노력이라는 점에서 개입 경험이 적은 미국조차 이를 따랐다. 정부의 권한과 책임을 확대하기 위해 특별 조직을 만들어 평화기에 존재한 통제 체제에 덧붙였다. 독일의 군수부Munitionsministerium(훗날 군수 병기부Ministerium für Bewaffnung und Kriegsgerät) 또는 영국의 전시 경제부Ministry of Economic Warfare와 국가 동원부Ministry of National Service 등 새로운 부처와 국가 기관이 만들어졌다. 독일에서 히틀러는 〈특별 전권 위원〉 시스템을 통해 이들 위원에게 당시의 특정한 문제를 해결하는 임무를 맡긴다. 이들 위원의 예로는 노동력 배분 전권 위원이나 총력전 전권 위원이 있었다. 소련에서는 1941년 7월에 국가 방위를 담당하는 국방 위원회를 창설했다. 위원회 산하에는 전쟁 활동의 주요 분야를 책임지는 소위원회가 있어 기존 위원회들과 협력하여 일했다. 모든 참전국 중에서 가장 중앙 집권화된 국가는 공산당의 지방 및 지역 지부 모델을 바탕으로 구축된 소련이었다. 민주 국가들과 달리, 소련은 단순한 국가 명령을 제정해 통치했다. 평화기에 동원 수요를 충족하기 위해서 이미 오래전부터 강제권과 처벌 체계가 구축되어 있었다. 하지만 스탈린이 소련을 〈요새화된 진지〉로 바꾸라고 선동한 것은 단순한 비유가 아니었다. 허락 없이 작업장을 떠나는 노동자는 탈영병으로 간주되어 처벌받았다.

미국에서는 루스벨트 대통령이 특수한 사안들을 처리하기 위해 만들어진 관리 기구에 의존했다. 전쟁이 끝날 무렵에는 이런 기구가 112개나 있었다. 가장 중요한 기구는 노동력의 분배와 동원을 맡았고, 그 외 기관들은 석유 자원, 교통, 경제 전쟁, 해상 운송 및 다른 주요 부문들을 담당했다. 그러나 연방 정부가 미국 국민에게 계속 반감을 불러일으켰기 때문에 루스벨트 대통령은 히틀러나 스탈린보다 더 신중한 태도를 취해야 했다. 하지만 그가 강압적인 방식을 사용할 때도 있었다. 시카고의 한 대규모 공장 대표가 노동조합 근로 허가를 거부하자, 어느 날 검찰 총장이 무장 군인들을 대동하고 찾아와 회사 통제권을 장악했다. 1944년 초에 노동력 충당이 어려워지자, 루스벨트 대통령은 국민 병역 법안National Service Bill을 통과시키려 하지만 국회에서 거부했다. 한 기자는 대통령의 계획이 실패한 것을 보며 미국이 〈독재로 기울지 않을 것〉이라는 뜻으로 보고 환영했다. 그러나 1945년에 연방 정부가 개입하는 영역은 크게 확장되어 상황은 돌이킬 수 없게 된다. 전후 미국은 다른 세계 강대국들의 도전과 앞으로 다가올 냉전이라는 상황을 맞아 1941년보다 훨씬 더 확대된 국가 기구를 갖추었다.

제1차 세계 대전에서 얻은 가장 중요한 교훈은, 사용 가능한 자원과 그것을 배분하는 일에 대한 정확한 거시 경제적 관점을 확보할 필요성이었다. 그래서 국가는 국민 경제 회계 모델을 수립하고 노동력 동원과 소비 촉진, 전쟁을 위한 재정적 필요를 예측하기 위하여 경제학자들을 고용했다. 이 프로그램을 가장 쉽게 적용할 수 있던 나라는 소련이었다. 소련에서는 1930년대에 국가 경제 계획을 기반으로 강압적인 산업화가 실현되었다. 이는 자원 활용의 방향 결정이 전쟁 경제로의 전환에 주요하다는 관점에서 보면 이상적인 환경이었다. 독일에서는 경제부 장관 발터 풍크가 1939년 가을에 전시 경제 변수를 제어하는 방식에 대한 권고 사항을 제시할 〈교수 위원회〉를 만든다. 목적은 인플레이션을 방지하고(또는 그 영향을 제한하고), 실질 임금이 일정하게 유지되도록 하고, 산업 자원 및 재원이 전쟁 준비에 사용되느라 국민의 생활 조건이 파괴되지 않도록 하는 것이었다. 이 동원 전략은 뒤이은 전쟁 기간 5년 동안 대체로 달성되었다.

독일의 전쟁 준비가 최고에 달했을 때에는 국민 소득의 70퍼센트를 넘어섰지만 제1차 세계 대전 말기에 겪은 곤란한 상황은 발생하지 않았다. 이는 부분적으로 정복한 영토에 대한 경제적 착취와 점령국이 부담한 조세 덕분이었다. 독일과 일본은 국가의 권한이 새로 정복한 영토까지 확장되어 강제 노동 인력을 충분히 확보함으로써 내부 전선의 인력 부족에 대처할 수 있었다.

영국에서는 존 메이너드 케인스가 1940년에 제1차 세계 대전 때와 마찬가지로 재무부 고문으로 임명된다. 그는 다른 저명한 경제학자들과 함께, 지나치게 높은 인플레이션을 방지하고 임금 안정을 확보하며 필수적이지 않은 재화 생산을 최소 수준으로 줄이기 위한 관리 체계의 정립에 나섰다. 이러한 목표 역시 영국 정부가 제국 영토까지 확장하여 경제 예측을 한 덕분에 달성된다. 국가의 목표는 노동력을 소외시키지 않는 경제 노선을 따르는 것이었다. 케인스는 국가가 절실히 필요로 하는 세수를 거둘 세금 제도를 실시하되 〈사회 정의에 대한 국민감정〉을 건드리지 않도록 조심하라고 권고했다. 하지만 1939년과 1941년에 제정된 국가 동원법National Service Acts으로 국가는 징병과 노동력 배분 면에서 민주 사회로서는 이례적인 역할을 담당하게 되었다. 인력을 동원하는 책무를 맡은 노조 지도자 어니스트 베빈은 자신이 〈영국에서 전례 없는〉 권한을 갖고 있었음을 인정했다. 독재 체제와 달리 국가의 권한을 확장하려면 전반적인 합의가 뒷받침되어야 했다. 베빈이 효율적으로 활동하기 위해서는 자신에게 부여된 특별 권한으로 노조 및 기업들과 교섭을 벌여야 했다. 영국의 전쟁 준비는 최고에 달했을 때 국민 소득의 55퍼센트를 차지했는데, 이는 제1차 세계 대전 때보다 훨씬 높은 수치였다. 오로지 미국만이 〈총력전〉 경제 체제를 실시하지 않고 자국과 연합군에 장비와 식량, 원료, 병기를 공급할 수 있었다. 연방 정부가 역시 전례 없는 권한을 행사하긴 했지만, 루스벨트는 〈국가 관리주의〉가 국민 모두에게 경계의 대상이 되는 사회에서 한계를 넘어서면 안 된다는 사실을 알고 있었다. 1944년에 미국의 전쟁 준비는 국민 소득의 42퍼센트를 차지했지만, 경제 규모가 워낙 큰 까닭에 다른 강대국들의 노력은 그에 비하면 시시하게 보일 정도였다. 영국과 미국에서 국가가 개입하는 영역이 확대된 것은

1945년 이후에 문제시되지 않았으며, 노동법, 노동 조건의 개선, 노조 역할의 인정, 사회 부조, 아동 복지를 위해 마련된 여러 제도는 유지되었다. 이런 점에서 전쟁은 국가가 진화하는 데 영향을 미친 한편, 전쟁을 계속하기 위해서는 국가가 필요했다.

제2차 세계 대전 동안 국가의 요구 사항은 제1차 대전보다 훨씬 많았다. 민주 사회에서조차 어떤 국민도 자신에게 부과된 의무에서 벗어날 수 없었다. 영국에서는 런던 대공습Blitz 기간에 폭격이 시작되는 것을 감시하는 일에 여성들을 동원했다. 국가가 요구하는 의무를 거부한 평화주의 운동가들은 금고형에 처해졌다. 1943년 12월에 미국에서 철도 종사원들이 허가받지 않고 파업을 벌이자, 루스벨트 행정부는 그들이 다시 업무로 돌아올 수밖에 없을 때까지 철도 노선 전체를 관리하여 철도 운행이 정상적으로 이루어지도록 해야 했다. 독일이나 소련, 일본에서 파업이나 평화주의 시위는 불법이었다. 독일에서 파업 가담 노동자는 집단 수용소로 보내졌으며, 소련에서는 항의하는 사람이 어떤 부류의 인물이든 항의했다는 의심을 받기만 해도 굴라크 수용소행이었다. 실제로 무슨 일이 있어도 이 전쟁에서 반드시 승리해야 한다는 생각이 점점 더 국민적인 합의를 얻으면서, 국가가 요구하는 특별한 권한은 여론의 지지를 받았다. 1917~1918년에 국민의 실망감이 커지면서 사회적인 항의가 이루어진 상황과는 거리가 멀었다. 선전 기관이 퍼뜨린 메시지에서 확인할 수 있듯이 〈전쟁 국가〉는 근대 전쟁으로 인해 생길 수밖에 없는 결과로 간주되었다.

독재 국가에서는 전쟁 이전부터 비밀경찰이나 다른 수단을 동원해 여론을 감시했다. 이러한 감시는 1939년 이후로 모든 교전국에서 이루어진다. 영국의 국내 정보부Home Intelligence, 미국의 전시 정보국Office of War Information(을 비롯한 다른 기구들)은 여론에 대한 비밀 보고서를 취합해 여러 분야에서 국가 정책을 더 잘 적용하고 사회적인 합의를 유지하고자 했다. 경찰의 권한 역시 긴급 상황에 대응하기 위하여 확대되었고, 전시의 특수한 범죄가 정의되어 국가 명령을 확실히 적용할 수 있도록 했다. 일본에서는 암시장을 단속할 경제 경찰 분과가 창설되어 이 15개월 동안 불법 행위자 2백만 명을 체포했다. 독일에서는 식량 통제 규율을 위반하면 수용소에 구금되는 형벌에 처해지고, 심한 경우에는 처형되었다.

군대가 1914년 이전의 자리를 되찾다

1945년 이후 〈총력전〉에 대한 담론은 사라졌다. 군사 전략은 더 이상 국가의 모든 자원 활용에 의존하지 않았다. 1939년과 1945년까지 치러야 했던 비용은 국민에게나 국가 재정에 너무 큰 부담이 되었다. 무기가 점점 더 정교해지면서 적은 비용을 들여 빠르게 제조하는 것이 더 이상 가능하지 않았기 때문이었다. 더욱이 핵 위협에 직면한 상황에서 재래식 전쟁에 대비하는 일은 무의미해졌다. 반면 철의 장막 이편과 저편에서 강대국들은 전쟁 기간에 계획과 통계, 의료 면에서 얻은 경험을 바탕으로 사회 복지와 경제 같은 다른 영역으로 국가의 권한을 확대했다. 냉전의 두 초강대국만이 〈전쟁 국가〉의 프로필을 유지하는 데 성공했다. 이는 이 두 국가가 자국의 자원 대부분을 산업, 특히 군사 연구 개발에 사용했기 때문이다.

하지만 두 국가에서도 우선순위 과제는 민간 영역의 경제 성장과 국민의 수요를 충족시키는 일이었다. 군대는 1914~1918년 이전에 국가와 맺었던 유형의 관계를 되찾고, 전쟁 준비와 군사 장비 개발을 통제하면서도 민간 영역을 침범하지 않았다. 대부분의 강대국들에서 징병제가 사라진 것도 의무 병역이 시민을 잠재적인 병사와 동일시하던 시대의 종말을 나타낸다. 군사비 지출이 다른 모든 국가의 군사비 지출을 합친 것만큼 많은 미국에서조차 군대는 이제 비군사 영역에서 나오는 자원을 국가에 요구하지 않고도 직업 부대들과 그들이 보유한 군사 장비를 가지고 전쟁을 수행한다.

　1945년 이후로 유일한 예외는 소국들에서 볼 수 있다. 이 국가들의 특징은 전쟁 대비와 국가 개입이 높은 수준에서 이루어지고, 지역 분쟁에 개입하기 위해 근대 무기를 생산하거나 구매할 능력이 있다는 것이다. 이런 국가의 예로는 이스라엘 같은 민주 국가가 있다. 장기적으로 불안정한 상황을 직면하고 있는 이스라엘은 위기가 닥치면 사회의 대부분을 동원할 수 있어야 한다. 하지만 이런 국가에는 독재 정권도 있다. 이들 국가에서 전쟁 또는 전쟁에 대한 전망은 핵심 목표가 되었다. 사담 후세인의 이라크, 1950년대 이후의 북한, 남베트남과 그 동맹인 미국에 맞선 전쟁 기간의 북베트남이 그 예다. 20세기 말과 21세기 초에 비정부 조직들은 무력 분쟁에서 중심적인 역할을 했다. 이는 폭력에 개입하는 공동체들이 고유의 응집성을 갖추고 적절한 자원에 접근할 수 있는 한 현대의 폭력이 조직화된 국가 기구를 필요로 하지 않는다는 방증이다. 국가는 전쟁 수행에 필요한 자원을 가져다주는 체제로서 계속 존재하겠지만, 사이버 전쟁에 대한 전망과 널리 퍼진 드론 사용으로 20세기 초반에 황금기를 맞은 국가 간 관례적인 충돌의 자리를 다른 여러 형태의 세계적 분쟁이 대신할 것임을 예견할 수 있다.

참조

1부 - 03 시민-군인의 시대 | 10 전쟁의 가격 | 11 애국 전선 ‖ 3부 - 11 1914~1915년, 온 사회가 동원되다 | 12 일본: 남의 전쟁? | 13 굶주림, 또 다른 무기

10

전쟁의 가격

제니퍼 시겔[•]

돈은 전쟁을 움직이는 힘일까? 확실히 그럴 것이다. 현대에 전쟁 자금 조달 문제는 자기 자금으로 전쟁 비용을 조달해야 한다고 주장하는 사람과 국채를 옹호하는 사람들이 계속 대립한 사안이다. 결국 여기서 승리한 쪽은 화폐 조작과 더불어 부채를 진다는 선택이었다.

제1차 세계 대전이 결코 끝나지 않을 것처럼 보이던 1917년 2월에 러시아 제국의 수도 페트로그라드에서 연합국 정부 간 회담이 열렸다. 회담의 목적은 세 가지 주요 주제, 즉 정치 협력, 군사 협력 및 물자 조달 문제, 재정 문제를 논의하는 것이었다. 3주에 걸쳐 당초의 주제에서 벗어나기도 한 여러 사안을 검토한 후, 마침내 재무 위원회가 소집되었다. 러시아 재무부 장관인 표트르 르보비치 바르크가 위원회 참석자들 앞으로 나와 열렬한 어조로 다음과 같이 말하며 개회를 선언했다. 〈우리는 전쟁을 수행하려면 세 가지가 반드시 필요하다는 사실을 알고 있습니다. 첫째는 돈이고, 둘째는 돈이고, 셋째도 돈입니다.〉

바르크는 짧은 순간 말재간을 즐겼지만, 그가 전한 메시지는 현실과 크게 동떨어지지 않았으며 특별히 독창적인 견해도 아니었다. 2천

• Jennifer Siegel. 오하이오 주립 대학교의 교수. 전쟁기의 외교와 경제 전문가이며, 주요 저서로 『평화와 돈을 위하여: 러시아 황제와 소련 정치 위원들에 대한 프랑스와 독일의 자금 지원 For Peace and Money: French and British Finance in the Service of Tsars and Commissars』이 있다.

년 전에 키케로는 이미 「다섯 번째 필리포스 연설」에서 〈무제한으로 주어진 돈이 전쟁의 동력nervos belli, pecuniam infinitam〉이라고 썼다. 그리고 루이 12세는 1499년에 밀라노에서 전쟁을 준비할 때, 자기에게 필요한 것은 오로지 〈돈이요, 또 돈이요, 항상 돈〉이라고 말했다. 세계의 역사를 보면 전쟁 중에 한쪽이 돈이 부족해 평화를 이룰 수밖에 없는 상황에 몰려 전쟁이 중단된 사례가 허다하다. 근대 금융 혁명이 일어난 이유는 근대 전쟁을 치르기 위해 요구되는 다양한 측면의 여러 사항에 부응하고 이러한 제약의 일부에 대처하기 위해서였다. 16세기와 17세기에 군사 혁명으로 기술 혁신이 일어나면서 전쟁을 치르는 데 드는 비용은 엄청나게 증가했다. 이러한 지출을 감당하기 위해 국민 국가들은 참전에 필요한 자금을 조달할 수 있는 금융 체계와 기구를 발달시킬 수밖에 없었다. 전쟁을 수행하고 승리할 준비가 가장 잘된 국가들은 정교한 은행 체계와 자금을 거둘 조세 수단도 갖추고 있었다. 이 국가들은 채권 발행과 수익성 장기 유통 증권 같은 사용 가능한 금융 수단으로 돈을 빌릴 수 있었다. 근대 전쟁에서는 돈을 빌리고 빌려줄 수 있는 능력이 전투를 수행하고 동맹과 연합을 구축·유지하고 승리를 이끌어 내는 데 가장 중요하다. 대출 능력은 군사적 승리를 좌우한다.

영국은 근대적 재정 관리라는 구조적 도전에 대처한 최초의 국가 중 하나다. 잉글랜드 은행Bank of England은 루이 14세 치하의 프랑스에 맞서 싸운 아우크스부르크 동맹 전쟁을 치르기 위한 수단으로서 1694년에 창립되었다. 영국 정부는 전쟁을 치르기 위해, 그리고 더 중요하게는 동맹국들에 자금을 대기 위하여 유동 자산이 절실히 필요했다. 영국 정부는 120만 파운드의 무기한 공채를 공모했다. 발행인의 이름은 〈잉글랜드 은행의 은행장과 회사Governor and Company of the Bank of England〉였다. 이 〈무기한 공채〉는 잉글랜드 은행의 주요 혁신 중 하나로, 영국 정부는 전쟁 기간 내내 원금 상환에 신경 쓰지 않고 이자만 지불하는 데 집중할 수 있었다. 이러한 이점은 1751년에 영국 정부가 그때까지 여전히 유통되던 높은 금리의 국채를 전부 합쳐 수익률이 고정된 채권인 콘솔로 통합하면서 더 강화되었다. 콘솔은 이자를 영구적으로 지불하는, 원금 상환을 하지 않는 국채였다. 최초의 콘솔이 만들어지자 영국 정부는 그때까지 민간 출자자에게 의존해 높은 금리로 돈을 빌리다가 직접 국가 부채를 제어할 수 있게 되면서 입지가 유리해졌다. 영국의 콘솔은 이내 외국에서도 가장 확실하고 신뢰할 만한 채권으로 간주되었다. 다른 나라들도 영국의 모델을 본떠 국가가 보장하는 채권을 만들어 발행하기 시작했고, 똑같은 성공을 거두었다.

전쟁의 도구 잉글랜드 은행

17세기 말에 전쟁의 도구로 창립된 잉글랜드 은행은 평화기에 제국과 산업을 떠받치는 기둥이 되었다. 잉글랜드 은행은 진화하여 국가 부채를 조절하는 도구를 제공하고 군산 복합체가 대두하는 데 필요한 대출금을 끌어들이고 통제하는 역할을 한다. 콘솔과 영구 금리 덕분에 영국은 전쟁을 치르고 제국을 확장할 때 실제로 보유한 자금보다 훨씬 더 많은 금액을 지출할 수 있었는데, 이러한 모험에 드는 비용이 18세기와 19세기에 계속 증가했던 만큼 영국에는 무척 좋은 기회였다. 폴 케네디가 『강대국의 흥망』에서 강조하듯, 〈16세기에 들어간 전쟁 비용은 수백만 파운드였고, 17세기 말에는 수천만 파운드로 늘었다가, 나폴레옹 전쟁 끝 무렵에는 주요 교전국들의 군사비 지출이 연간 수억 파운드에 이르기도 했다〉.

19세기로 넘어가는 전환기에 엄청난 비용이 든 프랑스 혁명전쟁과 나폴레옹 전쟁에 참전한 교전국들은 서로 다른 방식으로 전쟁 비용을 댔다. 간략히 말하면, 프랑스는 프랑스군이 승승장구하며 정복한 영토를 개발·활용하는 전통적인 방법을 사용하려 했다. 그래서 나폴레옹 전쟁 비용의 일부를 자기 자본으로 충당하고, 정복한 나라에서 거둔 조세로 프랑스 정부의 일상적인 지출 대부분을 충당했다. 프랑스는 정복한 나라에서 수익을 거둘 수 있었다는 점이 결정적이었다. 일반적으로 프랑스의 조세 정책은 군사비 지출을 부담하기 위해 세금을 더 거두기보다는 부채를 늘리는 것이었는데, 이는 채무국이 누리는 신용과 신뢰에 의존하는 시스템이었다. 구제도 아래의 왕정도, 그 뒤를 이은 혁명 정부도 영국 의회 정부가 콘솔 덕분에 누리던 금리만큼 유리한 금리로 돈을 빌릴 수 없었다. 1780년대 말에 두 나라의 부채 수준은 엇비슷했다. 하지만 프랑스가 부담한 이자는 영국이 부담한 이자의 두 배 가까이 되었다. 프랑스 혁명 후, 정부들은 압수와 재산 징수, 인플레이션을 일으키는 화폐 조작을 활용했고, 이로써 프랑스 조세 제도의 신뢰성은 크게 훼손되었다. 이로 인해 자금이 영국으로 대량 유출되었다. 네덜란드와 같은 기존의 자금 출자자들은 프랑스 정부에 돈을 빌려주는 위험을 감수하기를 꺼렸다. 게다가 영국 의회제 아래 실시된 조세 체계와 달리 나폴레옹의 조세 체계에는 투명성과 책임성이 결여되어 있었기에 보나파르트 정부는 필요한 신뢰도를 쌓는 데 어려움을 겪었다. 그러자 나폴레옹은 부채에 의존하기를 멈추고, 배상금과 강제 징발, 패전국 개발로써 미처 조달하지 못한 자금을 충당하기 위해 조세를 활용한다.

프랑스의 적들은 비약적으로 발전하는 국가든 쇠퇴하는 국가든 서로 다른 방식으로 전쟁 자금을 조달했다. 가능하면 튼튼한 영국의 국고에 의존하려 했다. 영국은 동맹국 대부분에 많은 돈을 지불하는 동시에, 훗날 배질 리들 하트가 〈영국식 전쟁의 기술〉이라 부른 것을 완벽하게 예시하는 식민지 군사 작전, 해상 봉쇄, 해안 공습을 전문화했다. 영국은 고액의 대출을 해주기도 했지만, 동맹국들에 필요한 자금 대부분을 직접 보조금으로 지원했는데 그 총액이 5천7백만 파운드를 넘었다. 영국은 자국이 필요로 하는 많은 전쟁 자금과 동맹국들이 필요로 한 전쟁 자금의 상당 부분을 대기 위해 다양한 방법을 사용했다. 1793년과 1798년 사이에 영국 정부는 대규모로 돈을 빌려 전쟁 비용의 90퍼센트를 조달할 수 있었지만 국가 부채는 두 배로 늘어났다. 빚에 의존하는 것을 제한하기 위하여 1799년에 소득세 제도가 마련되었다. 하지만 소득세는 당시 실시된 다른 형태의 세금들보다 영국에 많은 수입을 가져다주지 못했다. 전체적으로, 세금은 국가의 신용과 신뢰도에 의존하는 단기 공채보다 영국의 전시 자금 조달에 기여하는 정도가 적었다.

프랑스 혁명전쟁과 나폴레옹 전쟁 중에 영국의 동맹국들은 영국이 지닌 신용도의 덕을 보았다. 그러나 뒤이은 대프랑스 동맹 전쟁에서, 18세기부터 19세기 초까지 동맹국 자금의 주를 이룬 영국의 지원금은 직접 보증 대출로 대체되었다. 그 이전에 프랑스에 맞선 전쟁 중에 어쩌다 사용되던 방식이었다. 당연히 크림 전쟁에서 영국의 주요 동맹국이 된 프랑스 제2제정은 파트너인 영국의 재정 원조를 받으려 하지 않았고, 원조를 전혀 필요로 하지도 않았다. 러시아 제국에 맞선 전쟁에 동맹국으로 참전한 덜 강력한 국가들은 영국의 원조를 받는 데 주저함이 덜했다. 예를 들어 피에몬테·사르데냐 왕국은 3퍼센트의 이자율로 2백만 파운드를 직접 대출받았고, 1902년에 전액 상환되었다. 오스만 제국은 좀 더 불안정한 국가로 간주되어, 영국·프랑스의 공동 보증하에 5백만 파운드를 빌리면서 4퍼센트의 이자율을 감수했다. 하지만 1878년 러시아·튀르크 전쟁 이후 원금 중에서 상환되어야 할 잔액 4백만 파운드는 포기해야 했다. 오스만 제국의 빚이라는 거대한 수렁이 크림 전쟁 자금으로 빌려준 상대적으로 적은 액수의 돈을 모두 집어삼켜 버렸기 때문이다.

영국은 크림 전쟁 기간에 동맹국들을 재정적으로 원조하기 위해 다른 방식을 사용했으나, 돈을 빌려준 방식, 즉 부채와 세금을 혼합한 방식은 마찬가지였다. 전쟁 전반기에 영국의 재무 장관직을 맡은 윌리엄 글래드스턴은 장기 부채를 늘리지 않고 세금을 이용해 전쟁 비용을 댈 수 있다고 장담했다. 그는 의회에서 이렇게 설명했다. 〈전쟁에 들어가는 비용은, 그토록 많은 국가가 타고난 정복에 대한 야망과 욕구에 신이 기꺼이 부과하는 심적인 걸림돌이다. (……) 해를 거듭하며 이러한 지출을 감당해야 할 필요는, 이 국가들이 어떤 일에 개입했는지 느끼게 하는 이롭고 유익한 걸림돌이다…….〉 그러나 글래드스턴이 이렇게 세금의 필요를 강조한 열정적인 연설을 했지만 단기 공채 발행이라는 수단을 사용하지 않은 것은 아니다. 이 가운데 일부는 상환되지 않았다. 후임인 조지 콘월 루이스는 전쟁 시기에 국가 부채를 늘리는 데 이와 같은 신중함을 보이지 않았다. 루이스는 국가가 부유해질수록 국가 부채가 늘어나는 데 따르는 위험이 줄어든다고 생각했다. 그의 입장에서 세금은 국가의 부에 필요한 성장을 저해하는 위협이기도 했다. 루이스는 의회에서 이렇게 설명했다. 〈기업을 마비시키고 산업을 저해하거나 자본의 일상적인 분배를 방해하는 세금은 정부가 지는 부채보다 공동체에 해롭다.〉 이 때문에 루이스는 준비금이 충분히 있는지 여부에 상관없이 영국의 부채를 크게 늘렸다. 결국 크림 전쟁에 할당된 영국 지출의 3분의 2 가까이가 세금 대신 부채로 조달되었다.

상대적으로 짧은 기간 동안 지속된 크림 전쟁에 쏟은 금전적인 비용은 19세기 초에 벌어진 전쟁들에 비하면 미미했다. 영국의 경우에는 비용 총액이, 나폴레옹 전쟁 끝 무렵 6개월 동안 든 지출보다 약간 높을 뿐이었다. 하지만 미니에 소총이나 영국 해군의 장갑함 같은 군수 산업 혁신 때문에 군인 1인당 비용은 전쟁 기간 동안 거의 두 배로 늘었다. 이러한 현실은 전쟁이 전면적으로 기계화해 가는 전반적인 진화 과정에서 군사 기술의 근대화가 국가 재정에 끼칠 어려움을 예고했다. 이에 비견할 만한 19세기의 또 다른 대규모 전쟁인 남북 전쟁 역시 20세기에 벌어질 전쟁의 재정 문제를 경고했다. 제1차 세계 대전과 마찬가지로 남북 전쟁 역시 시작될 때에는 양측의 경제적 불균형을 감안했을 때 전쟁이 몇 달 이상 지속되지 않을 거라고 모두가 확신했다. 남부 연합의 갓 산업화된 목화 경제는, 국가의 부와 수입, 미국 국민의 3분의 2를 거느린 북부 연방의 다각화된 경제와 겨룰 수 없는 것처럼 보였다. 하지만 전쟁은 오래 지속되었고 비용도 많이 들었다. 전쟁 기간 4년 동안 북부와 남부가 모두 합쳐 67억 달러를 지출했는데, 여기에는 정부의 일상적인 지출과 물질적 손해, 인명 손실로 인한 국가의 경제 활동 감소로 벌지 못한 돈이 포함된다.

결국 남부 연합은 이 전쟁에 10억 달러 가까이 지출했다. 이 중 40퍼센트만 부채나 세금으로 충당할 수 있었고 나머지 60퍼센트는 신용 화폐를 대량으로 발행하여 부담했다. 이 때문에 끔찍한 인플레이션이 야기되어 1861년과 1865년 사이에 물가가 92퍼센트 올랐다. 전쟁 공채는 지역뿐 아니라 외국에서도 매입되었는데, 남부 연합의 형편이 급격히 악화하면서 이러한 공공 투자가 고갈되었다. 게다가 세수입도 무운(武運)과 더불어 빠져나갔다. 더 산업화된 경제를 갖추고 내전에서 승리한 북부 연방은 이 전쟁에 23억 달러를 지출했다. 보장되지 않는 지폐를 발행하기는 했지만 남부만큼 인플레이션을 조장하는 정책을 사용하지 않고도 비용을 쉽게 조달했다. 이때 발행한 지폐는 그 가치를 떠받칠 은이나 금으로 된 화폐가 없었기에 〈초록색 뒷면greenback〉이라고 불렀다. 북부는 관세 같은 세수입과 공채 발행 부채에도 의존할 수 있었다. 이로써 총지출의 약 60퍼센트를 충당했다. 전쟁의 승패가 예측 가능해질수록, 북부가 외국 시장에서 돈을 빌릴 수 있는 역량이 증가했다. 국내와 외국에서 누린 신용 강세는 북부가 승리하는 데 결정적인 역할을 했다.

부채로 자금을 댄 제1차 대전

1914년 8월에 발발한 전쟁에 실제로 대비하고 있던 교전국은 하나도 없었다. 공격에 기반을 둔 기동전은 몇 달, 심지어 몇 주면 끝날 거라고 생각했다. 단기 전쟁을 예상했던 병사들은 지치고, 비용이 많이 드는 기나긴 소모전으로 끌려 들어갔다. 세금을 올리거나 국가가 보유한 금을 사용해 자금을 댈 만큼 전쟁이 짧게 지속될 거라는 희망은 마른과 이프르, 타넨베르크, 마수리안 호수 전투를 치르며 몇 달 만에 완전히 사라졌다. 돈을 빌리고 빌려줄 수 있는지 여부는 이내 엄청나게 중요한 문제가 된다.

제1차 세계 대전에 들어간 비용은 전례 없던 것으로, 1916년에 뉴욕의 〈기계 및 금속 국가 은행Mechanics and Metals National Bank〉은 전쟁 비용과 대출에 관한 보고서 「전쟁 대출과 전쟁 자금 조달War Loans and War Finance」에서 이렇게 강조했다.

전쟁 기간이 한 달씩 늘 때마다 그 비용은 30억 달러까지 올라간다. 러일 전쟁의 총 기간인 18개월보다 더 많은 돈을 매달 쓰고 있다는 뜻이다. 그리고 15년 전 보어 전쟁에는 지금 치르는 전쟁의 12일 치 비용이 들었다. 프로이센·프랑스 전쟁을 반복해서 치르고 있는 셈이다…….

이와 같은 대규모 전쟁이 야기하는 경제적·구조적인 압박 때문에 전쟁 초창기에 이미 전쟁 자금 조달에 기여했어야 할 기구들이 파괴되었다. 자본의 자유로운 유통과 금 본위 화폐의 교환 가능성에 의거한 세계 금융 체계는 전쟁이 발발하자마자 대규모 증권 거래소가 전부 문을 닫으면서 마비되었다.

제1차 대전 이전에는 재정 문제로 인해 전쟁이 쉽게 벌어지는 것이 아니라 전쟁이 벌어질 위험이 제한될 거라고 생각했다. 노먼 에인절은 1909~1910년에 출간된 선구적인 책 『거대한 환상 *The Great Illusion*』에서 근대 사회는 국제 금융이 상호 연결되어 있기 때문에 전쟁을 벌이는 것은 재정적으로 너무 위험한 일이어서 어떤 강대국도 그런 위험을 감수하지 않을 거라고 설득력 있는 방식으로 주장했다. 하지만 에인절의 예견에도 불구하고 이러한 위험은 감수되었으며, 전쟁에 드는 엄청난 재정적 요구에 대처해야만 했다. 패로 Farrow 은행 대표이자 이사회의 구성원인 토머스 패로와 W. 월터 크로치는 1916년에 『어떻게 전쟁에서 이기는가 *How to Win the War*』에서 이렇게 썼다. 〈결정적이고 전면적인 승리는 더 오래 버티는 쪽이 거둘 것이다. 달리 말하면 이러한 승리는 가장 많은 재원을 모으고, 그것을 가장 엄격하게 효율적으로 활용하는 강대국의 것이다.〉

제1차 세계 대전은 인구, 영토, 국가의 부, 제국과 같은 국력의 전통적인 원천이 경제를 통해서든 국제 연맹을 통해서든 재정적인 수단을 강구하는 능력만큼 중요하지 않은 전쟁이었다. 이 전쟁에 들어간 자금의 거의 대부분은 단기 국채나 공공 기관이 발행하고, 국내 시장에서 매입된 전쟁 공채, 외국에서 조달한 부채 등을 통해 부채로 조달되었다. 주요 교전국 가운데 영국은 효율적인 소득세 체계를 갖춘 유일한 국가였다. 그럼에도 불구하고 직접세와 간접 징수, 관세를 다 합쳐도 전쟁에 필요한 비용의 약 20퍼센트밖에 조달하지 못했다. 전쟁이 지속되자, 영국은 전쟁터에서 국민이 〈피로 내는 세금〉에 덧붙여 또다시 새로운 세금을 거두기를 꺼렸다. 전쟁으로 인한 비용 대부분은, 가장 가까운 시기에 유럽에서 벌어진 큰 전쟁인 프로이센·프랑스 전쟁에서 그랬듯, 전쟁이 끝나면 패전국들로부터 거둬들일 배상금과 보상금으로 상환할 단기 부채로 충당할 수 있을 것처럼 보였다.

독일 신임 재무장관 카를 헬페리히는 1915년 독일 제국 의회(라이히슈타크Reichstag)에서 한 연설에서 〈이 전쟁이 다른 어떤 전쟁보다도 피와 쇠만으로 벌이는 전쟁이 아니라 빵과 돈으로도 벌이는 전쟁이라는 사실을 독일 국민은 잘 이해해야 합니다〉라고 말했다. 중앙 동맹국들은 삼국 협상과 대영 제국, 특히 국제 상업 및 금융 체계를 계속 지배한 중심지 런던보다 재원이 훨씬 적었다. 게다가 독일 제국Deutsche Reich은 연방제 구조 때문에 국민에게 직접세를 부과하거나 지역 수준이 아닌 전국적으로 채권을 발행하는 능력이 제한적이었다. 중앙 동맹국들의 경제적 동력이 전혀 아니었던 독일이 세금으로 조달할 수 없는 금액을 부채로 충당해야 한다는 사실은 명백했다. 1914년에 뉴욕에서 매우 큰 빚을 얻으려고 시도했다 실패한 독일 정부는 외국 금융 시장의 힘을 빌리는 대신 전쟁 기간 내내 6개월마다 단기 전쟁 공채Kriegsanleihen를 발행하기로 결정했다. 이러한 내국채 방식으로 독일 정부는 1천억 마르크 가까이 거두어들였다. 하지만 이는 전쟁에 직접 들어가는 약 1천5백억 마르크에 이르는 비용을 충당하기에 부족했을 뿐 아니라, 전쟁 기간 중에 전쟁 공채와 독일 정부가 진 다른 빚에 대한 이자는 계속 누적되었다.

게다가 베를린은 헬페리히가 독일 총리 베트만 홀베크에게 말했듯, 만일 오스트리아-헝가리가 멸망하면 〈[독일의] 적들은 오스트리아-헝가리의 시체에서 살점을 맘껏 떼어 갈 것〉이라는 사실을 알면서도 전쟁 기간 대부분 한 달 평균 1억 마르크를 오스트리아-헝가리에 빌려주었다. 오스트리아-헝가리 제국도 독일에서 빌린 부채에 덧붙여 자국의 전쟁 공채를 발행해 전쟁 지출의 60퍼센트 가까이를 충당했다. 1917년 10월, 오스트리아-헝가리 제국이 독일에 진 빚은 50억

마르크가 넘었다. 독일은 오스만 제국에도 독일의 동맹국으로 참전하는 대가로 금화 2백만 파운드를 지원할 것을 약속했다. 그 밖에도 3천 3백만 파운드를 지원했고, 2천9백만 파운드에 해당하는 현물과 다양한 원조를 제공했다. 독일 정부는 이 모든 지출을 감당하기 위해 각자 고유한 지폐를 발행하도록 허가받은 대출 사무소 네트워크를 조성했는다. 이 지폐는 결국 일종의 보조 지폐를 형성했다. 당연히 이는 경제에 새로운 화폐를 연속적으로 투입하는 효과를 야기했고 강력한 인플레이션이 발생했다.

영·프·러 삼국 협상 쪽도 상황은 크게 다르지 않았다. 독일이 삼국 동맹의 재정적 짐을 홀로 질 수밖에 없었던 반면, 전쟁 초기에 자금력이 두 번째로 컸던 프랑스는 전쟁 초기에 자력으로 출자하고 동맹국들을 원조하는 데 성공한다. 하지만 이러한 재정적인 파트너 역할은 오래 지속되지 못했다. 일단 영국은 재정적 여유가 더 많았으며 식민지들의 지원을 받았고, 전투가 대부분 프랑스 영토에서 벌어져 프랑스의 경제와 생산 능력이 파괴되었기 때문이다. 이전의 다른 여러 동맹 전쟁에서처럼 삼국 협상의 채무를 전반적으로 책임진 쪽은 영국이었다. 전쟁 중에 영국은 동맹국과 자치령에 약 18억 5천2백만 파운드를 빌려주었는데, 이 중에서 10퍼센트는 대영 제국과 자치령으로, 32.6퍼센트는 러시아로, 25퍼센트는 프랑스로, 23.7퍼센트는 이탈리아로 갔다. 하지만 이 돈은 영국의 국고에서 나오지 않았다. 영국은 전쟁 공채와 직·간접세 외에도, 1918~1919년 회계 연도 끝 무렵에 오면 13억 6천5백만 파운드를 외국에서 빌렸다. 부채의 75퍼센트는 미국에서 빌렸고, 캐나다와 일본, 아르헨티나와 노르웨이도 대영 제국에(넓게 보면 그 동맹국들에도) 자금을 빌려주었다. 영국의 동맹국들은 영국의 높은 신용 덕분에 국제 시장에서 자신의 능력에 비해 훨씬 낮은 금리로 돈을 빌릴 수 있었다.

그런데 미국에서 대량으로 부채를 들여옴으로써, 이미 유럽에서 미국으로 넘어가던 금융 지배력의 대전환이 더욱 확고해졌다. 1917년 4월에 미국이 참전하기 전에 삼국 협상과 동맹국들은 약 70억 달러의 미국 상품을 구매했다. 지불 방식은 수출품과 금 판매, 미국이 외국에서 얻은 단기 부채 처분이었다. 여기에서 큰 비중을 차지한 쪽은 미국 정부가 허가한 24억 달러의 신용 대출이었다. 이 모든 구매와 부채에는 미국 경제를 연합국 편에 직접 개입시킨다는 부차적인 목표도 있었다. 미국이 이러한 재정적인 관계를 계기로 참전 것은 결국 정확한 계산이었음이 밝혀졌다. 1917년 4월부터 미국 정부는 추가로 74억 7천만 달러를 자신의 새로운 동맹국들에 빌려주었고, 이는 대부분 미국 상품을 구매하는 데 쓰였다. 덕분에 미국 산업과 생산은 비약적으로 발전하여 미국의 패권을 강화하는 데 기여했다. 미국이 빌려준 대출금과 전시 자금은 〈자유 공채Liberty bonds〉로 불린 전쟁 공채를 발행하고 세금을 크게 올림으로써 조달되었다. 이 자금 조달은 미국 연방 준비 제도가 실시한 인플레이션 억제 노력의 덕을 보았다. 이 기구는 자신의 새로운 화폐 보유고의 돈을 은행들에 빌려주었고 은행들은 이 돈을 개인에게 빌려주어 자유 공채를 구매하도록 장려했다. 이러한 방식으로 실제로 들어간 전쟁 비용이 얼마인지 여론에 감출 수 있었다.

과도한 국채 활용

엄청난 액수의 부채로 인해 양차 대전 사이에 세계 경제와 국제 금융 체계는 잠식되었다. 이는 세계 경제 위기가 닥칠 환경을 조성했다. 1920년대 대부분의 기간에 여러 나라 사이에서 부채 제거에 관한 논쟁이 국제 관계를 지배했다. 제1차 세계 대전이 끝난 지 20여 년 후에 제2차 세계 대전이 발발했다. 주원인은 제1차 대전의 재정 비용과 자금 조달 방식 때문에 초래된 긴장 때문이었다. 새로 발발한 전쟁 자금을 조달하는 책임을 진 사람들은 대체로 1914~1918년과 동일했다. 모든 국가는 제1차 세계 대전에서 자금 조달 문제를 겪으며 얻은 교훈을 잘 기억하고 있었다. 제1차 세계 대전 때 영국 재무부 소속으로 활동한 존 메이너드 케인스의 경우가 대표적이었다. 제1차 대전에서 엄청난 빚을 진 경험을 한 이후로 대다수 전문가는 공채와 새로운 화폐 발행이라는 방법을 활용하되, 무엇보다 증세로 국가 부채를 늘리지 않으면서pay as you go 새로 발발한 전쟁 자금을 조달해야 한다고 판단했다. 그러나 이러한 자금 조달 방식은 결국 현실보다는 이상에 가깝다는 사실이 드러났다. 채택된 견해는 예산 균형이 악화되는 한이 있더라도 부채 활용에 우호적인 케인스주의 이론이었다. 주요 참전국들은 과도하게 내국채에 의존하기 시작했다. 하지만 이번에는 외국에서 빚을 지는 일을 자제했다. 연합국들 사이에 부채 수준이 높아져 양차 대전 사이의 기간이 내내 암울했던 탓이었다. 그래서 미국은 연합국에 돈을 직접 빌려주는 대신, 루스벨트 대통령이 〈국가 방위의 이해관계〉에 합당하다고 확인한 모든 물자와 장비를, 대통령이 승인한 지불금을 대가로, 어떤 제약 없이 독일과 이탈리아, 일본에 대항해 싸우는 국가들에 공급하는 〈무기 대여Lend-Lease〉 프로그램을 실시하기로 결정했다. 전쟁이 끝날 때까지 미국은 연합국들에 501억 달러에 이르는 탄약과 원료, 연료, 산업 기계, 식량, 운송 선박을 공급했다. 전쟁 기간에 채무국들이 치른 희생은 부채 상환을 넉넉히 대신했다. 연합국의 부채 대부분은 미국이 청산했다. 이로써 양차 대전 사이에 국제 관계를 악화시킨 부채 누적을 면할 수 있었다. 국가들은 제1차 세계 대전의 경험을 교훈 삼아 부채와 인플레이션을 통제하면서, 무엇보다 각국의 군수 물자 생산 능력이 생산에 필요한 돈보다 훨씬 오래전에 고갈되지 않도록 보장하는 통화 정책을 실시하는 쪽을 택했다.

팽창주의적인 나치 독일에서는 이러한 정책이 가격과 임금의 엄격한 통제라는 형태를 취했다. 독일은 패전국이 돈을 내게 하는 나폴레옹의 방법을 본떠 패전국의 중앙은행에서 〈점령 세금〉을 거두었다. 패전국들은 나치 독일 경제에 통합되어 있었으므로 가격과 임금도 통제받았다. 일본도 마찬가지로 새로운 화폐를 발행하고, 통화 발행권을 철저히 독점하고, 〈대동아 공영권〉을 명분으로 내세워 점령한 영토에서 착취하는 방법을 동원했다. 아시아와 태평양 지역에서 벌인 전쟁과 동남아시아 점령에 필요한 자금을 조달했다.

영국에서는 가격과 임금 통제를 실시하고, 은행 금리를 조종했다. 인플레이션과 부채를 제한하기 위하여 단·장기적으로 자본의 흐름을 통제했다. 소련에서는 계획 경제를 실시해 가격과 임금 통제가 국민에 대한 직접 과세 수단처럼 기능하고 있었다. 덕분에 1942년에 발행된 전쟁 공채와 함께 국가 부채를 늘리지 않으면서 전쟁 자금을 조달하는 목표를 다른 그 어느 유럽 교전국보다 더욱 잘 달성할 수 있었다. 하지만 전쟁은 국민과 생산 자원에 너무 큰 압박을 가하여 전쟁 이후에도 부담은 상당히 컸다. 제1차 세계 대전 때와 마찬가지로 다른 교전국들보다 재정적인 토대가 튼튼한 미국은 조세에 힘입어 제2차 세계 대전에 든 비용, 약 4137억 달러를 충분히 감당해 냈다. 소득세는 1941년에 16억 달러에서 1945년에 187억 달러로 증가했다. 그러나 전쟁 지출의 46퍼센트만 이 방법으로 조달했다. 나머지는 새로운 화폐 창출이나 부채로 충당했다. 미국 연방 준비 제도는 제1차 대전 때보다 더 나아가 채권 시장을 안정화하기 위해 정부의 국채를 직접 사들였다. 제1차 대전 때와 마찬가지로 부채 전액을 상환해야 할 필요 때문에 전후에 끝없는 논쟁이 벌어졌다. 하지만 전쟁 중에 그랬던 것처럼, 경제 성장의 자극제인 부채를 통해 얻는 경제적 이득이, 부채 상환을 이행하기 위해 필요했을 조치보다 더 바람직하다고 판단했다.

더 이상 따라갈 수 없었던 소련, 붕괴하다

이전 세기 강대국들 사이의 적대 관계는 냉전기에 초강대국의 대결이 되었다. 마찬가지로 앞선 시대를 차지했던 여러 강대국 간 분쟁은, 미국과 소련이 자신의 종속국과 비국가 조직들을 내세워 대신 싸우게 하되 종종 지역 분쟁에 직접 개입하는 대리전쟁으로 대체되었다. 미국과 소련에 많은 비용을 안겨다 준 베트남 전쟁과 아프가니스탄 전쟁이 대표적이었다. 냉전은 비전형적인 분쟁의 유일한 경우는 아니었다. 과거에 이미 직접 충돌 없이 강대국들이 대치한 다른 경우 — 중앙아시아에서 영국과 러시아가 벌인 〈그레이트 게임Great game〉 같은 — 가 있었다. 이때 지역 당사자들 간에, 가끔은 이들과 유럽의 강력한 제국이 몇 차례 소규모 교전을 벌였다. 그래도 냉전은 전례 없는 대규모 분쟁이었다. 사용된 방법은 이례적이었다. 미국과 소련이 공산주의를 억제하거나 확대할 목적으로 외국 원조와 국제적인 사안에 들인 자원은 전통적인 방위비 지출 — 군사 자재와 인력 비용 — 에 들어간 수십억 달러만큼 큰 규모였다. 그렇다고 전통적인 군사비 지출이 냉전 중에 폭발적으로 증가하지 않았다는 뜻은 아니다. 1948년부터 시작된 핵무기와 재래식 무기 군비 경쟁으로 국가 지출은 전례 없이 높아졌다. 실제로 양편에서 구축한 핵무기로 인해 재래식 군대에 할당된 지출액도 늘어났다. 1950년 1월에 발간된 『국가 안보 메모National Security Memorandum』 제68호에서는 〈[미국과 동맹국들이] 군사적으로 핵무기에 더 이상 의존하지 않도록 공군과 육군, 해군을 가급적 빨리 증강해야 할〉 필요성을 강조했다. 미국은 견고한 자국 경제와 적자 예산, 인플레이션을 조장하는 화폐 발행과 세금 증액으로 냉전에 드는 엄청난 비용을 조달할 수 있었다. 소련이 미국 군산 복합체의 지출을 따라잡기 위해 받은 압박이 1991년 소련 붕괴에 기여했음이 분명하다.

현대에 전쟁 자금 조달 문제는 자기 자금을 활용하는 쪽을 옹호하는 이들과 부채를 지는 쪽을 옹호하는 이들 사이에서 끊임없는 논쟁의 주제였다. 결론적으로, 근대 전쟁이 수행될 수 있던 것은 화폐 조작에 힘입은 부채 덕분이다. 그리고 대규모 동맹이 유지되기 위해서는 동맹국에 필요한 자금을 조달하는 능력이 결정적이었다. 제1차 세계 대전은, 금융 체계에 엄청난 금액을 조달하도록 강요하고 국내 및 국제적으로 엄청난 규모의 부채를 지도록 함으로써 중요한 전환점이 되었다. 제2차 세계 대전 초기에 빚을 통해 전쟁 자금을 조달하는 방법은 큰 지지를 받지 못했으나, 그렇다고 포기되지도 않았다. 냉전이 끝나고 소련이 붕괴하면서 군사비 지출이 국가의 재정 능력을 넘어설 때 국가가 어떤 위험에 노출되는지 명확하게 드러났다. 부채는 전쟁 지휘와 실행의 열쇠가 되었다. 키케로의 평가를 각색하여 말하자면, 전쟁의 동력은 무제한의 빚이었다 nervos belli, creditum infinitum.

참조

1부 - 07 전략 없이는 기술은 소용없다 | 09 전쟁 국가의 출현

11

애국 전선

카렌 하게만 *

국내 전선은 제1차 세계 대전 기간 동안 선전으로 만들어진 개념이다. 남자들은 전선에서 싸우기 때문에 이 〈애국 전선〉은 대다수 여성이 동원됐다라고 여겨졌다. 그러나 이러한 성별 구분은 현실과는 전혀 달랐다.

애국 전선Heimatfront 또는 국내 전선home front은 제1차 세계 대전 기간에 선전으로 만들어진 개념으로서, 군인이 싸우는 전선과 국내 전선을 구분하기 위해 사용되었다. 당대의 표현법을 빌려 말하자면, 이 두 전선이 공조하여 만들어 내는 상승효과만이 제1차 대전에서의 승리를 보장할 수 있었다. 건장한 남성들을 전선에 동원하는 동시에, 일반 시민을 애국 전선에 동원해 한창 진행 중인 분쟁을 다양한 형태로 폭넓게 확실히 지원하는 일이 중요했다. 이러한 지원은 산업·운송·농업·행정에서 군인으로 동원된 남성들을 대체하고, 배급받은 소비 물자와 연료를 각 가정에서 철저히 절약해 사용하며, 군인의 아내와 전쟁 과부, 고아와 장애인을 지원하고 전쟁 피해자와 부상자를 치료하

• Karen Hagemann. 노스캐롤라이나 채플 힐 대학교의 석좌 교수. 연구 분야는 19세기와 20세기의 독일과 유럽, 대서양을 가로지르는 역사와 전쟁사, 사회적 성별의 역사. 최근에 출간한 저서로 『나폴레옹에 맞선 프로이센 전쟁을 재탐색하다 Revisiting Prussia's Wars against Napoleon』가 있다. 이 책은 2016년 중유럽 역사학회의 한스 로젠베르크상을 받았다.

는 일이었다. 여기에 덧붙여, 애국 전선은 희생정신과 애국심을 발휘해 전선에서 싸우는 군대의 사기를 북돋는 역할도 맡아야 했다.

후방은 전쟁에 들어가는 노력의 주요 자원만은 아니었다. 후방은 전쟁을 수행할 때 전략적 목표이기도 했다. 이 때문에 전혀 새로울 것이 없는 방법인 상호 경제 봉쇄 정책을 실시하고, 도시와 마을 폭격, 인구의 대거 강제 이주, 죽음의 행군, 조직적인 처형, 집단 학살의 초기 형태 등을 사용하여 더 체계적으로 민간인을 표적으로 삼았다. 전쟁 선전에서는 민간 시민을 여성과 어린이, 노인이 혼합된 모습으로 표현함으로써 애국 전선이 주로 여성으로 이루어져 있다고 묘사했다. 하지만 그렇게 함으로써 남성들 중 일부만 전쟁터로 싸우러 떠났다는 사실이 간과되었다. 많은 남자가 너무 어리거나 늙어서, 건강상의 문제로 부적격 판정을 받아서, 그 외 아주 다양한 이유로 후방 곳곳에 남아 있었다. 또 어떤 남자들은 경제와 전쟁 행정 업무에 필수 불가결하다고 간주되거나, 또 다른 분야에서 중요한 업무를 수행했다. 남성과 여성이 능력을 발휘하는 영역을 명백히 구분하고 가상의 성별 영역화된 질서를 바탕으로 애국 전선과 군사 전선을 구별함으로써, 가족과 조국을 보호하기 위해 전선에서 싸우는 남성의 전형에 들어맞지 않는, 후방에 남아 있던 모든 남성들이 잊히는 경향이 있었다.

군대와 전쟁의 역사에 관한 연구, 그리고 무엇보다 여성과 사회적 성별의 역사에 관한 연구 덕분에 민간인이 어느 정도로, 어떤 방식으로 근대 초기부터 전쟁의 영향을 크게 받았으며 전쟁에 개입했는지 밝혀졌다. 특히 영국의 역사학자 피터 윌슨은 30년 전쟁(1618~1648)에서 알려진, 전체 인구 중 전쟁 피해자의 비율이 제1차 세계 대전 피해자의 비율보다 더 컸으며, 당시 이미 애국 전선에 해당하는 무언가가 존재했다고 지적했다. 국민은 세금과 공공요금을 냄으로써 전쟁 자금을 지원하고, 자기 지역에 잠시 주둔하는 군대에 장비를 조달하며, 그것도 모자라 군대가 승리하도록 기도해야 했다. 뒤이은 전쟁에서도 똑같은 상황이 반복되었다. 그렇다면 19세기와 20세기에 전쟁은 어떠한 변화를 가져왔는가? 뒤이은 내용에서는 이 질문이 사회적 성별의 관점에서 다루어질 것이다. 이때 〈사회적 성별〉은 연구의 방법론과 대상이 되며, 특수하고 관계적인 역사 분석의 한 범주로 활용될 것이다. 이 역사의 중심에는 프랑스 혁명전쟁과 나폴레옹 전쟁, 19세기에 벌어진 민족 전쟁과 제1·2차 세계 대전이 있다. 사회적 성별이라는 관점을 취함으로써 여러 전쟁에서 애국 전선의 역사를 비교하고, 지역적, 연대순으로 분석할 수 있다. 담화를 통해 국내 전선과 군사 전선을 나눈 양상과 전시의 사회적 성별 관계를 자세히 들여다보면 전쟁 수행 방식의 전반적인 변화뿐 아니라 전쟁으로 인해 민간 사회가 동원되고 변화한 정도를 알려 주는 중요한 단서가 드러난다. 이 글에서는 현재까지 이루어진 연구를 반영하여 여성이 분석의 중심을 차지할 것이다. 남성이 전시 사회에서 민간인의 상당수를 차지했고 전시 경제 등의 분야에서 핵심적인 역할을 담당했지만, 역설적으로 이 들의 특수한 상황은 사회적 성별과 남성성의 역사라는 관점에서 거의 연구되지 못했다.

확대된 가족으로서의 조국

전쟁과 군대, 사회의 상호 관계에서 프랑스 혁명전쟁과 나폴레옹 전쟁이 지닌 중요성을 알아보기 위해서는 일단 이 전쟁을 지역적 차이와 관계없이 보편적으로 확장된 〈대중 전쟁〉으로 이해해야 한다. 이 전쟁은 애국적이고 민족주의적인 수사법으로 정당화되었으며, 자원병과 민병, 징집된 군인으로 이루어진 부대를 기초로 한 대규모 군대에 의해 수행되었다. 이런 이유 때문에 미국 역사학자 데이비드 벨은 이 전쟁이 〈정치와 전쟁이 융합〉된다는 사실로 구별되고 〈전투 병력의 숙명적 증대〉를 초래하는 최초의 〈총력전〉으로 간주했다. 그가 보기에 〈총력전〉이라는 표현은 다음과 같은 네 가지 근거로 정당화 된다. 비약적으로 팽창하여 전례 없는 수준에 이른 군대의 규모, 전투 횟수와 강도의 엄청난 증가, 군대와 민간 사회의 상호 관계, 끝으로 적을 파괴하는 것이 전쟁의 궁극적인 목적이라고 부르짖으며 감정에 찬 애국적이고 민족주의적인 표현법을 사용하는 새로운 전쟁 문화다. 이러한 요인이 서로 결합하여 〈피할 수 없는 폭력의 증대〉를 야기하고, 이는 어느 한쪽이 완전히 지치고 피폐해져서 붕괴하는 것으로 끝이 난다.

양차 대전 사이에 생겨나 오늘날까지도 일부 역사학자들이 인정하지 않는 〈총력전〉 개념을 사용하는 것이 문제가 될 수 있다 해도, 데이비드 벨의 접근법을 받아들이면 그 시대의 역동과 긴장, 모순뿐만 아니라 애국 전선이라는 현상의 발달 과정을 더 잘 이해할 수 있다. 여기에서 우리가 각별히 관심을 갖는 군대와 사회의 관계에 있어, 국가들이 충돌한 양차 대전 중에 새롭게 대두한 대규모 전쟁이 끼친 영향은 매우 중요하다. 나폴레옹 전쟁에 참전한 군인의 수는 그 전까지 유럽에서 벌어진 모든 전쟁에 참전한 군인 수보다 많았다. 프랑스는 1793년 8월부터 이미 대규모 징병을 실시했고, 1798년 9월에는 면제와 대체 복무가 가능한 국민개병 제도를 제정했다. 1792년부터 1813년까지 프랑스 전체 인구의 7퍼센트에 이르는 2백만 명 이상이 군대에 복무했다. 나폴레옹이 1806년 7월에 결성한 라인 연방처럼 프랑스 황제와 군사 동맹을 체결할 수밖에 없던, 프랑스에 병합된 지역과 국가에서 징집된 군인 1백만 명도 포함시켜야 한다.

나폴레옹의 대육군은 전례 없는 규모에 이르렀다. 나폴레옹은 1812년에 약 65만 명의 병사로 러시아를 침공했는데, 이들의 절반은 동맹국에서 왔다. 대육군에 맞서기 위하여 상대국들도 대규모 군대를 동원해야 했다. 오스트리아는 1809년에 민병대를 창설했고, 프로이센은 1813년에 면제와 대체 복무가 허용되지 않는 국민개병 제도를 실시했다. 프로이센 군대의 병력은 1813년에 25만 명에 달했다. 이 중 46퍼센트는 민병이었고 8퍼센트는 자원병이었다. 1813년에는 남성 총인구의 10퍼센트 이상이 징집되었는데, 1806년에는 비율이 2퍼센트였다. 대육군은 러시아 원정에서 큰 손실을 보았음에도 불구하고 1813년 8월에 약 44만 명의 군인을 보유한 반면, 대프랑스 동맹 군대는 약 51만 명의 군인을 보유했다. 1813년 10월 라이프치히 전투에서는 12개국에서 온 최소 47만 명의 병사가 충돌했다.

대규모 군대가 벌인 전쟁들은 국민 전체에 큰 영향을 미쳤다. 많은 가족이 부양자를 잃었고, 서민 계층의 여성들은 홀로 자녀를 양육하는 책임을 떠안아야 했다. 불구가 되어 돌아온 퇴역 군인들은 국가의 보조가 거의 전무했기 때문에 가까운 사람들의 도움에 기대었다. 또 전쟁으로 희생된 사람의 수가 전례가 없는 규모에 이르면서 과부와 고아도 수십만 명이 생겼다. 영국의 역사학자 데이비드 게이츠의 추정에 따르면, 1792년부터 1815년까지 전쟁 중 총 사망자 수인 5백만은 당시의 인구수 비율을 감안할 때 제1차 세계 대전의 사망자 수와 맞먹었다. 1812년 6월에 러시아를 침공한 대육군으로 구성된 거대한 군대의 병사 가운데 1812~1813년 겨울에 돌아온 사람의 수는 많아야 2만 5천 명이었다. 대부분의 병사는 전쟁터에서 죽은 것이 아니라, 허기와 추위 또는 질병과 전염병, 특히 티푸스와 이질로 죽었다. 질병은 군대가 지나간 지역의 주민들에게도 전파되었다. 1813년 봄과 가을에 작센주의 인구 가운데 최소한 10~15퍼센트는 러시아에서 돌아온 병사들이 옮긴 티푸스 때문에 죽었다. 1813년 8월 말과 10월 초 사이 단 몇 주 동안 병들고 부상당한 병사 9만 명이, 도시 총인구가 약 4만 명인 라이프치히를 지나갔다. 〈국가들의 전투〉로 불린 라이프치히 전투가 끝난 후에도 라이프치히는 최소 3만 8천 명의 부상자 및 병자를 맞이했다. 지방 정부는 이렇게 몰려드는 병사들에 대처할 준비가 전혀 되어 있지 않았으므로 가까운 전쟁터에서 사망자를 거두고 부상자를 치료하도록 시민에게 도움을 청했다.

1792년부터 1815년까지 유럽은 전쟁이 적잖게 벌어졌던 18세기 전체보다도 더 많은 군대의 이동과 전투, 점령을 겪었다. 시민들은 세금과 공공요금, 다양한 분담금과 점령국에 대한 세금을 내야 했을 뿐 아니라, 지나가는 부대와 점령군에게 숙소를 제공하고, 파괴된 도시와 마을, 초토화된 밭에서 전쟁의 흔적을 지워야 했다. 지원해야 하는 것이 적의 부대든 동맹국의 부대든 별 차이는 없었다. 식량과 가축, 수레를 끊임없이 징발하는 것은 국민에게 큰 부담이었다. 전쟁이 오래 지속될수록 징발에 의존해 유럽 대륙의 모든 군대를 유지했기 때문이다. 나폴레옹이 대륙 봉쇄령을 내린 1806년 11월부터 일상생활은 더욱 힘들어졌다. 특히 오스트리아와 프로이센, 러시아처럼 나폴레옹의 세력권 바깥에 위치한 지역의 상업이 큰 피해를 입었다. 나폴레옹 전쟁이 장기화되면서 수십만 명의 사람들이 그 대가를 치렀다.

이렇게 큰 규모의 전쟁이 성공하려면 폭력과 규제에만 의존할 수 없었다. 전쟁은 반드시 국민의 지지를 받아야 했다. 이 때문에 나폴레옹 제국과 상대 진영에서는 연설과 강론, 노래와 시, 축제, 의식, 상징, 이미지를 이용한 선전 등을 동원하여 애국심과 민족의식을 불러일으키려는 노력이 펼쳐졌다. 병사에게 군복을 입히고 장비를 갖추게 하고, 부상자와 병자를 돕고, 장애인과 고아, 전쟁 과부를 구호할 돈과 물자를 모으기 위해 여성을 비롯한 민간인의 원조를 필요로 한 쪽은 무엇보다 나폴레옹에 맞선 동맹국들이었다. 당대 정치적 수사법에서, 나폴레옹에 맞선 해방 전쟁은 특히 프로이센과 스페인, 러시아에서 남녀노소 모두가 〈희생해야〉 하는 국가적 〈위기 상황〉이자 〈신성한 전쟁〉으로 간주되었다. 조국은 일종의 확대된 가족이 되었고, 그 안에서는 모두가 각자의 형편에 맞게 나폴레옹 황제에 맞선 〈해방 투쟁〉에 가담해야 했다.

국가 간 전쟁에서 사회적 성별로 영역화된 질서라는 새로운 이상의 모델은 국민개병을 실시한 프랑스였다. 프랑스에서는 싸울 능력이 있는 모든 남자가 동원되었으며, 늙은 남자들은 자신의 직업에 종사함으로써 전쟁 활동에 가담했다. 여자들은 어머니, 약혼자, 아내로서 젊은 남성들의 전투 사기를 높이고, 병사의 장비와 의복을 공급하고, 부상자와 병자를 돌보는 일을 맡았다. 이러한 〈공화주의적인 모성〉이라는 혁명주의 이상형은 적국들에서 〈애국적 모성〉으로 재해석되어 여성이 공공연히 전쟁을 지지하는 것을 정당화했다. 독일어권에서 이러한 표현들은 1813~1815년 반(反)나폴레옹 전쟁 기간 동안 중상류층 여성들이 창설한 여성 애국 협회 6백여 곳에서 다시 사용되었다. 협회 구성원은 협회가 위치한 도시의 크기에 따라 평균 열 명에서 3백 명 사이였다. 국가 해방 전쟁이라는 예외적인 상황에서 여자들이 남자 곁에서 이들을 지지하는 역할을 담당해야 한다는 이유로 이러한 협회의 존재가 정당화되었다. 여성 협회들은 자원병과 민병대 대원들에게 의복과 장비를 공급하기 위하여 기부 형식으로 구호물자를 모으기 시작했고, 병자의 치료와 전쟁 피해자에 대한 지원을 맡았다. 여성이 담당한 이런 중요한 역할은, 이후 남성적인 영웅을 내세운 공식적인 기억에서 빠르게 억압되어 잊혔다. 전쟁이 끝나자 사회는 여성이 집 안과 가정이라는 사적인 영역으로 되돌아가 전쟁이 남긴 부상자를 돌볼 것을 기대했다. 그러나 여성 협회의 10퍼센트는 전쟁이 끝난 후에도 자원봉사 활동을 이어 갔다.

대(對)나폴레옹 전쟁에서 활동한 애성 애국 협회와 유사한 사례는 오직 영국에서만 찾아볼 수 있었다. 독일어권에서 이러한 현상이 특별히 강하게 나타난 것은 몇 가지 이유로 설명할 수 있다. 일단 1813~1815년 전쟁 중에 중유럽은 전투의 주요 무대였다. 인구가 밀집한 이 지역에서는 많은 병자와 부상자, 전쟁의 또 다른 피해자들을 돌봐야 했다. 이런 일에 거의 대비가 안 된 군대로서는 이 일을 대신 감당해 줄 주민의 도움이 필요했다. 그래서 군대는 독일의 여러 도시에서 18세기 중반부터 존재한 민간 애국 협회에 도움을 요청했다. 여성 애국 협회를 창설하는 데에는 귀족 여성들의 열정적인 지원도 한몫을 했다. 덕분에 왕실과 군대 고위층에서 공식적으로 인정을 받아 이 여성들이 예외적으로 사적인 영역 바깥에서 활동할 수 있었다. 다른 나라에서도 여성들이 〈자유의 전사〉들에게 장비와 의복을 제공하기 위해 물자를 수집하고 양말과 속옷을 뜨개질했다. 근대 초기부터 특히 중산층 여성들은 기독교적인 자선을 명분으로 전쟁 피해자를 구호했고, 서민 출신 여성들은 19세기 초까지 군대 급식 담당자와 세탁부, 군인의 아내로 군대를 따라다니며 부상자와 병자를 돌보았다. 하지만 이러한 원조는 개인적으로 또는 군대나 교회 같은 기관의 틀 안에서 실현되었을 뿐, 민간 협회가 상징하는 새로운 형태의 조직을 통해서는 아니었다.

여성들에게 요구한 희생정신

1815년 이후, 나폴레옹에 대항하여 싸운 유럽 지역에서 여성들이 보여 준 애국적인 활동은 빠르게 잊힌다. 하지만 19세기 후반에 민족주의 사상이 점점 더 강하게 나타나면서 상황은 바뀌었다. 제1차 이탈리아 독립 전쟁(1848~1849), 크림 전쟁, 제2·3차 이탈리아 독립 전쟁(1859~1866), 독일 통일 전쟁들(1864년, 1866년, 1870~1871년)을 치르는 동안 국가적인 예외 상황에서 성인 여성과 소녀 들이 희생정신을 발휘할 것을 기대하기 시작한다. 영국을 제외한 모든 국가는 여전히 징집된 병사로 이루어진 국민 군대를 기반으로 전쟁을 수행했다. 그런데 산업화가 급격히 진행되면서 새로운 방식의 부대 이송(철로)과 통신(전보)이 가능해졌고, 대규모 군대가 훨씬 더 신속히 이동할 수 있게 되었다. 예를 들어 북독일 연방과 동맹국들 — 바이에른과 뷔르템베르크, 바덴 — 은 1870~1871년에 프랑스에 맞선 전쟁 기간 11개월 동안 140만 명에 가까운 병사를 동원했고, 프랑스는 약 160만 명을 동원했다. 이 중 독일 쪽에서는 4만 5천 명이 사망하고 9만 명이 부상당했으며, 프랑스 쪽에서는 13만 9천 명이 목숨을 잃고 14만 3천 명이 부상당했다.

19세기 중반 유럽에서 벌어진 국가 간 전쟁에서, 나폴레옹 전쟁 시기에 나타난 여성 애국 전통을 이어받은 것은 무엇보다 중상층 여성들이다. 특히 영국의 사회 개혁자 플로렌스 나이팅게일의 업적은 선구적이었다. 영국과 프랑스, 사르데냐 왕국의 지원을 받은 오스만 제국이 러시아와 싸운 크림 전쟁 중에 나이팅게일은 형편없던 야전 병원의 실상을 개선하고 전문적인 전시 간호사 단체를 창설하고자 노력했다. 전쟁이 끝난 후, 그녀는 민간의 재정 후원을 받아 여성 지원자에 대한 교육을 실시했고 이로써 국제적인 명성을 얻었다.

피에몬테·사르데냐 왕국과 프랑스가 오스트리아와 무력으로 충돌한 제2차 이탈리아 독립 전쟁을 계기로 바덴에서 1859년에 최초의 여성 애국 협회가 창설되었다. 부상자와 병자가 많이 발생하면서 군대의 보건 위생 체계가 이러한 상황을 감당하지 못하고 무너지자 전염병이 돌았다. 여성 협회 창립자들은 전염병이 독일 남서부 지역으로 퍼지는 것을 막는 한편, 어려운 형편에 놓인 가정을 돕고, 독일 영토에서 전쟁이 날 경우에 그 영향을 줄이고 피해자에 대한 원조를 조직화하고자 했다. 자원한 간호사들을 교육하는 일도 여성 협회 활동의 주요 부분을 차지했다. 1864년에 독일·덴마크 전쟁 그리고

1866년에 오스트리아와 독일이 벌인 전쟁 중에 여러 여성 애국 협회가 생겨났고 1870~1871년 프로이센·프랑스 전쟁에도 활동했다.

1863년에 〈국제 전시 부상자 상설 구호 위원회〉가, 그리고 1875년 12월에는 〈국제 적십자 위원회(CICR)〉가 창설되어 여러 여성 협회와 협력하여 활동함으로써 직업 간호사 양성이 활성화되었다. 이러한 진보는 1871년에 건국한 독일 제국에서 특히 두드러지게 나타났다. 독일 제국에서 여성 애국 협회 연합에 소속된 협회 수는 1877년에 4백 개소, 1910년에는 1,507개소로 총 회원 수는 48만 2천8백 명에 달했다. 다른 유럽 국가들에서도 제1차 세계 대전 이전 수십 년 동안 민간 여성 협회와 적십자사를 근간으로 비슷한 간호사의 직업화 움직임이 일어났다. 그중 가장 활발한 활동을 벌인 나라는 독일이었다.

산업과 운송 분야의 예비군

19세기에 벌어진 전쟁에서 〈총력전〉 개념을 사용하는 것은 합당한가? 역사학자들은 이 문제를 두고 논쟁을 벌이고 있는데, 이는 정당한 일이다. 그렇지만 이 용어를 미국 역사학자 로저 치커링과 그의 독일인 동료 스티크 푀르스터가 제안하는 것처럼 〈이상형〉, 즉 〈결코 완전히 실현되지 않을 현상〉으로 간주하면, 제1차 세계 대전 그리고 당연히 제2차 세계 대전이 〈총력전〉이었다는 사실에 거의 모든 사람이 동의한다. 이 두 역사학자가 보기에, 〈총력전〉의 이상형은 명백한 네 가지 특징을 띤다.

1) 적군의 정부나 민족의 무조건적인 항복 그리고 파괴 원칙 등 총력전에 해당하는 전쟁 목적에 부합함, 2) 국제법과 공통의 윤리를 무시하는 것을 특징으로 하는 전면적인 방법 또는 적에 맞서 군사적인 수단을 무제한으로 사용함, 3) 전면적인 동원, 즉 전쟁이라

는 유일한 목적을 위해 국가와 사회, 경제 자원을 전부 사용함, 4) 전면적인 통제, 즉 전쟁 상황에서 공적·사적 생활의 모든 측면을 중앙 집권적으로 조직함.

제1·2차 세계 대전을 그 이전의 전쟁과 구별 짓는 것은 무엇보다 이 네 가지 요인이 결합된 효과다. 물론 이 이상형이 내포하는 〈전면적인 특성〉은 현실에서 완전히 실현되지 않았지만, 〈총력전〉이 지닌 분명한 네 가지 특징의 핵심 요소는 애국 전선과 군사 전선의 경계가 사라진다는 점이었다. 일반 시민은 결정적인 자원이 되었고, 전쟁을 수행하는 데 핵심 요소가 되었다.

제1차 세계 대전은 전면적인 분쟁이면서, 고도로 산업화된 최초의 대규모 전쟁이었다. 38개 국가가 6천만~7천만 명의 군인을 동원해 참전했다. 이 중에서 1천만 명에 이르는 병사가 사망했고 2천만 명이 부상당했으며 8백만 명이 포로가 되었다. 이러한 추정치에 7백만~8백만 명에 이르는 민간인 희생자도 포함해야 한다. 엄청난 인명 손실을 초래하는 유형의 대규모 전쟁은, 참전 국가 대부분이 국민개병이라는 도구를 갖추었기에 가능했다. 독일에서는 전쟁이 종결될 때까지 약 1320만 명의 남성이 투입되었는데, 이는 독일 전체 남성 인구의 3분의 1이 넘는 인원이었다. 프랑스에서는 810만 명의 남성을 동원했지만, 독일보다 전체 남성 인구에서 차지하는 비율은 더 높았다. 영 연방 국가들만 자원병으로 이루어진 군대로 참전했다. 그러나 해가 갈수록 군인의 수요는 자원병의 수를 훨씬 넘어섰다. 영국은 결국 1916년 1월에 국가 동원 법안Military Service Act을 제정하여 영국에서만 거의 570만 명, 영 연방의 다른 국가에서 130만 명의 남성을 동원했다.

남자들은 후방에 남은 여자와 어린이를 보호할 책임을 진 〈위험에 처한 국가의 수호자〉로 소개되었다. 전방으로 떠나지 않은 남자는 〈비겁한 자〉로 간주되었다. 예를 들어 영국에서는 〈하얀 깃털 캠페인White Feather Campaign〉을 벌여 여자들이 길에서 징집 연령의 남성을 마주치면 〈비겁함〉과 남성적 가치가 부족함을 상징하는 하얀색 깃털을 그들에게 주었다. 하지만 실제로 군대에 동원된 남자들이 여자와 자신의 가족, 국내 영역을 완벽하게 보호하는 일은 불가능했다. 독일군이 벨기에와 프랑스를 침공하자 피란민 약 2백만 명이 길거리로 내던져졌다. 초기 몇 주 동안 벨기에와 프랑스의 민간인이 6천5백 명 가까이 사살되었다. 당시의 표현을 빌리자면 이 〈독일의 잔혹성〉으로 연합국들에 분노의 물결이 퍼져 나갔다. 덕분에 영국에서 키치너의 군대는 자원병을 쉽게 구할 수 있었다. 이후 점령 체제가 자리 잡으면서 동유럽과 발칸반도 그리고 독일 편에서 싸운 오스만 제국에서 민간인에 대한 직접적인 폭력은 더욱 강해졌다. 1915~1916년에는 아르메니아인 집단 학살로 약 150만 명의 민간인이 사살되었다.

그 밖에도 가족들은 가까운 사람들을 전쟁터로 떠나보내는 시련을 감내해야 했다. 평화 경제에서 전시 경제로 바뀌면서, 특히 기존에 〈여성적인 활동〉으로 여긴 섬유 및 의료 산업에 종사하던 여자들이 일시적으로 실업 상황에 처했다. 하지만 금세 군사적 손실과 높은 징병률 때문에 전시 경제를 지탱하기 위하여 민간인을 동원해야 했다. 모두들 전쟁이 금방 끝날 거라 생각했기 때문에, 전쟁에 대한 대비가 충분히 되어 있지 않았다. 따라서 장기적인 전시 경제로 전환하는 일은 거의 모든 곳에서 커다란 문제였다. 기존의 사회 복지 체계는 산업 전쟁이라는 새로운 차원의 전쟁에 걸맞지 않다는 사실이 드러났다. 무엇보다 군인들이 국가가 가족을 버렸다는 느낌을 갖지 않도록 그들의 가족을 재정적으로 도와야 했다.

독일에서는 〈징집된 남자〉의 가족에 대한 지원 문제를 1888년에 관련 법을 제정하여 해결했다. 군인과 그 아내, 15세 미만인 모든 자녀와 1촌 가족은 〈원조받을 권리 보유자〉로 간주되었다. 1917년 말에는 1천5백만 명의 가족이 도시의 원조를 받았다. 원조 액수는 자녀의 수와 필요에 따라 달랐지만, 충분하지는 않았다. 프랑스에서는 13세 미만의 어린이만 자동적으로 혜택을 받았다. 영국은 상황이 달라서, 정부는 지원병을 모집하는 데 필요하다고 판단해 상대적으로 넉넉한 별거 수당separation allowance을 지급했다.

전쟁 초기에 거의 모든 나라가 중하층 가정의 지출 대부분을 차지하는 집세를 동결했다. 식량과 연료의 배급은 더 이후에 실시했다. 전쟁이 지속되자 전쟁에 대한 대비가 부족했던 탓에 심각한 식량과 물자 보급 문제가 발생했다. 독일과 이탈리아, 오스트리아·헝가리, 러시아에서는 경제 봉쇄 때문에 상황이 더욱 어려웠다. 이 나라들에서는 1915년 이후로 식량과 물자가 끔찍하게 부족했다. 도시에 사는 중산층과 서민층 가족의 형편이 특히 어려웠다. 식량을 배급받기 위해 몇 시간씩 줄을 서고, 시골에 가서 식량과 물자를 확보하고, 물물 교환을 하고, 암시장에서 장을 보는 등 일상의 궁핍함에 대처하는 모든 일은 주로 여성이 담당했다. 가족의 생계는 점점 더 여성이 수행하는 생계 유지 가사 노동에 의존하게 되었고, 이러한 노동에는 많은 시간이 들었다. 1916년부터 기아로 인한 시위와 폭동이 일어났고, 이를 주도한 것은 여성과 청소년이었다. 전쟁이 끝날 때까지 민간인 수십만 명이 기아와 질병으로 사망했다. 1918~1919년에 발생해 전쟁으로 이미 허약해진 민간 사회를 덮친 스페인 독감의 희생자까지 감안하면 전쟁 중 희생자의 수는 수백만 명에 이른다.

전쟁 초기에 급하게 만들어 주로 여성에게 담당하도록 한 자발적인 민영 구호 수단으로는 미비한 행정과 군대 체계를 보충할 수 없었다. 제1차 세계 대전 이전에 유럽 국가들에서 영향력이 급격히 커진 중산층과 사회주의 여성 단체 대부분은 단체가 속한 국가를 지지하며 국가 방위 전쟁의 수사법을 옹호했다. 정치적·사회적 차이를 극복하고 전 국민이 일치단결하여 온 힘을 기울여야 한다고 부르짖는 선전이 어디에서나 들려왔다. 이런 의미에서 노동자 정당과 조합뿐 아니라 국가 기관과 밀접하게 협력한 많은 여성 단체도 이 신성한 결합에 가담했다.

그 좋은 예로 당시에 가장 규모가 큰 두 여성 단체를 들 수 있다. 회원이 약 10만 명이던 영국의 전국 여성 참정권 단체 연합National Union of Women's Suffrage Societies과 회원이 약 50만 명이던 독일의 독일 여성 단체 연합Bund Deutscher Frauenvereine(BDF)이었다. BDF는 1914년 7월에 여성을 〈국내 전선에서 조국을 위한 근로〉에 동원할 목적으로 여성 공익 근무Nationale Frauendienst(NFD)를 제정했다. 처음에 NFD는 활동 범위를 식량 배포와 군인 가족 원조, 실직한 전쟁 피해자 지원에 집중했으나, 뒤이어 어린이와 젊은이, 출산 여성, 유아 및 노숙자 지원으로 범위를 넓혔다. 덧붙여 NFD는 노동자 계층의 여자들에게 배급받은 빈약한 식량과 연료를 최대한 효율적으로 활용하는 법을 가르치는 요리 강습도 실시했다.

여성 단체들의 활동은 다른 나라에서도 거의 비슷했다. 전쟁 기간 중에 폭넓은 여성 집단을 동원하는 일이 전시 경제에 점점 더 필요해졌다. 여성들은 여성 노동자를 채용하는 일이나, 탁아소 또는 점심 식사를 제공하는 일을 담당했다. 이런 일은 대부분 무보수로 이루어졌지만, 사람들은 금세 이것만으로는 부족하다는 사실을 깨달았다. 여성을 위한 서비스에는 좀 더 전문성이 필요했다. 따라서 급여가 지급되는 직책을 만들어 중산층 및 상류층 여성에게 공공 보건과 사회 부조, 주거 또는 노동 감독을 맡겼다.

전시 경제에 필요한 노동력 수요 증가에 맞춰 여성은 점차 산업이나 상업, 운송 분야에서 징집된 남성들을 대체하며 중요한 예비군을 이루었다. 얼핏 생산 활동에 종사하는 여성의 비율은 놀라울 정도로 증가했다. 독일은 1913년 21퍼센트에서 1918년 36퍼센트로, 프랑스는 1914년 32퍼센트에서 1918년 41퍼센트로, 영국은 24퍼센트에서 38퍼센트로, 러시아는 32퍼센트에서 42퍼센트로 늘어났다. 하지만 기업에서 일하는 여성의 실제 증가분은 이 비율만큼 크지 않았다. 전쟁 중인 모든 나라에서 가사 노동이 아닌 산업과 상업, 행정 분야에서 전일제(全日制) 여성 노동이 증가하는 전반적인 경향 — 19세기 초 이전에 나타난 경향 — 은 유지되었다. 특히 젊은 미혼 여성이, 통계에서 거의 고려되지 않던 농장과 가사 노동에서 산업 노동으로 이동했다. 기혼 여성은 이제 집에서 일하거나 공장에서 일정 시기에만 일하는 것 — 이 일 역시 통계에서는 무시되었다 — 이 아니라, 공장에서 전일제로 일했다. 특히 전쟁 산업과 운송에서는 노동자들에게 법으로 더 엄격히 규제되는 노동 조건과 더 높은 임금을 보장해 주었다. 끝으로 전쟁은 중산층 젊은 여성들로 하여금 상업과 행정 분야에서 일하도록 압박했다.

1916~1917년에 전쟁터에서 많은 인명을 잃어 노동력 수요가 너무도 다급했던 정부는 여성을 비롯한 국민을 전시 경제에 끌어들일 온갖 수단을 찾아 나섰다. 영국에서는 1916년 국민개병 제도를 실시하면서 국가 등록대장National Register을 만들어 16세에서 65세 사이의 모든 사람의 연령과 직업을 기록했다. 하지만 여성에 대한 의무 노동 제도는 거부되었다. 정부가 여론의 대대적인 반발을 두려워했기 때문이다. 독일에서는 1916년 12월에 〈징병되지 않은〉 〈16세에서 65세 사이의 모든 독일인〉이 〈의무적인 보조 근무〉를 수행하는 법이 시행되었다. 여자들은 이 의무도 명시적으로 면제받았지만, 전쟁 산업에 자원하여 일하도록 강력히 권고받았다. 하지만 여러 가지 이유로 인

해 여성 노동력 투입으로 기대한 결과는 얻지 못했다. 이는 독일의 경우만 그런 것이 아니었다. 민간 및 군사 행정이 여성 단체들과 점점 더 긴밀하게 협력했음에도 불구하고 상황에는 거의 변화가 없었다.

생산의 재배치가 이루어지자 산업 분야에서 숙련된 노동자가 더욱 필요했다. 따라서 숙련 노동자에게 병역을 면제해 주어야 했다. 점차 전쟁 포로도 고용했다. 독일에서만 전쟁 포로 중 39만 명이 핵심 군수 산업 분야에서 일했다. 동시에 애국 전선에서는 삶의 조건이 악화되었다. 국가는 여성, 특히 기혼 여성들에게 전시 경제에 기여하라고 점점 더 절박하게 요구했다. 하지만 여성들은 이에 긍정적으로 응답할 수 없었다. 독일과 오스트리아·헝가리에서 기혼 여성들은 가족의 생계를 위해 식량을 구하는 데 온 힘을 쏟아야 했다. 젊은 미혼 여성 노동자들은 더 나은 노동 조건과 임금을 얻기 위해 자주 직장을 바꾸었다. 이러한 태도와 전쟁 중에 벌어진 자발적인 파업은 중산층 여론에 의해 애국심과 희생정신이 부족한 행동으로 간주되었다.

그러나 간호사로 근무하는 여성들에게는 이런 비난이 쏟아지지 않았다. 반대로 여성의 애국심이 최고로 발현한 것으로 보고 그들의 용기에 찬사를 보냈다. 제1차 세계 대전은 중산층과 상류층 출신의 직업 및 자원 간호사가 대거 동원된 최초의 전쟁이었다. 전쟁 피해자에 대한 무상 치료로 널리 알려진 단체 중 하나는, 영국 적십자사가 1909년에 창설한 구급 간호 봉사대Voluntary Aid Detachment(VAD)였다. 전쟁 중에 VAD는 6만 6천 명의 간호사를 모았다. 이 중 3만 2천 명은 전문 간호사로 일했고, 2만 3천 명은 자원 간호사로, 1만 1천 명은 요리 보조사와 세탁부, 구급차 운전사로 고용된 보조 근무자였다. 프랑스에서도 1909년에 전쟁 간호사를 편성하기 시작했다. 이들 중 2만 3천 명은 전쟁 초기에 적십자사의 후원을 받아 군대의 보건을 위해 동원되었다. 1916년이 되어서야 자원 간호사는 반숙련 간호사로 일할 기회를 얻었다. 총 6만 3천 명의 간호사가 야전 병원과 위생 부대 1,480개소에서 고용되었다.

독일에서도 독일 적십자사(DRK)의 후원으로 의료 보조가 이루어졌다. 1914년에 DRK는 총 구성원이 1백만 명이 넘는 6,297개 지역 단체를 총괄했다. 이 중 3천 개소는 여성 단체였다. 여기에 속한 구성원만 해도 80만 명으로 이들은 적십자사의 활동을 지원하고 여성 공익 근무(NFD)와 긴밀하게 협력하며 활동했다. 초기에 이 단체들은 기부 물품을 걷다가, 나중에 부상자와 그 가족을 직접 원조했다. 주로 독일 적십자사가 담당한 엄밀한 의미에서의 의료 업무에 종사한 여성은 독일에서 9만 2천 명에 달했다. 이들은 간호사와 조무사로 일했는데, 독일 군대 위생 인력의 40퍼센트에 해당했다. 전문 교육을 받은 간호사 2만 8천 명 중 적십자사 간호사가 1만 9천8백 명이었고 신교도 소속 간호사가 8천2백 명이었다. 간호사와 조무사가 일하는 조건은 매우 열악했지만, 일반 여론은 전쟁 도중이나 이후에도 이런 사실을 거의 알지 못했다. 집단적 기억에는 제1차 대전에서 부상자를 치료한 흰옷 입은 천사의 이상화된 기억만 남았다.

독일 적십자사의 여성 간호 보조사 40만 명

제2차 세계 대전은 제1차 세계 대전보다 엄청난 대규모 인력 동원과 군사 기술, 성능이 더욱 좋아진 장비와 새로운 통신 기술을 특징으로 한다. 몇몇 수치를 보면 이 전쟁의 규모와 영향을 가늠할 수 있다. 참전한 72개 국가에서 8천만~1억 1천만 명의 군인이 동원되었다. 전쟁이 끝난 후 퇴역 군인 약 3천5백만 명이 집으로 돌아갔고, 1천8백만 명은 포로로 잡혔으며, 약 2천6백만 명은 목숨을 잃었다. 그리고 가장 낮은 추정치에 따르면, 사살된 민간인의 수는 2천9백만 명으로 전투 중 사망한 병사의 수를 훨씬 넘는다. 적어도 1천1백만 명의 다양한 국적을 가진 여성과 남성, 어린이가 감옥과 집단 수용소, 학살 수용소에서 살해되었다. 학살된 유대인의 수만 해도 약 6백만 명이다.

제1차 세계 대전과 마찬가지로 제2차 세계 대전은 발발하기 오래전부터 교전국들에 의해 예견되었다. 독일 제3제국(나치 독일)이 새로운 전쟁을 준비하고 있다는 최초의 분명한 신호는 1935년 5월 법을 제정해 징병제를 재도입한 것으로서, 베르사유 조약의 조항에 위배되는 일이었다. 이 법으로 전시에 여성이 공익 근무를 할 수 있는 법률적인 기초가 마련되었다. 나치 정부와 그 군대는 대규모 전쟁에 대비하고 있었고, 이 전쟁을 치르려면 나치의 사회적 성별 이념과는 반대로 여성을 비롯한 독일 국민 전체를 동원해야 했다. 많은 독일인이 자국민은 우월하므로 전쟁이 금방 끝날 것이며 극단적인 상황까지 치닫지는 않을 거라고 믿었다. 하지만 이는 착각이었다.

양차 대전 사이에 유럽 모든 국가의 군인과 정치가들은 제1차 세계 대전이 남긴 〈교훈〉에 대하여 오랫동안 논쟁을 벌였다. 이러한 맥락에서 〈총력전〉 개념이 대두했다. 많은 사람이 앞으로 벌어질 전쟁에서 애국 전선이 점점 더 중요한 역할을 담당할 거라고 생각했다. 1935년에 독일에서 쓰인 어떤 글에서 말했듯, 모든 국민은 〈국민의 군대〉를 이룰 것이고 이때 여성이 더 많이 동원될 것이며, 전후방의 경계는 1914~1918년보다 더 모호해질 것이라고 생각했다. 따라서 1916~1917년 독일과 이탈리아, 오스트리아, 러시아에서 벌어진 기아로 인한 폭동과 전쟁 반대 시위를 방지하기 위해 애국 전선에 대한 식량 및 물자 보급이 개선되어야 했다. 이것이 나치 지도자들이 제1차 세계 대전에서 얻은 교훈이었다. 이들은 정복한 지역에 대한 약탈과 과도한 개발 정책을 펼쳐 1945년까지 독일 국민에 대한 식량 및 물자 보급을 확보했다.

애국 전선의 중요성이 계속 커지면서 민간인이 점점 더 많이 전쟁에 개입하게 되었다. 민간인이 전쟁 활동을 무조건 지원하고 전시 경제에서 역할을 담당하는 일, 그리고 공습 피해자와 전투원을 구호하는 일이 필수 불가결해졌다. 대부분의 국가에서 정부는 독일과 영국, 소련에서 그랬듯 여성의 의무 공익 근무 실시를 비롯해 1914~1918년보다 더 체계적이고 철저하게 국민을 동원하고자 했다. 이러한 정책과 함께 참전 군인의 가족과 전시에 공장에서 근무하는 여성 노동자의 자녀에 대한 공공 복지가 실시되었다. 일상용품의 배급이 다시 국가의 전시 행정 프로그램에 포함되었다.

제1차 세계 대전 때와 마찬가지로 산업에 종사하는 여성의 비율이 크게 늘었다. 이들의 수는 전쟁 이전의 산업화 수준과 전일제로 근무하던 여성의 비율에 달려 있었다. 이 비율이 높을수록, 이 비율이 증가하는 것은 미혼 여성 가운데 활용 가능한 예비 노동력이 더 이상 없기 때문이었다. 따라서 산업 노동력 가운데 기혼 여성의 비율은 영국과 독일에서 31퍼센트, 미국에서는 29퍼센트 증가했다. 하지만 임금을 받는 일자리에 종사한 총 여성의 비율은 이 세 국가에서 모두 평균 약 30퍼센트였다. 이는 전쟁 전보다 아주 조금 높은 수준이었다. 1914~1918년과 마찬가지로, 농업과 서비스업에 종사하던 여성들이 산업 부문으로 이동했다. 모든 경제 활동 분야에서 여성의 비율이 1940~1944년에 40퍼센트에서 60퍼센트로 증가한 소련은 예외였다. 남자들을 대거 동원했고 인명 손실이 무척 컸기 때문에 생긴 결과였다.

수십만 명의 여성이 군대에도 직접 고용되었다. 보건 부서에서 여성의 수는 계속 증가했는데, 이들은 주로 간호사와 조무사였다. 소련에서는 여성 의사들도 있었다. 전쟁 중에 독일 적십자사에서는 40만 명의 간호사와 조무사가 활동했다. 최소 2만 5천 명의 여성이 전문 간호사로 영국 적십자사에 고용되어 있었고, 더불어 많은 자원 조무사들이 있었다. 미 육군 간호 군단US Army Nurse Corps은 주로 외국에서 근무할 6만 6천 명의 간호사를 고용했다. 소련에서는 야전 병원에서 여성 약 30만 명이 간호사로, 8만 명이 의사로 일했다.

게다가 미국과 영국, 독일에서 군대 행정과 운송, 통신 분야에서 남성을 대체한 것은 주로 젊은 미혼 여성이었다. 약 50만 명의 여성이 1939년과 1945년 사이에 독일 국방군Wehrmacht의 보조원으로 근무했다. 이 중 16만 명은 독일 방공(DCA) 전투원 직위를 지닌 대공포(FLAK) 보조원이었다. 영국군은 60만 명의 여성이 보조 근무자로 입대했고, 미군에는 15만 명이 입대했는데 이 중 2만 명은 외국에서 복무했다. 소련의 〈붉은 군대〉와 독일 점령군에 맞서 싸우던 해방군의 파르티잔 부대는 여성을 전선에서 싸우는 전투원을 비롯한 모든 직위에 배치해 활용했다. 52만 명의 여성이 붉은 군대의 정규 부대에서 복무했을 것으로 추정된다. 이들 중 적어도 12만 명이 몸소 전선에서 싸웠고, 20만 명이 의사로 복무하며 최전선에서 응급 치료 활동을 벌였다. 여성 약 10만 명이 유고슬라비아 해방군의 투쟁에 가담했다. 제2차 세계 대전 중에 군대 내 여성의 비율은 미군의 경우 2~3퍼센트, 독일 국방군에서는 5퍼센트, 붉은 군대에서는 10퍼센트 내외였다.

여기에 덧붙여 징집되지 않은 남자와 많은 여자가 방공 업무에 지원했다. 가령 독일 영토에서는 공습에 대비한 제국 방공 연맹Reichsluftschutzbund에 약 50만 명이 보조원으로 지원했다. 하지만 연맹의 7만 5천 개 지부에서 구성원(약 150만 명) 대부분은 남자였다. 소련에서는 비슷한 수의 여성이 대공 방어를 위해 배치되었다. 영국에서는 여성이 국방 시민군Home Guard에 가담하는 일이 오랫동안 논란거리였다. 약 150만 명의 지원자는 대부분 17세와 65세 사이의 징집되지 않은 남성이었다. 격렬한 반대를 거치고 나서야 여성 민방위대Women's Home Defence가 1941년에 비공식적으로 활동하다가 1년 후에 공식적으로 인정받았다. 구성원 수는 8만 명으로 제한되었다.

국내 전선이 전쟁에 점점 더 많이 개입하면서 민간인 희생자도 함께 증가했다. 경제 봉쇄처럼 제1차 세계 대전에서 이미 사용된 공격 수단이 계속 사용되는 한편, 폭격은 산업 지대뿐 아니라 도시에 사는 적국의 민간인도 표적으로 삼았다. 더욱이 나치는 유럽 대륙에서 점령 체제를 실시함으로써 노동 연령의 남녀를 경제적으로 강탈하고 예속화했다. 나치 독일은 공업과 농업 부문에서만 750만 명의 강제 노동자를 자국 영토에서 활용했다. 전쟁과 더불어 성폭력도 증가했다. 최근 연구에서 보여 주듯 강압에 의한 성관계부터 강간, 매춘 행위의 강요까지 모든 군대에서 군인들의 성폭력이 자행되었다. 예를 들어 독일군은 점령 지역의 여자들을 동원한 매음굴을 5백 군데 배치했다. 독일 제3제국이 실시한 야만적인 정복 및 점령 정책은 유럽의 유대인 학살에서 정점에 달했다.

전쟁의 이러한 난폭하고 총체적인 면모는, 특히 나치의 제국주의 적이고 인종 차별주의적인 정책이 시행된 동유럽에서 극적인 방식으로 나타났다. 소련에서만 민간인 사망자가 약 1천4백만 명에 달했고, 여기에 더해 1941년부터 1945년까지 군인 1천3백만 명이 사망했다. 이에 비하면 영국(민간인 16만 명과 군인 28만 명 사망)과 프랑스(민간인 약 15만 명과 군인 21만 명 사망), 독일(민간인 약 120만 명과 군인 520만 명 사망)의 인명 피해는 적은 편이었다. 같은 기간 40만 7천 명이 조금 넘는 군인을 잃은 미국처럼 자국 영토가 침공당하지 않은 참전국은 애국 전선이라는 개념이 조금 다른, 훨씬 덜 극적인 의미를 띠었다. 그러므로 이 글에서는 불가능하지만 제2차 세계 대전의 애국 전선에 관해 더 정확한 분석을 하려면, 참전국들 사이의 상당한 지역적 차이를 감안해야 한다.

이 간략한 검토에서 보듯, 애국 전선이라는 개념이 은연중에 전제한 후방과 전방 사이의 (사회적 성별의) 경계는 정치 및 군사 담론과 전쟁 선전에서 철저하고 세심하게 유지된 반면, 실제로는 참전국 대부분의 민간인들에게 전혀 통용되지 않았다. 제2차 세계 대전 중에 여자들은 사회와 경제, 군대에서 전쟁 전에 남자들이 도맡던 업무를 점점 더 많이 담당할 수밖에 없었다. 이러한 변화로 인해 기존에 정착된 젠더 질서가 크게 흔들렸다. 이를 가장 확실히 보여 주는 사례가 여성이 군대, 특히 전투 지역에 투입된 일이었다. 이런 지원은 그 이전까지 전쟁 중인 모든 사회에서 인정되지 않았다. 전쟁 중에 무기를 들 권리, 즉 조국을 보호할 의무는 전통적으로 남자의 몫이었다. 하지만 공중전의 시대에 남자는 더 이상 전투원으로서 국내와 여성, 어린이를 보호할 수 있는 입장이 아니었다.

후방은 그 이전에 벌어진 대부분의 전쟁에서보다 그 역할이 강화돼 전선의 일부 — 애국 전선뿐 아니라 군사적인 전선 — 가 되었다. 유럽 일부와 아프리카, 아시아의 일부가 추축국의 강대국들 — 독일, 이탈리아, 일본 — 에 정복된 전쟁의 초기에만 그런 것이 아니라, 이후에 영국과 프랑스, 소련, 미국의 지휘하에 연합군이 파르티잔 군대들의 협조를 받아 점령된 유럽을 되찾을 때에도 그랬다. 이 파르티잔 군대들은 동유럽과 유고슬라비아, 그리스, 이탈리아에서 엄청난 규모로 발전했지만, 폭넓은 영역에서 민간의 지지를 받고서야 승리할 수 있었다.

제2차 세계 대전의 현실에서 전후방을, 애국 전선과 군사 전선을 구별하는 것은 더 이상 쓸모없는 일이 되었음 — 그전에 벌어진 어떤 전쟁보다 〈총력전〉의 이상형에 들어맞은 전쟁이 띤 폭력성이 반영된 모습 — 에도 불구하고, 전쟁 선전에서는 이러한 구별이 유지되었다. 전쟁 중인 국가가 사회적 성별이 구분된 질서를 유지하고 있다는 이상화된 모습, 현실에는 더 이상 맞지 않았던 이상을 겉으로라도 보임으로써 남자들에게 전쟁터에서 싸울 동기를 계속 부여해야 했다. 그래서 실제로 전쟁이 수행되는 과정에서 엄연히 사라진 사회적 성별 사이의 경계를 억지로 유지하려 했다. 또한 전쟁 중에 전쟁 이후가 이념적으로 준비되기도 했다. 일단 평화를 되찾으면 군인의 귀환이 원활히 이루어지도록 전통적인 사회적 성별의 질서를 재확립해야 했는데, 군인의 복귀와 사회 재통합은 우선적으로 그들의 가족이 담당했기 때문이다.

참조

1부 - 03 시민-군인의 시대 ‖ 2부 - 01 군인 양성 | 05 전쟁은 남자만의 일인가 | 06 파르티잔의 세계 ‖ 3부 - 07 밑에서 본 폭격 | 11 1914~1945년, 온 사회가 동원되다 | 12 일본: 남의 전쟁? | 13 굶주림, 또 다른 무기 | 17 강간, 전쟁의 무기?

12

전쟁 반대!

카를 부샤르[•]

평화를 옹호하는 단체들은 19세기 초에 처음 등장했다. 대중적인 평화주의가 서구 사회에서 비약적으로 발전한 시기는 제1차 세계 대전이 끝나면서다. 히로시마는 전 세계의 의식을 일깨웠다.

전쟁이 필연적이라고 간주하기를 거부하는 일은 종교적 신념에 가깝다. 그만큼 전쟁은 인간의 역사 및 기억과 함께해 왔다. 또한 그것은 용기 있는 행위이기도 하다. 전통적으로 남성적인 가치가 지배해 온 세상에서 명예롭고 영웅적인 만큼 잔인한 전쟁은 남성성에 대한 최고의 시험대가 된다. 전쟁이 차츰 권위를 상실함에 따라 평화를 외치는 언어는 정당성을 얻었다. 서구 사회에서 제1차 세계 대전은 큰 전환점이었다. 이 극악무도한 전쟁이 끝나자 수백만의 전쟁에서 싸운 남자들은 자신이 평화주의자라고 과감히 주장했다. 전 세계적인 규모로 이보다 늦게, 하지만 더욱 심층적으로 실현된 각성은 한 단어로 요약된다. 바로 히로시마다.

하지만 평화를 추구하는 담론이 정당화되는 과정은 그보다 앞서 시

• Carl Bouchard. 몬트리올 대학교의 교수. 1920년대와 1930년대의 평화 사상을 연구한다. 주요 저서로 『친애하는 대통령님께: 프랑스인이 우드로 윌슨에게 편지를 썼을 때*Cher Monsieur le Président. Quand les Français écrivaient à Woodrow Wilson*』가 있다.

작되었다. 이 과정은 여러 철학적·종교적·이념적 원천에서 유래하는데, 어떤 것은 서구 초기 기독교 시대까지 거슬러 올라간다. 보편적인 평화를 이루려는 계획은 중세와 근대에 철학자와 정치사상가의 사유에서 태어났다. 하지만 그 후 계몽주의 유럽에서 더 자주 등장해 더욱 큰 반향을 일으켰다. 이론적 저작물 — 칸트의 『영구 평화론』 — 또는 더 정치적인 저작물 — 생피에르 신부의 『유럽의 영구 평화를 위한 제언』 — 은 모두 전쟁을 극복한 뒤 국제 질서가, 국가들의 더 높은 도덕성과 서로 다른 국민들 사이의 관계를 관장하는 공통의 규칙을 적절히 결합할 때 취해야 할 형태를 결정하는 안내판이다.

기대 지평

최초의 평화 단체들은, 18세기 말부터 미국과 유럽을 피로 물들인 혁명의 시련과 전쟁에 대한 반응으로 생긴 듯, 19세기 초에 탄생했다. 미국과 영국의 퀘이커 교도 일부 집단들은 도덕적 쇄신을 이루고자 기독교적 가치를 내세워 평화를 외쳤다. 토마스 아퀴나스 이후로 가톨릭교회는 정당한 전쟁이라는 교의를 내세워 인간의 폭력성을 현실로 인정했는데, 이는 전쟁의 격화와 빈번함을 완화하면서 교회에 지상권을 부여하는 수단이었다. 한편 퀘이커파 〈종교 친우회Religious Society of Friends〉는 전쟁이 본질적으로 그리스도의 가르침에 반대된다고 생각했다. 따라서 맥락이 어떻든 간에 전쟁은 비난받을 일이다. 이들의 평화주의는 무조건적이다. 이러한 원칙적인 입장은 오늘날까지도 앵글로·색슨 사회에서 특히 신념에 따른 병역 거부에 관한 사안에 대해 평화주의 사상과 실천에 결정적인 영향을 미치고 있다.

퀘이커 교도의 평화 사상은 1820년대에 유럽 대륙에 전파된다. 중산층 지식인 엘리트를 중심으로 단체들이 결성되는데, 이들은 체면을 중시하고 급진적인 성향이 거의 없으며 대중적인 열정과 불복종을 두려워했다. 이들은 종교가 가르치는 도덕과 가치를 믿었으며, 민중을 교육해야 하고 사회가 행복이라는 이상향을 향해 진보한다는 신념을 가지고 있었다. 하지만 19세기에 사회적·정치적 변혁이 일어나면서 잘 정돈된 풍경은 흐트러진다. 평화라는 주제는 이상향에 대한 희망이 커진 이 세기에 더욱 주목을 받았다. 종교에서 영감을 받은 도덕적인 평화주의에, 급진적인 사회 정치 이론에 기반을 둔 평화 담론이 덧붙는다. 사회주의는 사회 경제적·정치적 관계가 일단 완전히 재편성되고 난 뒤에 평등과 사회 정의, 즉 실제적인 평화가 이루어질 거라고 약속한다. 자유주의자들도 평화를 부르짖는다. 리처드 코브던을 중심으로 한 자유 무역 주창자들은 교역을 증가해 전체적인 풍요를 늘리는 것이 전쟁의 원인인 경제 경쟁을 줄이는 최선의 방법이라고 단언한다. 민족주의자들조차 자신들이 벌이는 투쟁이 평화를 위한 상징이라고 주장한다. 이들은 모든 국가가 독립을 이루면 전쟁은 멈출 것이므로 점령자에 맞서 (최후의) 해방 전쟁을 벌여야 한다고 말한다. 이 모든 국제주의 이념의 공통분모는 평화를 행동을 일으키는 윤리적 시작으로 보지 않고 어떤 결말, 기대 지평으로 간주한다는 사실이다.

어떤 전쟁이 정당한지를 어떻게 아는가?

19세기에 대두한 이 〈평화 전통들〉(나이절 영)에 대하여 기억해야 할 점은, 이들이 단 하나의 기원을 갖고 있지 않으며, 사회 및 정치 문제와 이에 대한 해결책에 대해 똑같은 관점을 지니지 않는다는 사실이다. 19세기 후반에는 이미 여러 종류의 〈평화주의〉가 공존했다. 빅토르 위고는 1849년 파리에서 개최된 세계 평화 친우 회의Congrès des amis de la paix universelle에서의 연설에서 여러 〈평화주의〉 개념을 서슴없이 뒤죽박죽 언급했다. 그는 〈유럽 합중국〉을 창설하자고 주장했을 뿐 아니라, 인간이 어쩔 수 없이 자유와 박애를 향해 진보해 갈 거라는 신념을 선포하고, 기독교적 평화를 찬양하고, 경제적 상호 의존 개념에 찬사를 보냈다. 위고에게서 명확하게 드러나는 점은 무엇보다 기독교 문명이 우월하며 그 빛을 전 세계로 전파해야 할 책무가 있다는 깊은 신념이었다. 이를 보면 그가 당대 평화의 사도들이 〈문명 전파의 임무〉라는 명목으로 식민지 영토에서 자행된 폭력에 대해서는 무관심했음을 알 수 있다. 평화주의자이자 페미니스트인 외제니 니보예(1796~1883) 같은 극소수의 활동가만이 모든 불평등에 맞선 투쟁을 내걸며 식민 지배를 규탄했다.

본래 평화주의 사상이 지닌 다형성(多形性)을 인정하는 일은, 지난 2세기 동안 이 사상이 변화해 온 모습을 이해하는 데 매우 중요하다. 평화주의를 연구하는 역사학자들이 오래전부터 유형론(가장 절대적이고 과격한 평화주의부터 진보적인 국제주의에 이르기까지의 유형 분류)을 정립하려 노력했음에도 불구하고, 평화주의 움직임은 흔히 ─ 특히 이 움직임의 신용을 떨어뜨리려 할 때 ─ 단 하나의 뜻을 지닌다고 간주된다. 〈평화주의자〉라는 용어는 20세기 초에야 나타났다. 이 용어는 낙인찍기 쉬운 단어라는 이유로 ─ 평화주의자는 일반적으로 온순한 몽상가나 위험한 이상주의자의 이미지로 그려진다 ─ 평화주의자라고 일컬어지는 당사자들에 의해 흔히 거부되었다. 더 명확한 표현법을 위해 〈평화주의자〉라는 단어는 이러한 움직임에서 가장 급진적인 단체의 활동가에게만 사용하고, 감성을 지닌 다른 모든 평화 제창자들을 기술할 때에는 〈평화 옹호자〉(영어로 〈peace advocates〉 또는 드물게 〈pacificists〉)라는 표현을 사용하는 게 바람직하다. 이때 기준은 전쟁과 폭력에 대해 맺는 관계다.

비타협적인 평화주의는 상황을 감안하지 않고 모든 형태의 전쟁을 규탄한다. 이러한 도덕적 순수함은 분명 찬사받을 만하지만, 옹호자들을 주변적 위치 또는 당파주의에 가두어 버린다. 가장 일반적인 형태의 평화주의를 제창하는 많은 평화 옹호자들은 일반적으로 무력을 사용하는 데 반대하지만, 이따금 전쟁이 필요하다는 사실을 인정한다. 확실히 침략을 받은 경우나 정당방위, 불공평한 체제에 맞선 투쟁 등의 경우에는 기독교적 용어를 빌려 말하자면 전쟁이 〈정당〉할 때도 있다고 본다. 따라서 이들이 전쟁과 맺는 관계는 상황에 따라 달라진다. 그것이야말로 이들의 치명적인 약점이다. 어떤 전쟁이 정당한지를 어떻게 확실히 알 수 있는가? 전쟁을 벌이는 진정한 이유에 대하여 국민을 속일 수도 있지 않을까? 이들은, 평화 담론이 정당성을 가지려면 일정한 실용주의가 필요하므로, 이런 모호한 입장은 현실을 위해 치러야 할 대가라고 본다.

평화 옹호자들의 가장 큰 어려움은, 자신들이 추구하는 바가 이상적이지 않고 반대로 현실에 단단히 뿌리박고 있음을 여론에 설득하는 일이다. 전쟁을 완전히 끝장낼 수 없다면, 최소한 이성적인 행동과 공통의 규칙 및 실천을 통해 평화에 유리한 환경을 만들 수 있다. 평화를 향한 움직임이 19세기 말에 이미 시작되었다는 명백한 징후가 존재한다. 서로 다른 나라의 국민들은 통신, 교통, 교육이 어디에서나 발달한 덕분에 실제로 매일 더 가까워졌고, 새로운 국제 단체와 연합이 정기적으로 창설되었다. 평화 단체는 프랑스와 이탈리아, 오스트리아에서 활발히 생겼고, 심지어 군국주의적인 독일에서도 1900년에 2백 개에 가까운 단체가 존재했다. 국제법은 이러한 진보를 감안했다. 법률가들은 국가 간 법률적 판단의 대상이 되는 분쟁을 중재와 조정이라는 수단을 이용해 평화적으로 해결할 방법을 검토했다. 프랑스 단체 〈법을 통한 평화La Paix par le droit〉는 바로 이러한 실천을 활성화할 목적으로 1887년에 창립되었다. 그 형식을 제도화하기 위해 국제적인 회담이 조직되었는데, 그 예로 헤이그에서 1899년과 1907년에 열린 회의를 들 수 있다. 알프레드 노벨의 유언으로 이러한 노력을 지원하는 상이 제정되어 1901년에 최초의 노벨 평화상이 적십자사의 창립자 앙리 뒤낭과, 지칠 줄 모르는 평화 활동가이자 국제 의회 연맹l'Union interparlementaire을 비롯해 여러 기구를 창설한 프레데리크 파시에게 수여되었다. 같은 시기, 노먼 에인절을 비롯한 작가들은 경제적으로 상호 의존하는 세계에서는 전쟁에서 승리한다 하더라도 재정적 수렁에 빠지는 것은 피할 수 없다고 주장했다. 이성적으로 어떤 정부가 자국민을 위하여 이토록 무모한 길을 선택하겠는가? 노먼 에인절은 1911년에 자신의 베스트셀러 『거대한 환상』에서 이런 이유로 미래에는 전쟁이 폐기될 것이라고 예언했다. 미래는 평화의 시대가 될 것이 확실해 보였다. 하지만 1914년 8월에 전쟁이 터지자 프랑스와 독일, 영국의 평화 옹호자들은 자국 군대에 합류했다.

〈평화에 대한 권리〉

1914년 평화주의자들의 이른바 〈변절〉은 많은 논평을 쏟아 냈다. 이것은 원죄였다. 여기에 필적할 만한 죄로는 25년 후 두 번째로 지은 원죄뿐이었다. 사람들은 평화주의자들이 태평하고 무분별한 주장을 내세우며 히틀러의 위협에 직면하기를 거부함으로써, 한마디로 안심시키려는 의도로써 부분적으로 제2차 세계 대전을 야기했다고 비난했다.

1914년 여름에 독일과 프랑스, 영국의 사회주의자들은 제각기 자국 정부 편에 서서 자국의 참전을 지지했다. 몇 주 전 이들은 유럽에서 전쟁이 발발하는 것을 막기 위해 노동자 총파업을 벌일지를 두고 논쟁을 벌였다. 1914년 7월 31일, 유럽 사회주의의 중심인물이자 평화의 기수인 장 조레스가 살해되면서, 국제주의와 평화주의 움직임은 빠르게 무너졌다. 독일 사회주의자들이 러시아의 총동원에 대한 반발로 자국의 사회주의를 수호하려면 러시아 제정에 맞서 싸워야 한다고 판단하여 제일 먼저 전쟁 예산 승인을 가결했다. 프랑스가 그 뒤를 따랐고, 이어 영국도 독일이 벨기에를 침공하자 국제법 침해를 명분으로 참전을 결정했다. 결국 유럽 사회주의자들 중 극소수만 전쟁 전의 입장을 고수했다. 다른 사회주의자들은 조국을 수호하는 쪽을 선택한다. 그렇다고 이것을 평화주의자들의 배신이라고 할 수 있을까?

사회주의는 1914년에 존재한 평화 국제주의 중 하나일 뿐이었다. 평화와 사회주의를 뒤섞어 하나로 보는 것은 지나치게 단순한 관점이다. 게다가 유럽, 뒤이어 전 세계에서 벌어진 이 전쟁에서 대다수 사람이 정당한 또는 정당하지 않은 이유로 자국이 공격당했다는 느낌을 받았다. 그런데 평화 옹호자들은 무장 침공에 대항해 무기를 드는 것을 정당한 일로 본다. 평화와 애국심이 반드시 대립하는 것은 아니다. 하지만 제1차 세계 대전이 일시적으로 평화주의 운동을 불안정하게 만들고, 혹독하게 시험한 것은 분명했다. 그런데 전쟁이 벌어진 그 기간 중에, 평화에 대한 이상은 그때까지 전례가 없을 정도로 거센 힘으로 증폭되었다. 전쟁의 대혼란으로 인해 평화의 사도들이 지나친 낙관론을 지니고 있었음이 분명히 드러난 동시에, 미래에 이러한 재앙을 방지할 수단을 고민해야 할 필요성을 절실하게 느꼈다. 1914년 8월에 미국의 우드로 윌슨 대통령은 철저히 중립국이기를 희망한 자국이 평화의 이상을 수호하는 일종의 보증인이라고 주장했다. 즉 유럽이 이성을 되찾을 때까지 화합과 국제법의 가치가 손상되지 않도록 보호하는 것이 미국의 역할이라는 것이었다. 미국이 1917년 4월에 참전했음에도 불구하고 미국 대통령 윌슨의 평화에 대한 입장은 크게 변하지 않았다. 오히려 평화에 대한 자신의 관점을 더 분명히 드러내어 전 세계에서 평화를 상징하는 인물이 되었다. 로마에서 교황 베네딕토 15세도 지속적인 평화와 무장 해제, 분쟁을 조정할 역할을 담당할 국제기구 창설을 주장했다. 영국에서는 국가 사회 연맹 League of

Nations Society, 브라이스 그룹Bryce Group, 민주 통제 협회Union of Democratic Control 같은 다양한 단체들이 〈유럽의 무정부 상태〉(G. 로스 디킨슨의 1915년 저작 제목)를 격렬히 비판하면서 정부가 태도를 완전히 바꾸어 국제 평화를 이룰 것을 권고했다. 미국의 유서 깊은 단체인 평화 강화 연맹League to Enforce Peace은 1915년 여름에 이러한 기반에서 창립되었다. 전쟁이 장기화될수록 국제 관계가 완전히 바뀌어야 한다는 생각이 점점 더 힘을 얻었다. 전쟁이 맹렬히 위세를 떨친 그 시기에 지속적인 평화를 위한 계획이 수백 건 발표되었다. 이것이 〈평화를 위한 대전(大戰)〉(윌리엄 멀리건)의 역설이었다.

1918년부터 대중적인 평화주의가 시작된다. 사람들은 평화주의 운동의 규모가 이렇게 바뀐 것이 폭력에 대한 본능적인 거부 때문이라고 설명했다. 하지만 시민권 및 인권 개념과 연관된 더 심층적인 변화에서 비롯된 것이기도 했다. 윌슨 대통령은 끊임없이 세계 여론 — 오늘날의 용어로 옮기면 〈국제 시민 사회〉 — 의 새로운 힘을 강조하며, 이것이 미래에 국가의 행위에 매우 큰 영향을 미칠 것이라고 했다. 이제 시민은 국제적인 사안에 대하여 의견을 드러내고자 했다. 〈평화에 대한 권리〉는 국민들이 4년 동안 들인 노력에 대한 대가로서 요구되었다. 수백만 명의 희생이, 일단 전쟁이 끝나자 고작 영토 교환과 금전적인 보상으로 축소된다는 것은 상상할 수 없는 일이었다. 1918년 이후로 전례 없는 평화에 대한 갈망이 생겨났다. 이는 수백만 명의 사람과 수천 개의 국내외 단체로 대변되었다. 이 중 많은 단체가 전쟁을 직접 경험한, 바로 그 때문에 전쟁을 더없이 거부하는 퇴역 군인으로 구성되어 있었다.

양차 대전 사이에 국제 관계는 한탄스러운 처지였다. 전쟁에서 벗어나는 데에는 시간이 오래 걸렸고, 전쟁으로 생긴 증오와 폭력이 다양한 형태로 계속 남아 있었다. 윌슨과 국제 연맹이 주창한 이상주의는 성공하지 못했고, 프랑스와 독일의 화해는 불안정했으며, 민주주의와 독재 체제는 이념적으로 대립하며 긴장을 빚었다. 이는 모두 전후 상황이 악화되어 있었다는 징후였는데, 그 와중에 아주 드물게 평화주의적인 움직임이 보였다. 그 예로 1928년에 전쟁을 〈법으로 금지〉할 목적으로 체결된 켈로그·브리앙 조약을 들 수 있다. 바로 이때문에 제1차 대전 이후 전 세계로 퍼진 〈평화에 대한 환상〉이 훗날 많은 비판을 받았다. 날림으로 처리한 평화? 그 시기의 모든 문제를 1919년의 정책 결정자와 평화 옹호자들 탓으로 돌리는 일은 이제 멈추어야 한다. 전쟁 이후의 시기를 불안정하게 만든 것은 〈전쟁으로 인해〉 제기된 쟁점들이기 때문이다. 그리고 그 결과, 전쟁과 전후에 벌어진 폭력에 대한 본능적인 반발로서 대중적인 평화주의가 생겨났다. 그리고 도저히 그 의미를 이해할 수 없는 전쟁의 불합리함, 그리고 새로운 정신에 반대되는 편협한 국가 정책을 토대로 성장했다. 요컨대 이 시기는 〈평화〉를 부르짖으면서도 그 태도는 진화하지 않는 국가의 어정쩡한 입장을 드러냈다. 이러한 부조화는 1932년 제네바에서 열린 군축 회의에서 더없이 분명했다.

1920년대 중반부터 준비된 제네바 군축 회의는 평화를 원하는 국가들이 10년에 걸쳐 들인 노력의 화려한 결말로 소개되었다. 새로운 세대를 교육시킬 목적을 띤 정신적인 군비 축소에 이어 이제 물질적인 군비 축소가 이루어져야 했다. 제네바 군축 회의를 앞두고 제네바에 수천 건의 편지와 청원이 몰려들면서 대중의 기대는 엄청나게 높아졌다. 하지만 모두 헛수고였다. 얼마 전에 벌어진 일본의 만주 침공으로 암울한 분위기에서 시작된 군축 회의는 초기 몇 주 동안 군비 축소를 정당화하는 것이 아니라 자국의 군비를 유지하려는 전문가들 사이의 끝없는 기술적인 논의로 인해 제자리걸음을 했다. 히틀러가 1933년 1월에 정권을 잡고 뒤이어 독일이 제네바 군축 회의와 국제 연맹을 탈퇴하자 평화를 위한 노력은 더욱 불안정해졌다. 협상은 전반적인 무관심 속에서 몇 달에 걸쳐 지지부진하게 진행된다. 국가들이 군비 축소에 보여 준 열의가 미미하다는 점에서 〈최후의 전쟁〉일 것이라던 제1차 대전은 진정한 최후의 전쟁이 아니리라는 사실이 분명해졌다. 1914~1918년의 희생자들은 참으로 헛되이 죽은 셈이었다. 전후에 이미 형성되기 시작해 1930년대에 세력을 넓혀 간 〈새로운 스타일의 평화주의〉(노먼 잉그럼)는 이런 암울한 각성에 대한 응답이었다. 그는 19세기 이후 법적 규범의 점진적 변화로써 평화를 이룩할 것을 주장한 온건한 평화주의자들의 접근법을 거부했다. 온건한 접근법을 거부한 것은 1930년대 말에 일부 평화 운동가들이 히틀러의 위협에 직면해 밀어붙이기로 대응했기 때문이기도 했다.

대중적인 평화주의의 시대에도 다양한 동기와 결집 형태가 존재했다. 퇴역 군인이나 공산주의 운동가, 아니면 이념적 영합이나 두려움, 단순한 정치적 계산 때문에 히틀러의 독일과 전쟁을 벌이는 것에 반대해, 1938년에 체결된 비겁한 뮌헨 협정에 찬성한 일시적인 평화주의자도 있었다. 간디의 비폭력주의가 서구 세계에서 점점 더 지지를 받으면서 신념에 따른 병역 거부는 특히 앵글로·색슨 국가에서 지속적으로 확산되었다. 전쟁 저항자 인터내셔널War Resisters' International은 국내의 지부들을 통해 마하트마 간디의 비폭력주의를 전파했다. 영국의 평화 서약 연합Peace Pledge Union 같은 단체들은 미래의 회원들에게 전쟁을 지지하거나 전쟁에 참여할 것을 영원히 포기하라고 요구했다. 1930년대 말에 13만 명이 넘는 영국인이 이런 형태의 절대적이고 비폭력적인 평화주의를 준수하겠다고 선서했다.

제2차 세계 대전이 터졌을 때, 이전 20년 동안 대중이 평화주의의 이상을 중심으로 결집해 있었기에 그 충격은 더욱 컸다. 언제나처럼 전쟁이 벌어지자, 전쟁에 직접 개입한 국가들에서 평화 담론은 완전히 주변으로 밀려났다. 게다가 미국에서는 평화주의 운동이 고립주의로 돌아서면서 평화를 유지하려면 외국에 개입하는 일을 최소화해야 한다고 여겼다. 하지만 1941년 12월 7일에 일본이 진주만을 공격해 자국이 직접적인 표적이 되자 태도를 바꿨다. 유럽에서는 전쟁으로 인해 심각한 의식의 위기가 생기나 평화주의 학설이 폭력 및 행동과 맺는 근본적인 관계에 대하여 의문이 제기됐다. 보편적인 평화를 위하여, 나치즘이 세계를 대학살로 몰아가기 전에 나치즘을 당장 저지하는 것이 낫지 않을까? 세계적으로 저명한 지식인 버트런드 러셀과 알베르트 아인슈타인은 1930년대에 강력한 윤리적 평화주의를 옹호했고 신념에 따른 병역 거부에 우호적이었지만, 연합군의 전쟁을 지지했다. 어떤 이들은 침묵과 일시적인 고립을 선택했다. 다른 이들은 행동을 택하되, 자신의 원칙을 부인하지 않았다. 연대 네트워크를 결성하여 유대인과 핍박받는 이들을 도움으로써 나치의 압박에 비폭력적으로 저항했다. 또 다른 이들은 한 치의 양보도 없이 계속해서 전쟁에 반대했다.

세계화된 평화주의

1945년에 핵 시대가 시작되자 국제 관계에서 이제껏 받아들여지던 확신이 의문시되었다. 세계는 전쟁에서 벗어나자마자 인간이 지구상에서 소멸할 수도 있다는 사실을 깨달았다. 게다가 1917년에 러시아에서 벌어진 볼셰비키 혁명 이후 생긴 이념적 갈등이 잠재적인 전쟁으로 바뀌어 이후 반세기에 걸쳐 전 세계적인 규모로 외교 관계를 결정지었다. 새롭고 복잡한 세계에서 평화를 위해 어떻게 활동해야 할까? 동구권에서는 정치 기구의 통제를 받지 않는 모든 평화주의 활동이 해체되었다. 서구에서는 대부분 좌익 활동가로 이루어진 많은 평화 단체가 정당한 이유가 있든 없든 모스크바와 공모한다고 또는 모스크바에 의해 조작된다고 의심받았다. 하지만 1945년 이후로 평화주의를 특징짓는 것은 두 가지 큰 흐름, 즉 반핵 운동 그리고 평화와 정의를 위한 투쟁이다.

제2차 세계 대전이 끝난 뒤 가장 먼저 이루어진 국제적인 움직임은 국제 연합 창설이다. 국제 연합이 창설될 때에는 1919년에 국제 연맹 창설을 이끌어 냈을 때의 열정이 전혀 보이지 않았다. 최후의 환상을 잃어버린 세계, 이제 막 평화를 되찾았고 벌써부터 불안에 떠는 세계에서 낙관주의가 설 자리는 없었다. 1947년에 창설된 평화주의 및 연방주의 단체들의 국제 연합인 〈세계 연방주의 운동World Federalist Movement(WFM)〉이 보기에 당면한 가장 급박한 위협은 핵으로 인한 세계의 종말이었다. 이를 방지하기 위해서는 단 하나의 해결책밖에 없었다. 국제 연맹이 개선된 형태인 국제 연합보다 더 나아간 세계 정부의 창설이었다. WFM은 저명한 〈미국 과학자 연맹Federation of American Scientists〉(아인슈타인 이외에도 핵폭탄의 아버지 닐스 보어와 로버트 오펜하이머가 있다)이 그 전해에 발표했고 〈함께 살 것인가, 모두 죽을 것인가One World or None〉 운동으로 널리 알려진 제안을 자기 단체의 신조로 삼았다. 양차 대전 사이 기간에 큰 호응을 얻은 핵무기 반대 투쟁과 초국가 계획을 결합한 이 제안(이는 유럽 연합 계획에서 부분적으로 찾아볼 수 있다)은 시대의 새로운 쟁점에 직면한 평화주의 운동 내부에서 벌어지는 변화를 상징했다. 하지만 독일의 분할과 북대서양 조약 기구(NATO) 설립, 바르샤바 조약 체결, 몇 년 후에 벌어진 한국 전쟁으로 이러한 제안은 전후 초기 몇 년 만에 묻히고 만다.

그러나 전 세계를 위협하는 핵무기의 특성 때문에 1960년대부터 평화를 위한 운동은 세계화된다. 19세기부터 국제단체의 사례가 존재했지만, 이들은 20세기 후반까지 주로 서구(북아메리카, 유럽)에서 결성되었다. 하지만 핵 위험, 냉전으로 인한 지정학적 제약, 탈식민화라는 새로운 국면을 맞으면서 평화주의 연대는 전 세계 수준으로 확장된다. 서구 바깥에서 이루어진 가장 괄목할 만한 발전은 핵무기의 참화를 직접 당한 경험으로 큰 충격을 받은 일본에서 있었다. 일본에서는 심층적인 평화주의가 발달했다. 이는 일본 헌법의 유명한 제9조에 〈일본 국민은 정의와 질서에 기반을 둔 국제 평화를 진심으로 갈망하며 국가의 주권으로서 전쟁, 또는 위협, 또는 국제 분쟁의 해결 수단으로서 무력 사용을 영구히 포기한다〉라고 명시되었다. 하지만 오늘날 이 조항은 개정이 논의되고 있다. 인도 독립을 위한 간디의 비폭력 저항 운동이 전 세계에 미친 영향도 부인할 수 없다. 그것은 특히 탈식민 과정을 거치는 국가들에 평화주의 원칙에 부합하는 저항 학설을 제시했다.

더 일반적으로 평화와 정의의 관계는 20세기 후반에 강화되었다. 양차 대전 사이의 기간을 지배한 중재와 군비 축소, 국제기구 창설을 특징으로 하는 법률적이고 기술적인 평화주의는 이 시기에 행동 평화주의로 변화했다. 이는 다양성과 인권 향상, 교육권, 사회 및 경제 발전, 빈곤에 맞선 투쟁 같은 더 구체적이고 심층적인 실현을 목표로 삼았다. 미국인이 풀뿌리 운동grassroots movements이라는 말로 요약하는 지역 공동체가 벌이는 활동이 우선시되었지만, 그렇다고 더 광범위한 수준에서 협력하지 않는 것은 아니다. 이러한 평화주의는 구조적인 폭력의 다양한 근원을 해결함으로써, 요한 갈퉁이 제창한 〈적극적 평화〉라고 부르는 것을 실현하려 한다.

이러한 점에서 베트남 전쟁에 반대한 운동은 더없이 상징적이었다. 이 운동은 총체적이고 세계화된 평화주의의 토대가 된 일종의 창립 신화로 볼 수 있다. 이 운동은 새로운 세대의 활동가들이 주도했다. 이들은 대부분 1945년 이후에 태어났으며 다양한 사회 계층 출신으로 서로 다른 관심사를 지녔다. 게다가 이 운동은 전쟁 거부를 포함한 철저한 사회 변혁 욕구(베트남 민족, 더 나아가 모든 억압받는 민족의 해방, 평등, 여성과 동성애자의 인권, 인종 차별에 맞선 투쟁 등)라는 더 폭넓은 반발의 일환이었다. 특히 전방위에 걸쳐 벌어진 이 사상 투쟁은 베트남에 대한 미국의 정책에 영향을 미치고, 장기적으로는 미군의 철수를 이끈다. 베트남 평화 옹호자들은 〈승리〉를 자축했지만, 평화주의가 국제 관계의 규범을 서서히 변화시켜 정치권에 영향을 미쳤다고 자부할 수는 있다 해도, 실제로 정책 결정에 미친 영향을 어느 정도나마 정확하게 측정할 수 있는 경우는 드물다.

냉전이 종결되면서 20세기 후반에 세계가 처해 있던 지정학적 교착 상태가 해소되었다. 베를린 장벽의 붕괴로 자유가 실현되었다. 그러나 도취감은 짧았고, 전 세계를 지배하는 새로운 갈등 관계가 걱정스러운 수준의 분쟁과 극단적인 형태의 폭력을 불러왔다. 이 새로운 다극 세계에서 평화주의 운동은, 2003년 이라크 전쟁에 맞선 전 세계적인 시위와 같은 몇몇 특별한 시기를 제외하면 좀처럼 주변적인 위치를 벗어나지 못하고 있다. 평화주의 운동은 적합성을 유지하기 위해 보통 대안 세계화altermondialiste 운동이라 불리는 초국가적인 저항 네트워크와 결합한다. 여전히 다급한 핵 위협은 점점 더 환경 보호의 관점에서 다루어진다(생태 평화주의). 이렇게 구조가 재배치되는 것은 오늘날 평화주의가 훨씬 더 총체적인 구상을 지니고 있음을 보여준다. 예를 들어 평화 운동 시민 단체 피스 나우Peace Now가 이스라엘에서 벌이는 활동이나 더 큰 사회 정의를 위해 노력을 기울이는 것은 국지적이고 지역적인 주도권이 강조되는 이 새로운 지형에서 핵심으로 남아 있다. 하지만 제1차 대전 중이나 양차 대전 사이에 탄생한 여러 단체도 여전히 존재하는데, 이런 단체로는 〈평화 서약 연합Peace Pledge Union〉, 〈전쟁 저항자 인터내셔널War Resisters' International〉, 〈화해를 위한 국제 연대International Fellowship of Reconciliation〉 그리고 2015년에 창립 1백

주년을 맞은 〈평화와 자유를 위한 국제 여성 연맹Ligue internationale des femmes pour la paix et la liberté〉이 있다. 20세기를 거치며 이 단체들의 활동 영역은 진화했다. 하지만 이들이 창설되도록 만든 원칙, 즉 전쟁과 폭력이 인간의 삶에서 필연적인 요소라고 여기기를 부정하는 생각을 여전히 고수하고 있다.

참조

1부 - 03 시민-군인의 시대 | 05 법이 말하는 것 | 06 환경 파괴 | 10 전쟁의 가격 ‖ 2부 - 09 반역자와 불복자 ‖ 4부 - 01 빈, 파리, 얄타: 화해하다 | 02 병사의 귀향

13
대영 제국주의의 신화

캐럴라인 엘킨스[●]

대영 제국은 흔히 제국주의의 본보기로 소개된다. 이 문명을 전파하는 임무가 식민지에 가해진 폭력보다 우선시되었다는 걸까? 이러한 이념적인 생각은 치밀하게 조직된, 관련 문서의 파기와 검열 정책이 만든 결과물이다. 그리고 그것은 더 이상 검증을 피해 갈 수 없다.

문명을 전파하는 임무 그리고 공공연히 관대한 식민주의 정책으로 유명한 — 특히 다른 유럽 강국의 식민 정책과 비교했을 때 — 대영 제국은 흔히 19세기와 20세기 제국주의의 본보기로 소개된다. 이러한 생각은 대중문화뿐 아니라 저명한 대학교수들의 연구에도 깔려 있다. 제2차 세계 대전 이후 탈식민기에 케임브리지 대학교의 한 교수는 대영 제국에서 〈전투가 실제로 거의 없었〉을 거라며 열광했다. 그의 관점에 따르면, 대영 제국이 종말을 맞은 것은 제국이 약해져서가 아니라 〈시합을 계속 연장하기를 거부〉했기 때문이었다.

그러나 이러한 끈질긴 생각은 무엇보다 영국의 제국주의를 둘러싼 신화를 보여 준다. 대영 제국을 연구한 역사학자들은 — 제국의 어두운 측면을 잘 아는 학자들조차 — 제국 말기를 물들인 극적인 상황, 즉 영국이 철수할 때 벌어진 혼돈, 지역 엘리트와 반란 세력 양측에 의해

Caroline Elkins. 하버드 대학교의 역사학 교수. 저서 『제국의 응보: 영국이 케냐에 세운 강제 수용소의 알려지지 않은 이야기』 *Imperial Reckoning: The Untold Story of Britain's Gulag in Kenya* 로 2006년에 퓰리처상을 받았다.

13 대영 제국주의의 신화 **239**

자행된 폭력 또는 제국의 공문서 소각 등에 대해 오랫동안 거의 언급하지 않았다. 어떤 제국이든 붕괴할 때는 상당한 폭력이 벌어지기 마련이다. 하지만 영국의 식민 지배는 자유주의와 지배권, 식민주의가 결합된 형태라는 점에서 다른 제국주의 국가와 구분되는 성격을 가지고 있다. 이 세 요소의 결합으로 영국은 제2차 세계 대전 이전에 개발된 무기와 전술을 제국 각지에서 활용했고, 공문서를 파기하고 퇴역 군인과 식민 지배 계급의 회고록과 인터뷰를 검열하는 치밀하게 조직된 정책을 시행했다.

특히 실제로 〈전투가 거의 없었다〉는 생각은 이념적인 필요에 부합했다. 19세기 영국이 식민지화로 문명을 전파하겠다는 임무를 세웠을 때부터 과거의 정복과 식민지 건설의 모습과 전혀 다른 모습을 띠게 되었다. 제국주의 영국의 새로운 계획은 영토를 정치적·경제적·사회적으로 병합하는 것을 정당화하기 위해 계몽주의와 그 보편적 원칙을 토대로 수립되었다. 영국의 계획은 시간이 지나면서 식민지민들에게 새로운 유형의 시민 자격 또한 보장해주어야 했다. 아프리카와 아시아, 아일랜드, 그 밖에 다른 지역에서 〈미개한〉 민족을 〈문명화하는〉 것은 도덕적·문화적·경제적 의무였다. 그 계획에 따르면 각 민족들은 사회 진화의 논리 하에서 시민권이 보장해주는 혜택을 받을 것이다. 가부장적 보호자라는 이미지에 사로 잡힌 저명한 자유주의 사상가들은 식민지 원주민을 〈문명을 향해 비틀거리며 걸음을 떼는 어린이〉에 비유했다. 이런 사상가 중 한 명인 존 스튜어트밀은 인도에는 〈인도 국민이 홀로 걷는데 익숙해질 수 있도록 돕는 수단으로서 (……) 걸음마를 도와줄 수 있는 정부가 필요하다〉고 주장했다.

유감스럽지만 필요한 조치
제국의 국민과 그들의 권리에 대한 너그러운 관점은 19세기에 들어서면서 대영 제국을 뒤흔든 사건들로 인해 손상된다. 문명을 전파한다는 임무는 제국의 이미지로서 계속 유지되지만, 자유주의가 과연 제국의 미개한 민족들을 변화시킬 수 있을지에 대한 환멸로 대체되며 위태로워졌다. 그러면서 새로운 형태의 제국 지배 정책이 그 뒤를 이었다. 이 지배 정책에서는 여전히 문명 전파 임무를 지녔다고 자처하면서도, 민족 간의 차이를 강화하고 체계화하면서 폭력을 조장하고 사용하기를 서슴지 않았다. 반란, 특히 인도와 자메이카에서 일어난 반란은 이러한 급변의 촉매제였다.

1857년 5월, 벵골 지역에 주둔한 영국 군대에서 복무한 인도인 용병 세포이가 돼지와 소의 기름을 먹인 실탄을 지급받자, 이슬람교도나 힌두교도 용병은 종교적 금식 규율에 어긋나는 이 조치에 반발해 무기를 들었다. 반란은 인도 전역으로 퍼졌고, 서로 다른 사회 경제, 문화 출신의 남녀가 영국의 지배에 맞서 결집했다. 영토의 광범위한 영역이 통제에서 완전히 벗어났다. 식민 정부는 가차 없는 진압에 나서는 동시에, 인도인이 유럽인에게 자행한 범죄, 특히 강간에 대한 극단적인 이야기를 퍼뜨린다. 반란에 가담한 것으로 의심받은 인도인은 대포의 포문에 묶어 포를 발사할 때 몸이 폭발하도록 했다. 도시와 마을은 초토화되고, 주민을 대거 살상하는 출정이 빈번히 이루어졌다. 영국 본토에서는 대대적인 언론 보도와 백인 민간인에게 자행된 잔혹 행위에 대한 이야기로 인해 〈붉은 해Red Year〉라는 별칭이 붙은 시기 내내 여론이 결집했다. 반란은 1858년 말에 진압되었지만 인종 차별적인 편견은 더욱 강화되어 제국 정부와 전쟁법에 대한 영국인의 인식에 큰 영향을 미쳤다.

인도의 반란이 시작되고 8년 후, 자메이카의 옛 노예들로 구성된 집단이 자신들이 처한 생활 조건에 항의하며 반란을 일으켰다. 인도에서 벌어진 상황과는 반대로, 모란트베이의 반란자들은 수가 적었고 중무장하지도 않았다. 하지만 이들은 인도인에 못지않게 폭력적으로 진압되었다. 자메이카의 총독 에드워드 에어는 계엄령을 선포하고 흑인 수백 명을 처형하라고 명령했다. 이들 중에는 조지 윌리엄 고든이 포함되어 있었는데, 그는 사업과 정치에 개입하던 혼혈 인사로서 지방 정부를 공개적으로 비판했다는 이유로 반란의 주모자 혐의를 받았다. 영국 정부는 자메이카 총독이 취한 이런 극단적인 조처가 유감스럽지만 필요했으며, 식민지 상황을 감안할 때 용서할 수 있다고 보았다.

하지만 에어 총독의 행위로 인해 자유주의자들이 분열되었다. 존 스튜어트 밀과 다른 몇몇은 정부가 이 사안을 공식적으로 수사하도록 압박할 목적으로 〈자메이카 위원회Jamaica Committee〉를 결성했다. 그러나 제국의 정치적 저울대는 보수주의 쪽으로 기울었다. 밀의 정적들은 에어를 지지하면서 자신들이 정권과 제국 전쟁에 대해 지닌 권위주의적인 입장이 채택되도록 만들려고 했다. 여기에 앞장선 쪽이 토머스 칼라일과 제임스 피츠제임스 스티븐이었다. 이들은 밀의 〈감정적인 자유주의〉가 식민국에서뿐 아니라 본국에서도 정치 질서를 교란시킨다며 격렬히 비난했다. 칼라일은 1849년에 출간된 자신의 책 『흑인 문제에 관한 시국 담론Occasional Discourse on the Negro Question』에서 해방된 이후 흑인이 맞을 미래에 대한 어두운 전망을 그리며, 백인의 보호가 없어지면 흑인은 아무것도 할 수 없는 상태로, 더 나쁘게는 미개 상태로 되돌아갈 것이라고 했다. 자메이카 반란은 칼라일의 극단적인 관점을 정당화하며 권위주의를 강화하려는 보수주의자들의 열의에 불을 붙였다. 한편 스티븐은 백인이 인종적으로 우월함을 주장하고 식민지에서 강제적인 절대 권력을 실시해야 한다고 강조하며 밀을 계속 공격했다. 밀이 제기한 법치 국가의 문제에 관해 스티븐은 기탄없이 이렇게 대꾸했다. 〈힘은 모든 법에서 반드시 필요한 요소다. 법이

란, 특수한 조건의 지배를 받는 힘을 특수한 대상을 향하여 통제된 방식으로 사용하는 것이다.〉

에드워드 에어의 행동이 단 한 번도 공식적인 수사나 형사 소송의 대상이 되지 않았다는 사실은 놀라운 일이 아니다. 영국 정부에 대한 저항은 19세기 자메이카나 인도의 거주민이 일으킨 반란이든, 20세기에 팔레스타인이나 영국령 말레이시아, 케냐, 키프로스의 거주민이 일으킨 반란이든, 모두 인종이라는 색안경을 거쳐 해석되어 이해할 수 없는 배신행위로 간주되었다. 이러한 반란을 대하는 대영 제국은 제국의 구조도, 식민지의 진보를 지원한다던 제국의 약속 이행 여부도 전혀 재검토하지 않았다. 몇 가지 변화가 이루어졌지만 미미했을 뿐 아니라, 식민국의 권한과 특권을 연장하는 방향으로 실현되었다.

〈아마겟돈으로 향하는 거창한 행렬〉

19세기에서 20세기로 바뀌는 시점에 영국의 자유주의적인 권위주의 지배 철학이 위기를 맞았다가 결국 더욱 공고해진 곳은 남아프리카였다. 대영 제국의 부대는 남아프리카에서, 1886년에 발견된 세계 최대의 금광이 있는 비트바테르스란트에 거주하는 아프리카너*와 충돌했다. 1899년에 전쟁이 발발하자 영국 정부는 인종 차별주의적인 아프리카너로부터 아프리카 사람들을 구하고 트란스발 중심부에 거주하며 일하던 영국인의 시민권을 수호하겠다고 선포했다. 영국의 속셈은 금광 접근권을 확보함으로써 제2차 산업 혁명 이후 영국의 최대 경쟁국이 된 독일에 금광이 넘어가지 않도록 하는 것이었다. 3개월 안에 끝날 거라고 예상된 전쟁은 3년 동안 지속되었다.

초기 몇 달 동안, 약 3만 명의 농민과 사냥꾼으로 이루어진 아프리

---

* Afrikaner. 네덜란드계 백인 민족 집단. 보어인이라고도 한다.

카너 게릴라들은 영국의 군대보다 전술적으로 우월했다. 이들은 뛰어난 사격과 추격 능력으로 영국군을 압도했다. 1900년대 초에 프레더릭 로버츠 원수가 영국군의 총사령관에 부임했다. 제국 곳곳에서 싸운 경험이 있는 베테랑 장교 부대가 그를 보좌했다. 이들 가운데 로버츠의 참모장인 허레이쇼 허버트 키치너는 남아프리카 영토에 가장 깊은 상처를 남긴 인물이다. 제국 영토에서 거둔 여러 영웅적인 승리로 전설적인 명성을 얻은 그가 거둔 가장 큰 승리는 1898년 수단의 옴두르만 전투에서였는데, 그는 이 전투 중에 마디당(토후국을 수립할 목적으로 벌인 종교 운동) 당원들에게 살해된 고든 장군에 대한 복수를 했다. 키치너의 병사들 — 이 중에는 윈스턴 처칠도 있었다 — 은 거의 두 배 많은 적군에 맞서 싸웠다. 하지만 근대적인 기관총과 소총으로 무장한 이들은 약 1만 명 사살하고 1만 3천 명 이상을 부상 입힌 반면, 아군은 전사자가 47명, 부상자가 382명에 불과했다. 이 전투를 목격한 어떤 사람은 다음과 같이 썼다.

그날은 마디당 반란의 최후의 날, 그것도 완전한 패배의 날이었다. 그들은 결코 다가오지 못했지만, 후퇴하려 하지 않았다. (……) 그건 전투가 아니라 처형이었다. (……) 시체는 쌓이는 것이 아니었다. 결코 쌓이지 않고 까마득히 땅에 널려 있었다. 어떤 이들은 최후의 베개라도 되듯 신발을 베고 가만히 누워 있었다. 다른 이들은 최후의 기도를 하던 중에 무릎을 꿇은 채 고꾸라져 있었다. 또 다른 이들은 갈가리 찢겨 있었다…….

옴두르만 전투 이야기는 대중에 널리 알려졌고, 키치너는 빅토리아 여왕에게 〈하르툼의 키치너 경〉이라는 작위를 받았다. 키치너가 귀족으로 서임된 후 수십 년 동안, 그의 그림자는 대영 제국의 머나먼 전쟁터에까지 드리워졌다.

1900년 가을, 영국군은 로버츠의 지휘 아래 아프리카너의 공화국을 점령했다. 전쟁은 세 번째이자 마지막 단계로 접어든다. 아프리카너들은 패배를 인정하지 않고 게릴라 전략을 펼치는데, 무섭도록 효율적이었다. 키치너는 전쟁을 끝낼 목적으로 부대 전체의 지휘를 맡아 한 민족 전체를 상대로 절멸하는 공격 — 노벨 문학상 수상자인 러디어드 키플링이 일컬었듯 〈아마겟돈으로 향하는 거창한 행렬〉 — 을 펼쳤다. 영국군은 새로운 〈토치카 전략〉, 즉 철조망을 이용해 광대한 영토를 좁은 구역으로 나누는 전략을 실시했다. 그런 다음 키치너는 초토화 전략을 써서 조직적으로 농작물에 불을 지르고 땅을 소금으로 뒤덮어 농작물을 경작하지 못하도록 했다. 이로써 마지막까지 고립된 채 남아 있던 반란군의 진지가 진압되었다. 키치너는 전쟁 포로 약 3만 명을 세인트헬레나섬이나 실론 등 대영 제국 각지로 분산해 강제 수용시켰다. 농장은 완전히 파괴했고, 우물에는 독을 탔다. 아프리카너 여성과 어린이, 흑인 노동자들은 집단 수용소에 가축처럼 몰아넣고 가두었다. 이런 처벌 시설이 45군데 만들어졌다. 이곳에 11만 5천 명의 아프리카너가 끔찍한 조건에서 포로로 갇혀 지냈다. 3만 명, 즉 수용소에 갇힌 사람의 4분의 1이 영양실조나 기아, 풍토병으로 죽었다. 이 중 2만 2천 명은 어린이였는데, 16세 미만 아프리카너 인구의 절반에 해당했다.

이 〈야만적인 방법〉 — 영국 자유당의 수장 헨리 캠벨 배너먼이 규탄하면서 한 말 — 에도 불구하고, 또는 이 때문에 키치너의 소모전은 아프리카너들이 어쩔 수 없이 협상 테이블에 나오도록 했다. 1902년 5월에 맺은 베레니깅 조약이 대영 제국과 현지 아프리카인들에게 미친 영향은 매우 컸다. 영국은 남아프리카의 흑인을 보호하겠다던 부성적인 정책을 경제적 기회주의와 인종 차별적인 편견의 제단에 희생제물로 바쳤다. 이 조약으로 영국은 금광을 차지하고 채굴할 수 있게 된 한편, 아프리카인들의 운명은 아프리카너의 손에 넘어갔다.

19세기와 20세기 초에 영국이 제국 전역에서 〈작은 전쟁〉을 지속적으로 치르면서 원주민들의 저항을 다룰 때 적용한 실제 사례들은 군인들로 하여금 이론적인 고찰을 하게 만들었다. 이러한 고찰은 뒤이어 억압을 제도화하는 데 사용되었다. 이에 대한 훌륭한 예는 찰스 E. 콜웰 대령의 연구다. 영국 육군 사관 학교Royal Military Academy를 졸업하고 19세기에 여러 제국 전쟁에 참전한 콜웰은 20세기에 반란 억제 기법을 연구한 주요 인물이었다. 『작은 전쟁』— 1896년에 출간되었고, 콜웰이 보어 전쟁 때 참모 장교이자 사령관으로 임명된 후에 개정함 — 은 반란 억제 전술을 연구하고 수행한 이론가와 실무가들의 기본 지침서로 쓰였다. 이 연구서는 영국군이 제국 전역에서 치른 수많은 교전에 대한 종합적인 시각을 제시하는 동시에 프랑스와 스페인, 미국, 러시아를 비롯한 다른 나라의 전쟁에서 얻은 교훈도 수록하여 주제를 총망라했다. 콜웰은 이런 비교적인 관점을 취함으로써 무력 사용이 단기적으로는 효율적임을 증명하는 동시에 이러한 억압 수단이 자유주의와 양립할 수 있는 부작용이라고 소개했다.

콜웰이 보기에, 유럽 군대가 〈문명화되지 않은〉 민족을 상대로 전쟁을 벌일 때에는 문명화된 군대에 맞서 사용하는 것과는 다른 규칙을 따라야 했다. 콜웰은 자신의 관점을 여러 사례로 뒷받침하면서 〈문명의 도덕적 힘〉이 유럽인의 우월함을 보증한다고 여겼다. 이 때문에 〈미개한〉 민족에게 〈잊지 못할 교훈〉을 줄 필요가 있는 것이다. 콜웰이 적을 완전히 파괴하기 위해 권장한 방법에는 단순히 전략적 이점만 있는 것이 아니었다. 그는 가혹 행위가 〈비문명화된〉 민족에게 발휘할 〈도덕적 효과〉를 강조했다. 그러한 전술을 펼침으로써 얻는 이득은, 남아프리카에서 키치너가 생각했던 것만큼 콜웰에게도 분명했다. 즉 그들의 〈목적은 적에게 누가 승자인지 확실히 보여 주고, 무기를 든 이들을 처벌하는 것이다〉. 콜웰은 영국군 지휘관들뿐 아니라 다른 나라의 지휘관들에게서도 영감을 받았는데, 1840년대에 알제리에서 극단적인 폭력을 사용한 프랑스인 토마로베르 뷔조와 〈백색 장군〉으로 불린 러시아 장군 미하일 스코벨레프가 있었다. 콜웰의 말에 따르면, 스코벨레프는 〈주민을 우격다짐으로 압박해 그들의 상상력까지 압도하는 기술〉의 대가였다.

콜웰이 언급한 〈도덕적 효과〉는 군인들이 〈백인이 진 책무〉(키플링의 시 제목을 인용)를 자신들의 전투에 자연스럽게 연결시키는 방식을 잘 보여 줄 뿐 아니라, 전 세계에서 대영 제국이 벌이는 전쟁에 대한 자국만의 특별한 표식으로서 폭력의 윤리를 만들어 냈다. 빅토리아 시대의 제국주의 규범에서는 억압을, 질서를 유지하고 뒤떨어진 인종들에게 문명을 전파하는 도구로 삼았다. 악에 대치한 선이라는 이분법적인 시각에 바탕을 둔 자유주의적 제국주의는 이제 더 이상 자국의 결백함을 밝히려는 이념적 시도만은 아니었다. 이는 의회에서 논쟁과 미디어, 대중문화, 기념 의식에서 개인과 국가가 자기 의사를 표현하는 방식을 만들어 갔다. 그 이후에 벌어진 식민 전쟁에서 자유주의적 제국주의는 콜웰과 그를 계승한 여러 사람 — 최고위층 군인부터 일반 병사까지 — 의 군사적 사상과 실천 방식에 스며들어 있었다.

아일랜드에서 일시 중지된 법치주의

제1차 세계 대전 직후는 대영 제국에서 식민주의에 반대하는 항의와 폭력, 맞폭력counter-violence이 폭발적으로 일어난 시기였다. 아프리카와 아시아, 유럽, 중동, 라틴아메리카에서는 위기 상황이 발생했다. 여기저기에서 민족주의 엘리트들은 분노와 버림받았다는 느낌을 이용했다. 이러한 감정은 한편으로는 윌슨 대통령의 유토피아적인 담화 이후에 생긴 실망감에서, 다른 한편으로는 전쟁 중에 협력한 대가에 대한 헛된 기대에서 생긴 것이었다. 볼셰비키 혁명으로 이들은 더욱 대담해졌고, 가난한 이들에게는 새로운 지평이 열렸다. 자메이카와 트리니다드, 영국령 온두라스뿐 아니라 소말릴란드와 남부 다르푸르, 케냐 등지에서도 폭동이 일어났다. 하지만 전후의 영국 연립 정부와 이 정부를 지지한 의회 구성원들 — 역사학자 존 갤러거에 따르면, 그중 압도적인 다수가 〈투표할 수 없는 열등한 인종에 대하여 완고하고 호의가 없던〉 보수주의자들이었다 — 에게 가장 심각한 문제를 야기한 곳은 중동과 아일랜드, 인도였다.

방대한 대영 제국 곳곳에 전쟁의 위협이 도사리고 있었다. 이런 상황에서 사드 자글룰이 이끈 이집트 독립주의자들의 요구와 마이클 콜린스가 이끈 아일랜드 공화주의자들의 요구가 끈끈하게 연결되었다. 인도 국무 장관 에드윈 몬터규는 제국 정부 구성원 대다수의 걱정을 이렇게 요약했다. 〈우리는 아일랜드에서 십중팔구 해야 할 양보 때문에 이집트에서도 양보하지 않을 수 없습니다. 그리고 이집트가 완전히 독립하는 방향으로 이루어질 모든 일은 인도의 과격파를 부추길 위험이 있습니다.〉 1920년부터 1922년까지 아일랜드에서처럼 완벽한 전쟁 상황에서 실시된 전략이든, 이집트와 인도, 이후에 영국 위임 통치령 팔레스타인에서 일어난 반란을 억압하는 과정에서 실시된 전략이든, 이 시기의 모든 군사 전략은 20세기로 들어서는 전환기에 남아프리카에서 만들어졌고, 그 이후 콜웰을 비롯한 다른 사람들에 의해 권장된 전략을 본떠 실시되었다. 자유주의적 권위주의라는 철권은 — 어디에서나 보란 듯이 내세운 〈도덕적 효과〉라는 비단 장갑을 낀 채 — 민족주의 정치인과 그 지지자, 더 넓게는 반란자들뿐 아니라 민간인도 가차 없이 내리쳤다. 길거리는 전쟁 지대가 되었고, 사적인 공간은 전쟁터가 되었다. 보어 전쟁 때처럼 영국의 공무원들은 반란 지도자로 의심받은 사람들을 〈테러리스트〉라고 부르며 제국의 변방으로 강제 이송시켰다. 처형은, 1916년에 아일랜드에서 벌어진 부활절 봉기에서 미성년자로 추측되는 사람 15명이 총살된 이후 반복되었다.

사상과 전술, 식민지에 대한 억압을 실시한 이들만 제국 내에서 이동한 것은 아니었다. 반식민주의 반란 역시 서로 다른 식민지 전쟁 사이에서 영향을 주고받았다. 사드 자글룰의 와프트당은 이집트와 수단에서 영국 보호령제를 타파하기 위해 인도의 마하트마 간디를 본받아 시민 불복종 캠페인을 벌였다. 아일랜드에서 마이클 콜린스는, 유명한 아프리카너 장군 크리스티안 더 베트와 그가 사용한 게릴라 전술을 기리는 뜻으로 자신을 〈아일랜드의 더 베트〉라고 불렀다. 콜린스와 그의 동료 1천5백 명은 14B 규정Regulation 14B을 이유로 재판도 받지 못하고 프론고크 수용소에 수감되었다. 이때 이들은 수용소를 〈혁명 대학교〉로 바꾸어 그곳에서 혁명 이념과 남아프리카에서 사용된 전술을 비롯한 게릴라 전술을 가르쳤다.

20세기 초에 영국은 제국의 군사 장비를 증대하는 한편, 전쟁 중에 예외 조치를 더욱 쉽게 합법적으로 활용하기 위해 법치주의의 법적인 일시 중지 측면에서 정책을 변화시켰다. 19세기에 잉글랜드와 스코틀랜드, 웨일스에서 점진적인 합의에 따라 정부가 구성되는 가운데, 아일랜드의 질서를 재확립할 목적으로 반란에 관한 법, 인신 보호Habeas Corpus 중지에 관한 법, 계엄법 등 일련의 법률이 결의되었다. 그리고 이러한 조치가 충분하지 않다고 판단되자, 강제법Coercion Acts을 공포해 무기를 규제하고 특별 법정이 원활히 기능하도록 하며, 선서하에 한 진술을 근거로 사건을 형사 재판에 회부할 수 있도록 했다. 당시 법률가이자 헌법 이론가인 앨버트 다이시는 강제법이 법치주의나 공적 자유의 이상과 양립하지 못한다고 분명히 밝혔다. 하지만 결국 이러한 법률들로 억압 조치 권한을 민간 기구로 이전하는 법조문이 만들어졌고, 민간 기구들은 비상사태(영국에서 계엄령에 해당)를 선포할 수 있게 되었다. 이는 계엄법과는 달랐다. 법정에서 강제법으로 보장되는 예외 권한에 이의를 제기하는 일은 거의 불가능했다. 이러한 조치들은 왕국의 수호에 관한 법률에도 영향을 미쳐 특히 양차 대전 중에 영국 본토에서 국민의 자유를 일시적으로 제한해 재판 없이 구류하는 일을 합법화했다. 대영 제국에서는 양차 세계 대전이 끝날 때마다 이러한 조치를 명목으로 더욱 엄격한 예외 조치가 적용되었다. 치안 유지 공권력과 영국의 민간 기구 인력 — 이들은 이제 사실상 규정에 따른 계엄법에 해당하는 것으로 보호받았다 — 은 일련의 범죄에 대하여 재판 없는 구류부터 야간 통행금지, 검열, 대규모 거주민 〈강제 이주〉, 사형 제도 실시에 이르기까지 억압적인 여러 정책을 적용하는 권한을 갖게 되었다. 반란이나 비상사태 상황이라고 완곡하게 불린 전쟁 중에 영국 정부는 반란자를 진압하고 현지 민간인을 순응하게 만들고자 이런 식으로 법치주의를 중지하는 합법적인 틀을 마련했다.

1930년대 말 팔레스타인에서는 앞서 수십 년 동안 만들어진 군사 전략과 질서 유지 조치가 총집결했다. 계엄법은 더욱 정교하게 다듬어졌다. 당시 〈아랍 반란〉이라고 불린 것을 진압하기 위해 영국은 예전에 자국에서 사용한 바 있는 〈블랙 앤드 탠Blacks and Tans〉 부대를 활용했다. 제1차 세계 대전의 퇴역 군인들로 이루어진 이 부대는 1922년에 아일랜드 독립 전쟁이 끝날 때까지 아일랜드에서 악명이 높았는데, 그 후 이 부대원 수백 명이 팔레스타인으로 보내졌다. 블랙 앤드 탠의 지휘관 헨리 튜터도 팔레스타인으로 가서 현지 치안 세력을 군대식으로 훈련했다. 1936년에 아랍 반란이 일어났다. 영국 정부는 벵골 경찰을 지휘한 바 있고 아일랜드 내전 경험이 있는 찰스 타가트를 불러들였다. 전쟁이 장기간 이어지자 1920년대에 이라크에서 공습을 실시한 〈폭격기 해리스Bomber Harris〉도 팔레스타인으로 파견되어 아랍인 마을을 파괴하고 공중에서 반란자들과 민간인을 공포에 떨게 했다. 일명 〈몬티Monty〉라 불린 버나드 몽고메리 장군 같은 인물들은 지상에서 주민을 공포로 다스리며 마을 전체를 초토화하고 의심스러운 사람들을 고문하고 온갖 잔혹한 행위를 저질렀다. 영국 정부와 국제 연맹의 상임 위원회는 이에 대한 조사를 거부했다. 따라서 팔레스타인에서 벌인 작전에 참가한 사람 중에서 해리스가 두각을 나타낸 것은 단지 당시 한창 발전하던 영국 왕립 공군Royal Air Force(RAF)의 엘리트 조종사라는 지위 때문이 아니었다. 그는 공중을 평정하는, 즉 민간인을 폭격하는 전문가이기도 했다. 폭격의 〈도덕적 효과〉는 그의 강력한 신조였다. 그는 반항하는 아랍인에 대하여 기탄없이 다음과 같이 말했다.

우리는 평화기에 일반적으로 적용하는 방식보다 더 거친 방식으로 반항자를 진압함으로써 수적인 열세를 보충해야 한다(이러한 상황에서는 그래도 된다). 반항이 벌어진 직후 몇 분 내지 몇 시간 내에 1백 킬로그램 또는 2백 킬로그램짜리 폭탄을 반항하는 마을마다 하나씩 떨어뜨리거나, 몇 군데 본거지를 선택해 그곳을 완전히 파괴하여 다른 이들을 격려하도록[원문대로 인용] 한다.

제2차 세계 대전 중에 해리스는 독일 도시에 대한 폭격 작전을 지휘해 영국 왕립 공군의 전설이 된다.

아랍 반란 기간 중 법치주의를 정지하는 합법적 조치가 한창 무르익은 가운데 이 방법은 널리 사용되었다. 더욱이 군대는 자체적인 규율이 있어, 육군부War Office는 현장에서 병사들과 장교들이 무력을 폭넓게 정의 내리고 사용하도록 보장했다. 콜웰의 연구에 기반한 육군 소장 찰스 그윈의 책 『제국의 질서 유지 _Imperial Policing_』는 질서 유지 작전뿐 아니라 군사 작전으로 간주된 식민 전쟁 중에 영국 군인의 행동 방식을 결정하는 데 기여했다. 1929년에 군법 개론서가 집필되어 군대의 규범을 법전화했는데, 해당 부분 — 제국 질서 유지에 관한 메모 Notes on Imperial Policing와 민간 권력 보조에 관한 의무 Duties in the Aid of the Civil Power — 은 군복 주머니에 알맞은 크기로 재편집하여 군인들이 팔레스타인이나 다른 곳의 전선에서 쉽게 참조할 수 있도록 했다. 이 군대 규범에서는 법을 지키는 데 있어 〈공무원이 민간인보다 더 많은 책임을 지지 않는다〉라는 사실을 지적했다. 이러한 논리는 군대에도 적용된다. 군인은 〈군인일 뿐 아니라 시민이기도 하며, 따라서 군법과 똑같이 민법을 따르〉기 때문이다. 뒤이어 이 개론서에는 〈무장한 반란 세력이 존재한다는 사실로 인해 반란에 효율적으로 대처하고 이를 제어하는 데 필요한 모든 수준의 무력 사용이 정당화된다〉라고 나와 있었다. 〈집단적 처벌〉과 〈보복〉, 〈징벌〉 개념은 모호하게 정의되었다. 이러한 조치는 아무리 〈무고한 개인에게 심각한 고통을 초래〉할 수 있다 하더라도 〈최후의 수단으로 필수 불가결〉했다. 군대의 행동 지침과, 법적인 보호를 제공하는 예외 규정 덕분에 영국군과 현지 경찰력은 법적인 추궁을 걱정하지 않고 별다른 제약 없이 활동할 수 있었다.

비틀거리는 제국을 절망적으로 수호하다

제2차 세계 대전이 끝나고 대영 제국이 다시 떠오르는 시기를 맞이하자, 제국은 19세기부터 만들어진 군사 전략과 법치주의의 합법적 정지 수단을 그대로 사용했다. 역사학자 갤러거는 착각한 것이 아니었다. 전후에 노동당과 보수당 정부는 모두 물러서지 않고 제국을 향해 나아갔다. 섬나라 영국은 새로운 세계 질서 속에 미국과 소련과 나란히 3대 열강 Big Three의 하나로서 자국의 자리를 확보하려 했다. 차례로 이어진 정권들은 1940년에 제정된 〈식민지의 안녕과 개발〉에 관한 법에 의거해 〈진보〉와 〈안녕〉이라는 기치 아래 식민지 경제 생산을 확대하려 했다. 더불어 이를 기회 삼아 전쟁으로 인해 빠져 있던 채무 변제 불능 상태, 그리고 자금 조달 및 미국의 통제라는 구속에서 벗어나고자 했다. 같은 시기 미국은 대영 제국 여기저기에서 들려오는 식민 지배에 대한 반대 요구보다는 냉전을 훨씬 우려했다. 1948년 6월에 미국 국무부의 메모는 이런 사실을 명백히 보여 준다.

영국과 그 자치령, 식민지와 속국은 지리적·전략적 위치가 군사적으로 매우 중요해서 방어 전초지나 공격을 위한 교두보로 활용될 수 있는 세계적 영토 네트워크를 이룬다. 앞으로 다가올 민족들의 자결에 우호적인 정책 전반의 틀 안에서 우리는 이 영토가 온전한 상태로 유지되기를 바란다.

미국이 제국 내에서 벌어지던 사태를 모르는 척하거나 간접적으로 지지하는 가운데, 영국은 제국 말기에 오랫동안, 많은 비용을 들여 일련의 전쟁을 치렀다. 각각의 전쟁은 나름의 동기와 필요에서 시작되었다. 하지만 전반적으로 보았을 때 식민 강국이 자신의 무게에 짓눌리는 가운데, 자결권에 대한 각 민족들의 강력한 요구에 떠밀려 비틀거리는 제국을 유지하기 위해 취한 절망적인 노력의 형태였다. 1945년에 팔레스타인에서 벌어진 유대 민족주의 반란을 시작으로 여러 전쟁 또는 〈비상사태〉에 준하는 상황이 대체로 비슷한 시기에 영국령 말레이시아와 케냐, 키프로스, 아덴 보호령, 북아일랜드에서 발발할 조짐을 보였다. 제2차 세계 대전이 종결된 직후 비상사태가 30차례 넘게 선포되었다. 그때마다 키치너가 남아프리카에서 사용했던 방식을 연상시키고, 빅토리아 시대에 강세를 보이던 자유주의적 권위주의로부터 영감을 받은 이념적 정당화에 근거한 방침이 사용됨으로써 당시 크게 진보하던 인권 보호 정신은 멀어졌다.

팔레스타인의 경우, 영국 위임 통치령 팔레스타인의 마지막 시기에 전쟁에 가담했던 많은 유대 민족주의 반란자가 아랍 반란 기간 중에 영국군 및 현지 경찰과 한편에서 싸웠다. 유대인 임시 군대에서 오드 윈게이트와 다른 이들에게 훈련받은 치온 코헨과 훗날 이스라엘군 참모총장이 되는 모세 다얀같은 이들이 야간 특수 부대Special Night Squads 라고도 불린, 팔레스타인의 영국군 〈제3부대〉에 1930년대 말에 합류했다. 다얀 같은 유대인 병사와 함께 복무한 영국군의 젊은 하사 프랭크 하우브룩에 따르면, 윈게이트는 자국의 땅이라고 여긴 영토에서 정당한 자리를 요구했을 뿐인 아랍 민족에 맞서 〈징벌의 윤리〉를 실천하고자 일종의 〈공포 정부〉를 조직했다.

제2차 세계 대전 이후에 유대 민족주의자들이 영국 위임 통치령 팔레스타인을 자신들의 몫으로 요구하자, 영국은 과거의 동맹군이었던 유대인들을 제압하기 위해 합법적인 법치주의 정지 수단을 사용했다. 하지만 소용없었다. 제국 말기의 여느 전쟁들에서와는 달리, 팔레스타인에서 벌어진 전쟁에서는 반란자 내부가 분열되지 않았다. 식민지 군인에게 직접 훈련을 받고 세계 시온주의 기구의 지지를 받는 시온주의자들은 물러서지 않았다. 게다가 제국 내에서 벌어진 여느 전쟁과 달리, 미국은 남아프리카에서 키치너가 수행한 것 같은 전쟁이 팔레스타인에서 벌어지는 것을 원치 않았다. 영국 최후의 전쟁을 수행하기 위해 팔레스타인으로 되돌아간 몬티가 군사 작전 측면으로 손발이 묶인 불리한 상황에서, 시온주의자들은 영국에 제2차 대전 이후 유일한 패배를 안겼다.

팔레스타인에서 근무하던 제국의 수많은 군인과 경찰, 공무원은 수치스러운 패배의 무게에 짓눌려 굴복한 채, 영국령 말레이시아로 곧장 보내졌다. 그곳에서 독립을 위해 싸우던 중국계 공산주의 반란자들을 공격하며 자신들이 느끼던 분노와 좌절감을 마음껏 표출했다. 이들 가운데 악명 높던 니컬 그레이가 있었는데, 그는 팔레스타인에서 경찰을 지휘한 후, 말레이시아 비상사태 초기에 쿠알라룸푸르에서 비슷한 직위를 맡고 있었다. 팔레스타인에서 자치령 정부의 사무국장이자 시온주의자들에 대한 반란 억제 정책 개발 과정에서 최초의 계획을 수립한 전략가인 헨리 거니도 말레이시아로 가서 고등 판무관직을 맡았다. 그는 카메론 하일랜즈Cameron Highlands의 식민 소유지 내 프레이저 힐Fraser's Hill 근처에서 매복했다가 중국계 반란군에게 사살되었다.

말레이시아에서 벌어진 전쟁의 초기에 영국은 비상사태에 관련된 조치를 소개하는 수백 페이지의 책을 출간했다. 동시에 영국은 국가경찰을 조직했다. 이들은 반란자를 재판 없이 구류하고, 현지 화교들을 강제로 이주시켜 철조망으로 둘러쳐진 마을에 정착시키는 등의 방법을 거침없이 사용했다. 〈말레이시아의 호랑이〉라 불린 제럴드 템플러가 거니의 뒤를 이었을 때 식민지는 폭력과 맞폭력이 걷잡을 수 없이 연쇄 상승하는 상태였다. 이는 1920년대에 아일랜드에서 벌어진 상황과 매우 흡사했다.

영국 정부는 아일랜드에서 제국의 다른 곳과 마찬가지로 여자들을 수용소에 거의 보내지 않았다. 제국을 위해 복무하는 현지 무장 세력은 밤에 기습하는 쪽을 택했다. 이들은 가정집에 무단 침입해 여자들을 침대에서 끌어냈다. 두려움에 사로잡혀 꼼짝 못 하는 아이들은 어머니와 누이, 할머니가 난폭하게 다루어지고 얻어맞고 가끔은 강간당하고, 흔히 징벌의 뜻으로 머리카락을 짧게 깎이는 모습을 지켜보아야 했다. 이런 고초는 공화주의자들에게 동조한 것으로 의심받은 사람들만 당하는 것이 아니었다. 아일랜드 공화국군(IRA)도 가만있지 않았다. 콜린스의 동조자들은 영국 정부에 충성한다고 의심하는 이들에게 보복했고, 경찰에게 정보를 알렸거나 경찰에 동조했다고 생각되는 사람은 이런 행동이 사실이라고 입증되었건 아니건 처벌했다. IRA는 연령을 가리지 않고 여성들의 머리카락을 깎거나 〈수다쟁이 주의〉라는 푯말과 함께 가로등에 묶어 이들을 모욕했다.

제국에서 벌어진 전쟁 때문에 지역 주민은 분열되어 내전의 조짐까지 보였다. 1920년대 아일랜드에서와 마찬가지로, 제2차 세계 대전 전후의 팔레스타인이나 1948~1960년 말레이시아, 마우마우단의 반란(1952~1960) 중 케냐, 키프로스(1955~1959)에서 영국은 지배를 위한 분열 정책을 펼치며, 지방 정부와 경찰 조직에 현지 동조자를 끌어들여 반란 세력을 억누르고 이간했다. 제국 말기의 전쟁에서 영국은 이러한 전략을 더욱 강력하게 실시했다. 그로 인해 장기적으로 많은 인명이 살상되었다. 토착 민족의 도덕 경제moral economy는 침해당했고 이들은 살아남기 위해 전쟁에서 서로 대치하는 양편에 충성하며 하루하루 투쟁할 수밖에 없는 처지에 놓였다.

케냐의 경우, 제국 내 아프리카 민족의 20퍼센트에 이르는 식민지 주민 대다수를 차지한 키쿠유족은 그들의 이타카 나 이야티ithaka na wiyathi, 즉 영토와 자유를 요구했다. 이들 가운데 2만 명이 영국에 맞서 무기를 들었고, 1백만 명의 남녀와 어린이로 이루어진 키쿠유족 거의 전부가 이 움직임에 충성을 맹세했다. 제국의 다른 곳에서처럼 영국은 비상사태를 선포하고 계엄법을 실시했다. 2년 후, 식민지 공무원들은 키쿠유 민간인을 상대로 총력전을 벌였다. 거의 모든 키쿠유족이 강제 수용소나 말레이시아에 세운 마을을 본떠 만든 8백 개 마을 중 하나에 억류되었다. 철조망으로 둘러쳐진 수용소에 갇힌 키쿠유 남녀들은 강제 노동을 했으며 온갖 종류의 고문 — 팔레스타인에서 아랍인에게 자행되었고, 이후 키프로스에서 키프로스 전사 민족단

(EOKA)을 상대로 자행된 것을 상기시키는 고문 ─ 을 당했다. 이러한 행위는 영국 경찰이나 군대뿐만 아니라, 제국에 충성하는 역할을 담당한 이들 또는 당시에 현지에서 사용한 표현을 빌리자면 민병대 home guards 토착 원주민에 의해서도 자행되었다. 두려움, 자신에 대한 혐오, 기회주의 또는 이 세 가지 요인이 동시에 이들로 하여금 제국에 충성하도록 만들었다. 그러나 이러한 충성은 상황에 따라 바뀌었다. 가끔은 그들이 반란군에게 맹세한 충성만큼이나 일시적이었다.

궁극적으로, 대영 제국 전쟁으로 인해 1945년 이후 제국 내에서 규범과 사상, 개인의 교류가 일어났고, 세계 도처에서 법치주의가 정지되는 상황이 반복적이고 체계적으로 벌어졌다. 또 이 전쟁으로 제국의 쇠퇴가 가속화되고 반식민주의적인 시민전쟁의 발발이 가속화되었다. 시민전쟁이라는 측면, 그리고 탈식민 과정에서 후기 식민주의 독립 정부들로 이전된 무수한 예외적인 조치와 법률은, 대영 제국이 지정학적 필요나 군인 및 민간인 사망자 수, 그리고 공공 재정 측면에서 극히 파괴적인 기나긴 전쟁을 치르며 남긴 유산 가운데 하나다.

신화 뒤에는 잘 지켜진 비밀

최근 몇 년간, 점점 더 자세한 이야기가 나오면서 영국이 식민지에서 19세기와 20세기에 자행한 폭력이 드러나는 한편, 〈전투가 거의 벌어지지 않았을〉 거라는 생각이 각별한 주의를 받는 대상이 되었다. 1956년 수에즈 위기의 영향, 그리고 이 위기가 대영 제국의 종말을 고했을 거라는 가설도 마찬가지다. 다시금 상황에 대한 통제권을 확보할 목적으로 영국은 프랑스와 이스라엘의 암묵적인 동조하에 미심쩍은 작전을 벌여 이집트의 대통령 가말 압델 나세르를 권력에서 몰아내려 했다. 미국 대통령 드와이트 아이젠하워가 이집트를 침략하지 말라고 강력하게 요구했음에도 불구하고, 영국은 계획을 실행에 옮겨 국제 무대에서 미국의 비난을 자초했을 뿐 아니라, 미국 정부가 보유한 스털링파운드 국채를 처분하겠다는 의도를 실행에 옮기면서 재정 전체가 무너질 수 있는 위험에 처했다. 이 위기로 영국의 위신이 끔찍한 타격을 입는 결과가 초래되었다. 어떤 역사가들은 이 위기가 대영 제국의 종말뿐 아니라 세계 초강대 영국의 쇠퇴에 깊은 영향을 미쳤다고 본다. 나세르 정권을 무너뜨리려는 시도가 실패하면서 영국 총리 앤서니 이든이 사임했기 때문에 이 위기는 영국 국내에도 영향을 미쳤다. 하지만 이러한 여파에도 불구하고 영국은 복잡하고 폭력적이며 장기화하는 반란 억제 작전을 계속 진행하면서 탈식민화가 정의되고 형성되어 가던 케냐 또는 키프로스, 아덴, 북아일랜드에서 거침없이 자국의 정책을 펴나갔다.

영국이 문명을 전파하는 임무를 도맡은 너그러운 국가 이미지를 유지할 수 있었던 것은, 부분적으로 제국 말기에 전쟁이 벌어졌다는 것과 이후에도 정보를 통제했다는 데 그 이유가 있다. 영국 식민지 기록 문서는 소각되었다. 영국 본토에 있던 문서 — 특히 런던 근교에 보관되어 있던 국립 문서 — 가운데 식민지에서 체계적으로 폭력이 벌어졌다는 사실을 입증할 만한 문서나 군인 및 식민지 공무원 또는 노동당과 보수당 정치 지도자를 보호하려고 은폐한 내용이 담긴 모든 문서가 깨끗이 파기되었다. 수십 년에 걸쳐 역사가들은 제국의 신화를 구축하는 데 기여하면서 공식적인 역사적 서사의 내용 또는 제국의 여러 장소에서 식민지 폭력의 증거가 나타날 때마다 당국이 제시한 설명에 의문을 제기하지 않았다.

대영 제국의 권력에 관한 진실은 공식적인 비밀이라는 보호 아래 감추어져 있다. 제국 — 무엇보다 진보와 자유 개념과 법치주의의 전파에 기반을 둔 제국 — 에서 지식 통제와 비밀 은폐는 영국 본토와 식민지에서 사회적·정치적 질서를 유지하는 데 결정적인 역할을 했다.

실제로 수 세기까지는 아니더라도 수십 년 동안, 영국 정부는 비밀을 다루는 데 뛰어난 솜씨를 보여 주었다. 어떤 이들은 이것이 〈민족적 특성〉 내지는 〈영국적인 질병〉의 한 측면이라고 보기도 했다. 〈유명한 영국의 비밀 문화〉에 대하여 저명한 정치 저널리스트 피터 헤네시는 이렇게 썼다. 〈영국에서 비밀은 코츠월즈 언덕Cotswolds만큼이나 풍광의 일부를 이룬다. 비밀은 영국 사회와 불가분의 관계다. 비밀 유지가 지속되는 것이 아니라 중단되는 것이야말로 상식에서 벗어난 일일 것이다. 화이트홀은 (……) 비밀의 영예에 바쳐진 가장 큰 기념물일 뿐, 유일한 기념물은 아니다.〉

포클랜드 전쟁이 끝난 후, 클라이브 폰팅도 영국 정부가 제국의 비밀을 감추려 한다고 강조했다. 1982년 봄에 발발하여 10주간 지속된 이 충돌 중에, 영국의 지배하에 있었던 아르헨티나의 현지 주민 다수가 아르헨티나의 것이라고 여긴 남대서양 영토에 대해 통치권을 주장했으나 원하는 바를 이루지 못했다. 그로부터 약 2년 후, 국방부 고위 공무원이던 폰팅은 영국이 아르헨티나 군함 헤네랄 벨그라노General Belgrano를 해양 배타적 수역Maritime Exclusion Zone 외곽에서 침몰시켰다는 내용을 담은 문서를 노동당 하원 의원 탬 달리엘에게 은밀히 전했다. 이에 영국 정부는 폰팅이 1911년 법의 제2절을 위반했다는 이유로 폰팅을 형사 고소했다. 그러나 폰팅은 해당 문서를 달리엘에게 보낸 것은 공익을 위한 일에 해당하며, 이 문서를 국회 구성원에게 누설한 일은 면책 특권으로 보호받는다고 설명함으로써 자신을 변호했다. 결국 배심원단은 폰팅에게 무죄를 선고했다. 이로써 영국 정부 그리고 〈집권 정부가 공익이라고 선포한 것이 바로 공익〉이라며 배심원단에 설명한 판사에게 분명한 메시지를 보냈다. 배심원단이 변호인 측의 주장이 옳다고 판결하자, 마거릿 대처 정부는 공공 기밀에 대한 새로운 법률을 제정해 이 법률을 위반한 경우에 이것이 공익을 위한 행동이었다고 주장할 모든 권리를 시민에게서 빼앗았다. 1989년에 법률이 이렇게 수정됨으로써 정부가 공익이라고 인정할 때에만 공익이 되고 말았다.

정부 기밀을 독점한 것은 단지 영국만이 아니었다. 특히 제2차 세계 대전 직후에 그랬다. 그 시기에 핵폭탄이 개발되고 군비 경쟁이 벌어지면서 미국 역시 국가 기밀의 시대로 들어섰다. 전후 앵글로·색슨 세계에서는 모든 서구 민주 국가에서와 마찬가지로 정부 공무원들이 어느 정도 지식을 독점함으로써, 특히 기밀 정보를 보유함으로써 과밀한 행정 서열 내에서 자신의 권한을 늘리려 했다. 다양하고 특수한 정보를 수집하여 정보로부터 국가 기밀을 구성하는 능력은 관료주의 권력의 최고봉을 의미할 뿐 아니라, 스스로 관료주의 권력을 지키는 주요 수단이었다.

서구 민주 국가들이 권력을 공고히 하는 동시에 권력이 야기한 해로운 결과를 감추기 위해 국가 기밀을 조작해야 할 이러한 필요는 자유주의에 내재된 역설을 드러낸다. 최근 몇 년 동안 이러한 역설은 특히 테러리즘에 맞선 전쟁과 함께 대두한 비상사태에 비추어 새롭게 검토되었다. 자유주의는 이제 더 이상 반제국주의의 이념적 바탕, 인권에 대한 생각이 구체화되고 실시된 핵심으로 간주되지 않는다. 반대로 자유주의를 비판하는 사람들은 자유주의가 평등과 자결을 위해 활용되었기 때문에 기본적으로 반식민주의적일 거라는 생각에 의문을 제기했다. 대영 제국 그리고 이 제국이 어떻게 체계적으로 폭력을 사용했는지를 염두에 두고 역사적 관점에서 이 사항을 검토해 보면, 〈제국주의적인 충동〉이 자유주의에 내재되어 있다는 사실이 드러난다. 자유주의 이념은 도덕적이고 보편적인 진보에 기여한다는 허울 아래 〈영토 확장주의적〉인 특성을 지니고 있으며, 이러한 특성은 강권으로, 심지어는 엄청난 폭력을 동원하여 강요된다. 제국 전쟁의 유산은 진실을 감추는 데 기여한 세력과 함께 전 세계 곳곳에서 반항하는 민족에게 엄청난 영향을 지속적으로 미치고 있다.

참조

1부 07 전략 없이는 기술은 소용없다 | 14 게릴라와 반란 억제 | 16 테러의 시대 ‖ 2부 - 03 식민지의 병사 ‖ 3부 - 06 식민지에서: 야만이 된 전쟁 | 14 극단적 폭력

14

게릴라와 반란 억제

아담 바츠코[•]

19세기 초부터 혁명가들은 게릴라전과 민중 동원을 권장한다. 비대칭 전술·전략은 유럽과 전 세계로 전파된다. 이에 대한 반발로 비대칭 전술·전략에 대항하는 학설이 탄생한다. 바로 〈반란 억제〉이다.

게릴라전은 19세기 초에 새로운 전투 방식으로 등장한다. 직접적인 전투를 피하고 매복과 급습 전략을 취하는 게릴라전의 전술적인 측면은 새로운 것이 아니다. 고대로부터 여러 군사 논설에서는 책략과 기습, 우회 전술을 중시했다. 18세기에 유럽 군대들은 적을 괴롭힐 목적으로 민첩한 경보병이나 경기병처럼 〈작은 전쟁〉에 전문화된 부대를 활용했다. 더욱이 게릴라전의 반란·혁명적인 측면은 오랜 민중 봉기(농민 반란, 의적 행위, 도시 폭동) 역사의 일부를 이룬다. 하지만 계몽주의와 혁명의 시대 이후 사고방식이 바뀌면서 전쟁을 수행하고 반란을 일으키는 방식도 크게 변한다. 민족주의와 자유주의, 사회주의의 이상이라는 맥락에서 19세기와 20세기의 혁명가들은 자신의 행동과 글로 대중을 동원해 관리하는 비대칭 전술·전략을 서서히 드러내기 시작했다. 게릴라전은 여러 명칭 — 반란, 비정규전, 혁명전쟁,

---

• Adam Baczko. 사회 과학 고등 연구원(EHESS) 소속 연구원. 내전을 연구하는 사회학자로서 『시리아: 어느 내전의 해부학*Syrie. Anatomie d'une guerre civile*』을 썼다.

민족 해방 전쟁, 체제 전복 — 으로 불리며 특히 식민 전쟁과 독립 투쟁을 통해 유럽에서 퍼지고, 뒤이어 전 세계로 퍼져 나갔다.

한편 게릴라전에 대한 반작용으로 반란에 맞서기 위해 적용해야 할 전략에 관한 고찰이 이루어진다. 군인들은 자신의 체험과 연구로부터 대(對)게릴라, 대(對)전복, 반(反)혁명 또는 가장 널리 퍼져 있는 반란 억제라는 이름으로 알려진 학설을 도출해 냈다. 어떤 정치 프로젝트 실현하기 위해 주로 민중을 조직하는 방법을 사용하는 게릴라전 사상에 맞서, 군인은 일련의 정치 군사적인 대항 조치를 제시한다. 게릴라전과 반란 억제라는 대조적인 두 계보는 19세기 나폴레옹 군대에 대한 반란부터 21세기 서구 군대들과 지하드 게릴라의 대결에 이르기까지 서로 교차한다.

게릴라전이 열리다

18세기 말에 프랑스 혁명과 미국 혁명을 거치면서 국가 주권은 통치의 원칙이 되고, 국민 동원은 무력 투쟁의 수단이 된다. 1793년 프랑스 헌법에 국민의 권리를 침해하는 정부에 맞서 저항할 권리를 보장한다는 내용이 명시되었다. 계몽주의 시대에 만들어진 이러한 생각은 유럽에서 전쟁이 끊임없이 벌어진 25년 동안 전파되었다. 특히 나폴레옹의 침략은 프랑스 혁명의 이상으로부터 직접 영향을 받아 일어난 저항에 부딪혔다. 1808년에 나폴레옹 1세의 형이 스페인 왕으로 임명되자, 스페인 국민은 나폴레옹 군대에 맞서 반란을 일으킨다. 이들은 폭동과 매복, 소규모 교전 끝에 1812년에 영국군의 지지를 받아 승리를 거두었다. 이 전쟁을 계기로 〈게릴라〉라는 단어(〈작은 전쟁〉이라는 뜻의 스페인어를 프랑스어화한 것)가 근대적인 의미를 지니게 된다. 더 이상 전투의 변두리에서 소부대를 동원하는 것이 아니라, 부당한 점령자나 체제에 맞서 비정규 군대가 벌이는 무장 투쟁을 일컫게 된다. 이러한 애국적인 열정은 1812년에 나폴레옹의 침공을 받은 러시아에도 전파되었다. 러시아 기병 장교 데니스 바실리예비치 다비도프는 프랑스 군대의 측면과 후방에서 파르티잔 전쟁을 수행할 기병대를 창설하도록 승인받았다. 다비도프가 이끈 기병대는 모스크바로 진군하여 러시아에서 퇴각하던 나폴레옹 군대를 괴롭혔다. 기병대원들은 마을에서 물자를 보급받았지만, 18세기에 전쟁에서 관례적으로 이루어지던 징발과 약탈은 하지 않았다. 민족주의적인 동원이 이루어지던 분위기에서 다비도프의 기병대는 신성한 조국 러시아와 그리스 정교를 침략자로부터 수호하는 존재로 자칭했다.

19세기 내내 반란의 움직임은 유럽 도처에서 물결처럼 이어졌고 (1830년과 1848년), 민족주의와 사회주의, 자유주의 이상과 결합했다. 19세기 오스만 제국에 맞선 반란자들은 의적처럼 행세했다. 발칸반도의 〈하이두크〉와 그리스의 〈클레프트〉, 그 이후에 아르메니아의 〈페다이〉는 민족적인 상상력과 농민 봉기 기술을 결합했다. 라틴아메리카의 스페인 식민지들에서는 독립 전쟁의 주동자들이 계몽주의 사상과 프랑스 혁명, 미국 혁명 경험에 깊은 영향을 받았다. 주세페 가리발디는 연이어 충돌을 벌이면서 국민 주권과 국민의 요구 사항을 바탕으로 한 새로운 형태의 무장 투쟁을 수행했다. 그는 생시몽의 공상적 사회주의와 주세페 마치니의 민족주의적 사상에 영향을 받아, 반란과 비정규 전쟁에 관한 최초의 전문가 중 한 인물이 된다. 1820~1830년대에 오스만 제국을 뒤흔든 혼란을 관찰한 그는 1834년에 이탈리아에서 처음으로 반란에 가담한다. 이 반란이 실패하자 가리발디는 라틴아메리카로 망명한 뒤 그곳에서 1848년까지 머무르며 자신이 후원하는 정부들을 위해 일한다. 그는 라틴아메리카에서의 경험을 바탕으로 1848년부터 이탈리아 독립 전쟁에 가담했다. 그는 1860년에 피에몬테·사르데냐 왕국이 팔레르모의 반란을 지지하기 위하여 파견한 〈천인대 원정〉을 지휘한 인물로 잘 알려져 있다. 가리발디는, 레닌이 1902년에 출간한 팸플릿 『무엇을 할 것인가?』에서 이론화하고 20세기에 에르네스토 〈체〉 게바라가 대중화한 전문적인 혁명가를 상징하는 인물이다.

정규군에서 게릴라전은 오랫동안 폭동이나 대중 무질서의 한 형태로 크게 관심을 둘 필요 없이 즉각 진압하는 게 좋다고 여겨 왔다. 이런 형태의 전쟁에 관심을 가진 카를 폰 클라우제비츠와 다비도프 같은 몇 안 되는 장교들은 주류가 아니었다. 비정규 전쟁에 대한 실질적인 연구가 시작된 것은 식민지에서 겪은 실전 경험을 통해서다. 유럽 군대가 아프리카와 아시아에서 진군함에 따라 현지에서 여러 저항이 생겼다. 유럽 군인들은 여기에 적응해야 했다. 1950~1960년대 반란 억제 학설의 기초가 된 온갖 신기술이 프랑스와 식민지 대영 제국이 형성되는 시기에 시험되었다. 영국의 인도군과 프랑스의 식민 보병대처럼 반란 억제에 전문화된 부대가 창설되었다. 이들의 경험으로 실제적인 지식이 생산되고, 그것이 전수되어 축적되었다. 1830년대 알제리에서는 뷔조가 기병대의 급습에 대응하기 위해 알제리 국민을 착취하며 살아가는 기동 유격대를 조직했다. 인도차이나에서는 조제프 갈리에니가 기름 얼룩 전략을 펼쳤다. (교육·건강·식품 등) 각종 서비스와 포병, 성채를 갖춘 근거지들을 설치한 뒤 통제 구역 주변으로 점점 확장하여 반란 〈토착인〉이 활용할 수 있는 공간을 줄이는 전략이다. 갈리에니의 제자 리요테는 식민 전쟁을 승격시켜 집단적인 탄압과 현지 수장들과의 협상, 저항 세력을 복종시키기 위한 서비스 제공을 결합한 체계로 만든다. 영국인들도 인도에서의 경험을 바탕으로 군사적 탄압과 현지 민병 모집, 현지 유력자들을 매개로 한 정부를 결합한 모델을 만들어 냈다. 1896년에 영국 장교 찰스 E. 콜웰은 자신이 식민 전쟁에서 얻은 교훈을 정리해 『작은 전쟁』에 편찬했다. 그의 책은 반란 억제 분야의 기본 지침서가 되어 탈식민 기간 중에 적극적으로 활용되었다. 하지만 1899~1902년에 벌어진 보어 전쟁 중에 영국군은 게릴라 때문에 어려움을 겪었다. 두 보어 공화국(트란스발 공화국과 오렌지 자유국)의 자원병으로 이루어진 군대들은 전쟁터에서 영국군을 상대로 싸우기보다는, 물자 보급이 크게 필요하지 않고 기동성이 큰 수백 명의 기병으로 이루어진 유격대로 기습하는 쪽을 선호했다. 보어인의 저항에 맞서 승리하기 위해 대영 제국은 45만 명의 군인을 동원했다. 또한 방어 시설을 갖춘 기지의 보호를 받는 철도를 건설하고 주민들을 대거 집단 수용해야 했다. 이러한 조치는 20세기에 벌어질 잔혹함을 예고했다.

제1차 세계 대전과 더불어 게릴라전은 투쟁을 수행하는 이상향이라는 명분을 넘어 전술과 전략으로 전체를 이루었다. 오스만 제국에 맞서 제2 전선을 시작하기 위해 프랑스와 영국 장교들이 오스만 제국의 부대를 공격할 아라비아반도의 베두인족 한가운데로 파견된다. 목표는, 연합군이 이집트와 팔레스타인에서 전진하는 동안 터키군을 최대한 유인하는 것이었다. 이 장교들 중 한 사람인 토머스 E. 로런스는 아랍국의 수장 파이살의 조언자로 각기 다른 베두인족 수장들이 연합하도록 설득하는 데 성공했다. 파이살의 군대는 프랑스·영국 군대의 도움을 받아 아라비아반도를 차지하고 다마스쿠스까지 전진했다. 전쟁이 끝난 후 로런스는 자신의 체험을 기록한 『지혜의 일곱 기둥Seven Pillars of Wisdom』을 출간했다. 이 책은 20세기에 많은 게릴라 병사의 필독서가 되었다. 이 책에서 그는 반란 상황에서 반란군이 전투를 피해야 한다는 생각을 펼치면서, 적이 완전히 장악할 수 없는 광대한 영토를 활용할 것, 적이 계속해서 결전을 치르려 하겠지만 장기적으로 행동할 것, 적의 물자 보급선에 집중하고, 파괴하기보다는 괴롭히고 지치게 할 것을 권고한다. 그는 반란군이 가장 중시해야 할 것은 정보이고, 반란군이 승리하기 위해서는 지리적 근거지와 주민의 지지를 얻어야 한다는 결론을 내린다. 탕가니카에서 독일군 사령관을 지낸 파울 폰 레토프포어베크의 경험은 이보다 덜 알려져 있다. 1만 5천 명의 군대를 거느린 그는 30만 명에 가까운 영국과 포르투갈, 벨기에 병사를 무찌르고, 이웃한 영국과 포르투갈 식민지에 여러 차례 기습 공격을 감행한다. 그의 목적은 최대한 많은 연합군 병사를 자기 부대와 싸우게 만들어 유럽에서 벌어지는 전쟁에 가담하지 못하도록 하는 것이었다. 그는 영국군을 괴롭히고, 영국군이 도시를 점령하게 놔두고, 적군의 통신선 및 물자 보급선을 집중 공격하는 한편, 자신의 물자 보급은 최소한으로 줄였다. 그는 사기가 충천한 독일군 장교들과 유창한 스와힐리어 능력, 그가 내세운 아프리카 민족 해방주의적인 견해와 담화 덕분에 수하 병사들의 군기를 유지할 수 있었다. 한 번도 패배한 적이 없는 그는 1918년 11월 11일 이후 10여 일이 지나 휴전 협정 소문이 들려온 뒤에야 항복한다.

베트남, 반란 억제 전쟁의 정점

양차 세계 대전과 1917년 러시아 혁명으로 민족주의 사상이 식민지들에 퍼졌다. 1세기에 걸친 식민 기간을 거치며, 식민 본토에서 공부하고 사회주의와 민족주의, 자유주의 이념에 영향을 받은 식민지의 엘리트층이 형성되었다. 여기에 덧붙여 양차 세계 전쟁으로 유럽열강들이 쇠퇴하고 식민지화 원칙에 완강히 반대하는 새로운 초강대국인 미국과 소련이 떠올랐다. 또한 독립을 이루려는 민족 해방 운동들이 일어났다. 이 운동들은 정규군을 무찌를 목적으로 이전 세기에 만들어진 경험과 기술을 결합한 혁명전쟁의 원칙을 적용했다. 서구의 장교들은 패배를 거듭하면서 반란 억제 전략·전술 모델을 만들기 위해 게릴라전에 눈을 돌렸다.

중국에서는 혁명전쟁 학설이 만들어졌다. 중국 공산당은 1927년에 민족주의적인 중국 국민당에 진압된 후, 20년에 걸친 게릴라전에 돌입했다. 마오쩌둥이 수장으로 군림했는데, 특히 반란 거점을 다시 마련하기 위해 〈장정(長征)〉이라 불린 중국 내륙을 향한 전략적 후퇴를 결정한 것이 그 결정적인 계기가 되었다. 1937년에 일본이 중국을 침공하자, 중국 내 민족주의자와 공산주의자의 대립이 끝나고 이들은 침략에 맞서 동맹을 맺었다. 일본을 상대로 벌인 전쟁과 뒤이어 시작된 내전 기간 동안에 마오쩌둥은 자신의 혁명전쟁 이론을 3단계에 걸쳐 실천했는데, 이 3단계는 다음과 같다. 일단 몸을 숨긴 채 적을 괴롭혀 적이 군대를 결집하게 한다. 그런 다음에 적이 방치한 공간을 활용하여 해방된 기지와 군대를 구성한다. 이 정규군을 이용해 권력을 쟁취한다. 1949년에 중국 인민 해방군은 베이징으로 진입하는 한편, 국민당 군대의 잔당은 타이완으로 도피한다. 혁명전쟁에서는 전투를 회피하는 여러 전술 이외에도, 게릴라전이 군사적이라기보다는 정치적이라는 특성이 강조되고, 대중을 동원하고 관리하는 것이 승리의 비결이다. 게다가 거의 산업화되지 않은 나라에서 혁명전쟁은 상대적으로 소수인 노동자 프롤레타리아 계층보다 농민 대중에 더 많이 의존했다. 혁명전쟁 학설은 민족 해방 운동의 중심 사상이 되었다. 호찌민과 보응우옌잡이 이끄는 베트남 병사들은 이 학설을 적용해 프랑스와 미국의 군대를 차례로 무찌르고 베트남의 독립과 통일을 실현했다. 아시아와 중동, 아프리카와 라틴아메리카에서 독립이나 부의 재분배를 목적으로 한 혁명 운동은 이 혁명전쟁 학설을 적용해 이루어졌다.

1950~1960년대 혁명가들은 혁명의 성공이 민중이 혁명 운동의 목표에 동조하는지 여부에 달려 있다는 사실에는 동의했지만, 역사적 조건과 게릴라의 활동을 결합하는 방식에 대해서는 아밀카르 카브랄과 에르네스토 〈체〉 게바라 두 인물을 중심으로 격렬한 논쟁이 벌

어졌다. 게바라는 아르헨티나의 의사로 쿠바에서 피델 카스트로와 함께 풀헨시오 바티스타의 쇠락한 정권에 맞선 쿠데타 계획에 가담했다. 하지만 쿠바 군대는 카스트로의 수하들을 대부분 살해했다. 거기서 살아남은 이들은 지하 단체를 조직했다. 1960년에 이 게릴라 조직은 스스로 개혁할 능력을 잃고 저절로 와해되어 가는 정권에 맞서 승리했다. 쿠바 혁명 이후 게바라는 게릴라의 낭만적인 인물상으로 떠오르는데, 레지스 드브레는 이를 전위적인 레닌주의 정당의 극단적인 변주인 〈포코foco〉 개념으로 이론화했다. 드브레의 견해에 따르면, 결의에 찬 사람들로 이루어진 한 집단은 정권이 억압 행위를 하도록 유도해 억압자로서의 본성을 드러내게 만들고, 대중이 혁명을 지지하도록 설득함으로써 혁명에 유리한 조건이 더 빨리 만들어지게 한다. 이런 관점에서 게바라는 〈한 개, 두 개, 세 개의 베트남〉을 만들어 낼 것을 촉구했다. 그는 콩고민주공화국의 동부 지역에서 혁명 운동에 가담했다가 볼리비아로 가서 지하 단체를 새로 만들어 냈다. 두 차례의 반란은 실패하고, 게바라는 1973년에 볼리비아 군대에 사살당한다. 아밀카르 카브랄은 〈포코〉 견해에 완강히 반대하면서 이와 정반대로 교육과 건강, 경제 근대화를 통해 혁명을 위한 조건을 미리 만들어야 한다고 주장했다. 카브랄은 기니와 카보베르데의 독립을 위한 아프리카 정당을 이끌고, 이 정당은 포르투갈로부터 독립을 얻어 냈다. 그는 학교와 병원, 법정을 갖춘 매우 정교한 지하 단체 체계를 조직한다. 1973년에 살해당한 그는 이후 아프리카에서 많은 게릴라에 영감을 주는 인물이 되었다.

탈식민 전쟁 맥락에서 서방 국가의 군대들은 식민지에서 구축한 지식을 〈반란 억제〉라는 하나의 학설로 결합해 다시 끄집어내려 했다. 반란 억제는 프랑스와 영국, 미국(주변으로 가면 포르투갈과 이스라엘, 남아프리카공화국) 간의 교류를 통해 만들어졌다. 인도차이나에서 겪은 패배에 충격을 받은 프랑스 장교 세대는 혁명전쟁에 관한 연구를 발달시켰다. 샤를 라셰루아, 자크 오가르, 로제 트랭키에, 다비드 갈륄라 등은 이 반혁명 전쟁의 사상가가 되어 정치를 중시한 마오쩌둥과 호찌민의 생각을 취하면서 정보 조작과 첩보, 영토 분할 기법을 동원하는 심리전의 한 형태를 만들어 냈다. 마오쩌둥이 말하듯 게릴라 병사는 물속의 물고기처럼 민중에 섞여 있어야 하므로 물, 그러니까 민중에 집중해야 한다. 반란 억제의 주목적은 국민을 게릴라 계획에 동참하게 만들 게릴라군의 활동을 저지하는 것이다. 프랑스 장교들은 국민에게 도움을 제공하는 일을 맡은 부서들에 여러 기술과 무시무시한 추격 능력을 보유한 특공대를 갖추게 했다. 이들은 알제리를 보복의 기회로 삼아 알제리 민족 해방 전선(FLN)에 큰 피해를 입혔다. 하지만 1962년에 알제리가 독립하면서 FLN에 승리한 사실은, 공포와 사회 경제적 조치를 교묘하게 결합한 기법을 동원해도 정치적 기획이 없으면 제대로 된 효과를 거둘 수 없음을 보여 주었다. 말레이시아에서 영국은 알제리에 주둔한 프랑스군과 비슷한 전략을 취했다. 특히 수십만 명의 주민을 강제 이주하여 게릴라군을 고립시키고, 주민들을 매우 엄격하게 통제하고, 이전에 게릴라 병사였던 사람들을 특공대원으로 활용했다. 영국은 대치가 시작되자마자 게릴라가 제거되면 독립하게 해준다고 약속했는데, 실제로 1957년에 이 약속을 지켜 민족주의적인 정부를 세움으로써 게릴라가 내세운 주요한 명분을 없애는 데 성공했다.

미국의 베트남 개입은 반란 억제의 정점을 이루었다. 그때까지 미국은 현지인들에게 싸움을 위임하는 편을 택했고, 이런 방식으로 라틴아메리카와 필리핀에서 성공을 거두었다. 하지만 남베트남에서 미국은 직접 전쟁에 개입해 50만 명에 이르는 군인을 투입한다. 프랑스 장교(다비드 갈륄라)나 영국 장교들(로버트 톰슨)이 동원되었고 똑같은 전략, 즉 추격 특공대, 주민 강제 이주, 원조 프로그램 등이 활용되었다. 미국은 전례 없는 규모의 자원을 투입했다. 북베트남에는 제2차 세계 대전 전체와 맞먹는 양의 폭탄을 쏟아부었다. 제101 공수 사단은 정규군에 부족한 기동성을 보충해 줄 기적의 무기인 헬리콥터를 완벽하게 구비한 기동 부대가 되었다. 특수 부대는 수만 명의 군인으로 구성되었다. 결국 미국은 프랑스가 그랬듯, 아무리 엄청난 자금력을 투입해 최고의 반란 억제 전략을 펼쳐도 합법성이 결여된 정부를 내세우는 한 비효율적일 수밖에 없다는 사실을 깨닫는다. 하지만 베트남에서 미국이 겪은 패배로 인해 반란 억제 학설이 완전히 사라지지는 않았다. 프랑스 장교들은 라틴아메리카와 아프리카에 억압적인 기구를 설치하는 한편, 미국은 같은 목적으로 〈아메리카 수련원〉을 설치했다.

마수드, 클라우제비츠의 애독자

1970년대 말 광대한 유럽의 식민지 대부분이 독립하면서 탈식민지화는 더 이상 대의명분으로 인정받지 못했다. 신생 독립 국가 내에서 투쟁하는 민족 해방 운동들은 당위성을 인정받기 위해 소수파로라도 자리 잡아야 했다. 우호적인 국제 환경의 덕을 본 탈식민기의 게릴라들과 달리, 1970년대 이후의 무장 운동은 대체로 그들이 내세우는 대의에 무관심하거나 심지어 적대적인 분위기 속에서 투쟁했다. 중동의 쿠르드족이나 스리랑카의 타밀족, 사헬 지역의 투아레그족 게릴라들은 분리주의자로 간주되었다. 전혀 중립적이라고 볼 수 없는 이러한 범주 구분은 국가와 국제 조직들이 식민화 과정에서 형성된 국경들을 문제 삼지 않으려는 노력에서 나왔다. 이들의 투쟁은 어느 정도 승리를 거두고 동조를 끌어낼 수는 있었지만 반란으로 독립까지 얻어낸 경우는 거의 없었다. 이 점에서 1993년 에리트레아, 1999년의 코소보, 2002년의 동(東)티모르, 2011년의 남(南)수단 독립은 매우 예외적인 경우다.

국경의 현상 유지가 중시되고 민족주의 및 사회주의 이념이 의문시되는 이 같은 상황에서, 이슬람주의는 정치적 저항의 언어로서 인도네시아부터 서아프리카에 이르기까지 점차 강세를 띠었다. 민족주의 운동이 차츰 신뢰를 잃어 가는 가운데 1980년대에 헤즈볼라와 하마스가 출현하면서, 이러한 변화는 이스라엘의 레바논과 팔레스타인 점령에 대한 저항 움직임에서 명백하게 드러났다. 동시에 아프가니스탄에서는 1978년에 공산주의 쿠데타가 벌어지고, 그 이듬해 소련의 침공을 받으면서 이슬람주의 봉기가 일어났다. 지하드(성스러운 전쟁)를 벌이는 반란 집단들은 이웃 나라인 이란과 파키스탄의 지지를 받아 세력을 키웠다. 아프가니스탄의 〈무자헤딘〉 중에서 가장 유명한 인물인 아흐마드 샤 마수드는 이슬람주의자들이 게릴라전 사상가들로부터 어떻게 영향을 받았는지를 보여 준다. 클라우제비츠와 마오쩌둥의 책을 읽은 마수드는 아프가니스탄 북동부에서 소련군에 맞선 투쟁을 지휘하기 위해 정치와 군사 조직을 정비했다. 하지만 그는 1989년에 소련이 퇴각한 후 벌어진 내전에서 주도권을 잡는 데 실패했다.

아프가니스탄 전쟁은 게릴라전에 대한 고유의 성찰을 만들어 내는 국제 이슬람주의의 모태가 되었다. 소련에 대항한 투쟁이 벌어지자 전 세계에서 수천 명의 이슬람교도들이 지하드에 가담하기 위해 몰려들었고, 페르시아만의 국가들은 이 움직임을 지지했다. 이 세대는 1990년대의 알제리에서처럼 뒤이어 이슬람 세계로 퍼져 나간 게릴라 움직임의 시초다. 지하드를 위해 몰려든 지원자들은 전 세계적인 칼리파를 창설한다고 주장하는 조직 알카에다를 설립한다. 이 조직은 아프가니스탄에서 벌어진 전투에서는 미미한 역할을 했지만, 1990년대에 테러 행위, 특히 2001년 9·11 테러를 저지르며 존재가 알려졌다. 2003년 미국의 이라크 침공은 이 조직의 이라크 분파가 게릴라전을 시도해 볼 기회가 되었다. 이 경험, 그리고 뒤이어 몇 년 동안 예멘과 사헬의 분파가 치른 경험을 통해 알카에다 지도자들은 자신들의 비(非)영토적 전략에 의문을 제기했다. 아프가니스탄 전쟁에 참전한 전직 군인이 아부 바르크 나지라는 필명으로 쓴 『야만의 경영The Management of Savagery』에는 이 운동의 전반적인 목표들에 부합하는 학설이 강조되었다. 이 책은 서방 강대국들이 이슬람 국가에 개입해 게릴라전 상황으로 빠져들게 만들고, 이를 활용해 병사를 모집하고 국민들의 호의를 불러일으켜 지하디스트 운동에 유리한 상황을 조성하라고 권했다. 알카에다의 이라크 분파가 갈라져 나와 탄생한 이슬람국가(IS)는 이런 유형의 전략을 적용해 시리아와 이라크에 걸친 영토를 정복하고 칼리파를 선포했다. IS는 파키스탄과 아프가니스탄, 예멘과 리비아를 비롯한 이슬람 국가에 영향을 미치는 분쟁에 전방위로 가담해 테러와 포로 처형으로 주변 국가들과 서방의 반발을 불러일으킨다.

미국은 이러한 이슬람주의 게릴라 활동이 비약적으로 발전하게 만들었다. 9·11 테러 이후 미국은 테러리즘에 맞서 경계가 불분명한 전면전을 선포하고 2001년에 아프가니스탄, 2003년에 이라크에 개입했다. 뒤이은 10년 동안 미국의 특수 부대와 드론은 모리타니와 말리, 니제르, 리비아, 소말리아, 예멘, 시리아, 파키스탄을 비롯한 여러 이슬람 국가에 투입되었다. 아프가니스탄 점령(심각한 부패와 군벌들의 연합)과 이라크 점령(국가 기구의 파괴)이 제대로 관리되지 못하자 미군과 미국이 정착시킨 정권에 맞서 반란이 일어났다. 그 결과 2001년에 해체된 아프가니스탄 탈레반이 재조직되었다. 이라크에서는 이전의 바트당과 수니파, 시아파가 이슬람주의를 내세우며 미군에 맞섰다. 이러한 맥락에서 미군 장교들은 데이비드 퍼트레이어스를 본받아

1950년대와 1960년대의 반란 억제 지식과 기법을 다시 사용했다. 이들은 알제리 전쟁(갈륄라, 트랭키에)과 말레이시아 전쟁(로버츠)의 군사사상가들을 참조하여 적군이 아닌 주민에게 집중하라고 촉구했다. 이 장교들은 대량 살상을 자행하는 특수 부대와 드론이 결합된 현지 민병대와 개발 계획에 기대, 아프가니스탄의 탈레반과 이라크 및 알카에다 반란 집단에 무차별 대항했다. 이 미국 장교들은 이런 식으로 아프가니스탄과 이라크에서 반란 억제 원칙을 적용함으로써 과거의 지휘관들이 저지른 실수를 되풀이하고 있다. 군사적인 점령과 부패한 정권 속에서는 아무리 원조 프로그램을 활용해도 현지인들을 미국의 목적에 동조하게 만들지 못한다. 미국은 지금 중동에서 탈식민 과정의 교훈을 재발견하고 있다. 근본적으로 불평등한 상황에서, 2세기 전부터 게릴라 세력이 내세워 온 강점인 정치적 계획마저 없다면 최고의 전략도 아무런 효과를 낼 수 없다.

참조

15

중국: 전쟁으로 수행하는 혁명

빅토르 루종[•]

현대 중국에서 전쟁과 혁명의 관계는 매우 밀접하다. 이러한 관계는 마오이즘이 등장하기 이전에 형성되었다. 중국 공산 정권이 수립되기에 앞서 사회적이면서 민족적인 혁명전쟁이 벌어졌다. 그리고 이 전쟁은 중국 공산 신화에서 핵심적인 위치를 차지했다.

초기 마르크스주의 전통에서는 전쟁을 국가만 수행하는 특수한 활동으로 여겼다. 다시 말해 전쟁은 역사를 가속화시킬 수도 있을 포식 활동이거나 아니면 무산 계급에는 조국이 없다는 사실을 잊게 만들기 위한 국가의 술책으로 간주되었다. 하지만 20세기를 거치면서 우리는 군복을 입은 사회주의 혁명가들의 모습에 익숙해졌다. 그리고 이들 가운데 중국 공산주의자들은 단연 독보적인 위치를 차지한다. 〈혁명전쟁〉 개념, 그중에서도 게릴라전 형태의 혁명전쟁 개념은 마오쩌둥이라는 이름과 매우 밀접하게 연결되어 있기 때문이다. 가끔은 중국이 직접 만들어 퍼뜨리기도 하는 일부 동양적 환상에서는 이러한 전쟁 형태가 속임수와 비대칭 전투를 선호해 온 중국의 오랜 전통에서 나왔다고 보기도 한다. 하지만 이렇게 간주하는 것은, 중국 문화가 이러한 성향으로 한정되지 않으며 전략적 마오이즘이 게릴라 전술로 국한되지 않는다는 점, 마오쩌둥이 정규군의 직접적인 충돌을 선호한

• Victor Louzon. 소르본 대학교의 역사학 부교수. 동아시아 현대사에 관심을 갖고 있으며, 중국 세계의 전쟁, 사회적 군사화 및 정치적 폭력을 전문으로 연구하고 있다.

다른 중국인들과 동시대인이었다는 사실을 간과하는 일이 될 것이다.

중국 혁명전쟁은 특정한 문화적 특성에서 나온 것이라기보다는 어떤 역사, 특히 최근 역사의 우발적인 결과물로 보아야 한다. 혁명을 집요하게 전쟁으로 간주한 것은 현대 중국에서 마오이즘이 부상하기 이전부터다. 이 같은 변화는 이 나라의 고유한 상황에서 생겨났지만, 20세기로 넘어가는 시기에 정치적 상상력이 군사화한 전 세계적인 경향이 중국에 전해져 자극을 받은 것이기도 하다.

무력으로 이룬 국가 혁명

러시아에서의 변혁으로 사회주의 혁명가들이 전쟁과 맺는 관계가 변화했다. 레닌은 1914~1918년에 혁명적 패배주의를 제창했다. 하지만 레닌의 글에는 마르크스와 엥겔스의 글에서보다 훨씬 많은 전쟁 용어가 사용되었다. 레닌의 정당은 레닌이 권력을 행사하는 방식을 근본적으로 형성한 내전이 끝난 다음에야 러시아를 통치했다. 볼셰비키는 상상력과 전술, 모델 측면에서 부분적으로 군사화한 혁명의 선두에 섰다. 그런데 러시아 10월 혁명의 영향이 중국에 전해졌을 때에는 이 혁명 모델이 중국에 이식될 조건이 무르익어 있었다.

일단 물질적인 조건이 갖추어져 있었다. 1911~1912년에 청 왕조를 무너뜨린 혁명은 군대에서 시작되어 짧은 내전으로 이어졌으나, 쑨원의 혁명 세력은 중국 내부에 제대로 뿌리를 내리지 못했기에 자신의 군대를 보유하지 못했다. 따라서 공화국이 수립된 후 의회 정치에 가담한다. 하지만 청 왕조가 해체되면서 실권은 군인들의 손에 넘어갔다. 이내 위안스카이가 독재 권력을 굳혀 가다가 1916년에 사망하면서 군벌들이 중국을 분할했다. 이때부터 중국에서 권력을 잡으려면 반드시 영토 정복에 나서야 했다.

그다음으로는 지적인 조건이 갖추어져 있었다. 군사 기구는 청 왕조에서 완전히 무시되지는 않았지만 왕조의 고위직이나 민중 문화에서 최고 서열을 차지하지는 않았다. 18세기의 중앙아시아 정벌과 1850~1860년대의 대규모 반란에 맞선 투쟁을 거친 이후에도 이러한 경향은 유지되고 오직 주변부에서만 변화가 생겼다. 그러다 19세기 말에 이르러 상황이 바뀌었다. 사회 진화론이 전파되고, 1895년에 예기치 못하게 일본에 패배했다. 서구 제국주의가 강화되면서 점점 많은 지식인이 중국이 살아남으려면 중화 민족에게 군대의 미덕을 불어넣어야 한다고 믿었다. 그래서 일단 장비를 잘 갖추고 잘 훈련된 보병을 창설하는 데 노력을 기울였다. 1905년에는 국가 엘리트를 양성하는 핵심 체제였던 과거 제도가 폐지되면서 더 많은 사람이 군인이 되려고 지원했다. 중국 국민 대다수는 여전히 군인을 짐 혹은 재앙으로 여겼으나, 지식층의 견해는 크게 바뀌었다. 〈군국주의〉를 비판하는 이들조차 군벌의 폐해는 비난하면서도, 더 이상 근대적인 군대와 결합된 규율, 활력, 희생이라는 가치는 문제 삼지 않았다. 제1차 대전에서 벌어진 살육에도 이러한 상황은 변함이 없었다. 1924년에 평화로운 동방이 호전적인 서구보다 도덕적으로 우월하다는 점을 찬양하러 온, 인도의 타고르를 맞이하는 중국 학생들의 반응은 냉랭했다.

중국의 상황에서 비폭력적인 변화를 기대하기란 불가능한 일이 되었다. 쑨원이 판단하기에, 중국이 군벌과 제국주의에서 벗어나려면 혁명가들이 1년 동안 강제로 군정을 실시해야 했다. 이러한 새로운 전략적 선택은 당시 반제국주의 반란을 장려할 길을 찾던 국제 공산당 조직 코민테른의 전략적 선택과 맞아떨어져, 1923년에 협정이 체결되었다. 중국 남부 도시 광저우에 피신해 있던 쑨원은 볼셰비키를 모델로 삼아 민족주의 정당(국민당)을 재결성하는 한편, 작은 정당인 중국 공산당과 동맹을 맺었다. 코민테른은 혁명 군대를 창설할 물자와 인력을 지원했다. 새로 설립된 황푸 군관 학교에서는 코민테른의 장교를 양성했다. 이들은 모든 점에서 군벌의 용병과 정반대로 경제적 필요 때문이 아니라 당이 치르는 전쟁의 목적에 동조하기 때문에 싸우는 〈이념에 따르는 군인(主意兵)〉이었다. 이들은 선봉에 나서서 이러한 정신을 부하들에게 전파해야 했다. 황푸 군관 학교의 교장은 쑨원의 충복이며 당시 많은 사람이 나온 일본 군사 학교 출신인 장제스가 맡았다. 1895년부터 1905년에 러시아에 맞서 승리하기까지 일본은 군사 근대화에 성공한 모범으로 여겨졌다. 코민테른에서 중국으로 파견한 고문 중에서 장제스는, 공산주의자들과의 협정을 보증한 보로딘의 정치 수업을 받을 때에는 참을성이 없었지만, 〈백인〉에 맞선 투쟁의 영웅 블뤼허 장군의 조언은 열심히 들었다. 그는 러시아의 혁명 경험에서 계급 투쟁보다는 내전 기법을 더 많이 배웠다.

장제스는 황푸 군관 학교 후배 가운데 자신에게 충성하는 사람들로 인맥을 형성했다. 덕분에 군대의 영향력이 점점 더 커지던 국민당 내에서 그의 입지도 강화되었다. 장제스의 지위 상승은 군대가 주도권을 차지한 역사와 뒤섞여 있다. 쑨원이 사망하고 1년 후인 1926년에 통일 전쟁이 시작되었다. 장제스가 총사령관직을 맡은 〈북벌〉은 중국에서 20세기에 벌어진 최초의 혁명전쟁이다. 우선적으로 군벌 군대를 격파하기 위해 시작된 이 전쟁은 때로 사회적인 전쟁의 양상을 띠었다. 국민 혁명군이 진군하면서 공산당 간부들에 의해 소집된 민중 조직과 민병대에 의존했기 때문이다. 전쟁 중에 이 민중 조직과 민병대는 즉흥적인 재분배와 약식 처형을 빈번히 시행했다. 지주의 하수인들은 살인 보복으로 대응했다. 많은 농민이 자신이 〈도둑질한〉 땅에 산 채로 매장되었다. 노동자 및 농민 운동이 격화되자 장제스는 1927년 봄에 국민당과 중국 공산당의 동맹을 끊었다. 상하이를 비롯한 다른 도시들에서 국민당 군대는 깡패 집단의 도움을 받아 공산주의자들과 조합 운동가들을 학살했다.

결국 국민당은 1928년에 홀로 중국을 통일했다. 이제 군대가 승기를 잡은 혁명을 주도했고, 장제스는 국제 공산당 코민테른 당원들을 고비 사막을 거쳐 모스크바로 쫓아낸 후에 군대를 손에 넣었다. 그러나 북벌 기간 중에 당파 간 적의가 전례 없이 격해졌고, 이 과정에서 또 다른 혁명군인 공산군이 길거리로 내몰렸다.

군사 조직화한 두 정당

공산당은 매우 약화되었으나 소멸하는 대신 근본적으로 변화하기 시작했다. 도시 습격에 몇 차례 실패한 후, 공산당은 신흥 국민당 정권의 통제가 변경까지 제대로 닿지 않는다는 점을 이용하여 중국 남동부의 산간 지역에 근거지를 두었다. 이때 실현된 진정한 혁신은, 광저우 시기에 실험되고 부하린이 제창한 농민 공산주의를 창설한 것이 아니라, 전투를 지방화(농촌 근거지 창설)하고 장기적인 투쟁으로 돌입한 점이었다. 즉 전국의 도시와 노동자를 포괄하겠다는 전망은 포기하지 않으면서 먼 훗날로 미루었고, 국민당의 혁명과 마찬가지로 공산주의 혁명도 군사 조직화했다. 당시 여러 지휘관 중 한 명인 마오쩌둥은 1927년 8월에 분명한 사실을 깨닫는다. 즉 중국에서 정치권력은 〈총구에〉 있으므로 당은 자신의 무력에 의존할 수 있어야 한다는 것이다. 그는 공산당에 계속 충성한 국민 혁명군의 남은 무리를 결집하고, 농촌 근거지에서 군인을 소집해 〈홍군(紅軍)〉을 창설했다. 그것은 물론 일반적인 군대는 아니었다. 홍군 지휘관들은 현지 주민의 지원을 반드시 끌어내야 했기에 군대가 주민을 존중하는 태도를 보이도록 강요하는 한편, 소집 캠페인을 실시하면서 전면적인 토지 개혁 계획도 시행했다. 덧붙여 공산주의자들은 군대가 혁명 노선을 정하도록 놔둘 생각이 없었다. 마오쩌둥이 그로부터 10년 후에 밝힌 것처럼, 총을 든 것은 당이지 총이 당을 들고 있는 것은 아니었다. 하지만 홍군의 존속이야말로 〈농촌 위원회〉에서 실시되는 토지 개혁이나 농촌 근거지의 존재보다 더 중요한 중국 공산당의 최우선 목표가 되었다.

게다가 국민당은 공산주의자들에게 다른 선택의 여지를 남기지 않았다. 1934년 10월 국민당 군대는 독일군 고문들의 도움을 받아, 홍군이 자신들의 거점인 장시성을 버리고 〈장정〉에 나설 수밖에 없게 만들었다. 홍군은 적에게서 벗어나기 위해 중국의 가장 외딴 지역을 도보로 가로질러 1년 만에 1만 킬로미터를 전진하며 병력의 90퍼센트를 잃었다. 만신창이가 된 공산당 군대는 척박한 중국 북서부에 피신하면서 새로운 수령(동료들 가운데 으뜸) 마오쩌둥을 얻었다. 마오쩌둥이 떠오를 수 있던 이유는 장제스의 경우와 마찬가지로 혁명의 군사 조직화, 아니 더 정확히 말하자면 군사 조직화 방식 중 하나와 연관되었다. 군사 교육을 받은 적이 없는 유복한 농민의 아들 마오쩌둥은 1920년대 말부터 취미로 게릴라전을 즐기며 두각을 드러냈다. 그는 『수호전』 같은 대중 소설에 나오는 의적에서 영감을 받았으며, 손무의 책 같은 고전은 아마 읽지 않은 듯하다.

게릴라전이라는 투쟁 형식은 이따금 지방화한 권력에 잘 들어맞지 않았다. 이는 1934년에 패배한 경험에서 드러났다. 마오쩌둥은 〈혁명 전쟁〉의 전략가이자 이론가로서 인정받는 한편, 지휘관 역할은 그의 동료인 주더가 맡았다. 1936년에 혁명전쟁에 관하여 쓴 최초의 글에서 마오쩌둥은 무슨 일이 있어도 군대를 유지해야 할 필요성과, 세력 구도를 뒤집고 정규전으로 넘어가기에 앞서 기동성이 뛰어난 게릴라 군대를 활용하는 〈전략적 방어〉 국면을 길게 유지해야 할 필요성을 강조했다. 그러나 〈장정〉이 끝났을 시점에 이러한 전망은 아주 멀리 있는 것처럼 보였다.

이 시기에 국민당은 권력을 공고히 다진다. 중국이 불완전하게 통일되고 제국주의의 영향력이 유지되는 상황에서 혁명은 완수되지 않은 과업처럼 보였다. 따라서 혁명의 수사법을 계속 사용함으로써 민주화를 늦추고 적을 제압하는 일을 정당화할 수 있었다. 하지만 장제스는 이내 〈혁명이 실패했다〉는 사실을 깨달았다. 이제 더 이상 사회나 제도를 변혁하는 것이 목표가 아니었다. 이는 장제스에게 초기의 정복정신이 부패와 타협에 묻혀 사라졌음을 뜻했다. 북벌을 이끈 최초의 수장 장제스는 국가를 수립하는 데 어려움을 겪으면서 군사적 모험을 감행했던 시기에 대해 강한 향수를 느꼈다. 1934년에 장제스는 〈신생활 운동〉을 추진하는데, 표면상의 목표 중 하나는 사회의 군사화, 즉 중국인을 쇄신하도록 군대식 규율을 강요하는 것이었다.

규율에 집착하는 장제스의 모습은 일본 유학 시절에 기원을 두었다. 이런 생각은 같은 세대 많은 이에게 공통되었다. 이들이 보기에 중국의 약점은 무엇보다 기질상의 결함이었다. 따라서 나라를 바로 세우려면 반드시, 당의 구성원부터 먼저 군사적인 기풍을 전파해야 했는데, 여기에는 애국심을 고양하는 일부터 단정하지 못한 옷차림 금지, 침 뱉기 금지 등이 포함됐다. 독재자 장제스는 〈우리는 모두 군사적인 습관과 정신을 지녀야 하며, (……) 순종하고 진지하고 정돈되고 깨끗해야 한다〉고 단언하며, 군대의 정치 교관을 학교로 파견해 젊은 세대를 훈련하고 꾸짖게 했다. 당과 국가에 모두 절망한 장제스는 황푸 군관 학교 출신의 충복들이 관리하는 〈군사 비밀 조직〉(웨이크먼)인 〈남의사(藍衣社)〉에 희망을 걸었다.

장제스가 보기에 민족주의 혁명은 무력 정복과 거의 구분할 수 없었으므로 혁명을 수호하는 임무는 국민의 군대가 아니라 — 이제는 더 이상 대중을 봉기하게 만들어서는 안 되었다 — 정치화한 장교들로 이루어진 파벌에 맡겨졌다. 한편 1928년에 〈혁명〉이라는 수식어를 잃은 〈국민혁명군〉에 대해 정부는 징병제 실시를 훗날로 미루며 이 군대를 직업 군인화하려 했다. 국민당 정권은 주전론적이지 않고 군국주의적이었다. 국민당 정부는 만주와 북중국에서 일본이 벌이는 공세에 대응하기에는 자기 군대가 너무 약하다는 사실을 알았기에, 공산주의자들과 고집스러운 군벌만 공격했다. 내부의 적에 맞선 투쟁이 우선시되자 신생활 운동이 지닌 신뢰성은 떨어졌고, 대중은 이 운동을 촉구하는 장광설에 무감각한 반응을 보였다.

세계 대전에서 공산주의로

공산주의자들의 운세를 완전히 뒤바꾼 것은 무엇보다 중일 전쟁(1937~1945)이다. 중국에서 혁명적 패배주의는 존재하지 않았다. 코민테른의 전적인 동의하에 중국 공산당은 국민당과 두 번째 연합 전선을 결성했다. 국민당은 여론의 압력에 떠밀린 데다 또 한편으로는 소련의 지지를 확보하기 위해 이를 받아들였다. 마오쩌둥은 전쟁 초기에 쓴 글에서 항일을 북벌과 1927~1937년에 치른 게릴라전의 연장으로 규정했다. 이런 관점에서 보면, 공산당과 국민당은 이번에는 내전이 아닌 국가 간 전쟁의 형태를 띠고 있지만 단 한 번도 중단된 적 없는 혁명전쟁에서 다시 동맹을 맺는 셈이었다. 마르크스·레닌주의에 따르면, 〈반은 식민지고 반은 봉건 국가〉인 중국에서는 〈주요 모순〉 때문에 때로는 중국 내에서 계급이 서로 대립하고, 때로는 중국이 한데 뭉쳐 침략자에 대항했다.

이러한 언어적 기교는 본질적인 단절을 감추고 있다. 일본의 침공은 진정한 대재앙이었기 때문이다. 물질적·전술적으로 완벽하게 열세였던 중국군은 근접전, 그리고 가능하면 야간전을 우선시해 엄청난 인명 손실을 감수하며 적보다 훨씬 많은 병력을 내세우는 방식으로만 일본에 대적할 수 있었다. 광대한 영토에서 궁지에 빠진 일본군은 중국 국민의 사기를 떨어뜨리기 위해 전략적 폭격을 시도하는 한편, 1937~1938년 겨울의 난징 학살처럼 수시로 민간인을 대상으로 잔혹한 행위를 저지른다. 궁지에 몰린 중국 정권은 수많은 인명을 희생시켰다. 1938년 6월에는 적의 전진을 늦추기 위해 황허강 제방을 폭파해 약 50만 명이 죽었다. 중국은 마침내 징병제를 실시했다. 어느 미국 장군에 따르면 중국 농민들은 이를 〈기근이나 홍수와 같은 것으로, 1년에 두 차례나 당해야 하고 더 많은 사람을 죽이는 고역〉으로 받아들였다. 8년간 이어진 전쟁에서 중국인 약 1천4백만 명이 목숨을 잃었다.

그러나 일본군은 중국 남서부의 충칭으로 피신한 장제스 정권에 공격을 집중했다. 덕분에 과격한 반란 억제 작전에도 불구하고 북부 홍군의 본거지와 중심지 옌안은 피해를 덜 입었다. 중국 공산당은 전쟁으로 인해 시련을 겪지만, 다른 한편으로는 옌안에 실질적인 국가를 건설할 애국의 합법성과 필요한 시간, 공간을 얻었다. 이 국가는 정권을 잡은 공산주의를 실험하는 장이 되었다. 옌안 정권은 전투를 치러야 할 절대적인 필요성 그리고 군대와 국민의 단결 원칙을 이용해 국민을 관리하고 동원했다. 공산당의 정규군은 국민당 정부 군대에 형식적으로는 통합되었으나 실제로는 독립적이었으며, 방대한 농촌 민병대 네트워크를 통해 정보와 물자 보급, 게릴라 활동을 지원받았다. 힘의 불균형 상태에서, 비정규 전투를 활용하고 공산주의자들이 군사적으로 독립성을 유지하겠다는 마오쩌둥의 선택은 더없이 적절했다. 전쟁으로 마오쩌둥의 1인 지배는 확고해졌다. 1938년에 우한을 빼앗기면서 모스크바에서 보낸 경쟁자, 국민당과 긴밀하게 연합하여 도시를 방어하자고 주장한 마오쩌둥의 마지막 경쟁자가 권위를 잃었기 때문이다. 공산주의 정권은 〈생산 전역〉에서도 〈노동 군대〉(농민과 군인)를 모집하고, 〈문화 군대〉(예술가와 지식인)가 군말 없이 정권에 봉사할 것을 요구한다. 공산주의 정권이 성공을 거둔 것은, 애국심에 호소하고 국가 단결을 명분으로 실시한 온건한 토지 재분배, 행정 효율성을 결합하여 현지에서 참을성 있게 지배권을 구축한 덕분이었다. 중국 공산당 당원은 1937년에 4만 명이었다가 일본이 항복했을 때 120만 명으로 증가한 반면, 국민당 정부는 전쟁에서 승리하지만 경제적으로 파산 상태에 놓였다.

게다가 1937~1945년 전쟁은 또 다른 방식으로 공산주의 혁명의 길을 닦았다. 옌안의 공산주의 정권이 통제한 구역보다 훨씬 넓은 국민당 통제 구역에서는 전쟁 기간에 징병 제도나 공공 교육 확대, 문화 생산물 통제, 은행 및 산업 영역 관리, 생산성 경쟁 캠페인에 노동자 동원 등의 조치를 실시함으로써 국가의 개입이 늘어날 수밖에 없었다. 국민당 정부는 무엇보다 산업 분야에서 사회 서비스를 발달시키는 변화의 시초도 닦았다. 이러한 모든 조치는 정권을 잡은 공산주의자들이 실시할 정책을 예견했다.

세계 대전에 뒤이어 벌어진 내전으로 이러한 움직임이 일부 지속되었다. 언젠가 다시 벌어질 것이 분명한 국민당과 중국 공산당의 대립은 1946년에 시작되었다. 국민당 정권은 이 충돌을 단 한 번도 제대로 지휘하지 못했다. 게다가 일본이 점령했던 지역으로 되돌아왔을 때에는 군대의 폭력적인 행태와 인플레이션을 억제하지 못한 무능력 때문에 도시 주민에게서도 신망을 잃었다. 한편 공산주의자들은 급진적인 토지 계획을 다시 실시하지만, 세력 관계가 자신들에게 불리한 시기와 장소에서는 도시 여론을 상대로 포괄적인 민주적 담론을 사용하면서 토지 제도를 유연하게 조정했다. 전쟁으로 인한 사회적 변화로 엘리트 계층의 권위가 실추되면서 상황이 공산주의자들에게 유리하게 작용했다. 토지 개혁으로 지주들은 적 앞에서 도망치거나 적에게 협조했다는 이유 때문에, 또는 단순히 그들의 계급 때문에 배척되거나 제거되었다. 수천만 명의 피란민이 과거의 가부장적인 결속 관계를 끊어 냈다. 세대 간의 골도 더욱 깊어졌다. 가족은 자녀에게 직업과 정치적 입장, 심지어 배우자 선택을 강요하기가 어려워졌다. 도시 주민에게, 전쟁 중에 (공산주의 또는 민족주의) 〈자유 중국〉을 위하여 떠나는 것은 자신의 선조와 단절한다는 것을 의미했다. 농촌에서는 전쟁으로 인해, 대체로 무기를 들어 본 경험이 있는 연고 없는 청년이 무수히 생겨났다. 이들은 공산주의자들에게는 가장 훌륭한 신입 당원으로서, 공산주의자들은 이들을 마을의 연락책으로 삼았다. 끝으로, 전쟁을 치르면서 중국 민중은 국가 정책의 여러 요구에 익숙해졌다. 검소한 평등주의는 심지어 남녀 간에도 의복이 획일화되는 모습으로도 나타났다. 모든 면에서 중국 국민은 전쟁 이전에 비해 공산주의 경험에 더 잘 대비된 상태가 되었다.

하지만 혁명의 운명은 전쟁터에서 결정되었다. 공산군은 소련의 도움을 받아, 일본군이 만주에 두고 간 근대식 무기를 훔쳤다. 군비 수준이 향상되고, 인민 해방군(홍군의 새로운 이름)이 죄수를 흡수하고 지방에서 병사를 모집하면서 규모가 커지자, 공산주의자들은 마침내 전략적 공세를 가하고 정규전을 치를 수 있게 되었다. 하지만 이 기간에도 비정규군으로부터 지속적으로 상당한 지원을 제공받았다. 공산주의 혁명은 1948~1949년에 정점에 달해 수십만 명의 병사가 대치하는 전투가 벌어졌다.

정신과 노동의 군사 조직화

1949년에 중화인민공화국이 건국된 이후, 이 나라의 새로운 지도자들은 20여 년 동안 무장 투쟁을 겪으면서 온갖 시련을 겪었다. 마오쩌둥도 아내와 두 형제, 누이 한 명을 잃었다. 나중에 그는 한국 전쟁에서 아들을 한 명 잃는다. 중국에서는 러시아와 달리 혁명전쟁이 공산주의 정권 수립에 앞서 일어났고 정권 신화에서 핵심적인 위치를 차지했다. 혁명전쟁은 정권의 근본적인 순수함에 대한 보증으로서 중국의 페트로그라드 소비에트에 해당했다. 중국 공산당은 레닌주의의 기본을 잊지 않아서, 장군들은 온갖 영예를 받으면서도 권력의 제일선에 서는 일은 거의 없었다.

1950년대에는 중국에 스탈린주의와 전시 공산주의의 영향을 받은 개발 모델(계획 경제, 공유화한 경공업 중시, 농산물 구매 중앙 집권화……)이 정착된다. 1937~1949년의 전쟁이 남긴 유산, 그리고 이 전쟁을 3년 더 연장시킨 한국 전쟁으로 정권 이양은 순조롭게 이루어졌다. 중국의 〈의용병들〉이 한국 전쟁에 개입해 김일성의 군대와 함께 싸움으로써 중국은 소련과의 동맹을 확고히 하고 한국과 인접한 국경을 확보했다. 전쟁에 지친 국가에서 다시 전쟁을 일으킨 데에는 국내 정치적인 목적도 있었다. 전쟁에 다시 가담함으로써 공산주의 정권은 미국에 맞서 국민당 정권으로부터 최근에 빼앗은 지역을 포함한 전역에서 국민을 동원하고, 국민이 〈반혁명주의자〉에 대한 탄압을 받아들이도록 했다. 1920년대 말 이후로 사회적·정치적·민족적 반감 요인이 너무 깊이 뒤얽혀 있었으므로, 반혁명주의자는 당연히 정치적인 적이자 제오열*인 존재였다. 공산주의 정권은 국민을 정치와 (부분적으로 세습적인) 계급에 따라 분류함으로써 사회 내에서 적을 지정하는 일을 제도화했다. 이로써 뒤이은 정치 운동에서 비판의 표적으로 삼을 집단을 만들어 냈다.

한국 전쟁 역시 군인을 중국의 인내심과 용기의 화신으로 찬미하는 선전의 계기가 되었다. 〈모두가 군인〉이라는 구호 아래 베이징은 약식 군사 훈련과 상설 민병대 유지를 일반화했다. 영화부터 선전 포스터에 이르기까지 1950~1960년대의 중국 시각 예술에서는 농촌 소비에트 시기 이후로 공산군이 이룬 업적 — 〈장정〉 중에 소수의 병사로

---

* 내부에 있으면서 외부의 반대 세력에 협력하는 집단.

대활약을 펼쳐 어느 다리를 차지해 전설이 된 것과 같은 몇몇 일화 ―
이 끊임없이 표현되었다. 이렇게 물질적으로나 이념적으로 계속 전시
체제를 유지한 것은 냉전 상황 때문이었다. 장제스 정권이 망명해 있
던 타이완에서도 상황은 비슷했다. 이러한 상시 전시 체제는 1953년
이후 존재 이유를 부분적으로 잃는다. 인도차이나 전쟁과 타이완 해
협 위기로 야기된 염려에도 불구하고, 한국 전쟁이 휴전하면서 중국
에서는 인도(1962) 및 소련(1969)과 단기간 충돌한 것을 제외하면
상대적인 평화가 25년간 지속했기 때문이었다. 한국 전쟁에서 겪은
대살육(적어도 70만 명의 사상자)으로부터 교훈을 얻은 국방부장 펑
더화이의 지휘 아래, 군대는 근대화·직업화하고 병력이 축소되었다.

　그럼에도 불구하고 공산 정권이 치른 전쟁의 유산으로 정권에 대한
상상적인 이미지가 만들어졌다. 특히 마오이즘이 그러했다. 여기에서
마오이즘은, 중국이 마오쩌둥과 추종자들의 정치적 선택으로 소련의
모델을 적용한 모습에서 차츰 멀어져 간 양상을 뜻했다. 1949년 이전
의 마오쩌둥은 혁명전쟁에 관한 고찰로 두각을 드러냈다. 평화기 마
오이즘의 독창성이 전적으로 이런 과거에서 기인한 것은 아니겠지만,
큰 영향을 받은 것은 분명했다. 마오이즘의 특징은 주관적 요인이 중
시되었다는 점이었다. 이런 특징은 레닌보다 더욱 두드러지게 나타났
다. 전투 경험, 중국 공산당의 극적인 생존, 끊임없고 가차 없는 대중
동원 ― 지휘부는 자발성을 부추기지 않는다 ― 은 사회·윤리적 행동
주의를 담지한 신유교주의 유산과 결합하여 공산당의 수령 마오쩌둥
으로 하여금 〈정신력〉(클라우제비츠)이 결정적이라는 사실을 확신하
게 만들었다. 친구와 적을 지정하는 일에 대해서도 마찬가지였다. 〈객
관적인〉 계급 소속도 윤리 혁신과 투쟁 경험으로 초월할 수 있기 때문
이다. 자신의 정권이 인습화하고 관료화하는 것을 보며 마오쩌둥이
느낀 좌절감은 전투 기간, 특히 근엄하고 검소했던 옌안 시기에 대한

이상화된 기억으로 인해 더욱 강해졌다.

전략적 인내를 지지하던 마오쩌둥은 1958~1961년 대약진 운동을 시작으로 의지를 내세우며 재난으로 치닫는 행군을 이끌었다. 빠른 속도로 토지 공유화가 이루어지는 가운데, 노동과 농촌 생활은 철저하게 군사 조직화되었다. 인민공사는 생산 〈분대〉와 〈조〉로 나뉘고, 식사는 공동으로 하며, 인민(남자와 여자)이 모두 민병대에 편입되는 한편, 선전은 〈농업 전선〉의 〈투사들〉이 농촌의 〈전장〉에서 상식적으로 불가능한 생산 목표를 달성함으로써 승리를 거두어야 한다고 선동했다. 대약진 운동은 마오쩌둥이 국제 정세를 비관적으로 전망한 데에서 나온 것이기도 했다. 마오쩌둥이 보기에 흐루쇼프가 제시한 평화적 공존은 중국을 주변화하는 방식이자, 전 세계적인 혁명전쟁이 불가피하다는 사실을 부정하는 것이었다. 따라서 대약진 운동은 곧 다가올 제국주의 침략에 대비해 중국을 개발하는 한편, 베이징을 공산주의의 새로운 중심으로 만드는 일이었다.

1949년에 이미 중국이 택한 노선 — 체계적으로 구축된 반정부 조직이 농촌을 기반으로 수행한 혁명전쟁 — 은 제국주의의 지배를 받고 있는 농경 국가들에 모델로 제시되었다. 특히 베트남 공산주의자들에게 큰 영감을 주었다. 1960년 중·소 대립으로 인해 모스크바가 승인한 역할 분담은 경쟁으로 변질되었다. 혁명의 아궁이에서 혁명의 불길이 스스로 퍼져 나가기를 기대하는 게바라주의보다 더 현실적인 전략적 마오이즘은 제3세계에서 참고로 삼아야 할 기준으로 간주되었다. 베이징은 반식민주의 투쟁을 지원하면서 〈위대한 키잡이〉 마오쩌둥의 글을 10여 개 언어로 배포했다. 하지만 중국은 소련의 세계적인 영향력을 대신하지는 못했다. 서방 국가의 반란 억제 전략가들은 마오쩌둥을 예언자적인 인물로 여기면서, 출처가 의심스러운 (〈물속의 물고기처럼〉 민중 속에 섞여 사는 파르티잔이란 말 같은) 금언이 그의 말이라고 전하기에 이르렀다.

〈사령부를 포격하라〉

하지만 자연은 국민당의 군대보다 더 끈질긴 적이었다. 대약진 운동의 이상향을 향해 밀어붙인 정책은 기근으로 이어져 약 3천만 명의 사망자를 냈다. 1959년에 펑더화이가 반발하자, 마오쩌둥은 혁명전쟁이 얼마만큼 자신의 정당성을 확보하는지를 언급하며 도발적인 언사로 대응했다. 마오쩌둥은 정권이 만일 자신의 실패를 지나치게 광고해서 스스로를 손상시키면, 직접 홍군을 조직하는 한이 있더라도 〈농촌으로 가서 농민을 이끌어 정부를 전복시킬 것〉이라고 대꾸했다.

이것이 허세만은 아니었다. 대재앙 이후 주변부로 밀려난 〈조물주〉 마오쩌둥은 자신에게 부족한 추종자를 군대에서 찾아냈다. 마오쩌둥의 새로운 후계자로 임명된 린뱌오는 펑더화이의 뒤를 이어 중국 군대의 수장이 되어 군대의 (재)정치화에 착수했다. 린뱌오는 1963년에 『샤오훙슈(小紅寶書)』(작은 빨간 책이라는 뜻. 마오쩌둥의 어록으로 수백만 군인이 이를 암기했다)를 펴내고, 군대 계급을 없애고, 사회주의와 마오쩌둥 주석에게 온전히 헌신하는 모범 병사로서 병사와 국민에게 본보기로 제시된 레이펑의 일기를 책으로 출판하도록 했다. 마오쩌둥은 이 일기에 수록한 서문에서 국민에게 〈군대로부터 배우라〉라고 명령하는데, 그가 암묵적으로 당보다 군대를 선호했다는 얘기다. 소총은 당의 지배에서 벗어나 자유로워질 준비가 된 것처럼 보였다.

군대의 전성기는 1966년에 문화대혁명과 함께 찾아왔다. 마오쩌둥은 문화대혁명을 통해 패권을 재장악하려 했다. 이는 마오쩌둥에게 경직화된 혁명을 다시 활성화하고 〈수정주의자들〉을 숙청함을 뜻했다. 이를 위해 마오쩌둥은 대중, 특히 청소년에게 의존했는데, 이들은 극한의 시련을 겪으며 혁명 정신을 단련해야 했다. 주석과 그 추종자들은 중등 학생과 대학생들이 〈홍위병〉 집단을 이루도록 독려했고, 홍위병은 수정주의적이라고 생각되는 교사와 간부들, 그리고 이념적으로 의심스러운 모든 사람을 공격했다. 이들이 사용한 가장 대표적인 방식은 〈비판 투쟁 대회〉로, 괴롭힘을 당하고 모멸당하고 대체로 (가끔은 죽을 정도로) 얻어맞은 희생자는 이 대회를 통하여 자신의 〈죄〉를 고백해야 했다. 이러한 움직임은 일부 노동 계급과 농촌 지역에도 퍼졌다.

홍위병은 선동당하기는 했으나 사람들을 학대하라고 강요받은 것은 아니었기에, 이들이 저지른 폭력에 대하여 여러 의문이 제기되었다. 이런 폭력은 부분적으로 공산 중국에서 이루어진 사회화 과정의 역설에서 기인한다. 최고층이 권위적이고 엄격한 노인들로 이루어진 정권은, 자녀들에게 정권을 탄생시킨 군사적인 모험을 숭배하도록 교육하는 동시에 끊임없이 내부의 적을 범죄자로 지정했다. 문화대혁명으로 젊은 세대는 혁명 투사의 역할을 떠안으며 자신들의 좌절감을 맘껏 표출할 수 있었다. 신과 같은 인물 마오쩌둥은 이들을 축복하며 〈사령부를 포격〉하고 〈일상화된 내전〉을 위해 축배를 들기까지 했다. 마오쩌둥의 어록 『샤오홍슈』가 대중에 배포되었다. 대중은 〈위대한 키잡이〉가 혁명전쟁에 관하여 말한 문장들을 완전히 다른 맥락으로 받아들여 이 책에서 영감을 받았다. 수백만 명의 중국 청소년은 부모에게 빌린 인민복을 입고 다니며 자칭 〈분대〉나 〈사령부〉, 〈연대〉를 무수히 만들어 자신들이 속속들이 알고 있는 과거의 영웅적 사건들을 다시금 연출했다. 하지만 홍위병 집단들은 이내 서로 대립하고, 이념적 대립의 언어로 파벌 사이의 세력 갈등을 드러내며 길거리에서 싸움을 벌였다. 혁명전쟁은 신화가 되어 자신이 낳은 정권에 도리어 해를 끼치며, 마오쩌둥주의를 신봉하는 젊은 세대의 손에서 떠나갔다.

홍위병 단체들을 물질적으로 지원했던 인민해방군은 1967년에 이 단체들의 갈등을 해결하려 개입했다. 하지만 군대가 지역 싸움에 개입해 전쟁 무기를 사용하면서 싸움은 더욱 폭력적이 되었다. 마오쩌둥은 결국 이들을 무조건 진압하라는 결정을 내렸다. 1967년 말 혁명 위원회가 창설되어 쇠약해진 공산당과 정부 조직을 대체해 강력한 정권이 재확립된다. 〈혁명적인 대중〉의 대표들과 수정주의적이지 않은 간부, 장교들로 구성된 혁명 위원회는 사실상 장교들에게 주도권을 내주는데, 이들은 1969년에 신설된 중앙 위원회도 통제했다. 군인이 지배하면서 매우 많은 인명이 희생되었다. 홍위병을 억압한 데 이어 군대와 민병대에 의해 〈계급 서열 청소〉가 시행되는데, 1966년 이후로 누적된 원한과 공식 담화에서 지속적으로 나타난 과격주의로 인해 더욱 격화되었다. 문화대혁명 기간에 죽은 사람의 대부분(60만 ~80만 명)이 이 운동 때문에 희생되었을 것으로 추정된다. 이들은 대부분 총살당했고 농촌 민병대가 지방에서 자행한 학살은 더 원시적인 무기에 의해서였다.

대중에 대한 폭력은 1969년이 되어서야 멈추었다. 군대의 발호는 1971년에 린뱌오가 의문사를 당하면서 멈추었다. 사후에 린뱌오는 쿠데타 선동과 마오쩌둥이 최근에 저지른 실수 — 마오쩌둥은 자신이 직접 군인들의 손에 집중시킨 권력을 걱정했다 — 에 대하여 모든 책임이 있다고 비난받았다. 마오쩌둥의 후계자로 간주되던 인물이 갑자기 추락하자, 이미 각종 동원과 공포 정치로 지쳐 있던 국민은 동요하고 마오이즘 담론은 신뢰성에 큰 타격을 입었다. 이러한 쇠퇴는 국제 관계의 변화와 함께 일어났다. 1969년에 소련과의 국경에서 벌어진 사태를 계기로 1972년 중국과 미국은 가까워지는데, 이는 중국이 사실상 평화로운 공존을 인정하겠다고 태도를 완전히 바꾼것이다. 이로써 중국은 간접적으로 전 세계 게릴라의 중심지가 되겠다는 야망을 버렸다. 하지만 이 시기에 베트남 공산주의자들은 다윗이 골리앗을 이길 수 있음을 보여 주었다.

　이러한 관점에서 1979년에 중국이 베트남과 벌인 짧은 충돌은 중국 혁명전쟁의 사망 증명서로 간주할 수 있다. 베트남이 캄보디아를 침공한 데 대응하여 캄보디아의 동맹인 중국은 반제국주의 저항의 상징을 공격하는데, 이때 중국의 지도자들은 자국 군대의 열세를 확인하고 군대를 근대화하는 한편 군대로부터 정치성을 제거해야 한다는 것을 깨닫는다. 1979년은 국내적으로 더욱 중요한 해였다. 1978년 12월에 중앙 위원회가 마오쩌둥주의자들의 패배를 공식적으로 인정하며(폭군은 1976년에 사망했다) 결정한 〈사회주의 근대화〉가 1979년에 시작되었다. 여러 중요한 변화가 생기는 가운데, 중국 공산당은 폭력적인 계급 투쟁은 더 이상 필요가 없다고 선포하면서 계급 출신에 따른 차별을 끝냈다. 프롤레타리아 (즉 당의) 독재는 변함없이 유지되지만, 내부의 적에 대항한 투쟁은 막을 내렸다. 정권이 수립된 지 30년, 북벌 이후 50년 이상이 지난 뒤에야 중국의 지도자들은 야누스 신전의 문을 닫았다.

혁명에 고한 고별

　1981년에 확정된 새로운 중국의 공식 역사에서는 1920년대부터 1946~1949년의 〈해방 전쟁〉에 이르기까지 공산당이 치른 큰 전투들이 부정되지 않는다. 하지만 혁명전쟁은 이제 더 이상 대중이 모방하도록 제시되는 실천적인 신화가 아니었다. 문화대혁명은 〈극좌파의 중대한 실수〉로 규탄되었고, 군대가 저지른 탄압에 대해서는 언급하지 않은 채 야만스러운 홍위병은 우스꽝스러운 허수아비 인물상이 되었다. 투쟁과 혼란은 독재보다 더욱 확실하게 처단되었고, 전반적인 피로감은 과거의 사건을 이처럼 선택적으로 이해하도록 부추겼고, 이러한 선택적 이해로 왜곡이 가능해졌다. 예컨대 1989년에 중국 정부는 군대를 보내는 일을 정당화하려고 톈안먼 광장에서 시위하던 사람들을 새로운 홍위병이라고 쉽게 비난했다. 1989년 민주주의 운동이 비극적 결말을 맞으면서 많은 중국인이, 심지어 체제에 비판적인 사람들조차 전투로 정치를 대신하는 시대는 끝났다는 사실을 확신하게 된다. 망명 중인 한 철학자는 1995년에 출간된 어느 대담집에서 민주적인 혁명을 중국이 이렇게 〈혁명에 고별을 고한 것〉을 주제로 다루며 〈전쟁 경험의 맹신〉이야말로 마오쩌둥으로 하여금 오류를 저지르게 한 주된 이유였다고 규정했다. 1990년대 후기 영웅주의 시대의 관점에서 보았을 때, 평화기에 전쟁을 지속한 것은 중국 공산주의의 커다란 잘못이었다.

하지만 혁명에 고별을 고했다고 과거의 전쟁을 망각하는 것은 아니다. 특히 항일 전쟁(1937~1945)은 1990년대에 보편화된 애국 교육에서 역사적 기억의 중요한 위치를 차지했다. 여러 박물관과 수많은 텔레비전 프로그램에서는 일본의 잔혹함이 다루어진다. 중국 정부가 혁명이라는 목표를 대체할 정당한 원천을 민족주의에서 찾으려 한 까닭에, 이러한 경향은 중국이 부상하고 동아시아에서 지정학적 긴장이 고조되면서 더욱 강화되었다. 그러나 중국 공산주의 역사에서는 내전과, 외세에 맞선 전쟁이 뒤얽혀 있기 때문에 민족주의로의 전환은 쉬운 일이 아니다. 중국 공산당은 타이완 국민당과의 관계가 어떤지에 따라 완고한 입장을 강화하거나 완화하면서, 침략자 일본에 맞선 투쟁에서 공산당이 주요한 역할을 담당했다고 (그릇되게) 주장함으로써 문제를 교묘히 피해 간다. 내전은 불편하게 여겨 제대로 언급되지 않거나, 국가의 주권을 확립하기 위해 불가피했다고 소개된다. 이렇게 국가적 소설에 통합된 전쟁의 기억은 이제 더 이상 중국인의 군사적 미덕을 고양시키기 위한 〈훈화exempla〉 모음집이 아니다. 국민은 이제 군대식으로 조직되는 대신 자본주의적 〈작업 투입mise au travail〉(로카)

에 동원되고 있다. 하지만 당–정부와 사회 엘리트 계층은 내전의 망령에 사로잡혀 권위주의적인 현상 유지에 큰 부담이 되는 분열에 강박적으로 집착하고 있다.

참조

1부 – 14 게릴라와 반란 억제 ‖ 3부 – 15 이웃 사람을 죽이기

16

테러의 시대

존 린°

심리적 효과를 노리고 민간인에게 행하는 정치적 폭력인 테러리즘은 어떤 이념이나 민족, 어떤 지역의 고유한 특성이 아니다. 테러리즘을 특징짓는 것은, 19세기 무정부주의 테러 행위부터 오늘날 지하드 테러리즘에 이르기까지 연속해서 이어진 물결이다.

전쟁 시기에 군인을 높이 평가하고 심지어 낭만화하는 문화에서, 대중이나 전문가는 테러리스트를 군인으로 간주하거나 테러리즘을 전쟁의 한 형태로 받아들이는 것을 거부해 왔다. 하지만 국가가 아닌 하부 급진주의 집단이 수행하는 테러리즘은 카를 폰 클라우제비츠가 전쟁의 핵심이라고 규정한 것, 즉 〈적이 우리의 의지에 순응하도록 강요하기 위하여 저지르는 폭력 행위〉에 완벽하게 부합한다. 물론 클라우제비츠는 직접적인 폭력, 즉 더 육체적인 폭력을 가리켰다. 테러리즘의 경우는 간접적인 폭력, 더욱 심리적인 폭력을 사용한다. 어쨌든 정치적 목적을 위해 무력으로 행해진 폭력이라는 사실은 틀림없다. 2014~2016년에 이슬람국가(IS)가 벌인 활동은, 프랑스 총리 마뉘엘 발스가 2015년 11월 13일 테러 직후에 단언했듯 〈우리가 전쟁 중〉이

• John Lynn. 일리노이 대학교 어배너 샴페인의 명예 교수. 전쟁사에 대한 여러 연구서를 썼으며, 주요 저서로 『전투: 교전의 역사와 문화*Battle. A History of Combat and Culture*』가 있다. 가장 최근작은 『또 다른 종류의 전쟁: 테러리즘의 성질과 역사 *Another Kind of War: The Nature and History of Terrorism*』다.

라는 사실을 분명하게 보여 준다.

테러리즘에 대한 모든 고찰은 무엇을 테러리즘으로 간주해야 하는지를 설명하는 것에서 시작해야 한다. 테러리즘이 스스로를 방어할 능력이 없으며 자주 〈결백하다〉고 묘사되는 민간인을 향해 이루어진 정치적 폭력이라고 단언하면 충분할 것이다. 덧붙여 테러 행위는 무엇보다 심리적 효과를 노리고 이루어진다. 두려움을 불어넣고 분노를 불러일으킬 목적을 가졌다. 테러리즘은 가장 폭넓은 의미로 고찰하면 다음과 같은 몇 가지 범주로 나눌 수 있다.

정권이 자국민에 대해 사용하는 국가 테러리즘, 전쟁 과정에서 자행되는 군사적 테러 행위, 자신들이 경멸하는 다른 민족 집단에 맞선다고 스스로 정의 내린 민족 집단이 행하는 사회적 테러 행위, 마약 테러와 같은 범죄적인 테러리즘, 끝으로 국가가 아닌 하부 집단과 개인이 수행하는 급진적 테러리즘이 있다. 여기에서 우리가 관심을 두고 살펴볼 것은 마지막 유형의 테러리즘이다. 혁명적 테러리즘을 더욱 잘 고찰하기 위해서는 다른 유형의 테러리즘을 같은 맥락에서 분명하게 파악해야 한다.

국가, 군사적, 사회적, 범죄적 테러리즘은 모두 강자가 약자에게 행하는 폭력적인 작전이다. 보통 두려움을 불러일으키고 국민에게 겁을 주어 저항할 마음이 생기는 것을 억누르고 국민을 강제로 복종시킬 목적으로 행해진다. 역설적이게도 급진적 테러리즘은 테러 대상보다 약하고, 테러리스트가 타도하려는 정권과 기구가 지닌 군사력과 자원에 대적할 수 없다. 테러리즘이 자행하는 폭력은 분명한 현실이고, 과격한 것이 틀림없지만, 동시에 그 성격이 제한적이고 상징적인 면이 있다. 테러리즘은 때때로 대중에게 영향을 미칠 목적으로 연출된 정치적 퍼포먼스와도 비교된다. 레몽 아롱이 주지했듯 〈어떤 폭력 행위는, 그 행위가 초래한 심리적인 효과가 순전히 물질적인 영향력을 훨씬 뛰어넘을 때 테러리즘이라고 불린다).* 이러한 목적을 달성하기 위해 테러리즘은 단지 두려움만 불어넣는 것이 아니라, 폭력을 자극하려고 한다. 즉 테러 희생자들이 깊이 생각하지 않고 보복에 나서도록 부추긴다. 빈틈없는 테러리스트는 보복 행위를 자신에게 유리하게 이용할 줄 안다.

급진적 테러리즘은 어떤 이념이나 민족, 어떤 지역의 고유한 특성이 아니다. 국가 간에 벌어지는 관례적인 전쟁과 마찬가지로 정치적 폭력의 한 형태이며, 특징적인 수단과 전략을 사용하고, 이러한 수단과 전략은 서로 다른 지도자들과 목적을 위해 사용된다.

방어벽의 종말

21세기에 우리가 직면한 급진적 테러리즘은 그 기원이 19세기 중반까지만 거슬러 올라간다. 역사적으로 그보다 앞선 먼 옛날, 유대 왕국의 급진적 저항 세력인 시카리Sicarii나 중세 중동의 암살 교단 같은 몇몇 사례가 존재하지만, 이들의 활동은 초국가적인 무장 항쟁에 통합된 적이 없었다. 실질적으로 급진적인 테러리즘을 거론하게 된 것은 1848년 혁명에 이르러서다. 그에 앞선 2세기 동안, 도시 대중은 방어벽을 쌓아 저항하는 데 성공했고, 이런 방식으로 프랑스에서 역사적인 달인 1830년 7월과 1848년 2월에 연이어 두 정권을 무너뜨렸다. 하지만 대중의 실력 행사는 1848년 혁명 초기 몇 달 동안까지는 매우 효과적이었을 뿐, 그 이후 기술 및 정치적 요인이 결합하여 실패했다. 혁명가들은 자신들이 사용하는 저항 방식을 재검토해야 했다. 카를 마르크스의 협력자 프리드리히 엥겔스는 〈옛날식 저항, 즉 방어벽을 쌓고 싸우는 방식이 1848년까지는 어디에서나 결정적인 역할을

---

* 레몽 아롱, 『국가들 사이의 평화와 전쟁*Paix et guerre entre les nations*』(Paris: Calmann-Lévy, 1962), p. 176 — 원주.

했지만, 이제는 시대에 매우 뒤떨어졌다)*고 판단했다.

파리, 다이너마이트에 대한 두려움에 사로잡혀 살다

국가가 아닌 급진적인 하부 집단이 행하는 테러리즘의 역사는 분명히 구분되는 세 차례의 물결로 크게 나뉜다. 첫 번째 물결은 1848년 혁명 직후에 생겨나 제1차 세계 대전과 1920년대까지 지속되었다. 이 시기의 테러리스트들은 민족주의와 인민주의부터 마르크스 공산주의까지, 그리고 특히 무정부주의를 비롯한 온갖 좌파 이념을 신념으로 삼았다. 두 번째 물결은 제2차 세계 대전 직후에 시작되어 1980년대까지 지속되었다. 이 물결의 급진적 테러리스트들은 서로 분명히 구별되면서도 맞닿아 있는 두 길을 따랐다. 하나는 해방이나 통일, 분리주의를 추구하는 종족 민족주의 투쟁이고, 다른 하나는 마르크스주의 도심 게릴라전이다. 두 형태의 테러리즘은 냉전 대립과 긴밀하게 연결되어 있다. 끝으로 세 번째 물결은, 그전에 이미 예견되기는 하였으나 실제로 대두한 것은 1980년대이며 오늘날까지도 지속되고 있다. 그 이전까지 급진적 테러리스트들이 종교적인 색채를 전혀 띠지 않았다면, 세 번째 물결, 즉 급진적 이슬람주의 테러리즘의 물결은 본질적으로 종교적이다. 헤즈볼라와 하마스, 알카에다, 이슬람국가가 바로 떠오르는 사례지만, 다른 많은 종교 집단도 이 물결에 가담한다.

세 가지 범주에 모든 테러리즘 주체가 포함되는 것은 아니다. 19세기 중반부터 많은 집단이 다른 이유를 내세우며 활발히 활동했다. 예를 들어 미국에서 벌어진 가장 큰 규모의 테러 행위는 케이케이케이 Ku Klux Klan(KKK)단을 비롯해 백인 우월주의를 표방한 단체들이 벌인

---

* 프리드리히 엥겔스의 「서문」, 카를 마르크스, 『프랑스의 계급 투쟁Les Luttes des classes en France』, 프랑스어본을 Marxist.org에서 참조 가능, 〈https://www.marxists.org/francais/engels/works/1895/03/fe18950306.htm〉—원주.

활동이었다. 테러 행위는 본래 비용이 매우 적게 드는 정치적 폭력의 한 형태이기에 온갖 부류의 극단주의에 항상 매력적이었고 앞으로도 그럴 것이다.

가령 테러리즘의 첫 번째 물결에서는 산업 혁명의 발명품인 새로운 폭발물과 연발 소화기가 사용되었다. 정치 지도자들이 첫 번째 표적이었다. 이러한 살인 행위는 단순히 지도자를 다른 인물로 교체하려는 목적이 아니라, 정권을 무너뜨릴 목적으로 이루어졌다. 이탈리아의 열렬한 민족주의자 펠리체 오르시니는 한 손에 쥘 수 있고 충격을 받으면 폭발하는 새로운 유형의 폭탄을 제조하여 1858년 1월 14일 프랑스 황제 나폴레옹 3세를 살해하려 했다. 러시아 인민주의 단체 〈나로드나야 볼랴(인민의 의지)〉는 1881년 3월 13일에 러시아 황제 알렉산드르 2세를 살해했다. 테러범이 황제의 발밑에 폭탄을 던져 황제는 치명상을 입었고, 테러범도 사망했다. 뒤이은 수십 년 동안 무정부주의 살인자들은, 1900년에 가에타노 브레시가 권총을 세 발 발사해 이탈리아 국왕 움베르토 1세를 살해한 것처럼 폭탄이나 총기를 가지고 〈외톨이 늑대〉로 활동했다. 브레시의 활동은 첫 번째 물결의 초국가적 측면을 완벽하게 보여 주었다. 미하일 바쿠닌, 카를 하인첸, 표트르 크로포트킨, 루이지 갈레아니 같은 영향력 있는 혁명가들이 국경과 바다를 넘나들었다. 무정부주의 선전은 라틴아메리카와 북아메리카, 유럽, 심지어 아시아에까지 전파되었다. 브레시는 미국 뉴저지주의 패터슨에 살던 이탈리아계 이민자였다. 그는 오로지 테러를 저지르기 위해 이탈리아로 돌아갔다.

어떤 테러리스트들은 특정 인물을 표적으로 삼았다. 다른 테러리스트들은 무차별적으로 테러를 저질렀다. 1893년에 스페인 무정부주의자들은 오르시니가 발명한 폭탄을 바르셀로나의 리세우 대극장Gran Teatre del Liceu에 모인 군중을 향해 던져 관람객 20명이 사망했다. 그해와 이듬해에 프랑스 무정부주의자들은 부르주아들의 소굴이라고 간주한 식당과 카페에 폭탄을 던졌다. 파리는 1867년에 갓 특허를 획득한 다이너마이트에 대한 두려움에 사로잡혀 지냈다.

급진적 테러리즘은 맨 처음 이론적인 문학 작품에서 영향을 받았다. 1849년에 독일의 급진적 민족주의자 카를 하인첸은 단편집 「살해 Der Mord」를 썼는데, 역사학자 월터 라쿼는 이를 최초의 〈근대 테러리즘의 완벽한 학설〉로 간주했다. 하인첸은 급진적 테러리스트는 더욱 숭고한 목적을 달성하기 위해 살인적인 폭력을 감수해야 한다고 강조했다. 〈혁명가들은 경박한 인간들이 밤낮으로 매 순간 목숨을 잃을까 봐 두려워할 상황을 만들어 내야 한다〉고 설명한다. 1869년에 세르게이 네차예프는 바쿠닌과 함께 쓴 것으로 보이는 「혁명가의 교리 문답」을 썼다. 이 글은 혁명을 이상화하면서 혁명가는 가장 기본적인 원칙에 부합하기 위해 일반적인 생활의 모든 즐거움을 포기하고 정의로운 희생을 실천하는 삶을 살아야 한다고 주장했다. 세르게이 스테프냐크크라브친스키는 1881년에 다양한 혁명가 유형을 수록한 『지하의 러시아』를 출간했다. 그가 보기에 혁명적인 테러리스트는 〈아름답고, 끔찍하고, 저항할 수 없도록 매혹적이다. 이런 사람은 인간적인 위대함의 두 유형인 순교자와 영웅을 한 몸에 구현했기 때문이다〉. 이러한 문학 작품은 무신론자들이 썼음에도 충돌을 절대적인 선과 악의 투쟁으로 간주하는 경향이 있었고 혁명 순교자들을 찬양했다.

첫 번째 물결의 테러리스트들이 따른 지배적인 활동 모델은 〈유발 전략〉이라고 부를 수 있다. 그들은 사회나 정부의 해악이 확실히 존재한다는 것을 목격했지만, 대중의 봉기를 일으키려면 사람들이 이런 현실에 눈을 뜨도록 만들고 이에 저항할 때 더 나은 미래가 올 거라는 희망을 주어야 했다. 그래서 〈실행에 의한 선전〉 내지는 〈무력 선전〉, 즉 집권한 정권의 부패와 나약함에 대중의 관심을 끌 목적으로 저지르는 테러 행위를 우선시했다. 테러리스트들은 현 상태를 문제 삼기 위해 필요한 모든 세력을 지휘할 필요가 전혀 없었다. 대신 거대한 분노의 바윗덩이를 살짝 건드리기만 하면, 막무가내로 비탈을 굴러 내려가 가속이 붙으면서 가는 길에 있는 모든 것을 파괴할 것이었다.

생각해 보면, 폭탄으로 무장한 몇몇 혁명가가 사회와 정부의 급진적인 변화를 이끌어 낼 수 있을 거라는 믿음은 조금 순진해 보인다. 어떤 관점에서 보면, 이러한 환상은 테러리스트들이 세상을 보는 시선이 비슷한 사람들끼리만 지내며 자발적으로 세상에서 고립된 탓에 생겼다고 볼 수 있다. 소리가 메아리쳐 울리는 반향실에서 그렇듯 어느 테러리스트가 한 말은 다른 공모자들에 의해 다른 형태로 반복되어 전해졌다. 역사적으로 보았을 때, 유발 전략을 신봉하는 테러리스트는 자신의 신념이 얻을 사회적 지지를 과대평가하고, 전복시키려는 정권의 힘을 과소평가했다. 그리고 그 때문에 그들은 실패했다. 또 고립과 반향실은, 정신이 확실히 건강해 보이는 사람들이 어째서 대다수가 미쳤다고 간주하는 행위를 저지르는지도 부분적으로 설명해 준다. 오늘날 테러리스트를 다룬 많은 훌륭한 연구가 내린 결론에 따르면, 테러리스트들은 다른 사람보다 더 정신병적인 증세를 띠지 않는다. 이들은 미덕과 정의에 대한 다른 개념과 정의에 기초한 다른 윤리적 세계에서 살고 있을 뿐이다.

19세기 말의 테러리즘 물결로 인해, 테러리즘에 맞서 싸우기 위한 최초의 국제회의인 〈무정부주의자들에 맞선 사회 수호를 위한 로마 국제회의〉가 1898년에 열렸다. 회의 참가자들은 무정부주의자들에게는 정치적 망명을 무조건 거부하고, 범인 인도 절차를 가속화하며, 서로 다른 국가의 경찰이 정보를 적극 공유함으로써 테러리스트가 국가 간에 이동하는 것을 저지하기를 바랐다. 하지만 아무런 효과도 없었다. 20세기 초 10년 동안 사회주의 혁명가들은 러시아에서 살해 테러 행위를 활발히 벌이면서 테러리즘 폭력은 정점을 이루었다. 1914년 6월 28일에 프란츠 페르디난트 대공이 세르비아 민족주의자에게 살해되면서 동맹국들이 움직이기 시작했다. 이 때문에 뒤이어 제1차 세계 대전이 발발했다. 1920년 9월 16일에는 월 스트리트에서 무정부주의 테러가 벌어져 38명이 사망했다. 1995년 4월 19일에 오클라호마시티에서 연방 정부 건물이 파괴되고 2001년 9월 11일 테러가 벌어지기 전까지 미국 역사상 희생자를 가장 많이 낸 테러 공격이었다.

종족 민족주의와 도시 게릴라

테러 활동은 양차 대전 사이에 감소했으나, 아일랜드와 이집트, 팔레스타인 등지에서 위태로운 평화를 기어코 깨뜨리는 데 성공했다. 제2차 세계 대전 후에 두 번째 테러리즘 물결이 시작되었다. 일반적으로 급진적 테러리스트 집단은 종족주의자와 도시 게릴라 신봉자 두 범주로 나뉘었다. 전자는 민족 해방이나 국토 통일 또는 반대로 분리주의를 위해 싸웠다. 이런 집단으로는 알제리의 민족 해방 전선(FLN), 바스크 조국과 자유Euskadi Ta Askatasuna(ETA), 아일랜드 공화국군 임시파Provisional Irish Republican Army(PIRA), 팔레스타인 해방 기구(PLO), 또 스리랑카의 타밀 일람 해방 호랑이Liberation Tigers of Tamil Eelam(LTTE)가 있었다. 이들은 모두 1954년과 1976년 사이에 생겨났다.

냉전 상황과 베트남에 대한 미국의 군사적 개입에 반대하는 국제적인 움직임에 힘입어 도시 게릴라전을 수행하는 여러 마르크스주의 집단이 탄생했다. 주요 집단으로는 우루과이의 투파마로스, 독일의 적군파Rote Armee Fraktion(RAF), 1969년과 1980년 사이에 테러로 360명 이상을 살해한 이탈리아의 붉은 여단(BR), 또 미국의 웨더 지하 기구Weather Underground Organization(WUO)가 있다. 이 도시 게릴라들은 1960년대 말부터 1970년대에 가장 격렬하게 활동했다.

종족주의 테러리즘은 첫 번째 물결의 폭력적인 단체들과는 비교할 수 없을 정도로 다양하고 복잡했다. 민족 해방 조직들은 상황과 무장 투쟁의 발달 단계에 따라 테러 행위나 반란 기법을 선택해 실행할 수 있었다. 알제리에서 프랑스를 몰아내기 위한 알제리 민족 해방 전선(FLN)의 투쟁은 테러 기법을 동원해 도시에서 이루어졌다. 튀니지에서는 정부와 더 전형적인 군대를 창설했다.

자신의 목적을 달성하기 위해 주로 테러 행위를 사용한 극단적 민족주의 집단 가운데 가장 규모가 큰 집단은 아일랜드 공화국군 임시파(PIRA)와 팔레스타인 해방 기구(PLO)였다. PIRA는 북아일랜드에서 〈더 트러블스 The Troubles〉라고 부르는 폭력의 시기가 진행 중이던 1969년 12월에 아일랜드 공화국군(IRA)을 계승했다. 1971년 말에 PIRA의 간부들은 폭탄과 화기를 사용해 영국 군대가 과잉 반응하도록 자극하여 자신들의 반란 움직임에 유리한 상황을 조성하려 했다. 그리고 끝내 이러한 상황이 벌어지고 말았다. 〈피의 일요일〉이라 불리게 된 1972년 1월 30일에 북아일랜드의 도시 데리에서 영국 군대는 비무장 시위자들을 향하여 발포해 14명의 사망자를 냈다. 훗날 PIRA의 한 간부의 말에 따르면, 〈피의 일요일은 진정한 전환점이었다. 그때부터 IRA는 동참자를 대규모로 모집하기 시작했다〉. PIRA는 이전의 알제리 해방 전선(FLN)과 마찬가지로 적에게 도덕적 충격을 안겼고, 적이 취약하다는 느낌을 받도록 만들었다. PIRA는 적이 앞으로 벌어질 결과에 대해 깊이 생각하지 않고 무작정 보복 작전을 벌이도록 자극하는 기술의 전문가가 되었다.

PIRA는 돌이킬 수 없는 폭력의 연쇄 반응을 불러일으키기를 바라며 〈유발〉 전략에 가까운 전략을 적용했다. 그러나 1976년에는 이러한 전략을 바꾸어 소모 전략, 즉 〈장기전〉 전략을 사용하기 시작했다. PIRA 지침서에는 〈가능한 한 많은 희생자와 사망자가 생기도록 만들어 적의 국민이 자국 병사들이 귀환하도록 요구하게 만드는, 적의 하수인들을 상대로 한 소모전〉이라고 설명되어 있었다. 〈장기전〉은 1998년 4월 10일에 성금요일 협정(벨파스트 협정)이 체결되어 전쟁에 종지부를 찍을 때까지 계속되었다. 〈더 트러블스〉시기에 3천5백 명이 죽은 뒤였다.

한편 팔레스타인 해방 기구(PLO)는 1964년에 여러 팔레스타인 해방 단체가 합병하여 탄생했다. 이 중 가장 유명한 단체는 야세르 아라파트가 이끈 파타Fatah, 주르지 하바시가 이끈 팔레스타인 해방 대중 전선(PFLP)이었다. PLO는 이슬람주의를 내세우기보다는 비종교적이었고 지금도 그렇다. 하바시 본인이 동방 정교회 신자였다. 아라파트는 1967년에 PLO의 최고 지도자가 되는데, 그해에 이스라엘은 6일 전쟁(6월 5~10일)에서 이집트와 요르단, 시리아를 상대로 압승을 거뒀다. 그전까지 팔레스타인 반군은 범아랍주의로 이스라엘을 파괴하고 자기 땅을 되찾을 수 있을 거라고 믿었다. 하지만 이러한 희망이 사라지고 말았다. 팔레스타인 사람들은 자력으로 헤쳐 나갈 수밖에 없었다. 이들에게는 국가가 없었으므로 투쟁할 방식은 테러리즘뿐이었다.

요르단에 기반을 둔 PLO는 이스라엘 국가의 존재 자체를 완강히 거부하며 이스라엘을 괴롭혔다. 팔레스타인 해방 대중 전선(PFLP)은 더 나아가 팔레스타인 민족이 처한 심각한 상황에 여론의 이목을 집중시키기 위해 국제 항공기를 납치했다. 국제 테러리즘으로 돌입한 것은 무장 저항 방식에서 중요한 전환점을 이루었다. 팔레스타인 과격주의자들은 야심 찬 계획을 세워 1970년 9월 6일과 9일 사이에 비행기 네 대를 납치했다. 이들은 그중 세 대를 요르단의 외진 비행장에 착륙시킨 다음, 승객을 비행기에서 내리게 한 다음 모두 폭파했다.

　이 납치 사건은 요르단의 국왕 후세인을 자극했다. 그는 PLO를 요르단에서 몰아내기로 결심했다. 1970년 12월부터 1971년 6월까지 요르단 군대는 PLO를 상대로 싸웠다. 결국 PLO는 남부 레바논에 정착할 수밖에 없었지만 여전히 이스라엘에 맞서 테러 공격을 벌인다. 가장 살인적인 테러는 1978년 3월 11일의 〈해안 도로 학살〉이었다. 파타 멤버들은 이스라엘과 이집트의 평화 협상을 좌절시키려고 텔아비브 북부에서 이스라엘 민간인 38명을 죽였다. 이스라엘 영토에서 벌어진 최악의 테러 공격이었다. 이스라엘은 PLO를 몰아내기 위해 1982년에 레바논을 침공했다. PLO는 튀니지로 물러났다. 1993년에 오슬로 협정이 체결되고 나서야 PLO는 다시 팔레스타인으로 돌아올 수 있었다. PLO는 이 협정에 근거해 이스라엘이 〈평화롭고 안전하게 살〉 권리를 인정했다. PLO의 소모 전략은 승리로 이어지지 못했지만, 정치적 타협으로 두 국가가 공존하는 상태가 가능해졌다.

　1970년대에 PLO는 초국가적 테러의 버팀대가 되었다. 테러리즘 첫 번째 물결의 중심이 유럽과 러시아에 위치했다면, 두 번째 물결의 발원지는 제3세계, 더 정확히 말하자면 이슬람교의 중동이었다. PLO는 종족주의자들과 도시 게릴라 사이를 연결하는 역할을 했다. 게다가 PIRA는 PLO 멤버들을 제국주의 점령자에 대항해 공동의 투쟁을 벌이는 전우로 여겼다. 독일 적군파(RAF)와 이탈리아 붉은 여단은 아르메니아 해방 비밀군이나 일본 적군파 간부들처럼 PLO의 주둔지에서 훈련했다.

　도시 게릴라 움직임은 앞서 남아메리카에서 생겨났다. 가장 좋은 예는 투파마로스 인민 해방 운동, 또는 더 간단히 투파마로스였다. 이들은 민주주의적이고 도시화되고 매우 발전한 우루과이라는 특수한 환경에서 활동했다. 투파마로스는 농촌보다 도시에서 소규모의 폭력적인 활동을 벌이는 쪽을 택했다. 도시 게릴라전 이론가들, 특히 카를로스 마리겔라는 자신의 책 『도시 게릴라 교본』(1969)에서 그들이 권장하는 폭력을 〈게릴라 활동〉으로 규정했지만, 그것은 사실 테러 행위였다. 이 이론가들은 마오쩌둥에게 영감을 받았으나 피델 카스트로와 체 게바라를 숭상했다. 이 두 인물은 마오쩌둥이 주장한 것처럼 미리 힘겹게 조직을 갖추고 혁명 교육을 시작할 필요가 없으며 과격한 혁명가들로 이루어진 소집단들이 대중의 거대한 움직임을 일으킬 수 있다고 주장했다. 쿠바의 선례가 이러한 〈유발 전략〉을 정당화하는 것처럼 보였다.

투파마로스는 1960년대 중반에 정부의 비열함과 나약함을 드러내기 위한 무장 선전 활동을 시작했다. 이들은 초기에 표적 이외의 손실을 줄이려고 노력했다. 자금력이 부족한 급진적 테러리스트 집단이 흔히 그러하듯 투파마로스는 절도로 활동 자금을 충당했다. 그들의 사회의식이 가장 잘 표현되도록 절도할 대상을 세심하게 선별했다. 그들은 1969년에 산라파엘 카지노에 무장 침입해서 돈을 훔쳤다. 훔친 돈의 일부가 카지노 직원들의 급여와 팁에 해당한다는 사실을 알고 그들에게 잔돈까지 같은 액수를 되돌려 주겠다고 약속했다. 이런 극적인 연출 덕분에 투파마로스는 〈게릴라의 로빈 후드〉라는 별명을 얻으면서 활동원의 수가 크게 증가했다.

하지만 구체적인 진척이 좀처럼 보이지 않는 데 좌절한 투파마로스는 1970년대 중반에 납치와 살해를 저지르기 시작했다. 결국 이들은 대중의 지지를 잃었다. 정부와 군대는 투파마로스를 완전히 타도하겠다는 의지를 더 강하게 갖게 되었다. 그리고 정부는 이들을 타도했다. 투파마로스는 정권을 무너뜨리는 대신 정부가 1973년에 헌법의 효력을 중지하게 만드는 좋은 핑곗거리를 제공했다. 이로써 3년 후에 군사 정권이 들어섰다. 그 이후 1985년까지 우루과이는 민주적인 선거를 치르지 못했다.

투파마로스는 비록 실패했으나 다른 도시 게릴라 집단에 영감을 주었다. 이들 가운데에는 1970년 독일에서 탄생한 적군파(RAF)가 있다. 언론에서 그 단체의 가장 유명한 두 활동가의 이름을 따서 〈바더단(團)〉 또는 〈바더-마인호프 그룹〉이라고 부른 RAF는 도시 게릴라 활동의 이상에 매우 충실해서 그룹의 지침서 제목도 〈도시 게릴라 활동의 개념〉이었다. RAF를 잘 아는 어느 관찰자가 언젠가 세력 비율이 〈6 대 6천만〉이라고 말했을 정도로 RAF의 활동적인 멤버 수는 적었다. 실제로 이 집단은 몇 안 되는 테러리스트가 어떻게 한 국가 전체를 극도의 긴장 상태로 몰아갈 수 있는지를 보여 주었다. 다른 도시 게릴라들과 마찬가지로 이들은 미국의 베트남 전쟁에 반대함으로써 좌파에서 많은 지지를 끌어냈다.

RAF가 벌인 가장 유명한 사건은 1972년 〈5월 공격〉과 1977년 〈독일의 가을〉일 것이다. RAF는 무차별 공격을 피하고 표적이 분명한 공격을 선호했다. 5월 공격 때 그들이 폭탄 공격한 대상은 미군 기지 두 곳과 경찰서 두 곳, 한 우파 신문사 본사, 어느 판사의 자동차였다. 7월 말에 RAF의 주요 간부들은 체포되었다. 1977년에 도피 중이던 이 그룹의 간부들은 체포된 동료들과 맞바꿀 목적으로 여러 차례 사람들을 납치해 인질로 삼았다. 7월에 납치가 실패하면서 이들은 한 사람을 죽였다. 9월에는 사업가이자 옛 나치 친위대 장교인 한스 마틴 슐레이어를 납치하는 과정에서 그의 경호원 네 명을 죽였다. 독일 정부는 협상을 거부했다. 그러자 RAF 지도자들은 전술을 바꾸었다. 이들은 팔레스타인 해방 대중 전선(PFLP)의 조력자들과 함께 루프트한자의 항공기 한 대를 납치했다. 하지만 이 비행기는 10월 18일에 소말리아의 수도 모가디슈에 착륙했다가 독일 반(反)테러 부대의 포위 공격을 받으면서 RAF의 희망 역시 사라진다. 그날 밤, 여전히 감금되어 있던 바더를 포함한 RAF의 주요 지도자 세 사람은 작전이 실패한 것을 알고 자살했다. 동료들은 납치해 인질로 삼고 있던 슐레이어를 살해했다. RAF는 공식적으로 1998년까지 존재했지만, 〈독일의 가을〉의 〈신들의 황혼Götterdämmerung〉은 사실상 RAF 비극의 정점이었다.

이슬람주의자들의 세계적 테러리즘

본질적으로 종교성을 띠지 않은 첫 번째와 두 번째 테러리즘의 물결과 달리, 세 번째 물결은 이슬람 행동주의로부터 영감을 받는다. 세 번째 물결의 테러 집단들은 이슬람교의 수니파 근본주의인 살라피즘적인 해석을 설교한다. 그들은 살라피즘이 마호메트 시대에 존재한 이슬람 본래의 실천 방식과 신앙이며 그때로 회귀해야 한다는 교리를 펼친다. 이슬람 지하디스트들은 샤리아와 이슬람교에 대하여 자신들의 엄격한 교리를 실천하지 않는 정부는 이교도 정부이므로 타도되어야 한다고 믿는다. 이러한 극단주의의 기원은 수 세기 전으로 거슬러 올라간다. 하지만 1979년에 벌어진 두 개의 중요한 사건을 계기로 세계적인 규모로 발전하게 된다. 두 사건은 이란의 이슬람 혁명과, 소련-아프가니스탄 전쟁이다.

테러리즘의 세 번째 물결에는 지역적·세계적 목표를 지닌 이슬람주의 테러리스트 집단이 포함된다. 지역적인 조직으로는 헤즈볼라, 하마스, 남아시아의 라슈카레 타이바Lashkar-e-Taïba, 동남아시아의 제마 이슬라미야Jemaah Islamiyah, 동아프리카의 알샤바브al-Shabbaab 등이 있다. 이들과 달리 알카에다와 이슬람국가(SI)는 전 세계적인 규모로 프로그램을 운영하면서 표적을 정하고 대원을 모집한다.

헤즈볼라는 레바논 내전(1975~1990) 기간과 1982년에 이스라엘이 레바논을 침공했을 때 생겨났다. 여러 민병대가 내전 중에 충돌했다. 헤즈볼라는 신생 이란 정부의 지원을 받아 이스라엘에 맞서기로 결의한 시아파 병사들의 연합이었다. 헤즈볼라가 최초로 벌인 테러 행위는 폭탄이 장치된 트럭을 이용한 자살 테러였다. 표적은 1983년 4월 18일 베이루트에 있는 미국 대사관(사망자 63명)과 1983년 10월 23일 미 해병대와 프랑스 공수 부대의 숙소(사망자 299명)였다. 헤즈볼라는 레바논에서 외국인 납치 활동에도 가담하여 1982년부터 1992년까지 1백여 명을 납치했다. 잊지 말아야 할 점은 이보다 훨씬 더 많은 1만 5천 명 이상의 레바논 사람이 내전 중에 납치당해 실종되었다는 사실이다. 납치는 내전 경제에서 돈을 갈취하고 경쟁 집단을 협박하고 죄수를 석방하게 만드는 수단으로서 빠른 속도로 성장해 산업화되었다. 하지만 헤즈볼라의 주요 목적은 시아파가 많이 사는 지역인 남레바논을 점령한 이스라엘군에 맞서는 것이었다. 이 충돌로도 역시 많은 민간인이 희생되었다. 휴먼 라이츠 워치Human Rights Watch에 따르면, 1982년 6월에 이스라엘 방위군 〈차할〉이 레바논을 침공한 후 2000년 5월에 퇴각할 때까지 레바논과 팔레스타인 사람이 최소 5백 명 사망했고, 레바논 국경 부근에서 이스라엘 민간인 17명이 사망했다.

시아파의 옹호자로서 헤즈볼라는 대중의 상당한 지지를 받았다. 이 단체는 1992년 정치에 뛰어들어 레바논 국회에서 2석을 차지했다. 남레바논에서 정치적·군사적으로 매우 중요한 조직으로 성장한 헤즈볼라는 국가 속의 국가를 형성했다. 헤즈볼라가 2006년에 이스라엘에 맞선 전쟁에서 승리한 후, 이스라엘 장군 가이 주르는 헤즈볼라가 〈세계에서 가장 강력한 게릴라 집단〉이 되었음을 마지못해 인정했다.

하마스는 가자 지구에 정착한 이슬람 형제단의 이집트 분파로부터 제2차 세계 대전 얼마 뒤에 갈라져 나왔다. 이슬람 형제단은 가자에서 창설된 이후 사회 및 종교 활동에 전념했다. 이슬람 형제단이 비종교적 마르크스주의 단체인 팔레스타인 해방 기구(PLO)와 벌인 충돌이

어찌나 격렬했던지 이스라엘은 하마스를 PLO의 폭력적인 행동가들에 대한 대안으로 여기고 지지할 정도였다. 하지만 1987년에 제1차 인티파다*가 벌어지면서 이슬람 형제단은 하마스를 자신의 무장 세력으로 삼았다. 1989년에 하마스는 처음으로 공격에 나섰다. 1991년에는 자체 무력 분과인 이즈 알딘 알카삼Izz al-Din al-Qassam 여단을 창설한다. 제1차 인티파다는 1993년 9월에 체결된 오슬로 협정으로 중단되었다. 하지만 하마스는 텔아비브의 버스를 표적으로 자살 폭탄 테러에 나서는 등 테러 공격을 계속해 평화 정착을 좌절시키려 했다.

평화 정착이 결국 2000년에 완전히 실패하자, 제2차 인티파다가 시작되어 적어도 2005년까지 지속되었다. 하마스는 자살 폭탄 테러를 계속했다. PLO도 같은 전술을 펼친다. 그러다 하마스는 가자에서 이스라엘을 향해 로켓을 발사하기 시작했다. 2003년과 2004년에 450발의 카삼 로켓 공격을 받은 이스라엘은 2004년 9월 30일부터 10월 15일까지 가자 지구 북부에서 〈회개의 날〉 작전을 벌여 대응했다. 그 이듬해에 하마스는 그때까지 고수하던, 정치 과정에 참여하지 않는다는 행동 방침을 포기하고 지방 선거에 후보를 추천한다. 그리고 2006년에는 오슬로 협정으로 창설된 기구인 팔레스타인 자치 정부(PA) 총선에서 과반수를 차지한다. 하마스가 성공을 거두면서 하마스와 PLO 사이에 존재하던 적의는 더욱 심해졌다. 2007년 6월에 두 경쟁자 간에 노골적인 전쟁이 벌어진다. 하마스는 가자에서 파타(팔레스타인 민족 해방 운동)를 몰아내고, 파타와 PLO는 요르단강 서안 지구를 지배한다. 이스라엘과 이집트는, 하마스가 자체적인 군사적 자금력을 보유한 원생 국가proto-state로서 지배하던 가자 지구를 봉쇄한다. 2008년 12월에 하마스와 다른 팔레스타인 사람들은 가자에서

---

* Intifada. 팔레스타인의 반(反)이스라엘 저항운동.

이스라엘을 향해 로켓을 발사했다. 이스라엘은 2008년 12월 27일부터 2009년 1월 18일까지 〈캐스트 리드Cast Lead〉 작전으로 대응했다. 2012년 11월과 2014년 여름 동안 이스라엘은 다시 로켓 발사에 대한 대응으로 가자 지구에 기습 공격을 했다.

알카에다는 급진적 이슬람주의 테러리즘의 규모와 비중을 크게 증대시켰다. 알카에다의 주요 창설자인 압둘라 유수프 아잠과 오사마 빈 라덴은 아프가니스탄 민족이 당시 정권과 연합한 소련군에 맞서 벌인 투쟁을 지지하기 위해 파키스탄과 아프가니스탄으로 떠났다. 빈 라덴은 사우디아라비아 왕족과 가까운 매우 부유한 집안 출신으로 자신의 재산과 인맥을 이용해 지하드를 물질적으로 지원했다. 1988년에 소련군이 아프가니스탄에서 퇴각하자, 아잠과 빈 라덴을 비롯한 인물들은 지하드를 지구상의 다른 곳으로 확대하기 위해 알카에다를 창설했다. 앞서 살펴본 것처럼 국제적인 테러리즘, 다시 말해 국가적인 투쟁에 시선을 집중시키기 위해 세계 무대를 활용하는 테러 방식은 1960년대 말에 등장했다. 세계적인 테러리즘은 이와 다르다. 아잠이 주장한 것처럼, 모든 진정한 이슬람교도에게 이슬람이 공격받는 곳이면 어디든 이슬람을 수호하러 오라고 명령하는 전 세계적인 부름이다. 하지만 빈 라덴이 내린 정의에 따르면, 세계적 테러리즘은 지하드가 전 세계적인 수준에서 완수되어야 함을 뜻할 수도 있다. 빈 라덴은 중동의 부패한 이슬람 정권들에 맞서 지역에서 벌이는 저항 활동이 성공하려면, 이 정권들의 주요 지원국인 미국이 공격을 받아 지역에서 물러나야 한다고 생각했다. 1989년 11월에 아잠이 살해되자, 빈 라덴은 자신의 목표를 달성하기 위해 자유롭게 행동할 수 있게 되었다.

빈 라덴은 1990년에 사우디아라비아로 돌아갔다. 하지만 미국을 격렬히 비판했기 때문에 금세 달갑지 않은 존재가 된다. 그래서

1992년에 수단으로 떠나는데, 그곳에서는 그 어떤 대규모 작전도 벌이지 않았다. 1993년 2월 26일에 세계 무역 센터World Trade Center를 폭파하려 한 인물은 빈 라덴의 지휘를 받지 않는 다른 급진적 이슬람주의자들이었다. 이 테러에 가담한 두 테러리스트 람지 유세프와 그의 숙부 칼리드 셰이크 모하메드는 아시아와 미국을 연결하는 미국 항공기 11대를 납치해 동시에 추락시킬 계획을 세운다. 이 보진카 Bojinka(대폭발) 작전은 폭탄이 제조된 장소가 발견되어 1995년에 좌절되었다. 유세프는 체포되었지만, 칼리드 셰이크 모하메드는 도망치는 데 성공해 아프가니스탄으로 가 알카에다에 합류한다.

1996년에 수단을 떠나야 했던 빈 라덴은 아프가니스탄으로 가서 탈레반의 보호를 받았다. 빈 라덴은 몇 달 후, 미국에 전쟁을 선포하고 이슬람교도들에게 가능한 곳이라면 어디에서든 미국인을 죽이라고 명령한 두 개의 파트와fatwa(율법적 결정) 중 첫 번째를 발표했다. 이 말은 얼마 지나지 않아 행동으로 이어졌다. 1998년 8월 7일 아침에 알카에다의 테러리스트들은 폭탄을 가득 실은 트럭을 케냐의 나이로비와 탄자니아의 다르에스살람에 있는 미국 대사관 앞에서 터뜨려 124명의 희생자를 냈다. 이 중 12명만 미국인이었다. 그런 다음에 빈 라덴은 천 년이 바뀌는 시점에 수행할 테러 공격을 준비했다. 그중 하나가 로스앤젤레스 국제공항과 예멘의 아덴 항구에 정박해 있던 미국 구축함 〈USS 설리번스〉를 공격하는 폭탄 테러였다. 이 두 계획은 실패했지만, 2000년 10월 12일에 아덴에서 자살 테러가 벌어져 군함 〈USS 콜〉이 크게 파괴되고 승무원 17명이 사망했다.

이 기간에 칼리드 셰이크 모하메드는 빈 라덴에게 뉴욕과 워싱턴 D. C.에서 상징성이 큰 건물을 파괴하기 위해 여객기를 납치하는 새로운 계획을 제안했다. 빈 라덴이 변경한 계획을 실현하려면 강도 높은 준비 작업과 50만 달러의 자금이 필요했다. 2001년 9월 11일 아침 8시 46분, 첫 번째 비행기가 세계 무역 센터의 북쪽 건물을 들이받았고, 9시 3분에 두 번째 비행기가 남쪽 건물에 충돌했다. 10시 30분에 두 건물은 무너졌다. 그사이 세 번째 비행기가 워싱턴의 국방부 건물 펜타곤에 충돌했다. 납치된 네 번째 비행기의 승객들은 다른 비행기들이 추락했다는 사실을 알게 되자 공중 납치범들을 공격했고 이로인해 10시 3분에 펜실베이니아주의 셍크스빌 인근으로 비행기가 추락했다. 4중 테러로 최소한 2,977명이 사망했고 테러범 19명도 사망했다. 미국 전쟁사에서 하루 만에 이보다 더 많은 사망자가 생긴 유일한 날은 1862년 9월 17일 앤티텀 전투 때였다.

이후 알카에다는 자체 활동으로는 더 이상 이처럼 많은 사망자를 내는 파괴를 수행하지 못했다. 하지만 산하 단체나 알카에다의 영향을 받은 조직들은 테러 활동을 멈추지 않았다. 예로는 2002년 10월 12일에 대부분이 오스트레일리아 관광객인 희생자 202명을 낸 발리 폭탄 테러와 2003년 5월 12일에 미국인 해외 근무자가 주로 거주하는 건물에서 벌어져 39명의 사망자를 낸 리야드 폭탄 테러가 있다. 2003년 3월에 발발한 제2차 이라크 전쟁은 테러리스트들에게 미국을 돕는 자들을 처벌하는 전쟁 명분이 되었다. 2004년 3월 11일 마드리드에서 테러리스트들은 교외선 열차 네 대에서 폭탄을 터뜨려 192명의 사망자를 냈다. 2005년 7월 7일에는 소규모 테러단이 런던에서 지하철 3개 노선과 2층 버스 한 대에서 폭탄을 터뜨렸다. 이 테러로 52명의 희생자가 발생했고 자살 테러범 네 명도 사망했다.

2008년에 미국인 마크 세이지먼은, 그가 〈알카에다 센트럴〉이라고 부르는 알카에다의 지도부가, 그 영향을 받았지만 독립적인 테러리스트 네트워크인 〈알카에다 사회 운동〉에 밀려 쇠퇴하고 있다고 말했다. 2011년 5월 2일, 미국 해군 특수 부대 〈네이비 실〉의 한 특공대가 파키스탄의 아보타바드에 있는 요새화된 자택에서 오사마 빈 라덴을 사살했다. 알카에다의 지휘권은 그보다 카리스마가 훨씬 떨어지는 인물인 빈 라덴의 참모 아이만 알자와히리에게 넘어갔다. 버락 오바마는 2012년 대선 캠페인 중에 〈알카에다는 괴멸했다〉라고 몇 차례나 선포했다. 학자와 정치가, 전문가들은 알카에다가 완전히 쇠퇴하는 중이며 〈테러리즘에 맞선 전쟁〉에 힘을 덜 쏟을 수 있게 되었다고 믿는 것 같았다. 그러는 가운데 2014년 6월이 왔다.

최종적으로 〈이슬람국가(IS)〉라는 이름으로 모습을 드러낸 테러 집단은 여러 다른 이름과 소속으로 활동하며 진화해 왔다. 그 창립자인 요르단 사람 아부 무사브 알자르카위는 비행 청소년 시절을 보낸 후 1980년대 말에 지하드로 돌아섰다. 그는 아프가니스탄으로 떠났다. 그가 도착했을 때에는 이미 소련군이 군대를 철수하고 있었다. 그는 뒤이어 벌어진 내전에서 처음으로 전쟁을 경험하고 1993년에 요르단으로 돌아왔다. 이후 테러 행위를 계획하다 체포되어 감옥살이를 하고 1999년에 풀려났다. 그는 다시 요르단을 떠나 아프가니스탄으로 갔다. 그곳에서 빈 라덴에게 테러 집단 〈자마트 알타우히드 왈지하드Jama'at al-Tawhid wal-Jihad(JTJ, 유일신과 성전)〉를 창설하도록 도와 달라고 부탁했다. 9·11 테러가 벌어지고 얼마 지나지 않아 탈레반이 패배한 직후, 알자르카위는 아프가니스탄에서 이라크로 가서 미군의 침공에 맞서 싸웠다. 그는 초기부터 샤리아를 별로 존중하지 않는 과격한 당파성을 보였다. 자신이 제작한 선전 동영상에서 잔혹한 취향과 연출 방식을 과시했다. 일부 사람들이 자르카위즘이라고 부르기도 하는 이 두 가지 특성은 이슬람국가(IS) 정체성의 핵심을 차지했다. 2004년에 알자르카위는 알카에다에 충성을 맹세하고 자마트 알타우히드 왈지하드는 〈이라크 알카에다(AQI)〉가 되었다. 하지만 빈 라덴과 알자와히리는 알자르카위가 보여 준 당파성에 대한 집착과 공공연히 잔혹함을 과시하는 취향은 결코 지지하지 않았다.

미군의 공습으로 2006년에 알자르카위가 사살되자, AQI는 이름을 〈이라크 이슬람국가(ISI)〉로 바꾸고 수장도 (아부 아유브 알마스리로) 교체했다. 미군의 이라크 공격으로 곤경에 처한 ISI는, 2010년 4월 19일에 미국·이라크 연합 작전으로 알마스리가 사망하면서 참패한다. 아부 바크르 알바그다디가 뒤를 이어 ISI의 최고 지도자가 된다. 이 섬세한 전략가는 2011년에 이라크에 주둔한 미군 철수와 시리아에서 내전이 발발한 상황을 이용해 2012년 1월에 시리아 지하디스트 집단 자브하트 알누스라Jabhat al-Nusra, 즉 〈알누스라 전선〉을 창설했다. 이 집단이 대성공을 거두자 알바그다디는 2013년 4월에 알누스라를 ISI와 합병하고 자신이 지휘했다. 이 새로운 조직의 이름은 〈이라크 레반트 이슬람국가(ISIL)〉였다. 알누스라의 여러 간부는 이 합병에 반대하며 알카에다에 복종했다. 이 때문에 결국 알자와히리는 ISIL을 알카에다에서 제명했다. 이때부터 전 세계의 지하디스트는 크게 두 진영, 즉 알카에다에 가까운 진영과 ISIL 진영으로 쪼개졌다. 알바그다디의 전임자들은 1천 명 이상의 대원을 거느린 적이 없었다. 알바그다디는 2013년 말에 7천~1만 명, 그리고 2014년 말에는 2만~3만 1천 명의 대원을 거느렸다. 이슬람국가는 현지에서 전투 활동을 벌였지만, 대원은 전 세계에서 모집했다.

ISIL이 이렇게 발전하고 강화되는 동안 오바마 대통령은 이 조직을 계속 〈부차적인 위협〉으로 간주했다. 이런 가운데 2014년 6월에 ISIL은 이라크 북부에서 공격을 시작했다. 6월 10일, ISIL은 모술을 점령했고 그 다음 날에는 티크리트를 장악했다. 이로써 그들의 점령하에 들어간 영토가 칼리프 이브라힘으로 불리는 알바그다디를 수장으로 하는 이슬람국가와 칼리프 관할 구역을 이룬다고 선포했다. 여러 동영상으로 포로들이 대거 처형되는 모습이 공개되었다. 8월 8일, 미국은 ISIL의 근거지들을 폭파했고, ISIL은 포로들을 한 명씩 참수하며 동영상을 자랑스럽게 인터넷에 공개했다. 이와 동시에 ISIL은 이슬람교도가 아닌 이들이 주로 사는 이라크 북부의 한 지역을 침공했다. ISIL의 병사들은 남자를 최소한 5천 명 학살했고 여자 7천 명을 붙잡아 자신들의 성 노예로 삼았다.

자마트 알타우히드 왈지하드, 이라크 알카에다, 이라크 이슬람국가, 이라크 레반트 이슬람국가까지, 최종적으로 이슬람국가(IS)는 테러 집단이라는 위치에서 상당한 규모의 군대를 동원하고 도시와 영토를 정복하고 유지할 능력이 있는 국가, 또는 최소한 원생 국가로 그 지위가 진화했다. 이슬람국가는 오랫동안 상당히 많은 인구와 자원을 관리하다가 2017년 7월에 이라크군에 모술을 빼앗기면서 군사적으로 크게 패했다. 뒤이어 같은 해 10월에는 락까를 빼앗겼다. 이슬람국가가 이룬 영토 확장(2014년에 최고조)은 〈진화 전략〉을 가장 명확하게 보여 주는 사례다. 즉 기회주의나 일시적인 우연이 아니라, 애초부터 명확하게 수립된 목표에 따른 계획인 것이다. 2004년에 인터넷에 발표된 유명한 글 아부 바크르 나지가 쓴 『야만의 경영Idārat al-Tawaḥḥush』을 비롯하여 이슬람국가의 행동을 이끈 정치적·군사적인 글들은 클라우제비츠나 마오쩌둥, 체 게바라, 마리겔라 등 혁명적 군사 이론의 고전들을 활용했다. 이슬람국가는 마오쩌둥과 마찬가지로 전쟁에서 한 걸음씩 나아가야 한다고 본다. 그리고 전쟁의 폭력으로 들어서는 첫걸음은 급진적 테러리즘이다.

참조

1부 - 01 전쟁을 생각하다 | 14 게릴라와 반란 억제 ‖ 2부 - 06 파르티잔의 세계 ‖ 3부 - 15 이웃 사람을 죽이기

17

세계 정복에 나선 AK-47

마리우스 로리스[*]

1949년에 소련군이 채택한 칼라시니코프 소총은 지금 세계에서 가장 많이 팔리는 무기로, 1970년대 이후 아프리카와 중동에서 벌어지는 분쟁에서 큰 피해를 입히고 있다.

AK-47Avtomat Kalachnikova-47 소총은 세계적으로 가장 유명한 무기지만, 이 무기가 탄생한 배경은 아마도 잘 알려져 있지 않을 것이다. 이 무기를 개발한 미하일 칼라시니코프는 1919년 11월 10일에 시베리아의 마을 쿠랴에서 태어났다. 브랸스크 전투에서 심하게 부상당한 그는 회복 기간에 독일 기관단총 MP-40에 필적할 새로운 자동 화기를 만들 생각을 했다. 그는 훗날 〈나의 조국을 보호하기 위해서 무기를 만들었습니다〉라고 설명했다. AK-47은 1947년에 탄생해 1949년에 소련군에 도입되었다. 매우 강력한 근거리 돌격 소총으로, 장거리에서는 정확도가 떨어지지만 1분에 6백 발을 쏠 수 있다. 고장나는 일이 거의 없고 특별한 관리가 필요하지 않아 병사들은 이 무기의 견고함을 높이 평가했다. AK-47이 전 세계적으로 보급되고(복제품을 포함해 1억 자루 이상 판매됨) 다른 무기들이 시간이 지나면서

[*] Marius Loris. 팡테옹 소르본 대학교의 강사. 동 대학교에서 박사 학위를 준비하고 있다. 인도차이나 전쟁과 알제리 전쟁(1945~1962) 기간에 프랑스 군대 내 권력 당국과 사령부의 여러 인물들을 연구하고 있다.

살아남지 못한 것과 달리 오늘날까지 계속 사용되는 이유일 것이다.

제2차 세계 대전 중에 전차의 지원을 받은 대규모 보병 공격에 기반을 둔 소련의 전술은 AK-47이 발달하고 보급되는 데 결정적이었다. 하지만 이 무기가 서구 세계에서 진정으로 명성을 얻은 시기는 1956년에 소련의 붉은 군대가 부다페스트에서 헝가리 혁명을 유혈 진압했을 때다. 당시 칼라시니코프 소총은 소련에서만 제조되지 않았다. 소련은 이 돌격용 소총 제작법을 동맹국들에 전수했다. 1956년부터 중국과 폴란드에서, 뒤이어 1959년부터는 동독과 불가리아에서 제조되었다. 하지만 AK-47이 대규모로 사용된 것은 무엇보다 베트남 전쟁 때다. 1963년 이후로 미군(GI)이 베트콩에 맞서 초기에 패배를 겪을 때, AK-47은 밀림에서 벌이는 전투에서 미국의 M-16 소총보다 우월한 것처럼 보였다. 미군이 패하면서 AK-47은 더욱 큰 명성을 얻었고, 많은 사람에게 세계에서 가장 뛰어난 돌격용 소총으로 간주되었다.

소련 군대는 무기 근대화의 일환으로 1974년에 새로운 모델 AK-74를 도입했다. 이 소총의 탄환은 더 작고 속도가 더 빠르며 관통력도 더 뛰어났다. 소련이 아프가니스탄을 침공했을 때 큰 피해를 입힌 것도 AK-74다. 아프가니스탄 전쟁 때에는 미국 중앙 정보국(CIA)이 중국에서 제조된 AK-47 40만 자루를 아프가니스탄 병사들에게 지급했다. 이웃 나라 파키스탄은 이 소총 3백만 자루를 지급받아 그 지역 전체의 무기고가 되었다. 이슬라마바드에서 1989년에 소련제 칼라시니코프 한 자루의 가격은 1천4백 달러였다. 중국제 모델은 1,150달러, 현지에서 제조된 모델은 4백 달러였다. 아프가니스탄과 파키스탄에서 유통된 무기의 수가 늘면서 폭력 사태도 더 빈번히 발생한다. 소련군이 철수한 후 아프가니스탄은 내전에 돌입했다. 이 내전 중 1949년부터 탈레반이 우위를 차지하기 시작했다. 그러면서 탈레반은 수만 자루의 AK-47 소총 보관고를 탈취해 적에 대하여 더욱 유리한 위치를 점하게 된다. 빈 라덴의 거점이 확대되어 발달한 곳 역시 파키스탄과 아프가니스탄 국경 지대였는데, 대원들은 이때에도 칼라시니코프 소총을 대량으로 사용했다.

유럽에서는 소련이 붕괴한 이후 AK-47 보관고가 약탈당했다. 그무기는 중동뿐 아니라 사하라 사막 이남의 아프리카나 남아메리카의 반정부 집단, 범죄자, 테러리스트들에게 불법으로 판매되었다. 1990년대 초 발칸반도에서도 공산주의 정권이 무너지는 상황을 이용하여 알바니아 마피아 조직이 수백만 자루의 무기를 탈취해 다른 유럽 국가들에 다시 팔면서 같은 상황이 벌어졌다. 아프리카에서는 1980년대 말부터 초강대국의 지원이 끝나면서 군사 정권이 무너지고 민족적·정치적 분쟁이 심화되었다. 가령 라이베리아의 대통령 찰스 테일러는 이웃 나라인 시에라리온의 반정부 집단 〈혁명 연합 전선 (RUF)〉에 다이아몬드를 받고 무기를 조직적으로 밀매했다. 전쟁이 맹위를 떨치는 지역에서 채굴된 이 〈피의 다이아몬드blood diamonds〉 덕분에 RUF는 80퍼센트가 7세와 14세 사이의 소년·소녀들로 이루어진 병사들에게 장전 시 4킬로그램에 달하는 상당히 무거운 무기를 지급할 수 있었다.

아프리카 신용 카드

AK-47은 파괴하는 것이 거의 불가능하다는 특징 때문에 시에라리온과 수단, 앙골라, 모잠비크 등지에서 막 발발하기 시작한 분쟁 당사자들에게 쉽게 재사용·재판매될 수 있었다. 1994년 르완다에서는 민병대와 준군사 조직, 많은 후투족이 큰 칼 〈팡가panga〉뿐 아니라 칼라시니코프 소총으로 무장하고 투치족을 학살했다. 결론적으로 말해, 여전히 냉병기와 구식 화기로 싸우던 농촌 사회에 AK-47이 도입되면서 분쟁으로 인한 사망률이 크게 높아졌다. 이 무기가 배급되면서 정부의 탄압뿐 아니라 지역 주민의 저항 능력도 강화되어 결국 이 지역은 끊임없는 전쟁 상태에 빠지게 되었다. 1990년대에 아프리카에서 AK-47은 널리 사용되었기에 〈아프리카 신용 카드African credit card〉라는 별칭으로 불렸다.

칼라시니코프 소총이 남아메리카에 배포된 것은 1980~1990년대부터다. 이 무기는 니카라과에서 산디니스타 반군, 그리고 미국으로부터 무기를 지급받은 콘트라 반군에 의해 사용됐다. 칼라시니코프는 콜롬비아에서 콜롬비아 무장 혁명군(FARC)이 선호한 무기이기도 했다. 베네수엘라의 우고 차베스는 2002년에 자신을 추방하려는 쿠데타 시도가 벌어진 이후, 정권을 보호하기 위해 AK-47 10만 자루를 구입했다. 이 무기는 끝내 멕시코와 콜롬비아의 강력한 마약 범죄 카르텔의 손에 들어가 범죄 전쟁에 사용되었다. AK-47은 2003년에 미국이 이라크를 침공했을 때 이라크의 특수 부대 페다인 대원들이 미군에 맞서 사용하기도 했다. 미군은 모래밭에서나 사막에서 잦은 모래 폭풍에도 절대로 고장 나지 않는 이 무기를 부러워했다. 서구 국가들이 중동에서 벌인 테러리즘에 맞선 전쟁 과정에서, 칼라시니코프 소총은 2015년 1월과 11월에 프랑스에서 벌어진 테러에서 보듯 유럽에 비극적인 방식으로 되돌아왔다. 유엔은 코피 아난이 사무총장을 지낸 시기(1997~2006)에 이 무기를 규제하려는 여러 제도를 마련했다. 하지만 그중에서 특히 모든 무기에 모델명과 원산지 — 주로 러시아의 이젭스크에 있는 공장이나 중국 또는 러시아에 있는 공장 — 를 기입하는 추적 방식은 실효성이 거의 없다.

대중문화에서 칼라시니코프 소총은 반영웅이나 악당, 테러리스트의 무기다. 쿠엔틴 타란티노의 영화 「재키 브라운Jackie Brown」에서 새뮤얼 잭슨이 연기한 무기 밀매상 오델 로비는 AK-47을 팔면서 확실히 사살하는 최고의 무기라고 선전한다. AK-47은 2000년대에 비디오 게임에서도 「베트콩 반란군Battlefield Vietnam」이나 「테러리스트Counter-Strike」와 연관되어 대중에 알려졌다. 내전(1977~1992)으로 피폐해진 모잠비크에서는 칼라시니코프 소총의 영향력이 너무 커서 1983년에 도입된 국기에도 그려져 있다. 그리고 마을에서는 아들이 태어나면 〈칼라시〉라는 이름을 붙이는 일이 빈번했다. 미하일 칼라시니코프와 그가 만든 무기를 기리는 뜻에서 북한과 이집트에 그 기념물이 세워졌다. 러시아는 AK-47을 국가 유형 문화의 하나로 간주해 2017년 9월 모스크바에 기념물을 세웠다. 2003~2004년에 프놈펜 왕립 대학교 학생들은 평화를 위한 예술 전시를 위해 정부가 수집한 AK-47 수백 자루를 작품으로 만들어 전시했다. 서구인에게 국제 테러리즘이 귀환하는 상황을 상징적으로 나타내는 칼라시니코프 소총은, 다른 여러 국가에서는 소비품으로 전 세계에서 가장 많이 팔리는 무기이자 아마도 가장 살인적인 무기일 것이다.

참조

1부 - 14 게릴라와 반란 억제 | 16 테러의 시대 ‖ 2부 - 06 파르티잔의 세계

2부
군대의 세계

펠리체 베아토가 촬영한 〈페인즈 호스Fane's Horse〉 기병 연대의 인도 병사와 영국인 장교.
1860년 무렵.
(ⓒ SSPL/Getty Images)

서론

존 혼[*]

　근대 전쟁의 병사는 어떤 존재인가? 그들은 왜, 누구를 위하여 싸우는가? 그들은 어떤 점에서 각별한 세계를 살아가는가? 이러한 주제를 본격적으로 다루는 2부에 수록된 글들에는 위의 질문에 대한 답이 담겨 있다. 필자는 서문을 쓰면서 더욱 일반적인 차원에서 몇 가지 고찰을 해보고자 한다. 먼저 (시민-군인이 창설된) 18세기 말부터 오늘날의 직업 군인 또는 이슬람교 지하드 전사에 이르기까지 병사가 겪은 진화의 과정을 살펴보겠다. 전쟁의 성격 자체에 생긴 몇 가지 변화가 이 진화 과정에 깊은 영향을 미쳤다.

　일단 전쟁은 프랑스 혁명전쟁 및 나폴레옹 전쟁 이후 대규모 사안이 된다. 보편적인 단기 병역 제도가 (비록 그 초기 형태는 불완전하고 신화처럼 부풀려진 측면이 있지만) 만들어져 19세기에 유럽 국가 대부분(해상 강국인 영국을 제외)에서 전쟁 수행 조직의 기반을 이루었

● John Horne. 트리니티 칼리지의 명예 교수이자 역사학자. 제1차 세계 대전에 관한 여러 연구서를 썼으며, 대표작으로 앨런 크레이머와 함께 쓴 『독일의 잔혹함, 1914년: 부정의 역사 *German Atrocities, 1914: A History of Denial*』가 있다.

고 20세기 초반 60여 년에 걸쳐 보편화되었기 때문이다. 1860년대에 프로이센이 처음 실시한 예비군 제도와 더불어 병역 제도로써 성인 남성 인구가 대거 동원되고 수백만 명으로 이루어진 군대들이 조직되어 양차 세계 대전에 투입될 수 있었다. 소련, 일본 제국, 이탈리아 파시즘 정권, 독일의 국가 사회주의 정권, 서구 민주 국가들처럼 서로 완전히 다른 정치 체제에서 (몇 가지 변화를 가하여) 채택한 〈무장 대중〉 이념으로 군인과 민간인, 병사와 시민(또는 시민에 해당하는 존재)이 뒤얽혔다. 이러한 형태의 군사 조직으로 병사와 민간인의 경계는 더없이 모호해졌다. 훗날 〈무장 대중〉 이념은, 20세기의 마지막 30여 년 동안 국가 간 전쟁이 쇠퇴하면서 함께 사라진다 — 비록 뒤늦게 이러한 몇몇 움직임이 나타나기는 했지만(1980~1988년의 이란·이라크 전쟁 또는 현재의 이스라엘 군대).

한편 18세기 말에 일어난 혁명들(미국, 프랑스, 라틴아메리카)로 인해 전쟁의 규모와 조직뿐 아니라 전쟁이 지닌 정치적 사명도 변화했다. 병역을 수행할 의무를 지는 군인-시민 말고도 다른 유형의 병사인 — 반란이나 혁명, 해방 또는 국가 수호 전쟁에 가담하는 — 자원병이 생겨난다. 물론 비정규 전투(농민 반란, 게릴라전, 도적 행위)는 전쟁만큼이나 오래된 현상이다. 이러한 유형의 전투는 사라지지 않았고, 혁명과 민족 이념을 통해 근대화하면서 (매우 신화적인 방식으로) 정치적 분쟁에 뛰어드는 전사의 화신, 여기 2부에 수록된 마샤 세로빅의 글에서 묘사되는 〈파르티잔〉이 된다. 전형적인 인물상은 19세기에 특히 가리발디에 의해 형성되었고, 뒤이어 제2차 세계 대전 중 일어난 저항 움직임과 반식민 투쟁, 또는 2010년대의 (종교적인 동기로 생겨난) 알카에다나 다에시*를 포함하는 기나긴 계보가 탄생했다. 에르베

---

* Daesh. 이슬람국가(IS)의 아랍식 명칭.

마쥐렐이 강조하듯, 이러한 〈의지의 화학 작용〉은 근대 병사의 역사에서 지속적이면서도 가변적인 요소다.

그런데 군인을 민간인과 구분하는 요인은 타인의 신체에 육체적 폭력을 가한다는 점이다. 군인은 이러한 폭력으로 고통받는 유일한 사람은 아니지만, 이러한 폭력을 가하는 유일한 존재다. 모든 군인이 개인적으로 폭력을 쓰지는 않겠지만(군대는 다기능 조직이므로), 육체적 폭력을 가하는 것은 군인 직무의 기초이자 목적이다. 카를 폰 클라우제비츠의 유명한 정의에 따르면, 교전 당사자가 적을 자신의 의지에 따르도록 강요하기 위해 사용하는 〈무력 행위〉, 이것이야말로 전쟁의 원칙이다(『전쟁론』). 그런데 병사가 지닌 원천인 무력은 산업화, 특히 19세기 말 30여 년간 이루어진 제2차 산업 혁명을 거치며 변화한다. 근대 화학(폭발력이 매우 강한 화약, 독가스), 값싼 강철, 내연 기관, 항공 기술이 이 시기에 탄생했고 화력은 전과 비교할 수 없을 정도로 강화되었다.

그 결과, 모든 부류의 병사들이 폭력의 실행자인 동시에 표적으로서 폭력이 점점 더 격화되고 끊임없이 확대되는 상황에 직면할 수밖에 없게 되었다 — 제2차 세계 대전의 공중 전역만 떠올려 보아도 알 수 있다. 31년 만에(1914~1945) 전쟁은, 나폴레옹이 아직도 식별할 수 있었을 보병(이 보병도 기계화된 화력으로 전멸하지만)이 수행하는 공격 수준에서, 인류가 핵의 힘으로 전멸될 수 있는 수준으로 변화했다. 조직화된 폭력인 전쟁이 겪은 변화만큼 엄청난 변화는 없었다. 이는 금욕적인 철학자 시몬 베유가 1939년 가을에 쓴 매우 중요한 에세이 「〈일리아스〉 또는 폭력의 시」의 주제이기도 하다. 베유가 보기에, 폭력이 이처럼 격화되는 현상 때문에 클라우제비츠가 (프랑스 혁명에서 유래한 과격성을 그토록 두려워했음에도 불구하고) 고집스레 전쟁에 부여했던 정치적 기능은 전복되고, 힘은 〈힘에 종속된 것은 무엇이든 사물로 만드는 것〉이 된다. 베유는 인간이 전쟁을 지배하는 것이 아니라 전쟁이 인간을 지배한다고 보았다. 군인과 민간인은 그들을 비인간화하고 짓누르는 폭력에 의해 힘에 예속되고, 서로 이러한 점에서 비슷해진다.

이 폭력이 〈전쟁의 서구적인 모델〉(빅터 데이비드 핸슨의 견해다)인지를 알아내려는 논쟁은 분분하다. 어쨌거나 적어도 정치적·경제적·문화적 관점에서 (유럽과 북미) 서방 국가들의 지배력이 19세기와 20세기에 세계의 다른 지역으로 확장되는 어떤 군사적 지배로 드러난 것은 분명하다. 그 과정에서 모방과 반발을 통해 전쟁의 전 세계적인 모델이 되었을 수 있다. 에릭 제닝스가 식민지 군인 징집을 다룬 장에서 논하는 (공식적 또는 비공식적인) 제국주의는 주요 원동력이었다. 16세기와 17세기에는 유럽 이외의 군사 강국들이 서구가 우위를 차지하는 것에 대항했으나(18세기 말까지 오스만 왕조가 중유럽에 내정 간섭한 것이 그 증거 중 하나다), 18세기에 들어와 세력 관계가 크게 흔들리면서 19세기 내내 그리고 20세기 초반에 완전히 비대칭적이 되었다. 유럽 군인들이 지구의 다른 지역까지 파견되어 이른바 〈문명화된〉 교전국들 사이의 관계를 지배한 규범과는 다른 군사적 폭력을 행사할 뿐 아니라, 같은 구상으로 (인종학을 내세워 〈호전적인 인종〉을 우선시하면서) 식민지인 부대를 소집하고 심지어 그들을 유럽에 보낸다. 이런 일은 1870~1871년 프랑스에서, 그리고 양차 세계대전 때 이루어졌다.

이는 양날을 지닌 가르침이다. 한편으로는 이로써 직업 군대 내지는 병역 체계의 기초가 제국들에 전해진다. 이 군대 혹은 병역 체계는 이후 탈식민 국가들에서 핵심적인 위치를 차지한다. 그 예로, 양차 세계 대전 중에 엄청나게 규모가 커진 인도 식민지인 군대는 1948년 이후에 분리 독립한 인도와 파키스탄 군대의 양성소로 활용되었다. 다른 한편으로는, 정치화된 게릴라전이라는 유럽의 유산(여기에는 테러리즘도 포함)이 현지의 저항 전통과 결합하여 아시아와 아프리카로 확산되었다(정치화된 게릴라전의 전통은 라틴아메리카에서 뿌리가 더욱 깊다). 식민 강대국과 교섭할 능력이 있는 정치 움직임과 병행하여 비정규 부대들이 수행한 아일랜드 독립 전쟁(1919~1921)은 이 사실을 극명하게 보여 주는 하나의 예다. 달리 말하면 유럽 강대국과 식민지 민족들 사이의 투쟁으로 이전과는 다른 유형의 병사들(식민지 부대, 게릴라, 국가 군대)이 활동을 개시한 것이다. 베트남 전쟁(프랑스와 미국 단계)에서는 이러한 투쟁의 단계와 유형이 총망라되어 나타났다(1945~1975).

끝으로, 전쟁이 이와 같이 변화하면서 병사의 활동 영역이 (병사의 수와 폭력의 영향력, 폭력을 사용하는 상황이 늘어남에 따라) 확대되었다면, 마지막 변화는 반대 방향, 즉 제약하고 통제하는 방향으로 나아갔다. 국가에 의한 무력 독점(마키아벨리가 제시한 원칙)에 (17세기에 수립된) 주권 국가를 유럽 국가 간 관계의 기초로 인정한 베스트팔렌 체계가 덧붙었다. 이 둘이 함께 작용함으로써 군인은 자기 자신을 위해서가 아니라 정부의 이름으로 폭력을 행사하는 지위를 얻었다. 계몽주의 사상이 대두하고 국제법이 창설됨에 따라 오랜 기간에 걸쳐 이루어진 작업 끝에, 전쟁 폭력을 수행하면서 군인에게 허용된 것이 무엇인지, 그리고 이러한 관점에서 특히 불법적이라고 간주된 전투 형태에 맞서, 또는 부상을 입거나 포로가 되어 더 이상 군인이 아닌 상황에서 군인을 보호하는 것은 무엇인지를 정의하기 위한 일련의 협정이 체결되었다.

그것은 전쟁의 폭력 과잉과 상호 이해관계, 그리고 인도주의적인 가치를 이유로 폭력을 제한할 필요가 있다는 이중의 현실을 나타내는 변증법이다. (국제 적십자 위원회가 1863년에 창설된 이후 제정된) 제네바 협약과 (1899년과 1907년의 평화 회담으로 체결된) 헤이그 협약은 (제2차 세계 대전 폭력의 결과로 만들어진) 유엔 협약의 선조다. 1949년에 조인된 이 유엔 협약은 1977년 추가 의정서와 더불어 군인에 대하여, 그리고 군인에 의해 행사되는 전쟁 폭력에 관한 국제적인 법 해석을 새로이 만들어 냈다.

파비앵 테오필라키스는 전쟁 포로를 다룬 자신의 글에서 첫 번째 경우, 즉 군인에 대하여 이루어지는 폭력에서 국제법이 어떻게 기능하는지를 보여 준다. 전통적인 국가 간 전쟁에 가담했다고 상호 인정하는 강대국 사이에서는 포로의 지위가 그럭저럭 존중된 반면(제1차 세계 대전 참전국 대부분, 그리고 제2차 세계 대전에서 서구 연합국들에 대하여 독일과 이탈리아), 독일과 소련이 치른 이념적·인종적인 전쟁과 1941~1945년에 일본이 연합국을 상대로 치른 전쟁에서는 포로의 지위가 (일방적인 방식으로) 존중되지 않았다(소련과 일본은 1929년 제네바 협약에 조인하지 않았다).

두 번째 경우, — 군인이 상대편 군인에게 저지른 위반 행위(가령 화학 무기 사용) 또는 민간인을 상대로 저지른 위반 행위(학살, 반인도적 범죄 또는 제노사이드) — 분쟁의 폭력이 해당 법과 규범이 감당하는 수준을 넘어서거나 군인이 그들 고유의 가치(인종적·이념적 가치. 다에시의 경우에는 종교적 가치)를 명분으로 내세워 이러한 법과 규범을 거부할 때에는 변증법적 관계가 무력해진다. 그렇긴 해도, 이러한 위반 행위 때문에 열린 법정 — 뉘른베르크, 도쿄, 구 유고슬라비아에서 자행된 범죄(1991~2001)를 처벌하기 위한 법정, 또는 르완다 제노사이드(1994) 때 — 은 총체적인 폭력과 제한적인 폭력 사이의 변증법이 군인의 지위를 (군인이 원하든 원치 않든) 구성한다는 사실을 보여 준다. 왜냐하면 이 변증법으로 대체 불가능한 전쟁력의 매개자로서 전쟁의 핵심을 차지하는 군인의 위치가 잘 드러나기 때문이다.

전쟁이 이렇게 변화한 점을 감안하면 근대 병사의 몇 가지 사회적 특질을 더욱 잘 이해할 수 있다. 19세기와 20세기의 대규모 군대는 그 모태인 산업화·도시화 중인 사회들과 마찬가지로 평준화되는 과정을 밟는 동시에, 직무의 전문화와 특수화 추세를 경험했다. 평준화는 평화기와 전쟁기에 모두 징병제가 담당하게 된 남성의 통과 의례, 〈피로 내는 세금〉으로 표현된다. 프랑스에서 징병제는 시민의 지위와 짝을 이루었지만 다른 사회들에서는 양차 세계 대전으로 대량 인명 살상을 경험한 이후에 징병제가 이와 같은 역할을 담당하게 되었다. 오딜 루아네트가 설명하듯, 군인이 지내고 생활하는 병영은 사회가 군사 조직화하는 장소였다. 사회의 군사 조직화는 전통적으로 사회 주변부에 있던 군인을 사회화하는 일이기도 하다. 많은 나라(영국, 독일, 벨기에, 이탈리아, 심지어 러시아)에서 남성 보통 선거가 제1차 세계 대전을 위한 남성 동원의 결과로 탄생한 것이나, 제2차 세계 대전에서 남성이 군대에 대거 동원된 결과 1945년부터 서유럽에서 복지 국가가 탄생한 것은 우연이 아니다.

반대로 장교의 경력, 더 일반적으로 외르크 에히턴캄프가 분석하는 군사 기구의 발달은 근대 전쟁에서 생긴 변화로 인해 필요해진 전문화된 부대를 구성하는 방향으로 이루어졌다. 프로이센 군대는 최초로 상설 참모 본부를 창설(1814)하며, 다른 강대국들도 프로이센을 본 떠 본격적인 군사 관료 체계를 갖춘다. 이런 관점에서 자신의 물적 자본(값비싼 선박)과 (제한되고 숙련된) 노동력에 의존해 온 해군은 육군보다 앞서갔다. 영국 해군 사령부는 이런 의미에서 프로이센의 참모 본부를 예고하는 기구라 할 수 있었다. 제1차 세계 대전 이후에 독립적인 공군 창설 역시 이와 같은 맥락에서 이루어졌다(특히 영국과 미국에서). 하지만 육군 규모 그리고 병역 제도 덕분에 육군이 사회에 깊이 뿌리박고 있다는 사실은 직업 장교에게 특별한 (그러나 사회에 따라 특수한) 문화적 영향력, 또 어떤 경우에는 현실적인 정치권력을 부여한다. 장교와 군사 당국은 (제1차 대전 시기를 포함해) 통일된 독일과 바이마르 공화국에서 특별한 권력을 누린다 — 훗날 반대자들은 이 권력을 〈군국주의〉의 한 형태라고 비판한다. 제국주의 일본에서도 1920년대부터 1945년에 패전할 때까지 그랬다. 한편 다른 나라, 가령 서구 민주 국가들이나 소련에서는 민간 권력이나 다수당이 우세했다. 어떤 의미에서는 나치 독일에서도 나치당과 나치 친위대가 독일 국방군보다 우월한 위치를 차지했다는 점에서 마찬가지였다고 볼 수 있다.

어쨌거나 직업 군인(특히 장교)들은 기술력과 실전 측면에서 점점 더 고도로 전문화하면서 대규모 군대의 견고한 핵심을 이뤘다. 하지만 부대의 대다수 그리고 전쟁 시기에는 예비역 장교들도 민간인 출신이었다는 사실을 간과할 수 없다. 양차 세계 대전은, 군사 기구가 긴장과 조정을 대가로 치르면서 자신이 비롯됐고 그 일부를 흡수한 사회에 맞서는 전환점이 된 사건이다. 예를 들어 혹독한 전투를 치르면서 생겨난 능력에 따른 승진은 연공서열에 따른 기존 제도 — 전시에 장교와 사병에게 요구되는 능력은 평화기에 요구되는 능력과 다르다 — 를 뒤흔들 위험이 있다. 전쟁은 또한 모든 수준에서 전문화를 가속화했다. 프랑스 군대는 1914년에 75퍼센트가 일반 보병으로 이루어져 있었으나, 1918년에는 전투 기술 발달(기관총, 화염 방사기, 차량화 부대, 전차 등)에 따른 전문화가 활발히 이루어졌다. 이러한 경향은 이미 더 〈기술적〉이던 다른 군대(해군, 공군)에서 더욱 확실히 나타났다. 제2차 세계 대전 기간에는 군대의 모든 병과에서 더 뚜렷하게 보인다.

국민개병과 특수화된 직무 사이의 이러한 긴장으로 인해, 직업 군대와 비교하여 징집병으로 이루어진 군대가 유용한지에 대해 논쟁이 벌어졌다. 이 논쟁은 양차 대전 사이에 특히 뜨거웠다(프랑스에서 샤를 드골은 후자를 주장했다). 장기적으로는 전문화와 직업화를 주장하는 쪽이 우세했다. 무기의 발달로 기술적인 구성 요소가 계속 늘어나고 더 증강된 무력을 사용하는 데 필요한 사람의 수는 줄었기 때문이다. 하지만 (군사적일 뿐 아니라 사회적·정치적인) 다른 이유들 때문에 병역 제도와 대규모 군대는 냉전 기간 내내 유지되었다. 1990년대에 냉전이 종결되고 나서야 긴장은 해소되고 군인의 세계는 비대칭적인 양극 사이에서 새로 방향을 잡았다. 즉 한쪽에는 기술적으로 앞서가는 국가의 직업 군대가 있고, 다른 한편에는 민병대나 게릴라, 테러리스트의 저항 움직임이 국민의 지지와 힘을 업고 주어진 모든 수단을 동원해 군사적 기술력과 화력의 열세를 만회하려 한다. 하지만 많은 국가는 필요한 경우에 자원병 예비군을 활용해 군대를 확대할 능력을 유지한다. 양편 모두 군인은 민간인과 거의 분리되어 있지 않다.

이처럼 다양한 유형의 병사가 존재하는 가운데, 모든 군사 조직에서 매우 중요한 그들의 동기와 규율은 어떨까? 에마뉘엘 생퓌시앵이 제시하는 대답에서는, 다각적인 시각에서 보았을 때 병사가 처한 사회적 맥락과 군사 기구, 전투하는 개인의 특수성이 모두 중요하다고 강조한다. 이때 군인이 어째서 자신이 죽일 수 있는 권한을 지녔다고 생각하는지가 결정적인 역할을 한다. 군인이 종속된 국가 권력의 권위와 징병제 관습이 큰 비중을 차지하는 곳에서도 정당방위 개념은 중요하다. 양차 세계 대전에서 그 어느 강대국도 (현실은 어떻든 간에) 정당방위라는 자기 합리화를 포기하지 않았다. 반면에 군인이 자기 자신의 목표를 달성하기 위해 폭력이 개입되는 사안에 자원한 혁명전쟁이나 국가 해방 전쟁의 경우에는 최종적인 목적이 무력 사용을 정당화한다. 하지만 두 경우 모두, 전쟁에 대한 동기가 부여된 사회와 반드시 관계를 유지해야 하며(마오쩌둥은 중국 농민에게서 이런 사실을 직감했다), 이러한 관계가 없으면 1917년 제정 러시아에서 그랬듯 군인은 고립되고 전쟁 활동은 분열될 위험에 처한다.

군사 기구의 성질과 (비정규군과 정규군 모두를 포함한) 전투하는 군사 개체 내부의 내적 관계 역시 중요하다. 군사 기구에서는 지휘권의 기반을 이루는 군사 법정을 비롯한 규율이 무엇보다 중요하다. 징집병이든 자원병이든 군인은 제약을 받으며 생활한다. 하지만 제약은 결코 절대적이지 않고, 군대에 따라 변화한다. 제2차 세계 대전 중 〈전체주의〉 체제하의 제약은 〈서방〉 군대나 제1차 세계 대전에 참전한 모든 군대의 제약보다 훨씬 더 가혹했다. 그리고 이런 제약은 니콜라 오펜슈타트가 분석한 다양한 거부와 반발을 감수하면서 군대의 집단적인 의지를 고려할 수밖에 없다. (독일 국방군이나 소련의 붉은 군대에서조차) 규율은 비공식적이지만 엄연히 존재하는 절차에 따라 협상된다. 이 과정에서 부대원과 가장 가까운 (전투에서 입증된 능력에 따른 위계질서에서 나온 권위를 지닌) 하급 장교들이 핵심적인 역할을 담당한다.

규율의 성질은 군사 개체, 특히 작은 부대 안에서 내적 관계가 중요함을 보여 준다. 이는 양차 대전에 관한 수많은 회고록이나 영화에서 주제로 다루어졌다. 비정규 조직의 기초 집단 — 제2차 세계 대전의 〈파르티잔〉이든, 심지어 알카에다나 다에시든(비록 이들에 대해 우리가 많이 알지는 못하지만) — 도 마찬가지다. 제2차 세계 대전 이후 미군 심리학자들이 사용한 용어에 따르면, 〈1차 집단primary group〉의 응집력, 그리고 부대 또는 직능(가령 독일의 군인이자 작가인 에른스트 윙거가 찬양한 제1차 세계 대전의 돌격대Sturmtruppen)과 연관된 긍지 또는 카리스마 강한 지도자(로제 베르셀이 쓴 소설의 주인공 코낭 대위에 따르면, 1914~1918년의 승리를 일군 진정한 주인공이라고 간주된 3천 명 중 한 명)의 영향력 등이 모두 병사의 내밀한 세계를 형성하는 요소들이다. 다른 요소들도 있지만, 특히 이것들이 무형의 적에 맞서 몇 달 동안 지속될 수도 있는 전투의 폭력을 견뎌 내는 병사의 힘을 결정한다.

　물론 토착민으로 이루어진 식민지인 부대들도 같은 방식으로 전쟁을 경험했는지 의문을 제기할 수 있다. 규율 그리고 식민주의에 깊숙이 뿌리내린 부성적(父性的) 간섭주의와 더불어, 사회관계와 전통적 가치들이 식민지 토착 부대에서 중요했기 때문이다. 예를 들어 인도 북서부의 〈호전적인 인종〉 병사들은 (매우 영국적인) 〈황제 군주〉에 대한 충성심과 자신의 군사적 명예심izzat을 명분으로 들어 군에 지원했다. 어쨌거나 공동으로 희생을 치른 토착민 병사들은 시민으로서의 권리 또는 병역에 대한 보상으로 정치 개혁을 갈망했다. 한마디로 군대의 세계가 변화함에도 불구하고, 군인이 지닌 동기와 전투에 나서고자 하는 의욕을 좌우한 요인들은 상당히 안정적으로 유지된 것으로 보인다.

　군대의 세계가 성인 남성이 주를 이루는 활동 영역이라는 성격도 지속된 것처럼 보인다. 하지만 메리 루이즈 로버츠(여성에 대하여)와 마농 피뇨(어린이에 대하여)가 보여 주듯, 현실은 더욱 복합적이다. 군대 내부의 기능 전문화로 양차 세계 대전에서 (군복을 입고 수행하는) 여성 보조 병역 근무의 길이 열렸을 뿐 아니라, 폭력이 걷잡을 수 없이 증가하면서 가끔, 특히 소련에서 여성에게 정규 전투원의 역할이 주어지기도 했다. 제2차 세계 대전 중 여성 파르티잔들의 경우가 대표적이다. 물론 이들은 남성적인 특권으로 여기는 역할(사살하는 역할)을 여성이 수행하도록 허용하는 데 가해진 온갖 반대를 감수해야 했다. 이러한 전투 개입은 필자가 앞서 소개한 여러 유형의 무장 세력 사이의 비대칭적 분극화에 따라, 즉 서로 어긋나는 논리에 따라 계속 진행되었다. 오늘날 직업 군대에 지원한 여성 군인은, 중동에서 일부 민병대 소속으로 (역시 자원하여) 싸우는 여성들과 마찬가지로 전투 직무에 차츰 더 다가서고 있다. 한편 다른 여성들은 (소년병들과 마찬가지로) 국가가 산산이 갈라져 소멸하고 전투원과 비전투원의 구분이 거의 사라진 아프리카와 중동의 극단주의 세력에 의해 전투원 역할, 심지어 인간 폭탄을 강요받는다.

이제 남은 문제는, 연령과 성별에 대해 겉으로 보기보다 훨씬 더 복잡한 이 병사들의 세계가, 우리가 살펴보는 두 세기에 걸쳐 해당 사회들에서 신화적이고 상징적인 힘을 잃었는지 여부를 알아보는 것이다 (요안 샤푸토가 다루는 주제). (마농 피뇨가 다룬) 어린이 그리고 여성들은 어떤 경우에 영웅적인 지위를 누리기도 했지만, 전사와 그 〈호전적인 미덕〉을 상징하는 것은 뭐니 뭐니 해도 남성이었다. 이 경우에도 역시 우리는 대중과 개인 사이의 변증법, 힘으로 모든 것을 짓누르는 폭력의 격화(시몬 베유는 아킬레우스조차 이러한 폭력에서 무사하지 못할 거라고 했다)와 전쟁의 기능성 사이의 변증법을 마주하게 된다. 양차 세계 대전에서 치른 집단적인 희생으로 새로운 상징과 의식들(무명용사 참배, 묵도) — 어떤 이들에게는 전쟁 자체를 문제 삼는 상징들 — 이 탄생했다. 하지만 똑같은 양차 대전을 치르면서, 그리고 그 뒤를 이은 전쟁들에서 영웅적인 전사 인물상은 정치·문화적 이상향의 표현으로 존속한다. 점령당한 유럽이나 구소련에서 전투와 저항, 해방을 찬미하는 제2차 세계 대전 중의 이야기는 (여러 가지 버전으로) 전쟁이라면 그것이 독일 제3제국이든 홀로코스트든 재앙으로 보며 완전히 반대되는 용어로 표현되는 다른 이야기들과 공존하고 있다. 병사와 그 세계는 양면성과 모호함을 불러일으키는 원천임은 분명하다. 하지만 여전히 현대 사회에서 신화적이고 상징적인 매력을 발산하며 실질적인 영향력을 유지하고 있다.

01

군인 양성

오딜 루아네트[•]

징병제가 보편화되면서 평화기에도 사회는 더욱 강력하게 군사적으로 동원된다. 병역은 모든 남성에게 확대되어 실시되고, 남성다움을 혹독함과 그 가치로 가르치는 학교가 된다.

〈병사들이여, 짐은 여러분의 총사령관이다. 짐은 여러분을 짐의 수족으로 여기며, 여러분은 짐을 사령관으로 간주해야 한다. 이로써 우리는 더없이 깊고 친밀한 관계를 맺을 것이다.〉 1882년 1월 군인 칙유에서 일본 덴노[천황(天皇)]는 1872~1873년에 도입된 국민개병 제도로 군대와 민간 사회를 융합한다는, 당시로서는 아직 가상적이었던 목표를 그려 보였다. 의무 병역제는 1870~1871년 전쟁에서 프랑스에 맞서 승리한 강력한 독일 제국을 모델로 삼아 일본에 도입되었다. 이로써 일본 사회를 군사 조직화하는 강행군이 시작되었다. 사회 구성원들, 우선은 무기를 들 수 있는 연령의 남성 인구가 뒤이은 수십 년간 병영에서 생활하며 전쟁을 담당하는 시련을 감내했다. 메이지 시대 일본은, 19세기 초부터 오늘날까지 세계 대부분의 지역에서 서

• Odile Roynette. 부르고뉴-프랑슈콩테 대학교 부교수. 문화사 및 군사적 남성성을 연구하는 역사학자로서 저서로 『〈복무 적합〉: 19세기 말 프랑스 병영 체험*Bons pour le service. L'expérience de la caserne en France à la fin du XIXe siècle*』, 『참호의 단어들: 전쟁 언어의 발명(1914~1919)*Les Mots des tranchées. L'invention d'une langue de guerre(1914-1919)*』이 있다.

로 다른 수준으로 영향을 미친 굴곡진 군사 동원 과정이 서구와 아주 멀리 떨어진 곳에서 절정을 이룬 예다. 이 글에서는 군사 동원의 변화로 경험하게 된 것들, 특히 전쟁 대비 수단으로 만들어진 병역에 집중하려 한다. 이를 위해 주로 서구 공간에서 이루어지지만 거기에만 국한되지는 않은 문화 이식 및 모델 그리고 군사 문화 실천 방식의 전파 양상에 집중하여 비교적인 접근법을 사용할 것이다.

모두에게 군복을

프랑스 혁명 그리고 조국 수호를 도덕적 명령으로 간주하는 새로운 시민 자격의 정의로부터 생긴 큰 변화들을 되살펴 보자. 그래야 유럽 대륙에서 개인과 국가 사이의 새로운 관계 구도가 불러일으킨 영광과 두려움을 모두 이해할 수 있다. 계몽주의 시대 프랑스가 근대의 군사 혁명(제프리 파커가 분석함) 과정에서 일종의 병역 의무 형태를 시도하지 않은 것은 아니다. 하지만 근대적인 군사 혁명은 프랑스 혁명기의 국민개병 그리고 징병제를 신설한 1798년 9월 주르당-델브렐 법에 이르러서야 공통의 체험 영역으로 들어선다. 징병 제도는 뒤이어 1815년에 나폴레옹 제국이 붕괴할 때까지 큰 저항 없이 정복할 권리를 명분으로 유럽 지역 일부에 전파된다.

유럽 대륙 중심부에 대규모 군대들이 창설되고, 프랑스 모델을 본떠 1814년에 프로이센에 강압적인 방식으로 도입되어 근대 국가 구축과 긴밀하게 연결된 군인-시민 제도가 떠올랐다. 1860년대로 넘어가는 전환기에는 군대-남성성 규범이 강화되는 현상이 뚜렷해졌다. 많은 인력을 필요로 하는 새로운 방식의 전술과 병참술에 힘입어 제1차 세계 대전에 이르기까지 병역 제도는 점진적으로 보편화된다. 유럽 대륙(특히 프랑스, 독일, 이탈리아, 뒤이어 러시아와 벨기에)에서 의무 병역 제도는 널리 확산되었다. 아시아의 일본이나 남아메리카의 신생 국가 파라과이의 극단적인 경우에서 보듯이 다른 대륙에도 전파되었다. 파라과이는 계몽주의 모델의 영향을 받아 1864년부터 1870년까지 10~60세 남성 인구를 총동원했다. 그중 80퍼센트가 브라질, 아르헨티나, 우루과이 삼국 동맹에 맞서 싸운 이른바 삼국 동맹 전쟁에서 사망했다.

19세기에 들어서면서 또 다른 징집 모델인 지역적·자발적으로 조직되는 영국식 자유주의 군대 소집 모델이 흔들렸다. 이러한 현상은 남북 전쟁에서 북부와 남부가 모두 저항과 쓰라림을 감수하며 징병 제도를 시험하면서 시작된다. 제1차 세계 대전에 이르러 엄청난 군인 수요에 직면해서야 그때까지 병역 의무화를 기피하던 주요 국가들이 무기를 들 수 있는 적령기 남성 국민에게 병역을 부과했다. 영국은 1916년 1월 27일에, 뒤이어 대영 제국의 일부(뉴질랜드는 1916년 7월에, 캐나다는 16개월 후에, 하지만 오스트레일리아는 아님)가, 그리고 미국도 (1917년 6월부터) 의무 병역제를 실시했다. 이 국가들의 군대 복무 비율은 전통적으로 징병제를 실시한 국가들의 수준에는 이르지 못했다(가령 프랑스가 90퍼센트가 넘었던 데 비해, 영국은 53퍼센트에 불과했다). 그렇지만 이 나라들은 이를 기회로 징병제를 시험해 볼 수 있었다. 제2차 세계 대전에 이르러서는 1914년부터 1918년까지 징병제 확대를 막았던 주요 걸림돌이 제거되었다. 특히 기혼 남성과 가장이 대부분 면제를 받았던 미국이 그랬다. 1940년부터 1945년까지 참전한 국가들의 군대 복무 비율은 새로운 기록을 갱신하여 서구인 8천7백만 명이 군복을 입었다. 일본에서는 노인을 제외한 15세나 이상의 모든 남성이 붉은 종이에 적힌 소집 영장인 아카가미(赤紙)를 받았다.

이 수치들이 아무리 엄청나다 해도 이것만으로는 19세기에 공고해진 군사 조직화의 윤곽을 완전히 파악할 수 없다. 국가들은 사회를 군사 조직화하면서 국가 정체성 수호라는 관점에서 영토를 보전할 생각을 하게 되었다. 군사 조직화는 국가의 사회 조직에 깊숙이 뿌리내렸다. 사회는 프랑스 공화국이나 1914년 이전의 빌헬름 시대 독일처럼 병역을 성인기에 접어드는 통과 의례로 삼아 남성성을 기르고 질서의식과 규율을 가르치는 장으로서 군 복무를 장려했다. 이 두 나라에서는, 역사학자 조지 모스의 표현을 빌리자면, 군대를 〈근대적인 남성성〉의 표상을 정교화하고 전파하는 하나의 모델로 간주했다. 군 입대에 앞서 시민-군인의 지위를 장려하는 일은 어린이·청소년 조직, 뒤이어 퇴역 군인 협회 내의 사회 조직망을 통해 이루어졌다. 1913년 독일에서는 청소년 조직의 회원 수가 70만 명, 즉 전체 어린이·청소년 수의 5분의 1에 달했고, 퇴역 군인 협회의 가입자 수는 3백만 명에 이르렀다. 하지만 군사 조직화를 무조건 징병제와 연결시키지는 말아야 한다. 1914년 이전의 영국처럼 군 복무를 의무화하는 것을 주저한 일부 대국들은 군대 바깥에서 스포츠, 직업, 시 단체들의 조밀한 네트워크를 통해 지역과 공동체, 조국에 대한 애착을 고양시켰다. 엘리트 계층뿐 아니라 서민층에서도 사람들의 마음에 연대감과 투지fighting spirit를 심으려 했다. 제2차 보어 전쟁(1899~1902)의 충격을 겪은 후, 베이든파월 장군은 스포츠와 군사 체력 단련으로 이른바 인종의 쇠락을 저지한다는 생각으로 1907년 8월에 브라운시섬에 최초의 훈련장을 개설했다. 뒤이어 1년 후에 보이 스카우트가 창설되었다. 이러한 자발적 움직임의 대상은 우선 남성 아동·청소년이었다. 1914년에는 영국 청소년의 41퍼센트가 청소년 단체에 가입되어 있었을 것으로 추정된다. 바이마르 공화국에서는 1919년에 군대가 10만 명의 직업 군인으로 축소되었으나, 1930년경에 약 3백만 명이 모여 있던 퇴역 군인 단체들은 독일 공화국군Reichswehr을 위한 인력 자원을 구성했다.

1930년대에 전체주의 체제는 이보다 한 걸음 더 나아갔다. 1931년에 이미 전쟁에 돌입한 일본은 군대 자체로 제국을 이루었다. 일본 사회 전체에 통제력을 발휘해 사회를 군대의 요구와 가치에 종속시켰다. 징병을 면제받는 경우는 매우 드물었다. 6~15세 소년을 위한 예비 군사 훈련은 1925년부터 학교에서 보편적으로 실시되었다(총 4백 시간). 군대는 〈예비군 단체〉와 〈국가 수호를 위한 여성 단체〉(1932년에 창설)를 근간으로 영향력을 넓혔는데, 1941~1942년에는 가입자가 1천만 명에 달했다. 이들은 징집 대상자를 파악하고 동원 가능한 인력을 조사하는 일을 보조했다. 국민의 행동과 마음 상태를 감시하는 일은 은밀하고 교묘하게 이루어졌다. 이 점은 1939년부터 전쟁이 끝날 때까지 쇼게Shōge의 병무청에서 근무한 데분 시게노부의 회고적 증언(1989)에서 잘 드러난다. 1945년에 자기 마을에서 유일하게 살아남은 남자인 그는 자신이 맡은 역할을 다음과 같은 말로 전한다. 〈평화 시기에나 전쟁 시기에나 각 개인의 상황을 완벽하게 파악해야 했고, 마을의 젊은이들을 비롯해 모든 사람을 알아야 했습니다. 그들 가족의 사정까지 알아야 했죠. 그래서 수시로 마을을 돌아보곤 했지요.〉 그리고 이렇게 덧붙인다. 〈어떤 남자가 처음으로 군에 입대할 때에는 이미 모든 것이 기입되어 있었죠. 그 사람의 생각까지도.〉

군대와 민간 사회가 융합되면서 개인이 국가 공동체에 가려 사라지는 양상은 나치 독일이나 소련에서도 나타난다. 1933~1934년부터 독일 사회의 군사 조직화는 여러 국가 사회주의 조직[히틀러 유겐트Hitlerjugend, 나치 돌격대(SA), 나치 친위대(SS), 제국 노동 부서]과 1935년 의무 병역 제도의 재도입으로 절정에 이른다. 소련에서는 독일에 맞서 1941년 6월에 발발한 〈대조국 전쟁〉을 위해 모든 건장한 시민을 붉은 군대뿐 아니라 애국 시민 민병대에 편입하여 병력을 충원했다. 이 민병대는 남녀 약 1천만 명에게 약식 군사 훈련을 시킨 후 이들을 전방으로 보냈다. 군사 훈련이 관건이었기 때문에 이 시기에 군인으로 상징되는 남성적인 훈련과 남성성에 대한 미덕이 절정에 달했을 것이다. 하지만 이것이 정확히 어느 정도까지 내면화되었는지를 미묘한 뉘앙스까지 모두 고려하여 파악하기는 힘들다.

밀집 대형과 보조를 맞춘 걸음걸이

19세기 초에 군인이 된다는 것은 신체를 강인하게 단련할 목적으로 일련의 육체적인 시련을 거치는 일이었다. 일단 부동자세를 유지할 수 있어야 했고, 그 다음에는 프로이센의 모델에 따라 훈련을 반복해 완벽하게 통일된 움직임으로 밀집 대형과 보조를 맞춰 걸을 수 있어야 했다. 마르셀 모스의 표현을 빌리자면, 이러한 신체 기술의 목적은 초기 군사 교육으로 자세가 바로잡힌 사람을 만들어 내는 것이었다. 교관이 보기에 이 초기 군사 교육은 어느 부대에서든 규율을 잡는 데 결정적인 과정이었다. 그 때문에 일부 극도로 가혹한 방법을 사용해 병사를 구속하기도 했다. 게다가 어떤 병사들은 자국 표준어를 몰라 교관이 외치는 명령을 이해하지 못했다. 농부 출신으로 1854년에 로리앙 제37 전열 보병 연대에 입대한 장마리 데기네트는 『저지 브르타뉴 농부의 회고록Mémoires d'unpaysan Bas-Breton』(1904)에서 교관이 신병을 거칠게 다루곤 했다고 비판했다. 〈여러 병사를 밀치고 또 어깨를 붙잡아 흔들었고, 소총 개머리판으로 발을 내리치고, 어떤 사람은 코를 붙들어 당겨서 지시된 방향으로 머리를 돌리게 만들었지요.〉

군인 양성 과정에는 앞 열과 단 몇십 센티미터 떨어진 채 옆 사람과 팔꿈치를 맞대고 나란히 서서 엄격하게 행진하는 훈련이 포함돼 있었다. 영병장이나 작전 현장에서 무한히 반복했기에 움직임은 자동이었고 밀리미터 수준으로 정확했다. 무기의 소지와 조작은 신체를 새로이 경제적으로 활용하는 훈련의 일환이었다. 무기의 소지와 조작은 신체를 새로이 경제적으로 활용하는 훈련의 일환이었다. 병사들이 무기를 신체의 일부처럼 다루도록 하고, 무기를 들고 동시에 움직임으로써 병사들을 결집시키는 것을 기초로 했다. 신체에 대한 이런 새로운 문화는 신체와 정신, 수직성과 도덕적 올곧음, 부동성, 정신적 순종, 감정 통제를 서로 밀접하게 연관시킨 상징 체계로부터 나왔다.

물론 연이어 치른 전쟁 경험을 반영하면서 이 모델은 여러 차례 수정되었다. 예를 들어 프로이센·프랑스 전쟁 이후 프랑스에서는 체조와 펜싱, 권투, 무용으로 유연성을 발달시켰다. 1875년 보병 기동에 관한 새로운 규정으로 정해진 산개 대형 기동 방식을 학습하는 데 집중했다. 이러한 기동 모델은 뒤이어 일본군의 훈련 과정에도 이식되었다. 러일 전쟁(1904~1905) 이후로 더욱 필요해진 기동력을 보강하고, 군복을 엎드린 자세에 맞게 맞추고, 전쟁터에서 발생하는 잦은 고립 상황에 병사가 주도성을 발휘해 대처하도록 장려하고, 다양한 지형에서 기동력을 강화하는 것 등이 유럽 국가들의 보병 훈련에 관한 새로운 규정(1904년 프랑스 보병 훈련 규정, 1906년 독일 보병 훈련 규정)에서 보강되었다. 하지만 실제 훈련에서는 계속 밀집 대형이 선호되었다. 이 훈련 방식이 병사를 극단적으로 제약하는 기능을 지녔기 때문인 듯싶다.

대다수가 보병으로 이루어진 군대에서 평균 30여 킬로그램의 군장을 지고 실시하는 행군은 제1차 세계 대전까지 또 다른 주요 훈련 방식이었다. 데기네트는 일부 병사들이 이 길고도 반복적인 훈련으로 고통과 피로에 직면해 무력해진 모습을 여러 차례 묘사했다. 최고로 잘 훈련된 병사들도 무너져 내리기 십상이었다. 1855년 한겨울에 그가 소속된 보병 연대 일부가 크림 전쟁(1853~1856)에 참전한 프랑스군을 지원하기 위해 실시한 행군 중에 로리앙과 리옹을 연결하는 도로에 남겨진 병사들이 그랬다.

군인에게 가장 중요한 미덕인 인내력은 정신적인 인내력이기도 했다. 신병이 내무반이라는 남성 집단에 들어간다는 것은 곧 공동생활의 규칙과 생활 공간의 협소함에서 오는 제약, 정교한 장비와 무기를 소지하고 유지 관리하는 일에서 오는 새로운 복잡성에 순응함을 뜻했다. 나무랄 데 없이 관리된 장비와 무기 역시 군대 문화에 잘 적응했는지를 보여 주는 중요한 상징으로 여겨졌다. 이때 선임 병사들이 권위를 발휘했다. 프랑스 군대에서는 특히 내무반 선임 병사의 권위가 중요했다. 그들의 임무는 신병을 개별적으로 책임지면서 동시에 집단적으로 통제하는 일을 포함했다. 집단은 자율 규제를 책임졌다. 그 양상을 문헌으로 파악하기는 어렵지만 가장 약한 병사 또는 내무반이 원활하게 기능하는 데 방해되는 사람에게는 가차 없는 처우가 이루어졌다. 도둑은 발각되자마자 혹독한 학대의 대상이 되었다. 19세기에 서방 국가의 군대, 특히 징병제를 실시한 민주주의 강대국들의 군대는 이러한 자율 통제를 위한 폭력을 규제해 적당한 수준으로 낮추려고 노력했다. 노력의 일환으로 프랑스에서는 1887년에 가혹 행위가 금지되었다. 하지만 별 효과는 없었다. 신병에 대한 통제권을 유지하고자 한 이 남성 공동체 내에서 가혹 행위는 하나의 특권이었기 때문이다.

20세기 중반에 미 해병대의 지침에 나온 사례는 입문을 위해 거쳐야 하는 이러한 폭력의 목표가 무엇인지를 완벽하게 보여 준다. 대체로 직업화된 미 해병대에서 의식화된 폭력을 토대로 한 가혹한 입문 과정은 신체적·심리적 인내력을 월등하게 단련하는 역할을 한다. 특수 훈련장에서 젊은 신병들 — 싯버즈* — 은 신체적 피로와 정신적 학대가 결합된 혹독한 훈련을 받아야 했다. 고통을 감당하는 능력, 즉 잠재 역량을 시험하기 위한 것이었다. 하루에 세 시간씩 견뎌야 하는 밀집 대형 훈련은 특수한 언어와 의복 문화 습득과 함께 입문의 핵심

---

* shitbirds. 영어로 만족스럽지 못한 군인을 일컫는 은어.

요소를 이루었다. 이는 1942~1945년의 태평양 전쟁에서 병사들이 일본군에 맞서 싸우며 당한 끔찍한 인명 손실(미군의 다른 부대에서 6퍼센트인 데 비해 13퍼센트)을 그나마 잘 견디게 해주었다. 이러한 손실로 미 해병대는 명성과 독특한 휘광을 얻었다.

처벌과 영창 생활에 대한 두려움도 강압의 요소였다. 많은 군인은 영창에 갇히는 것을 민간 사회에서와 마찬가지로 불명예스러운 일로 여겼다. 평화기와 1910년까지 프랑스 같은 나라에서는 하사를 포함하여 계급장을 단 모든 군인은 처벌을 가할 권한이 있었다. 가벼운 처벌도 상급자가 2개월 투옥까지 강도를 높일 수 있었다. 경범죄나 중죄의 경우, 1857년에 도입되고 1928년에 부분적으로 개정된 군사 형법에서 군인을 군사 법원에 소환할 수 있도록 하였다. 평화기에 정상 참작을 허용한다는 엄청난 진보가 이루어지기(1901년) 전까지, 본보기를 보이려는 목적과 신속함을 중시한 군사 법원에서 배심원들은 무죄 석방 아니면 가혹한 형(복무 중에 한 위협적인 말이나 행동에 대하여 5년에서 10년의 공공 노역)을 평결하는 것 이외에 다른 판단을 할 여지가 거의 없었다. 정도는 서로 달랐어도 전 세계의 모든 군대에 공통으로 존재하는 규율에 의한 속박이었다. 대부분의 경우 그 강제성만으로도 동의까지는 아니어도 복종을 끌어내기에 충분했다.

전쟁 중에 가혹함은 더욱 심해졌다. 1930년대 일본군에서는 의지와 신체를 완전히 예속시킬 목적으로 징집병에 대하여 공포 체제가 적용되었다. 제2차 세계 대전에서 살아남은 이들의 증언에 따르면, 반복된 학대, 신병의 얼굴과 엉덩이, 다리를 허리띠나 가죽 신발, 막대기, 야구 방망이로 매질한 사례가 언급되었다. 장교들은 이런 굴욕적인 방식으로 훈련을 받았으며, 이러한 행태에 익숙해져야만 존중받을 수 있었다. 이런 병사들 중 한 사람인 도미나가 쇼조(富永正三)의 증언을 들으면 많은 사실을 알 수 있다. 1941년에 26세 학생으로 제232연대에 편입된 그는 중국 중심부에 있는 부대가 떠난 옛 전쟁터에서 훈련을 받았다. 사관생도들이 치러야 할 최후의 시험은 중국 포로의 목을 검으로 베는 것이었다. 도미나가 쇼조는 거의 반세기가 지난 1989년에 이렇게 고백했다. 〈그 순간에 무언가가 내 안에서 변하는 것을 느꼈습니다. 어떻게 표현해야 할지 모르겠는데, 내 안의 힘과 용기가 더 커졌죠.〉 이런 경우에 요구되는 잔혹함과 냉정함의 정도를 시간적으로나 공간적으로 일반화하는 것은 불가능하지만, 전체주의 체제가 수행하는 전쟁에서 복종을 강제하고 간혹 군인을 민간 사회 및 그 규범과 영원히 분리하기 위해 단련법이 어느 수준까지 나아갈 수 있는지를 충분히 보여 준다.

하지만 군인이 집단에 통합되는 것에는 긍정적인 가치도 있었다. 데기네트의 경험을 다시 살펴보자. 그는 보병 연대에서 질서와 청결함에 대한 의식을 갖게 되었다. 허약한 농부였던 그는 힘이 세고 유연해졌다. 또한 읽고 쓰는 법을 배웠으며, 병영에 도착하고 4년 후인 1858년에 자신의 연대 제1중대의 척탄병으로 진급했다. 그는 척탄병으로 진급한 것을 무척 자랑스럽게 여겼다. 이 부대는 전쟁 시기에는 각별히 위험에 노출되어 있었으나, 그 대신 평화기에는 모두가 탐내는 특전을 누렸다. 각종 사역을 면제받았고, 더 좋은 급식을 지급받았으며, 봉급도 두 배였고, 무엇보다 일반 보병과 구별되는 군복을 입을 수 있었다. 〈나는 새 군복을 입고 장군이나 된 듯 자랑스러웠습니다〉라고 그는 『저지 브르타뉴 농부의 회고록』에서 고백한다. 남성성을 돋보이게 드러내는 핵심 요소인 군복은 장신구에 비견할 수 있었다. 세계의 모든 군대에서 군복을 입은 군인의 신체에 에로티시즘을 부여하는 경향은 비록 제1차 세계 대전부터 조금씩 줄어들긴 하지만, 군복의 찬란한 색감과 풍성한 천, 번쩍이는 금속 장식은 군인의 에로티시즘에 핵심적인 기능을 한다. 군대가 행진할 때 꽉 끼는 열병식 군복을 입은 군인들의 몸은 전시되듯 민간 시민, 특히 여성의 시선에 노출된다. 이때 여자들은 공공장소에서도 시선을 돌리지 않고 남자들을 똑바로 쳐다보도록 부추김을 받는다. 병영 도시에 군인이 편입되면서 남녀가 마주치면서 성 정체성이 구축되는 현상이 활발히 나타났다. 이는 평화기에 군대가 지닌 주요 기능 중 하나였다.

병사는 전시에 군복을 입고 무기를 든다는 자부심, 자신이 속한 연대 고유의 특화된 전문 기술을 지녔다는 긍지로 가치 있는 일을 한다는 믿음을 다지며, 자신이 상상했던 세계와 전혀 다른 현실을 받아들이려 애썼다. 어떤 훈련으로도 전투나 그로 인한 위험에 완벽하게 대비할 수 없기에, 병영에서 학습한 내용은 전투 체험으로 야기되는 부정적인 감정에 저항하기 위한 최소한의 지식을 구성했다. 이에 대한 예를 앞서 미 해병대의 경우에서 살펴보았다. 또 제2차 세계 대전 중에 연합국의 포로로 잡힌 독일 군인들 사이의 대화도 인용할 수 있을 것이다. 영국과 미국 정보부에서 당사자들 모르게 수집·기록한 이 대화들의 당사자 대다수는 자신의 부대와 전투 기법, 무기와 능력을 자랑스러워하는 장교들이었다. 그들 가운데 공중전을 담당한 루프트바페Luftwaffe(독일 공군)의 조종사였던 피셔는 1942년 6월에 자신이 겪은 전투 중 하나를 이렇게 묘사했다. 〈최근에 보스턴 전폭기 한 대를 격추했는데, 먼저 후방 사격수부터 처리했지. 그 안에 기관총이 세 정이나 있었다고, 제기랄. 그래도 그렇지, 정말 대단해. 어찌나 잘 쏘던지, 포신에서 불빛이 뿜어져 나오는 게 보이더라니까. 나는 포케볼프-190을 타고 있었어.〉 여기에서 표현된 만족감은 대체로 전쟁 포로라는 이들의 정체성, 그리고 자기 정당화를 불러일으키는 포로 상태라는 상황에서 기인한다. 하지만 이런 만족감은 군인이 나름의 방식으로 군사적 가치를 실제로 내면화했다는 사실도 보여 준다.

정예 부대, 남성적 규범의 보존소

1960년대부터 대규모 상비군 모델은 점차 쇠퇴했다. 하지만 이런 움직임은 보편적이지도, 최종적이지도 않았다. 미국에서는 젊은 신병이 대부분인 자국 군인이 5만 8천 명 이상 희생되고 30만 3천 명 이상이 부상당한 베트남 전쟁이 종결(1975)되고 나서야 징병제가 대중의 지지를 잃고 폐지된다. 프랑스에선 알제리 전쟁 때문에 1954~1962년까지 120만 명의 징집병이 동원되었지만, 1997년 10월 21일 법으로 병역 제도가 중지된다. 세계 전역에서 직업 군대 모델이 우세해졌으나, 민주 국가 중에서 이스라엘 군대 같은 반대 사례도 여전히 존재한다. 정기적으로 위협받는 이스라엘의 안전은 1949년부터 징집병으로 이루어진 군대로 보장되었다. 모든 시민은 18세에 징집되어 시행 초기에는 2년간 복무했고, 현재는 36개월간 복무한다. 이스라엘 국적의 아랍인과 새로 이민 온 사람, 유대교를 철저히 따르는 정통파 유대인 하레딤Haredim은 병역을 면제받는다. 하지만 하레딤에 대한 병역 면제는 2017년 9월에 고등 법원에서 불법이라는 판결을 받았다. 제도가 실시된 초기부터 여성도 2년간 병역 의무를 준수하고 있다. 남성보다 면제받는 경우가 더 많기는 했다(기혼 여성이거나 임신한 여성, 종교적 의무를 실천한다고 표명한 여성). 반면 소련에서는 제2차 세계 대전 이후로 병역이 모든 국민에게 2년으로 정해져 실시됐다. 하지만 장교와 부하들의 관계 해체, 그리고 오늘날까지도 러시아 징집병들 사이에서 큰 폐해를 입히고 있는 데도브시나 dedovshchina, 즉 〈할아버지의 법〉으로 허용되는 신병에 대한 가혹 행위 때문에 완전히 신용을 잃었다.

얼핏 보기에 한편으로는 직업화로, 다른 한편으로는 여성화로 인해 군대-남성성의 신화와 그 신화가 사회에 정착되어 있는지 여부가 의문시되는 것처럼 보인다. 19세기 말부터 서유럽 사회가 변모하기 시작하면서 남성성은 서서히 그 전통적인 규범에서 풀려나 이성(理性)이나 사회적 성공 같은 더 근대적인 다른 기준을 받아들였다. 이에 따라 예전에 중시되던 군대의 입문 의례는 부차적인 위치로 떨어졌다. 그렇지만 이러한 변화를 부인할 수 없다 해도, 군대는 여전히 남성성을 구축하는 공간이다. 정교한 군사 장비가 발달함에 따라 신체적 훈련의 가치가 떨어졌을 법도 하지만, 최근 연구에서는 이러한 생각과는 반대로 새로운 전시 작전 활동 방식과 근대 장비의 무게 — 아프가니스탄에서 부대 훈련을 담당한 작전 조언 연락 팀operational mentoring liaison teams(OMLT)의 경우 40킬로그램 — 때문에 혹독한 훈련으로 단련된 강한 신체적 지구력이 필요하다는 사실이 밝혀졌다.

세계의 모든 군대에서 정예 부대는 계속 혹독한 훈련을 내세워 효율성과 명성을 유지하고 있다. 정예 부대 훈련법은 1991년 제1차 걸프 전쟁 중에 미 해병대 수색저격병이었던 앤서니 스워포드가 자신의 회고록『자헤드Jarhead』(2003)에서 잘 묘사했다. 이 회고록은 2년 후에 영국 영화감독 샘 멘데스가 영화화했다. 프랑스에서도 산악 보병이나 낙하산 부대원, 외인부대원, 식민지 보병대의 해병대원들은 훈련소에서 혹독한 과정을 거친다. 대부분 여성이 완전히 배제된 이 부대들의 선발 기준은 매우 엄격하다. 한 예로 팔레스타인 영토에서 활동하는 이스라엘 방위군 〈차할〉의 정예 부대 사예레트 찬하님Sayeret Tzanhanim을 들 수 있다. 2000년대 초에 이 부대에 자원한 젊은 프랑스 학생 노암 오아나는 병사 몸무게의 3분의 2에 달하는 짐을 들고 시작한 주간 및 야간 행군 이야기, 전투 상황에서 병사를 두려움에 무감각하게 만들기 위해 동작을 무수히 반복시켜 완벽하게 기계화하는 데 바탕을 둔 이른바 〈직관적〉 사격 훈련에 관한 이야기를 전했다. 연수과정 — 마슬룰masloul — 은 훈련 기간 중에 누적된 고통을 하나로 응축한 〈극한의 지옥 3주〉로 완수된다.

이러한 과정이 일반 부대에 징집된 이스라엘 군인의 경험을 모두 대표하는 것은 아니다. 다만 이스라엘의 군사 조직화 정도는 이스라엘이 근동과 빚는 분쟁 때문에 전 세계 대부분의 나라에 비해 훨씬 높다. 점점 더 많은 사회가 분쟁이 벌어졌을 때 사회를 방어하는 업무를 소수의 남녀로 이루어진 집단에 맡기고 있다. 이런 상황에서, 군대와 사회의 관계가 전반적으로 느슨해지고 18세기 말에 유럽에서 탄생한 군인-시민 모델은 과거의 유물이 될 것이라는 결론을 내리는 게 타당하다. 하지만 여기서 성급한 결론을 내리지는 않겠다. 그만큼 전쟁은 현재 21세기 초에도 다양한 양상으로 나타나며 남다른 활력을 띠는 것처럼 보이니까.

참조

1부 - 03 시민-군인의 시대 | 11 애국 전선 ‖ 2부 - 02 군 복무 경력 | 03 식민지의 병사 | 05 전쟁은 남자만의 일인가 | 09 반역자와 불복자 | 11 버틸 힘

02
군 복 무 경력

외르크 에히턴캄프[•]

19세기와 20세기에 전쟁을 치르면서 장교 및 부사관을 채용하는 방식과 그들의 경력이 변화한다. 기술 근대화로 이들은 직업화한다. 그리고 이들이 공유하는 장교 및 부사관 양성 과정과 이미지에 바탕을 둔 연대 의식도 공고해진다.

어떤 정치 체계에서든 군대는 독자적인 조직 형태 및 사회적 관행을 지니며, 엄격하게 통제된 방식으로 보안과 영토 확장주의의 포부를 보장하는 기능을 수행한다. 평화 시기에도 항상 전쟁이 발발할 때에 대비하는 군대는 엄격한 위계질서 때문에 사회의 다른 기관들과 확실히 구분된다. 이러한 위계질서는 계급과 경력으로 표현된다. 계급(어원은 라틴어 그라두스gradus, 즉 〈계단의 디딤판〉)은 군대 내에서 서열과 그것에 결합된 지휘권의 힘을 나타내며, 계급의 수와 명칭은 군대마다 다르다.

이와 동시에 군대는 정치적·경제적·기술적인 관점에서뿐 아니라 군대의 인사 측면에서 군 바깥의 사회와 밀접한 관계를 유지한다. 부사관 및 장교 채용과 그 양성 과정, 그들의 상호 관계, 그리고 그들이 민간인과 맺는 관계 등 이 모든 요소는 군사 계획의 사회적·정치

[•] Jörg Echternkamp. 군사사 및 사회 과학 연구소(ZMSBw, 포츠담)의 소장이자 마르틴 루터 할레-비텐베르크 대학교의 교수. 19세기와 20세기의 독일, 더 넓게는 유럽의 군사사 전문가다.

적·문화적 조건을 의미한다. 19세기에 군대가 제도화된 시기부터 계속 그래 왔다. 신병의 사회적 출신과 그 양성 과정, 부사관과 장교가 받는 영예 그리고 진급할 수 있는 가능성은 장소와 시기에 따라 다르다. 이를 살펴봄으로써 군사적 가치의 다양성과 이러한 가치가 두 세기 전부터 변화해 온 양상을 알 수 있다. 프랑스에서는 대규모 혁명군이 탄생함으로써 군인에 대한 이미지가 완전히 바뀌었다. 용병 군대의 뒤를 이어 일정 기간 병역을 수행하는 징집병으로 구성된 군대가 등장하면서 장교와 부사관들의 역할도 변화했다. 근대 전쟁은 장교와 부사관 모집과 그들의 경력, 이미지, 사회적 지위에 어떤 영향을 끼쳤을까? 그리고 시간이 흐름에 따라 장교와 부사관의 관계는 구별과 접근의 끊임없는 긴장 속에서 어떻게 변모했을까?

더 높이 평가받은 부사관들

부사관 집단이 발달한 것은 19세기 초였다. 기술 근대화는 부사관의 양성 과정과 경력, 이미지에 큰 영향을 미쳤다. 특히 독일과 프로이센의 예로 알 수 있듯이 제1차 세계 대전에서 그랬다.

나폴레옹 1세에게 패한 프로이센 군대의 부사관들은 신체적으로 여력이 되는 한 직업 군인으로서 프로이센 황태자를 위해 계속 복무했다. 봉급은 적었고 제대로 인정받지 못했으며 진급할 가능성도 거의 없었다. 부사관 경력은 그다지 매력적이지 않았다. 하지만 19세기 초에 병역이 시민이 지원하는 직무로 승격되면서 상황은 변했다. 이제 자원병은 9년, 뒤이어 12년 동안 복무하게 되었다. 사람들은 이 카피툴란트Kapitulant ── 1918년까지 지원해서 장기간 복무한 군인을 일컫는 독일어 ── 들이 부하를 통제하고 엄하게 다루면서도 그들의 의욕을 고취할 것을 기대했다. 여기에 덧붙여 공병(독일어로 피오니어르Pioniere)처럼 기술적인 지식을 가진 사람은 전문가로서 더 큰 영예를 누렸고 직업적으로 일종의 승진을 기대할 수 있었다.

1813년에는 낮은 서열의 군인에게 〈철십자〉라는 새로운 훈장을 수여하면서 부사관의 위상이 더욱 높아졌다. 하지만 부사관은 장교와 달리 자신들 고유의 정체성을 발달시키지 않았다. 두 집단은 사실 서로 다른 사회 계층에서 모집되었다. 19세기 초반에 몇 차례 개혁 시도가 이루어진 것은 확실하지만 결국 실패했다. 진급을 통한 사회 이동은 완벽하게 제한되었다. 그럼에도 불구하고 프로이센 군대에서 부사관으로 두각을 나타낸 사람은 제대한 후 공무원직, 가령 불구가 된 경우에 야간 경찰이나 법원 집행관 같은 일자리를 얻을 수 있었다. 제1차 세계 대전 직전에는 중간 계급 공무원의 절반 이상이 군에서 복무한 경력이 있었다. 이것은 관공서에서 투박한 인간관계가 정착된 가장 큰 이유였다. 부사관들은 대부분 연대와 대대 내에서 채용되었고 나머지는 부사관 학교 출신이었는데, 이 학교에서는 일반 학교 교육이 군사 훈련과 혼합되어 이루어졌다. 기술화가 증대되고 기관총이나 항공기, 기계화된 장비 등 새로운 군비 체계가 갖추어지면서 비약적으로 전문화가 이루어졌다. 동시에 화력이 증가한 결과로 백병전 훈련이 줄어들었다.

제1차 세계 대전을 거치며 부사관의 사회적 지위가 진화했다. 참호 안에서는 연병장에서 배운 밀집 대형이 소용없었다. 이제 부사관에게 중요하다고 간주된 능력은 통솔력이었다. 보병과 함께 실시할 공격 작전을 결정하거나 지뢰전을 펼치며 적의 전선 아래로 터널을 파도록 지시하는 것도 부사관이었다. 사회적 소속을 뛰어넘은 〈전우애〉가 실제로 존재하기는 힘들었다 하더라도, 돌격대를 구성하려면 집단의 응집력이 전제되어야 했다. 새로운 유형의 전쟁에서는 통신과 유지 보수에 점점 더 많은 전문 기술자가 필요했다. 단지 육군에서뿐 아니라 해군, 특히 공군에서 그랬다. 하지만 장교와 부사관은 여전히 구분되는 서로 다른 세계에서 지냈다. 프로이센의 최고 군사 훈장인 〈푸르르 메리트Pour le Mérite〉는 장교에게만 수여되었다. 전쟁 기간 중에 벌인 선전 활동에서 부사관과 중위, 대위는 부수적인 역할만 맡았다. 전쟁 기록에서 무대 전면에 영웅으로 등장하는 것은 부사관이 아닌 장교였다. 에른스트 윙어의 『강철 폭풍 속에서In Stahlgewittern』나 만프레트 폰 리히트호펜의 별명인 〈붉은 남작〉만 보아도 알 수 있다.

양차 대전 사이에 체결된 베르사유 조약으로 독일 군대의 규모는 10만 명으로 제한되었다. 경제 위기가 닥치자 군 복무는 매력적인 일자리로 떠올랐다. 군사 학교에서 전문 직능 교육을 실시한 덕분에 12년 동안 공화국군에서 복무한 후 사회로 복귀하기가 쉬웠기 때문이다. 따라서 부사관이 넘쳐 나게 된 것도 놀라운 일이 아니다. 하지만 부사관 과잉에도 불구하고 군 지휘부는 의욕 넘치고 잘 양성된 국가주의적이고 보수적인 부사관 집단에 의존할 수 있었는데, 부사관들은 전쟁 경험이 있는 장교의 지휘를 받았다. 부사관과 사관후보생들은 교육 초기 15개월 동안 함께 식사를 하고 훈련하며 공동으로 교육을 받음으로써 결속력이 더욱 강화되었다.

독일 제3제국이 엄청난 속도로 재군비하면서 군인 수는 폭발적으로 늘어나 1935년에 10만 명에서 65만 명으로 증가했다. 이로써 수천 명이 사회적으로 지위 상승의 기회를 얻었다. 군인은 계급을 불문하고 군대의 명성을 다시 드높인 아돌프 히틀러에게 열광했다. 1936년에 보병 부사관 학교가 처음으로 문을 열었고, 전쟁 중에 해군 학교와 공군 학교도 창설되었다. 여기에서는 모두에게 공통된 보병 훈련과 양성 과정에 이어 특수화된 교육이 이루어졌다. 이제는 경력을 바꾸는 일도 가능해졌다. 이는 독일 군대 역사상 새로운 관행으로서 계급의 경계가 더 이상 존재하지 않는 국가 사회주의적 〈민족 공동체〉의 이상을 반영한 것이었다. 직능 전문화로 더 높은 가치를 부여하는 경향은 계속되었다. 부사관들은 분대장과 소대장, 심지어 조종사처럼 점점 더 많은 지휘 업무를 담당했다.

장교단은 1914년 직전 몇 년에 걸쳐 문호가 열렸다. 중산층 부르주아 출신으로서 사회적으로 지위가 상승하던 개인들에게 확대되었다. 그렇다고 전통적인 명예심의 가치가 떨어진 것은 아니었다. 전쟁 때문에 더 많은 군인이 필요해지고, 기술화가 진행되면서 장교단이 개방되고 근대화되었다. 재능에 따른 승진이 이루어져 기술적인 자격을 갖춘 사람들은, 연공서열에 따라 승진이 이루어질 때보다 더 빠르게 군인 경력을 쌓을 수 있었다. 조종사가 좋은 예였다. 민간인으로 기술자나 조립공, 목수였던 부사관은 조종사가 될 자격을 부여받을 만한 손재주와 기술 지식을 가지고 있었다. 이들은 〈비행기의 조종간〉을 잡는 직위에 배치되어 장교의 지휘권이라는 특전을 누렸다. 이런 상황은 가끔 갈등을 일으키기도 했지만, 부사관의 사회적 위상은 상당히 개선됐다. 상징적인 보상과 금전적인 우대 조치 덕분에 부사관은 가능한 한 오래 군대에 남아 있으려 했다.

부사관과 장교 사이에는 분명한 경계가 있었다. 어떤 의미에서 병영과 함선은 이러한 위계질서의 경계를 공간적으로 재현하는 일종의 사회 질서 배치도로 볼 수 있다. 부사관의 맞은편에는 장교가 있었다. 장교는 점점 더 제도화된 양성 과정과 특수한 연대 의식으로 구별되었다.

생시르, 샌드허스트, 웨스트포인트 사관 학교

군사적인 승리는 대체로 군대의 자기만족적인 정체 현상을 야기했고, 패배는 개혁이 이루어지는 계기가 되었다. 예를 들면 프랑스에서는 1871년의 참패를 겪은 이후 군사 교육이 개선되었다. 제3공화국에서는 중앙 선발 시험으로 장교를 채용했다. 학위를 받은 장교가 단계적으로 진급해 기존 장교들을 차츰 밀어냈다. 부사관 양성 학교들이 창설되어 소뮈르에는 기병 학교, 베르사유와 퐁텐블로에는 공병와 포병 학교, 생메크생에는 보병 학교가 생겼다. 1895년에는 장교의 10퍼센트만 단계적인 승진을 거쳤다. 3분의 1은 부사관 학교 출신이었으며, 나머지는 1804년에 군사 학교로 바뀐 생시르 육군 사관 학교나 파리 에콜 폴리테크니크École polytechnique de Paris 출신이었다.

장교는 교육 과정을 이수한 후 자신의 소속 병과에서 꾸준히 경력을 쌓았다. 간혹 잠시 근무를 중단하고 자발적이거나 의무적인 추가교육을 받기도 했다. 최상층에는 참모 대학이 있어 참모 장교들이 양성되었다. 제1차 세계 대전 중에는 불가피하게 실전 경험이 추가 교육을 대신했다. 기존의 교육 체계가 성공적이었으므로 1918년 이후에도 유지되었다. 이 체계에는 모두에게 공통되는 지적·도덕적 교육과, 나중에 사용할 목적으로 가르치는 기술 교육 과정이 포함되었다. 사관후보생들이 부사관 학교에서 현장 경험을 쌓는 것과 달리, 일반 고등학생들은 졸업한 후 학생 겸 군인으로서 생시르 사관 학교와 파리이공과 대학에서 장교 교육을 받았다. 1945년 이후 이 두 학교가 통합되면서 생시르는 대표적인 군사 학교가 되었다. 이로써 본래 자신이소속된 병과 출신 장교로서의 정체성은 약화되고 병과가 통합된 장교로서의 정체성이 강화된다.

18세기와 19세기에 창립된 군사 학교들은 양성 프로그램에 따라구별되었다. 사관생도 기관이 〈입대 전〉 양성 과정을 책임진 한편, 해군 사관 학교는 사관생도가 장교로 진급할 때까지 교육을 담당했다. 장교와, 일부 병과의 사관생도는 자국의 전쟁 학교나 군사 학교에서교육을 완수했고, 이곳에서 추가 교육도 담당했다. 이들 기관에서는무엇보다 각자의 복무 분야에서 중요한 과목을 가르쳤다. 프로이센과바이에른주, 나중에는 독일 제국Deutsches Reich과 제3제국에서는 군사 교육을 위한 최고 기구 또는 군사 대학을 전쟁대학Kriegsakademie이라 불렀다. 이곳에서는 장군 참모장(총참모장)과 중장, 부대의 상급 지휘관이 양성되었다.

가장 오래된 군사 학교는 오스트리아와 프랑스(모두 1751년에 창설된 비너노이슈타트의 테레지아 군사 학교와 파리의 군사 학교)에서 찾아볼 수 있으며, 영국에서는 1741년에 창립된 〈왕립 사관 학교Royal Military Academy(RMA)〉와 1801년에 창립된 〈왕립 군사 대학Royal Military College(RMC)〉이 제2차 세계 대전 이후(1947)에 통합되어 버크셔주의 샌드허스트에 있는 육군 사관 학교Royal Military Academy가 설립되었다. 웨스트포인트 육군 사관 학교는 1802년까지 거슬러 올라간다. 벨기에 육군 사관 학교는 1834년에 프랑스의 파리 이공과 대학을 모델로 삼아 창설되었다. 스위스에서 직업 장교들은 1877년부터 취리히 연방 공과 대학교(독일어로 Eidgenössische Technische Hochschule, ETH)에서 양성되었으며, 최초의 군사 학교는 1911년에 창설되었다. 상트페테르부르크 제국 군사 대학에서 일부가 모스크바 붉은 군대 군사 대학으로 독립해 참모 장교를 양성하는 기관이 되었다. 소련이 지도적인 역할을 담당했기 때문에 이 학교는 바르샤바 조약이 종료될 때까지 다른 사회주의 국가에 있는 자국의 군사 대학을 졸업한 장교들도 받아 교육했다. 이는 독일민주공화국(동독)의 국가 인민군 장교들과 폴란드 군의 장교들 사이에 초국가적인 연대 의식을 형성하는 데 기여했다.

각국의 군사 교육 내용은 국가 전통에 따라 달랐지만, 사관 학교나 군사 대학 사이에 국제적인 교류가 이루어지기도 했다. 19세기에 미국은 수백 명의 사절단을 유럽에 보내 장교와 부사관 양성 방법을 연구했다. 미국과 독일 사관 학교의 목표와 교육 방식을 비교해 보면 군인 양성 체계가 서로 얼마나 달랐는지 알 수 있으며, 각 체계가 전쟁을 치르는 방식에 구체적으로 영향을 미쳤다는 사실도 알 수 있다. 주요한 차이점 중 하나는 상급자와 하급자의 상호 작용이었다. 웨스트 포인트에서는 상급자와 하급자의 구분이 독일 군대보다 더 명확했다. 독일 군대에서는 사관생도들이 사병뿐 아니라 상급 장교들과도 자주 접촉했는데, 이 때문에 제2차 세계 대전 중에 독일에서 장교의 인명 손실이 더욱 컸다.

사관 학교는 전통과 개혁 사이를 오가며 지휘 문화와 장교단 이미지의 기초를 닦았다. 사관생도들은 상급생에게 학대당하면서 권력 남용을 직접 체험했고, 자신에게 기회가 주어지면 마찬가지로 권력 남용을 실천했다. 하지만 훌륭한 모범을 보이는 생도들은 그 자질로써 주목을 받았고, 상급 생도보다 앞서 진급할 수도 있었다. 자질과 재능에 따라 진급이 이루어지면서 나이 어린 생도가 훗날 상관이 되는 경우도 불가능하지 않았다. 그러자 신입 생도를 괴롭히는 경향도 크게 줄었다. 반면에 18세기 이후 미국 사관 학교에서처럼 교육이 지휘권과 특권으로 연결되는 경우에는 젊은 장교가 일단 권한을 얻으면 남용할 마음을 갖기 쉬웠다.

또 다른 차이점은 장교에게 부여된 자율성의 정도에 있다. 독일과 미국을 비교하면, 독일 장교들이 명령을 내리고 실행시키는 데 있어더 자유로웠다. 미국과 달리 임무형 지휘Auftragstaktik,* 즉 지휘권을 분산해 중간 간부들이 더 많은 책임을 지는 전술을 사용했기 때문에 독일의 군사 체계가 더 유연했다. 번역하기 어려운 이 아우프트라크스탁티크 전술 개념은 복합적인 지휘권 전략을 포함한다. 프로이센의 프리드리히 2세는 경험 많은 군인들이 전쟁터에서 주도적으로 결정을 내리지 않고 상급자의 명령을 기다리느라 소중한 시간을 허비하는

---

* Auftrag(임무)+taktik(전술)의 합성어.

모습을 보고 화를 낸 바 있다. 헬무트 카를 바른하르트 폰 몰트케 백작 [대(大)몰트케]은 19세기 중반 하나의 단순한 원칙을 내세움으로써 임무형 지휘 개념을 발달시킨다. 명령에는 하급자가 목표를 달성하는 데 스스로 결정할 수 없는 내용만 담겨 있어야 한다는 원칙이다. 대몰트케가 세 차례에 걸친 독일 통일 전쟁에서 성공을 거두며 프로이센의 장군 참모장이 되고 나서도, 그가 제시한 〈임무형 지휘Führen mit Auftrag〉 개념은 오랫동안 제국군 내에서 논란의 대상이 되었다. 이러한 지휘 원칙은 장교 양성 과정의 개혁을 전제로 했다. 따라서 사관 학교들은 자신의 역할과 책임을 인식하는 군인을 양성하게 되었다.

　미국인은 그들이 이해한 방식으로는 〈임무형 지휘〉 원칙에 설득되지 못한 것처럼 보인다. 단, 조지 C. 마셜과 조지 S. 패튼, 매슈 B. 리지웨이, 테리 앨런은 예외였다. 미국 사관 학교에서는 이 원칙을 결코 가르치지 않았고 그보다 엄격한 군사 교리를 선호했다. 이는 과거의 전쟁으로부터 얻은 교훈에 기초한 원칙으로, 각각의 문제에는 요리책에서 그렇듯 완전히 구비된 해결책이 존재한다고 생각했다. 따라서 창의성이나 결단력은 전혀 필요하지 않았다. 〈임무형 지휘〉 원칙이 야기한 또 다른 결과는 1942년에 히틀러가 제정한 〈근접전 기장Nahkampfspange〉이나 〈전차 격파 휘장Panzervernichtungsabzeichen〉 같은 훈장에서 알 수 있듯, 독일군에서는 작전 현장에 고위 사령관이 직접 와 있어야 했다. 그래서 더 심각한 인명 손실을 입곤 했다. 1939년과 1945년 사이에 독일 국방군 소속 장군 220명 이상이 목숨을 잃은 반면, 미 육군에서는 22명의 장군만이 사망했다.

　서로 다른 훈련 및 지휘 문화가 제2차 세계 대전 중에 미친 영향의 예를 하나만 들어 보겠다. 미군이 북아프리카에 상륙했을 때, 작전 명령서는 뉴욕의 전화번호부만큼 두꺼웠다. 반면에 독일 국방군이 프랑스를 공격했을 때, 클라이스트 기갑군의 참모장이었던 쿠르트 차이츨러 장군은 소령들과 그들 휘하의 장교들에게 단순히 연대가 독일과 벨기에의 국경을 넘어서야 한다고 명령을 하달하는 데 그쳤다. 군사 작전의 성공은 이들 소령과 하급 장교들에게 달려 있었다. 독일과 미국을 비교해 보면, 이렇게 여러 관점에서 장교 양성 과정이 서로 더없이 달랐음을 알 수 있다.

정신의 고귀함은 그대로

프랑스 혁명과 나폴레옹 및 반(反)나폴레옹 전쟁에 이어 대규모 군대가 탄생하고, 군인의 위상이 크게 변화하면서 보편적 병역 제도가 수립되자, 장교 채용의 기반도 변했다. 귀족의 특권은 서서히 가치를 잃기 시작했다. 그때까지 장교 경력은 귀족 출신 엘리트 계층이 재생산되는 영역이었다. 하지만 이제는 사회적 신분 상승의 길이 되었다. 장교가 되는 것은 중간층 및 중산층에도 매력적인 삶의 목표가 되었다. 〈오늘날 장교들에게 주어지는 특권을 요구할 수 있는 유일한 조건은 더 이상 출생의 고귀함이 아니다. 정신의 고귀함은 이제껏 한결같이 장교단에 활기를 불어넣어 왔으며, 앞으로도 계속 그래야 한다.〉 빌헬름 2세의 1890년 3월 29일 칙령에 들어 있는 이 말은 19세기 말에 장교의 이미지에서 어떤 공통된 〈감정〉, 정신의 고귀함이 점점 더 중요해짐을 드러낸다.

군대 사회학의 관점에서 피에르 부르디외가 규정한 아비투스habitus 개념을 적용하면 이러한 변화를 가장 잘 파악할 수 있다. 아비투스는 어떤 특정한 방식으로 행동하는 경향으로서, 타고난 게 아니라 경험에 의해 형성된 것, 즉 생활 양식에서 알아볼 수 있고 생활 양식으로 강화되는 행동 경향이다. 군대는 피에르 부르디외가 즐겨 쓴 용어를 빌리자면 〈사회적 장(場)〉으로서, 장교들은 이곳에서 주어진 특수한 규칙에 따라 경쟁을 벌이는 관계에 놓였다. 과거처럼 귀족 출신이라는 이유로 군사 지휘권을 요구할 수 없었다. 따라서 정당성을 부여하는 새로운 방법이 필요했다. 여기에서 정신의 고귀함이 개입한다. 19세기에 장교직이 제도화·전문화하면서 도덕적 아비투스가 나타났다. 장교가 되려는 사람은 누구든 직무에 (앞서) 사회화 과정을 통해 도덕적인 정신과 특수한 행동 성향을 특징으로 하는 일정한 — 장교단 입단 의식에서 부여된 — 아비투스를 발달시켜야 했다. 이 아비투스는 장교가 수행하는 기능(예를 들면 국가나 연방의 시민 보호)에서만 나오는 것이 아니었다. 사관생도가 군대 사회화 과정에서 교육을 통해 자기 것으로 만든 연대 의식은 장교에 대한 이미지에도 크게 영향을 주었다.

유럽 안팎의 군대에서 장교단의 전형적인 기본 행동 방식은 나날이 내면화되고 강화된다. 즉 군인 경력은 적응과 배움, 조건화 과정으로 간주된다. 이러한 준비 과정은 구체적으로 개인의 행동은 결정하지 않아도, 행위와 생각하는 방식, 세상을 보는 관점을 이끈다. 장교들의 연대 의식은 무엇보다 모두가 상대적으로 비슷한 사회 집단에서 생겨났다. 따라서 장교들은 유사한 사회화 경험을 했고 공통의 군사 교육을 받았으며, 끝으로 매일 동일한 책무를 공유했다.

장교의 경력은 대부분의 민간 직업 경력에 비해 짧다는 게 특징이다. 프랑스에서 군대 경력은 (1924년 이후로) 30년이면 끝나고, 유럽 바깥에서 6년을 보낸 장교는 25년 만에 끝난다. 구체적으로 살펴보면, 25세에 생시르 사관 학교에 들어간 사람은 45세나 55세 — 가장 늦은 경우에 57세 — 에 퇴역한다. 근무 기간이 상대적으로 짧은 것은 군인이 일반적인 정규직 근무 시간이 적용되는 직장인과 달리, 원칙적으로 24시간 내내 대기 중이라는 사실로써 정당화된다. 장교가 실제로 누릴 수 있는 자유 시간은 배속 장소에 따라서도 달라진다. 장교 경력의 단계적인 진급은 정확한 계통에 따라 이루어지며, 한 계급

이라도 건너뛰는 일은 불가능하다. 하지만 전시에는 각 계급의 평균 근무 기간이 절반으로 줄어들어 젊은 장교의 진급이 빠르게 실현되었다. 샤를 드골(1890년 출생)은 중위로 단 2년 근무한 후 대위로 임명되었다. 1920년부터 1972년까지 현역 군인 연령을 조사해 얻은 통계 결과에 따르면, 프랑스 군인이 소위에서 대령까지 승진하는 데 평균 25년이 걸렸다.

모두가 따라야 했던 엄격한 규정과 맹목적인 복종, 공유하는 이미지가 연대 의식을 형성했다. 예를 들어 프랑스에서는 1871년 이후에 복수심이 군대에서 핵심적인 역할을 했다. 이에 대한 반대 감정은 〈민간인〉(프랑스인이 〈아무개〉라고 부름)에 대해 얼마간 노골적으로 드러낸 경멸감이었다. 장교는 투표권이 박탈되며 견해의 자유에서 엄격한 제약을 받았다는 점에서도 일반 국민과 구분되었다. 제3공화국 체제의 프랑스에서 이러한 특수성은 비판받았다. 이런 이유로 사람들은 프랑스 군대를 〈거대한 음소거Grande Muette〉라고 불렀다. 장교단은 연대 의식 때문에 사회의 다른 이들에게 매우 균일한 집단처럼 보였다. 그러나 가까이 들여다보면 미세한 경계가 있어 실제로는 이질적이었다. 출신의 다양함 — 귀족이냐 중산층이냐 — 에서만 기인하는 것이 아니었다. 어느 군사 학교를 다녔고, 서로 다른 교육 과정을 이수했다는 사실 역시 장교단 내부에서 구분이 이루어지는 요인이었다. 계속해서 프랑스의 사례를 살펴보면, 제3공화국에서 생시르 사관 학교와 파리 이공과 대학 졸업생은 다른 군사 학교에서 교육받은 장교들에 대해 대체로 거만한 태도를 보였다. 게다가 다양한 병과 소속 장교들사이, 참모 장교와 부대 장교들 사이, 프랑스 본국 장교와 식민지 장교들 사이에 적개심도 있었다.

특히 근대 전쟁을 경험했는지 여부가 또 다른 중요한 구별의 근거였다. 1939년까지 프랑스 장교 중 소수만이 자신의 전쟁 경험을 내세울 수 있었다. 그러나 이후에는 대다수 장교가 전쟁을 경험했다. 1946년과 1962년 사이에는 전쟁에 한 번도 참전하지 않은 장교가 거의 없었다. 이것이 모두 전투 경험을 했다는 의미는 아니다. 하지만 제1차 세계 대전에서는 프랑스 보병 장교 세 명 중 한 명이 사망했다. 전쟁 경험은 다양한 결과를 야기할 수 있었다. 제2차 세계 대전 이후의 프랑스 장교단이 좋은 예였다. 이들은 드골파와 비(非)드골파로 나뉘었다. 또한 프랑스 영토를 점령한 독일군에 맞서 싸운 프랑스 국내군Forces françaises de l'intérieur(FFI)의 옛 멤버들은 독일 제3제국과 비시 정권에 맞서 싸운 자유 프랑스군Forces françaises libres(FFL)과 달랐으며, 또 르클레르 장군의 아프리카군l'armée d'Afrique에서 복무한 이들이나 옛 전쟁 포로들과도 구분해야 할 것이다. 전쟁 이후 장교들 중 일부는 프랑스에 남았지만, 또 다른 일부는 독일 내 프랑스 점령 구역이나 프랑스의 해외 영토로 떠났다. 뒤이어 1946년부터 탈식민 전쟁이 격렬하게 벌어진 프랑스령 인도차이나에 이 모든 집단의 직업 장교 대부분이 한데 모였고, 1954년부터 이들은 이들은 알제리 전쟁에 참전했다. 프랑스에서 1960년대 초는 부르주아 중산층 군대가 막을 내리고 장교들의 사고방식이 힘겹게 변화하기 시기다. 그러다 1962년에 식민 전쟁 시대는 끝나고 핵 시대가 시작된다.

결국 전쟁은 장교의 직업적 실천 방식이 변화했음에도 불구하고 과거의 이상이 지속될 수 있도록 신화를 창조하는 데 기여했다. 제1차 세계 대전 공군 영웅으로는, 바이마르 공화국과 독일 제3제국 시기에 모든 독일 어린이가 알고 있던 오스발트 뷜케, 막스 이멜만, 만프레트 폰 리히트호펜이 있었다. 루프트바페 소속이었던 이 장교들의 회고록을 비롯한 〈공군 문학〉으로 찬양된 이들은, 군대 조종사의 이상적인 이미지뿐 아니라 일반적인 독일 장교의 이미지를 상징했다. 제1차 세계 대전의 현실이 이러한 이상과 상충했다는 사실은 별로 중요하지 않았다. 공중전에서 싸우는 전투기의 이미지만 기억에 잔류했다. 실제로는 공군은 다른 목적 — 적의 위치를 찾아내고 폭탄을 투하 — 으로 활용되었다. 하지만 조종사 영웅은 보병들이 참호에서 대량으로 살상되는 현실을 대신할 이미지를 제공해 주었다. 무명의 병사들이 치르는 진지전과 달리, 조종사들 간의 일대일 대결에는 구체적인 인물이 존재했던 것이다.

사람들은 때로 군대가 국민개병 제도를 이용해 남성 대다수를 정해진 기간 동안 군에 복무하도록 강제하는 남성적 기구라는 사실을 잊는다. 남성성이라는 이상이 군사 훈련의 명시된 목적이므로, 군대는 〈남성 대중의 조직〉(우테 프레베르트)으로 간주할 수 있다. 특히 19세기에 그랬다. 종교적 소속이나 출신 지역 등 다른 정체성은 덜 중요하다. 따라서 부사관과 장교 경력은 남성 특유의 사회화 과정으로 간주할 수 있다. 이는 해당 사회의 사회적 성별로 영역화된 질서에 영향을 미치지 않을 수 없다. 명민한 장교는 용감한 조국의 수호자를 상징한다. 남성성에 이렇게 가치를 부여하는 일은 특히 군복을 통해 — 군복은 개인이 군대에 소속되어 있음도 동시에 외부 세계에 알린다 — 드러나며, 연대 의식을 강화하고, 사회 내에서 특수한 어떤 기능에 동일시하도록 해준다. 상세한 복무규정을 따름으로써 특수한 경우마다 복장의 일률성이 보장된다. 군복 — 의복과 장비, 상징 — 에는 수많은 변형이 존재한다. 여기에는 훈장 같은 개인적인 표식도 포함된다. 끝으로, 군복을 통해 첫눈에 서로 다른 계급을 구별할 수 있다. 하지만 복장은 상징적인 기능만 있는 것은 아니다. 전쟁에서 실용성 면에서도 만족시킨다. 19세기 말에 대규모 전투 대형이 사라지고 무장한 부대가 위장하여 주변 환경에 섞여 들고자 하면서, 화려한 군복은 더 이상 실용적이지 않았다. 색깔은 은폐 목적에 알맞게 바뀌기 시작했고, 작전지에 따라 달라질 수 있었다. 제1차 세계 대전 중에, 과거의 군모는 포탄 파편과 유산탄에서 군인을 보호하는 철모로 바뀌었다. 예식이 있을 때만 장교들은 열병식 군복을 입었다.

일본과 동독: 독자적인 정치 세력

장교가 정치와 맺는 관계를 탐색함으로써 장교가 사회에서 차지한 위치를 분명히 드러낼 수도 있다. 국가와 사회의 정치화 및 탈정치화 현상 또는 반대로 군사화 및 탈군사화 현상은 유럽에만 국한되지 않는다. 일본군의 역사를 잠시 살펴보자. 바이마르 공화국을 비롯한 다른 근대 법치 국가를 통틀어 일본만큼 군대가 정치적으로 강한 자율성을 가진 나라는 없었다. 일본 군대의 독립성은 덴노의 권위에 의존했고, 군대와 덴노의 신성한 지위가 맺는 뗄 수 없는 관계는 메이지 시대(1868~1912)나 다이쇼 시대(1912~1926), 쇼와 시대(1926~1989)에 모두 정치와 군대가 맺는 관계의 특징이었다.

일본 역사에서 군대와 정치가 긴밀하게 뒤얽힌 것은 오래되었다. 1867~1868년의 메이지 유신 때 도쿠가와 막부의 250여 년에 걸친 지배를 종식시킨 군벌들은 통일된 새로운 정부에서 너무나 중요한 역할을 담당했기 때문에 가끔은 정치적인 업무와 군사적인 업무를 구분하기 어려울 정도였다. 덴노는 국내의 반발을 제압하기 위해 군벌을 필요로 했으므로, 이들의 영향력은 계속 커졌다. 19세기 말쯤, 청일전쟁(1894~1895) 이후 군대는 국가를 방어할 뿐 아니라 대륙으로 영토를 확장하기 위한 도구가 되고, 결국 영토 확장주의를 이끄는 원동력이 되었다. 이는 곧 군대가 내정에 영향을 미쳤음을 뜻했다. 이 때문에 군대는 민간 권력 기관과 갈등을 빚었다. 민간과 군의 이러한 긴장 관계는 전쟁 전의 특징이었다.

〈자유주의 시대〉라고 일컬어지는 1920년대에 일본 장교들의 정치화가 시작되었다. 1912년 메이지 덴노가 사망한 후, 1918년부터 전후 혼란 상황과 당파들의 발전, 외국의 이념이 미치는 영향에 대한 걱정 때문에 일본 군대 내부에서는 위기의식이 커졌다. 이로 인해 정치화가 시작되었다. 다이쇼 민주주의(다이쇼 데모크라시) 시기부터 일본 제국군은 상당히 독립적인 정치 세력을 이룬다. 이때 〈젊은 장교〉(세이넨 쇼코)라고 불린 중간 계급 장교와, 특히 참모부와 내각(군부)의 보수 엘리트 지도층 가운데 정치적으로 활동적인 회원들이 전례 없는 역할을 담당했다. 독일에도 정치적으로 영향력 있는 군인들이 있었지만 군대 고유의 활동 영역에 제한된 반면, 많은 일본 군인은 정부의 최고위직에 올랐다. 덴노의 권위 아래 민간 업무를 관장한 총리직에 오르기도 했다.

당시 이 장교들을 보편적으로 양성하는 과정은 상대적으로 빈약했다. 사관 학교에서는 무엇보다 전문적인 능력을 중시했기 때문이다. 일본 장교는 새뮤얼 P. 헌팅턴이 19세기 초반 이후 근대의 장교단을 지칭한 전문가 모델에 결코 부합한 적이 없었다. 일본 장교들은 내각에서 책무를 담당했고 국회와 국무원 의석을 차지했다. 전쟁사를 연구하는 일본 역사학자 오에 시노부는 이들이 무엇보다 관료와 정치인이었다는 결론을 내렸다. 이러한 정치화는 1930년대에 제국군이 일본의 국내 정치를 관장하기 시작하면서 절정을 이루었다. 따라서 이 시기에 군사 독재가 이루어졌다고 말할 수 있다.

1945년 이후 국가 점령기에 일본은 심층적이고 효율적인 비무장화 절차를 밟기 시작했다. 군대 — 결국 국가 권력의 합법적인 하나의 도구 — 에 확실한 제약이 가해졌다. 1946년 일본 헌법은 제9조에서 군대 유지와 모든 전쟁 활동을 금지했다. 〈일본 국민은 정의와 질서에 기반을 둔 국제 평화를 진심으로 갈망하며 국가의 주권으로서 전쟁과 위협, 국제 분쟁의 해결 수단으로서 무력 사용을 영구히 포기한다.〉 일본에서 군대(완곡어법으로 〈자위대〉라는 이름을 붙임)는 냉전 이후에도 여전히 국민에게 평판이 나빴다. 국방비는 국가 예산의 1퍼센트로 제한되고 일본 군대가 외국에 투입되는 일은 수십 년간 금지되었다. 그러다 1980년대에 와서 자위대가 군사화하기 시작했다. 1992년에는 유엔의 위임을 받아 캄보디아에서 자유선거가 이루어지는지를 감시하기 위해 일본 자위대가 외국에 처음으로 투입되었다. 그에 앞서 1991년 4월에 일본 소해정(掃海艇) 네 척과 호위함 두 척이 걸프 전쟁 이후 페르시아만의 기뢰 제거 작업에 투입되었다. 그러다 2016년에는 아베 총리가 이끄는 정부가 〈더 넓은 틀〉에서 외국에 개입하는 것을 가능하게 하는 법을 공포했다. 일본의 재(再)군사화와 더불어 일본 군인의 활동 범위도 바뀌었다.

하지만 1945년 이후 군대의 정치화에 대한 완벽한 사례를 보여 주는 것은 바르샤바 조약 기구의 국가들이다. 이 나라들에서 군대는 지배 정당을 보조하는 강력한 도구가 되었다. 지배 정당은 군인 양성 과정과 규율에 관한 측면을 직접 관리했다. 1918년 이후 소련의 붉은 군대가 이에 대한 모델이다. 적백 내전 이후 당이 임명한 정치 지도원politruk은 군인에게 마르크스·레닌주의에 부합하는 교육을 시키는 임무를 담당했다. 부사관과 장교들은 〈사회주의적인 인물〉이 되도록 양성되어 그 어떤 경우에나 올바른 〈계급의 관점〉을 전해야 했다. 동시에 정치 지도원들은 당의 시각에서 보았을 때 충성심 여부가 의심스러운 지휘부를 감시하는 일을 담당했다. 따라서 붉은 군대의 모든 구성 조직에는 각 대대 수준까지 정치 지도원이 할당되었다. 정치 지도원은 소련 공산당의 기본 원칙에 어긋나는 명령을 취소할 권한이 있었다. 이러한 통제로 군대의 효율성은 저하되었지만 당에 대한 군대의 정치적 신뢰도는 보장되었다.

독일민주공화국(동독)의 국가 인민군(NVA) 내에서 정치 문화 담당관Polit-Kultur-Offizier은 동독 사회주의 통일당(SED)이 지배하는 데 핵심적인 요소였다. 소련 점령 구역(SBZ) 전체에서 경찰을 관장한 독일 내무 행정부Deutsche Verwaltung des Inneren(DVdI)가 소련 군사 행정부(SMAD)의 1947년 지침에 따라 경찰 부대를 배치하기 시작했을 때, 정치 문화 담당관의 역할은 이미 잘 규정되어 있었다. 이렇게 강화된 정치적 성격은 국가 인민군에서도 계속되었다. 그 목표는 〈군인의 사회주의적 성격〉 고양이었다. 군인 교육 과정에서 노동자 계층의 연대와 제국주의에 대한 증오, 국제주의 같은 마르크스·레닌주의 주제는 (사회주의) 조국에 대한 사랑, 전우애, 복종 같은 더 전통적인 가치와 뒤섞였다.

당은 〈간부 정책〉을 통해 장교의 진급을 결정했으며, 군대와 자유 독일 청년단Freie Deutsche Jugend(FDJ)에도 개입했다. 군인들은 자유 시간에도 병영에서 지내면서 장교와 부사관들의 공동체 조직인 〈클럽〉이라는 정치 공간에서 만났다. 〈군인의 사회주의적 성격〉은 여가 활동 조직과 정치 교육을 통해서 고양되었다. 예를 들어 군인에게 제2차 세계 대전 중 소련 퇴역 군인의 회고록을 읽게 했다. 결국 정치 문화를 담당한 장교들은 군대 내에서 군인을 맞이하는 역할을 담당함으로써 어찌 보면 — 폴란드를 제외한 — 바르샤바 조약 기구 국가들에 없던 군대 내 성직자 역할을 대신했다. 1957년에는 동독 국가 인민군 장교의 15퍼센트가 정치 문화 담당 장교 직무를 수행했다. 1971년에는 이 비율이 12.5퍼센트로 줄었다. 장교단의 25퍼센트가 이 직무를 수행한 시기도 있었다.

장교와 부사관은 위계적인 조직이 특징인 군대라는 기관의 주축을 이룬다. 19세기와 20세기 전쟁의 압박 아래 군대의 이러한 핵심적인 구성 요소는 변화했다. 예를 들어 기술 근대화는 장교와 부사관의 채용 및 양성 과정뿐 아니라 그 이미지에도 영향을 미쳤다. 혁명전쟁부터 제1차 세계 대전을 거쳐 탈식민 전쟁에 이르기까지 근대에 벌어진 군사적 충돌도 영향을 미쳤음은 말할 나위 없다. 군사적 지식의 제도화와 표준화를 통한 전문화, 내부의 다양한 경쟁을 넘어선 연대 의식의 발달, 초국가적인 맥락에서 다양한 국가 군사 전통 확립 등 근대 전쟁의 역사를 거치며 생긴 이 모든 장·단기적인 변화가 장교와 부사관의 경력 모델에서 드러난다.

참조

1부 - 03 시민-군인의 시대 ‖ 2부 - 01 군인 양성 | 03 식민지의 병사 | 05 전쟁은 남자만의 일인가

03

식민지의 병사

에릭 제닝스[•]

1945년에 영국을 위해 복무한 인도 군대에는 2백만 명이 넘는 군인이 있었다. 식민지인 부대는 근대 전쟁에 활발히 가담했다. 하지만 제약과 차별에 근거를 둔 별도의 대우를 받아야 했다.

16세기부터 18세기까지 아메리카 대륙에서 스페인과 포르투갈, 네덜란드, 영국, 프랑스는 정복을 확고히 다지기 위해 여러 아메리카 인디언 부족과 일시적이거나 장기적으로 동맹을 맺었다. 특히 프랑스 왕국이 그랬다. 북아메리카의 프랑스 식민지인 누벨프랑스 남쪽에서 자국 군대가 적군인 영국군보다 열세임을 깨달은 프랑스는 아메리카 인디언 부족들과 한시적인 동맹을 맺음으로써 불균형을 극복하고자 했다. 그러나 동맹은 화해에서 시작했으나 역전, 무엇보다 내전을 야기했고, 아메리카 인디언 전사들은 프랑스나 영국의 식민 당국으로부터 진정한 의미의 식민지인 부대로 인정받지 못했다.

여기서 〈식민지인 부대〉란 정확히 무엇을 뜻하는가? 정규군으로 활용되었거나 정규군 내에서 활용된 현지인 보조 병력을 일컫는다고 하면, 식민지 부대들이 근대에 들어 부상한 것(식민 지배국들이 팍스 브

• Eric Jennings. 토론토 대학교의 교수. 식민국 프랑스에 대한 전문가로, 최근에 『자유 프랑스는 아프리카였다La France libre fut africaine』와 『비시로부터 탈출 Escape from Vichy』을 출간했다.

리타니카pax britannica*나 팍스 갈리카pax gallica**를 강조하는 담론에서 고대를 자주 암시하긴 했지만 여기서 고대는 제외한다)은 16세기 아시아에서라고 볼 수 있다. 16세기에 남인도의 포르투갈 상관(商館)은 현지인 부대에 자신들의 보호 임무를 맡겼다. 뒤이은 세기에 비슷한 일들이 이루어졌다. 이러한 시도는 포르투갈의 경우와 마찬가지로 국가가 아닌 사기업이 주도하여 이루어졌다. 네덜란드 동인도 회사(VOC)는 두 세기 동안(1602~1799) 실질적인 군대를 보유했다. 1620년대에 이미 네덜란드 동인도 회사는 중국인과 일본인 군인 및 해방 노예, 필리핀의 팜팡가 사람들, 뒤이어 자신이 통제하는 섬들의 여러 민족 집단을 채용해 이들이 훗날 네덜란드령 인도가 되었다가 한참 뒤에 인도네시아가 될 열도에서 활동하도록 지원했다.

18세기에는 프랑스와 영국의 회사들이 네덜란드와 포르투갈의 사례를 본떠 〈인도인 병사〉(프랑스어로 〈시파예 cipaye〉, 영어로 〈세포이 sepoy〉. 페르시아어로 병사를 뜻하는 〈시파히sipahi〉에서 유래한 말이다. 북아프리카 프랑스군이 조직한 아프리카 원주민 기병인 〈스파이spahi〉의 어원이기도 하다)들을 채용하기 시작했다. 현지 병사들은 유럽 방식으로 훈련받았고 특수 부대를 구성했다. 역사가들은 이들을 지칭할 때 〈민병대〉와 〈용병〉이라는 용어를 썼다. 이 병력을 엄밀한 의미에서 식민지인 부대로 간주하기를 꺼렸다는 의미였다. 이는 무엇보다 정치적인 차원의 망설임이었다. 인도인이 영국의 식민지 개발을 공고히 하는 데 공헌했다는 사실은 영국의 많은 민족주의자가 받아들이기 힘든 생각이었다. 그래서 더욱 경멸적인 용어인 〈용병〉을 쓴 것으로 보인다.

하지만 이 〈세포이〉들이야말로 인도 주둔 군대의 핵심을 이루었다.

---

* 영국에 의한 평화.
** 프랑스에 의한 평화.

그 예로 오스트리아를 지원하는 프랑스와, 프로이센을 지원하는 영국 간에 벌어진 세계적 분쟁인 7년 전쟁(1756~1763)이 인도에서 전개된 양상을 보면, 영국의 세포이와 프랑스의 시파예가 맞서 싸움으로써 유럽 전쟁이 인도 내부의 전쟁과 겹쳐졌다. 1761년에 인도에서 프랑스가 패한 후, 영국은 계속 세포이를 채용해 유럽식으로 훈련시킨 뒤 이들을 식민지 확장의 선봉으로 삼았다. 그 효과는 이내 드러났다. 1767년에 벵골 군대 총사령관은 단도직입적으로 〈자신의〉 세포이들이 프로이센의 왕을 놀라게 할 거라고 단언했다. 하지만 의견은 계속 갈렸다. 다시 말해 세포이들은 편견의 대상이기도 했다. 영국 최고 사령부는 이러한 편견에 대응하기 위해 현지의 강한 기병 전통 때문에 보병이 오랫동안 푸대접을 받아 왔으며 오로지 새로운 군대 문화만이 상황을 역전시킬 수 있다고 주장했다. 이 초기 식민지인 부대들은 신랄하고도 다양한 비판을 불러일으켰다. 뒤이은 수 세기 동안 세포이 이미지는, 어떤 이들에게는 〈두려운〉 또는 〈흉포한〉 존재로서 식민지인 부대는 〈전투에 거의 적합하지 않았다〉. 다른 이들에게는 충성스럽지 않아서 신뢰할 수 없는 존재였다. 하지만 1780년대에 영국 군대에는 약 10만 명의 세포이가 소속되어 있었다.

프랑스 해군성은 1819년에 서아프리카에 〈유색인 부대compagnies de couleur〉를 창단하라고 명령했다. 수십 년 후에 이 부대는 〈세네갈 저격병tirailleurs sénégalais〉으로 이름이 바뀌었다. 얼마 지나지 않아 아프리카의 여러 지역에서 온 흑인 병사들이 포함되므로 사실상 이 이름은 정확하다고 할 수 없었다. 1860년대에 이 부대 소속의 몇몇 군인은 다양한 훈련을 받은 후 장교로 승진했다. 하지만 세네갈 저격병은 1827년에 2백 명, 1900년에 8천4백 명에 불과하여 그 수가 상대적으로 제한되었다. 이들은 1918년 18만 명에 달하여 수적으로 절정을 이루었다. 제1차 세계 대전 직전에 세네갈 저격병 채용은 〈식민지 예비군〉 논리에 따라 시행되었다. 이 논리는 머지않아 보상 전략에 자리를 내주었다. 프랑스와 적국 독일이 보여 준 인구의 엄청난 격차를 극복하기 위해 아프리카 그리고 부수적으로 아시아에 의존해야 한다는 논리에서 나온 전략이었다.

〈호전적인 인종〉 이론

1640년대에 말루쿠 제도에서 근무한 아르투스 지젤스 총독은 밀림에서 흑인 병사가 네덜란드 병사보다 더 효율적으로 활동한다고 단언했다. 프랑스의 해외 영토에서 비(非)유럽인 부대에 의존해야 한다는 생각은 실용적 내지는 예산상의 이유 때문에 생겼을 것이다. 하지만 식민지 환경의 특수성에 근거를 둔 가정에서 나온 것이기도 했다. 일단 현지인은 언어와 현지 특성, 〈자신의〉 영토를 아주 넓은 의미에서 〈알고 있다〉고 여겨졌다(이러한 선입견은 오래 지속된다. 1943년의 할리우드 영화 「사하라 전차대Sahara」에 등장하는 수단 병사는 리비아 사막의 구석구석을 알고 있다고 간주된다). 한편 학계는 오랫동안 유럽인의 신체가 열대 지방의 혹독한 환경을 견딜 수 없다는 잘못된 생각을 가지고 있었다. 19세기 인류학자들처럼 매우 비관적인 사람들은, 더운 나라에 오랫동안 정착해 사는 유럽인이 쇠약해지고 격이 떨어지고 심지어 퇴화한다고 믿었다. 20세기 초에 비약적인 의학적 진보가 이루어진 다음에야 유럽 군대가 열대 지방에 적응하는 데 있어서 학자들의 비관주의는 진정되었다.

〈원주민〉이 〈자신의 기후〉에 더 잘 적응한다는 판단에 대응하는 방정식의 다른 항은, 참모 본부가 살인적이라고 간주한 환경을 유럽 군대에 면제해 주기를 원했다는 사실이다. 참모 본부의 두려움에는 근거가 아예 없지 않았다. 가령 1815년에 세네갈로 파견된 프랑스 군인 간부 75명 가운데 57명이 6개월 만에 질병으로 사망했다. 19세기 내내 프랑스군, 특히 프랑스 해군은 해외 영토의 위험도 순위를 매겼다. 그중 기아나, 노지베섬, 세네감비아 같은 영토는 특별히 〈살인적〉이라고 보았다. 같은 시기에 유럽 강대국들의 참모 본부는 유럽 군인들을 열대 지방에 〈적응시킬〉 것을 끈질기게 요구하는 동시에, 군인에게 가장 해로운 계절은 피하려 했다. 식민지 정복은 계절에 순응했으며, 해독(害毒)을 끼친다고 여긴 열대에서 드문드문 찾아볼 수 있는, 건강에 이롭다고 판단된 지역, 건강한 근거지들에 의존했다. 그래서 스페인은 군대를 카나리아 제도에 제한하여 배치했다가 서인도 제도로 보냈고, 프랑스는 자국 군대를 레위니옹섬에 보냈다가 마다가스카르섬으로 파견했다. 또 프랑스 본국으로 돌아갈 때에는 잠수병과 비슷한 충격이 발생할 거라며 두려워했다. 1859년에 의사 아돌프 아르망은 이런 충격에 대비하기 위해 몸이 아픈 식민지 거주민에게 유럽 대륙으로 되돌아오기 전에 지중해의 마요르카나 메노르카섬에 잠시 체류한 후, 프랑스 남부 지중해 연안의 툴롱이나 마르세유를 거쳐서 깊숙한 내륙으로 들어오라고 충고했다.

열대병을 옮기는 병원균 등 매개체가 발견되기 전에는, 유럽 군대가 열대 환경에 이질적인 이민족이기 때문에 사망률이 높다고 생각했다. 독일인 과학자 루돌프 피르호는 열대 지방에서 살아남는 유럽 〈인종〉의 적응력을 비교한 표까지 만들었다. 그는 라틴계 백인이 더운 나라에서 저항력이 제일 강하고, 북유럽인의 적응력이 가장 떨어진다고 판단했다. 이러한 견해는 군사 전략에도 영향을 미쳤다. 한동안 프랑스 동남부 프로방스 지방의 군대가 프랑스 북부의 군대보다 코친차이나*에 더 잘 적응한다고 간주됐다. 그러다 19세기 후반에 들어 면역 논리가 서서히 이질성 논리를 대체했다.

---

* Cochin China. 베트남 남부의 옛 이름.

이러한 원칙을 따라야 한다면, 자연히 아프리카나 아시아의 군대는 유럽의 추운 기후에서는 전쟁을 수행할 수 없어야 했다. 20세기로 넘어가는 시점에 프랑스에서 샤를 망쟁 대령처럼 〈흑인 군대armée noire〉를 옹호한 주요 지지자들이 맞서 싸워야 했던 대상이 바로 끈질긴 기후 결정론에서 비롯한 편견이었다. 오래 지나지 않아 프랑스 식민지 군대를 위한 겨울나기 정책이 도입됐다. 즉 제1차 세계 대전 이전에 식민군 일부는 아프리카 서북부 지방 마그레브로 파견되었고, 뒤이어 양차 대전 사이에는 식민군의 중계지를 프랑스 남동부 프레쥐스로 정했다.

비슷한 유형의 또 다른 도식이 오랫동안 아프리카와 아시아에서 유럽 군대를 소집하는 방식을 좌우했다. 영국인이 〈호전적인 인종〉이라고 이름 붙인 이론이었다. 1882년 인도인 군대 총사령관인 로버츠 경은 여러 편견과 관행을 모아 분류해 이 이론을 구축했다. 그는 인도에서 가장 호전적인 〈인종〉은 인도의 북부와 동부 사람이라고 단언했다. 그는 이 인종이 시크족, 구르카족, 도그라족, 라지푸트족, 파슈툰족이라고 하면서 인도 남부의 민족은 전투에 부적합하다고 여겨 배제했다. 이 생각은 군대 소집에 빠르게 적용되었다. 1912년에 인도군에는 시크족이 20.5퍼센트, 인도 서북부 펀자브 지방의 이슬람교도가 16퍼센트, 구르카족이 11.5퍼센트 있었다. 물론 이러한 개념이 피지배국 민족에게만 투사되지는 않았다. 일부 집단은 이 생각을 받아들여 병역을 계통화했다.

로버츠가 정립한 서열은 기후 결정론에 근거하여 추운 지역의 전사가 더 호전적이고, 더운 지역(이 논리에 따르면 불건강한 지역) 출신은 허약하다고 보았다. 도덕적 자질과 신체적 자질은 이 인종-군사주의적인 담론에서 한데 뒤얽혔다. 인종주의 이론에 깊이 빠진 영국 이론가들은 푸른 눈을 지닌 아리아족이 옛날에 인도 북쪽 국경 지역에 정착해 자신들보다 덩치가 작고 미개한 민족들을 남쪽으로 밀어냈다는 해묵은 생각을 다시 꺼냈다. 물론 이런 조잡한 원칙에는 몇 가지 주요한 예외들이 있었고 모순이 가득했다. 예를 들어 카슈미르 사람은 아주 북쪽의 추운 지역 출신임에도 불구하고 형편없는 전사로 간주되었다. 그러다 제1차 세계 대전이 벌어지면서 〈호전적인 인종〉에 관한 편견이 흔들린다. 병사가 필요했기 때문에 최고 사령부는 호전적이라고 간주되지 않은 다른 민족들도 채용하도록 허가했다. 하지만 그 이전까지 유지되어 온 확고한 결정론은 하루아침에 사라지지 않았고, 그 후유증이 계속 남아 영국령의 아프리카 같은 곳으로 전파되었다. 원주민 군대를 조직할 책임을 맡은 존 글러버 대위는 서아프리카의 하우사 사람들이야말로 〈아프리카의 시크족〉임을 단언했다. 이런 말은 이와 같은 배경에서 나왔다고 볼 수 있다.

　다른 식민국들도 영국의 뒤를 따랐다. 유명한 벨기에 식민군 〈포르스 퓌블리크Force publique〉는 대부분 링갈라어 사용자들이었다. 프랑스군 사병 중에서 1917년 슈맹 데 담Chemin des Dames 전투에 참전한 유명한 세네갈 저격병 부대 아프리카 병사들은 37퍼센트가 만딩고족, 10퍼센트가 월로프족, 9퍼센트가 투클로르족이었다. 프랑스군의 지시는 영국군의 지시만큼 엄격하거나 분명하지 않았다. 참모 본부가 부대의 〈혼성〉을 실천한다고 했으나, 실제로는 선입견에 따라, 그리고 징병 담당관이 접근하기 쉬운 정도에 따라 명확히 구획된 일부 구역에서 집중적으로 병사 채용이 이루어졌다.

　호전적인 인종 정책과 더불어 〈지배하기 위하여 분열시키는〉 전략이 실행되었다. 20세기로 넘어가는 전환기에 독일은 탄자니아에서 자국의 아프리카 군대 병사로 해안 지방 사람들을 주로 채용했다. 그 때문에 탄자니아 내륙에서 벌어진 마지마지Maji-Maji 반란에 대하여 1905~1907년에 이루어진 끔찍한 탄압은 식민 전쟁인 동시에 내전이었다. 게다가 이러한 전략은 한 영토로 국한되어 이루어지지 않았다. 포르투갈 제국에서는 교차 배치 체계가 갖추어졌다. 앙골라 군인이 질서 유지를 위해 포르투갈령 기니로 보내졌고, 같은 이유로 고아의 부대가 모잠비크로 파견되었으며, 모잠비크 출신의 병사들이 티모르섬에서 경계를 담당했다.

징집의 열기

차별과 연대 의식을 다루기에 앞서, 징병 문제에 관하여 깊이 들여다볼 필요가 있다. 식민지에서 징병은 본국과는 다른 형태로 실행되었다. 프랑스의 경우는 〈오래된 식민지들〉이 그 기준을 확실히 모호하게 했다. 제1차 세계 대전 초기에 이 오래된 식민지들에서는 징병제가 실시된 반면, 식민지 영토 대부분에서는 그렇지 않았기 때문이다. 앤틸리스 제도 여러 곳에서는 제1차 세계 대전에 앞서 징병 제도를 실시하도록 강력하게 요구했는데, 이는 이들이 시민권(앤틸리스 제도 사람들이 1848년 이후 획득)을 지녔고 프랑스 본국 사람들과 평등하다는 것을 나타내는 명백한 표시였다.

조금 더 이전인 19세기로 거슬러 올라가 보자. 프랑스가 세네갈에서 모집한 최초의 아프리카 병사는 대부분 옛 노예였다. 게다가 본국의 수도 파리에서 내린 지침에는, 아프리카에서 병역에 지원하는 대가로 주는 상여금이 〈해방〉의 형태로 지급될 수 있다고 명시되었다. 하지만 프랑스 식민지에서 1848년에 노예 제도가 완전히 폐지되면서 상황이 바뀌어 징병은 단기적으로 위기를 맞는다. 제1차 세계 대전 중에 프랑스령 서아프리카에서 벌어진 〈대대적인 징병〉 과정에서 여러 일탈 행위가 이루어졌다. 이로 인해 반항의 물결이 일기도 했다. 역사학자 마르크 미셸은 1915년 2월에 세네갈강 가에서 만난 마을 주민의 반응을 전하는 한 식민지 행정관의 말을 인용한다. 〈젊은이들이 위원회에 출석해서 그들 중 한 명이 병역 적합 판정을 받을 때마다 여자들이 (……) 장송곡을 부르기 시작했지요.〉 저항이 항상 과격하지는 않았다. 대체로 미묘한 반항 전략이 사용되어 저항은 이주하는 방식으로 이루어지기도 했다. 또 징병 절차를 부분적으로 담당한 현지 수장들은 지나치게 체구가 작거나 늙은 사람처럼 병역에 부적합한 사람을 징집 대상자로 당국에 제출하는 경우도 많았다. 하지만 1915년 말에 프랑스령 서아프리카의 여러 지역에서 노골적인 폭동이 일어나 1916년 4월부터 기습 공격의 형태를 띠었다. 심지어 전쟁을 방불케 하는 상황이 벌어졌다.

이런 사정 때문에 제1·2차 세계 대전에서 징병은 대체로 겉으로 드러나게 강요되지 않았다. 자크 프레모는 프랑스가 제1차 세계 대전을 위해 소집한 현지인 병사 54만 5천 명 중 55퍼센트가 공식적으로 〈자원병〉이었다고 추정한다. 하지만 이것이 곧 강요가 전혀 없었음을 뜻하지는 않는다. 이들 병사의 동기는 무엇이었을까? 프랑스에 대한 애국심(연대 착오의 오류는 피하자. 당시에 독립은 아주 먼 이야기였다), 경력과 수입 보장, 모험 추구 등 여러 요인이 징병에 영향을 미쳤다. 인도차이나는 제1차 세계 대전 중에 약 9만 8천 명을 보내 프랑스의 전쟁 수행에 기여했다. 이 가운데 절반은 노동자였고 절반은 병사였다. 계약서에 서명한 이들 중 일부는 기근에서 벗어나기 위해서였다. 베트남 북부 통킹에서 제방이 반복해서 파괴되어 연이어 흉작을 겪었기 때문이었다. 다른 이들은 군대에 지원하면 주어지는 상여금 때문에, 또 다른 이들은 영예와 상여금을 꿈꾸게 하는 화려한 포스터에 이끌려 지원했다. 식민지 자원병의 금전적인 동기는 여러 출처를 통해 확인할 수 있다. BIC21에 입대한 구 쿠옌이라는 사람은 제1차 대전의 엄청난 포격에도 불구하고 지원한 이유를 이런 말로 설명했다. 〈마음은 도망치라고 말했지만, 머리는 군대가 유일한 밥벌이 수단이라는

사실을 일깨웠다…….〉

　제1차 세계 대전 중 프랑스 군대의 식민지 신병 수는 대영 제국의 신병 수보다 훨씬 적었다. 인도에서만 144만 437명이 전쟁에 동원되었다. 이 중 87만 7,068명이 전투원이었다. 징병제를 일반화하기는 어려운데, 부분적으로 한 식민 제국 내에서도 지역마다 차이가 났기 때문이다. 프랑스의 경우, 북아프리카 군인 모집의 조건은 모로코와 알제리에서 똑같지 않았다. 두 영토의 지위가 달랐기 때문이다. 게다가 같은 식민지 내에서도 징병 방법과 결과가 다양했다. 징병 담당관은 때로 할당제로 일하며, 현지 권력 기구를 중개자로 내세워 징집에 활용했다. 어떤 경우에는 원주민 징집 대상자가 돈을 주고 대리인을 보내 징집을 피하기도 했다. 끝으로 시기도 중요했다. 1918년에 서아프리카와 북아프리카에서 프랑스군 징집 캠페인은 다시금 대성공을 거두었다.

　제1차 세계 대전에서와 마찬가지로, 징집 열기는 제2차 세계 대전에 가담한 국가들의 해외 제국 영토로 빠르게 번졌다. 대영 제국의 꽃 인도에서는 다양한 형태로 징병이 이루어졌다. 어떤 인도인은 영국 또는 제국에 대한 애국심 때문에 지원했고, 다른 이들은 가족과 관련된 이유로 지원했다. 대다수는 사회적 신분 상승으로 간주된 직업을 가져 가난에서 벗어나려고 지원했다. 이들은 대체로 자원병이었다. 그러나 징병은 때로 강압적으로 이루어져서 어떤 이들은 징병 담당자가 도착하면 달아났다. 징병 담당자들은 자기 직무를 수행하려고 오래된 매뉴얼을 참조하기도 했다. 호전적인 인종 이론에 크게 영향을 받은 이 매뉴얼에는, 가령 쿠마오니족이 사는 고지대에서 선별해야 할 징병 〈유형〉에 관한 확실한 충고가 담겨 있다.

　피부색이 옅고 키가 약 164센티미터(더 젊은 사람이면 158센티미터)인 작고 다부진 사내로서 가슴둘레가 83.82센티미터에 나이는 17세나 18세인 젊은이가 가장 좋을 것이다. 반면에 알모라나 라닉헷의 시장이나 사원 근처에서 찾아낸 사내는 절대로 선택하면 안 된다. 힘보다는 키만 큰 앙상한 키다리 소년들은 피해야 한다.

이런 유형의 또 다른 매뉴얼에서는 라지푸타나의 자트족의 〈훌륭한 허벅지와 가슴〉을 언급하며 이들의 호전성을 찬양했다. 하지만 위에서 말한 매뉴얼에서 권고한 지역에서도 징병 담당자들은 아무런 성과 없이 돌아오곤 했다. 전쟁이 도무지 끝나지 않으면서 인도의 농촌 지방은 소진되었다. 주기적인 기근과 징병, 그리고 1942년부터는 벵골 영국 참모부가 전선 주변 지역에서 예방적인 초토화 전술을 사용했기 때문이다.

영국령 아프리카에서 양차 대전 중에 공식적으로 징병은 자원병 원칙으로 이루어졌다. 그래도 행정부는 지방의 전통적인 우두머리에게 징집해야 할 인원을 할당했다. 군대의 보조 근무자, 그중에서도 일에 대한 보람이 없으며 임금도 형편없고 질병에 걸릴 확률도 높은 짐꾼을 채용할 때, 특히 심한 강요가 이루어졌다. 제2차 세계 대전 중에 영국령 서아프리카에서 관습법에 따른 전통적인 우두머리가 징병 대상자를 임의로 선정했다는 증언이 여럿 존재한다. 다른 증언에서는 사냥감을 몰듯이 징집했다고 했다. 또 마을 우두머리들은 징병을 이용해 거추장스러운 마을 주민을 처분했다고도 한다. 흔히 그렇듯 많은 경우에 여러 요인이 동시에 영향을 미쳤다. 명백한 강압 이외에 부드러운 강요도 이루어졌다. 식민지 행정 당국은 근대적인 수단을 적극 사용했다. 영국령 아프리카에서는 라디오를 통하여 선전이 활발히 이루어졌다. 이동식 영화관이 농촌 지역을 순회했으며, 비행기는 전단을 뿌렸다. 신문은 군인 생활의 장점을 찬양했다. 행정 당국은 징집 포스터를 게시했다. 어떤 것은 스와힐리어로 된 글이 가미된 만화 형식이었다. 남아프리카에서 행정 당국은 화려하고 시끌벅적한 행사가 아프리카인에게 강한 인상을 줄 거라 확신하여 화려한 색상의 군복을 입은 군대로 시가 행진을 했다. 교육받은 사람이나 문맹자를 대상으로 이루어진 다양한 압박 이외에, 현지 사람들 고유의 동기도 간과해서는 안 된다. 많은 아프리카인이 히틀러를 무찌르겠다는 분명한 이유로 입대했다. 어떤 남아프리카 흑인들은 엄청난 실업률을 피하려고 입대했다.

프랑스령 아프리카에서 최초의 징병 물결은 이른바 〈가짜 전쟁〉* 직전과 도중에 일었다. 1940년 6월에 프랑스가 독일에 패하자, 8월부터 징병의 열기는 프랑스령 적도 아프리카와 카메룬, 태평양에 있는 몇몇 자유 프랑스 식민지로 이동했다. 가봉에서 이런 형식의 하도급 징병에 반대한 일부 족장들은 징병 담당자에게 여자들을 전투원 징집 대상자로 데려갔다. 카메룬에서는 군대에 편입하기 전부터 탈영한 여러 사례가 기록으로 남아 있다. 이것은 신병이 군 복무가 뜻하는 바를 완전히 이해하지 못했음을 짐작케 한다. 적어도 1943년의 전환기가 오기 전까지 병사가 절대적으로 부족했던 드골파는 갖은 방법을 동원해 군인을 모집했다.

1937년부터 1945년까지 태평양 전쟁의 현장에서 타이완 사람 약 20만 7천 명이 일본 군대에서 복무했다. 이 중 일부는 전쟁이 끝난 다음에 자신이 강제로 입대할 수밖에 없었다고 말한다. 가령 어떤 사람은 일본군 사병으로 입대한 농민이 모두 겉으로만 〈자원병〉이었다고 단언했다. 하지만 또 다른 이들은 〈제국에 대한〉 애국심으로 자원했다고 자부한다. 한국에서는 약 5백만 명이 일본의 전쟁 활동에 징집되어

* Phoney war. 독일의 폴란드 침공에 대해 영국과 프랑스가 선전 포고한 1939년 9월부터 1940년 5월까지.

주로 공장과 광산에서 일했다. 1944년부터 전황이 일본에 불리해지자, 추가로 약 20만 명의 한국인이 일본 군대의 병사로 편입되었다.

프랑스 식민 제국 내에서는 탈식민 전쟁 중에 징집 방식이 본질적으로 변하지 않았다. 프랑스령 사하라 사막 이남의 아프리카에서 촌장 같은 중개인들은 인도차이나 전쟁 중에 자신에게 주어진 신병 할당량을 채우면 상여금을 받았다. 그리고 징병 캠페인으로 영화 상영, 사진 전시, 심지어 낙하산 부대 시연까지 벌였다.

보잘것없는 식사, 낮은 봉급

최초의 식민지 부대인 세포이에 대해서는 이미 차별이 이루어지고 있었다. 18세기에 세포이들은 영국인 병사들보다 봉급이 훨씬 적었다고 전했다. 영국 지휘부는 정신적인 측면에서 인도인 부대 내의 복종 구조가 영국인 부대와 똑같을 리 없다고 판단했다. 그래서 엄격한 규율을 적용하지 않는 대신, 세포이 부대에 대한 자부심과 정체성을 고양할 필요가 있다고 생각했다. 한편 식민지인 부대는 유럽인 부대에 비해 더 큰 걱정을 불러일으켰다. 세포이가 언젠가는 식민지 당국에 맞서 무기를 들 것이 분명하므로, 영국인이 원주민 부대를 훈련시키는 것은 훗날 당할 낭패를 스스로 키우는 일이라고 우려했다. 이런 두려움은 이미 1769년에 보고된 바 있다. 영국은 딜레마에 빠졌다. 세포이가 계속 승리를 거두었기 때문이다. 자업자득일 거라는 두려움은 좀처럼 사라지지 않았다. 1764년에 누군가 헥터 먼로 대령에게 세포이를 유럽 군대와 동일하게 양성하는 일이 위험하지 않느냐고 물었을 때 대령은 그렇게 하지 않으면 더 위험할 거라고 답했다. 하지만 비관적인 사람들은 마음을 놓지 못했다. 영국 참모 본부가 세포이보다 프랑스 군인들(1761년에 프랑스가 패배한 후 채용)을 더 신뢰했다는 사실은 이러한 염려를 드러낸다. 1806년 그리고 특히 1857년에 벌어진 세포이 반란은 일부 사람들에게 세포이를 신뢰할 수 없다는 생각이 옳았음을 확인해 준 계기였다.

산타누 다스는 제1차 세계 대전 중 인도인 부대의 체험에 관한 연구에서 타쿠르 아마르 싱이라는 인도 귀족 부사관의 불평을 인용했다. 이 부사관은 서부 전선에서 영국인 상관들이 보여 준 태도를 씁쓸한 태도로 불평했다. 그의 부대가 패할 때마다 영국인 상관들은 패배가 인도인의 열등함 때문이라고 말했다는 것이다. 한편 신문과 부대 회고록에서는 젊은 인도 병사들과 프랑스 민간인 여자들이 식민지 내에서 새로이 맺은 관계가 언급되었다. 하지만 이런 문제들은 둘째 치고, 식민지인 부대와 유럽인 부대를 가르는 격차를 오랜 기간에 걸쳐 측정할 수 있는 기준은 식민지 군인의 식량 배급과 군복, 봉급이었다. 19세기 중반에 프랑스 아프리카 군대를 기획한 주요 인물인 루이 페데르브 장군은 유럽인 부대에만 포도주를 지급하라고 권고했다. 음식의 경우, 19세기 후반에 세네갈 저격병의 식사는 쌀을 주식으로 하는 식단에서 조를 주식으로 하는 식단으로 바뀌었다. 두 식단 모두 유럽 군인의 식단과 전혀 달랐다.

프랑스군의 원주민 부대도 영국의 원주민 부대와 마찬가지로 장교 계급까지 오르는 데 어려움을 겪었다. 제1차 세계 대전 중에 원주민 부사관들은 부대원 앞에서 유럽인 장교들에게 무시당하며 자신의 권위가 훼손되는 상황을 겪으면서 자신들이 하위 집단을 이룬다는 인상을 받았다. 이러한 차별을 프란츠 파농만큼 잘 묘사한 인물은 없다. 자유 프랑스군 소속이었던 그는 1944년에 마르티니크를 떠났다. 그는 앤틸리스 제도 사람으로서 원칙적으로 유럽인의 자격을 누렸으며, 그 어떤 경우에도 아프리카 부대원으로 간주되어서는 안 되었다. 하지만 1943년 12월 자 내부 기록에 사용된 조심스러운 어휘를 빌리자면 〈처우 차이〉는 빈번히 벌어졌다. 그 시기에 마르티니크에서는 명백한 차별 대우로 인해 사기가 더없이 떨어져 있었다. 생피에르에서 작전 중인 흑인 부사관들은 짚더미 위에서 부대원들과 함께 잠을 잔 반면, 백인 부사관들은 각기 주어진 침대에서 잤다. 여기에 덧붙여, 식민지 당국은 식민지인 병사들과 프랑스 여성들의 관계에 대해 강박적인 태도를 보이며 우편물 검열 등 다른 규제를 가했다.

　군복과 군사 장비에서도 오랫동안 ― 프랑스의 경우, 제2차 세계 대전이 끝날 때까지 ― 차이는 엄청났다. 프랑스 식민지 보병들이 쓴, 위장에 전혀 효율적이지 않은 챙 없는 붉은 아랍 모자 말고도 세네갈 저격병의 〈쿠프쿠프〉*는 끊임없는 논의의 대상이었다. 쿠프쿠프는 제1차 세계 대전 중에 독일군에게 공포를 불러일으켰기 때문에 심리적으로 중요한 측면을 띠었다. 끝으로 차별은 대부분 반식민주의적인 생각이 생기기도 전에 아예 차단하거나, 적대적이라고 알려진 민족을 민감한 직위에서 멀리 떼어 놓으려는 목적으로 이루어졌다. 그래서 1937년에 타이완에서 일본 식민 당국은 타이완 사람들을 일본 제국의 충성스러운 국민으로 만들려는 선전 조치를 강화했다. 그러나 한국 사람이든 타이완 사람이든 일단 일본군에 입대하면 의심의 대상이 되었다. 린 싱린은 전투원이 되기에 부적격하다는 평가를 받고 민간인 보조원으로 해군 기지에 투입되었다. 하지만 이런 직무를 수행할 때조차 분위기는 나빴다. 왕 칭후이는 일본인이 타이완 사람들에게 중국 민족주의적인 감정이 남아 있다고 여겨 그들을 거의 신뢰하지 않았다고 기억했다.

　물론 차별은 쏟아지는 포화 아래에서는 어느 정도 줄었다. 그럼에도 불구하고 1942년에 출간된 영국의 기록물 『호랑이가 덤벼들다*The Tiger Strikes*』처럼 완벽한 공유와 우애, 일치를 제시하는 이상주의적인

---

* coupe-coupe. 밀림에서 나뭇가지를 치는 긴 칼.

선전은 비판적인 시선으로 검토해야 한다. 이 문서는 사막 전쟁 중에 영국인 부대원의 피부가 그을어 인도인 동료들과 구분하는 게 불가능했다고 전한다. 역사학자 야스민 칸이 말했듯, 이러한 과장된 언급은 사실상 피부색의 차이가 얼마나 중요했는지를 보여 준다. 그럼에도 처우는 계속 불공평했다. 전쟁 중반에 들어서야 식민 질서를 상징적으로 전복할 수 있다는 위험에도 불구하고 군사 법원에서 영국인 병사에 대한 판결을 내릴 때 인도인 장교가 참여할 수 있었다.

발칸반도에서 인도차이나까지

식민지 부대는 대체로 특정한 전선에서 활용되었다. 제1차 세계 대전 중에 아프리카 보병들은 솜 전투와 베르됭 전투, 슈맹 데 담 전투에 참전했다. 솜에서 아프리카 부대들은 유럽 부대와 마찬가지로 엄청난 인명 손실을 입었다. 예를 들면, 솜 전투에서 1916년 7월 9일과 10일에 독일군의 참호를 탈취할 때 세네갈 저격병 제61 연대는 병력의 57.5퍼센트를 잃었다(사망자와 부상자 모두 포함). 프랑스 식민지 부대는 테살로니키를 기지 삼아 발칸반도 전선에서, 그리고 아프리카에서는 격렬한 전투가 벌어진 카메룬 등에서 활발히 활동했다.

제2차 세계 대전 중 윈스턴 처칠은 1940년 5월에 영국군 아프리카 부대를 프랑스로 보내는 문제를 검토하라고 지시했다. 이에 대해 식민지 장관은 기후 및 군사적인 이유로 이 부대를 프랑스 작전 현장에서 활용하는 데 유보 의견을 냈다. 하지만 이로써 아프리카 부대를 아프리카 바깥에서 활용한다는 원칙이 최초로 결정되었다. 실제로 아프리카 부대는 처음에는 북아프리카와 〈아프리카의 뿔〉 소말리아반도, 뒤이어 레반트, 1944년과 1945년 사이에는 버마 전선에 배치·전개되었다. 입대의 규모는 늘었고, 영국군 소속 인도인 군대는 1945년 절정에 달했을 때 2백만 명이 넘는 병사를 보유했다.

해외 제국 부대는 탈식민 전쟁 기간에 중요한 역할을 담당했다. 1954년 1월에 인도차이나에 주둔한 프랑스군(당시에 〈프랑스 연합Union française 군대〉라고 부름)에는 프랑스 본국 출신 5만 3,109명, 북아프리카 병사 3만 6,729명(모든 직위 포함), 사하라 사막 이남의 아프리카 전투원 1만 9,731명이 포함되어 있었다. 덧붙여 아프리카의 퇴역 군인들은 독립을 쟁취하는 과정에서 중요한 역할을 담당했다. 그 중 일부는 자국 대통령이 되기도 했다. 세쿠 투레 치하의 기니처럼 식민 후기 정부가 프랑스 군복을 입고 복무한 퇴역 군인들이 지닌 영향력을 염려하는 경우도 있었다.

하인에서 병사로

이른바 호전적인 인종 학설과 식민지에 대한 전문가 논리에 힘입어, 많은 경우에 원주민 병사들은 자신들이 태어난 영토에 정착한 종주국 출신의 지휘를 받았다. 영국 정부가 군대 내에서 인도의 여러 언어 중 하나인 힌디어를 우선적으로 사용하도록 권장했음에도 불구하고, 인도 영국군에서 몇몇 영국인 장교는 하나 또는 여러 인도어로 의사소통할 수 있음을 자랑으로 여겼다. 이러한 관행으로 군대 내에서 지배와 피지배의 관계가 유지되고, 심지어 고착되는 경향이 있었음은 사실이다.

제2차 세계 대전 중에 자유 프랑스군의 제2 독립 보병 대대Bataillon de marche no. 2(BM2)는 언어적인 측면보다는 지배 관계의 측면에서 또 다른 의미심장한 사례다. 주로 우방기샤리(현재의 중앙아프리카공화국) 출신 부대로 이루어진 부사관 집단은 이 같은 지역에 사는 식민 본국 출신 거주민의 비율이 높았는데, 프랑스 본국과, 1940년 8월에 비시 정부에 맞서 저항을 시작한 프랑스령 적도 아프리카 사이에 교류가 끊겼기 때문이다. 그자비에 리프 상사는 이러한 본국 출신의 식민지 거주민 중 한 사람이었다. 1940년 8월에 징집되었을 때 그는 우방 기샤리에서 대규모 농장을 운영하고 있었다. 역시 제2 독립 보병 대대에 배치된 부관 피농도 마찬가지로 1940년 8월까지 베르베라티의 직장에서 일했다. 따라서 어떤 경우에는 비르하킴에서 독일군의 포화에 모두 죽은 봄바, 만브지케, 수리바, 수마, 마카카 같은 중앙아프리카 병사들은 일개 직원이나 하인(또는 당시 본국 사람들이 부르던 〈보이boy〉) 신분에서, 그 이전과 같은 백인의 지휘하에 놓인 병사의 신분이 될 수 있었다. 프랑스령 적도 아프리카의 폐습과 일탈 혹은 제도화된 폭력은 악명이 높았기 때문에, 이와 같은 알력 관계가 식민지인 군대에서 일상적으로 벌어졌다고 결론 내릴 수 있다.

불복 또는 반항은 본래 예외적인 일이다. 1944년에 벨기에령 콩고의 〈포르스 퓌블리크Force publique〉 군대를 뒤흔든 반란이나, 1943년에 마다가스카르로 파견된 모리셔스 군대 내에서 벌어진 불복은 대체로 평등과 차별 폐지 요구에서 시작되었다. 모리셔스의 유색인들은 실제로 훨씬 낮은 임금을 받았고, 육체노동을 할 수밖에 없었으며, 장교단에 합류할 기회는 막혀 있었다. 다른 경우에는 식량을 둘러싼 분쟁이 소요를 불러일으켰다. 요구 사항은 이처럼 매우 구체적인 성격을 띠었다.

〈검은 치욕〉의 신화

세네갈 저격병들은 더없이 다양한 편견과 고정 관념의 대상이었다. 어떤 이들이 보기에는 〈훌륭한 저격병〉이었고, 다른 이들이 보기에는 야만스럽기까지 한 무서운 전사였다. 프랑스의 〈검은 군대Force noire〉를 구상하고 기획한 망쟁 대령은 이미 제1차 세계 대전 훨씬 이전에 독일이 최초로 가한 이런 비판에 다음과 같이 반박했다. 〈우리는 항상 누군가에게 야만인이기 마련이죠.〉 독일 당국은 1919년부터 연합군이 라인란트를 점령하면서 프랑스 식민지 부대를 활용한 것에 대해 다시 한번 분노했다. 독일에서는 이 사건을 〈검은 치욕〉이라고 불렀다. 유럽 강대국들만 아프리카 군대의 〈잔혹성〉을 두려워한 것은 아니었다. 가령 일부 일본인도 1944년에 버마 전선에서 그랬다. 해외 제국 부대의 평판은 구조적인 요인에서도 기인했다. 실제로 프랑스 식민군 la Coloniale은 본국의 군대la Métro에 비해 (노래와 소문, 군대 문화로 퍼진) 형편없는 평판으로 오랫동안 고통받았다. 이런 유형으로 나타난 군대 내부의 경쟁 관계로도 편견은 강화되었다.

전쟁에서 벗어날 때, 식민지 부대들을 동원 해제하면서 상여금과 봉급 문제를 둘러싸고 갈등이 생겼다. 식민지 부대를 프랑스 본국에 오래 주둔시키면서 긴장은 더욱 고조되었다. 기존의 불평불만에, 누가 더 희생을 감수했는지 정하는 문제가 더해졌다. 자유 프랑스군의 한 부대로 1942년 비르하킴 전투에서 에르빈 로멜의 군대에 맞서 이름을 빛낸 제2 독립 보병 대대의 경우를 다시 살펴보자. 이 부대는 〈원주민〉 689명으로 구성되었는데, 대부분 우방기샤리 출신이었다. 자유 프랑스가 초창기에 몇몇 승리를 거두는 데 기여한 제2 독립 보병 대대는 프랑스에서 그라브곶pointe de Grave과 루아양 진지에 남아 있던 최후의 독일군을 패배시키는 데 기여함으로써 마지막 임무를 완수했다. 뒤이어 제2 독립 보병 대대가 아프리카로 돌아갈 시간이 왔다. 전쟁 초기에 징집된 이 아프리카 군인들은 프랑스군 당국이 우방기샤리에서 그들에게 지급했던 무기를 빼앗으려 하자 동요했다. 1940년부터 활동한 최초의 자유 프랑스 군인들은, 1940년에야 활동을 시작한 프랑스 국내군이 대서양 진지에서 거둔 승리의 영예, 더 넓게는 해방의 영예를 온전히 누리는 상황에서, 다시 한번 모욕당했다고 여겼을 것이다. 그러자 1945년 9월 6일에 르네 부아소 대령은 상황을 진정시키기 위해 〈그들에게 무기를 보유하게 두자〉라고 제안하며 〈그들의 사기에 좋은 영향을 미칠 것〉이라고 했다. 하지만 순전히 상징적이며 전혀 관대하지 않은 조치였다. 부아소가 〈그들에게 탄약까지 줄 필요는 없을 것〉이라고 덧붙였기 때문이다. 다른 경우에도 긴장은 가라앉는 대신 더욱 고조되어 결국 유혈 진압으로 이어졌다.

하지만 식민지의 퇴역 군인은 자신의 공동체 내에서는 상당한 부를 누렸다. 역사학자 그레고리 만은 말리의 퇴역 군인들이 양차 세계 대전 이후에 〈피로 낸 세금〉 개념을 활용하고, 옛 식민 강국과 맺는 관계를 정의 내리기 위해 노예 제도의 기억을 끌어와 어떻게 분명히 구분되는 범주를 이루었는지를 보여 주었다. 더욱이 서아프리카의 퇴역 군인들은 1918년 이후 원주민에게 적용된 불공평한 규제를 면제받는 혜택을 누렸다. 이로써 퇴역 군인은 신민과 시민 사이에 있는 중간 계층이 되었다.

〈피로 낸 세금〉에 따른 요구

전쟁에서 벗어나면서 〈피로 낸 세금〉 논리가 여러 차례 동원되었다. 퇴역 군인에게 특별한 지위를 부여하거나, 특정 지역이나 식민지 영토 전체를 개혁 한다는 명목으로 대가를 얻어 내기 위해서였다. 죽은 식민지 사람들을 위한 기념물들은 이런 서로 다른 요구를 증언할 뿐 아니라, 식민 시기와 식민 후기의 긴장도 증언한다. 이러한 긴장은 제국 군대와 그 유산과 관련이 있다. 제1차 세계 대전에서 죽은 마다가스카르 사람들을 위한 안타나나리보 기념물처럼, 사물은 많은 경우에 집단적 노력을 강조하면서 어떤 지역이 불평등하게 희생한 사실을 상기하도록 하는 데 활용된다. 마르티니크의 로랭 지방에서처럼 간혹 도시의 사망자 기념물에 표현된 무명전사의 정체성은 그 모습이 바뀌어 표현됨으로써 그에 얽힌 쟁점이 드러난다. 로랭 지방 기념물의 경우, 날개 달린 승리의 여신 양쪽에 투박한 나이브 아트naive art 양식으로 표현된 병사는 처음에 밝은 색채의 회화로 표현되었는데 시간이 흐르면서 좀 더 어두운 색채로 바뀌었다. 공간상의 이동이 기념의 의미 자체를 변화시키는 경우도 있다. 알제리의 오랑에 있는 제1차 세계 대전 망자 기념물은 1967년에 프랑스 리옹으로 옮겨진 이후 알제리의 원주민 보충병 아르키harki를 기리는 장소가 되었다. 끝으로, 어떤 경우에는 침묵이나 좌절된 계획이 많은 것을 말하기도 한다. 세포이의 모습을 표현한 제2차 세계 대전 중 인도인 군대 망자 기념물을 런던 중심부에 설치할 계획이었다. 그러나 이 기념물은 세워지지 못했다. 1947년 인도 분할 전쟁(인도·파키스탄 전쟁)이 제2차 세계 대전의 기억에 그림자를 드리웠다. 인도인이 이 분쟁 중에 양편에서 모두 싸웠다는 사실 때문에 분할 전쟁에 대한 총체적인 평가가 논란으로 흐려진 가운데, 후원 부족으로 계획은 취소되었다.

참조

1부 - 03 시민-군인의 시대 | 13 대영 제국주의의 신화 ‖ 2부 - 01 군인 양성 ‖ 3부 - 06 식민지에서: 야만이 된 전쟁

04

자원병

에르베 마쥐렐[•]

자원하여 입대한 병사는 온갖 미덕을 지닌 것으로 칭송된다. 어떤 이념을 지키기 위해 기꺼이 죽으려는 사람이 아닌가? 그를 군대에 자원하게 만든 동기는 그보다는 더 복합적일 것이다. 바이런에서 앙드레 말로, 가리발디에서 체 게바라에 이르기까지 근대 전쟁의 영웅적인 면모가 신화적인 후광을 받으며 빛을 발산한다는 사실에는 변함이 없다.

아래에 서명한 우리는, 그리스에서 기독교적 대의를 지지하기 위해 스스로의 의지로 참전해 죽음을 무릅쓰고자 함을 선포한다. 희생이 결실을 맺지 못하고 우리가 굴복할 가능성이 매우 크지만, 우리는 그토록 참혹한 전쟁으로 인한 모든 피로와 역경을 겪어 낼 각오가 되어 있다. 우리는 더 이상 기다릴 것이 없다고 확신한다. 그리고 이 증서를 작성하며 숙고한 끝에, 우리는 생명을 바쳐 흔들림 없이 싸운다. 우리가 행복하건 불행하건 그에 대한 책임은 그 누구도 아닌 오로지 우리 자신에게 있다.

이러한 선서만큼 전쟁에 자원하는 병사의 전통적인 자세를 잘 드러내는 것은 없다. 이념과 가치를 위해 자기 생명을 거는 사람의 충정

• Hervé Mazurel. 부르고뉴 대학교의 부교수. 낭만주의 유럽의 전문가이며 상상계와 감각을 연구하는 역사가이다. 그의 저작 『전쟁의 도취: 바이런, 그리스 독립 지원자, 그리스의 신기루Vertiges de la guerre. Byron, les philhellènes et le mirage grec』는 2014년에 파리시가 수여하는 오귀스탱 티에리상을 받았다.

이 이 선서에서 온전히 드러난다. 이 글은 4세기에 걸친 오스만 제국의 지배에 반발한 그리스를 돕기 위해 떠나는 1백 명이 넘는 자원병이 1822년 10월에 슈투트가르트에서 서명한 선서에서 인용한 내용이다. 이 선서는 전쟁에 나선 그리스 독립 지원 역사에 애착을 가진 사람뿐 아니라, 전쟁에 가담한 사람들의 문화를 폭넓게 해독하고자 하는 사람에게도 풍부한 정보를 전해 준다. 이 글에서는 자원병에게 일반적으로 부여되는 모든 미덕, 즉 용기, 결단, 인내, 충실함, 희생정신 등이 찬미되기 때문이다. 이 선서에 1813년 독일 해방 전쟁의 순교자들에 대한 전설적인 기억이 감도는 것은 확실하지만, 그와 함께 나폴레옹 전쟁에서 벗어난 시기에 폭넓게 공유된 전쟁에 대한 표상 체계도 드러난다. 전쟁 경험을 신성화하는 것만큼이나 군사적인 남성다움과 그래야 한다는 명령이 지닌 극단적인 무게도 표현된다. 반드시 겪게 될 피로와 역경, 부상에도 불구하고, 이로 인해 강요되는 포기의 강도만큼 전쟁은 이 젊은이들을 매료한다.

그런데 20세기 후반에 유럽에서 성장한 세대들, 〈전쟁에서 벗어난〉세대에게 이러한 전투 욕망은 놀랍고 이해할 수 없거나 당황스럽다. 우리는 우리 사회를 에워싼 평화주의 — 진짜든 거짓된 것이든 — 에 깊은 영향을 받아, 양차 세계 대전의 대량 살상을 겪은 이후로 전쟁 체험을 추하고 부조리한 것으로 보면서, 그 이전에는 전쟁이 얼마나 강력한 도덕적·미적 가치를 발산할 수 있었는지 잊고 말았다. 그 때문에 우리는 이러한 호전적인 열정이 예전에 어떻게 이토록 기탄없이 표현될 수 있었는지 이해하기 어려워한다. 그만큼 전쟁 욕망은 오늘날 — 매우 특수한 일부 몇몇 맥락을 제외하면 — 더 이상 정당화되지 않는다. 자원병 복무의 역사를 쓴다는 것은 동시에 〈전쟁의 신화〉(조지 모스)가 활짝 핀 역사, 그리고 그것이 상대적으로 와해된 역사를 이야기하는 것이다.

근대에 이루어진 자원입대의 역사는 19세기로 넘어가는 전환기에 전쟁 활동에 영향을 미친 대전환에서 비롯했다. 그 뿌리는 프랑스 혁명 또는 대서양 혁명에서 탄생한 거대한 격돌에서 양분을 얻는다. 국가의 군대와 군인-시민의 세력이 증대하고 구제도 아래의 왕조 전쟁과 왕조의 용병 군대가 퇴락한 것이, 자원병이 공인된 전사로 주목받은 배경이다. 자원병이 갑자기 영예를 받는 대상이 되고 자원입대가 뒤이은 여러 세대에게 매우 강한 매력을 발산한 현상은, 전쟁이 그 시대에 국가 존재의 절정을 이루었다는 사실, 그리고 병사가 전쟁의 목적을 과거보다 훨씬 깊이 내면화하게 되었다는 전제로만 설명할 수 있다.

용병은 굶어 죽지 않기 위해 돈을 가장 많이 주는 사람에게 자신을 팔아 싸웠다. 징집병은 인내심과 명예심을 발휘했지만 대규모 동원이라는 강요에 자신의 운명을 맡길 수밖에 없었다. 반면에 자원병은 자신의 결단에 온 존재를 바쳐 부름을 받기 전에 먼저 나섰다. 어쩔 수 없이 운명을 따르기보다 운명을 지배하는 쪽을 택했다. 이러한 자유의지, 죽음을 두려워하지 않는 고고한 자세, 국가에 대한 한결같은 애착에서 자원병의 각별한 지위가 비롯했다. 이런 행동으로 자원병은 평범한 사람과 구별되어 고귀해졌다. 따라서 19세기와 20세기에 자원병이 진정한 전사 귀족으로 간주되었다거나 장교단에 속했다는 사실은 전혀 놀라운 일이 아니다. 1792년부터 1815년까지 23년간 유럽을 불태운 전쟁의 불길이 가라앉았을 때, 자원병은 지극히 명예롭고 이상화된 사회적 인물상이 되어 있었다.

하지만 자원입대의 역사가 국가라는 이념을 긍정한다는 사실과 강하게 연관되었다고 해도, 이 역사에는 두 계층이 있다는 사실을 결코 잊어서는 안 된다. 국가의 군대에 지원하는 것보다 더 고귀한 자발적 행위가 존재했기 때문이다. 국제 자원병, 즉 자기 조국만을 지키기 위해서가 아니라 더 높은 이상을 위해 다른 민족 곁에서 싸우려고 입대하는 사람에게 부여된 고귀함이다. 이런 사람은 개인의 수준을 벗어나 보편으로 향했다. 집단에 대한 소속을 초월해 인류 전체와 관련된 행위에 가담했다. 이런 점에서 바이런부터 앙드레 말로까지, 또는 가리발디부터 체 게바라에 이르기까지 국제 자원병은 특별한 존재로 간주되었다. 라파예트와 코시치우슈코가 1776년에 시작된 미국 독립전쟁에 참전한 데에서 생겨났을 19~20세기 국제 자원병을 둘러싼 강력한 신화가 이런 사실에 뿌리를 내리고 있다.

자원입대의 역사에는 접근하는 여러 방식이 존재한다. 그 중 하나가 자원입대를 이상향에 대한 자유롭고 자발적인 찬동이며 각별한 정치적 우정의 열매라고 간주하는 경향이다. 또 다른 한 방식은 더 물질적인 접근법이다. 목적을 비판하며 아름답고 고귀한 행동에 가려진 물질적이고 타산적인 의도 또는 적어도 솔직하게 털어놓기는 어려운 동기를 드러내는 것이다. 마지막으로, 지금껏 잘 활용되지 않은 조금 더 인류학적인 방식으로 자원입대의 상상적 이미지에 부여된 가치와 상징, 신화와 정서를 강조하는 접근법도 존재한다. 필자는 이 글에서 이 접근법 중 어느 하나도 소홀히 하지 않으면서 자원입대의 다양한 원동력을 가장 고결한 것부터 타산적인 것에 이르기까지 역사적으로 명백히 밝히고자 노력할 것이다. 동시에 장기적인 관점에서 전쟁 자원입대를 특징짓는 사회적, (인류학) 논리적 역동을 먼저 설명하는 것을 잊지 않을 것이다. 끝으로 자원병이 군사 작전 현장에서 겪은 구체적 경험을, 자원병의 인물상을 둘러싼 끈질긴 신화와 대조할 것이다.

〈자유 아니면 죽음〉

군대를 조직하는 데 있어 프랑스 혁명기가 초래한 단절은 참으로 컸다. 구제도 아래에서 용병은 오랫동안 유럽 군대의 골격을 이루어

왔으나, 프랑스 혁명기 이후 도덕도 법도 모르는 이미지와 연결되어 점점 더 거센 비난을 받게 되었다. 이러한 변화를 프랑스 국가(國歌) 「라 마르세예즈」(애초에 자원병 부대가 부른 군가였다)의 제3절에서 찾아볼 수 있다. 제3절에서 〈저 외국의 무리들〉과 〈저 용병 부대들〉은 〈우리 자랑스러운 용사들〉과 〈우리 사나운 병사들〉을 노린다. 프랑스에서 왕정이 무너지면서 용병 부대들은 종말을 맞았다. 공화국은 머지않아 외인부대를 구성하는 외국인 자원병과 전통적인 용병을 구분하려 했다. 하지만 이 경계는 지속적으로 모호하고 불분명했다. 클라우제비츠가 지적했듯, 발미 전투는 되돌릴 수 없는 단절을 이루었다. 이 전투는 무장한 국민이 옛 용병에 맞서 결정적인 승리를 거두었음을 뜻했다. 그리고 두 세기에 걸쳐 전쟁을 치르며 프랑스군이 무수히 많은 승리를 거두자 유럽 대륙에는 징병제가 전파되었다 — 영국을 제외하고.

〈무장 대중〉의 시대는 용병들이 전 세계로 흩어지고 과거에 그들이 우위를 차지하던 시대가 끝났음을 의미했다. 하지만 이 시대는 시민-군인의 시대만은 아니었다. 자원병에 대한 이상화가 절정을 이룬 시기기도 했다. 그사이 전쟁이 본질적으로 이념화되었기 때문이다. 자원병이 다른 그 어떤 병사보다 열정과 충성을 발휘해 삶을 헌신한 대상은 이념 — 자유, 공화국, 국가 등 — 이었다. 다양한 견해를 지닌 사람들이 포함된 1793년 국민개병으로 동원된 병사들과 달리, 1792년의 자원병들은 혁명 이념을 열정적으로 수호했다. 1819년에 자신이 걸어온 길을 되돌아보는 파졸 장군도 그랬다. 〈나는 혁명의 자녀로서 자유를 수호하기 위해 1792년에 무기를 들었고, 워털루 전역에서 조국에 대한 마지막 의무를 다한 후 1815년에 대육군Grande Armée에서 해임되어서야 군대를 떠났다. (……) 나는 직업이 아닌 의무 때문에 싸운 전사로서 적이 침공해 왔을 때 조국을 지켰다.〉

하지만 프랑스 혁명군과 뒤이어 나폴레옹 군대의 다른, 때로는 같은 자원병들은 수 세기에 걸쳐 이어진 전제 군주의 지배에서 민족들을 해방시키기 위해 유럽 각지로 떠났다고도 말했다. 그들은 전제 군주에 맞서 격렬하고 확고한, 끝없는 전쟁을 벌여야 했다. 그래서 평화 협정 계획이 발표되었을 때 P. 샬맹 소령은 코트도르 제8 보병 대대 소속 부대원들에게 이렇게 외치며 강한 염려를 드러냈다. 〈안 돼. 안 될 일이오! 폭군의 교만함을 모욕하기만 하고 잠들어선 안 됩니다! 프랑스인이여, 여러분의 맹세를 생각하십시오. 왕들에 맞서 영원히 전쟁을 치르겠다는 맹세를.〉 많은 폴란드인이 훗날 똑같은 열정에 고무되어 나폴레옹 군대에서 복무했다. 혁명의 해방 이상에 대한 열정 어린 충성심에 의한 것이었지만, 마침내 대(大)폴란드가 재탄생하는 것을 보려는 희망에서 나온 행동이기도 했다. 또 주세페 가리발디 같은 인물이 그 유명한 붉은 셔츠단의 지원을 받아 3세대에 걸쳐 브라질과 우루과이, 프랑스, 이탈리아에서 〈민족들의 지극히 신성한 대의〉를 위해 치른 수많은 전투를 떠올려 보자. 이 공화파 콘도티에레*는 3세대에 걸친 가리발디의 후예들에게 자원병 활동에 애정을 가질 뿐 아니라 자유주의적이고 민족적인 모든 대의를 지지하라고 가르쳤다.

당시에 그들은 〈자유 아니면 죽음〉이라고 말하곤 했다. 이 구호는 혁명기 프랑스에서 1792년 〈위험에 처한 조국〉이라는 선포에 이어 등장했다. 그런데 〈자유 아니면 죽음〉은 얼마 지나지 않아 자원병 수천 명의 입을 통해 국가 독립 투쟁에 나선 전 세계 모든 이에게 퍼졌다. 이 구호를 말함으로써 사람들은 무장한 자원병의 기나긴 영예로운 전통에 편입하는 동시에, 참전 동기의 진실함과 자발적인 희생정신을 보여 주고자 했다. 더없이 아름다운 대의인 〈민족 해방〉을 위해

---

* condottiere. 중세 이탈리아 도시 국가에서 활동한 용병 대장을 이르던 말.

살거나 순교자로 죽을 것을 맹세한 자유로운 인간이라는 주장, 또는 자유 — 당시에 더없이 신성한 단어 — 라는 대의를 말이다. 자원병은 자신이 치르는 전투를 신성함의 영역에 포함시키는 것을 좋아한다는 사실은 강조할 필요가 있다. 이 신성함은 때로는 종교적인 의미를 띠고, 때로는 정치적인 색채를 띤다. 자원병은 이렇게 함으로써 자신이 가담한 싸움이 순수하고 사심이 없다고 소개하기를 원한다. — 이는 미덕으로 얻는 이득 내지는 행동의 근원에 존재하는 〈사심 없음에 대한 사심〉을 감추는 교묘한 방법이기도 하다.

1813년 독일 해방 전쟁 중에 자원병 에른스트 모리츠 아른트는 자신을 독일 민족이 나폴레옹에 맞서 벌인 성전의 전위대로 여겼다. 자원병들에게 자유는 침략자의 자유일 수 없었다. 부대에 합류하기 전에 성직자의 축성을 받은 그들은 신과 힘을 합쳐 악랄한 불신자인 프랑스인들을 영토에서 몰아내기를 원한다고 말했다. 독일 의용군인 〈자유 군단〉 소속의 많은 군인이 팔뚝에 십자가 문신을 했다. 그들의 열정에 필수적인 기독교적 상징은 병사들의 삶과 죽음을 성스럽게 만드는 힘을 지녔다. 유명한 뤼초프Lützow 연대의 일원이자 『리라와 검 Leier und Schwert』의 저자인 시인 병사 테오도어 쾨르너는 아버지에게 조국 수호를 위해 바칠 수 없을 만큼 소중한 생명을 지닌 것은 아무것도 없다고 주장하며 자신이 자원병으로 떠나게 해달라고 설득했다. 희생정신과 미덕을 발휘하라는 이러한 지속적인 부름은 오랫동안 자원입대의 전형적인 특징이 되었다.

신성한 임무에 가담하기, 자기 자신보다 더 큰 무언가에 힘을 보태기, 개인적인 이득을 뛰어넘는 어떤 대의를 위해 활동하기 등이 자원병이 보여 준 역사적 행동의 심층적인 원동력이었다. 한 세기 후 러시아에서는 강력한 혁명의 열기 속에서 1917년 봄에 마리야 보치카레바의 주도한 것으로 유명한 〈죽음의 부대〉가 창설되었다. 러시아 임시 정부는 여성 자원병 부대가, 3년간 극도로 살인적인 전쟁을 치르며 지칠 대로 지친 병사들의 사기를 새로이 북돋워 주기를 바랐다. 또 20년 후에는 스페인 내전 중에 국제 여단 활동을 중심으로 영웅적 숨결이 강하게 불었다. 5대륙 53개국 3만 5천 명에 이르는 외국인 자원병이 공화파 편에서 싸우려고 모여들었다. 분쟁이 시작되자마자 이내 신화가 된 자원병들의 영웅담은 앙드레 말로, 조지 오웰, 헤밍웨이(그리고 이들과 더불어 낭만적인 희생에 대한 바이런적인 상상력)를 곧바로 떠오르게 하지만, 여단 대원의 전형적인 인물상은 제철과 건설 분야의 숙련된 노동자였음을 알아야 한다. 그런데 공산주의자가 대부분이고 1918년 이후 반군사주의 사상이 깊게 배어 있던 이 사회 계층에서 그토록 강도 높은 무장 항쟁 전통과 전투 열기가 되살아난 현상을 설명할 수 있는 유일한 요인은, 양차 대전 사이에 나타난 반파시즘이라는 대의였다. 유명한 링컨 여단의 미국인 자원병 대부분을 자극한 것 역시 이러한 후광이었다. 비록 미국 역사에 통합된 군부대를 지휘한 최초의 아프리카계 미국인 올리버 로에게는 반인종 차별주의 투쟁이기도 했지만.

훨씬 덜 알려진 사실이지만, 맞은편에서도 반동적인 가톨릭 프랑코 정권의 군대를 돕기 위해 수많은 국제 자원병이 왔다. 러시아 백군 출신 이외에도 포르투갈 사람이 많았고, 유명한 아일랜드 여단, 7만 명 이상의 이탈리아 자원병이 민족주의자들의 편에서 싸웠다. 이탈리아군 정예 부대인 아르디티Arditi 출신 외에도 파시스트 마리오 로아타가 이끈 이탈리아-스페인 혼성 부대 〈검은 화살Flechas Negras〉 여단 소속의 이탈리아 장교들이 주도적인 역할을 담당했음을 기억해야 한다. 콘도르 군단으로 재편된 루프트바페 부대의 독일 조종사들도 1937년 4월에 게르니카 폭격을 주도하여 비극을 초래하며 악명을 떨쳤다. 제2차 세계 대전 중에는 반(反)볼셰비즘과 파시즘에 대한 신념도, 많은 외국인 자원병이 나치 무장 친위대Waffen SS에 가담하는 데 결정적이었다. 볼셰비즘에 맞서 프랑스 의용 군단을 창설한 대독 협력 정책 동조자 자크 도리오를 떠올려 보자. 그는 히틀러에게 충성을 맹세한 다른 6천 명의 프랑스인과 함께 동부 전선에서 독일 군복을 입고 중위 계급으로 싸웠다. 또 프랑스어를 쓰는 벨기에인 2만 명은 레옹 드그렐에게 소집되어 나치 군대 소속으로 싸웠다.

동기 부대

최근 두 세기에 걸쳐, 진영을 불문하고 이념적 소속을 뛰어넘는 가치가 등장했다. 바로 전우애다. 자원병의 모든 담론에 전우애라는 주제가 얼마나 깊이 배어 있는지를 보면 놀라울 정도다. 조지 모스는 산업 혁명과 과거 농촌 공동체의 해체로 사회 조직이 크게 흔들리면서 근대와 더불어 등장한 〈전쟁 동지애의 신화는 점점 더 추상적이고 무명이 되어 가는 사회에서 의미심장한 관계를 맺는 하나의 방식이었다〉라고 썼다. 군대 공동체에 들어가는 것은 곧 선별적이고 친화력 있는 관계를 맺을 수 있다는 확신을 주었다. 사회의 구속에서 해방된다는 느낌 이외에 굳게 결속된 — 위험 때문에 단결할 수밖에 없는 만큼 더욱 결속된 — 공동체에 소속된다는 느낌을 주었다. 그리고 자원병은 항상 사안에 고귀한 의미를 부여할 필요가 있었으므로, 이런 식으로 전우애를 추구하는 것은 가끔 입대를 결정할 때 — 또는 나중에 입대를 회상할 때 — 큰 동기로 작용했다. 1914년 8월에 자원해 부상을 14군데 입고 영웅이 된 에른스트 윙거는 1922년에 출간한 『내적 체험으로서의 전투Der Kampt als inners Erlebnis』에서 남성적인 병사 공동체를 이렇게 묘사했다.

우리는 포탄으로 초토화된 참호로 밀려들 최초의 파도라는 사실이 자랑스럽다. 우리는 동지다. 행동으로써, 피로써, 함께 나누는 가치로써 한 몸, 하나의 의지로 뭉친, 오로지 병사만이 가질 수 있는 동지. 장비를 사용한 전투로 단련된 첨병으로서 우리는 우리를 기다리는 게 무엇인지 매우 잘 알고 있다.

시련으로 단련된 운명 공동체, 위험 앞에서 동등한 남성들의 이러한 연대에 아마도 전쟁의 대가라 할 만한 것이 있었을 것이다. 아니면 윙거가 말한 전쟁의 위대함, 아름다움이 있었거나.

덧붙이자면, 상호 부추김의 효과가 여기에서 결정적인 역할을 했음은 아무리 강조해도 지나치지 않을 것이다. 그리고 이 효과를 통해 군사-남성적 모델에 부합해야 한다는 강력한 요구를 전달하는 것도 중요했다. 오랜 자원입대 전통 덕분에 알려 주는 바가 매우 많은 영국의 사례를 살펴보자. 영국은 적의 침공을 받거나 점령을 당한 일이 거의 없음에도 불구하고 1794~1814년에 많은 이가 자원입대했다. 프랑스 침공의 위협이 감도는 가운데 정부가 시작한 자원병 소집은 엄청나게 성공적이었다. 잉글랜드 전역, 특히 도시 지역에서, 또 스코틀랜드와 웨일스에서도 아주 많은 남자가 자원병 부대 ― 그 예로 유명한 의용 기병대 〈요먼대Yeomanry〉가 있다 ― 에 입대해 매주 무기를 다루는 법과 군대의 규율을 훈련받았다. 그리고 진정한 연대감을 만들어 내고자 했다.

노래를 이용해 공격적인 남성성과 영웅적인 행동을 기른 이 나라에서는 자원병으로 싸우는 것이 오랫동안 젊은이들에게 매력적인 계획이었다. 제1차 세계 대전 초에 키치너의 부름과 그의 유명한 포스터 〈Your country needs you!(조국이 그대를 필요로 한다!)〉가 얼마나 엄청난 자원입대 움직임을 불러일으켰는지는 잘 알려져 있다. 징병제가 없다는 단점을 보완하면서 영국이 병역 제도를 채택하기로 결심하기까지 1914년과 1915년에 240만 명이 넘는 남자가 자원병으로 지원했다. 이들의 열정을 지나치게 과장해서는 안 되겠지만, 이들은 그 유명한 동기 대대Pals battalions, 즉 같은 마을, 같은 동네, 대학, 작업장, 교회, 스포츠 클럽 등에서 온 〈친구들로 이루어진 부대〉였다. 〈함께 입대해 함께 복무하십시오〉라는 영리한 논리를 활용해 초기에 동원 움직임을 일으켰다. 뒤이어 대규모 모방 현상이 일어났다. 그 어떤 마을도, 도시도, 지역도 이웃 마을이나 도시, 지역보다 덜 애국적으로 보길 원치 않았기 때문이다. 가족 내에서는 형제와 사촌들이 — 남자다워야 하니까 — 서로 뒤지지 않으려 했다. 이러한 순응 효과는 비록 영국만큼 강하게 나타나지는 않았어도 어디에서나 존재했다. 청년 노르베르트 엘리아스는 사회학자로서 국제적인 명성을 얻기 전인 1915년에 자원병으로 입대했다. 그가 독일 제국에 몸 바치고자 열성적인 애국자였기 때문이 아니라, 자신이 다니던 브레슬라우 고등학교에서 반전체가 입대했기 때문이었다.

〈세상의 모든 열정에 취해〉

그렇다면 이제 자원병으로 참전하게 만든 역동 속에서 욕망의 경제학과 불안이라는 동기와 관련된 것을 좀 더 재구성해 보자.

그전에 잠시 권태가 한 역할을 살펴보겠다. 나폴레옹 전쟁 직후에 유럽의 모든 국가는 나이 든 군인들로 가득했다. 이들은 여러 해를 전장에서 싸우며 보냈기 때문에 밋밋하고 공허하고 광채 없는 민간의 일상생활로 되돌아갈 능력이 없었다. 퇴역 경기병 중대장 밀라르가 다른 나라에서 자신의 군사적 능력을 발휘하게 된 이유도 바로 무기력에 대한 증오였다. 〈나는 파리에서 실직 상태였죠. 혼란스러운 병영 한가운데에서 지내다가 이제는 똑같은 하루하루가 지루하고 지치도록 이어졌습니다. 더 이상 그런 무기력 상태를 견딜 수 없어 유럽을 떠나기로 결심했지요.〉 이렇게 자신이 누렸던 영광에 빠져 방황하다 조국을 떠나는 데 익숙한 군인 중 많은 이가 밀라르처럼 군인으로서 다른 나라로 이주할 유혹을 느꼈다. 어떤 이들은 재정적 어려움에 떠밀려 원치는 않았지만 다시 용병이 되었다. 그 예로, 피에몬테의 퇴역 경기병 칼로소는 오스만 제국 술탄의 군대에 합류했다. 나폴레옹 대육군의 고참 근위대Vieille Garde 소속 전직 대위인 바슈빌은 이오안니나의 알리 파샤*가 부대를 재조직하는 일을 도우러 떠났다. 또 다른 이들은 자신의 깊은 신념과 맞아떨어지는 전투에만 가담했다. 남아메리카 민족들을 해방하기 위해 볼리바르 곁에서 싸운 코크레인 제독이나 페르사 소령이 있었다. 하지만 자원병과 용병 사이, 이념적 이유와 물질적 이득 사이의 좁고 불분명한 경계선 밑에서는, 유럽에서 전쟁터가 사라지면서 생긴 권태가 매번 확실한 동기로 작용했다.

시간의 맥박이 이렇게 갑자기 느려지자 낭만적인 세대 전체가 큰 충격을 받았다. 귀스타브 데슈탈은 1819년에 어느 변론에서 젊은이의 답답함을 더없이 잘 표현했다.

이 보잘것없고 협소한 삶, 시적인 면이라고는 전혀 없는 이런 삶은 우리에게 견딜 수 없는 짐이었다. 우리는 무언가 더 나은 것, 우리의 수준에 맞는 어떤 위대한 것을 꿈꿨다. 우리에겐 더 이상 투사로서의 기쁨도 없고, 치러야 할 십자군 전쟁도 없었다. 나폴레옹 전쟁 경험도 이미 끝났다. (……) 삶은 무료하고 단조롭지만, 신은 이런 제약에도 가라앉지 못하는 에너지를 많은 사람의 마음에 넣어 두었다.

* Ali Pacha. 오스만 알바니아의 통치자.

어린 시절부터 번쩍이는 금 휘장으로 장식한 아버지들, 그리고 그들이 전쟁에서 거둔 업적으로 도배된 언론 기사를 보며 길러 온 영광스러운 희망이 사라졌음을 어떻게 인정한단 말인가? 이 낙심한 세대에 대하여 알프레드 드 비니는 『군대의 복종과 위대함*Servitude et grandeur militaires*』에서 이 세대가 〈전투의 메아리와 꿈 사이에〉 매달려 있다고 표현했다.

싸우러 떠난 곳이 이탈리아, 스페인, 라틴아메리카, 그리스 또는 폴란드의 반란군 편에서든 상관없이 1820년대는 낭만적인 이동이 활발하게 이루어진 시기였다. 청년 자원병들은 자신의 가치를 증명해 보일 전쟁터를 찾아 나섰다. 바이런주의의 바탕에서 학생, 신문 기자, 예술가, 작가, 변호사, 의사 등 세속적인 일상을 떠나 이국적인 모험을 하려는 유럽의 젊은이들이 그리스 독립을 지원하기 위해 자원병으로 떠났다. 23세의 젊은 장교 아실 드 생타르노도 〈주둔지의 삶〉과 〈전투 없이 무위도식하며 수년을 보내는 것이 지겨워〉 그리스에서 진정한 포화 세례를 받고자 루이 18세의 군대를 떠나기로 결심했다. 하지만 1823년에 모험을 찾아 떠난 바이런만큼 삶에 자극을 주고자 한 깊은 욕구를 잘 표현한 사람은 없다. 〈삶의 위대한 대상은 감각이다. 비록 고통 속에서일지라도 우리가 존재한다고 느끼는 것. 바로 이《중요한 공허》가 우리를 노름으로, 전쟁으로, 여행으로, 평범하지만 강렬한 감각을 주는 행동으로 밀어붙이는 것이다. 이 행동의 중요한 매력은 이런 행동과 떼려야 뗄 수 없는 동요, 흔들림이다.〉

이 시대 서구에서는 전쟁과 여행 사이에 전에 없던 관계가 생겨났다. 이국적인 환경에서 전쟁을 치르려는 유혹이 완전히 새로운 것은 아니었다. 십자군 전쟁이나 콩키스타도르(스페인 패권주의) 시대의 수많은 방랑 전사가 현실을 벗어나고자 하는 젊은이들의 모델이 되었다. 하지만 이 시대에 들어 전쟁과 여행은 각각의 매력을 새로운 방식으로 결합했으며, 이 매력은 오랫동안 지속되었다. 낭만적인 여행 관습이 확산되면서 이국적이고 야생적인 머나먼 고장과 웅대한 경치를 즐기는 취미가 생겨났다. 예전에는 기피 대상이던 이글거리는 사막과 울창한 숲, 난바다, 가파른 산맥이 이제는 식민지로 떠나고, 먼 곳에서 참전하도록 자극했다. 이런 사례는 많다. 1873년 오늘날 가나에 위치한 험악한 밀림에서 아샨티족을 상대로 싸운 울슬리 장군 휘하의 영국 자원병들, 사하라 사막의 광대한 모래 언덕과 질주용 낙타 메하리를 탄 병사들의 모험에 매료되어 합류한 에르네스트 피샤리가 그렇다. 영국 왕실 기마 근위대의 대위로서 〈그레이트 게임〉에 참전하기 위해 자원해 중앙아시아 대초원에서 러시아와 키르기스, 부하라의 기병 한가운데로 질주하는 것에 도취한 프레더릭 버나비, 또는 16세의 어린 나이에 모험심에 가득 차 나일강과 콩고를 꿈꾸며 프랑스 외인부대에 입대하기 위해 가출한 에른스트 윙어도 있다.

여행 대신 치르는 전쟁, 경치가 장관인 머나먼 고장을 탐색하고, 신비롭고 매혹적인 민족들을 만날 기회로 치르는 전쟁, 이것이 자원병으로 참전하여 떠나게 만드는 최우선 동기였다. 1860년대쯤에 이러한 동기는 중국에서 〈상승군(常勝軍)〉을 진두지휘한 미국인 프레더릭 워드나 그의 영국인 후임자 찰스 고든의 모험을 둘러싼 유명한 이야기의 핵심을 이루었다. 두 사람 모두 청 왕조를 위해 태평천국의 위협에서 중국을 보호하는 임무를 맡았다. 이러한 동기는 1896년 일본의 신생 제국 권력에 맞선 보신(戊辰) 전쟁 중, 쇼군과 그에게 충성하는 무사들을 도우러 일본으로 떠난 쥘 브뤼네라는 인물이 오랫동안 매력을 떨친 이유이기도 했다. 그의 매력은 2003년에 영화 「라스트 사무라이」로 다시 활력을 얻었다. 뒤이은 수십 년 동안 먼 곳에서 치르는 전쟁에 대한 유혹은 유럽에서 벌어진 징집 캠페인에서 무수한 형태로 재생산된 구호 〈입대해서 세상을 발견하십시오!〉라는 말로 표현되었다. 제3공화국 프랑스 군대의 포스터도 그랬다. 포스터에는 울창한 숲과 반쯤 벌거벗은 사람들이 있는 섬에 정박한 젊은 해병들이나, 아프리카 중심부를 흐르는 거대한 강의 구석구석을 카누로 탐험하는 장교들, 또 북아프리카의 이슬람교도 거주지의 거리에서 석양을 받으며 거니는 보병의 모습이 표현되어 있었다. 식민 제국 각지에서 병역이 큰 인기를 얻지는 못했지만, 이러한 방법으로 적어도 엘리트층과 서민층에서 자원병을 상당수 소집할 수 있었다. 1880년대부터 1930년대까지 소집 캠페인이 계속 반복된 것을 보면, 전쟁에 대한 열정과 지리적인 환상이 뒤얽힌 상상력, 바다 건너 멀리 떨어진, 가끔은 더없이 외지고 척박한 곳에서 벌어지는 전쟁 모험에 대한 상상력이 지속되었음을 알 수 있다.

20세기로 넘어가는 전환기에 모험가 인물상은 과거보다 훨씬 큰 매력을 발산한다. 한 세기 전에 이러한 인물상은, 이상적인 군인과는 완전히 반대되는 인물인 용병과 연결되는 경향이 있었는데, 이러한 양극성이 뒤집혀 예전에 서로 대립하던 영웅 인물상과 모험가 인물상이 자원병의 모습에서 한데 어울리게 되었다. 실용적인 목적에서 완전히 벗어난 〈진정한 모험〉에 대한 신비주의가 우세해지기 전인 19세기 마지막 30여 년 동안 먼 고장에서 활동한 군인들 — 브라자, 고든, 마르샹 등 — 은 모험 이미지를 훌륭하게 구현해 낸 것은 탐험 여행의 매력을 전쟁의 유혹에 결합시켰다. 랭보도 이 유혹에 굴복해 1876년에 하르데르베이크에 있는 네덜란드 식민 후방 부대에서 배에 올라 자바섬을 향해 떠났다. 어떤 이유로 탈영했지만 말이다. 이 시기에 일간지와 대중 소설, 청소년 소설은 잘 알려지지 않거나 매우 이국적인 풍광의 고장으로 거침없이 떠나는 열정적이고 야망 넘치는 군인들을 그렸고 대중은 이 인물들에 찬탄했다. 아라비아의 로런스가 전형적인 모험가 인물상을 상징하게 된 것은 결코 우연이 아니다. 제1차 세계 대전을 계기로 군인이 되었다가 아랍 혁명에 열광하고, 사막에서 벌이는 게릴라전 원칙을 재발견해 아랍인 비정규군을 진두지휘하며 아카바 항구뿐 아니라 예루살렘과 다마스쿠스까지 점령한 이 젊은 고고학자의 여정만큼 매력적인 것이 무엇이란 말인가?

〈진정한 모험〉을 경험하는 것, 그게 아니라면 그저 〈모험을 체험하는 것〉, 이것이 젊은이들이 자원병으로 떠나게 만든 핵심 원동력 중 하나였다. 극히 정치화된 자원병에게서도 쉽게 터놓기 힘든 이러한 동기를 어렴풋이 찾아볼 수 있었다. 발트 지방에서 활동한 자유 군단의 일원인 에른스트 폰 살로몬은 1921년에 이렇게 말했다.

우리는 세상의 온갖 열정에 도취된 전투원이었다. 방탕에 빠져 우리를 흥분시키는 것들을 찾아나섰다. 우리가 원했던 것? 그게 무엇인지 우리는 몰랐다. 그리고 우리는 이미 알고 있던 것을 원하지 않았다! 전투와 모험, 흥분과 파괴. 보이지 않는 힘이 우리 온몸에서 용솟음쳐 솟아올라 생살에 생채기를 냈다.

모험이 발산하는 매력은 죽을 위험과 깊이 연결되어 있었다는 사실을 덧붙이자. 포화를 무릅쓴 사람이 단 한 번도 자기 생명을 걸어 본 적이 없는 사람에게 발휘하는 독특한 힘을 누구나 알고 있었다. 윈스턴 처칠은 자신이 종군할 전쟁이 없어지자 1895년 제2차 쿠바 독립 전쟁에 참전했다.

지치고 혹사당하고 팔다리가 절단되어 전쟁에 분노하는 현세대 사람들은, 평화로운 시기만 거치며 자란 어느 젊은 영국 장교가 난생처음으로 진짜 군사 작전 현장에 다가설 때 느끼는, 약간 두려움이 섞인 달콤한 쾌감을 아마도 이해하지 못할 것이다. (……) 저곳에서는 분명히 무슨 일이 벌어질 거야. 그곳에서 나는 죽을지 몰라. (……) 그래도 우리는 부상을 입거나 죽고 싶지는 않다. 그렇다면 우리는 대체 무엇을 원하는가? 이것이 젊은이들의 거대한 환상이다……. 모험을 위해 모험을 추구하는 것. 이것은 순전히 어리석은 짓이라고 말할 수 있을지 모른다. (……) 하지만 우리는 영국 군대에서 그때 우리가 앉아 있는 안장에 앉기 위해 한 달 치 월급을 내놓지 않을 소위는 거의 없다는 사실을 알고 있었다.

포화 세례를 받는 것만이 남성다움을 증명하고, 〈진정으로 남자다운〉 남성의 세계에 조건 없이 통합되는 일임은 분명했다.

하지만 그 길의 끄트머리에 죽음의 가능성이 없다면, 운명의 총애를 받을 가능성도 없었다. 오직 시련을 견뎌 내야만 오랫동안 전쟁 모험의 보배였던 이 각별한 의미가 솟아날 수 있다. 횔덜린이 1770년에 터키인에 맞선 반란에 가담한 허구의 인물인 히페리온에 대해 적었듯 〈위험이 커지는 곳에서 구원도 커진다〉. 바로 여기서 생존자는 전형적으로, 강력한 힘에 대한 인상, 스스로 선택하여 펄펄 끓는 죽음을 향해 자신을 내던진 다음에 죽음에서 벗어나, 선택받았다는 느낌을 받는다. 그 때문에 자원입대는 신명 재판 행위에 해당했다. 자기 생명을 걸어야 생명을 더 잘 구원할 수 있다는 점에서.

전쟁의 더러운 실상

자원병은 자신이 선택한 대의에 이념적으로 깊이 얽혀 있고 그에 대한 강한 열정을 지녔기 때문에, 다른 어떤 군인보다 더 쉽게 심한 환멸에 빠진다. 전투 현장에서 자원병 대부분은 마법에서 고통스럽게 깨어나는 경험을 한다. 올리버 스톤의 영화 「플래툰」(1986)에서는 순진함에서 벗어나는 과정이 그려진다. 감독은 베트남 전쟁의 자원병으로 참전한 자신의 충격적인 경험을 크리스 테일러라는 인물에 이입해, 1967년에 제25 보병 사단 소속으로 조국을 위해 싸우러 떠난 젊은 이 상주의자를 그렸다. 베트남에 도착하자 그의 가장 내밀한 신념은 사라진다. 밀림에서 강행하는 힘겨운 행군, 밤에 보초를 서면서 느끼는 공포, 방어 작전의 혹독함, 사역 때문에 감내해야 하는 굴욕, 전쟁으로 단련된 고참병들의 권한 남용 또는 신념 없는 징집병들의 빈정거림, 거기에 더해지는 베트남 민간인에 대한 잔혹 행위, 이 모든 경험이 주 인공의 인격 구조 자체에 깊은 영향을 미친다.

먼 곳에서 꿈꾸었던 전투, 훈장을 받을 거라는 기대감, 귀국할 때 영 웅으로 찬양받고 싶은 욕망과 전쟁의 암울하고 지저분한 또는 잔혹한 현실 사이에서 자원병의 정신 상태는 이 영화에서처럼 대부분 현실이 라는 바위에 부딪혀 산산조각 났다. 환멸의 동기는 여러 가지였다. 평 범한 죽음을 맞을 거라는 불안감을 비롯해 전투의 끔찍한 폭력, 또 다 른 부당 행위 등 그들의 담화는 실망으로 가득 찼다.

가령 앤잭 군단(ANZAC)*의 자원병 수천 명이 1915년 4월 25일 새벽에 갈리폴리반도의 해안에 도착해 뒤집어쓴 포화 세례는 매우 끔 찍했다. 조국 — 전쟁 중인 대영 제국 — 을 원조하러 왔으나 분쟁의 중심지에서 멀리 떨어져 싸운 이 오스트레일리아-뉴질랜드 군단은 요새화가 충실한 곳과, 돌파가 거의 불가능한 급경사면이 마주한 곳 에 상륙했다. 중무장한 터키군은 높은 곳에서 살인적으로 포화를 퍼 부었다. 앤잭 군단은 경솔하다고 할 만큼 용감하게 최초의 공세를 벌 인 후, 도저히 버텨 낼 수 없는 이러한 위치를 8개월 동안 유지하다가 철수했다. 이 작전으로 앤잭 군단의 병사 8천5백 명 이상이 사망했고 2만 명 가까이 부상당했다. 남태평양의 이 두 나라는 이 전쟁에서 민

---

* Australian and New Zealand Army Corps. 제1차, 제2차 세계 대전 당시 영국을 지 원하기 위해 파병된 호주-뉴질랜드 원정군.

족의식이 생겨났다고 보았지만, 앤잭 군단 자원병들의 기대 지평과 그들이 겪은 살인적인 체험의 극단적인 혹독함 사이에 간극은 컸다.

해외로 싸우러 떠난 국제 자원병이 전하는 실망에 찬 담화도 넘쳐 난다. 그들의 반응 대부분은 공통된 환멸의 심리적 경제학을 드러내 는 듯하다. 바이런이 1824년 4월에 메솔롱기에서 사망하면서 그리스 독립 지원에 나선 자원병들의 모험을 둘러싼 신화는 오랫동안 지속되 었다. 하지만 그들의 이야기에서 드러나는 것은 짙은 씁쓸함이다. 대 부분의 경우, 초기의 서정적인 환상 가운데 〈팔리카레〉*에게 걸었던 기대는 실망감으로 바뀌었다. 국제 자원병들은 그리스에서 자신들을 맞이한 태도에 실망하고 〈더 이상 그리스인이 아닌 그리스인〉에 대해 분노를 터뜨리면서 전반적인 군사적·정치적 무질서 상태를 비웃었 다. 또한 부패한 군벌과 〈죽을 각오가 없는〉 전투원들을 저주했으며, 동시에 터키인만이 저지를 수 있다고 믿었던 끔찍하게 잔혹한 행위가 점령된 도시의 비무장 주민에게 가장 먼저 가해진다는 사실을 발견하 고 경악했다.

물론 투쟁마다 실망한 이유의 순위는 달랐다. 1900년경 남아프리 카에서 벌어진 보어인의 투쟁을 지지하러 온 2천2백 명의 자원병들 은 영국에 맞서 싸우는 보어인이 지닌, 육체적 시련을 이겨 내는 용기 는 문제 삼지 않았다. 하지만 이들 역시 다수가 깊은 실망감을 느꼈다. 네덜란드인 비렘은 보어인이 외국인 전투원에 대해 성의 없는 태도를 보이며 고마워하지 않는 데 분노했다. 프랑스인 빌부아마뢰이는 (그 는 파쇼다 사건에 복수하러 왔다) 대영 제국의 강력한 군대에 맞서 그 토록 허술하게 대비한 것에 짜증을 냈다. 30여 년 후에 스페인에서 조 지 오웰도 크게 실망했다. 그는 스페인 POUM**의 민병대를 통해 파

* Palikare. 그리스 독립군.
** Partido Obrer d'Unificacion Marxista. 마르크스주의 통일 노동자당.

시즘에 맞선 세계적인 투쟁에 가담했다. 공산주의자와 무정부주의자들 사이에서 끊임없는 갈등이 벌어지는 모습과, 아라곤 전선에서 모든 진영이 잔혹 행위를 자행하는 것을 목격하면서 초기에 지녔던 열정이 싸늘하게 식었다. 하지만 지크문트 스타인이 느낀 환멸감은 더욱 깊었다. 체코슬로바키아의 유대인이자 공산주의 운동가인 그는, 모스크바 재판에 큰 충격을 받고 혁명의 열정을 되살리고자 국제 여단에 가담해 선전 지도원으로 활동했다. 그 과정에서 자기 진영의 반유대주의와 스탈린의 이중 전략을 알게 되고, 자기 편 지도자들이 전투원인 자신의 목숨을 얼마나 하찮게 여기는지를 절감했다.

　1945년 이후 라틴아메리카의 마르크스주의 게릴라전이 폭발적으로 증가하면서 국제 자원입대의 매력이 약간 되살아났다. 게다가 최고의 상징이라고 할 수 있는 체 게바라가 쿠바에서뿐 아니라 파나마와 도미니카공화국에도 자원병 조직을 부흥하려 노력했기에 더욱 그랬다. 하지만 그 역시 콩고, 뒤이어 볼리비아에서 잔인하게 실망감을 경험해야 했다. 1965년에 그는 쿠바와 아프리카인 자원병 2백 명으로 구성된 원정군과 함께 로랑데지레 카빌라가 이끄는 콩고의 마르크스주의 게릴라군을 지원하러 떠났지만 모험은 금방 끝이 났다. 체 게바라는 자신의 『아프리카 일기』 첫 줄에서 이미 명백하게 실패했음을 고백하며 이렇게 덧붙였다. 〈아주 초기부터 우리는 전투가 벌어지는 내내 우리를 따라다닐 현실에 맞닥뜨렸다. 그건 조직의 부재였다.〉 뒤이어 그는 볼리비아에서 레지스 드브레가 이론화한 〈포코foco〉 전략으로 반란의 중심지를 확산시키려고 노력하다가 처절한 실패를 맛보고, 잔혹한 비판을 받아 자신을 따르던 파르티잔들에게 큰 타격을 준 후 1967년에 처형되었다.

　바이런의 모험에서 그랬듯 여기에서도 나타나는 흥미로운 점은, 다시 한번 신화가 승리했다는 사실이다. 전설이 투쟁들의 음울한 현실을 가리고 감추었다. 전 세계에서 좌파 혁명가의 진정한 상징인 이 아르헨티나 게릴라 병사는 〈전쟁터에서 사망〉했으며, 모든 이에게 20세기의 가리발디로 남았다. 하지만 여기에서 읽을 수 있는 사실은, 그가 전쟁 신화의 마지막 화신 중 한 사람이라는 사실이다. 오늘날 서구에서 자원병은 과거의 영예를 크게 잃었다. 자원병이 그토록 오랫동안 첨병으로서 이끌어 온 신화가 무너졌기 때문이다. 프랑스 혁명전쟁부터 1945년까지, 어떤 나라에서는 그 이후까지 이 신화는 전투 경험의 신성화, 깊이 스며든 군사-남성적 모델, 전투에서 맞이하는 죽음의 이상화, 그리고 직접 체험한 전투 현실에 대한 명백한 왜곡에 의존했다. 제1차 세계 대전에서 벌어진 대살육을 겪고도 전투 경험이 완전히 〈탈(脫)낭만화〉되지 않았지만 제2차 세계 대전과 뒤이은 탈식민 전쟁 및 베트남 전쟁의 참혹함을 겪으면서 비로소 전쟁에 대한 증오가 서구 여론에 깊이 자리 잡았다.

이러한 심층적인 흐름으로부터 1990년대에는 서구에서 〈깨끗한 전쟁〉 개념을 강조하고 적군의 사망자 수를 끊임없이 최소화하는 경향이 나타난다. 그리고 예전에 대중의 찬탄을 한 몸에 받던 군대 지휘관에게 부여되던 영예가 최근 50여 년간 쇠퇴한 것은 이러한 경향을 보여 주는 또 다른 의미심장한 신호다. 훈장과 군복, 결투, 흉터, 군사 행진에 대한 흥미가 사라진 것도 마찬가지다. 남성다움에 대한 규범이 1960년대부터 본질적으로 변화하면서 군인은 더 이상 이상적인 남성상의 화신으로 여겨지지 않는다. 전쟁 옹호자 또는 전투의 매력에 민감한 소수가 우리 사회에 아직 남아 있긴 하지만, 다수의 견해가 아니다. 우리 대부분에게 전쟁은 더 이상 아름답고 영광스럽지 않다. 전쟁의 서사적 쾌감도 마찬가지다. 전쟁은 예전처럼 욕망의 대상이 되기를 멈추었다. 우리의 표상 및 판단 체계에 생긴 이런 커다란 변화의 논리적인 결과로, 전쟁에서 자원병으로 복무하는 것은 예전보다 주목받지 못하고 덜 매력적인 일이 되었다. 그리고 자원병이 소멸하면서 용병이 다시 전면에 등장했다. 아프리카의 봅 드나르부터 이라크의 블랙워터, 구 유고슬라비아의 수많은 〈전투견들〉이 그 예다.

이러한 전반적인 상황에 여지를 둘 만한 반증을 제시하자면, 2011년 이후로 유럽의 지하디스트들이 시리아와 이라크의 전투 현장에서 싸우려는 노골적인 욕망을 드러내 보이면서, 2014년 이후로 이슬람국가(IS)에 대거 합류하고 있다는 사실이다. 필자는 역사학자로서 지나치게 성급한 비교는 자제하고자 한다. 시대와 역사적 맥락의 차이, 그리고 정치적·종교적·인간적 동기의 차이가 존재하므로 신중함을 기해야 한다. 이렇게 자원병으로 지원하는 것은 유럽의 고전적인 게릴라 여단 전통 ─ 어떤 이들이 보기에는 최대한 양보해서 인본주의 전통 ─ 과도 관계가 없기 때문이다. 핵심만 말하자면, 오늘날의 이러한 자원병 움직임이 기준과 모델로 삼는 것은 방대한 지하디즘의 역사다.

그렇다 해도 이해하고자 하는 사람은 시간적으로나 공간적으로 가끔은 멀리 떨어져 있는 자원병 움직임 사이에 존재하는 숨은 논리와 〈닮은 점〉을 간파할 필요가 있다. 그런데 최근에 이루어지는 이러한 자원병 소집에서 형제자매와 이웃이 맡는 역할을 검토하다 보면 (이 움직임의 특징은 많은 여성도 가담한다는 점이기도 하지만), 남성적인 모델이 얼마나 크게 기여하는지 곧바로 느낄 수 있다. 프랑스 에로Hérault주의 소도시 뤼넬Lunel에서 20여 명의 젊은이가 함께 떠난 사례를 보면서 과거에 나타난 상호 부추김의 고전적인 효과를 느끼지 않을 수 없다. 또 다른 젊은이들은 바샤르 알아사드 정권의 잔혹함에 분노해 인도주의적인 이유로, 과거의 젊은이들과 마찬가지로 〈인류의 대의〉를 수호하기 위해 떠났다고 말한다. 더욱이 2013년 이후로 지하디즘 현상이 사회학적으로 다양화하면서 전과 기록도, 투옥된 경험도 없는 중산층 젊은이가 점점 더 많이 이슬람교로 개종해 〈성전(聖戰)〉을 치르러 떠나는 현상은 어떻게 설명해야 할까? 이렇게 가담하는 것이, 자기 삶에 새로운 의미를 부여하고 자기 생명을 신의 손에 맡김으로써 깊은 성스러움을 만들어 내는 강력한 방법이라고 여기는 것이 아니라면 무엇 때문이겠는가? 끝으로 이렇게 떠나는 젊은이들 각자에게서 또는 전체적으로 표현되는 권태와 무기력의 무게, 사회 경제적 기회의 부재, 행동해야 할 신성한 필요성, 성인기로 넘어가는 의례를 추구하는 것, 그도 아니라면 멀리에서 꿈꾸던 다른 어떤 곳에 대한 욕망, 또는 어떤 이들의 경우에는 폭력을 실행하려는 극단적인 유혹을 어떻게 보지 못한단 말인가?

군이 결론을 내려야 한다면, 개인이 참여하고 행동하게 만드는 요인을 지적으로 분별해 내는 것보다 더 힘든 일은 없다는 사실을 먼저 상기해야 한다. 콩팥이며 심장을 깊숙이 헤집어 살피고 행동의 개인적·사회적 원동력을 파고들다 보니, 복잡함이 누적되고 이유들은 서로 뒤얽히고 동기들은 서로 대립한다. 하지만 결국 〈의지의 화학 작용〉을 어떤 행동의 유일한 이유로 축소하려는 것만큼 쓸모없는 일은 없다.

참조

05

전쟁은 남자만의 일인가

메리 루이즈 로버츠•

〈밤의 마녀들.〉독일군은 여성 병사로만 이루어진 소련의 폭격기 연대를 이렇게 불렀다. 20세기 분쟁에는 간혹 여성도 가담했다. 하지만 분쟁이 해결되면 여성의 역할은 즉시 은폐되었다. 여성이 끼어드는 것은 전쟁의 규칙에 위반되기 때문이다.

전쟁은 글로 명시되지 않은 전쟁 고유의 규칙을 지닌다. 이것이 1944년에 조이아 메드베데바가 오데사 근처에서 한 경험에서 우리가 끌어낼 수 있는 교훈이다. 그녀는 소련 붉은 군대 소속 군인으로 전방에 도착했지만, 지휘관인 표트르 네스테로프에게 그녀가 거기에서 할 일은 아무것도 없다는 말을 들었다. 남자들의 일에 〈계집애〉가 끼어든다며 욕설을 퍼부었으나, 그는 얼마 지나지 않아 입을 다물어야 했다. 독일군이 공격을 해왔기 때문에 그는 메드베데바를 그녀가 훈련받은 직무인 기관총 부사수 자리에 서둘러 배치했다. 메드베데바는 적의 포화에 동요하지 않고 절반이 파괴된 자신의 참호를 사수했다. 그 와중에 기관총이 위험한 수준으로 과열되기 시작했다. 그녀가 무기를 식힐 물을 구하러 참호를 나왔을 때, 네스테로프는 자기 자리를 떠나지 말라고 고함을 질렀다. 대체 무슨 일이 벌어진 것일까? 전투의 이

• Mary Louise Roberts. 매디슨 위스콘신 대학교의 위스콘신 동문 연구 재단 〈뤼시 오브라크 교수Lucie Aubrac Professor〉. 주요 저서로 프랑스 해방기에 미국 군인들이 자행한 성폭력에 관한 책 『지아이와 여성들Des GI's et des femmes』이 있다.

결정적인 순간에 네스테로프는 자기 휘하에 있는 여성을 위험으로부터 보호해야 할 억누를 수 없는 필요를 느꼈다. 그의 명령은 매우 어리석었지만 메드베데바가 참호를 떠나지 못하게 막는 것이 그로서는 그녀를 보호하는 방법이었던 것이다.

네스테로프의 행동은 전쟁의 어떤 규칙에서 비롯되었다. 이 규칙은 너무도 깊이 내면화되어 있어서 무의식적으로 행동이 나왔다. 전쟁은 여성을 위해서 하는 것이지, 여성에 의해 수행되는 것이 아니라는 규칙이다. 오랜 역사를 지닌 이 절대적인 명령은 근대에 민족주의가 부상하면서 새로운 의미를 얻었다. 18세기에 등장한 민족주의는 자유주의나 공산주의, 파시즘의 색채를 띠는지에 상관없이 강력한 사회적 성별 구조에 기반을 두었다. 당당한 체구의 근육질 남성은 민족의 힘을 나타내는 한편, 사랑이 넘치는 어머니와 그 자녀는 민족 공동체를 상징했다. 전자는 보호자, 후자는 보호받는 존재다. 제1차 세계 대전 중에 이러한 민족주의적인 이미지는 전쟁이 기존에 지니고 있던 성별화된 규칙에 새로운 숨결을 불어넣었다. 1915년에 영국 정부는, 독일군이 벨기에 여성에게 자행한 잔혹 행위에 관한 소문이 군인 징집에 지대한 영향을 미친다는 것을 깨달았다. 영국 원정군이 대부분 자원병으로 이루어져 있던 시기에 〈야만적인〉 독일인이 벨기에 여성을 강간하고 팔다리를 절단하는 이야기를 듣고 상당수의 젊은이가 자원해 전쟁터로 떠났다. 양차 대전 중에 연합군의 선전에서 국가 침략은 자주 여성의 신체에 대한 폭행에 비유됐다. 여성화된 국가를 위해 치르는 전투는 모든 남성의 신성한 의무였다. 이런 관점에서 여성의 안전과 가정의 신성함은 20세기에 전쟁을 상징하는 형상의 일부가 되었다.

전쟁터에 여성 군인이 존재하는 것이 새롭지는 않았다. 새로운 것은, 그들이 여성으로서 전쟁터에 있다는 점이었다. 19세기까지도 여자가 참전하는 유일한 방법은 남장을 하는 것이었다. 무기를 들려면 남자로 변장하고 들키지 않은 채 남성적 가치와 태도로 똘똘 뭉친 남성 공동체에 최대한 동화되어야 했다. 매우 드물긴 했지만 어떤 여자들은 그런 식으로 여성의 참전을 강하게 금지하는 관습에 맞섰다. 러시아 여군 나데즈다 두로바의 경우가 그랬다. 그녀는 나폴레옹 전쟁 때 남자로 가장해 전투에 가담하는 데 성공했을 뿐 아니라, 기병대에서 9년 동안 복무한 공로를 인정받아 훈장도 받았다. 같은 방식으로 1861년에 남북 전쟁이 벌어졌을 때, 아일랜드 여성 제니 호저스는 앨버트 캐셔라는 가명으로 일리노이주 제95 보병 사단에 입대했다. 그녀는 체구가 아주 작아서 눈에 띄었음에도 불구하고, 남의 이목을 끌지 않고 〈병사 중 한 명〉으로 인정받았다. 19세기에 몇몇 여성은 이런 방식으로 전쟁의 성별 규칙을 준수하면서 조국의 부름에 응했다.

20세기에 들어와 전쟁의 성격이 변하면서 차츰 이러한 전쟁의 규칙이 약화되고, 여성은 남장을 하는 속임수를 쓰지 않고도 참전할 수 있게 되었다. 총력전이 발발하자 그때까지 전방과 후방 사이에 존재하던 — 성별 — 구별이 아무런 의미가 없게 되었다. 게다가 무기가 점점 기계화되면서 — 기관총, 박격포, 대공포 — 신체적인 힘보다는 기술적 능력이 더 요구되었다. 전쟁 기계화로 여자들도 전투에 가담하기가 더 쉬워졌다. 그렇다면 여자 전투원이 무기를 들었을 때 무슨 일이 벌어졌을까? 여성 군인은 어떻게 전쟁의 성별 규칙을 피해 가는데 성공했고, 남성 군인들은 이에 어떻게 반응했을까? 메드베데바와 오닐로바가 러시아의 〈위대한 애국 전쟁〉 중에 전방에서 한 경험에서 전형적인 시나리오, 즉 지휘관들은 무슨 일이 있어도, 심지어 전쟁터에서도 여자들을 계속 보호했다는 각본이 드러난다. 전쟁터에서 여성의 존재는 함께 싸운 남자와 여자에게 각각 어떤 서로 다른 영향을 미쳤을까? 남녀 혼성 부대 소속으로 참전한 여성과, 남녀가 혼합되지 않은 부대에서 싸운 여성의 경험은 어떻게 달랐을까? 여성 군인은 전투에서 어떤 태도를 보였고, 필요한 경우에 전쟁이 남성만의 영역이 아니라는 사실을 어떻게 증명해 보였을까? 전쟁은 남자만의 일인가?

붉은 군대 여군 80만 명

1916년에 루마니아 여성 에카테리나 테오도로이우는 남자 형제의 죽음에 복수하기 위해 그가 소속되어 있던 보병 연대에 자원병으로 입대했다. 그녀는 전방에서 간호사 겸 군인으로 복무하다가 심한 부상을 입고 전투 중에 죽었다. 영국 여성 플로라 산데스는 세르비아 군대에 간호사로 입대해 적을 죽이는 데 헌신했다. 양차 대전 중에 여성 병사는 유럽 각지에서 나타나기는 했으나, 러시아와 소련에 훨씬 더 많았다. 이 때문에 러시아 여자들은 기관총을 다루는 소질을 〈타고난〉 불굴의 전사들이라고 결론 내리려고들 한다. 이런 현상은 단순히 20세기 초반에 러시아가 겪은 특수한 군대의 위기와 정치적 변혁 때문에 나타난 것으로 보인다. 1917년에 벌어진 여러 차례의 군대 폭동으로 러시아 제국군은 큰 타격을 입었다. 이로써 혁명 움직임이 가속화되었다. 히틀러가 1941년에 거의 대비되어 있지 않던 소련의 붉은 군대를 기습 공격했고, 소련군은 패배를 거듭했다. 이러한 위기에 대응하여 여성으로만 이루어진 연대와 대대들이 창설되었다. 덧붙여, 1917년부터 1945년까지 소련은 혁명과 내전, 처참한 경제적 변화를 겪었다. 거기에 스탈린의 탄압까지 이루어졌다. 이러한 끊임없는 정치 경제적 불안정으로 인해 전통적인 성별 규범이 흔들리면서 전쟁의 규범도 크게 변화했다.

러시아 농민인 25세 여성 마리야 보치카레바는 제1차 세계 대전에서 싸운 최초의 여성 병사인 듯싶다. 전쟁 초기인 1914년에 그녀는 애국적인 열정에 고취되어 폭력적인 남편에게서 도망친다. 〈밤낮으로 상상력은 나를 전쟁터로 데려갔고, 부상당한 형제들의 신음 소리로 나는 귀가 멀 지경이었습니다〉라고 그녀는 회상했다. 〈희생정신이 나의 영혼을 사로잡았습니다. 조국이 나를 필요로 했어요. 저항할 수 없는 내면의 힘이 나의 발걸음을 이끌었지요.〉 보치카레바는 정규군에 입대할 수 있도록 러시아 황제에게 직접 부탁했다. 그녀는 입대한 후 부상을 입고 그 용맹함으로 훈장을 받았다. 그녀는 서서히 남성 전우들로부터 존중받았고, 그들은 그녀를 〈야시카〉라는 애칭으로 불렀다.

1917년에 군대의 사기가 떨어질 대로 떨어지고 여기저기에서 폭동이 일자, 야시카는 여성으로만 이루어진 부대를 창설하기로 결심한다. 이 부대에는 겸손함이라고는 거의 느껴지지 않는 〈죽음의 여성 대대〉라는 이름을 붙였다. 대부분 18세에서 22세 사이의 여성으로서 다양한 직업과 사회 계층 출신이었다. 훈련은 부대마다 달랐지만, 대체로 매우 엄격했다. 가령 페트로그라드 대대 소속 여성들은 매우 강도 높은 훈련을 받았고, 소총을 사용하고 야간 작전을 수행하는 법을 배웠다. 야슈카는 자신의 부대원들에게 이렇게 설명했다. 〈우리는 물론 신체적으로 약하지만, 사기와 정신적인 면에서 강해지면 가장 힘센 사람보다 더 많은 일을 해낼 것이다.〉

야슈카에 따르면, 그의 부대는 〈군대에 모범이 되고 남자들을 전투로 이끌어야〉 했다. 그리고 그녀는 〈무엇보다 중요한 건 남자들을 부끄럽게 만드는 것〉이라고 강조했다. 1917년 6월에 5주에 걸친 훈련을 마친 죽음의 여성 대대는 페트로그라드의 성(聖) 이사악 성당에서 수백 명의 민간인이 지켜보는 가운데 축성을 받았다. 여성 3백 명만으로 이루어진 이 대대는 대중의 엄청난 주목을 받았고, 다른 여성 자원병 부대가 창설되는 데 영향을 미쳤다. 축성식 이후 얼마 지나지 않아 야슈카의 여성 대대는 민스크 근처 전방으로 파견되어 제10군의 지휘를 받았다. 처음에 정규군 병사들은 전투에 나서는 이 여성들을 따라 임무를 성실히 수행했고 몇몇 멋진 승리를 거두었다. 하지만 다른 정규군 부대들이 야슈카의 대대를 뒤따르기를 거부하여 이 여성들은 후퇴할 수밖에 없었다. 당시 상황을 전하는 기록은 야슈카의 여성 전투원들의 용기에 찬사를 보냈지만, 이들이 남자 군인들을 어떤 방식으로든 재결집시키지 못한 무능력도 강조했다. 여성 대대는 계속 적대적인 태도를 감내해야 했다. 종종 정규군 병사들에게 폭행을 당했다. 야슈카는 전쟁 종식을 요구하는 분노에 찬 대중에게 구타까지 당했다. 전쟁이 정치권에서 점점 더 큰 비난을 받는 가운데, 죽음의 여성 대대는 10월에 볼셰비키들에 대항해 겨울 궁전을 지키는 임무를 안고 파견되었다. 〈반혁명분자〉라는 대중적인 이미지로 인해 그들은 점점 더 자주 폭력에 노출되었다. 목격자들의 증언에 따르면, 볼셰비키들이 여성 군인들을 강간하거나 구타하거나 달리는 열차로 던졌다고 한다.

제2차 세계 대전 중에 소련 여성이 참전한 수준은 규모나 통합의 정도 면에서 초창기의 모든 노력을 능가했다. 1941년과 1945년 사이에 소련 군대에는 80만 명의 여성이 복무했다. 그중 50만 명이 전투 경험을 한 것으로 추정된다. 소련 여성들은 박격포와 중기관총, 경기관총을 사용하는 법을 배웠고, 일부는 비행기 조종사로 전략 폭격 작전에 가담했다. 또 수백 명의 여성이 저격수로도 활동했다. 그중에서 가장 유명한 저격수는 우크라이나 여성 류드밀라 미하일로브나 파블리첸코로, 그녀는 전쟁 말기 3백 명을 사살했다. 소련의 저격수 로자 샤니나는 연합국들의 신문에서 〈동프로이센의 보이지 않는 공포〉라는 별명으로 불렸다.

여성들의 대대적인 활약은 몇 가지 요인으로 설명할 수 있다. 이번에도 역시 당시 소련의 특수한 요인이 작용했다. 첫 번째 요인은 분명하다. 1941년 말에 붉은 군대가 위태로운 지경에 빠진 상황에서 독일군이 빠르게 모스크바로 진격해 왔던 것이다. 소련의 모든 국민은 〈대조국 전쟁〉의 대의를 수호하라는 부름을 받았다. 하지만 붉은 군대에서 나타난 현상은 1930년대의 상황에서 기인하기도 했다. 스탈린 정권은 〈부르주아적이지 않은〉 사회주의적 역할을 여성에게 부여하기 위해 여학교에서 군사 훈련을 실시하도록 제도화했다. 이러한 훈련은 스탈린이 실시한 다른 교육 정책과 결합하여 기존에 여성에게 맡겨진 전통적인 가사 의무에 의구심을 갖게 만들었다. 스탈린 전체주의 정권의 역설 중 하나는 민간인을 난폭하게 억압했음에도 불구하고, 여성이 담당할 수 있는 성 역할을 풍성하게 만드는 데 기여했다는 점이다. 이러한 점에서 스탈린의 정책은 독일과 이탈리아 파시스트 정권의 정책과 놀랍도록 차이가 컸다.

이 여성 전투원들 중에서 특히 여성으로만 이루어진 부대의 전투원들이 가장 인상적이었다. 한 예로 제588 야간 폭격 비행 연대를 들 수 있다. 이 연대 소속의 여성 4백여 명은 표적을 너무도 효율적으로 포격했기에 독일군은 이들은 〈밤의 마녀들〉이라고 불렀다. 제588 연대 조종사들에게는 진짜 폭격기 대신에 나무와 천으로 만들어진 구식 비행기인 폴리카르포프 Po-2가 주어졌다. Po-2는 모든 조종사에게 악몽 같은 비행기였다. 조종석은 노출되어 있었고, 무선 통신이나 안전 장비가 없었으며, 비행기는 〈성냥처럼 불이 쉽게 붙었다〉. 니나 라스포포바의 Po-2 비행기가 적의 탐조등에 포착되어 대공포 사격을 받았을 때, 그녀는 자신의 왼쪽 발이 〈[자기] 아래에 막 생긴 뻥 뚫린 구멍으로 미끄러져 들어갔다〉는 사실을 깨닫고 공포에 질렸다. 〈조종석 바닥이 사격으로 떨어져 나간 것이다.〉 그녀는 연료 저장고에서 가스가 새어 나온다는 사실도 깨달았다. 최악은 라스포포바가 낙하산을 착용하지 않았다는 사실이었다.

Po-2가 경비행기였기 때문에 〈밤의 마녀들〉은 적군의 부대 또는 방탄 장치를 하지 않은 차량, 가끔은 연료 저장고 같은 작은 표적만 폭격할 수 있었다. 그들의 목적은 독일군을 괴롭히고 장비를 파괴하는 것이었다. 이 목적을 달성하기 위해 〈밤의 마녀들〉은 해 질 녘에 소련군 방어선 뒤쪽에 위치한 임시 비행 기지로부터 독일 전선을 넘어 몇 차례 비행을 실시했다. 두 차례의 비행 사이에 조종사는 지상의 장비 팀이 비행기에 기름을 채우고 새 폭탄을 네 발 채워 넣는 5분 동안 조종석에 앉아 차 한 잔을 마실 수 있었을 뿐이다. 조종사들의 회고를 살펴보면, 그들의 영웅적인 행위는 무엇보다 긍지에서 비롯된 것이었다. 조종사와 동승한 항법사는 표적을 향해 비행하면서 교대로 잠을 청했다. 잠들지 않기 위해 〈코카콜라〉라는 별명을 가진 신비한 알약을 지급받아 복용했다. 적군에게 노출되는 것을 피하기 위해 석유램프의 불빛과 트럭의 전조등으로 활주로를 찾아 착륙해야 했다.

〈밤의 마녀들〉이 1917년 야슈카의 〈죽음의 여성 대대〉처럼 여성으로만 이루어진 부대에서 복무한 것과는 달리, 보병 부대 소속 여성 병사들은 정규 부대에 통합되어 활동했다. 각 부대에서 여성 병사들은 무기를 사용할 수 있는 권리를 얻기 위해 온 힘을 다했지만, 붉은 군대의 지휘관들은 이들을 간호사로 활용하기를 원했다. 지휘관들이 보기에 여성은 생명을 구하는 존재이지, 죽이는 존재가 아니었기 때문이다. 네스테로프는 메드베데바가 물을 구하러 참호를 떠나는 것을 금지한 뒤 얼마 지나지 않아 기관총 사수 보직을 그만두고 의무대에 편입하라고 명령했다. 하지만 메드베데바는 그 명령을 거부했다. 그러면서 네스테로프에게 물었다. 자신이 간호사로 참호에서 죽는 것은 괜찮지만, 기관총 사수로 참호에서 죽는 것은 받아들일 수 없느냐고.

돌로레스 이바루리: 〈노 파사란!〉

스페인 내전에 참전한 여성 전투원들은 그보다 수년 전에 똑같은 압박을 받았다. 1936년에 전쟁 초기 몇 달 동안 밀리시아나*들은 공산주의와 무정부주의, 공화주의 부대 소속으로 싸우도록 허가받았다. 심지어 선전 포스터에서 여자 민병은 반파시즘이라는 대의를 상징하기도 했다. 공화파의 전쟁 구호 〈No pasarán!(그들은 지나가지 못할 것이다!)〉은 밀리시아나이자 공산당 지도자인 돌로레스 이바루리가 만들었다. 공화파 선전원들은 자기네 여성 전투원들의 자유를 적군인 국민전선 진영 여성들의 극히 제한적인 역할과 대조하면서 강조했다. 하지만 공화주의 진영에서도 가부장적인 전통이 빠른 속도로 우세해졌다. 1937년 초에 이미 공화파 정부는 여성들이 전방으로 싸우러 가는 것을 금지했다. 그들에게 가정으로 되돌아가 맡겨진 역할, 즉 아내와 어머니로서의 역할을 다하라고 명령했다. 간호사와 요리사만 정규군 부대에 남아 있도록 허가되었다.

스페인과 소련 여성들처럼 유고슬라비아의 여성 저항군도 간호사가 아니면 전쟁터로 가는 것이 금지되었다. 유고슬라비아 여성들은 1942년에 최초의 파르티잔 〈체타 četa〉(세르비아어로 〈중대〉)를 창단했다. 그 비중이 점차 커져서 유고슬라비아 인민 해방군 파르티잔(NOVJ)의 약 10퍼센트를 차지하기에 이른다. 가령 한 부대 내에서 여성의 46퍼센트는 간호사였고 42퍼센트는 무장한 전투원이었다. NOVJ가 띤 공산주의 성향으로 발칸반도의 가부장적인 규범이 얼마간 느슨해지긴 했지만 완전히 사라진 것은 아니었다. 공산주의 이념은 초창기부터 여성에게 더욱 폭넓고 〈부르주아적이지 않은〉 역할을 담당하라고 격려했다. 하지만 의료 부서로 〈강등된〉 모든 여성 전투원의 경우는 성별 차이가 재확인되었다는 증거다. 1948년에 창설되면서부터 여성을 부대에 편입한 이스라엘 방위군 차할에서도 같은 현상이 특징적으로 보였다. 차할은 여성들에게 전투 훈련을 시키는 동

---

* miliciana. 스페인어로 〈여자 민병〉.

시에 그녀들 대부분을 후방의 사무직이나 의료 보조직으로 옮기도록 했다.

이 여성들이 참전한 동기는 무엇이었을까? 마리야 보치카레바는 조국에 대한 충성심과 애정 때문에 싸웠다. 다른 여성들은 가까운 사람의 죽음에 복수하기 위해 싸웠다. 〈밤의 마녀들〉의 Po-2에는 전투 중에 죽은 전우들의 이름이 빼곡히 적혀 있었다. 또 다른 여성들은 아마도 모험과 영예, 영광에 대한 갈망에 자극을 받았을 것이다. 〈죽음의 여성 대대〉 자원병 한 명은 〈우리가 보기에는 가정에 남아 있었다면 해야만 했을 끔찍한 잡일과 그보다 더 끔찍한 기다림보다 나았습니다〉라고 회상했다.

남성 군인과 마찬가지로 여성 군인은 무엇보다 전우를 위해 싸웠다. 여성들 사이의 연대감은 여성만으로 이루어진 부대에서 더 쉽게 조성되었다. 전통적인 군대의 위계 조직과 절대적인 복종 요구 때문에 여자들이 남자의 인정을 받기 위해 서로 경쟁하는 경향이 있었기 때문이다. 군대의 권위 구조가 비공식적일수록 경쟁은 느슨해졌다. 여성들 간의 관계뿐 아니라 남자와 여자 사이의 관계도 원활해졌다.

대체로 파르티잔 조직망의 경우가 그랬다. 내부에서 여자들은 남자들과 긴밀히 협력했다. 가령 프랑스 저항군(레지스탕스), 여성 활동가 뤼시 오브라크는 다른 파르티잔을 가리켜 〈동지〉라고 불렀다. 하지만 오브라크는 다른 유형의 전사, 즉 저항 행위를 위해 가끔 무기를 들기는 하지만, 〈정상적인〉 삶을 사는, 그녀의 경우에는 초등학교 교사로서의 삶을 영위하는 저항군이었다. 그녀는 프랑스 저항 조직을 총괄하는 〈비밀군Armée secrète〉이 내리는 명령에 복종해야 했으나, 일반 군대보다 더 즉각적으로 활동할 수 있었다. 어느 날 그녀는 자기 동지들에 대해 말하면서 이렇게 지적했다. 〈동지들은 내가 임신 중이었음에도 불구하고 지난 몇 달 동안 똑같은 위험을 무릅쓰고 다른 사람들처럼 싸우면서 오늘 저녁에 함께하는 것을 고맙게 여기지요.〉오브라크는 임신 6개월이었지만, 메드베데바와 달리 어느 지휘관의 거만한 〈보호〉의 희생자는 아니었다. 하지만 뤼시 오브라크는 여러 면에서 예외였다. 프랑스 저항군이 성차별주의로부터 완전히 벗어나 있는 것은 아니었다. 어쨌거나 다른 여러 여성 저항군이 남녀 저항군 사이에서 지배적으로 나타난 동지애에 의지한 것은 사실이다. 〈우리는 저항군을 가족으로 여겼죠〉라고 여성 저항군 활동가 리즈 르세브르는 말했다. 어느 날 지휘관인 마리마들렌 푸르카드는 영국 첩보부가 자신이 여성이라는 사실에 놀라긴 했지만 덤덤하게 받아들인다는 사실을 알게 됐다. 그녀는 당시에 이렇게 생각했다고 회상했다. 〈그들은 성별이야 어땠건 자원병을 필요로 했지요.〉

짧은 머리와 남자 군복

일반 군대에서 여자는 남자와 비슷하거나 똑같은 군복을 입어야 했던 반면, 저항군 여성은 복장이 매우 자유로웠다. 군복은 여성에게 군인으로서의 신뢰성을 부여했다. 하지만 다른 한편으로 군복은 여성의 신체를 남성적이면서 동시에 무성적인 군대의 미적 언어로 기호화했다. 러시아/소련 군대에서 여성성은 병사로서의 정체성에 대한 모독으로 간주되었다. 1914년에 야슈카는 동료 남성들에게 인정받기 위해 머리카락을 짧게 자르고 군복을 입어야 했다. 그녀는 〈죽음의 여성 대대〉 소속 여성들에게 머리를 짧게 자르고 여성적인 특징을 모두 없애라고 강조했다. 야슈카는 무엇보다 성적인 괴롭힘과 허락되지 않은 연애가 이루어질까 걱정했음이 틀림없다. 〈여러분을 바바(여자)로 보거나 바바로 대하는 사람이 있으면 그게 누구든 다짜고짜 그 사람 목덜미로 달려드시오. 그게 여러분이 바바가 아니라는 사실을 증명하는 가장 좋은 방법이라는 것을 나는 직접 경험으로 알고 있습니다.〉

소련 군대에서도 상황은 똑같았다. 여자는 머리를 짧게 잘라야 했고, 군복을 변형하는 것은 결코 허용되지 않았다. 리디아 리트뱌크는 비행기 조종사로서 용맹함과 정확성 때문에 〈스탈린그라드의 백장미〉로 불렸다. 용맹한 그녀였지만, 자기 장화에 달린 털가죽을 조금 잘라 조종사 재킷의 칼라에 달려고 했다가 하룻밤을 추운 독방에 갇히는 벌을 받았다. 이렇게 여성성을 금지하는 일은, 군대 조직이 조금 더 비형식적인 유고슬라비아 인민 해방군에서는 강요되지 않았다. 사샤 보조비치는 머리를 곱슬하게 만들려고 매일 밤 낡은 천 조각으로 머리카락을 묶어 두었다가 새벽에 풀었다. 파르티잔 여성들이 특별히 포즈를 취하고 찍은 게 분명한 사진에서 그들은 최신 유행하는 헤어 커트를 하고 약간 건방진 태도로 모자를 쓰고 있다. 소련 군대에서도 전쟁이 진행될수록 여성의 외모와 태도에 가해진 제약이 느슨해졌다. 엄격한 군복에 차츰 브로치와 훈장이 장신구로 달리기 시작했다.

그러나 프랑스 저항군 조직에서는 여성의 우아함이 전쟁의 무기가 되었다. 마리마들렌 푸르카드는 〈아무리 물자가 부족한 시기에도 우리는 우아하게 차려입었습니다. 그게 안 되면 적어도 흠잡을 데 없는 태도를 보이려고 노력해야 했습니다〉라고 회상했다. 그녀의 겉모습, 복장, 머리 모양, 화장은 남성에게 전혀 공격적이지 않은 여성성을 보여 주는 모습으로 비쳤다. 이로써 그녀는 비밀 조직 활동을 더 쉽게 수행할 수 있었다. 아니 크리겔은 그르노블이 독일군의 통제 검문소로 완전히 에워싸여 있을 때에 임무를 수행하러 도시를 떠난 일을 떠올렸다. 그녀의 말에 따르면, 어떤 젊은 남성도 독일군의 봉쇄선을 넘어서지 못했을 테지만, 〈(그녀의) 소녀 같은 태도에서 나오는 결백함〉 덕분에 그녀에게는 쉬운 일이었다.

부유한 중산층 외모도 여자가 주의 깊게 검문당하는 일을 모면하게 해주었다. 세실 우줄리아스로마공은 〈연락원에게 우아한 복장은 작업복에 해당했죠〉라고 설명했다. 그녀는 〈경찰은 마주한 여자가 잘 차려입었으면 옹졸한 태도를 보이기를 주저했어요. 이것이야말로 계급 투쟁이 상상의 열매가 아니라는 추가적인 증거지요〉라고 덧붙였다. 이러한 편견이 있었기 때문에 여성 저항군 요원들은 자신의 신체를 적절하게 연출하는 방법을 배웠다. 어느 날 우줄리아스로마공과 그녀의 어머니는 연합군을 위해 기차역까지 낙하산을 운반하다가, 자신들이 올라가려는 계단 위에서 독일 경찰 둘이 자신들을 주시하고 있다는 사실을 깨달았다. 〈엄마 덕분에 곤경에서 벗어났어요. 엄마가 가방을 계단 위로 옮길 힘이 없는 척하면서 근사한 미소를 지으며 두 경찰에게 도와 달라고 부탁했거든요〉라고 우줄리아스로마공은 회상했다. 독일 경찰들은 다급히 내려와 모녀가 연합군의 낙하산 옮기는 일을 도왔다.

1944년 여름 끝 무렵, 프랑스 저항군 여성 요원에게는 군복을 입는 것이 종종 금지되었다. 그래서 그들은 병사로서의 지위를 확고히 할 수단을 스스로 찾아내야 했다. 여성 저항군 시몬 세구앵의 사례를 보자. 그녀는 1944년 8월, 18세의 나이에 프랑스 언론으로부터 큰 사랑을 받았다. 그녀는 미국 영화감독 조지 스티븐스의 1944년 총천연색 영화와 로버트 카파의 사진으로 영원히 사람들에게 각인되었다. 세구앵은 항독 조직 의용 유격대의 일원으로, 샤르트르에서 독일 병사 25명을 체포하는 데 가담했고, 파리 해방 전투 중에는 독일 병사 두 명을 사살했다. 그녀는 〈군복〉으로 푸른색 쇼트 팬츠와 반팔 블라우스, 공화주의를 상징하는 선홍색 허리띠를 조합해 입었다. 그 색채 조합이 프랑스 혁명기의 공화파 민중 세력 상퀼로트sans-culotte를 연상케 했다. 세구앵은 이런 식으로 프랑스 혁명의 복장 전통에서 영감을 받았다. 이로써 프랑스 혁명이 자신의 활동에 정당성을 부여한다는 뜻을 표현했다.

제2차 세계 대전이 끝난 후에도 여성 전투원들에게는 여전히 군인 지위가 거부되었다. 이들이 역사적인 기억에서 놀라울 정도로 완벽하게 사라진 것이 그 증거다. 린다 드포가 썼듯, 〈전쟁 중에 여성은 어디에나 있으면서 지극히 눈에 띄는 존재였지만, 분쟁이 종결되고 승리의 찬가를 부르기 시작하자마자 사라졌다〉. 몇몇 예외가 있기는 하지만 프랑스는 항독 활동에서 여성이 담당한 역할의 진가를 제대로 인정하지 않았다. 〈죽음의 여성 대대〉의 기억과 제1차 세계 대전에 대한 전반적인 기억은 볼셰비키들에 의해 은폐되었다. 그들은 이 전쟁을 제국주의 전쟁이라고 매도했다. 멜리사 스톡데일이 지적하듯, 전쟁에 대한 책들이 나오기 시작했을 때 〈바로 얼마 전까지도 찬양받던 러시아 여성 군인들은 놀랍게도 사라졌다〉. 제2차 세계 대전에 참전한 소련 여성들에 대한 대우도 그보다 낫지 않았다. 안나 크릴로바의 글에 따르면, 〈침묵은 완벽했고 아주 견고했으며, 직업 기자뿐 아니라 작가나 전방에 파견된 아마추어 통신원 등 대중 담론에 참여하는 모든 사람이 이러한 침묵을 지켰다〉. 여성사가 독립적인 연구 분야로 부상한 최근에 와서야 여성 병사들에게 주어졌어야 마땅한 관심이 주어졌다. 이 오랜 침묵을 어떻게 설명해야 할까? 조국을 지키기 위해 무기를 들고 참전한 여성들은 전쟁의 성별화된 규칙을 위반했으며, 역사 속에서 그들이 부재했기에 이러한 위반은 은폐되었다. 다른 말로 하면, 공식 역사에서 그들이 사라짐으로써 전쟁이 여성을 위하여 수행되는 것이지 여성에 의하여 수행되지 않는다는 민족주의적인 허구가 공고해진 것이다.

참조

1부 - 03 시민-군인의 시대 | 11 애국 전선 ‖ 2부 - 01 군인 양성 | 04 자원병 | 06 파르티잔의 세계 ‖ 3부 - 17 강간, 전쟁의 무기?

06
파르티잔의 세계

마샤 세로빅[●]

정규군을 보조하는 전투원인 유격대 파르티잔은 그늘 속의 병사로서 방해 공작과 매복을 무기로 사용한다. 근대의 〈민족 전쟁〉을 상징하는 이들은 도시와 문명에서 멀리 떨어진 곳을 활동 근거지로 삼는다.

제2차 세계 대전 이후 수십 년 동안 카를 슈미트 같은 관찰자와 이론가들은 〈파르티잔〉을 20세기를 상징하는 인물상으로 보았다. 하지만 이들은 1940년대 초가 파르티잔이 화려하게 활동한 시기이자 최후의 시기라는 사실을 몰랐다. 이 비정규 전투원들은 주로 적진의 후방에서 〈도당parti 전쟁〉을 수행하고, 매복과 기습, 방해 공작 등 한마디로 〈작은 전쟁〉 기법들을 활용하여 정규군을 보조했다. 그들은 군복을 입지 않고 민간인 사이에 녹아들어 작전을 수행하기 때문에 적에게는 여지없이 도적이나 범죄자로 간주됐지만, 분쟁을 벌이는 정규군 중 한편은 이들을 인정하고 지원했다. 파르티잔은 스페인과 러시아에서 벌어진 나폴레옹 전쟁, 1870년 프로이센·프랑스 전쟁, 제2차 세계 대전 같은 국가 간 전쟁 중에 적이 점령한 지역에서 찾아볼 수 있고, 일부 내전에서도 활동했다. 특히 남북 전쟁, 러시아와 중국 내전, 끝으

● Masha Cerovic. 사회 과학 고등 연구원(EHESS)의 연구원. 제2차 세계 대전기의 소련을 연구하고 있으며 저서로 『요셉의 자녀들: 소련 파르티잔(1941~1944)Les Enfants de Joseph. Les partisans soviétiques (1941-1944)』이 있다.

로 〈남〉과 〈북〉이 대적한 내전인 동시에 국가 간 전쟁이기도 한 한국 전쟁과 베트남 전쟁에서 이들을 볼 수 있었다. 근대 전쟁에 대한 상상적 이미지 속에서 파르티잔이 띠는 중요성은 역사적 현실을 능가한다. 파르티잔은 통상적인 존재가 아닌 예외이기 때문이다.

나폴레옹 전쟁과 클라우제비츠 이후로 파르티잔은 〈민족 전쟁〉을 상징했다. 국가 이념과, 무기를 드는 것이 남성의 보편적인 의무라는 생각과, 정치 공동체에 소속되는 근간으로서 병역을 중심으로 구축된 근대의 대규모 군대 모델이 확산되는 가운데, 파르티잔은 자발적으로 희생하는 공동체의 강력한 상징이 된다. 그 이유를 설명하자면, 징집된 군인의 경우에는 제약이 점점 더 강해지는 거대하고 파괴적인 군대 조직에 종속되어 열정이 제약받는 데 반해, 파르티잔은 침략으로 고통받고 명예를 우롱당하는 등 견딜 수 없는 모욕에 대한 분노로 자유롭게 무기를 든 〈자연 발생적인〉 병사 인물상에 해당한다. 이 자원병 영웅은 마오쩌둥의 말을 빌리자면 시민들로 이루어진 큰 물에서 헤엄치는 물고기 같이 지역 주민의 지지를 받는다. 이는 그들이 수호하는 대의가 인기를 누린다는 증거다. 여기에서 파르티잔 전쟁의 상징적인 힘이 나온다.

동시에 이러한 분쟁 형태는 이를 전개하거나 지원하거나 인정할 수 있는 존재인 일반 군대에 거부감 내지는 적의를 불러일으키는 경우가 대부분이다. 징집병이나 직업 군인으로 이루어진 군대를 선호하는 서구 전쟁 모델에서 파르티잔은 불필요한 존재로 간주된다. 최악의 경우에는 위험하다고 간주된다. 파르티잔은 일반 군대의 전술 모델에 들어맞지 않을 뿐 아니라, 그 활동이 정규전의 기반을 이루는 두 가지 구분, 즉 전방과 후방의 구분, 민간인과 전투원의 구분을 전복·파괴하기 때문이다. 이로 인해 일반 군대는 심리적으로 뒤흔들리고, 불가피하게 과도한 폭력이 야기된다. 그래서 군대뿐 아니라 민간 당국도 직업적·법적·윤리적·도덕적 차원에서 거부감을 보인다. 민간 당국은 국가 전복의 한 형태를 떠안기를 망설인다. 또 군대가 무력 사용을 독점하는 상태를 포기하고 이 독점권을 원하는 누군가에게 위임하기를 주저한다.

파르티잔의 세계는 이러한 긴장과 모순으로 형성된다. 이 세계는 파르티잔이 봉사하고 수호한다고 주장하는 규칙을 위반하고 전복함으로써 만들어진다. 근대성의 산물인 파르티잔은 문명과 도시, 기술을 저버리고 고립된 농촌 한가운데에서 적대적인 환경을 근거지로 삼아 한밤의 추위 속에 동족들이 흘린 피를 뒤집어쓴 무장한 민중의 사자(使者)로 활동한다.

민중의 화신

파르티잔 현상 자체는 이미 18세기의 군대에 잘 알려져 있었다. 하지만 파르티잔에 엄청난 상징적 영향력을 부여함으로써 그 근대적 인물상을 탄생시킨 사건은 나폴레옹 전쟁이다. 그 시기에 파르티잔의 두 측면이 확고해졌는데, 이는 다음 두 세기에 벌어지는 법률, 군사, 기념, 역사 서술 논쟁의 기본 골격을 이루었다. 프랑스 군대 그리고 뒤이어 파르티잔에 맞선 모든 정규군이 보기에 파르티잔은 불한당이자 도적이었다. 반면 다른 이들에게 파르티잔은 클라우제비츠가 이론화한 〈인민 전쟁〉의 로맨틱한 영웅을 상징했다. 고야나 톨스토이는 이들을 불멸의 작품으로 남겼고 뒤이어 국가적 소설roman national을 구축하는 데 이들은 꾸준히 다시 소환되었다.

하지만 나폴레옹에 맞선 파르티잔 유격병이 소통하는 두 개의 대규모 작전 현장인 스페인과 러시아에서 현실은 이 모든 전설과 거리가 멀었다. 러시아 참모부나 스페인 군사 정권으로부터 권한을 부여받은 〈도당들partis〉은 젊은 장교들의 지휘 아래 러시아와 영국의 정규군과 협력하여 프랑스 군대의 통신과 물자 보급을 마비시키는 임무를 맡았다. 정규 및 비정규 기병 분견대를 지휘해 프랑스군의 후방을 괴롭히고, 통신과 물자 보급을 방해하며, 스페인의 산과 러시아의 숲을 나폴레옹의 〈대육군〉에게 악몽의 장소로 만든 지휘관들 중 유명한 인물로는 〈불굴의 사나이 El Empecinado〉 후안 마르틴 디에스, 다비도프, 체르니셰프가 있다.

이 도당 전쟁은 수천 명의 민간인이 지원하고 동원된 덕분에 규모가 커진다. 스페인에서는 권한을 부여받은 파르티잔 및 탈영병과 도적들에 더해 모험이나 보복, 이윤을 추구해 가담했거나 가톨릭 성직자의 권고를 받아 무리에 합류한 농촌 청년들이 뒤섞였다. 러시아에서는 〈공식적인〉 파르티잔이 프랑스군의 약탈에 지친 농민들과 연합해 그들에게 무기를 지급하고 적군을 괴롭히게 했다. 대체로 자유와 민족이라는 새로운 이상에 물든 젊은 장교들은 공식적으로는 신념과 국왕 또는 황제를 위해 싸우면서, 의적 행위 또는 〈옛날 방식의〉 농민 혁명을 꿈꾸는 전통적인 신병들과 뒤섞였다. 이것이야말로 스페인과 러시아 당국이 제대로 통제하기 힘든 상황에 직면하여 실제로 그들을 조처하기를 망설인 이유다. 결국 이들 정부는 파르티잔 부대를 해산시켜 정규군에 재통합하고, 특히 농민 그리고 그들이 〈도적〉이라 부른 이들을 무장 해제시키려 한다.

현대 파르티잔의 주요 특성들은 나폴레옹 전쟁 시기에 나타났다. 일단 구성원 소집이 세 축을 중심으로 이루어진다. 첫 번째 축은 매우 의욕적인 전문가로 이루어진 핵심 그룹으로서, 이들은 대부분 장교 또는 강력한 이념 성향을 띠고 견고하게 구축된 조직의 구성원들이다. 그다음으로 사회에 잘 적응하지 못하는 주변인으로서 이미 폭력 행위를 저지른 적이 있는 다수 그룹이 있다. 여기에는 지역적 상황에 따라 기회주의적인 동기로 가담한 탈영병과 도적이 많다. 마지막 축은 대부분이 농촌 출신인 젊은 신병으로 이루어진 대중이다. 이들은 지역적 또는 개인적 동기로 파르티잔에 합류했고 일부는 강제로 징집되었다.

현대 파르티잔의 두 번째 특성은, 이 혼성 집단이 군대를 비롯한 국가 기관과 맺는 관계가 전술과 병참, 정치적 측면에서 불신과 상호 의존이라는 양면성을 띤다는 점이다. 달리 말하면 파르티잔들은 정규군의 물질적 지원을 필요로 했고, 적이 자신들과 혼동하는 도적들과 구별되기 위해 군대로서 합법성을 인정받을 필요가 있었다. 그 대가로 파르티잔은 전술적으로 정규군을 지원하는 일 말고도, 새로운 유형의 전쟁에서 더없이 귀중한, 대중의 지지라는 합법성을 군사적 패배나 외국의 점령으로 약해진 국가에 가져다주었다. 국가와 파르티잔은 각각 국민과 국가가 정당성을 획득하는 상보적인 두 방식, 즉 법을 통한 방식과 민중의 지지를 통한 방식을 상징한다. 파르티잔은 정체성의 기반을 자유와 충성에 둔다. 두 용어는 장소와 시대에 따라 다양한 의미를 지니지만, 그 맥락이 어떻든 확립된 정권은 자유와 정당성, 폭력을 행사할 권한을 요구하는 사람들을 두려워할 수밖에 없다.

끝으로 세 번째 특성은, 파르티잔은 자신이 현재 전설을 쌓아 올리고 있는 행위자임을, 가령 스페인 〈독립 전쟁〉이나 러시아 〈애국 전쟁〉의 진정한 영웅임을 예리하게 인식하고 있다는 점이다. 파르티잔 신화는 나폴레옹 전쟁 때 유럽의 기념 유산이 되어 제국들에 의해 전파되고, 나중에는 여러 공산당에 의해 전 세계로 전파되었다. 파르티잔은 이 국가적 소설들을 형성하는 데 적극적으로 기여하며, 전쟁 중에는 군인으로서의 정당성을 부여하는 전설을 직접 연출해 보인다.

강베타, 7만 의용군을 소집하다

나폴레옹 전쟁 이후 파르티잔은 잠시 전쟁의 무대에서 사라진 것처럼 보였다. 하지만 제2차 세계 대전 이전에 두 번의 예외가 있었다. 남북 전쟁과 1870~1871년의 프로이센·프랑스 전쟁이었다. 두 전쟁 중에는 18세기 말에 벌어진 혁명에 대한 기억으로 민중 봉기에 대한 상상력이 자극을 받아, 파르티잔과 의용군을 〈무장 대중〉의 가장 순수한 상징으로 보았다.

1861년에 미국에서는 반란자들이 미국 혁명의 파르티잔에 대한 이상화된 모범을 따르기 위해 자원병으로 지원했다. 남부 연합군은 그 애국적인 열정에 찬사를 보냈으나, 이내 이들을 통제하려 했다. 파르티잔은 1862년 파르티잔 유격대 법Partisan Ranger Act으로 합법화되어 온전한 지위를 부여받았다. 하지만 이 법의 목적은 파르티잔 부대가 권력 당국의 허가를 요청하고 정규군의 지휘하에 두도록 강제함으로써 그 수를 제한하기 위함이었다. 이러한 통제 시도는 1864년에 이 법이 폐지되면서 실패로 끝났다. 파르티잔 대다수는 북부 연방군의 통제를 받던 미주리주에서 계속 싸운다. 전쟁이 벌어지기 전에 국가의 권한이 약했던 국경 지역에서 부시왜커bushwhacker들은 인근의 인디언들 ─ 남부 연합군은 결국 이들과 동맹을 맺었다 ─ 과 싸우면서 습득한 방법을 동원해 그 지역을 유혈 게릴라전으로 몰고 간다. 모즈비 대령이 이끈 유격대원들로 상징되는 고귀한 영웅들과, 캔자스주에서 벌어진 로런스 대학살(1863년 8월 21일)로 악명 높은 ─ 프랭크 제임스가 포함된 ─ 〈캡틴〉 콴트릴의 유격 대원들이 대립한다. 탈영병, 징집을 거부한 농촌 주민, 자기 땅과 노예를 보호하려는 지역민들, 모험과 보복, 이윤을 추구하는 청년들로 이루어진 이 집단들은 남부 연합이 싸우는 목적인 명예와 남성다움, 독립을 상징한다고 주장했다.

몇 년 후에는 프랑스 임시 국방 정부에서 레옹 강베타가 주도하여 1870년 9월에 〈위험에 처한 조국〉과 〈국민개병〉을 선포한다. 외국인 자원병 수천 명을 포함한 약 7만 명의 〈의용군〉이 스당에서 패배한(1870년 9월 1일) 프랑스군의 결함을 보충할 거라고 생각했다. 하지만 이들은 정규군에 편입된 의용군 부대로 조직되어야 했다. 통합은 이루어지지 못했다. 군대와 의용군 부대 사이의 긴장이 매우 심했다. 강베타를 비롯한 행정부는 국가의 통제를 벗어난 병사들이 체제를 전복하고 혁명을 일으킬 가능성을 두려워했다. 의용군은 제대로 조직되어 있지 않았고, 대부분 활동하는 지역을 잘 몰랐으며, 절도와 약탈 행위를 저지른다는 비난을 받으면서 양면적인 역할을 담당했다. 그들은 군사적으로 효율성이 형편없었음에도 파르티잔의 전설을 되살리며 오래도록 기억에 남게 된다. 프랑스인에게는 영웅적으로, 프로이센인에게는 심한 트라우마로.

신화와 현실의 격차는 1914년부터 시작된, 피로 물든 10년 동안 더욱 컸다. 이 기간에 파르티잔은 놀랍도록 존재하지 않았다. 제1차 세계 대전 중에 벌어진 점령의 규모와 기간, 폭력성에도 불구하고, 또 국민을 총동원했음에도 불구하고, 참전국들은 하나같이 파르티잔 전술을 시대에 뒤떨어지거나 야만적이라고 여겨 활용하지 않았다. 1914년 여름에 독일군은 벨기에와 프랑스를 침공할 때, 프로이센·프랑스 전쟁을 떠올리며 파르티잔과 의용군의 집요한 저항을 예상했지만, 그런 일은 벌어지지 않았다. 독일군은 비정규군에 대한 이런 패닉에 가까운 두려움을 핑계 삼아 프랑스와 벨기에의 민간인 수천 명을 가차 없이 탄압해 남자와 여자, 어린이들이 희생되었다. 오스만 제국은 파르티잔의 흔적을 찾아볼 수 있는 유일한 무대였다. 캅카스 지방에서는 러시아가 아르메니아인 게릴라를 파르티잔으로 활용하지 않을까 하는 두려움 때문에 아르메니아인 집단 학살이 벌어졌다. 아라비아반도에서는 토머스 에드워드 로런스가 아랍인 반란자들을 파르티잔으로 만들었다.

제1차 세계 대전 직후에 많은 퇴역 군인이 의용군 부대, 게릴라, 반란군 등 과격한 집단에 합류했다. 하지만 파르티잔은 같은 시기에 러시아 내전을 비롯한 여러 전쟁 현장에서 계속 주변 역할만 했다. 폴란드에서 태평양에 이르는 지역에서 퇴역 군인과 탈영병, 젊은 농민으로 이루어진 무장 집단을 찾아볼 수 있는 것은 분명했다. 이들은 볼셰비키에 대항한 백군 또는 볼셰비키의 붉은 군대와 오락가락 맺은 동맹에 따라 도적 혹은 파르티잔으로 간주되었다. 볼셰비키는 대중의 폭력, 특히 〈봉건적〉이라고 판단되는 농민의 〈무정부적인〉 성향을 매우 경계하면서, 군대나 공산당의 규율에 따르기를 모두 거부하는 파르티잔들을 나쁘게 보았다. 붉은 군대에 편입되지 않은 사람들은 1920~1921년부터 〈범죄와의 투쟁〉의 일환으로 갑자기 제거되었다.

이 시기에 파르티잔이 주변 역할만 맡았음에도 불구하고, 이 시기에 20세기의 신비로운 두 인물상인 아라비아의 로런스와 공산주의 파르티잔이 등장한다. 가령 양차 대전 사이에 로런스의 저서 『지혜의 일곱 기둥』은 국제적인 문화적 기준이 된다. 파르티잔 인물상은, 그가 전하는 정치적·애국적·혁명적 메시지만큼이나 그를 둘러싼 모험의 향기, 로맨틱한 오라aura로 사람들을 매료하는데, 이런 측면은 근대 전쟁에 찾아볼 수 없는 것이었다.

〈유럽에 불을 지르다〉

제2차 세계 대전과 더불어 파르티잔은 진정한 황금기를 맞았다. 이 전쟁은 나폴레옹 시대 이후로 참전국들이 독일과 일본이 점령한 영토에서 파르티잔 전쟁을 인정하고 선포하고 지지하고 부추긴 유일한 전쟁이다. 1940년 7월에 처칠이 특수 작전 집행부Special Operations Executive에 〈유럽에 불을 지르라〉고 했을 때나, 그로부터 1년 후에 스탈린이 점령자들에 맞서서 싸우기 위해 파르티잔 부대를 창설하도록 촉구했을 때, 두 사람 모두 자신들의 관행 및 군대 전통과 단절하고 민간인과 전투원, 전방과 후방이 절대적으로 구분된다는 법률적 허구를 포기했다. 이 점은 진정한 총력전인 제2차 세계 대전이 지닌 새로운 특징을 강하게 상징한다. 연합국들은 수십 개의 무장 집단에 합법성을 부여했을 뿐 아니라, 인력과 무기, 자재, 물자 보급 및 언론을 통한 지지까지 제공함으로써 이질성을 띤 반란군 집단을 전 세계적 움직임인 〈저항〉으로 변모시켰다. 기술 진보, 특히 항공과 무선 통신 분야의 진보로 연합국들은 이 그룹들을 새로이 지지하고 조직하고 통제할 수 있게 되었다. 비록 이들을 철저히 선동하려는 시도는 대체로 실패했지만.

전쟁 전에 민족 국가 이념이나 공산주의 이념이 널리 전파되고 근대적인 대중 조직, 특히 정당과 조합이 크게 발달한 덕분에 초창기 징병을 위한 인력 집단이 크게 확대되었다. 군인이나 탈영병, 패잔병들은 소련과 필리핀, 발칸반도 — 특히 왕당파 조직들 내에서 — 그리고 프랑스 제국과 1943년 이후의 이탈리아에서 간부와 병력으로 파르티잔 움직임에 합류했다. 하지만 가장 큰 변화는 공산당 조직을 통해 파르티잔 움직임의 조직과 지휘에 민간인이 대거 유입되었다는 점이다. 유고슬라비아에서 필리핀에 이르기까지, 대체로 젊고 도시 출신이며 대학에서 정치화된 새로운 엘리트들은 전쟁에서 농민들과 연합할 명분을 포착했고, 전쟁 패배와 외국의 점령 상태에 책임이 있다고 여겨지는 기성 엘리트층에 대한 대안으로 전면에 나서는 데 성공했다.

약탈 점령 체제가 극단적인 폭력을 자행하자, 대량 학살과 강제 수용, 강제 노동, 기아, 약탈을 피해 점령하의 사회 질서로부터 탈출한 사람들의 규모가 커졌다. 중국부터 유럽(특히 동유럽)에 이르기까지 수십 년 만에 외국 점령에 대한 반응이 극단적으로 바뀌었다. 이 기간에 연합국들은 파르티잔을 세계적인 영웅 인물상으로 변모시키고, 무장한 국민 개념에 대한 정치적·군사적 〈기본 지식〉을 더욱 빠르게 전파하고, 한 전선에서 다른 전선으로 인력과 무기가 순환하는 데 결정적인 역할을 했다. 영국과 미국, 소련, 중국, 프랑스는 정치, 사회, 직업, 민족 네트워크를 동원해 전방 깊숙한 곳에서 전쟁을 벌였다.

도시 바깥의 야인들

파르티잔은 근대성과 옛 방식, 문명과 야만 사이의 끊임없는 긴장을 상징했다. 이는 파르티잔이 진화해 가는 세계를 특징지었다. 비정규 전쟁의 조건 때문에 파르티잔은 큰 희생을 감수하고 기존 질서와 단절된 삶을 살아가며 자신들 고유의 공간과 리듬, 규범, 관습을 갖출 수밖에 없다. 파르티잔은 접근하기 힘든 자연환경에 근거지를 두는데, 이러한 곳에서는 정규군이 갖고 있는 물적·수적 우위가 소용없기 때문이다. 산과 숲은 파르티잔의 동맹군이다. 기동성이 강하고 주변 환경을 잘 아는 소집단들에 자연적인 은폐물을 제공하기 때문이다. 이러한 환경은 외국 군대에는 악조건이다. 파르티잔은 이동이나 공격을 위해 야간 활동을 선호한다. 파르티잔과 정규군의 기술력이 점점 더 큰 차이를 보이면서, 이 공간–시간은 전략적으로 점차 더욱 중요한 요인이 된다. 공간–시간을 이용해 일반 군대의 이점(가령 기계화, 중화기나 자동 화기, 무선 통신)을 제한하거나 심지어 무력화할 수 있기 때문이다.

20세기 중반에 밤이라는 시간과 숲이라는 공간은 파르티잔의 정체성과 밀접하게 연결되어 있었다. 파르티잔은 사회생활과 단절되는 한편 자신의 활동에 전적으로 헌신하면서, 정규군이 통제하는 공간인 도로와 도시로부터 멀리 떨어져 활동했다. 생산지나 분배 네트워크, 소통이나 의료 시설에 접근할 수 없던 이들은 고향을 저버리고 주변부로 밀려나 고립된 채 야생 상태로 회귀하여 배타적이고 밀폐된 사회 정치적 공동체를 이루어 열악한 조건에서 생활했다. 19세기까지도 민간 사회를 완전히 떠나지 않고 반(半)직업 군대와 같은 편에서 일시적으로 무기를 드는 파르티잔을 많이 찾아볼 수 있었으나, 이런 현상은 20세기에 들어 크게 줄어든다.

민간인과 병사, 전방과 후방, 친구와 적의 경계가 사라지는 것은 파르티잔 세계의 강점이자 약점이 된다. 파르티잔은 민간인들 사이에 녹아드는 것을 좋아한다. 익명성은 그들의 중요한 보호막이다. 그들은 또한 폭력을 사용해 이러한 침투성을 통제하고, 자신의 정당성을 확립하고, 배신자와 적을 규정하고 몰아내려 한다. 정규군과 정부는 파르티잔과의 결속을 끊도록 민간인을 압박하고, 납치, 상벌 분배, 선전 캠페인 등을 활용했다. 또 영역을 구분하고 민간인을 분리하고자 했다. 주민을 강제 이주시키거나 〈죽음의 지대〉를 형성했으며, 연령과 성별, 민족, 종교 같은 범주로 적을 규정했다.

파르티잔에 대항하는 이 두 가지 투쟁 전략은 언제나 공존해 왔다. 제1차 세계 대전 이후 두 번째 방법이 지배적인 역할을 했다. 이념적 요인과 군사 기술 발전 이외에도, 파르티잔이 공간적으로 특화하고 기존 질서와 지리적·사회적·경제적 거리가 멀어지면서, 그리고 동유럽과 만주, 베트남에서 민간인이 대규모로 살상되고 지역 전체가 초토화되는 대가를 치르면서, 파르티잔은 종말을 고했다.

강한 정치적 문화 변용

알다시피 파르티잔은 정당성, 존재 이유, 공식적인 목적을 자신들이 가담하는 〈위대한〉 전쟁에서 끌어온다. 정부와 정규군을 지원한다고 주장함으로써 비정규전이라고 불리는 전쟁의 다른 행위자들과 구분한다. 하지만 파르티잔이 치르는 전투는 여러 국지적인 충돌이며, 민간인은 희생자인 동시에 행위자가 된다. 고유한 논리와 역동성으로 형성되는 이러한 충돌은 그보다 훨씬 오래된 마을 주민들 사이의 경쟁이나 기회주의적인 폭력 행위, 생존을 위한 경제 행위에서 비롯된 작은 내전들을 자극한다. 이런 현상들은 파르티잔의 신화에서 꼼꼼하게 지워지지만 비정규 전쟁에서 반드시 나타난다.

파르티잔이 참전하게 만드는 원동력도 마찬가지다. 파르티잔 집단이 중요한 병력으로 조직화하는 모든 곳에서 정치적·이념적 동기, 즉 대의의 순수함을 증명하는 동기들은 사실상 전투원의 극히 일부에게 만 파르티잔에 가담한 결정적인 이유가 될 뿐이다. 다른 동기들, 예를 들어 개인적인 복수욕, 이득에 대한 욕심, 모험에 대한 갈망 같은 훨씬 더 강력한 이유가 개입된다. 파르티잔이 넘어서야 하는 (그러나 모두가 넘어서지는 못한) 어려움은 미주리주나 벨라루스, 미얀마의 숲에 고립되어 살던 시골 청년들을 수백 또는 수천 킬로미터 떨어진 곳에서 벌어지는 분쟁에 가담하는 온전한 주체로 변모시키는 일이다. 이리하여 파르티잔 전쟁은 강한 정치적 문화 변용이 이루어지는 장이 된다. 살인은 응징이 되고 폭행은 전투가, 약탈은 정의를 이루는 방식이 되며, 파르티잔 자신은 애국자이고 그의 적은 배신자가 된다.

파르티잔 집단 내에서 핵심을 이루는 정치·군사 엘리트들은 참여를 촉구하는 담론을 전파하는 데 중요한 역할을 했다. 하지만 대부분 자신이 활동해야 하는 환경에 낯설었던 이들은 임무에 실패했다. 런던과 모스크바의 호소는 제2차 세계 대전 중 유럽에서의 선전 활동은 고사하고 밀림 한복판에서 거의 아무런 반응을 일으키지 못했다. 파르티잔 지도자가 성공을 거두는 열쇠는 그들이 폭넓은 국지적 충돌들을 식별하고 초래하고 활성화하고 도구화하는 능력, 그리고 거기에 정치적·보편적 의미를 부여하고, 이상적으로는 충돌을 최대한 다른 목표들로 돌리는 능력에 있었다. 이러한 결합은 기회주의적이었다고 볼 수 있다. 나폴레옹 시대의 경우가 그랬다. 그 시대에 조직된 반(半)직업적 파르티잔들은, 농민들이 스스로를 지키도록 자극하고 그렇게 해서 벌어진 농민 폭력을 외부 목적을 위해 정치화했을 뿐, 농민을 전투원으로 변모시키려 하지는 않았다. 하지만 19세기 중반 미국과 프랑스에서는 현지 파르티잔 저항 세력에 질서와 규율, 정규군에 대한 복종을 강요하며 그들을 군사 조직화하는 데 역점을 두었다.

20세기 중반이 되어서야 전투원을 정치화하는 것이 파르티잔 움직임을 성공하게 만드는 조건 중 하나로 간주된다. 파르티잔 움직임은 국가와 혁명을 이루는 장으로 바뀌었다. 이를 위해 치러야 할 대가는 파르티잔 움직임을 조직하는 엘리트들과 이들을 지탱하는 시골 주민들 사이의 타협이었다. 전투 공동체였던 파르티잔 부대는 정치적 공동체가 된다. 19세기에 전쟁에서 벗어나면서 승리한 국가는 파르티잔의 유산을 쉽사리 무력화·도구화할 수 있었지만, 뒤이어 〈무장 대중〉을 전후 사회에 재통합하는 일은 점점 더 힘들어졌다. 재통합을 이루고자 유혈 분쟁과 평화 전역, 내전, 탈식민 전쟁을 치러야 했다.

파르티잔은 정치적·군사적·사회적 근대성의 모순들을 먹고 자란 결과물이다. 국가와 혁명, 전쟁 중인 국가에 대한 의무를 명분으로 내세워 〈옛 방식〉, 전쟁에 대한 열정, 자신의 농토뿐 아니라 〈땅〉을 수호하기 위해 봉기한다고 생각되는 농촌 주민의 신화를 활용한다. 나폴레옹 전쟁 이후에 이루어진 기술 진보로 파르티잔의 생존 조건이 변하기는 했으나, 파르티잔이 종말을 고한 것은 제2차 세계 대전 종전 후 국가 주권에 대한 서구식 모델이 일반화되었기 때문이다. 1950년대와 1960년대까지 분쟁이 계속된 한국과 북베트남을 제외하면, 전후 참전국들은 국가를 명분으로 내세워 자행되는 폭력에 대한 통제권을 유지하려 했다. 이제 적의 영토에서 활동하는 것은 특수 부대와 다른 지하 조직들이지, 민병대나 준군사 조직, 인민의 분노를 상징하는 임무를 담당한 다른 조직들이 아니다.

참조

1부 - 03 시민-군인의 시대 | 14 게릴라와 반란 억제 | 15 중국: 전쟁으로 수행하는 혁명 | 16 테러의 시대 | 17 세계 정복에 나선 AK-47 ‖ 2부 - 05 전쟁은 남자만의 일인가 ‖ 3부 - 15 이웃 사람을 죽이기

07

소년병

마농 피뇨 •

〈소년병〉이라는 명칭은 본질적으로 서로 반대되는 것들, 즉 순수함과 전쟁, 약함과 폭력성을 결합한다. 이 명칭은 무엇보다 전투에 가담한 많은 청소년이 자발적으로 이러한 선택을 했다는 사실을 지움으로써 현실을 축소한다.

늪지대 쪽을 바라보았다. 반란군이 달려서 건너려고 애쓰고 있었다. 나의 얼굴, 나의 손, 나의 무기에는 피가 묻어 있었다. 나는 총을 겨누었고, 쏘았고, 한 남자를 죽였다. 갑자기 누군가 내 머릿속에 비추기라도 하듯, 전쟁이 나를 건드린 이후로 내가 본 학살 장면이 마음속을 연달아 지나갔다. 탄창을 갈기 위해 발사를 멈출 때마다 내 시선은 숨이 끊어진 어린 두 친구에 머물렀다. 이내 나는 몸을 돌려 AK-47을 늪지대로 겨누고 다른 반란군들을 죽였다. 우리에게 퇴각 명령이 내려질 때까지 나는 움직이는 것이면 모두 쏘았다.

마약, 강압, 극단적인 폭력. 이스마엘 베아는 1993년에 시에라리온에서 소년병으로 처음 가담한 전투를 이렇게 묘사했다. 그의 증언은 출간되어 국제적으로 큰 반향을 일으켰다. 이러한 성공은 서구의 독자들이 느낀 충격에 상응한 것이었다. 그는 이 책으로 2007년에 유

• Manon Pignot. 피카르디 대학교의 부교수이자 프랑스 교수 협회(IUF) 회원. 공동 저작 『소년병L'Enfant soldat』을 책임 편집했다.

니세프가 지정한 최초의 〈전쟁으로 고통받는 어린이의 수호자〉가 되었다.

우리는 미성년자를 군대에서 활용하는 일이 주로 사하라 사막 이남의 아프리카와 아시아에서만 나타나는 새로운 현상이라고 여기는 경향이 있다. 유니세프의 추정에 따르면, 전 세계에는 국가 간 전쟁이나 내전에 연루된 소년병, 즉 18세 미만의 소년 소녀가 25만 명에서 30만 명에 이른다고 한다. 이들은 전쟁 현상과 그에 대한 문학, 희곡, 영화 작품에서 빼놓을 수 없는 인물상이 되었지만, 이 수치만으로는 납치와 강제 징병의 희생자 어린이와 어린 나이에 스스로 참전을 선택한 청소년을 구분할 수 없다. 납치되고 학대받고 강압에 의해 마약을 복용한 아주 어린 아이들의 모습이 미디어를 통해 알려졌다. 이 모습은 현실의 상당 부분을 반영하고 있다. 하지만 이런 이미지로 인해 더욱 복합적이고 자주 무시되는 어떤 현실이 감추어지는 것도 사실이다. 그것은 바로 〈소년병〉이라기보다는 〈청소년 전투원〉이라고 불러야 마땅할 이들과 폭력의 은밀한 관계다.

그런데 시간을 거슬러 올라가 보면, 이 현상이 최근에 생긴 것이 아니며 제3세계에서만 벌어지는 것도 아님을 분명히 알 수 있다. 고대 스파르타 교육인 아고게Agoge부터 1476년에 프랑스에서 창립된 귀족 시동page 학교에 이르기까지, 혁명의 순교자 바라Barra와 비알라Viala부터 1945년에 죽음에 이를 때까지 베를린을 수호한 히틀러 유겐트에 이르기까지, 자원했든 강제로 동원되었든 나이 어린 소년들 그리고 그보다 수는 적지만 소녀들이 전쟁터에 존재했다고 역사는 증언한다. 따라서 핵심은 근대에 소년병이 있느냐 없느냐를 따지는 것이기보다는, 처음부터 법의 바깥에 위치하긴 했어도 그 존재가 당연시된 소년병이 20세기를 지나면서 어떻게 본질적으로 허용할 수 없는 불법적인 존재로 간주되게 되었느냐 하는 것이다. 이러한 변화는 19세기 중반부터 인도주의적 감수성이 발달한 현상과 맥을 같이한다. 어린이를 끌어들이는 폭력에 대한 관용도가 조금씩 줄어들어 현재에는 이를 용납할 수 없는 한계점에 이르렀다.

〈소년병〉이라는 명칭은 그 자체로 충격적이다. 서로 본질적으로 반대되는 것들, 즉 순수함과 전쟁, 약함과 폭력성을 결합시키고, 보호받아야 할 아동이 병사의 직무를 떠맡아 스스로를 보호해야 하는 인물이 되기 때문이다. 일종의 모순 어법이라 할 이 역설적인 표현은 여러 유형의 군사적 동원을 포함한다. 이 장에서는 18세기부터 나타난 전쟁 현상의 역사에 점철된 이른 징병의 무수한 사례를 연대순으로 지루하게 열거하여 살펴보기보다는, 이들이 지닌 전투원의 특성을 살펴보고 어쩔 수 없이 감수하거나 스스로 떠맡은 전쟁 폭력과 그들이 맺는 관계에 따른 다양한 참전 양상을 구분해 보겠다. 이 모든 경우에 강조해야 할 중요한 사실이 하나 있다. 이 어린 병사들이야말로 그들이 가담한 분쟁의 온전한 주체라는 사실이다.

앙골라에서 벌어진 전쟁으로 고통받는 1백만 명의 어린이

현재 시리아에서 벌어지는 내전은 다시 한번 강렬하게 상기시켰다. 제2차 세계 대전 이후 국가 간 전쟁과 내전에서 어린이는 우선적인 표적이라는 사실을. 2012년 6월 12일에 발표된 유엔 보고서에 따르면, 8세에서 13세의 어린이 수십 명이 바샤르 알아사드의 정규군과 친정부 민병대 샤비하Shabiha에 납치되었다. 이 아동들은 공격에 나서기 전에 〈마을로 침투하려고 군인들을 이송하는 버스의 창문 앞에 놓여 인간 방패로 사용되었다〉. 정규군이나 반란 게릴라군 내 어린이의 존재는 1960년대 이후로 똑같은 과정을 거쳐 이루어진다. 즉 어린 〈신병들〉은 납치, 감금, 폭행을 당해 이전 상태로 되돌아가는 것이 완전히 불가능해진다. 사하라 사막 이남에서 벌어진 내전, 모잠비크(1977~1992), 앙골라(1975~2002) 또는 시에라리온(1991~2002) 내전의 역사를 살펴보면, 소년·소녀들이 마을 주민 전체에 의해 납치되고 얻어맞고 대부분 강간당하고 가끔 강제로 마약을 복용하고, 그들이 무장 집단에 가입한 것을 확실히 〈낙인〉찍기 위해 처음으로 누군가 — 부모나 가까운 사람 또는 낯선 마을 주민 — 를 죽이도록 강요당한다. 앙골라에서는 1백만 명의 아동이 전쟁 때문에 고통받았을 것으로 추정된다. 그중 절반은 죽임을 당하고, 부상당하고, 이주당하고, 강제로 싸워야 했다. 1997년에 무장 집단이 해체되었을 때, 거기에는 소년병이 약 1만 명 있었다. 이러한 관점에서 소년병을 전쟁 기계로 만들어 강제로 활용하는 것은 역사상 전례 없는 현상으로서, 소년병을 극히 현대적인 인물상으로 만든다.

아동 납치는 어쩌다 우연히 이루어지는 게 아니다. 아동이 일단 세뇌당하면 어른 병사들보다 더 〈효율적〉이며, 더 쉽게 통제하고 조종할 수 있고, 잘 훈련시키면 나이 많은 병사보다 더 우월한 인내력과 열의, 과격성을 띠고 싸울 것이고, 거기에다 마약(마리화나, 코카인, 크랙)과 알코올(포도주, 맥주, 대추야자 술)을 활용하면 그들의 능력을 훨씬 더 증진시킬 수 있다는 믿음 속에서 매우 정교하게 전략적으로 이루어진다. 신체적·심리적 폭력에 입문시키는 목적은, 아동이 사회와 가족, 공동체와 맺은 기존의 유대 관계를 끊어 내고 새로운 남성 동료 관계로 대체하는 것이다. 이 새로운 유대 관계는 범죄 조직의 논리와 비슷하게 이따금 착색 문신이나 반흔 문신으로 상징된다. 아프리카에서 벌어지는 일부 전쟁의 경우에 입문은 현지의 특수한 의식 행위에 영향을 받아서, 살해당한 사람의 피를 빨거나 마시거나 키만다(치료사)의 처치나 주술 행위를 사용하는 등의 과정을 거친다.

이때 가장 어려운 점은 이 어린 신병들의 지위를 정의 내리는 것이다. 이들은 희생자인가 범죄자인가? 그들이 몇 년 동안 전쟁을 치렀고 그동안 직간접적으로 범죄를 저질렀을 때, 그들의 책임은 어디까지인가? 각종 국제 및 비정부 기구는 이 모든 아동을 법적으로 〈소년병〉으로 간주한다. 하지만 모든 아동, 특히 5~6세에 납치되기도 하는 아주 어린 아동들은 엄격히 말해서 전투원은 아니다. 이 나이의 아동들은 무기 운반이나 전달자, 당번, 관리직 보조자, 하인 내지는 성 노예 등 전투 이외의 부차적인 역할을 담당한다. 그렇다면 이때 이 아동들의 지위는 무엇일까?

1977년에 와서야 제네바 협약 추가 의정서에서 처음으로, 징집되어 무장 작전에 가담하는 15세 미만의 아동에 대한 언급이 있었다. 1989년에 체결된 국제 아동 권리 협약은 〈15세에 이르지 않은 사람이 적대 행위에 직접 가담하지 않도록 실전에서 가능한 모든 조치〉를 취해야 한다고 규정해 회원국들에 알렸다(제38조). 2000년 아동이 무력 분쟁에 개입하는 것에 관한 새로운 의정서에서는 18세를 적대 행위에 가담하는 법적 연령으로 본다. 〈소년병〉이라는 용어는 처음에 아프리카에 대하여 공식적으로 사용되었다가, 2007년 유니세프의 주도로 수립된 파리 원칙에서 〈무력 또는 무장 단체에 관련된 어린이〉라는 표현으로 대체되었다. 〈아동의 권리에 관한 협약에 의거하여 18세 미만의 모든 사람, (……) 전부는 아니되 주로 병사, 요리사, 짐꾼, 전달자, 첩자 또는 성적인 목적으로 활용되는 어린이, 소녀 또는 소년〉을 뜻한다. 95개 국가가 비준한 이 약속과 원칙들은 어린이가 무장 충돌에 징집되는 것을 방지할 목적을 지닌다. 또한 동원 해제와 사회 복귀, 권리 회복이라는 개별적인 행위도 장려한다. 하지만 더 섬세하고 복합적인 이 공식 명칭이 제시된 이후에도 〈아동 병사〉 또는 〈소년병〉이라는 표현의 인기는 줄어들지 않았으며, 이 표현은 현상의 실상을 가리거나 왜곡하는 경향이 있지만 계속해서 널리 쓰이고 있다.

설득당했나, 강요받았나

〈소년병〉이라는 표현은 행위자의 취약함을 강조함으로써 자동으로 이들을 속박당한 희생자로 간주한다. 이와 동시에 싸울 목적으로 양 진영 중 한쪽에 자발적으로 합류한 일부 청소년 병사들은 그늘 속에 가려진다. 물론 어린 나이에 참전하게 만드는 다른 강압적인 메커니즘을 과소평가하려는 것은 아니다. 우선 경제적인 강압이 있다. 이런 강압으로 어린 소년들이 프랑스에서 국민 공회(1792~1795) 군대나 남북 전쟁(1861~1865) 당시 북군에 합류했다. 그리고 사회적인 강압이 있다. 전통적인 가부장 제도의 압박을 받던 네팔 소녀들이 마르크스·레닌주의 반란(1996~2006)에 동조한 것이 그 예다. 끝으로 이념적인 강압이 있다. 제2차 세계 대전이 가장 좋은 예일 것이다. 16세의 독일 청소년 베르너 콜브는 1945년 1월 일기장에 〈모두에게는 각기 은밀한 욕망이 있다. 어떤 소녀가 자기를 좋아하기를 바라거나 그와는 전혀 다른 종류의 비밀이 있을 수 있다. 내 욕망은, 어느 전선에서든 이 위대한 전쟁을 위하여 전투에 합류하는 것이다. 총통을 위하여, 그리고 나의 조국을 위하여〉라고 썼다. 전체주의 정권에서 수백 명의 청소년이 광신으로 치달아 전쟁 마지막 몇 달간의 전투에 스스로, 하지만 자발적이지는 않은 방식으로 가담했다. 그 예로 애초부터 나치 친위대(SS)의 전 단계인 히틀러 유겐트 출신의 13~14세 소년들과, 1945년 봄에 베를린을 수호하기 위해 자원한 독일 소녀 동맹Bund Deutscher Mädel의 소녀들, 무솔리니의 망명 정부인 살로 공화국을 보호하기 위해 이탈리아 초·중학교에서 소집된 〈근위대Avanguardisti Moschettieri〉, 소련 붉은 군대의 〈최전방 군인frontoviki〉, 그리고 간혹 〈어린이 사단patsaniach'i divizii〉 또는 〈유아원detskie sady〉 등 특수 부대가 있다.

하지만 청소년의 참전이 전체주의 정권에서만 이루어진 것은 아니었다. 역사학자 에두아르 실은 스페인 내전 중 국제 여단에 어린 프랑스인이 지원한 것이, 비록 성인 남녀 지원자 수에 비하면 훨씬 적었지만, 희귀한 현상이 아니었음을 보여 주었다. 프랑스인 지원자 9천 명 중에 미성년자가 약 250명 있었다. 그중 4분의 3은 국제 여단에 들어갔고 나머지는 프랑코 장군파 스페인 외인부대Tercio de Extranjeros를 택했다. 마찬가지로 1940년부터 프랑스 청소년 수백 명이 드골 장군에게 합류하려고 영국으로 떠났다. 수는 미미해 보일지 모르지만 자유 프랑스 지휘관들이 〈프랑스 청소년 자원병 부대〉, 뒤이어 〈자유 프랑스 육군 유년 학교〉로 따로 편성할 만큼 충분한 인원이었다. 이들은 뒤이어 1941년에 영국 우스터셔주에서 〈자유 프랑스 군사 학교〉에 들어갔다. 전쟁 중에 이 학교에서는 다섯 기수가 졸업했다. 이들 기수의 이름은 매우 상징적으로 각각 〈자유〉(1942년 5월), 〈비르하킴〉(1942년 12월), 〈페잔-튀니지〉(1943년 5월), 〈코르시카와 사부아〉(1943년 12월), 〈6월 18일〉(1944년 5월)이다. 전쟁 이후 자유 프랑스 군사 학교는 1954년 법으로 생시르 육군 사관 학교에 흡수된다. 오늘날 이러한 지원의 진정성과 이들 청소년들의 행동이 자발적이었다는 사실에 의구심을 제기하는 사람은 거의 없다. 하지만 스페인의 여단 대원과 런던의 생도들은 독일의 히틀러 유겐트 단원이나 이탈리아의 〈하얀 불꽃Fiamme Bianche〉 일부 단원들과 나이가 같았다. 그렇다면 오늘날 청소년의 참전이 다른 참전보다 더 정당해 보이는 이유는 무엇일까?

　현대의 거의 모든 전쟁터에서 나이 어린 병사가 존재한다는 사실의 옳고 그름을 따지기에 앞서 이 현상을 이해하려면, 에두아르 실이 스페인 내전을 말하면서 청소년이 전쟁 현상에 대하여 〈병적이면서 열정적인 매혹〉이라고 부른 것을 다시 살펴볼 필요가 있다. 거기에 이토록 다양한 모든 역사적 체험에 공통되는 무언가가 있을 것이다. 1935년 7월 28일, 프랑스 공산주의 청년 저널 『아방가르드L'Avant-

Garde』는 제1면 제목을 다음과 같이 달았다. 〈어린 세대는 자유를 위하여 죽은 바라와 비알라, 가브로슈Gavroche의 사례를 잊지 않았다.〉 프랑스 혁명의 상징인 조제프 바라는 19세기부터 소년병 현상을 대표하는 인물이었다.

바라의 이야기를 간단히 살펴보자. 그는 1779년에 팔레조에 있는 영지 사냥터지기의 아들로 태어났다. 열 명 중 아홉 번째 자녀로서 1784년에 아버지를 여읜 바라는 그 세대의 많은 청소년처럼 1793년 초에 국민개병이 실시되자 혁명군에 합류했다. 하지만 여느 청소년들과 달리 그는 〈유년 부대〉로 투입되지 않고 데마르 장군 휘하에 배치되었다. 그는 1793년 12월 8일에 방데 지방에서 매복을 당했고 자신이 지키던 말들을 약탈당하지 않기 위해 싸우다가 죽임을 당한다. 며칠 후 국민 공회에서 그의 죽음에 대한 이야기를 읽으면서 진위를 알 수 없는 한 문장이 덧붙여져 그의 일화는 신화가 된 듯싶다. 반혁명 왕당파들이 바라에게 〈국왕 만세〉라고 외치라고 명령하자 그가 〈공화국 만세〉를 외쳤고, 그래서 죽었다는 것이다. 이로써 혁명과 공화주의 전설이 탄생했다. 젊음과 결백, 열정으로 순교까지 한 바라는 자신이 수호하려 한 대의와 정치 체제의 정당성을 상징한다. 역사학자 알베르 소불이 보기에, 바라가 지원한 깊은 동기는 〈혁명군에 지원한 서민 대중의〉 동기, 즉 〈가난과 배고픔 그리고 더 나은 삶에 대한 희망〉이었다. 소불은 신화의 이면에 존재하는 사회 경제적 제약을 신념, 즉 싸우겠다는 선택의 제약과 구분한다.

이런 형태로 이루어진 청소년의 자발적인 지원은 리오 데 라 플라타 혁명전쟁(1806~1830)부터 파리코뮌(1871), 제1차 세계 대전(1914~1918), 스페인 내전(1936~1939), 이란·이라크 전쟁(1980~1988), 레바논 내전(1975~1990)에 이르기까지 현대에서도 계속 찾아볼 수 있다. 물론 이 모든 경우에 지원병의 수는 전체 청소년의 극소수에 해당한다. 대부분 부모의 의견에 반대하여 지원했다. 알랭 샤우이가 이란 이슬람 공화국의 어린 바시즈Basij(〈동원된 사람들〉)에 대해 썼듯, 〈젊은이들은 자기 아버지보다 동료를 택한다. (……) 그들은 자기 부모에 대하여 신의를 지키지 않게 된다〉.

이를 보면 〈소년병〉이라는 명칭이 결국 얼마나 현실을 축소하는지 쉽게 이해할 수 있다. 이 명칭은 이러한 현상이 어떤 신념, 의지, 달리 말해 자발적 선택이라는 사실을 묵살하는 데 기여한다. 제1차 세계 대전에서든 스페인 내전에서든, 나이 어린 병사를 불법적으로 징집하는 일은 부모의 의견에 거스를 뿐 아니라 〈국가를 거스르고〉 이루어지기도 했다. 체포된 미성년자는 무책임한 가출자로 간주되었고, 참전국의 경찰 및 군사 기구는 이들을 집으로 돌려 보내라는 지침을 받았기 때문이다. 제2차 세계 대전의 자원병처럼 자원입대가 절정에 달한 경우에도 마찬가지다. 히틀러 유겐트단에 가입하는 것이 1930년대에는 불가피했지만, 베를린에서 싸우는 것은 의무가 아니었다. 이 결정은 대부분 부모의 의지를 거스르고 이루어졌다. 현재 근동에서 벌어지는 소요 때문에 유럽의 미성년자들이 〈이라크 레반트 이슬람국가(ISIL)〉(또는 그에 반대하는 이들에게는 〈다에시〉)의 지하드 움직임에 가담하거나, 반대로 그보다 적은 수가 이 움직임에 반대하여 참전한다. 이러한 가출에 대해 유럽 연합 회원국들이 무력하다는 사실은 명백하다. 이 국가들이 불편해하는 것도 확실하다. 현재 언론을 뒤흔드는 문제는 〈어떻게 방지할 것인가?〉 내지는 〈이렇게 떠나는 이들을 어떻게 막을까?〉라는 질문으로 요약할 수 있을 것이다. 반면에 가출의 동기를 묻는 일은 거의 없다. 하지만 역사적인 선례를 보았을 때, 청소년들을 전쟁으로 이끄는, 온갖 제약과 개인적인 신념으로 이루어진 체계를 식별해 내고 이해하는 일은 매우 중요해 보인다.

부모 자녀 관계 맺기이자 규범 위반

근대에 들어서면서, 자신의 뜻에 상관없이 군인들을 따라다니며 사는 〈군대의〉 아동들과, 군대 시스템에 편입되어 군대에서 특수한 역할을 담당하는 〈군대 소속〉 아동들을 구별했다. 전자가 어디에나 있다는 사실 때문에 후자를 잊어서는 안 된다. 대체로 가족의 의견을 거스르고 전방에 합류하려는 미성년자들의 행동을 어떻게 설명할까? 일단 이 하위 범주의 극히 모호한 윤곽을 명확히 규정해야 할 것이다. 많은 저자가 이 하위 범주를 지칭할 때 〈중간entre-deux〉이라는 용어를 사용한다. 조지프 콘래드가 〈그림자 선(線)〉이라고 부른, 서구 문화권에서 〈청소년기〉로 구축된 사춘기 과도기로서 13~17세 연령대에 해당한다. 학교 교육과 군대 법 체제가 발전한 20세기에는 이 어린 자원병들을 다음과 같이 정의 내릴 수 있을 것이다. 의무 교육을 받기에는 너무 나이 들었고, 법적으로 입대하기에는 너무 어리다고.

청소년의 불법 입대는 모두 부모 자녀 관계 맺기와 규범 위반 행위를 특징으로 한다. 후자가 먼저 눈에 띄는 건 사실이다. 전방에 합류하기 위해 가출하는 일은 세 가지 위반에 해당한다. 일단 부모의 권위를 거부한다는 점에서 상징적·정신 분석적 위반이고, 불법 행위를 저지르고 방랑 생활로 접어든다는 점에서 법적인 위반이며, 끝으로 가정을 떠나 어느 정도 재정적인 자율성을 추구한다는 점에서 가정의 균형을 무너뜨리는 사회 경제적 위반이다. 하지만 규범 위반이라는 측면이 이 현상을 모두 설명해 주는 것은 아니다. 전혀 그렇지 않다. 여러 출처에 따르면, 청소년의 참전은 부모 자녀 관계(들)의 섬세한 망과도 연관된다. 이는 제1차 세계 대전의 사례에서 알 수 있다. 전쟁에서 전선의 남자들(징병 담당관, 병사, 가끔은 하사관과 장교들)과 맺는 관계는 확실히 대안적인 아버지상을 나타낸다. 마찬가지로 알랭 샤우이는 이란의 바시즈 민병대에 관하여, 아야톨라 호메이니가 상징하는 위대한 아버지상의 중요성을 강조한다. 동일시 행동은 정신 분석학적인 관점에서 청소년기를 구성하는 특징이기도 하다. 〈세대 간 갈등에서 청소년은 유산을 거부하지 않는다. 반대로 당장 유산을 받고자 한다〉(멘델, 1969). 따라서 역사적인 용어로 말하자면, 청소년의 참전은 부모/아버지의 말을 거스르면서 참전 계획에 동참하고, 거기에 맞게 행동하겠다고 주장하는 한 형태라고 할 수 있다.

이 젊은 세대를 가령 제1차 세계 대전이든, 스페인 내전이나 제2차 세계 대전이든 전쟁으로 끌어들이는 이유 가운데, 현대 관찰자들이 거의 인정하려 하지 않는 동기가 하나 있다. 더 알맞은 표현이 없으므로 이 동기를 〈모험과 폭력 추구〉라고 부르겠다. 달리 말하면 죽음 — 자신의 죽음(모험)과 타인의 죽음(폭력) — 에 자발적으로 직면하려는 욕구다. 더 간결하게 말하면, 이것은 〈전쟁 욕구〉다. 어린 나이에 참전하는 것을 설명하는 마지막 요인은 전쟁 욕구를 당황스럽게 여기는 현대인들에게 부인되었다. 오늘날에도 여전히 소년병 현상은 관찰하는 이들에 의해 과소평가된다. 이러한 요인이 너무 단순해 보이고, 정신 현상학과 인류학 쪽에서 이유를 찾으려 하기 때문일 것이다. 또 본질적으로 평화주의적인 지금의 우리 사회에서 참전 요인으로 받아들이는 것이 불편하고 인정하기 힘들어서이기도 할 것이다. 그래서 에르베 마쥐렐은 1820년대 그리스 독립 지원 운동에 자원한 유럽인들에 관해 〈자발적인 지원 행위의 정치적·사회적·경제적 측면을 완전히 무시하지는 않되, 자원하여 참전하는 일을 온전한 문화적 행위로 간주〉하자고 제안한다.

제1차 세계 대전의 예를 들어 보자. 이 전쟁은 서구 세계의 청소년들에게 전례 없는 실험의 장을 만들어 주었다. 이 장은 〈청소년의 상태〉에 연관된 핵심적인 두 여건을 만족시킨다. 하나는 벨 에포크Belle Époque 시기의 유럽에서 특징적으로 나타난 모험 문화였다. 이는 언론과 아동·청소년 문학에서 로빈슨 크루소나 아르센 뤼팽, 제임스 페니 모어 쿠퍼의 소설 속 주인공 같은 인물상을 통해 구축되고 뒷받침되었다. 또 다른 하나는, 그 연령대에 느끼게 마련인 권태와 다른 장소에 대한 욕구다. 권태와 다른 곳을 꿈꾸는 욕구는 낭만주의 세대에서 신성시되었을 뿐 아니라, 현실적인 욕구이기도 했다. 19세기 후반 이후 산업 사회가 사회 경제적으로 변화하면서 이른 나이에 가정을 떠나는 일이 제약을 받고 심지어는 금지되었다. 청소년은 가정에 억지로 머무르며 가정 경제에 상당히 기여해야 했다. 전쟁은 가정을 떠날 수 있는 유일한 기회였다. 모험 추구는 심리학에서 〈위험 행태〉라고 부르는 것, 즉 죽음은 아니더라도 죽음의 위기를 추구하는 것에 해당한다. 장켈레비치는 이를 두고 〈죽음은 모험의 소중한 향신료다〉라고 썼다.

현대의 아동·청소년 자원병의 경우, 입문 의례는 다양한 전쟁 가담 양상에서 주요한 공통점 중 하나임이 틀림없다. 그렇다면 어린 나이에 불법으로 전쟁에 가담하는 것을 〈사춘기 과도기〉가 절정에 달해 표현되는 형태, 달리 말해서 원시 사회에 존재하던 그대로의 입문 의례를 대신하는 형태로 보는 것이 가능할까? 인류학자 미카엘 클라스가 썼듯, 〈청소년 의례가 원시 사회에서 놀랍도록 보편적으로 존재했으나 우리 현대 문화에서 사라졌다는 사실을 보면서, 우리 문화의 세대 간 관계에 대해 중요한 의문을 제기하게 된다〉(클라스, 1983). 원시 사회에서 통과 의례들은 입문자를 〈맞이하는〉 어른들에 의해 조직되고 관리된다. 반대로 서구 산업 사회에서 청소년을 구속하는 사회·국가·경찰 기구는 아동을 보호하고 사회 질서를 통제한다는 명목하에 청소년이 전쟁터로 떠나지 못하게 막으려 한다. 바로 제1차 세계 대전 중에 그랬다. 반대로 아동·청소년 병사를 대하는 전방의 군인들의 반응은 매우 긍정적이고 호의적이다. 인류학자들이 관찰한 원시 사회의 입문 의례와 마찬가지로 청소년이 여러 단계를 밟아 나아가도록 한다.

즉 정체성을 바꾸고, 가정을 떠나고, 어머니와 단절하고, 더 나이 많은 남자들의 집단에 통합되고, 술과 섹스, 포화의 세례 등으로 남성성을 시험하는 데 도움을 준다.

어린 나이에 불법으로 전쟁에 가담하는 것은, 산업 사회가 청소년에게 금지한 남성성을 끄집어낼 목적으로 입문 의례를 다시 치르는 과정처럼 보인다. 특히 자발적으로 가담할 때 그렇다. 일부 사례에서는 청소년의 전쟁 가담이 지닌 입문적인 측면이 분명하게 드러나기도 한다. 이러한 입문이 정확히 규정된 어떤 정치적 투쟁에 가담하는 것을 동시에 의미하기 때문일 것이다. 여러 사례가 있지만, 팔레스타인의 인티파다나 북아일랜드 독립 투쟁, 사회학자 질 바타용이 연구한 니카라과 게릴라의 경우를 들 수 있다. 특히 니카라과 게릴라의 경우, 〈미스키토 부족의 피치룰레스pichirules(거의 중요하지 않은 어린 녀석들)가 가담한 것은 이 아메리카 인디언 사회의 고유한 호전적인 아비투스에 의해서도 설명할 수 있다〉.

쿠르드 군대의 선 걸스

소녀 병사는 전체 병사의 극히 일부를 차지하는 소년 병사보다도 수가 적다. 하지만 이 하위 범주를 잠시 살펴볼 필요는 충분히 있다. 소녀들의 전쟁 개입은 인도주의적인 관찰자들에 의하여 오랫동안 오로지 강압으로 이루어졌다는 관점에서만 다루어졌기 때문이다. 시에라리온에서 최근에 벌어진 분쟁에서 거의 모든 소녀와 여성은 군대 내에서 담당한 역할이 무엇이었든 성폭력의 희생자였다. 그들은 자기 신체의 온전성이 끊임없이 위협받았기 때문에 폭력과 〈협상〉하는 전략을 발달시켜야 했다. 그래서 가령 병사, 이상적으로는 전쟁 지휘관의 〈덤불숲 아내bush wife〉가 되었다. 그러면 강간당하는 것을 피할 수는 없지만 적어도 집단 강간은 피할 수 있었다.

20세기 후반에 아프리카에서 벌어진 전쟁들에서 소녀들이 전쟁에 가담하게 만든 주요 요인은 항상 같지 않았다. 후기 식민 내전 중에는, 납치당하는 경우를 제외하면 병사로 자원하는 것이 가끔은 가정 폭력이나 성폭행, 가난에서 벗어나는 하나의 방법이었다. 해방 또는 독립 전쟁의 경우에는 더 이념적인 동기들, 사회 정의와 성평등, 투쟁의 정당성이 참전 이유였다. 폭력 경험이 야기하는 영향은 모두 똑같지 않다. 폭력 경험이 가담자를 해방시킬 수도 있지만, 반대로 가담자에게 매우 깊은 상처를 남길 수도 있기 때문이다. 모잠비크의 경우가 이 점을 이해하는 데 큰 도움이 된다. 이 전쟁의 첫 번째 단계인 1964~1974년에는 모잠비크 해방 전선(FRELIMO)이 반식민 투쟁을 벌였다. 1967년에 이 조직 내에 소녀와 젊은 여성의 군사 훈련을 담당하는 여성 분견대Destacamento Feminino(DF)가 창설되었다. 성이 다른 게릴라 병사가 성관계를 맺는 것은 엄격하게 금지되었다. 1976년 이후 전쟁의 두 번째 단계에서는 정부 군대가 된 FRELIMO와 반란군 모잠비크 국민 저항(RENAMO)이 대립한다. 양편에 모두 여성 병사가 있었다. 사회 경제적 동기에 의한 참전과 마찬가지로 강압에 의한 참전이 이전보다 훨씬 더 많다.

소녀 병사들의 경험 대부분은 성폭력으로 얼룩져 있다. 하지만 이 측면에만 집중하면 그들이 무장 충돌 중에 담당한 역할의 복합성은 보지 못하게 된다. 제1차 세계 대전부터 현재의 분쟁에 이르기까지 많은 전쟁 현장에서 여성 아동·청소년이 자원하여 참전한 사례를 찾아볼 수 있다. 러시아인 마리나 유를로바의 경우가 그렇다. 러시아 기병 장교의 딸인 그녀는 1914년 8월에 14세의 나이로 군에 입대한다. 이때 두 번 신분을 속였다. 처음에는 남장(짧은 머리)을 했다가 발각되었는데, 여자임을 인정하면서도 신분이 알려져 동원 해제를 당할까 두려워 자신의 진짜 이름은 밝히지 않았다. 그녀는 결국 자신이 속한 러시아 기병 중대에서 행운을 가져다주는 마스코트로 간주되어 군에 〈받아들여졌고〉, 부상을 입어 후송될 때까지 모든 전투에 가담한다.

소녀의 성 정체성을 감추는 대신 강하게 내세운 사례도 있다. 1945년 1월에 공군 보조원으로 합류해 히틀러에게 충성을 맹세한 독일 소녀 동맹Bund Deutscher Mädel 소속 여성들이 그 예다. 그들 중 한 명인 루트 라이만이 일기장에 썼듯, 〈나에게 독일은 내가 알고 있는 가장 신성한 것이다. 독일은 나의 영혼이다. 독일은 나의 존재 자체고 내가 행복하기 위해 가져야 하는 것이다. (……) 만일 독일이 죽는다면, 나 역시 죽는다〉. 좀 더 최근의 사례로, 1996년부터 2006년까지 인민 전쟁Jana Yuddha에서 마오이즘 네팔 공산 혁명군(CPN-M)과 네팔 정부군이 맞섰다. 이 전쟁에서는 미성년자가 최소한 6천 명에서 1만 명가량 징집되었다. 이들 가운데에는 힌두교 왕정과 카스트 체제에 맞선 반란군이 내세운 마르크스-레닌-마오이즘 이념에 매료된 많은 소녀가 있었다. 그들이 자원한 동기는 민족 차별 철폐, 양성평등, 부의 재분배 등이다.

최근 서구 언론은 이라크 레반트 이슬람국가에 맞서 참전한 쿠르드족과 야지디인(이라크의 소수 쿠르드족) 소녀 전투원들로 이루어진 대대에 찬사를 보냈다. 〈선 걸스(태양의 소녀들)〉라는 별칭으로 불리는 이 소녀 자원병들은 〈인민 수호 부대(YPG)〉 [쿠르디스탄 노동자당(PKK)에 가맹한 시리아 쿠르드 민주 연합당의 무장 세력]의 남녀 혼성 무장 집단에 통합되거나, 더 많은 경우에는 자신들보다 나이 든 여성이 지휘하는 여성으로만 이루어진 분파 〈여성 수호 부대(YPJ)〉에 통합되었다. 대체로 아주 젊은 이 여성들은 YPG 총 병력의 약 40퍼센트를 차지하며 그 수는 1만 4천~2만 6천 명이다. 이러한 참전에는 반파시즘적인 동기 말고도, 다에시가 만들어 낸 강간 교리와 〈칼리파 국가〉가 실시하는 노예 여성의 신체 상품화에 맞서려는 여성들만의 특수한 동기도 있다.

〈소년병〉 개념은 서로 다른 여러 전쟁 체험을 포괄한다. 현재 국제법 체계에서는 모든 미성년자 병사를 희생자로 지칭함으로써, 약식으로 신속하게 처리되기도 하는 준엄한 군법에서 보호하려 한다. 아동·청소년의 선택과 자율성을 정당한 것으로 인정할 경우 제대로 보호하지 못할 위험이 있다는 사실을 우리는 쉽게 이해한다. 그럼에도 이런 식으로 희생자로만 간주하면, 이 청소년들이 의식적으로 한 선택을 부인하는 것이 된다. 자발적 선택이라는 측면은 오늘날 여러 인류학자들이 인정하고 있으며, 과거 분쟁들에서 이미 존재했다. 어린 남녀 병사들을 동원 해제하기 어려운 것은 자발적인 측면 때문이다. 이들은 전후 사회에서 더 이상 제자리를 찾기 힘들어 한다. 모잠비크에서는 15세 미만의 병사들에게 정규군 병사와 똑같은 특전과 보상을 부여하기를 거부하자 마푸투에 있는 모잠비크 국민 저항(RENAMO)군의 병영에서 폭동이 벌어지기도 했다.

소녀는 소년들보다 비무장·비동원·재통합(DDR) 프로그램에 참여하기 더 어려워한다. 소녀들은 자신의 신체적·정신적 안전을 보장받기 위해 의식적으로 이 프로그램을 피하거나, 새로 창설된 정규군에서 배제되기 때문이다. 납치되었든 아니든, 그들은 전쟁에 가담했다는 사실 때문에 전직 군인으로 간주되고, 민간 사회에서 낙인찍힌다. 자녀를 낳은 경우에는 더욱 그렇다. 강제로 징집된 소녀들에게는 탈주 — 또는 소녀들 대부분이 전쟁이 끝나기 전에 도망치지 못했으므로 정확히 말하면 탈주 스토리 — 가 납치와 강간의 불명예를 지우는 가장 좋은 수단이다. 전후에 낙인이 찍히기 때문에 일부 소녀 자원병들은 양성평등이 더 확실했던 전쟁 시기를 아쉬워하기도 한다. 어른의 희생자인가, 최악의 학대자인가? 〈소년병〉의 지위는 딱 잘라 규정될 수 없다. 그들은 무엇보다 그들이 가담하는 분쟁의 온전한 행위자다. 그렇다면 핵심은 그들의 전쟁 가담이 자발적인가 아닌가 하는 데 있다. 이런 사실을 고려해야만 소년병을 청소년 전투원과 명확하게 구분할 수 있다.

참조

1부 - 14 게릴라와 반란 억제 ‖ 2부 - 04 자원병 | 08 영웅의 필요성 ‖ 3부 - 15 이웃 사람을 죽이기 | 17 강간, 전쟁의 무기?

08

영웅의 필요성

요안 샤푸토[*]

모든 시민이 군인이 됨으로써 시민은 의지와 용기만 있으면 전쟁 영웅의 지위에 오를 수 있었다. 소년 바라, 링컨 대통령, 라이언 일병에 이르기까지 이러한 영웅상은 각각의 사회가 전쟁과 맺는 관계를 보여 준다.

인간 집단(도시, 교회, 수도회, 교단)을 세우고 조직하기 위해 위대한 영웅적 인물상을 소환하는 일은 19세기에 새롭게 나타난 현상이 아니다. 고대 도시 국가에는 전쟁·학식·법률의 영웅이 있었다. 교회에는 신앙심의 영웅이 있었으며, 교단에는 성인과 수호자가 있었다. 하지만 19세기는 영웅 생산의 강도가 높아졌다는 점이 특징이다. 19세기는 국가를 세우고 그 〈정체성〉을 구축하는 시기였다. 다양한 사회적 변화(지식인 중산층, 읽고 쓸 줄 아는 교양 시민 계급 Bildungsbürgertum 부상), 기술적·문화적 변화(인쇄술 개선, 글과 그림 배포, 권력으로서 언론의 부상)가 이루어짐으로써 이야기를 만들어 내고 널리 알릴 수 있게 되었다. 교육자, 다양한 광고 제작자, 신문 기자, 역사학자들은 힘을 합쳐 자신들의 이야기와 규범을 인물 흉상이 가득한

• Johann Chapoutot. 파리 제4대학교 교수. 독일을 연구하는 역사학자로서 나치의 남성성, 파시스트 정권이 고대를 활용한 양상, 나치의 법률에 관한 연구서를 냈다. 최근 저작으로 『피의 법: 나치로서 생각하고 행동하기La Loi du sang. Penser et agir en nazi』와 『나치의 문화 혁명La Révolution culturelle nazie』이 있다.

고대의 회랑으로 만듦으로써 과거를 엑셈플라*로 가득 채웠다. 선조의 미덕은 현대인의 행동에 영감을 준다. 로마인이 모스 마이오룸**을 숭배한 사실, 그리고 아버지와 아들 사이의 경쟁심이 필요하다는 점을 다룬 살루스티우스, 티투스 리비우스, 타키투스의 글에서 인용한 몇몇 생각으로써 영웅 제조는 명백하고 반드시 필요한 일이 된다.

계몽주의 시대에서 나폴레옹 시대로 넘어가는 전환기에, 즉 프랑스 혁명 전후에 당대를 고찰한 몇몇 지성은 영웅 인물상에 관심을 두었다. 헤겔은 영웅을 특수한 보편, 즉 대중으로부터 솟아나 자기를 실현함으로써 세계정신을 완수하는 개인으로 정의 내렸다. 고상하고 경탄할 만한 영웅적 행위는 비록 귀족주의 시대의 잔해지만, 모든 개인이 이해할 수 있는 범위 안에서 집단 전체에 이롭게 작용하면서 장점을 드러낸다. 함께 살고자 하는 욕구 또는 공통의 유산으로 정의되는 국가를 세울 때, 전사 영웅은 각별한 역할을 담당한다. 좌파와 우파, 혁명파와 반(反)혁명파, 민주주의자와 왕정주의자, 온건파는 모두 국가가 자신의 영토, 자기 아버지들의 영토(조국)이며, 그들이 개인이자 집단으로 살아가기 위해 필요한 영토라는 사실에 동의한다. 이 영토는 물려져 내려오거나 가끔은 정복되기도 하며, 언제나 수호되어야 한다. 전사 영웅은 이 일을 어떻게 해야 하는지 가르치고 보여 주는 사람이다.

베르생제토릭스 대 아르미니우스

영웅은 항상 그런 것은 아니지만 대체로 엄청난 미덕을 갖춘 사람이다. 젊은 국가들은 출신 배경이 훌륭한 영웅을 가지고 있다. 갈리아족 왕의 아들인 베르생제토릭스와 게르만 부족 수장의 아들인 아르

* exempla. 라틴어로 〈교훈담들〉.
** mos maiorum. 라틴어로 〈선조들의 관습〉.

미니우스(헤르만)가 지닌 자질(전자의 의지와 위엄, 후자의 책략과 용기)은 명망 높은 선조들로부터 나온다. 프랑스인 또는 독일인의 원형으로 간주되는 이들은 그 미덕으로써 〈자신의〉 국가를 빛낸다. 〈세기(世紀)가 갈리아 지방에서 프랑스로 면면히 이어져 내려〉오는 것(미슐레)은 베르생제토릭스라는 인물이 고귀하고 위엄 있게 패배함으로써 로마가 수태되는 것을 막지 않으면서 갈리아족의 명예를 빛냈기 때문이다. 한편 요한 고틀리프 피히테에 따르면, 아르미니우스는 아우구스투스의 로마 군대에 맞서 게르마니아가 순결한 정체성을 보존하도록 했다. 이는 피히테가 독일이 프랑스에 점령당한 상태에서 〈독일 국민에게 고함〉(1807~1808)이라는 강연을 하던 때에 시기적절한 신화였다.

인종주의 인류학이 아직 지나치게 개입하지 않던 19세기 초반에, 진정으로 하나의 언어를 공유하지는 않더라도 하나의 영토와 역사를 공유한다는 사실은 하나의 공동체에 소속됨을 증명한다. 그러므로 베르생제토릭스와 아르미니우스의 아들들은 모두 같은 미덕을 갖출 수 있다. 나폴레옹이 레지옹 도뇌르 훈장을 제정한 것을 본떠, 프로이센의 왕 프리드리히 빌헬름 3세는 1813년에 철십자 훈장을 만들었다. 서민이나 평범한 사람도 모두 받을 수 있는 최초의 훈장이었다. 결국 1792년부터 실시된 징병 제도와 〈국민개병levée en masse〉으로 모든 프랑스인은 군인이 되었고, 1813년에 창설된 국민군Landsturm으로 모든 프로이센인은 병사가 되었다. 역사학자 조지 모스가 말한 〈대중의 국유화〉로써 모든 개인을 영웅화하는 일이 가능해졌다. 평범한 사람도 자신들이 들어갈 기사단을 갖게 되었다.

국가의 모든 구성원은 의지와 용기만 있으면 잠재적으로 영웅이 될 수 있었다. 이러한 사실은 프랑스 피카르디 사람 그랑 페레Grand Ferret(또는 페레Ferré)를 백 년 전쟁(1337~1453)에서 영국인에 맞서 싸운 영웅으로 그린 교훈적인 이야기를 보면 알 수 있다. 물론 그는 체격이 건장하고 엄청난 힘을 지녔음에 틀림없지만, 19세기 역사가와 교육자들이 쓴 글에서 그의 힘은 농민 대중의 건강함과 힘을 상징한다. 이 힘은 국가에 양분을 공급하는 어머니인 동시에 국가의 무장한 팔이다. 어린이도 국가의 영웅이 될 수 있다. 그 예로 1793년에 14세의 나이로 왕당파 군대에 맞서다 죽은 소년 조제프 바라가 있다. 고대 예술 작품처럼 아름다운 장면에서 이 북 치는 소년은 〈공화국 만세〉를 외치다 죽는다. 로베스피에르와 바레르는 이에 감동을 받고 이 장면이 지닌 호소력 있는 상징적 잠재력을 감지해, 사냥터지기의 아들로 자원병이 된 소년 바라를 자신들과 마찬가지로 청소년기를 거치는 젊은 공화국의 순결한 성인으로 만든다. 갓 탄생한 〈국가적 소설roman national〉에서는 노인도 온전한 역할을 담당한다. 브렌누스가 이끄는 갈리아족에게 학살당한 로마의 원로원 의원들처럼, 〈칼레의 시민〉은 잔인한 영국인들에게 속죄의 희생양으로 바쳐졌다. 이 모습은 1889년에 로댕의 유명한 조각상으로 영원히 후세에 전해지게 되었다.

여성은 어린이와 노인보다 더 존재감이 크다. 15세기에 도시 보베의 영웅인 피카르디 사람 잔 아셰트는 순결함이나 신앙심이 아닌 다른 이유로 특별해진 드문 여성 중 한 명이다. 다른 여성 영웅들은 의심 많고 순결한 아르테미스(디아나) 여신의 고대 원형에 가깝다. 그 예로 주느비에브와 잔 다르크가 있다. 주느비에브는 451년에 훈족의 왕 아틸라의 군대로부터 루테티아(파리)를 구했다. 19세기 말에 우익 민족주의자들은 잔다르크를 자신들의 대의에 끌어들이는 데 성공했는데, 잔 다르크는 종교 재판소에서 형(刑)을 받은 서민 여성이었기에 교회에 반대하는 공화주의자들에게도 깊은 감명을 주어 좌익에서도 찬양받았다. 비유적인 작품에서는 여성을 더 많이 찾아볼 수 있다. 19세기에는 지혜와 용기, 지성과 전쟁을 아울러 상징하는 여신에 열광했다.

투구를 쓰고 무장한 아테나(미네르바)로 건물의 박공과 책상, 공식 문서의 상단을 장식하는 것이 대유행이었다. 마리안은 상황에 따라 다른 모습으로 표현되는데, 프랑스 제2공화국에서는 다산과 풍요의 여신인 케레스로, 제1차 세계 대전 중에는 핏발이 선 눈매를 한 전쟁의 신 아레스로 표현되었다. 1848년 이후로 대중화된 독일을 의인화한 인물상 게르마니아는 더 확실하게 여전사의 이미지를 띠었다. 바그너는 그 인물상을 중세 신화에 등장하는 발키리를 계승한 존재로서 음악으로 재탄생시켰다.

사무라이부터 가미카제까지

1914~1918년에 벌어진 대량 살상으로 전사 영웅의 위대한 시대는 막을 내렸다. 앞으로 보겠지만 이를 뒷받침하는 몇 가지 근거가 있다. 최초의 단절은 19세기 후반 남북 전쟁 중에 생긴 것으로 보인다. 링컨은 궁극적으로 내전으로 유발된 증오와 폭력의 희생자였으나, 이 시기에 시민 영웅으로 등장한 유일한 인물이었다. 국가의 분열이라는 흉측한 고르고네스와 싸워 승리한 인물, 신생 북부 연방의 유피테르로서 워싱턴에 조각상으로 세워진 링컨은 무수한 글과 노래, 시와 그림, 영화에서 찬미되었다. 그로부터 반세기 후, 7천만 명이 동원되고 1천만 명이 사망한 제1차 세계 대전은 개인적인 영웅을 찬양하기에는 적절치 않은 시기였다. 영웅적 책무 또는 전사의 아름다운 행위의 원형은 몰아치는 포화에 굴복했다. 시체 식별이 불가능했기에 런던과 파리, 로마, 워싱턴, 다른 여러 수도에서는 참전국을 상징하는 존재로서 영웅이 아닌 〈무명용사〉를 기렸다. 이 사실은 암시하는 바가 크다.

유럽 국가들이 찬양한 마지막 전사 영웅은 식민 정복기의 인물들 또는 평화와 과학 발전의 영웅들로서, 의사(파스퇴르와 코흐), 조종사와 탐험가, 또는 승화된 전쟁이자 평화로운 대립의 주인공인 운동선

수들이다. 러시아, 뒤이어 소련에서는 혁명의 정치적 영웅들과 함께, 스탈린의 경제 발전 5개년 계획이 실시된 이후에 노동 영웅들이 찬양되었다. 스탈린주의가 민족주의적 성향을 띠면서 사회가 경직되고 세계 혁명을 완전히 포기하면서 전사 영웅들이 다시 소환된다. 이런 인물로 알렉산드르 넵스키가 있다. 예이젠시테인은 페이푸스 호수에서 튜턴 기사단을 막아 낸 이 영웅을 찬미하기 위해 1938년에 장대한 영화를 찍었다. 이 영화는 1939년 독일·소련 불가침 조약이 체결된 후 스크린에서 사라졌다가, 1941년에 나치 독일이 소련을 침공한 이후 다시 등장했다. 같은 시기에 일본은 영토 확장을 이룰 필요 때문에 기술적·산업적 근대화 과정을 밟고 있었지만, 여전히 태곳적 가치와 고대의 원형을 내세웠다. 전통적으로 민족주의적인 일본 문화에서 영웅은 고대 사무라이의 도덕률을 따랐다. 사무라이는 1870년대 말에 사라진 무사 계급이지만, 그 무예는 특별히 창설된 무사 학교에서 전수되었다. 자기 통제, 고통을 경멸하는 태도, 명예 중시 등의 자질에 덧붙여 덴노에 대한 헌신이 강조되었다. 일본 군대는 덴노에 대한 헌신을 상징하는 존재로서 제2차 세계 대전 말에는 자살 임무(카미카제)를 수행하기도 했다.

서구 유럽 국가 대부분과 미국에서는 양차 대전 사이에 전사 영웅이 크게 쇠퇴한다. 이 시기에는 오히려 평화주의와 반(反)영웅이 부각된다. 1932년에 루이페르디낭 셀린의 소설 『밤 끝으로의 여행』은 재앙과 세상의 폭력 속에서 방황하는 급진적 반영웅인 피카르디 사람 바르다뮈를 대중에 선보인다. 반대로 파시스트 정권에서는 전사 영웅 문화가 활짝 꽃핀다. 나치는 역사적 사실과는 전혀 어긋나는 어떤 원형, 환상으로 만들어 낸 게르만족 남성상, 고대의 진흙(스파르타의 보병 호플리테스, 로마의 병사)과 중세(튜턴 기사단)와 근대(금욕적인 영웅으로서 프리드리히 2세)의 흙덩이로 만들어 낸 진흙 인간을 동원한다. 파시스트 이탈리아에서도 파시즘의 기치 아래 지중해 지역을 다시 마레 노스트룸*으로 만들어 고대 로마 제국을 재창조해야 했던 그 시기에, 허구로써 만들어 낸 영웅적 무훈을 활용했다. 전사 영웅은 어느 때보다도 역사와 현실에 대한 부정이었다.

정신병자, 주변인, 나약한 사람

제2차 세계 대전은 전사 영웅 문화를 새롭게 바꾸면서 부활시키는 것처럼 보였다. 하지만 자국 영토를 수호하고 해방하는 존재인 영국 왕립 공군(RAF)의 조종사들과 소련 붉은 군대의 군인들을 제외하면, 이제 조국을 용감히 지키는 국가적 영웅이 아니라, 보편적인 원칙, 반파시즘이나 반볼셰비즘을 위해 싸우는 군인이 찬미된다. 미국에서 나치즘과 파시즘, 일본에 대항한 투쟁과 승리로 부활한 전사 영웅주의는 그로부터 두 세기 후에 베트남 전쟁의 충격적인 경험에 부딪혀 산산조각 났다. 영웅담을 전하는 주요 매개물인 영화의 어조는 미국의 평화주의 운동이 절정에 이른 1960년대부터 변한다. 1971년에 돌턴 트럼보의 1939년 소설을 각색한, 보기에 매우 고통스러운 영화 「자니 총을 얻다Johnny Got His Gun」는 제1차 세계 대전을 재해석하며 전사 영웅 인물상을 완전히 전복한다. 팔다리를 잃고 얼굴이 흉하게 일그러진 주인공은 의미를 잃은 삶에서 벗어나기 위해 오로지 죽기만을 바라지만, 부하들의 생명을 하찮게 여기는 장교를 완벽하게 구현한 인물인 군의관은 결국 그를 살려 두기로 결정한다. 뒤이은 몇 년 동안, 베트남 전쟁 퇴역 군인으로 정신병적이거나 소외된 인물상이 영화를 통해 대중화되었다. 이런 영화로는 마틴 스코세이지의 「택시 드라이버」(1976), 프랜시스 포드 코폴라 감독이 조지프 콘래드의 단편 소설

---

* mare nostrum. 라틴어로 〈우리의 바다〉.

『어둠의 심연』(1899)을 각색한 영화 「지옥의 묵시록」(1979)이 있다. 하지만 로널드 레이건이 미국 대통령으로 당선되면서 일종의 〈미국의 재남성화〉(수전 제퍼즈)가 시작되었다. 이는 「람보First Blood」(1982)와 뒤이은 후속 세 편(1985, 1988, 2008)에서 존 람보라는 인물로 상징된다.

베트남에서 겪은 군사적·정치적·도덕적 대실패는 훗날 할리우드 영화에서 제2차 세계 대전을 재해석해 전사 영웅의 원형을 다시 탐색하게 만들었다. 스티븐 스필버그 감독의 「라이언 일병 구하기」(1998)는 현실감 넘치는 노르망디 해변의 상륙 작전 장면으로 관객에 깊은 인상을 남겼고, 뒤이어 톰 행크스가 제작한 TV 연속물 「밴드 오브 브라더스」(2001)가 방영되어 인기를 누렸다. 근본적으로, 이 새로운 영웅들의 특징은 병사로서 세운 업적보다는 인간미다. 이제 영웅은 부상당했거나 방황하는 동료 또는 인류 전체를 구하기 위해 자신의 연약한 인간성을 기꺼이 희생하려는 인물이다. 전사의 거친 미덕을 앞세우던 시대는 끝났다. 종교적이거나 세속적인 구세주 대망론이 막을 내림으로써, 나약하고 복합적인 존재로서의 개인을 이해하는 이 시대에 감수성과 두려움이 중요한 위치를 차지하게 되었다.

전통적인 유형의 전사 영웅주의가 아직도 살아 숨 쉬는 유일한 장소는 19세기의 기념물과 그보다 더 최근에 지어진 몇몇 건조물(이라크 전쟁 중인 2004년 5월에 조지 W. 부시 대통령이 제막한 워싱턴 D.C.에 있는 웅장한 제2차 세계 대전 기념비National World War II Memorial가 그 예다), 그리고 아마도 21세기의 비디오 게임일 것이다. 하지만 이를 여전히 영웅주의라고 부를 수 있을까? 비디오 게임은 분명 호전적이지만, 영웅적인지는 의심스럽다. 호전적인 전사 영웅은 단순한 전투가 아니라 자신 이익을 넘어서는 어떤 대의를 위해 전쟁을 치렀다. 반면에 비디오 게임의 세계에는 사회 진화론, 적자생존, 광적인 개인주의가 만연해 있다. 주인공들은 대체로 도심 환경에서 살아남기 위해 싸운다. 그들은 맹목적인 투쟁과 지배하려는 욕구, 아니면 쾌락을 느끼려는 욕구로써 삶을 이해하는 궁극적인 화신이다. 서구에서 전쟁 영웅은 철 지난 존재가 되었다. 이러한 영웅상이 〈지하드〉, 〈병사〉로 칭하는 젊은 자원병들에 의해 다시 소환되고 있다. 그들은 불만과 반항심, 그들이 내세우는 종교에 대한 초보적인 지식을 미화할 재료를 정보화 사회의 전자 문화에서 찾아낸다.

참조

1부 - 03 시민-군인의 시대 | 12 전쟁 반대! | 14 게릴라와 반란 억제 ‖ 2부 - 04 자원병 | 05 전쟁은 남자만의 일인가 | 07 소년병

09

반역자와 불복자

니콜라 오펜슈타트[*]

불복, 병역 기피는 단지 개인 수준의 전략이 아니다. 집단을 구성하는 일이 걸린 사안이기도 하다. 동기는? 전투 조건 또는 정치적 신념이다. 이를 진압하는 형태는 다양하다.

전쟁 거부라는 사안이 그토록 많은 논쟁과 고통스러운 기억을 불러일으키는 것은 원대 복귀 위반이나 탈영, 반란 등 다양한 형태의 불복종으로 지배 질서 자체가 의문시되는 경우가 많기 때문이다. 불복, 병역 기피, 전투나 군 복무 회피는 단지 개인의 생존 전략만은 아니다. 집단을 구성하는 일, 견고함의 정도를 가늠하는 일이기도 하다. 전쟁 거부는 당국에 군인 관리와 관련된 실질적인 문제를 제기할 뿐 아니라, 군대들의 응집성과 통일성, 그리고 군인이 봉사할 대상인 정치체(政治體)의 힘에 대한 문제도 제기한다. 병역을 거부하거나 포기하는 것은 공동체나 국가, 제국의 정체성 자체를 문제 삼는 일이기도 하다.

그러므로 반발자를 처리하는 방식, 즉 일단 탄압하고 법적인 제재를 가하는 방식, 그리고 뒤이어 이를 기억하는 방식은 단순히 사실이나 개인적인 동기를 평가하는 일에 그치지 않는다. 정치·사법 당국은

• Nicolas Offenstadt. 파리 제1대학교의 연구 지도 자격(HDR)을 소지한 부교수. 제1차 세계 대전과 그 역사 편찬에 관한 여러 연구서를 썼다. 최근 저작으로 『사라진 국가: 동독의 자취를 따라서 *Le Pays disparu. Sur les traces de la RDA*』가 있다.

보통 자신이 수행하는 전투를 정당화하는 이유를 기준 삼아 〈전쟁 거부〉 개념을 구축한다. 2008년 이스라엘 텔레비전에서 방영된 병역 거부에 맞선 홍보 영상에서는 〈진정한 이스라엘인은 탈영하지 않는다〉라고 단언했다. 이러한 관점에서 불복하는 사람은 단순한 〈게으름뱅이〉로 간주되는 것이 아니라, 집단을 거부하고 집단의 근간을 이루는 관계들과 집단이 수호하는 대의를 거부하는 행위를 상징하는 인물이 된다. 이로써 군대 내 불복종으로 인한 온갖 긴장이 초래된다.

다민족·다국적 군대 또는 지배받는 소수 민족을 상대로 강제 징집이 이루어질 때 이러한 문제는 더욱 첨예하게 제기된다. 나폴레옹 정복부터 1914년~1918년 나폴레옹 제국 군대, 제국 전쟁의 보충 부대에 이르기까지 그랬다. 전쟁 거부는 충성과 불충, 배신 또는 반란, 위험한 이중 소속을 뜻한다. 하지만 개인적인 불복 행위가 거기에 부여되는 뜻과 어떻게 연결되는지 상세히 알아보기에 앞서, 논의의 대상을 좀 더 면밀히 규정할 필요가 있다. 군대 조직에 순응하는 일이나 전쟁 폭력을 거부하는 〈반항자〉의 인물상 뒤에는 사실 다양한 상황과 행태가 숨어 있다. 따라서 먼저 용어와 그것이 포괄하는 실천 방식을 분명히 밝혀야 한다.

거부의 형태

18세기 말에 보편적 징병제가 실시된 이후(먼저 프랑스에서 실시되고, 뒤이어 나폴레옹 정복과 더불어 널리 퍼짐), 군대를 명백히 거부하는 최초의 형태는 소집 거부다. 소집병이나 징집 대상자가 소환에 응하지 않고 입대를 기피하거나 부대에 합류하기 전에 사라지는 것이다. 19세기에는 이런 사람을 〈징병 기피자〉라고 불렀는데, 나중에는 〈불복자〉라는 용어가 더 자주 사용된다. 소집 거부는 단순히 행정을 무시하는 태도일 수도 있지만 보통 입대를 거부하는 뜻을 나타낸다. 이것은 집단화되어 폭동으로 이어질 수 있다. 병역 원칙을 거부하는 것은 주로 정치적이거나 도덕적, 종교적 신념에 따른 병역 거부 형태를 취한다. 신념에 따른 병역 거부는 국가에 따라 인정받거나 용인되는 정도가 다르다. 19세기에 들어, 프랑스나 벨기에보다 영미권 국가나 북유럽 국가들에서 훨씬 먼저 제한적인 조건하에 합법화되었다.

군인이 일단 부대에 편입되고 나면 거부의 형태가 변한다. 하지만 여기에서도 군법의 규정과 상황에 따라 양상을 구분해야 한다. 전쟁이나 전투를 거부하는 일은 항의의 전략일 수도 있고 개인적인 생존 전략일 수도 있다. 군인이 상관의 허가를 받지 않고 자신에게 주어진 장소를 벗어난다면 탈영이나 직무 유기에 해당하지만, 부재가 길어지거나 완전히 떠나려고 사전에 계획한 경우에는 상황이 달라진다. 마크 바이츠가 지적했듯, 남북 전쟁에 참전한 일부 병사는 불법으로 부대를 이탈했다가 몇 달 후 되돌아왔다. 부상자나 병자 행세를 하려고 자해 행위를 하거나 스스로 병에 걸리는 일은 19세기와 20세기 내내 사용된 전략이다. 일부 군인은 전쟁을 피하려고 독극물을 마시거나 눈[雪]을 먹기도 했고 무기로 자기 손가락이나 손마디를 자르기도 했다.

군 복무 거부는 소동, 항의 행진, 전열에 가담하기를 거부하거나 장교들이 지시한 일을 거부하는 등 집단 항의로 표현될 수도 있다. 이를테면 반란이나 폭동이다. 징집병들이 1955~1956년에 알제리로 떠나기를 집단적으로 거부한 사건은 〈군대의 반란〉으로 간주되었다. 사건은 전쟁에 대한 항의와 적대적인 외침, 배나 기차에 오르기를 거부하는 것, 병영과 기차역에서 벌어지는 소요와 무질서, 파괴 행위로 나타났다.

대체로 군법의 법규에서는 불복종 행위가 〈적이 존재하는 가운데〉, 즉 〈발포가 이루어지는〉 대립 현장에서 이루어졌느냐 아니냐에 따라 다르게 간주한다. 실제로 불복 행위가 이루어지거나 표현된 장소에 따라 쟁점과 의미는 다르다. 전방에서 벌어지면 당연히 방어 체계가 위험에 처한다. 휴가 중이나, 식민 전쟁을 치르러 가기 위해 배를 타기 전에, 프랑스 본토나 프랑스의 해외 영토에서 이루어지는 불복 행위는 서로 다르게 간주된다.

불응, 신념에 따른 거부, 탈영, 자해, 반란은 전투하러 가거나 전투를 거부하는 가장 분명한 형태다. 하지만 법률적이고 분석적인 범주가 군인의 거부 행태를 전부 포함하지는 않는다. 대부분의 경우에 싸움, 살해까지 포함하는 장교에 대한 폭력 또는 부대 내 병사들 간에 벌어지는 폭력은 불만의 표현, 비판적인 태도, 더 일반적으로는 전쟁에 대한 비판과 뒤섞인다. 끝으로 〈저강도〉 거부라고 부를 만한 것도 고려해야 한다. 장애로 판정받지만 위중하지 않은 부상, 다시 말해서 치료받기 위해 전투 구역을 벗어나도록 해주는 〈좋은 부상〉(엄지손가락 절단, 엉덩이에 박힌 포탄 파편)을 입고 기뻐하는 것이 예다. 전쟁 거부 현상을 더욱 넓은 의미에서 고찰하려면, 가볍게 기피하는 행동 일체(상대적으로 안전한 부대로의 이전 요청, 병원 체류 연장)도 감안해야 한다. 그리고 양차 세계 대전에 대해서는, 전방에서 이루어지는 자살 행위도 전투를 계속하기를 거부하는 최종적인 형태로 볼 수 있다.

전투 거부 목록으로 다른 거부 형태와 뒤섞일 수 있는, 적과 친분을 쌓는 행위도 언급해야 한다. 군인은 상대 부대와의 적대 관계나 폭력의 수준을 완화하기 위해서 일시적이거나 더 지속적인 방식으로 상대편 부대원과 접촉하거나 함께 시간을 보낼 수 있다. 이러한 상황은 나폴레옹 전쟁 중에 이미 나타났다. 1914~1918년에는 상대편 감시병과 함께 담배를 피우거나 무인 지대no man's land에서 여러 차례 만나는 행위 등 다양한 형태로 나타났다. 진지전이 수년간 지속되고, 특히 제1차 대전 중에 그랬던 것처럼 전쟁의 의미가 점점 더 문제시되는 경우에 이런 행동이 나타나기 쉽다.

종교인, 무정부주의자……

징집 대상자나 군인이 자신에게 주어진 병역 의무를 기피하는 여러 동기를 식별해 내려 하는 것은 이따금 사안을 단순화하는 측면이 있다. 당연히 그 동기들은 서로 뒤섞인다. 시간이 흐르면서 하나의 전역 중에도 변화할 수 있으며, 전쟁에 따라 달라질 수 있다. 이를 잘 보여 주는 사례가 있다. 뮌헨 출신의 프란츠 펠너(1922년생)는 1941년에 해군에 입대했다가 허가를 받지 않고 배를 떠나 자기 집으로 돌아갔다가 나중에 체포되어 사형을 당했다. 사법 기록에 따르면, 그는 취사병으로 배속된 것을 거부했고 다른 수병들과 관계가 좋지 않았다. 나치 독일 법정은 그를 열의가 부족하고 의심스러운 인물로 묘사했다. 펠너의 누이(스테파니 라이헬트)는 1994년에 질문을 받자 펠너가 탈영한 다른 이유를 제시한다. 펠너는 고향을 몹시 그리워했고, 정권에 매우 비판적인 좌파 출신이었다. 또 누이가 덧붙인 설명에 따르면, 펠너는 탈영하면서 자신이 겪을 위험을 제대로 파악하지 못했다. 그의 아버지도 1914~1918년에 탈영했으나 금고형만 받았기 때문이다.

하지만 전쟁을 거부하는 이유를 여러 범주로 구분해 볼 수는 있다. 첫 번째 이유는 전쟁으로 벌어진 혼란이다. 주로 밭이나 농장에서 농사일을 하다가 동원된 병사들에게는 입대가 곧 수확과 농장, 일상 업무를 포기함을 뜻했다. 고향에 대한 향수도 방금 보았듯이, 시간이 흐르면서 지속적으로 나타나는 이유다. 이 감정은 병사들에게 무척 힘겨운 것이었다. 자신이 배속된 곳이 집에서 가까우면, 베트남 전쟁 중에 남베트남 병사들이 그랬듯 탈영하려는 유혹이 더욱 커졌다. 1985년에 동독에 배속된 한 소련 병사는 자기 형제가 아프가니스탄 전투에서 사망한 사실을 알고 가족 곁으로 돌아가려 했다. 그는 휴가를 받지 못하자 무기를 지닌 채 택시를 탔는데, 멀리 가지는 못하고 예나(튀링엔)에서 체포되었다. 전쟁이 막바지에 이르고 군대의 기강이 느슨해지면, 많은 군인이 상부의 허가 없이 자기 집으로 돌아가거나 전장에서 사라지려고 최후의 혼란기를 노린다. 이런 일은 1814~1815년에 나폴레옹 군대에서 자주 벌어졌다. 1945년에 중국과 인도차이나에서 싸운 일본 군인들은 전쟁 범죄로 추궁을 받거나 패배한 일본의 혼돈을 감내하기보다는 자취를 감추거나 베트남 또는 중국 게릴라군에 합류하는 쪽을 택했다(크리스토퍼 E. 고샤).

전쟁을 거부하는 이유의 두 번째 범주는, 전쟁의 조건이 군인이 지닌 기존 이미지에 맞지 않거나 시간에 따라 변하는 것이다. 나폴레옹의 근위병, 남북 전쟁에 참전한 군인들, 참호 속 병사들 중 일부는 원정 생활의 혹독함 때문에 전투 지역을 떠나 좀 더 견딜 만한 수준의 근무지에서 복무하고자 했다. 흥분되는 삶과 풍요로움을 기대했던 자원병들이 뤼초프의 자유 군단(1813)에서 느낀 실망감은 컸고 탈영 비율은 높았다. 전투의 과격함도 직접 체험했건, 휴가 나온 병사나 목격자에게 전해 들었건, 부상당한 병사들을 보고 상상했건, 모두 일부 병사가 입대를 기피하거나 탈영하는 이유였다. 〈안면 부상병〉, 상이군인, 나무 의족은 나폴레옹 시대의 프랑스에서 이미 강한 인상을 남겼다(장폴 베르토). 1980년대 동독에서 소련 병사들의 탈영이 증가한 것은 무엇보다, 많은 인명이 희생되는 아프가니스탄으로 파병될 수 있다는 걱정 때문이었다(실케 사트주코).

끝으로 이념적이라고 볼 만한 동기가 있다. 여러 원천에서 나온 동기로 일반적인 반군사주의 사상을 갖게 되거나 개인적으로 무기 드는 일을 거부할 수 있다. 기독교 신학에서 이 문제는 매우 복합적이지만, 여러 개신교 종파가 군사적 개입에 전적으로 적대적인 입장을 취한다. 특히 역사적 평화 교회들(퀘이커파, 형제의 교회, 메노파)은 어떤 형태의 폭력도 거부한다. 여호와의 증인 역시 모든 무력 개입을 인정하지 않는다. 교파 전체가 이러한 노선을 따르지는 않더라도, 종교인이 군 사적 개입에 반대한 투쟁을 벌인 사례는 많다. 특히 영미권 개신교 민 주주의 국가에서 자주 볼 수 있다. 이들 나라에서는 평화기에 징병제 가 존재하지 않는다. 전쟁이 개시된 이후에는 신념에 따른 병역 거부 조항이 중요한 관건이 된다. 프랑스에서는 평화주의가 깊숙이 정착된 1920년대와 1930년대에 신념에 따른 거부의 표시로 소집 영장fascicule de mobilisation을 되돌려 보내는 일과 병역 거부가 기소의 대상이었다. 1930년대 초에 초등학교 교사인 카미유 롱보와 신학교 학생 자크 마 르탱, 필리프 베르니에 등 젊은 개신교도들에 대한 재판으로 신념에 따른 병역 거부자에 대한 지지 운동이 시작되고 그들의 입장이 널리 알려졌다.

19세기 후반 노동자 운동이 발달하면서, 반군사주의도 정치적 입 장이 되어 개인이 병역과 맺는 관계에 영향을 미쳤다. 반군사주의라 는 단어 자체는 두 가지 태도를 가리킨다. 군대를 절대적으로 거부하 는 태도와, 가령 파업을 탄압하는 일에 동원되기 때문에 억압적이라 고 판단되는 군대 기구에 대한 비판이다. 1914년 이전에 반군사주의 는 각종 조합과 사회 민주주의 좌파에 널리 퍼져 있었지만, 이 사상을 활동의 중심으로 삼은 것은 무정부주의에 가까운 집단인 〈반군사주의 국제 협회Association internationale antimilitariste〉다. 1914~1918년에 국가 전체가 동원되면서 군대를 거부할 여지는 거의 없어진다. 전쟁이 끝 난 후, 많은 퇴역 군인이 전쟁 중에 군사 당국의 권한 남용을 경험하고 상처를 안은 채 귀환했다. 1920년대에 반군사주의를 대표하는 것은 또다시 사회 질서에 맞서 싸우는 데 가장 앞서간 조직 — 공산당 — 이었다. 군대는 계급 지배의 장치로서 1930년대 중반에 공산주의 인 터내셔널의 전략이 바뀔 때까지 비판 캠페인의 대상이 되었다. 제2차 세계 대전 이후 반군사주의는 반식민주의와 뒤섞였다.

반군사주의 사상은 병역 의무에 대한 기피나 불신, 거부의 태도를 초래했다. 하지만 이념과 급진적 행동으로 이어지는 것 사이의 관계는 유동적이다. 1914년에 많은 반군사주의 과격 운동가들이 〈신성한 단결〉*에 가담했다. 1930년대 말에 신념에 찬 평화주의자들은 파시즘에 맞서 싸우기 위해 스페인으로 떠난다. 평화주의보다 반파시즘이 더 중요했기 때문이다. 군인의 정치화와 군대 불복종 사이의 연결 관계는 항상 신중하게 연구되어야 한다. 단순한 인과 관계로는 설명할 수 없는, 1917년 프랑스 군대에서 벌어진 반란 억제가 이 사실을 잘 보여 준다. 하지만 1939년에 새로이 동원이 이루어졌을 때, 프랑스에서 상당수의 운동가들이 불복종하도록 만든 것도 그들의 무정부주의와 반군사주의 신념이었다.

전쟁에 대한 〈절대적〉인 거부 외에 〈우발적〉이라고 간주할 수 있는 거부가 있다. 즉 전쟁 자체에 대한 거부가 아니라, 특정한 유형의 전쟁에 대한 거부나 군대가 사회 투쟁에 억압 세력으로서 개입하는 일에 대한 거부다. 1907년에 과잉 생산으로 피해를 본 남프랑스 포도 생산자들이 항의 시위를 벌였을 때 치안을 유지하려고 군대를 동원한 경우가 그런 예다. 치안 유지를 위해 다른 지역에서 나르본으로 온 부대들이 군중을 향해 발포해 많은 희생자를 냈다. 반대로 현지에서 군대를 징집한 경우 징집병들이 자신의 출신 환경과 연대했다. 나르본에서 이 같은 상황이 벌어졌을 때, 포도 재배자들 가운데 곧바로 징집된 제17 보병 연대는 베지에에서 아다그로 재배치되었다. 이 연대 소속 군인들은 고향 주민들의 안위가 걱정되었다. 수백 명이 명령을 무시하고 〈전투 명령을 거부한 채〉 베지에로 돌아가 많은 지지와 함께

---

* Union sacrée. 제1차 세계 대전이 발발하자 다양한 경향의 프랑스인이 연합한 움직임.

시내에 포진했다(1907년 6월 21일). 위기의 절정을 이룬 이 불복종은 이내 큰 사고 없이 마무리되었다. 1953년 6월에 동독에서 노동자 반란이 벌어졌을 때, 진압군은 명령에 따르기를 거부했다. 일부가 시위 대열에 합류했는데, 자기 어깨에 달린 견장을 잡아 뜯었다가 〈계급의 적과 연대〉했다는 이유로 기소당했다. 독일의 마그데부르크(작센안할트)에서 한 병사는 이렇게 외쳤다. 〈나의 전차는 투입될 준비가 되었을지 모르지만, 노동자에 맞서기 위해서라면 원래 자리를 떠나지 않을 것이다.〉 이스라엘에서 전쟁 거부와 신념에 따른 병역 거부는 처음에 아슈케나지 유대인 엘리트 계층에서 퍼졌고, 레바논 내전과 함께 발달했다(1982년). 이 거부는 국가 수호를 거부하는 것이 아니라, 〈점령된 영토〉에서 민간인을 상대로 싸우기를 거부하는 것이었다. 1971년에 이스라엘 남자 세 명과 여자 한 명이 국방부 장관 모셰 다얀에게 편지를 써서, 입대를 하더라도 〈6일 전쟁〉으로 정복한 영토에서는 복무하기를 거부한다는 의사를 알렸다(카린 라마르슈).

이념적인 병역 거부는 압제 질서를 수호하기 위한 제국주의적 분쟁으로 인식된 식민 전쟁 중에 다시금 확대되었다. 알제리 전쟁 중에 공산주의자 알방 리슈티는, 이미 군대에 편입되어 있었고 반군사주의자나 신념에 따른 병역 거부자가 아니었음에도 불구하고, 자국의 독립을 위해 싸우는 알제리 민족과 전쟁을 치르려 하지 않았다. 그는 그것이 〈부당한 전쟁〉이라고 썼다. 그는 알제리에 도착하자마자 무기를 드는 것을 거부하여 체포되지만, 계속해서 싸우기를 거부했다. 흑인 인권을 옹호한 활동가이자 하나의 물결을 상징하는 인물인 권투 선수 캐시어스 클레이(훗날 무하마드 알리가 된다) 역시 베트남에서 전쟁을 치르기를 원하지 않았고 징집을 거부했다.

탈영은 한 진영에서 다른 진영에 대항하는 정치적 무기로 사용될 수 있다. 상대 진영의 군인을 먹잇감 삼아 유인해 적의 전력을 약화시킬 수 있다. 나폴레옹 전쟁부터 식민 전쟁에 이르기까지 마음이 약해질 만한 사람을 유인할 목적으로 다양한 전략이 활용되었다. 예를 들어 남북 전쟁 중에 양편은 각기 상대편의 탈영자에게 좋은 항복 조건을 마련해 주겠다고 맹세했으며 땅을 주어 정착할 수 있도록 했다. 그런가 하면 베트남 민주 동맹(베트민)은 자신들이 수행하는 해방 투쟁 또는 아시아 연대를 명분으로 내세워 수백 명의 일본군 탈영병을 끌어모았다. 중립국들 역시 도피처로 활용되었다. 스페인은 1914~1918년에 바스크 탈영병들에게, 스위스는 독일군 탈영병들에게 — 게다가 어떤 이들은 스위스에서 첩보 기관에 고용되기도 했다 — 그리고 나중에는 알제리 전쟁을 거부하는 이들에게 도피처가 되었다.

군대 탈주자가 적의 편으로 넘어가지 않을 경우에는, 자신을 뒤쫓는 진압 부대와 헌병, 군 경찰을 피하고, 기본적인 욕구를 충족시킬 방법을 확보하고, 관계를 맺고, 미래를 대비하는 등 생존 전략 일체를 마련해야 했다. 우선 집단적인 해결책이 있다. 즉 탈영병이나 추방 명령을 어긴 병사들이 집단을 이루어 현지에서 생계를 이어 가고, 가끔은 지속적으로 활동하는 조직적인 무법자 무리가 되기도 했다. 그 예로 세력이 너무도 강해 보여서 남부 정부가 협상을 시도해야 했던 남부 연합군 병사들이 있다. 탈주자가 일단 자기 고장으로 돌아오면, 확실한 은신처를 구하고 옛 사회 조직망에 의존해야 한다. 프란츠 펠너는 뮌헨에서 친구들 집에 숨었다. 군인을 동원하는 방식이나 수행하는 전쟁에 논쟁의 여지가 많을수록 조직망과 지지는 더욱 견고해진다. 그렇지 않으면 낙인이 찍히고 고발될 위험이 늘어나 탈주자가 몸을 숨기기 매우 힘들다. 생존 전략에는 신분 조작도 포함되었다. 허위 의료 증명서를 발급받거나 장부나 허위 문서를 은밀히 매매하는 일이 이루어졌다. 19세기 초에 프랑스의 지배하에 있던 이탈리아에서 가톨릭교회는 신학교 입학을 쉽게 만들어 징병을 피하고자 하는 사람이 징병을 면제받을 수 있도록 했다. 역사학자 다니엘 볼드만과 파브리스 비르질리가 연구한 놀라운 사례로 제1차 세계 대전 중 폴 그라프 하사의 경우를 들 수 있다. 1914년 8월에 처음으로 부상을 입고 11월에 두 번째 부상을 입은 그는 스스로 신체 일부를 손상했다는 이유로 고발되었다가 무죄 판결을 받았다. 1915년 중반 전방으로 되돌아갈 날이 다가오자, 폴은 탈영한다. 전쟁 중인 파리에서 검문을 피하고, 건강한 젊은 남자가 받을 의심스러운 시선을 속이고자 그는 아내 루이즈의 도움을 받아 여자 분장을 한다. 탈영한 그는 자신의 새로운 정체성에 쉽게 적응해 여러 차례 성 경험까지 한다. 그는 1925년에 사면을 받고, 부부는 유명해진다. 공식적으로 다시 남자가 된 그는 알코올 중독에 빠져 과도하게 폭력을 사용하기 시작했다. 결국 1928년 7월에 아내가 쏜 총에 맞아 죽었다.

나폴레옹 시대에 유럽에서는 점령된 국가에서 징병을 거부하는 일이 점령에 대한 저항과 뒤섞인다. 1806~1809년 베스트팔렌에서 그랬다. 반란자들은 탈영병 중에서 구성원을 모집했다. 한편 반대 견해가 쉽게 표현되는 민주 사회에서 군인의 투쟁은 대체로 시민 사회의 반전 운동과 결합된다. 제1차 세계 대전 중 영국에서 버트런드 러셀을 비롯한 블룸즈버리 그룹을 중심으로 한 지식인들은 신념에 따른 병역 거부자들의 투쟁을 지지했다.

전쟁 거부는 시민 사회에 거점을 두고 대규모로 이루어지면서 전반적인 사회 변화에 기여한다. 1917년과 1918년 러시아 혁명과 독일 혁명의 경우가 그랬다. 빌헬름스하펜 앞바다, 뒤이어 킬Kiel에서 독일 해군 수병들은 선상에서의 생활 조건에 반발했고 해군 참모 본부가 전쟁을 계속하기 위해 1918년 10월 말에 영국 해군에 맞설 함대를 보내려고 하자 반란을 일으킨다. 몇 차례 혼란이 벌어진 후, 그들은 출항을 거부한다. 수병들은 영창에 갇혔다. 이는 동료들의 항의를 불러일으켰고 여기에 일반 국민들까지 가세했다. 당시에 독일 사회는 물자 부족으로 지쳐 있었다. 1918년 11월 3일, 군인들이 시위자 몇 명을 사살했다. 킬은 반란의 열기에 휩싸였다. 이후 며칠 동안 반란자들은 〈평의회〉를 조직한다. 반란은 널리 전파되어 새로운 민주주의 질서를 탄생시켰다. 그 결과 11월 9일 공화국이 선포되었다.

나치, 〈반역자〉 2만 명을 처형하다

정권이 해체되면 전쟁 거부 움직임은 새로운 정권 아래서 소멸되지만, 기존 질서가 계속 유지되면 권력 당국은 조직을 체계화하여 단호하고 폭력적으로 반란을 억압한다. 1917년의 대규모 반란은, 당시의 새로운 상황 — 파업, 러시아 혁명 — 이 반란자들에게 활동의 틀이 되어 주었지만 구체적인 활로를 찾지 못한 데다, 〈그 어떤 정치 역동〉에도 기댈 수 없었다(앙드레 로에즈). 수천 명이 가담한 1955~1956년 소집병들의 반발 움직임은 모로코나 알제리로 출병하는 것에 맞서 과격한 항의로 표출되었으나, 부대가 현장에 도착해 전쟁 중에 〈집요한 반항자〉에 대한 단속이 이루어지자 결국 대부분 진압되었다.

일반적으로 군대는 어떤 항의 움직임이든 초기부터 이를 예견하거나 진압하도록 조직되어 있다. 전방에서는 특수 집단이나 부대가 병사들의 사기를 북돋고 탈영을 방지하는 임무를 담당한다. 제2차 세계 대전 중 소련의 붉은 군대에서는 정치 경찰 요원인 내무 인민 위원회(NKVD)가 필요한 경우에 탈주자나 반란자들에게 발포했다. 약식 처형도 자주 이루어졌다. 이는 군대의 규정에 따라 합법이었다.

군인이 전선을 벗어났을 때, 인근 지역을 샅샅이 수색해 이들을 붙잡는 것은 프랑스에서 헌병대(마레쇼세maréchaussée였다가 장다메리

gendarmerie로 명칭이 바뀜)의 역할이다. 1791년에 창설된 헌병대는 평화기나 전쟁기에 모두 징병과 불복자 추적을 담당했다. 헌병대는 집정 정부, 뒤이어 제1제국 아래에서 징병 기피자와 탈영병을 억압하는 데 중요한 역할을 담당했다. 특히 1810년부터 기동대로 조직되어 전국을 다녔다. 남북 전쟁 중에는 탈영자를 다시 데려오면 사례금을 주었지만 그다지 효율적이지 않아, 남부 연합군에서는 탈영자 추적을 전문 추격자들에게 맡겼다. 동독에서 소련 군대의 탈영자가 무기를 소지한 채 특히 동서독 국경 지대로, 즉 서독으로 넘어갈 목적으로 탈주한 경우에는 소련과 동독 부대가 탈주자 추격에 나섰다. 수천 명에 이를 때도 있었고 헬리콥터도 동원되었다. 탈영자가 도주에 성공할 가능성은 거의 없었다.

직무를 유기하거나 마음이 잠시 약해진 경우라면, 장교와 해당 군인 사이에서 협상이 이루어지기도 했다. 제1차 세계 대전 중에 소대장이었던 앙골 장군은 1917년에 무기를 내던지고 행군을 거부한 병사를 자신이 어떻게 대화로 설득해 제자리로 돌아오게 만들었는지를 전했다. 그 병사는 계속해서 〈나를 군사 법원으로 보내시오. 지겨워요…… 지겨워…… 전쟁이 지겨워 죽겠어요〉라고 말했다. 병사가 일단 군사 법원에 소환되면, 그들의 운명은 그들이 저지른 행위뿐만 아니라, 재판관과 사회가 그 행위에 대해 갖는 이미지와 지휘부의 징벌 전략에 달려 있었다. 지적으로 모자라거나 나약하다고 간주되는 피고인은 쉽게 유죄 판결을 받았다. 나치와 그 재판관들이 보기에 탈영자는 정신병질자(精神病疾者)이자 공동체에 대한 배신자로서 사회적 〈가치〉가 없는 존재였다. 제2차 세계 대전 중에 독일에서는 탈영병 약 2만 명이 처형당했다. 전쟁 중 탈영자는 많은 경우 사형을 선고받았다.

형 집행 역시 귀감을 보여 주는 미덕의 관점에서 생각되었다. 남북 전쟁이나 제1차 세계 대전 중에는, 탈영하면 사형이 선고된다는 군법의 구절을 군인에게 읽히도록 했다. 1914~1918년 프랑스에서 사형은 군대가 모두 모인 앞에서 정확하게 규정된 의식에 따라 집행되었다. 불복한 군인들은 형벌 부대에 배속되어 가혹한 처우를 받았다. 하지만 지옥 같던 베르됭이나 스탈린그라드 전투에서 감옥은 형벌이라기보다는 가벼운 고난처럼 보였다……

신념에 따른 병역 거부 역시 다양한 형태의 억압을 불러일으켰지만, 국가에 따라 억압의 정도가 크게 달랐고 점점 더 많이 허용되었다. 신념에 따른 병역 거부자의 지위가 존재하는 경우라도, 전쟁 중인 경우에는 그 지위의 혜택을 받을 수 있는 범위와 병역 거부자가 수행해야 할 대체 복무의 성질을 두고 격렬한 논쟁이 벌어졌다. 미국에서 병역 면제는 일단 평화주의 교회 신자들에게만 주어졌다. 프랑스에서는 다른 나라, 특히 병역 거부가 1916년 징병법으로 인정된 영국과 미국에 비해 신념에 따른 병역 거부로 인해 치러야 하는 대가가 매우 컸다. 신념에 따른 거부의 합법적인 지위는 1963년에야 채택되었다. 1983년에 족스Joxe 법이 통과될 때까지 이를 행사할 수 있는 조건은 매우 까다로웠다. 게다가 현역 복무와 비교했을 때 불평등했다. 대체 복무 기간은 현역 복무보다 평균 두 배에 달했다. 1997년에 비로소 자크 시라크 대통령에 의해 병역 제도가 폐지되었다. 동구권에서 대체 복무를 인정한 몇 안 되는 국가 중 하나인 동독에서도 병역 거부 의사를 표현한 사람들은 공공사업을 위한 특별 부대에서 복무해야 했다.

전쟁 거부에 대한 억압은 국가와 제국의 정치적 정체성을 건드리는 사안으로서 전쟁을 거부한 개인의 수준을 넘어선다. 프랑스 제1제국하에서 탈영병의 가족은 함께 처벌받는다는 의미에서 군인들을 자기 집에 재우도록 요구받았다. 스탈린 치하의 소련에서는 군인의 나약함에 대하여 가족도 처벌받을 수 있었다. 행위나 형벌에 주어진 평판도 병사의 일가친지에 낙인을 찍는 데 활용되었다. 하지만 전쟁 중에 군인을 보충하거나 사후에 갈등이 벌어진 흔적을 지우기 위해, 사면으로 형을 조정할 수 있었다.

실제로 군대 내 형 역시 판결 대상이 되는 행위가 일어난 객관적인 정황에 비해 과하게 언도된다. 사형을 당한 탈영병은 자신과 위반 행위가 아닌 다른 것을 상징한다. 그들의 행위가 국가적 대의를 위한 것이거나 훗날 이루어진 해석에서 국가적 대의에 연결될 때 그렇다. 1813년에 총살당한 나폴레옹 군대의 베스트팔렌 탈영병들을 위한 기념물이 1845년에 코트부스(브란덴부르크) 인근에서 제막되었다. 나폴레옹에 대항한 국가적 투쟁과 해방 전쟁을 기리는 한 방식이었다. 이곳에서는 아직도 예식이 이루어진다. 1914~1918년에 오스트리아-헝가리 군대에서 총살되거나 진압당한 병사에 대한 기억은 대체로 제국 해체라는 더 넓은 틀, 그리고 제국을 구성한 여러 민족(트렌토의 이탈리아인, 체코인, 슬로바키아인, 남슬라브족)의 해방과 독립 서사에 포함된다.

정치적 정체성을 넘어서 독단적인 군법으로 결정된 사형 집행은 전쟁, 특히 두 차례의 세계 대전을 벗어난 사회들에 깊은 상처를 남겼다. 우선 제1차 세계 대전 이후가 그랬다. 이 전쟁에서 참모부들은 재판관에게 심한 압력을 가했다. 나라마다 차이는 있지만 형의 언도가 매우 빠르게 시행되었다. 그러나 거의 모든 국가가 제1차 대전 중 이루어진 판결과 형벌을 번복하기 위해 정치적 그리고/또는 사법적 캠페인을 벌였다. 반대로 독일의 급진적 우파에서는 지휘부와 군법이 지나치게 너그럽다고 여겨 — 앞서 살펴본 프란츠 펠너의 아버지를 떠올려 보자 — 이를 혹독하게 비판했다. 이 때문에 훗날 독일 국방군에서 탈영하는 자들에 대한 과격한 억압이 쉽게 이루어졌다. 1945년 이후 독일에서 기억에 대한 작업이 확대되면서 탈영병 문제가 중요하게 다루어 졌다. 하지만 수십 년이 지나서야 탈영병을 옹호하는 여론이 조성된 다. 나치 성향이 강한 군사 법원 재판관들은 자신들의 폭력과 폐해를 국가 수호를 기린다는 이유를 들어 은폐했다. 그러나 균형 잡히고 〈이 념〉적으로 중립을 준수한다는 군사 법원의 허구는, 1980년대 말에 역 사가들의 공격을 받아 산산조각 난다. 논쟁은 아직도 끝나지 않았다. 전쟁 거부는 집단적인 복종 요구와 자유 의지, 윤리적 선택 사이에 팽 팽하게 걸쳐 있다. 국가 정체성과 군사 논리가 동원될 때마다 민주주 의가 약화된다. 전쟁 거부는 민주적인 여론 구축에 기나긴 시간이 걸 린다는 증거이기도 하다.

참조

1부 - 03 시민-군인의 시대 | 12 전쟁 반대! ‖ 2부 - 01 군인 양성 | 02 군 복무 경력 | 11 버틸 힘

10

수백만 명의 포로

파비앵 테오필라키스[*]

1793년에 국민 공회는 포로를 프랑스 국가의 보호 아래 두었다. 유럽에서 포로 관리는 국유화되어 참전국은 전쟁이 지속되는 동안 적군 포로를 자기 영토에 두고 관리해야 했다. 그런데 징집병으로 군대를 구성하게 되면서 포로가 대규모로 양산되었다……

포로가 1789년에 처음 생겨난 것은 아니지만, 프랑스 혁명으로 시민-군인 인물상이 탄생함으로써 포로 관리가 국유화되는 길이 열렸다. 1792년과 1815년 사이에 벌어진 혁명전쟁과 나폴레옹 전쟁으로 포로 관리 제도가 근대화되고, 용병 부대로부터 이어져 내려온 실천 방식은 무효가 되었다. 1793년 5월 국민 공회는 포로가 국가의 보호를 받도록 했다. 국민 공회는 포로가 자신을 생포한 군대에 억지로 징병되는 것을 금지하고, 포로에 대한 몸값을 없앴다. 이러한 포로 관리의 국유화는 참전국들을 역설적인 상황에 처하게 만들었다. 국가는 많은 적군 포로를 오랜 기간 자신의 영토에 두고 관리해야 했다. 프랑스의 모델을 본떠 징집병들로 군대를 구성하게 되면서 전쟁 포로가 전례 없이 대규모로 늘어났기 때문이다. 1812년 12월에는 약 21만

• Fabien Théofilakis. 파리 제1대학교 팡테옹 소르본의 부교수. 저서로 『독일인 전쟁 포로들(프랑스, 1944~1949)*Les Prisonniers de guerre allemands(France, 1944-1949)*』이 있고, 파트리스 아르노와 함께 쓴 책 『게슈타포와 독일 경찰(1939~1945)*Gestapo et polices allemandes(1939-1945)*』이 있다.

명의 군인, 즉 나폴레옹 1세의 대육군 3분의 1이 넘는 군인이 러시아에 포로로 잡혔다.

그리고 포로들을 관리하기 위해 새로운 공간이 탄생한다. 1796년에 영국은 피터버러(케임브리지셔) 인근의 노먼 크로스에 포로 수용소를 세웠다. 1797년 4월 최초의 전쟁 포로들이 그곳에 도착했다. 1814년에 영국군은 12만 명의 프랑스 포로를 9개의 수용소 및 40여 척의 구식 전함을 개조한 곳에 분산하여 관리했다. 일반 병사들의 억류 조건은 급속도로 악화되었다. 한편, 부사관급 이상 군인들의 생활 조건은 훨씬 나아서, 선서만 하면 풀려나거나 아내와 자녀를 데려올 수 있었다. 또한 탈주하거나 무기를 들지 않는다는 조건으로 얼마간 자유를 누렸다. 시민 평등으로 군대의 위계가 없어진 것은 아니었다.

19세기에 법치주의가 발달하고 공공 행정이 확대되면서 정규군이 군사적 무력행사를 독점함과 동시에 새로운 포로 관리 제도로의 전환이 이루어졌다. 남북 전쟁은 포로 수가 증가함으로써 제기된 새로운 어려움을 완벽하게 보여 주었다. 5만 5천 명 이상이 포로로 잡힌 상태에서 죽었다. 식량 공급은 끊임없는 고민거리였다. 남부 연합군 장교들이 수용되어 있던 오하이오주 이리호(湖)에 위치한 존슨즈 아일랜드 교도소에서는 쥐가 한 마리에 1달러씩 팔렸다. 1861년 10월에 프랑스에는 〈교도소와 전쟁 포로 청장commissaire général aux Prisons et aux Prisonniers de guerre〉 같은 포로를 관리하는 국가 조직이 만들어졌다. 1863년에 제정된 리버 규칙Lieber Code에서는 전쟁 포로의 지위를 정의 내리고 원칙적으로 포로에게 온당한 처우가 보장되어야 한다고 명시했다. 북군이 유색 인종 군인을 징집하면서 정치적 사안이 되었다. 〈아프리카계 미국인 포로도 다른 병사와 똑같은 병사인가?〉

유럽에서 포로는 프로이센·프랑스 전쟁에서 예기치 못한 역할을 담당했다. 1871년 2월 중순에 독일은 38만 명이 넘는 프랑스인을 억류했고 이들을 수용할 장소를 황급히 만들어야 했다. 장교들은 탈주하지 않는다는 조건하에 현지 주민의 집을 숙소로 선택할 수 있었다. 민간인 복장을 하고 심지어 자신의 검을 가지고 있을 수도 있었다. 일반 병사들은 수용소에 보내졌다. 이런 장소가 항상 포로 수용소의 모습을 한 것은 아니었다. 아우크스부르크 인근에 있는 레히펠트 수용소는 담장으로 둘러싸여 있지 않았다. 독일에서 포로들은 그들을 부양하는 비용을 보상하기 위해 하루 다섯 시간씩 일할 의무가 있을 뿐이다. 여론이 전례 없이 동원되고 구호 단체가 많이 생겨난 것에서 알 수 있듯이 전쟁 포로에 대한 사안은 정치화되었다. 1874년부터 〈전쟁 포로의 처우 개선을 위한 국제 협회〉는 1864년 제네바 협약이 전쟁 부상자에 대해 보장하는 사항을 전쟁 포로에게도 똑같이 적용할 것을 권고한다. 1899년과 1907년 헤이그 평화 회의에서는 포로가 누려야 할 주거, 노동 조건, 권리와 원조에 여러 조항을 할애한다. 하지만 조항의 실행은 대부분 상호성의 원칙에 의거했다. 조항이 준수되는 것을 보장하기 위한 조치는 없었다.

〈가시철망병〉

제1차 세계 대전 초기에 군사 당국들은 전쟁이 오래 지속되지 않을 거라 예상했다. 하지만 상황은 얼마 지나지 않아 감당할 수 없는 지경이 되었다. 1914년 여름과 가을에 이루어진 기동전에서 660만에서 840만 명에 이르는 군인이 포로가 되었다. 이들을 수용할 준비는 전혀 되어 있지 않았다. 독일에 억류된 약 240만 명의 포로들은 1914년 겨울을 임시로 마련한 거처에서 보낸다. 그들의 생활 조건은 1915년에 이르러서야 실질적으로 개선되기 시작했다. 적십자회의 활동과 연관된 인도주의적인 이유에서였다. 그리고 많은 자국민이 전방으로 떠나 전시 경제가 불리해진 상황에서, 포로를 포획한 나라들이 이를 되돌리기 위해 포로의 노동력이 필요하다는 사실을 깨달았기 때문이다. 하지만 포로들의 운명은 출신 국가에 따라 달랐다. 영국이나 프랑스 국적의 포로들은 적십자사와 가족들이 보낸 식량 소포를 쉽게 받았다. 하지만 러시아나 루마니아, 이탈리아 포로들은 외부에서 오는 어떤 도움도 받지 못하는 경우가 많았고 영양실조나 추위로 심하게 고통받았다.

정규군 군인으로 포로가 된 사람 이외에도, 저항이나 첩보 활동에 불법적으로 가담했다는 이유로 붙잡힌 민간인 포로가 있었다. 1914년 여름에는 독일 군대가 벨기에와 프랑스 북부를 침공해 6천 명이 넘는 남녀와 어린이를 사살했을 뿐 아니라, 적어도 프랑스 민간인 1만 1천 명과 벨기에 민간인 1만 3천 명을 독일로 강제 이송했다. 오스트리아-헝가리 제국 군대에 체포되고 감금된 수만 명의 세르비아 민간인의 처지도 마찬가지였다. 끝으로 세 번째 범주의 포로는, 독일의 공장으로 일하러 보내지거나 독일이 점령한 지역에 공포 체제를 구축하기 위해 강제 이주된 벨기에와 프랑스 민간인들이다. 1916년 부활절에 체포된 프랑스의 도시 릴과 루베, 투르쿠앵 출신 여성과 소녀 2만 명이 그 예다.

전쟁이 지속되는 기간 자체가 포로 상태를 더욱 견디기 힘들게 만들기도 했다. 대부분의 포로들은 3년~4년간 고향에서 멀리 떨어져 지냈다. 그러다 보니 스위스의 심리학자 아돌프 루카스 피셔가 〈가시철망병〉이라고 부른 질환을 앓기도 했다. 보통 18개월 동안 붙들려 간힌 이후에 보이는 우울 상태였다. 조국에서 — 더욱이 전쟁 중인 조국에서 — 멀리 떨어져 있다는 사실이 무력감과 뒤섞였다. 1916년 3월 포로로 붙들린 샤를 드골 대위는 이렇게 말했다. 〈행동하기 위해 모두가 하나로 뭉쳐 움직여야 할 이 시기에 지금의 나처럼 이토록 완전하게, 이토록 돌이킬 수 없을 만큼 쓸모없다는 사실, 게다가 남자이자 군인으로서 내가 처한 상황은 상상이 가능한 선에서 가장 잔인한 것이다.〉1940년부터 1945년까지 포어포메른 지역에 억류되었던 조르주이베르노도 이러한 느낌을 전한다. 〈포로 생활을 묘사한 소설은 있을수 없다. 포로 상태는 수동적인 상태이기 때문이다. 극적인 사건은 없다. 아무것에도 맞서 싸우지 않는다. 그저 기다리고 견뎌 낼 뿐이다.〉그 때문에 가족과의 서신 교환과 기분 전환을 위한 활동, 연극, 독서,가끔은 포로들이 조직하는 강좌 시간이 특히 장교 수용소에서 중요했다. 몇몇 위대한 역사서는 감금 상태에서 쓰였다. 앙리 피렌은 『유럽의역사Histoire de l'Europe』를 1917~1918년에 가택 연금 상태에서 썼다.페르낭 브로델은 1940년부터 1945년까지 독일의 장교 포로 수용소〈오플라그Oflag〉에서 지내며 20세기 역사 서술의 거작 『지중해: 펠리페 2세 시대의 지중해 세계La Méditerranée et le monde méditerranéen à l'époquede Philippe』(1949)를 구상했다.

〈길고 긴 수년 동안 진정으로 나와 함께해 준 것, 어원적인 의미에서 나의 기분을 전환해 준 것은 지중해입니다. 뤼시앵 페브르가 공책으로 한 권씩 받아 정리한 그 방대한 저작을 쓴 것은 포로 상태에서였죠. 나의 기억력만으로 그 어려운 일을 해낸 겁니다. 하지만 내가 포로 상태에 처해 있지 않았더라면 아마도 전혀 다른 책을 썼을 겁니다.〉그리고 브로델은 이렇게 덧붙인다. 〈내가 그 사실을 깨달은 것은1~2년 전에 피렌체에서 어느 젊은 이탈리아 철학자를 만나고 나서였습니다. 그 사람이 내게 이렇게 말했죠. 《감옥에서 책을 쓰셨다고요? 오, 그래서 그 책을 읽으며 명상의 책이라는 인상이 들었던 거로군요》라고요.〉전쟁에서 벌어진 사건들을 〈나는 뛰어넘어야 했죠. 그것들을 물리치고 부정해야 했어요. 사건을 타도하라, 특히 불쾌한 사건이라면! 역사, 운명이 훨씬 더 깊은 계층에서 기록된다는 사실을믿어야 했지요〉. 그러므로 포로로 붙잡힌 시간 체험에서 〈유원함〉이 생겨났다는 것이다. 포로 상태는 시간의 체험이자 공간의 체험이다. 1918년 휴전 협정 이후로도 2년 동안 프랑스는 27만 명에서 30만 명의 독일인을 계속 잡아 둔 채 프랑스 북부와 동부 지방을 재건하고 그곳의 지뢰를 제거하는 노동력으로 활용했다. 러시아에 억류된 포로들은 내전 때문에 1922년이 되어서야 자기 나라로 돌아갔다.

20세기 포로를 둘러싼 역사에서 또 다른 중요한 전환점은 제2차 세계 대전이다. 이 전쟁에서 2천만 명의 전쟁 포로가 생겼다. 그중 많은 사람이 대규모 군대를 빠르게 이동시키는 대규모 전투 또는 도시 포위 때 적에게 붙들렸다. 150만 명의 소련군이 1941년 7~10월에 스몰렌스크와 키이우, 브랸스크가 함락된 이후 독일군에 포로로 잡혔다. 1943년 2월 2일에 스탈린그라드가 함락되었을 때는 9만 1천 명의 독일 사병과 2천5백 명의 장교가 포로가 되었다. 태평양에서 일본군은 35만 명을 포로로 삼았다. 그중 29만 명이 전쟁 초기 6개월 동안 붙잡혔다. 반대로 일본인 포로의 수는 상대적으로 적었다. 일본이 자국 군인에게 항복을 금지했기 때문이다.

포로에 대한 처우만큼 전쟁 중에 벌어지는 충돌의 유형과 정치 체제의 성질을 잘 드러내는 것도 없다. 나치 정권하에서는 인종에 등급을 매겼기 때문에 네덜란드와 플랑드르, 스칸디나비아 포로는 게르만족으로 간주되어 생활 조건이 가장 좋았다. 그리고 영미권 포로들은 독일이 보복 공격을 피하려고 했기 때문에 상대적으로 좋은 처우를 받았다. 일반적으로 서부 전선의 포로에 대해서는 비록 식민지 병사와 유대인이 조금 더 가혹한 처우를 받긴 했으나, 국제 협약이 대체로 잘 준수되었다. 반면에 슬라브족과 소련인은 죽음만을 기다리는 더없이 끔찍한 포로 상태를 경험했다. 〈히틀러의 군인들〉(오메르 바르토프)은 동부 전선에서 싸우면서 엄격한 지침을 따랐다. 그중에는 소련 붉은 군대의 정치 지도원은 모조리 사형시킨다는 유명한 〈정치 장교 지령Kommissarbefehl)이 있었다. 소련군 병사들은 전우가 아닌keine Kameraden, 위험한 〈아시아인〉 적이자 〈유대-볼셰비즘파〉 적이었다. 그래서 소련군 전쟁 포로의 절반 이상이 즉결 처형되거나 포로로 죽었다. 동구에서 벌어진 전쟁처럼 이념적인 분쟁에서, 소련군에게 붙들린 독일 군인들은 극도로 가혹한 처우를 감내해야 했다. 그중 3분의 1은 소련군에 의해 사살되었다.

태평양에서 일본군에게 붙들린 전쟁 포로는 죽음의 행군과 강제 노역, 식량 결핍과 고문(이들은 의료 실험이나 학질에 대한 면역의 생체 실험 대상이 되었다)에 희생당했다. 수시로 자기 동료들이 처벌로 참수당하는 현장을 목격해야 했다. 일본군이 전쟁법을 준수하려고 노력했던 1904~1905년 러일 전쟁과는 상황이 완전히 달랐다. 그로부터 사반세기가 지나 일본이 1929년 제네바 협약의 비준을 거부하면서 상황이 바뀌었다. 국제법은 일본 군인의 윤리에 방해가 된다고 간주되어 1937년부터 중국에서, 1941년부터는 태평양 전쟁에서도 더 이상 전쟁 포로를 보호하지 못했다. 일본인이 보기에 포로 상태는 수치였기에 명예로운 군인이라면 차라리 자살을 택해야 했다. 일본은 전쟁 포로들에게 인종적인 우월감을 폭력적으로 표출하고 그들을 멸시했으며, 덴노에 대한 맹목적인 복종을 명분으로 자국 병사들에게 폭력을 쓸 것을 강요했다. 일본인이 감독한 수용소에서 유럽인 포로의 평균 사망률은 수용소마다 조금씩 다르지만 27퍼센트에 이르고, 오스트레일리아인의 사망률은 36퍼센트, 필리핀이나 타이, 말레이시아, 한국, 중국 등 아시아 국가 포로들의 사망률은 더 높았다. 게다가 이들은 (국제법에서 인정하는 의미의) 〈포로〉가 아니라 〈포획된 사람〉으로 간주되었기 때문에, 일본군은 이들을 자신들이 원하는 대로 다룰 수 있었다.

결론적으로 양차 대전을 거치며 세 가지 변화가 동시에 일어났다.

먼저 대량화massification로서, 국가는 패배국의 행정을 관장하는 주체가 되었다. 이러한 독점이 확립되면서 동시에 포로 관리를 합리화하는 움직임이 생겼다. 포로는 등록 번호로 취급되며 가끔은 〈폐기물〉로 간주되었다. 끝으로 철조망과 감시탑, 점호 장소, 일렬로 늘어선 숙사로 이루어진 수용소 공간에서 신체를 엄격한 규율로 단속했다. 처음에 도착한 포로들은 군대 건물을 변형시킨 공간(병영, 요새, 공장 작업실, 텐트)에서 지내다가 경계를 친 공간(경마장, 야외 들판)에서 지냈고, 뒤이어 격리된 영구적인 건물이 지어졌다. 제1차 세계 대전에서는 조립식 〈아드리앵 막사〉가, 제2차 세계 대전에는 반달형 가건물이 활용되었다. 미국에 붙들린 독일 포로들도 처음에는 임시 구조물에서 지냈다가, 수용 시설 공간과 건축의 표준화가 이루어지면서 네 개의 〈복합 건물compound〉에 전쟁 포로 5백~7백 명이 수용되었다. 여기에는 네 개의 막사와 식당 건물 하나, 의무실이 하나 있었다. 수용소 공간과 조직, 규율은 총력전, 그리고 총력전이 신체와 영혼에 남긴 흔적의 상징이 되었다.

〈포로 수용소, 그건 탈주하라고 있는 거야〉

제1차 세계 대전 중에 수백만 명의 시민이 장기간 동원된 것도 대규모 포로 관리의 성격을 바꾼 요인이었다. 1915년부터 독일에서 생산 활동 인구 중 남성의 80퍼센트 이상이 징집되었고, 군수 산업이 급속히 발달하면서 포로들을 노동에 투입하는 일이 불가피해졌다. 1918년에 150만 명의 전쟁 포로가 독일 전시 경제를 위해 일했다. 포로는 이제 더 이상 적의 병력을 축소하는 데 만족하지 않고, 포로 노동을 통해 포로를 보유한 나라의 전쟁 활동을 지원하는 역할을 맡았다. 이 같은 움직임은 영국을 제외한 모든 참전국에서 나타났다. 영국에서는 포로를 활용하는 일이 더 늦게 시작되었고(1916년 말), 규모도 작았다. 포로 3만 4천 명만 농사일에 배치되었는데, 많은 전쟁 포로가 전쟁 말기에 체포된 장교들이었다.

제2차 세계 대전 중에는 병사와 민간인 포로를 구분하지 않는다는 규정과 전쟁 포로를 군사 작전에 관련된 노동에 투입하는 것을 금지한다는 규정이 있음에도 불구하고, 포로를 대규모로 경제 전쟁에 활용했다. 나치 독일은 포로를 조직적으로 활용했는데, 1944년에 독일 전시 경제에 투입된 외국인 노동자의 4분의 1이 전쟁 포로였다. 일본 육군성도 1942년에 점령 지역에서의 포로들을 군사 계획에 활용하라고 명령했다. 미국에서는 추축국의 포로들을 체계적으로 활용한다는 결정이 1943년 봄에야 내려졌다. 노동력 부족과 점점 더 많은 자국 남성을 전방으로 보내야 할 필요가 국가 안보보다 더 중요해졌기 때문이다.

포로가 자국의 압력을 받아 적국의 전쟁 활동을 거부하는 애국적인 움직임은, 국제법에 포함된 그들의 노동 의무와 상충한다. 이러한 딜레마로부터 태업이나 작업 정지 또는 더 상징적인 차원의 표현 방식으로 저항 움직임이 생겨난다. 1916년에 버크셔주의 홀리포트에 있는 장교 수용소를 방문한 영국 감독관은 독일인 막사에서 힌덴부르크 총사령관의 초상화를 보고 놀라움을 감추지 못했다. 반대로 영국 포로들은 루베에 있는 노동 수용소의 변소 벽에 〈빌헬름은 꺼져라〉라고 쓰거나, 무릎을 편 채 다리를 높이 올리는 정보(正步) 걸음인 〈거위 걸음goose step〉을 흉내 냈고, 프로이센 방식으로 경례하기를 거부했다. 이는 모두 패배로 훼손된 남성성을 회복하고, 조국과의 연대를 표현하고, 승자의 질서에 항의함으로써 전쟁을 계속 수행하려는 목적에서 나온 행동이었다.

탈주는 애국적인 의무를 궁극적으로 완수하는 일로 간주된 가장 눈부신 항의 방식이다. 장 르누아르 감독의 영화 「위대한 환상La Grande

Illusion」에서 보엘디외 대위에게 이 사실은 분명했다. 〈골프장은 왜 있나? 골프 치라고 있지. 테니스 코트는? 테니스 치라고 있는 거고. 그렇다면 포로 수용소, 그건 탈주하라고 있는 거야.〉 독일과 서부 전선에 있는 영국인의 5~10퍼센트가 제1차 세계 대전 중에 탈주를 시도했을 거라고 추정되었다. 제2차 세계 대전 중에는 독일에 있는 프랑스 포로 160만 명 중 4.37퍼센트가 탈출에 성공했다. 탈주는 긍정적인 무훈담이 되고, 1937년에 「위대한 환상」에서, 그리고 1963년에 존 스터지스 감독의 「대탈주The Great Escape」로 영화화되어 후세에 전해졌다.

최초의 집단 수용소는 식민지에서

식민지 분쟁에서 포로들이 처한 특수한 상황은 식민 지배자와 식민지의 비대칭적인 관계를 잘 보여 준다. 집단 수용소가 처음 만들어진 것은 식민지 국민을 수용하기 위해서였다. 여기에는 19세기에 이루어진 두 가지 혁신 기술이 결합되었다. 미국 대평원에서 가축을 가두기 위해 사용된 가시철사와, 사람들을 먼 거리로 이송할 수 있는 철도였다. 1896년부터 쿠바에서 스페인 사람들은, 민간인이 저항 세력을 지지하는 일을 차단하려고 가시철망으로 둘러쳐진 공간에 민간인을 고립시키는 〈레콘센트라시온reconcentración〉을 실시했다. 스페인의 장군 발레리아노 웨일러 이 니콜라우는 〈농촌 지역에 살거나 성벽으로 둘러싸인 도시 바깥에 사는 모든 거주민은 일주일 후에 군대가 점령한 도시에 집단 수용될 것이다〉라고 선언했다. 〈이 명령에 불복하거나 정해진 구역 바깥에 있는 사람은 모두 반란군으로 간주하고 심판할 것이다.〉 이렇게 수용된 이후 질병, 흉작, 기아가 창궐하면서 강제 수용된 민간인 약 40만 명 가운데 10만 명, 즉 4분의 1이 사망했다.

남아프리카에서 키치너는 〈결백한〉 보어 민간인은 없다고 보았기에 보어 전쟁 중에 〈집단 수용소concentration camps〉 50군데를 세우고

15만 명에 달하는 남녀와 어린이를 몰아넣었다. 평화주의 활동가 에밀리 홉하우스는 〈수천 명이 신체적으로 견딜 수 없는 조건에 놓여 있다. 인종 말살이 예견되는 상황이다〉라고 말했다. 〈유일하고 진정한 치유책은 그 사람들이 떠나게 놔두는 것이다. (……) 구약 시대 이후로 한 민족 전체를 이렇게 가두어 둔 적이 과연 있는가?〉 여러 출처에서 확인된 바에 따르면, 이 수용소들에서 사망률은 유럽 국가의 평균 사망률보다 열 배 높은 끔찍한 수준이었다. 위생 상태와 영양 불량, 홍역과 폐렴 같은 전염병 때문이었다. 끝으로 독일인은 독일령 아프리카 남서부(오늘날의 나미비아)에 있는 샤크 아일랜드 수용소 같은 〈강제 수용소Konzentrationslager〉를 열어 1904년과 1908년 사이에 헤레로족과 나마족을 수용했다. 여자와 어린이, 노인도 희생되었다. 민족 전체를 대상으로 벌인 전쟁으로서 식민국이 지닌 강제권의 근간을 이룬 것이 집단 책임 원칙이었다는 증거다. 집단 수용소는 발칸 전쟁과 아르메니아인 집단 학살 중에 전쟁 장치의 일부였고, 뒤이어 나치 독일이 19세기나 20세기 초에는 존재하지 않던 〈집단 수용소 체계〉를 만들어 시행한다.

법률 용어로 말하자면, 식민지 국가들은 투쟁하는 민족에게 독립할 권리를 거부하고, 포로로 붙잡힌 사람들에게 전시법의 혜택을 거부한다. 알제리에서 프랑스인은 자신들이 〈질서 유지 작전〉을 수행한다고 간주하여 1949년 제네바 협약을 제한적으로만 적용할 것을 허용했다. 국제 적십자 위원회(CICR)의 활동은 프랑스인에게 억류된 사람들의 생활 조건을 확인하는 것으로 제한되었다. 이들을 지칭하는데 〈포로〉라는 용어는 아예 사용되지 않았다. 반대로 알제리 독립운동 세력은 자신들이 보유한 포로와 국제 협약을 활용해 국가로서의 지위를 합법화하려 했다. 알제리 민족 해방 전선(FLN)의 한 책임자는 1958년 4월 24일에 단두대에서 처형된 아브데라만 탈립에 대한 복수로 세 명의 프랑스인 포로를 처형한 후, 〈우리는 상대편도 똑같이 한다는 조건에서만 전시법을 지킬 것이다〉라고 자신들의 행동을 정당화했다. 〈알제리에 붙들린 프랑스 군인들의 가족이 이 사실을 알기를 바란다. 그들은 포로로 붙잡힌 알제리 병사들을 학살하는 것을 멈추라고 요구해야 한다.〉

식민 지배를 당하는 쪽은 대부분 야만적인 존재로서 배척되므로, 비대칭성은 이미지에서도 중요한 역할을 한다. 식민지 포로에 대한 처우의 특징은 식민 지배로부터 물려받은 일상적인 폭력, 그리고 포획 후 자주 이루어진 처형이었다. 대표적인 예로 1950년대에 케냐에서 벌어진 마우마우단의 반란 때 이루어진 일을 들 수 있다.

비겁자 또는 모범적인 희생자

전쟁 포로는 20세기를 거치며 점점 큰 정치적 쟁점이 되었다. 1914년에 포로에 대한 여론은 나빴다. 유스 인 벨로 jus in bello(전투 진행에 관한 규율)가 개선되어 포로의 지위가 너무도 매력적이 된 나머지, 붙들린다는 사실 자체가 의심스럽게 여겨졌다. 프랑스에서 1914년에 포로가 된 장교들은 고국으로 돌아왔을 때 적에게 붙잡힌 것이 피할 수 없는 일이었는지, 위원회의 심사를 받아야 했다. 그러나 전쟁이 끝나자, 프랑스 군법 정무 차관은 포로를 〈자신의 의무를 훌륭하게 수행해 낸〉 군인들이라고 지칭했다. 비겁자였던 포로는 적의 비인간적인 전쟁 수행 방식에 희생된 모범적인 인물이 된다. 하지만 전쟁 포로였던 군인에 대한 처우는 퇴역 군인에 대한 처우와 같지 않았다. 적에게 붙들린 상태에서 사망한 포로는 1922년까지 〈나라를 위해 목숨을 바침〉이라고 기록되지 않았다.

전체주의 정치 체제에서 포로는 더욱 인정받지 못했다. 나치 전사는 죽을 때까지 전쟁터에서 싸워야 했다. 이런 관점에서 9만 1천 명의 독일 군인이 적의 포로가 된 스탈린그라드의 대참사는 전환점이었다. 나치 독일은 독일 적십자사에 포로들이 〈규율과 사기를 유지〉하도록 돕는 역할을 맡겼다. 하지만 1945년 3월에 히틀러는 〈부상당하지 않고 포로로 잡혔거나, 자신이 끝까지 싸웠음을 증명하지 못한 채 포로가 된 사람은 명예를 잃었다〉라고 선포했다. 소련에서 〈대조국 전쟁〉 중에 포로가 된 것은, 반역과 마찬가지로 사형을 당할 수도 있는 중죄였다. 당사자 없이 열린 결석 재판에서 유죄를 선고받은 사람의 가족은 형사상의 책임을 져야 했다. 일본에서 군인은 죽을 때까지 싸워야 했다. 따라서 포로가 된다는 가정은 상상으로도 할 수 없었다. 동시에 포로는 그들을 억류한 국가가 활용할 수 있는 압박의 수단이 되기도 한다. 제1차 세계 대전 중에 포로들을 이용해 전세 변화를 시도한 사례가 있다. 이슬람교도만 수용되어 있던 초센-분스도르프 수용소에서 독일은 〈지하드 전략〉을 펼쳐 삼국 협상에 맞서 싸울 자원병을 모으려 했다. 하지만 큰 효과는 없었다. 고작 수백 명의 인도인 포로만 적의 선전에 넘어갔을 뿐이었다.

포로를 이념화하는 양상은 제1차 세계 대전 중에 그 극단적인 폭력성과 급증한 포로의 수로 인해 전시법이 빠르게 발달하면서 나타났다. 1929년에 제네바 협약은 포획과 포로 이송, 수용소 조직화, 포로를 노동력으로 활용하는 일, 적십자사 주도의 통제 실시에 관한 97개 조항을 갖춤으로써 기존에 존재하던 조항을 근대화한다. 하지만 인도주의법 이론과 전쟁 포로가 체험한 현실 사이의 간극은 더욱 커졌다. 제2차 세계 대전 중에는 적십자사가 독일군에게 붙들린 소련 군인과 소련에 붙들린 독일 전쟁 포로를 직접 방문하여 살펴볼 수 없었기 때문에, 서부 전선에 있는 포로들만 국제 협약에 의거한 처우를 받았다. 1949년 제네바 협약에서는 전쟁 포로의 정의를 〈조직적인 저항 운동의 구성원〉과 〈종군 기자, 납품업자, 노무대원 또는 군대 복지를 담당한 부대의 구성원〉까지 확대하여 억류된 사람들의 조건을 다시 개선하고자 했다.

전쟁의 총력화와 인도주의화라는 상반된 움직임이 작용하는 가운데, 전쟁 포로에 대한 처우를 중심으로 교전국들 사이에 관계가 맺어졌다. 이것은 서로 다른 세 가지 양상으로 이루어졌다. 첫째는 상호성이었다. 보복 공격과 맞보복 공격이 계속 꼬리를 물고 이어지는 상황을 피하기 위한 것이다. 이러한 악순환은 1914~1918년에 프랑스와 독일의 관계에서 나타났다. 독일군은 연합군 봉쇄에 응수하여 병원선(病院船)에 어뢰를 쏘았고, 이에 맞서 프랑스와 영국은 전선 인근의 군 병원을 폭격했다. 뒤이어 독일은 포로들을 적의 포화선 뒤로 보냈다. 전쟁 포로에 대한 처우에 인도주의 원칙이 적용되면서, 교전국들 사이에 형식적인 합의가 이루어져 질병에 걸린 포로나 적에게 붙들린 의료진을 교환할 수 있게 되었다. 하지만 이때 교환할 포로의 수와 선별 기준에 대하여 합의를 보아야 한다. 중립국, 특히 스위스에 억류하는 것도 1918년 4월에 체결된 베른 협정에서 보았듯 가능한 방식 중 하나였다.

끝으로 전쟁 포로는 비시 정권과 나치 독일이 가담한 협력 정책의 틀에서 보듯, 흥정의 대상이 될 수도 있다. 전쟁 포로는 필리프 페텡이 전개한 〈국민 혁명Révolution nationale〉 담론에서 희생하는 인물상을 상징하며, 독일인의 손에서 끌어낸 포로의 귀환은 프랑스가 국가의 주권을 보존하는 능력을 가지고 있음을 증명하는 일임을 상기하자. 나치 독일이 1942년 중반에 군수 산업에서 일할 프랑스인을 25만 명 보내라고 요구했을 때, 비시 정권은 〈교대〉하자고, 즉 포로 한 사람을 본국으로 송환하면 세 명의 노동자를 보내겠다고 응답한다. 비시 정권의 선전용 포스터에서는 〈여러분이 수용소의 열쇠를 쥐고 있습니다!〉라고 부르짖었다. 〈프랑스 노동자여, 여러분이 독일에서 일하면 포로들을 석방시킬 수 있습니다.〉 실제로는 자원하는 사람이 거의 없어 강제 노동 제도Service du travail obligatoire가 마련되었다. 이를 기피하는 사람이 너무 많았고, 일부는 교육 과정 중에 도피했다. 비시 정권이 독일의 요구에 이런 식으로 굴복한 마지막 행위는 군인 포로들을 〈자유노동자〉로 전환한 것이었다. 이로써 그들은 포로에 대한 모든 통상적인 보호 조치를 받을 수 없게 되었다.

1945년 이후 전쟁 포로의 전체 수는 계속 줄어드는 추세지만, 포로 문제의 심각성은 전혀 줄지 않았다. 냉전과 탈식민 전쟁이라는 이념적 맥락에서 포로는 반란자나 잠재적인 첩자 또는 증오하는 적에 대한 상징으로 간주되어 강제 노역과 고문, 이념적 재교육 등 다양한 형태의 강압을 받고 있다. 베트남 전쟁 중에 북베트남 정부는 제네바 협약을 거부하면서, 국제 적십자사가 〈범죄자〉로 간주되는 미국 포로들을 방문하러 오는 것을 금지했다. 포로 수용소 내의 사망률은 매우 높아서 1973년에 2,081명이 〈missing in action(실종)〉 상태였다.

냉전이 종결되자 국가가 포로를 규제·관리하는 것을 보장하는 국제 질서가 약화되었다. 비대칭 전쟁이 여기저기에서 벌어져 군인과 민간인의 구별은 점점 더 힘들어진다. 분쟁은 이제 더 이상 군인에 의해 수행되지 않고, 정규 군대에 대항하여 벌어지지 않으며, 지역의 군부 정치 세력이나 게릴라 집단, 용병 회사, 테러 조직에 의해 이루어진다. 이러한 변화 때문에 새로운 전쟁 지역에서 개인이 받을 수 있는 보호 수준에 대한 문제가 제기된다. 이들을 전투원으로 간주해야 할까 아니면 민간인으로 간주해야 할까? 지위를 명확하게 규정하기 어려운 상태에서, 그들이 적에게 붙들리면 어떤 권리를 보장받을까?

수십 년 전부터 사설 군사 업체 등이 현장에서 군대 물자 보급이나 병영 건설, 도로변이나 도시 내의 검문소 설치, 또는 현지 주민에 대한 군사 훈련 등 다양한 서비스를 제공하고 있다. 21세기의 전쟁에서 점점 더 늘어나는 이 주체들은 국제법의 보호를 받는가? 누구도 정확히 모른다. 1977년에 제네바 협약 추가 의정서로 비정규 전투원과 비국제적 분쟁에 가담한 전투원에 대한 보호 조치가 확대되었다. 하지만 국제법은 〈불법적인 전투원들〉이 구류되어 있는 관타나모나 이라크에서 실패했다. 베스트팔렌 조약 이후 만들어진 포로라는 지위에 있는 사람들이 겪는 위기는 전쟁의 질서와 가치들이 해체되는 과정이 낳은 산물이다.

참조

1부 - 03 시민-군인의 시대 | 05 법이 말하는 것 | 18 대영 제국주의의 신화

11

버틸 힘

에마뉘엘 생퓌시앵[•]

군인들은 근대 전쟁의 폭력을 견뎌 내기 위해 집단적·개인적으로 어떻게 대처할까? 후방에서 전방을 지원하고 관리하는 것으로는 충분하지 않다. 전투 부대 내 전우들 사이의 연대도 결정적으로 영향을 미친다.

1918년 겨울에 혁명 중인 독일에서, 같은 분대 소속으로 몇 달간 함께 전투를 치르고 동원 해제된 사범 학교 학생들이 학교로 되돌아왔다. 교장은 과장되고 진부한 애국적인 연설로 그들을 맞이했다. 이러한 태도에 그 작은 학생 집단은 즉시 반발했다. 그들은 한목소리로 학교장을 비난했다. 그들의 전 분대장인 루트비히 브라이어가 앞으로 나서서 동료들을 진정시키며 낭랑한 목소리로 이렇게 말했다.

교장 선생님, 선생님께서는 선생님의 방식대로 전쟁을 보셨습니다. 바람에 휘날리는 깃발과 열광, 요란한 군악을 말이죠. 하지만 저희가 떠난 기차역까지만 전쟁을 보신 겁니다. 오! 그걸 비난하는 건 아닙니다. 우리 모두 선생님과 똑같이 생각했으니까요. 하지

• Emmanuel Saint-Fuscien. 사회 과학 고등 연구원(EHESS) 부교수. 군대와 학교 영역에서 규율과 권위 관계의 역사를 연구하는 전문가다. 주요 저서로 『명령에 따르겠습니다? 제1차 세계 대전 중 프랑스 군대 내의 권위 관계À vos ordres? La relation d'autorité dans l'armée française de la Grande Guerre』가 있다.

만 그 이후로 저희는 어두운 이면을 알게 되었죠. 거기에 직면해서 1914년의 감동적인 열광은 금세 물거품이 되었습니다. 그래도 우리는 계속 버텼습니다. 더욱 심오한 감정, 전방에 가서야 드러난 감정이 저희를 버티게 했지요. 그건 선생님이 전혀 이해할 수 없고 연설로는 표현할 수 없는, 책임감에 대한 자각입니다.

퇴역 군인 작가인 에리히 마리아 레마르크가 쓴 소설 『귀로Der Weg zurück』(1931)의 유명한 이 장면에서처럼, 군인으로서 인내심의 문제, 달리 말하면 군인들이 포화의 시련에 맞서 개인적·집단적으로 버텨 내는 방식은, 군대 내에서 관계를 맺고 그 관계가 진화해 가는 사회적·문화적 맥락과 불가분의 관계를 갖는다. 최초의 순간, 즉 전쟁에 돌입하거나 동원되는 시기가 결정적이다. 하지만 19세기 후반부터 전쟁터에서 펼쳐진 전례 없는 포화의 폭력성에 직면하면서, 죽이거나 죽겠다는 의지는 이내 흩어져 부서지고 가끔은 아예 사라져 버린다. 사회 심리학과 인류학, 사회학은 군인이 버틸 힘을 찾아낼 수 있는 집단 내에서 사회성이 차지하는 비중을 가늠하고, 그 집단이 어떻게 기능하는지 이해하는 데 도움을 준다. 그러한 집단으로는 일단, 직접적인 접촉을 통해 구속력을 발휘하는 소(小)가족처럼 조직된 전술적 기본 단위인 1차 집단이 있다. 이는 다른 1차 집단들과 결집해 더 큰 단위를 이루며, 이 단위들은 전쟁과 전투를 총괄하는 기관인 군대에 융화된다. 군인이 버티는 힘의 역사를 살펴보려면, 한편으로는 군대의 위계질서에 기반을 둔 관계에 대한 연구와 지휘권에 대한 연구, 또 다른 한편으로는 병사들이 이를 받아들이고 거부하는 입장에 관한 연구가 이루어져야 한다.

의무감과 연대 의식

제2차 세계 대전 중 미국 군인에 관한 기념비적인 연구(『미군 *The American Soldier*』, 1949)의 제2권에서 사회학자 새뮤얼 스투퍼와 그 팀은 사병들과 위관 장교들의 동기를 분류했다. 시카고 대학교에서 인간 행동을 양적 방법론으로 연구해 온 스투퍼는 전쟁 중에 미군 제4, 제9, 제29 보병 사단에 대하여 수천 건의 면담을 실시한 결과를 바탕으로 연구를 진행했다. 통계적으로, 병사들이 가장 많이 언급한 입대 동기는 〈해야 할 일을 끝내는 것get the job done〉, 즉 참전했을 때 정했던 목표를 달성하는 것이었다. 그 밖의 입대 동기를 비중 있는 순서대로 나열하면 권위와 전투 명령leadership and discipline, 집단과의 연대 의식, 의무감, 자기 자신의 보존 그리고 끝으로 〈이상주의적인〉 동기, 즉 정치적이거나 종교적인 동기였다.

스투퍼에 따르면, 훗날 〈가장 위대한 세대greatest generation〉라 불릴 세대의 미군(GI)들은 이상주의나 적에 대한 증오보다는 자기 부대에 대한 의무감과 연대 의식 때문에 싸웠다. 이 유명한 연구에서 드러난 또 하나의 사실은, 군인의 버틸 힘이 우선적으로 정착되는 참전 초기의 중요성이다. 〈해야 할 일을 끝낸다〉는 것은 처음 참전한 동기와 목적을 마지막까지 유지한다는 뜻이다. 덧붙여 참전 동기들은 당시에 보편화된 초등 교육과 교과서, 언론, 라디오, 영화 등 대중문화 매체를 통해 사회에 널리 정착된 — 국가, 종교, 〈인종〉에 대한 — 귀속감에서 나온 것이기도 하다.

하지만 전쟁을 선포할 때 사회 집단이 이에 찬동하고 적에 대한 대중의 적대감이 강하다고 해서, 비판적이거나 냉정한 양상을 보이는 경우가 아예 없는 것은 아니다. 1914년 여름에 대중이 보인 다양한 감정이 이를 증언했다. 마르크 블로크는 프랑스에서 나타난 이러한 감정을 잘 묘사했다.

모든 이의 마음속에 깊숙이 자리한 슬픔은 전혀 드러나지 않았다. 단지 많은 여자의 눈만 퉁퉁 부어 있고 붉었을 뿐이다. (……) 길거리에서, 가게에서, 노면 전차에서 사람들은 서로 친근하게 이야기를 나눴다. 한결같은 호의는 유치하거나 서툴지만 가슴 뭉클한 단어나 행동으로 드러나곤 했다. 남자들 대부분은 쾌활하지 않았다. 그들은 결의에 차 있었는데, 그편이 더 나았다.

걱정과 두려움은 1936년에 유럽(스페인 내전 자원병)이나 1941년에 아시아(진주만 폭격 이후 미국의 참전)로 싸우러 떠난 사람들에게서도 보인다. 끝으로 20세기 후반에 벌어진 전쟁은, 비록 대중적으로 견고한 지지를 받기는 했지만, 병사들 사이에서 비판적인 정서를 보이는 경우가 드물지 않았다. 기나긴 이스라엘·팔레스타인 분쟁 과정에서 이스라엘의 평화를 위한 가장 주목할 만한 움직임 중 하나는, 전원이 이스라엘 방위군 차할 소속인 군인과 예비역 장교 348명이 1978년에 청원을 낸 일이었다.

더 장기적으로 보았을 때 국내 전선, 즉 전투원이 참전하기 전에 소속되어 있던 지역의 개입과 지지의 정도가 군인의 버틸 힘에 있어 결정적이다. 이러한 지지가 없으면 병사의 전투 동기가 약화한다. 알제리 전쟁(1954~1962)과 미국의 베트남 전쟁 개입(1964~1973)이 좋은 예다. 이 전쟁들에서 전쟁의 이유와 방식에 대해 여론이 의구심을 보이면서 군부대의 사기에 끔찍한 악영향을 미쳤다. 반대로 제1차 세계 대전 중에 유럽 국가들이 초기에 동원된 양상은, 오늘날까지도 국가 기구와 사회 당사자들이 대규모로 개입한 이념형을 이룬다. 정당, 직업 노조, 가톨릭교회 교구와 본당, 학교, 언론 기구, 예술가, 가족 등 모두가 합심하여 병사에게 먼저 참전 동기를, 뒤이어 전쟁의 자원을 제공할 〈국내 전선home front〉, 즉 후방을 구축하는 데 기여했다—

적어도 1916년에 시작되어 이듬해에 가속화된 〈신성한 단결〉이 균열을 일으키기 전까지는.

1914~1918년에 교전국들은 〈국내 전선〉이 부대의 사기에 미치는 영향력을 잘 이해했다. 그래서 먼저 우편 서비스를 이용해 후방과 전방의 관계를 강화했다. 수십억 건의 엽서와 편지, 소포가 교환되어 오랫동안 고향에서 멀리 떨어져 있어야 하는 젊은 군인들에게 가족의 온기가 전달되었다. 한편 그때까지 유럽 군대에 없던 휴가 제도가 제1차 세계 대전 중에 먼저 독일에서, 뒤이어 1915년 6월 30일에 프랑스에서는 조프르 장군의 요구로 마련되었다. 휴가는 식민지 병사와 점령된 지역 출신 군인의 경우를 제외하면 군인이 가족을 잠깐이나마 볼 수 있는 유일한 시간이었다. 프랑스 군대의 경우, 전쟁이 지속된 1천5백 일 중에서 휴가일을 모두 합하면 최대 60일이었다(에마뉘엘 크로니에). 하지만 대중의 지지 및 전후방의 관계를 유지한 것만으로는, 전력의 강도와 폭력성이 극단으로 치달은 전투에서 군인들이 끈질기게 버틴 사실을 설명할 수 없다. 이러한 집요함은 군인이 자기 주변에서, 자신이 싸우고 있는 장소인 전쟁터에서 자원을 찾아내야만 장기적으로 유지될 수 있다.

〈한데 꿰매어진〉 병사들

〈전쟁에서 패하거나 끔찍하고 소모적인 전투를 겪으며 애초에 지녔던 목표가 눈앞에서 흐릿해질 때, 병사를 유일하게 지탱해 주는 것은 전우들을 저버리지 않겠다는 그 병사의 결단인 경우가 많다.〉 제2차 세계 대전에 참전한 미국의 퇴역 군인인 철학자 제시 글렌 그레이는 적의 포화 속에서 병사들이 버티는 집요함의 핵심을 이렇게 요약했다. 군인은 얼마 지나지 않아 전우들(영국군의 친구pals, 미국군의 단짝buddies)로 이루어진 소그룹 내에서 자신에게 필요한 자원과 인내심, 버틸 힘을 얻는다. 개인을 둘러싼 이 1차 집단은 대체로 군대의 가장 작은 전술 단위로서 분대(프랑스어 escouade, 영어 squad)나 반(半)소대(프랑스어 demi-section, 영어 half-section)에 해당한다 (10~25명). 그 안에서 병사들은 함께 고통을 겪고, 물질적으로 서로 돕고 의존하며, 기본적인 욕구(휴식, 수면, 음식)를 공유하고, 시신과 애도를 함께 나눔으로써 연대 의식으로 서로 강하게 결속된다(나폴레옹 제국의 원수 에티엔 마크도날은 〈한데 꿰매어졌다〉라고 표현했다).

독일군이 1945년에 항복한 후, 전쟁 포로들을 대상으로 에드워드 실스와 모리스 재너위츠가 수행한 선구적인 조사 연구에서는 독일 병사들이 끈질기게 버티는 데 〈1차 집단〉이 가장 중요한 역할을 했다고 강조되었다. 하지만 나중에 나치즘을 연구한 역사가들은 이 연구 결과에 미묘한 의미를 부여해 독일군 그리고 이를 확장하여 모든 군대 내에서 1차 집단이 최우선적인 역할을 담당한 것은 아니라고 보았다 — 이 점은 군대를 연구하는 다른 사회학자들에 의해서도 논의되었다. 제2차 세계 대전은 소규모 전투 집단에 의해 수행된 총력전으로 해석되는 경우가 많다. 〈1차 집단〉은 전쟁 중에 본보기로 승격되고 추앙되었다. 이런 집단으로 잘 알려진 사례가 일본의 이오섬에서 벌어진 격렬한 전투 중인 1945년 2월 23일에 스리바치산 정상에 성조기를 게양한 미 해병대 집단이다. 이 모습을 찍은 종군 기자 조 로즌솔의 사진은 제7차 전시 공채를 모집하는 데 사용되었다. 루스벨트 대통령은 애초에 여섯 명이던 이 집단의 생존자 세 명이 선전 캠페인에 참여할 수 있도록 미국으로 송환하라는 명령을 내렸다. 로즌솔의 사진은 퓰리처상을 받았고, 뒤이어 우표와 수백만 장의 우편엽서로 복제 생산되었다. 또한 존 웨인이 출연한 앨런 드원 감독의 전설적인 영화 「이오섬의 모래Sands of Iwo Jima」(1949)에서 한 장면으로 재연되어 유명해졌다. 이 사진은 1954년에 제막된 알링턴에 있는 미 해병대를 위한 기념물로 후대에 전해지게 되었다. 성조기에 대한 숭배와 병사들의 〈1차 집단〉이 지닌 끈질긴 힘에 대한 상징을 결합하여 피라미드 형태로 구축한 하나의 이미지가 거둔 성공은 엄청났다.

하지만 강력한 정서와 서로 도울 의무감이 강하게 내재화되어 연결된 개인들로 이루어진 소집단은 20세기 전쟁에서만 나타난 고유한 특성은 아니다. 그에 앞서 수백 년 동안 벌어진 전쟁에서도 이런 소집단들이 존재했다. 하지만 근대 전쟁에서 이 소집단이 지니는 중요성은 매우 커졌다. 아르당 뒤 피크 장군은 크림 전쟁에서 싸운 전투 경험으로부터 영감을 받아, 계급 구분이 거의 없고 전쟁터에서 고립된 집단 내에서 군인이 자율성을 갖도록 하는 게 반드시 필요하다고 단언한 최초의 인물일 것이다. 아르당 뒤 피크가 참전한 1854~1855년의 세바스토폴 포위전은 근대 전쟁으로 넘어가는 주요 전환점 중 하나였다. 수백 문의 대포가 적의 진지를 대규모로 포격했다. 이때 양 진영의 군인들은 전례 없이 과격한 충돌이라는 느낌을 받았다. 톨스토이는 단편 소설 「세바스토폴 이야기들」에서 증언했다. 〈들어가시오. (……) 당신은 그곳에서 끔찍하고 인상적인 장면들을 보게 될 겁니다. 당신은 그곳에서 부대들이 화려하거나 똑바르게 줄지어 있지 않고, 음악이 없으며, 북소리도 없고, 바람에 휘날리는 깃발도 없으며, 말을 타고 이리저리 뛰어다니는 장군이 없는 전쟁을 보게 될 것입니다. 전쟁을 있는 그대로, 피와 고통과 죽음에 물든 모습으로 볼 것입니다!〉 이 체험을 바탕으로 아르당 뒤 피크는 1870년 이전에 프랑스 참모 본부에 글을 써서, 근대 전쟁터에서 사병뿐 아니라 지휘관들도 느낄 법한 억제할 수 없는 두려움을 심각하게 고려해야 한다고 암시했다.

19세기 후반에 벌어진 전쟁들은 그가 옳았음을 증명했다. 점점 더 강력해지는 화기의 위력(장거리 연발 소총, 기관총, 대포의 발전)과 전방에서 대규모 부대들을 분산시킬 필요성 때문에 19세기 말부터 전열을 이루어 수행하는 전투가 사라졌다. 보어 전쟁이나 러일 전쟁, 발칸 전쟁(1912~1913)에서 모든 서구 관찰자가 확인한 사실이다. 하지만 크림 전쟁과 남북 전쟁부터 조금씩 보이기 시작한 전열이 해체되는 현상은, 제1차 세계 대전의 빗발치는 포화 아래 절정에 이른다. 수많은 예 가운데 하나를 살펴보자. 1917년 10월에 서부 전선의 말메종에서 국지적으로 벌어진 공세 때, 프랑스군은 12킬로미터에 이르는 독일군 전선을 1천8백 문의 대포로 5일 밤낮 동안 쉬지 않고 포격했다. 전선의 독일군 병사들은 매장되거나 흩어지거나 참호의 잔해나 포탄으로 생긴 구멍 속에 작은 무리를 지어 몸을 숨겨야 할 처지에 놓였다.

군대의 전술과 기술 발달로 1차 집단이 가장 중요한 전투 기능을 담당하게 된 것 역시 제1차 세계 대전 때다. 무기가 변화해, 자동 소총을 중심으로 보충 부대가 조직되고 이들 부대로 소규모 [돌격 부대, 의용군 부대, 반(半)소대]이 형성된다. 에른스트 윙어는 독일군에 대해 이런 집단의 모습을 훌륭하게 묘사했다. 전사는 이제 완전히 사라지고 전문화된 군인 — 척탄병, 소총수, 기관총 사수, 유격병, 조금 뒤에 무선 전신원 — 이 그 자리를 차지한다. 이들의 능력은 적의 포화 아래에서 동료들의 능력과 상호 보완적인 관계에 놓인다. 군인의 생존 여부는 이제 이 새로운 전술 단위의 다른 구성원들에게 더욱 의존하게 된다. 육군의 다른 병과들(포병과 전차 부대)에서 1차 집단은 보통 포수 팀이나 한 전차의 승무원들에 해당한다. 이들은 하나의 기계를 중심으로 또는 기계의 내부에서 기술적 능력으로 결속된다. 포병 폴 랭티에는 『나의 포: 어느 포병의 회상, 1914년 *Ma pièce. Souvenirs d'un canonnier, 1914*』(1916)에서 이를 아름답게 묘사한다.

보병, 기병, 공병은 단위 부대다. 우리에게 부대의 단위는 대포다. 대포를 장전하는 일곱 사람은 살아 움직이는 어떤 존재, 즉 맡고 있는 대포에 밀접하게 결합되어 서로 의존하는 기관들이다. 일곱 사람이 서로 구속되어 있고 이들 각자가 대포에 연결되어 있다는 사실로 인해, 모든 결함은 더욱 명백하게 드러나고 그로 인해 초래되는 결과는 더욱 크며, 불명예는 더욱 무겁다. 그리고 이처럼 긴밀하게 결속되어 있는 상황에서는 정서적 향기가 쉽게 발달해 심리적 전염을 일으킨다. 따라서 확신을 갖고 자기 직무를 수행하는 포병 한두 사람이 소대 전체의 용기를 결정 지을 수 있다.

하지만 병사의 인내력에 중요한 1차 집단의 사회성은 포화 때문에, 그리고 포화를 받으면서 생겨나는 것만은 아니다. 전쟁은 무엇보다 끝없는 기다림을 포함하는 시간이다. 군인은 소식을, 명령을, 교대를, 출발을, 구역 교체를, 우편물을, 식사를, 휴가를 기다린다. 군인은 대체로 자기 고향과 멀리 떨어진 곳에서 기다린다. 아주 기본적인 편의만 갖추어졌거나 끔찍한 조건에서, 참호의 진창 속에서, 동유럽 전선의 혹한 속에서, 태평양의 섬에서, 근대적인 무기의 무게를 극도로 견디기 힘들게 만드는 적도나 열대 기후 속에서. 군인은 강행군, 수면 부족, 질병, 불결함, 후방-전방의 허술한 숙영지 등 끔찍한 생활 조건으로 손상된 건강 때문에 지치고 피로한 상태에서 기다린다. 이러한 조건에서 가장 불안스러운 기다림 — 전투, 언제 당할지도 모를 죽음, 예견된 부상 — 은 전쟁이 지속될수록 점점 더 견디기 어려워진다.

이런 상황에서 1차 집단 내에서 맺은 정서적 관계는 결정적이다. 전쟁 중인 군대에서는 진정한 대리 가족이 형성된다. 더욱이 사회학자 찰스 호턴 쿨리가 〈1차 집단〉이라는 표현을 사용한 것은, 개인이 최초로 사회화를 경험하는 집단인 가족을 일컫기 위해서였다. 그는 이 용어를 〈서로 접촉하는 개인들로 이루어진 제한된 집단으로서, 결속하고 협력하는 친밀한 관계가 특징〉이라고 설명했다. 그리고 전투를 연구하는 사회학자들은 쿨리에게서 이 개념을 빌려 왔다. 1차 집단 내에서 병사들은 함께 놀고(스포츠나 게임), 함께 먹고, 전투의 폭력성에 대한 보상 경제의 일환으로 함께 규칙을 위반하고(술, 마약, 섹스), 가끔은 함께 기도하고, 고도로 의식화된 태도와 몸짓으로 고통과 애도를 공유한다. 어떤 참모부는 이 사실을 모르지 않기에 같은 공동체의 구성원들을 같은 부대에 편입하여 동원한다. 이러한 대표적인 사례로 키치너 군대의 〈동기 부대pals battalions〉가 있다. 이들은 1914년 여름에 소집된 영국 자원병들로서 같은 동네나 같은 공장, 같은 운동부 내에서 소집되었다.

한편 참모부들은 모든 정규군의 기본 단위인 연대regiment 수준에서 하나의 정체성을 만들어 내려고 노력한다. 하지만 미국 심리학자 프레더릭 R. 핸슨이 『전투 정신 의학Combat Psychiatry』(1949)에서 보여 주었듯, 전쟁터에서 병사는 군대나 연대처럼 더 큰 군사 집단과 이루는 교감은 약화되고 제한적인 소집단에 더욱 강하게 교감하는 경향이 있다. 그렇지만 연대에 대한 긍지가 싸우려는 동기에 아예 포함되지 않는 것은 아니다. 군인들이 쓴 많은 편지에서 이 사실이 드러난다. 이들은 자신의 연대가 영웅적이거나 모범적인 행동으로 훈장을 받아 만족스럽다고 적는다. 부대도 사람처럼 훈장을 받는다. 이러한 표식은 소속원들에게 군인의 가치를 빛나게 만들기 때문이다. 인용문, 훈장, 메달, 참전 및 부상을 증명하는 갈매기표 수장(袖章) 등으로 인정받는 것은 사기를 보상받는 경제의 일환으로서, 그 효과는 병사들의 증언에서 확실히 느낄 수 있다. 훈장이나 영예는 군대나 국가로부터 인정받음을 상징할 뿐 아니라, 병사 공동체 내에 수평적인 강력한 결속의 감정도 만들어 내면서 집단의 응집력을 강화한다. 1914~1918년 프랑스 군대의 보병인 기 알레는 나름의 방식으로 증언했다. 그는 1916년 봄에 여러 사병이 훈장을 받았을 때 이루어진 행렬에 관해 이렇게 썼다. 〈총검은 미동도 없이 번뜩이고 나팔이 울려 퍼졌다. 나나 다른 사람들은 모두 군사 행렬을 허식에 찬 화려함과 진부한 태도 때문에 비웃곤 했다. 그 순간에는 우리들 중 어느 누구도 웃고 싶은 마음이 들지 않았다고 확신한다.〉 전쟁을 치르는 와중에 이러한 의식은 단순히 전투에 가담하라고 촉구하는 것을 넘어선다. 치러야 할 희생이 커짐에 따라 당연히 생기는 개인적·집단적으로 인정받고자 하는 욕구를 만족시키면서, 동시에 병사와 지휘관들을 결속시킨다.

지휘관의 역할: 단속과 본보기

20세기 초까지 군대 사회는, 군대가 유래한 민간 사회와 마찬가지로 이렇게 생각했다. 군사 법원 재판관들 앞에서 느끼는, 사형을 당할지 모른다는 두려움만이 적이 퍼붓는 포화 아래에서 병사들을 버티게 해준다고 말이다. 제1차 세계 대전에 참여한 유럽 군대들은 여전히 이렇게 믿었기에, 특히 전쟁 초기에 자국 부대의 군인들을 처형했다. 프랑스군에서는 740명이 총살당했고, 이탈리아군에서는 750명, 영국군에서는 343명, 독일군에서는 48명이 총살당했다. 모든 군대에서 그 목적은 똑같았다. 현장 지휘관들의 권위를 유지하고 병사들이 포화에 계속 맞서도록 하는 것이었다. 하지만 주목할 점은 제1차 대전 마지막 해에 모든 군대에서 사형의 빈도가 낮아졌다는 사실이다. 이러한 변화는 제2차 세계 대전 중 독일 군대와 소련 군대를 제외하고, 20세기를 거치며 벌어진 전쟁들에서 확인된다. 히틀러의 군대와 스탈린의 군대에서는 각각 1만 3천 명에서 1만 5천 명의 병사가 군법 회의를 거쳐 총살당했다. 제1차 세계 대전 중에 가장 엄격한 군대에서 총살당한 병사의 수보다 15배 내지 20배 많았다.

이런 극단적인 조건에서 억압과 단속의 과격함 그리고 최고형인 사형을 당할 거라는 두려움은 병사들이 포화에서 버티게 한 하나의 요인일 수 있다. 그러나 이것만으로는 수십만 명의 군인으로 이루어진 군대들이 전투를 지속한 이유를 설명할 수 없다. 19세기의 제국주의 전쟁이나 식민지 전쟁에서도 마찬가지다. 억압하고 단속하는 것으로 병사들의 거부나 반항, 패주를 막을 수는 없었다. 프랑스 군대에서 7백 명 이상의 군인이 총살당했음에도 불구하고 1917년 봄에 군대는 반란을 일으켰다. 러시아 제국 군대 내에서 시행된 사형과 약식 처형으로도 1916년에 벌어진 수많은 기피 행위나 1917년의 대규모 탈영을 막지 못했다.

일선 지휘부가 과격한 태도를 보일 수 있는 것은 대개는 전쟁 초기뿐이다. 전투가 지속됨에 따라, 한편으로는 전사가 〈군인으로서 전문화〉되고, 다른 한편으로는 최초의 동기가 약화되고 소진된다. 따라서 반발이 일어나거나 위계 관계가 갑자기 무너질 것이 두려워 과도하게 억압하거나 단속할 수 없다. 병사가 일선 지휘관을 위협했다는 증언은, 오래 지속되는 전투를 치른 모든 군대에서는 물론 가장 억압적인 군대에서도 쉽게 찾아볼 수 있다. 1941~1945년에 참전한 러시아 군인들의 여러 증언에서, 장교들은 죽임을 당할까 두려워 더 이상 무기를 가지고 사병을 위협하지 못했다고 한다. 러시아의 〈대조국 전쟁〉 중에 간호사로 참전한 옐레나 게오르기예브나 본네르는, 40세 병사가 상관인 대위를 죽이겠다고 위협하자 대위가 뒤로 물러서는 장면을 목격했다. 전장에 투입된 장교 대부분은 대체로 얼마 지나지 않아 지나치게 엄격하고 폭력적으로 병사를 대하는 일이 위험해졌다고 증언한다. 장기화하는 전쟁 중에 병사를 지나치게 억압하면 지휘가 불가능해진다.

20세기 전쟁의 극단적인 폭력이라는 맥락에서, 현장의 지휘 방식은 병영에서의 지휘 방식과 점점 더 차이가 났다. 특히 양차 세계 대전에서는 지휘관이 용맹함의 모범을 보여야 했다. 그래서 전사한 장교의 비율이 전례 없이 높았다. 제1차 세계 대전 중에 프랑스 군대에서는 장교들이 매달 평균 1914년에는 1,085명, 1915년에는 485명, 1916년에는 395명, 1917년에는 248명, 1918년에는 341명 사망했다. 퍼센트로 나타낸 총 사망률은 사병 계급(18퍼센트)보다 장교와 부사관 계급(22퍼센트)에서 더 높았다. 히틀러 군대에서는 1941년 6월과 1942년 3월 사이에 장교가 매달 1천5백 명씩 죽었다. 오메르 바르토프에 따르면, 독일군이 붕괴된 가장 중요한 이유는 전쟁터에 지휘관이 부족했기 때문이다. 이러한 손실은 병사 집단의 견고함에 악영향을 끼쳤지만, 일선 지휘부는 자기희생을 요구할 수 있는 정당성을 부여받았다. 즉 병사는 자신의 지휘관을 위해 죽고 또 죽이는 것이다.

어쨌거나 증언 문학에서 드러나는 공통된 생각에 따르면, 전장에서 싸우는 사병과 부사관, 장교들이 공유하는 위험과 고통, 애도가 바로 버틸 힘이 생겨나는 주요 원천이다. 보다 일반적으로, 국가가 일선 지휘관들에게 부여한 권위는 고통과 시련을 공유하는 대가로만 유지될 수 있다. 일선에서 장교들이 병사들과 접촉하며 병사 전체에 대해 관심과 온정을 지니고 있음을 증명해 보이면, 병사들의 인내력은 더욱 견고해진다. 20세기에 작성된 전방 장교 교육 매뉴얼 대부분에서는 장교가 용맹함의 모범을 보여야 할 뿐 아니라, 병사들을 관리하고 경청하고 눈에 띄게 지지함으로써 부대의 결속을 유지해야 한다고 규정한다. 병사들의 물질적·신체적 안녕의 조건을 갖추어 주는 것이 일선 장교의 의무다. 장교는 병사가 휴식과 여가, 오락을 누리도록 하고, 숙영지나 야영지 생활의 물질적인 조건을 지속적으로 유지하고, 무엇보다 식량을 확보하고 식사의 질을 높이는 데 힘써야 한다. 로제 베르셀의 소설 『코낭 대위Captiaine Conan』(1934)에서 주인공 코낭 대위는 동부 전선에서 수십 명의 병사를 이끄는 〈참호 청소부〉다. 잊힌 전쟁을 치르는 특이한 병사들로 이루어진 이 〈1차 집단〉은 적의 전선을 다이너마이트로 폭파하고, 불가리아 병사들을 칼로 죽이고, 그 와중에 몇몇 포로를 생포한다. 코냥의 병사들은 전투 스타일이 특이하고 몽둥이나 곤봉, 백병전용 단검 같은 전근대적인 무기를 사용한다는 점 말고도, 정규 부대를 경멸한다는 특징을 보인다. 또한 이웃 마을을 약탈해 삶을 영위하는 방식으로도 서로 결속된다. 근동 지방의 술 라키raki를 나눠 마시고 인근 농민에게서 약탈한 가축으로 식사를 함께하는 일은 남성적인 사회화의 한 형태를 이룬다. 전쟁이 끝난 후 알코올 중독자가 된 코냥은 그 추억을 되새긴다.

일선 장교들은 고향에서 오랫동안 떨어져 반복되는 극한의 충격을 감수해야 하는 가장 어린 군인들에게 더욱 큰 의미를 띤다. 장교들은 어린 군인들을 돕고 안심시켜야 한다. 이때 아버지뿐 아니라 어머니 같은 방식으로 감정의 교류가 이루어지는데, 역사학자 마이클 로퍼가 잘 보여 주었듯이 간호나 위로의 몸짓을 동원하기도 한다. 증언 문학, 뒤이어 영화와 텔레비전에서는 이러한 현장 지휘관들의 인상적인 모습이 그려졌다. 이런 인물상은 무척 많지만 그중에서 올리버 스톤 감독의 영화 「플래툰」(1986)에 등장하는 허구적인 인물인 일라이어스 그로딘 부대장, 또는 스티븐 앰브로즈가 원작자인 TV 시리즈 「밴드 오브 브라더스」(2001)에 등장하는 리처드 D. 윈터스 중위가 있다.

권위를 지닌 이들은 그 명령에 복종하는 병사들이 보기에 대체로 강한 카리스마가 있지만, 전능함과는 거리가 멀다. 지휘관들은 가끔 병사들에게 혹사당하기도 한다. 전쟁이 지속되는 기간과 과격함의 정도에 따라 끊임없이 재구성되는 복종의 형태를 병사들과 협상해야 한다. 이렇게 만들어진 규율의 유일한 목적은 전투를 견뎌 내는 것이다. 그리고 많은 경우에 규율이 적용됨과 동시에, 장교들의 허용하에 술이나 마약 사용, 민간 당국에 대한 경멸 등 기존 질서 위반이 이루어진다. 더 나아가 전투 중에 겪는 폭력에 대한 보상으로 민간인에 대한 약탈과 폭력, 강간, 때로는 주민 학살이 〈허용〉되기도 한다. 1914~1918년에 서부 전선에서는 대규모 공세가 이루어진 다음에는 거의 항상 프랑스 병사들이 프랑스 마을을 조직적으로 약탈했고, 후퇴할 때에도 이런 일이 벌어졌다. 도지사들이 여러 차례 고소했다는 문헌 기록이 남아 있지만, 그 어떤 병사도 약탈한 죄목으로 군사 법원에서 재판을 받지 않았다. 군사 법원은 병사들에 대한 처벌을 남용했음에도 말이다. 평화 시기에 적용되는 규칙을 위반하는 일, 이따금 상관에게 용인되는 극단적인 폭력 행사와 잔혹 행위 역시 병사들을 결속하는 원천이 되고 〈인내력〉을 강화하는 데 도움이 된다. 대니얼 랭이 1969년 10월 18일 자 『뉴요커』에 게재한 기사 「전쟁 희생자들Casualties of War」은 이를 간략하게나마 보여 준다. 이 기사에서는 젊은 베트남 여성을 집단 강간하기를 거부하고 고발한 한 개인이 범죄를 중심으로 결속한 자신의 1차 집단과 부대의 군인들에 의해 어떻게 배척과 협박을 당하는지를 보여 준다.

전쟁을 위해 국가를 동원하는 일이 국가 기관과 행정 당국, 기업과 언론, 사회 주체들의 개입에 달린 것과 마찬가지로, 전방에서 복종하고 〈인내하는〉 능력 역시 군인들이 받아들이는 정도에 달려 있다. 이런 관점에서 평화 시기와 마찬가지로 전쟁 시기에 모든 강제력은 이를 따르는 개인들의 찬성 정도에 따라 완화된다. 따라서 병사가 전투에서 버티는 힘을 단 하나의 인과 관계로는 결코 설명할 수 없다는 사실을 다시 상기하는 것은 새로울 게 없다 하더라도, 이러한 병사의 힘이 그 안에서 발휘되고 발달하는 삼각형의 윤곽을 그려 보는 것은 가능할 듯싶다. 이 삼각형의 첫 번째 꼭짓점은 국가가 전쟁을 위해 자원을 동원하고 전쟁을 관리하는 능력이다. 두 번째 꼭짓점은 참전하는 개인의 동기가 지닌 형태와 깊이다. 그리고 세 번째 꼭짓점은 병사의 사회성이다. 이 사회성이 의지와 능력을 전투에 집중하게 만든다. 이 삼각형의 안쪽에서 각각의 분쟁에 고유한 방식으로 병사의 버틸 힘이 구축되거나 유지되거나 해체된다고 볼 수 있다.

참조

1부 - 02 전투의 종말: 전략가와 전략들 | 03 시민-군인의 시대 | 11 애국 전선 ‖ 2부 - 01 군인 양성 | 02 군 복무 경력 | 05 전쟁은 남자만의 일인가 | 09 반역자와 불복자 | 12 〈편지를 자주 보내 줘〉 ‖ 3부 - 01 시련을 겪는 몸 | 05 〈온갖 엄청난 감정〉

12

〈편지를 자주 보내 줘〉

클레망틴 비달나케[*]

편지는 병사의 인내력을 지탱하는 데 중요한 역할을 한다. 또한 군인의 일상을 달래고 권태나 두려움을 표현하게 해준다. 전쟁 중에 오간 서신은 군인들의 일상과 전쟁 폭력이 미친 영향을 파악하는 귀중한 자료다.

전쟁 중에 주고받은 편지는 뭐가 그리 특별할까? 이런 서신이 존재하는 것 자체가 전쟁으로 인해 가족이나 부부가 떨어져 있기 때문이다. 하지만 전쟁 시기에 이루어진 교류가 남다른 이유는 편지가 군대 당국의 통제를 받는다는 사실, 무엇보다 폭력과 죽음에 직면해 있다는 점 때문이다.

나폴레옹 시대의 군인들, 뒤이어 19세기 전쟁에 참전한 군인들은 지인들과 상시적으로는 아니어도 최소한 정기적으로 편지를 주고받았다. 그러나 교육을 통한 문자 보급 정도가 낮아 서신 교환이 제한되었다. 교육 수준이 높은 군인이 다른 군인들을 위해 글을 써주어야 했다. 남북 전쟁에 참전한 군인 약 3백만 명은 대부분 글자를 깨친 덕분에(남부 연합군의 경우 80퍼센트, 북부 연방군의 경우 90퍼센트) 편지

• Clémentine Vidal-Naquet. 피카르디-쥘 베른 대학교의 부교수. 저서로 『제1차 세계 대전 중의 커플: 부부 관계의 비극과 일상 *Couples dans la Grande Guerre. Le tragique et l'ordinaire du lien conjugal*』이 있다. 잡지 『감수성: 역사와 비평, 사회과학 *Sensibilités. Histoire, critique et sciences sociales*』을 공동 운영하고 있다.

를 많이 썼다. 하지만 유럽에서는 제1차 세계 대전이 확실한 경계선을 만들어, 대규모 동원이 이루어지고 문자 교육이 발달하면서 오가는 편지의 수가 급증했다. 그로부터 한 세기 후, 20세기에서 21세기로 전환하는 시기에는 사회 연결망의 발달로 다시금 전방과 후방을 연결하는 소통 방식이 바뀌어 종합적이고 간결한 글쓰기, 메시지 수신의 신속성, 발송 증가, 이미지와 동영상의 흐름 등이 보인다. 그런데 이러한 시간의 흐름에 따른 변화에 특수한 상황이 더해진다. 내전 상황에서 편지 발송은 더욱 어렵고, 전쟁 포로가 보내고 받는 우편물에 대해서는 검열이 더욱 심해지고, 군사 법원에서 사형 선고를 받은 군인이 보낸 마지막 편지에서는 특수한 어조가 나타난다. 그럼에도 불구하고 전쟁 중에 주고받은 모든 서신에서 공통되는 요소들, 병사와 그 지인들 사이의 물질적·정서적인 관계를 짚어 낼 수는 있다.

문명으로 귀환

군인들의 사기를 지탱하는 요소인 편지는 일단 병사의 인내력 측면에서 중요한 역할을 한다. 편지는 헤어져 있는 시간에 리듬을 부여하고, 전쟁 중의 일상을 달래 준다. 제1차 세계 대전에 참전한 병사 프로스페르 플루아라크에게 편지는 〈가장 큰 위안〉이다. 베트남에서 싸운 미군 대위 조지프 부시에게 편지는 〈그날이 좋은 날인지 아닌지를 결정〉한다. 어느 미 해병대원은 〈당신의 편지를 읽을 때면 잠시 동안 나는 평범한 사람이오. 누구를 죽이지 않고, 죽임을 당할까 걱정하지도 않지요. 당신의 편지를 읽을 때면 나는 총도 수류탄도 들고 있지 않습니다〉라고 덧붙였다. 글을 쓰는 것은 평화로운 행위이며, 편지를 읽는 잠시 정지된 순간은 문명으로 귀환하는 시간이다. 이 때문에 병사들은 편지를 사활이 걸린 일이라고 이야기했다. 에밀 블롱델은 1914년 11월 아내에게 단호하게 〈편지를 자주 보내 줘. 너의 편지가 나를 살아가게 해〉라고 전했다. 1998년에 장 비야르는 징집병으로 알제리에서 복무한 회고록을 펴내면서 〈나에게 정신적·신체적 고통의 나날, 불안과 공포의 나날을 견딜 수 있도록 편지를 써준 사람〉인 아내에게 책을 헌정했다.

가족에게 편지는, 소식을 전하거나 떨어져 있어도 관계를 유지하고 있음을 확인해 주는 매체이기 전에, 살아 있다는 증거다. 편지를 받는 데서 얻는 즐거움은, 기다림이 길어질수록 끊임없이 고조되는 불안에 상응하는 안도감이다. 1812년 9월 7일의 보로디노 대전투 이후, 편지가 목적지에 도착하는 데 가끔은 몇 달씩 걸리던 시기에, 드 레뮈자 백작 부인은 편지가 도착했을 때 파리가 어떻게 완전히 변모했는지 샹피옹 드 낭수티 장군에게 전한다. 〈그 끔찍한 전투 소식이 전해진 후로 이곳에는 온갖 소문이 무성했어요. 우리 군대가 입은 손실은 과장되었고, 모두가 가족 누군가를 잃었다고 믿었지요. 마침내 편지가 도착했고 공보가 발표되어 많은 사람이 안심하게 되었지만, 편지가 훨씬 더 자주 도착했으면 좋겠어요.〉 1864년에 알제리 보병대의 대위 오귀스탱루이 프렐로는 편지가 지닌 이런 중요한 역할을 잘 인식하고 나폴레옹 3세가 명령한 멕시코 원정 중에 형제에게 편지를 쓴다. 〈지금 단 몇 줄 쓸 시간밖에 없지만, 중요한 건 식구들 모두 내가 잘 지낸다는 사실을 아는 거니까, 그렇다고 지금 바로 알릴게.〉 한편 노르망디 지방의 젊은 명사 이본 르투르는 1914년 12월에 남편 모리스로부터 편지를 받고 얼마나 안도했는지 고백한다. 〈19일 자 편지를 받은 게 얼마나 기쁜지! (……) 당신이 전투 중인 것은 알았지만, 걱정하는 마음을 가라앉히기는 힘든데, 오늘 편지를 받을 거라고는 기대하지도 못했어요.〉 시몬 드 보부아르는 1940년 6월부터 1941년 3월까지 독일에 포로로 잡혀 있던 장 폴 사르트르에게 전언 한 통을 받고 이렇게 말한다. 〈이 편지는 얼마나 대단하고 또 아무것도 아닌지. 그래도

숨통이 조금 트인 건 사실이에요.〉1970년 8월 앤 브럼슨은 베트남에 있는 아들에게 이렇게 썼다. 〈아들아, 제발 할 수 있는 한 자주 편지를 쓰렴. 네가 쓴 몇 마디만으로도 도움이 되고 내 걱정이 가라앉을 거란다.〉

당국, 경솔함을 감시하다

군 당국은 편지로 유지되는 이러한 관계가 군인과 가족 모두에게 정신적으로 매우 큰 힘이 된다는 사실을 금세 이해했다. 하지만 당국은 전략적인 정보나 군대의 정신 상태가 무분별하게 전달될 위험이 있는 개인 편지를 염려했다. 1812년에 어느 벨기에 군인은 바야돌리드에서 가족에게 보낸 편지에 이렇게 쓴다. 〈우리는 편지를 많이 쓸 수 없어요. 프랑스 사람들이 모든 편지를 뜯어보고, 또 전쟁에 대해서는 아무것도 쓸 수 없기 때문이죠.〉 1870년의 전쟁이 끝났을 때 기자인 아나톨 클라보는 〈(언론과 개인 편지가) 적에게 제공했을 정보들〉에 대해 의문을 제기한다. 그는 〈가족이 군에 복무하는 자기 자녀의 소식을 요구할 명백한 권리〉는 인정하면서도, 전보가 적에게 탈취될 위험이 있으며 군인이 자기 마음 상태에 대해 침묵하는 것을 매우 어려워한다고 강조한다. 〈게다가 전쟁은 감정에 영향을 미칠 수밖에 없는데, 가족에게 편지를 쓸 때 어떻게 자신의 불안과 희망에 대해 말하지 않는단 말입니까? 인간으로서 할 수 없는 일을 요구해서는 안 됩니다.〉

이 때문에 군대는 병사의 사기를 높이고 일상을 조금 부드럽게 해주기 위해 편지 발송을 손쉽게 만든다. 하지만 동시에 편지의 내용을 매우 긴밀하게 검열한다. 제1차 세계 대전에서 프랑스가 특히 그랬다. 편지의 수가 갑자기 증가하는 상황에 대처하고 지나치게 긴 전달 기간을 줄이려고, 우체국은 1914년 12월부터 군인이 모두 제각기 우편 구역에 소속되도록 결정했다. 그 이듬해부터 정보가 유통되는 것을 감시하고 병사와 그들 가족의 마음 상태를 가늠할 목적으로 우편물 검열이 시행되었다.

그로부터 한 세기가 지난 후, 2012년에 프랑스에서 국방부와 퇴역 군인회가 출간한 『좋은 언론 활용 규범』을 살펴보면, 교류의 방법은 변했어도 〈경솔함〉에 대한 군 당국의 걱정은 그대로라는 사실을 알 수 있다. 〈근대 분쟁에서 우리의 《적들》은 민감한 정보를 찾아내고 우리의 약점을 알아내기 위해 정기적으로 웹사이트(SNS, 블로그, 토론방, 개인 사이트 등)를 샅샅이 검색한다. 따라서 매우 주의해야 한다.〉 규범서는 〈(군인이) 가까운 이들과 소통하기 위해 아주 유용한 이러한 도구를 사용하는 이점은 (……) 잘 알고〉 있다면서도, 군인들의 이름, 출발 및 귀환 날짜, 부대 배치에 관한 정보, 과거 또는 미래의 군사 작전, 부대의 사기 등 밝혀서는 안 될 요소들을 상기시킨다.

전쟁 포로라는 특수한 경우에 편지는 항상 엄격한 검열을 받았다. 편지 발송과 수신 빈도, 편지 길이를 규제해 교류를 제한한다. 제1차 세계 대전 중에 포로들은 일주일에 12줄짜리 엽서 한 장, 한 달에 네 장짜리 편지 두 통을 쓰도록 허가받았다. 제2차 세계 대전 중에 독일에서는 전쟁 포로들이 한 달에 22줄짜리 편지 두 통과 7줄짜리 엽서 두 장만 보낼 수 있었다. 그리고 전쟁이나 정치, 독일 점령에 관한 언급은 완전히 금지되었다. 독일에 포로로 잡혀 있던 레몽 두세는 〈우리는 아주 정확한 사항에 대해서는 적을 수 없었습니다〉라고 지적했다. 하지만 제약은 있더라도 서신 교환이 이루어진다는 사실로써 다시 한번 사기와 질서를 유지하기 위해 편지가 중요하다고 여겼음을 알 수 있다.

표현할 수 없는 것을 표현할 말 찾기

자유롭지만 감시당하며 서신을 교환하는 상황에서 병사들은 자신이 겪는 전쟁의 일상에 대해 무엇을 털어놓을 수 있을까? 그들은 편지에 자신의 느낌, 인상, 정서를 표현할까? 편지는 자발적으로 자신을 표현하는 공간, 어떤 구속도 받지 않는 공간일 수 없다. 제3자가 편지를 읽을 수도 있기에, 또는 수신인의 기대에 부응하려는 마음이 들어 자기 검열을 하면서 편지를 쓰기 때문이다. 게다가 군인이 죽음의 위험에 처해 있다는 사실 때문에 편지를 받는 사람은 소식을 더욱 기대하고, 서신 교환이 지닌 제한적인 측면은 커진다. 군인에게 편지는 지인들과의 유일한 연결 고리이기 때문에 군인은 두려움을 감추며 지인들을 안심시키는 내용을 쓰고, 끔찍한 정보는 일부러 적지 않는다. 또한 갈등은 완화시키고, 질책은 자제해서 적는다. 이런 이유 때문에 폴 퍼셀은 제2차 세계 대전 중에 쓰인 편지들에 대해 이렇게 단언했다. 〈군인과 선원이 지인에게 쓴 편지는 감정과 행태를 연구하는 역사학자들이 대체로 신뢰하지 않는다. 그 편지들이 지닌 주 목적이 가족의 사기를 북돋고 편지를 쓴 사람이 실제로 처한 불안한 상황을 가능한 한 적게 드러내기 위함이라는 것이 이유 중 하나다.〉

실제로 상대방이 받아들일 수 있는 것과 받아들일 수 없는 것의 한계를 고려하지 않은 채 전부 글로 적는 일이 가능할까? 발송되거나 수신된 편지가 마지막 편지가 될지도 모르는 상황에서 모든 것을 다 표현할 수 있을까? 더욱이 편지를 쓰면서 자연스레 이루어지는 자기 성찰도 역사를 지닌다. 19세기에는 유복한 계층의 사람들만 자기 자신에 대해 글을 쓰는 습관을 어느 정도 가지고 있었다. 제1차 세계 대전으로 편지를 쓰는 행위가 민주화되었다. 이로써 모든 사회 계층의 사람들이 글을 쓰기 시작했다. 그런데 자신의 이야기를 하려면 이를 표현할 말을 찾아내야 한다. 교육적 규범과 문학적 모델 때문에 감정과 정서를 표현하는 말이 대체로 일률적이 된다. 게다가 전쟁의 폭력을 항상 말로 표현할 수 있는 것은 아니다. 케네스 피플즈는 베트남에서 극도로 살인적인 작전을 치른 후 1966년 7월에 자기 부모에게 〈자세히 설명하는 것은 도저히 불가능합니다〉라고 전했다.

이와 같이 전쟁 기간 동안 편지에는, 아니 특히 전시에 제한되고 규범화된 표현이 사용된다. 그럼에도 편지가 본질적인 교류의 공간, 가까운 사람들의 애착을 재확인하는 기회라는 사실에는 조금도 변함이 없다. 알제리 보병대의 오귀스탱루이 프렐로는 1862년 7월에 알제에서 〈우리 식구들이 보여 주는 애정 같은 애정을 받으면 불행할 수가 없지요〉라고 썼다. 가끔 편지에 담겨 오는 작은 물건들 — 사진, 말린 꽃, 머리카락 타래 — 은 서로 떨어져 있는 상황에서 물질적인 관계를 더욱 강화한다. 마찬가지로, 참호에서 손으로 만든 반지를 보내는 것은 혼인의 약속을 재확인하는 일이다. 1915년 5월에 이본 르투르는 남편에게 이렇게 쓴다. 〈당신이 보낸 반지를 행복한 마음으로 받을게요. 이건 이별로 인해 새로이 겪게 된 기나긴 약혼 기간을 지내고, 우리가 결합한다는 표식일 겁니다.〉 현대 전쟁에서는 스카이프Skype와 왓츠앱Whatsapp 같은 애플리케이션 사용이 일반화되면서 소통이 쉬워지고 가속화되었다. 블로그는 교류가 이루어지는 인터페이스로, 군인들이 아프가니스탄이나 이라크에서 올린 이미지와 동영상, 이야기가 곧바로 지인들에게 읽히고 그에 논평이 달린다. 케빈 톰슨은 〈가족과 친구들이 우리를 보러 올 수 있는 공간이죠〉라고 말한다.

검열과 자기 검열이 이루어짐에도 불구하고 편지는 분쟁 중의 일상과 전쟁의 폭력성에 대한 소중한 정보를 조금씩 전달한다. 1808년에 장 루이 비야르는 철자법이 조금 틀린 글로 자기 아버지에게 자신이 이제 막 벗어난 끔찍한 살육의 장면을 전한다. 〈아버지 우리 연대애 이제 두 사람밖에 안 남았다고 알려 드립니다. 내랑 바티스트 베로만이써요.〉 제1차 세계 대전 중 장기간에 걸쳐 이루어진 서신 교류에서는 대규모 살상이 이루어지는 적나라하고 부조리한 현실이 간간이 드러난다. 롤랑 도르줄레스는 1915년 5월에 자신이 가담한 제2차 아르투아 전투의 끔찍한 결과를 묘사한다. 〈사방이 피로 물들어 있고, 군복에는 뇌수가 튀어 있습니다. 포탄 하나가 열두 명을 죽이고 열 명을 부상 입혔고, 부상자 수백 명이 여기저기 나뒹굽니다. 죽은 이들은 또 다른 포탄으로 금세 파묻힙니다.〉 1956년 11월 알제리 전쟁 중에 어느 프랑스 군인은 어머니에게 쓴 편지에서 사람을 죽인 기쁨을 주저 없이 표현한다. 〈간밤에 우리는 멋진 매복 작전을 성공시켰어요. 그 비열한 놈들을 죽이는 게 얼마나 신나던지, 단 한 놈도 살아남지 못했죠.〉 편지는 권태와 두려움, 위안받고자 하는 욕구를 표현하는 기회이기도 했다. 1915년 6월에 전우가 죽었을 때 앙리 르베프르는 약혼자에게 이렇게 썼다. 〈사랑하는 이여, 나를 위로해 줘요. 나는 어째서 이리 슬픈 걸까요?〉

전쟁 중에 주고받은 편지는 완전히 인위적인 내용도, 완전히 솔직한 내용도 아니다. 그렇지만 누군가에게 보낸 편지는 군대의 통제와 자기 검열이라는 제약을 받았음에도 불구하고, 군인들과 그 가족의 일상, 그리고 전쟁 폭력의 경험이 개인들에게 미친 영향을 파악하는 데 소중한 자료다. 사적인 용도로 쓰인 이 편지들은 출간되거나, 기록 보관소에 위탁되거나, 가족들에 의해 소중하게 보관되었다. 이 편지들은 선조들이 남긴 단순한 글을 넘어, 종이로 된 세대 간의 연결 고리이자 부모 자녀 관계를 연결시켜 주는 물건을 상징하리라.

참조

1부 - 11 애국 전선 ‖ 2부 - 11 버틸 힘 ‖ 3부 - 05 〈온갖 엄청난 감정〉

옮긴이 **이정은** 대학에서 사회복지학을 전공하고, 프랑스로 건너가 낭트 시립 대학교 대학원에서 공부했다. 현재 바른번역 소속 번역가로 활동하며 프랑스어 책을 한국어로 옮기고 있다. 옮긴 책으로 『세상의 모든 수학』 (2020), 『우리는 모두 다른 세계에 산다』(2022), 『사라지지 않는다』(2022) 등이 있다.

감수 **권성욱** 전쟁사 마니아이자 연구가. 학창 시절부터 전쟁사에 관심을 가지고 다양한 책을 섭렵했으며, 현재도 한 달에 전쟁사 관련 책을 20여 권 독파할 정도다. 개인 블로그인 〈팬더 아빠의 전쟁사 이야기〉에 전쟁사 관련 글을 쓰고 있으며, 특히 중국 근현대사와 제2차 세계 대전이 전문 분야다. 첫 저술 『중일전쟁: 용, 사무라이를 꺾다 1928~1945』(2015)는 국내 최초로 중일 전쟁을 다룬 역사서로, 한국출판문화산업진흥원 우수출판콘텐츠로 선정되며 전문성을 인정받았다. 그 밖에 『중국 군벌 전쟁: 현대 중국을 연 군웅의 천하 쟁탈전』(2020)을 썼으며 『중일전쟁: 역사가 망각한 그들 1837~1945』(2015)를 공동 번역했다. 감수한 책으로는 『덩케르크: 세계사 최대 규모의 철수 작전』(2017), 『일본 제국 패망사: 태평양 전쟁 1936~1945』(2019), 『미드웨이: 어느 조종사가 겪은 태평양 함대항공전』 (2019), 『아르덴 대공세 1944: 히틀러의 마지막 도박과 제2차 세계 대전의 종막』(2021)이 있다.

세상을 바꾼 전쟁의 모든 것 1

발행일 2023년 6월 15일 초판 1쇄

지은이 브뤼노 카반 외
옮긴이 이정은
발행인 홍예빈 · 홍유진
발행처 주식회사 열린책들

경기도 파주시 문발로 253 파주출판도시
전화 031-955-4000 팩스 031-955-4004
이메일 humanity@openbooks.co.kr
www.openbooks.co.kr